世界历史
全知道

宛华 主编

北京联合出版公司
Beijing United Publishing Co.,Ltd.

图书在版编目（CIP）数据

世界历史全知道 / 宛华主编 . — 北京：北京联合出版公司，2015.9，
（2020.9 重印）

ISBN 978-7-5502-5837-2

Ⅰ . ①世… Ⅱ . ①宛… Ⅲ . ①世界史—通俗读物 Ⅳ . ① K109

中国版本图书馆 CIP 数据核字（2015）第 175066 号

世界历史全知道

主　　编：宛　华

责任编辑：王　巍

封面设计：王明贵

内文排版：刘欣梅

北京联合出版公司出版

（北京市西城区德外大街83 号楼9 层 100088）

北京市松源印刷有限公司印刷　新华书店经销

字数630千字　720毫米×1020毫米　1/16　27.5印张

2015年9月第1版　2020年9月第4次印刷

ISBN 978-7-5502-5837-2

定价：29.80元

　　巴尔扎克曾说过，历史有两部：一部是官方的骗人的历史，是当教科书用的，给王太子念的；另一部是秘密的历史，可以看出国家大事的真正原因，那是一部可耻的历史。世界历史源远流长，期间既有繁荣辉煌，也有曲折艰难，既有濯濯光明，也有血腥黑暗。几千年的文明造就了发达的文化、昌盛的史学，文章典籍浩如烟海，可惜的是，这些作品或因作者的立场问题，或因著者的视野所限，往往难以反映出历史的真实面貌。而且行文上极易形成两种极端：要么倾向于官方的为名士大夫立传的所谓正史，要么沦为为士子优伶鸣不平的所谓俗史。前者不适合大众化阅读，后者则如演绎小说，不伦不类。而无论哪一种，都会妨碍我们对历史本真的认识，不利于我们根据真实的历史对现实及未来做出客观判断。历史作为一面镜子，记录着人类社会的成功与失败、兴盛与衰退、辉煌与悲怆、交替与更新，也预示着人类的未来。为了反映历史的真相，让读者更加科学全面地解读历史，我们精心编写了这本《世界历史全知道》。

　　本书采用了"全史"体例，取材广泛，融正、野、秘三史于一体，分为世界通史、世界野史、世界秘史三篇，多视角、全方位解读世界历史。它不仅给读者提供了认识历史的望远镜、显微镜、放大镜和透视镜，更重要的是倡导一种全新的观察历史的方法、思考历史的方式，给你一双穿过重重迷雾、看透历史的慧眼，引导你亲身体味历史。

　　"世界通史"选取了世界历史发展过程中产生深远影响的重大事件、重要人物、辉煌成就和灿烂文化，连点成线，系统而完整地勾勒出世界历史的发展脉络。同时，以通俗易懂的语言阐释世界历史发展过程中所蕴含的成败之道、盛衰规律等，尽可能让读者在较短时间内从宏观角度上把握历史。

　　"世界野史"从民众视角观察历史，摒弃传统史学"为尊者饰，为贤者讳"的观点，采古今野史之精髓，秉笔直书帝王将相的性格心理、轶闻趣事，深入描绘统治阶级的钩心斗角、尔虞我诈，详细讲述政治军事之丑恶内幕、肮脏手段，生动再现各国宫廷规制、世相百态，让读者清楚地看到文明及其背后的丑恶与离奇。

　　"世界秘史"侧重于探隐寻幽，引导读者从细节处发掘历史智慧，讲述那些为统治者刻意掩盖的、鲜为人知的历史内幕，以及史学家不敢写、不便写、不愿写的历史。这些历史往往与重大事件相关联，里面充满着尖锐而复杂的矛盾冲突与利益纠葛，波谲云诡、神秘莫测。探究这些历史，能够为读者揭开历史的神秘面纱，发现真实鲜活的历史真相。

　　本书内容在真实性、趣味性和启发性等方面达到一个全新的高度，并通过科学的体例与创新的形式，全方位、新视角、多层面地讲述世界历史。不仅如此，我们还把某一事件、人物有关的历史图片、文物资料配入其中，以大量精美图片传史之真，证史之实，辨史之误，同时使事件、人物更加立体丰满，并充满场景感，力求通过图文的紧密结合将知识性、可读性、观赏性融为一体，为读者提供一条回归历史真实的通途。

CONTENTS 目录

第一篇 世界通史

第一章 原始时代

人类的起源 2

石器时代的人类文明 3

火的出现 4

原始人的迁徙 4

尼安德特人 5

氏族公社时期 5

国家的产生 6

史前时代的原始文化 7

第二章 文明古国的辉煌和没落

古代埃及 7

金字塔的兴建 8

最早的太阳历 10

印度河流域城市文明 11

两河流域古王国的兴亡 13

苏美尔人城邦争霸 14

阿卡德王国的兴衰 15

乌尔第三王朝 16

克里特文明 17

迈锡尼文明 18

腓尼基 20

以色列犹太王国 20

古代印度 22

希腊的荷马时代 23

古代希腊城邦文明 23

强大的亚述帝国 24

斯巴达城邦 26

古代罗马 28

玛雅文明 29

第三章 专制帝国的兴起和扩张

孔雀王朝 30

波斯帝国 32

王政时代的罗马 33

希波战争 35

伯罗奔尼撒战争 37

罗马的征服与扩张 39

亚历山大大帝 41

亚历山大帝国的衰亡 42

罗马共和国的灭亡 43

罗马帝国的崛起 46

罗马帝国的黄金时代 48

罗马帝国的衰落 50

罗马帝国的分裂 51

第四章 早期封建国家的形成和发展

亚欧民族大迁徙 53

日耳曼人征服西罗马帝国 55

法兰克王国 56

英格兰封建专制制度的形成 57

拜占廷帝国的兴衰 58

意大利城市共和国 59

王权与教权之争 60

朝鲜半岛的统一 61

日本的幕府统治 62

中世纪的城市自治 63

中世纪的庄园生活 64

英国议会政治 65

英法百年战争 67

法国扎克雷起义 68

奥斯曼帝国 69

阿兹特克文化 70

第五章　资产阶级掀起的革命风暴

开辟欧亚新航线 71

地理大发现 72

印加帝国 75

殖民掠夺 76

奴隶贸易 78

文艺复兴与宗教改革 79

德国宗教改革 80

英国的都铎王朝 81

圈地运动 82

法国的君主专制制度 84

尼德兰革命 85

日本重建封建秩序 86

查理一世的专制统治 87

清教徒革命 88

查理一世被推上断头台 89

护国公制 91

斯图亚特王朝复辟 92

英国"光荣革命" 93

君主立宪制 94

英国向北美殖民 95

七年战争 96

美国独立战争 97

第六章 世界两大政治体系的形成和裂变

欧洲启蒙运动 99

法国大革命的导火线 101

攻占巴士底狱 102

法国的《人权宣言》 104

法国结束君主制 105

法兰西第一共和国 106

"热月政变"、"雾月政变" 108

普鲁士跻身欧洲强国 109

俄国推行"开明"改革 110

拿破仑称帝 111

拿破仑帝国 113

滑铁卢之战 114

神圣同盟 115

英国古典政治经济学 117

维也纳体系的形成 118

空想社会主义学说 118

第一次工业革命 119

英国宪章运动 122

德国纺织工人起义 124

门罗主义 125

拉丁美洲的独立运动 126

法国1848年革命 128

德国1848年革命 129

克里米亚战争 129

美国南北战争 130

《解放黑人奴隶宣言》 132

领土扩张与西部开发 133

印度反英大起义 134

威廉一世统一德国 136

日本明治维新 138

第七章　帝国主义的兴起和国际无产阶级运动

帝国主义国家的兴起 140

巴黎公社 141

近东危机 143

国际无产阶级组织的形成 144

德奥同盟和三国同盟 145

三国协约的缔结 146

越南抗法斗争 148

朝鲜甲午农民战争 149

美西战争 150

门户开放 151

俄日美在远东的竞争 152

英德在南非的冲突 153

英对印度的殖民统治 153

西北非的反侵略斗争 155

日俄战争 155

亚洲各国的反殖民主义运动 157

第二次工业革命 158

第八章　第一次世界大战前后的世界格局

巴尔干战争 160

第一次世界大战 161

俄国十月革命 164

第三国际 165

巴黎和会 166

凡尔赛体系 167

华盛顿会议 168

苏联建国 169

圣雄甘地与"非暴力不合作计划" 171

第九章 第二次世界大战前后的世界格局

美国爆发经济危机 172

凯恩斯主义 174

帝国主义国家的经济战 176

罗斯福新政 177

德国法西斯独裁统治 178

日本的法西斯体制 180

苏联确立社会主义制度 181

西班牙反法西斯战争 182

绥靖政策 183

第二次世界大战 184

雅尔塔体系 189

联合国的成立 191

纽伦堡和东京审判 191

杜鲁门主义 193

马歇尔计划 193

北约成立 194

德国分裂 196

华沙条约 197

日本的崛起 197

越南战争 198

尼克松主义 199

赫尔辛基宣言 200

第十章 第三世界的动荡与崛起

亚非会议 201

第一次不结盟国家首脑会议 202

古巴革命 204

动荡的阿富汗 205

两伊战争 206

南南合作 207

非洲民族解放运动 208

马科斯专制统治 210

海地"第二次独立" 211

第十一章 东欧剧变后的世界格局

戈尔巴乔夫的"新思维"指导下的外交政策 212

德国统一 213

东欧剧变 215

苏联解体 217

海湾战争 219

"9·11"事件 221

北约东扩 222

欧洲共同体 223

伊拉克战争 224

第二篇 世界野史

第一章 古代时期野史

埃及艳后相貌平平 228

埃及艳后原来是位才女 230

"傻子"皇帝克劳狄 232

尼禄与罗马城的毁灭 234

亚历山大大帝和亚洲皇妃大夏式的婚礼 235

马其顿亚历山大大帝之死 236

恺撒大帝与他的私生子 237

古印度人制造宇宙飞船之谜 238

"空中花园"与古巴比伦国王 239

史前的处女禁忌 239

奥林匹克运动会的起源 242

古希腊众多的裸体雕塑 243

罗马人用处女守护圣火 244

古罗马人喜爱看角斗士表演 245

古罗马人沉溺于沐浴 246

罗马帝国覆亡之谜 247

罗慕洛抢亲 248

查理大帝的加冕事出偶然 249

尼采的著作被其妹妹篡改 250

马可·波罗没有到过中国 251

《源氏物语》的作者紫氏部是一个寡妇 252

蒙娜丽莎的原型 253

提香与女神维纳斯 255

西班牙"无敌舰队"覆灭另有原因 256

第二章　近代野史

君主专制时期的英国宫廷风尚 257

君主专制时期的宫廷御林军 257

名画《玛哈》的模特 258

丹东死于通敌叛国罪 259

奥地利皇帝颁布女性继承诏书 261

亚历山大教皇供养瑞典女王克里斯蒂娜 261

教皇利奥十世的加冕典礼 262

莎士比亚另有其人 262

诗人拜伦长期漂流国外的原因 263

伦勃朗故意有伤风化 265

牛顿晚年罹患精神失常 265

伏尔泰公开与侯爵夫人相会 267

富兰克林大耍骑士作风 267

匈牙利人可能是中国人的后裔 268

路易十六的财宝 269

俄国女皇叶卡捷琳娜二世的新婚之夜 270

拿破仑是中毒而死 271

英国阿尔伯特王子改革王宫制度 274

《呼啸山庄》的真正作者 275

沙皇的500吨黄金 276

第三章 当代野史

暴君博卡萨称戴高乐"爸爸" 278

八国联军使用毒气弹 279

日本天皇的日常生活 281

英国女王"站功"非凡 281

《苏德互不侵犯条约》被疑附有秘密议定书 282

希特勒的"孩子敢死队员" 283

"死亡天使"门格尔溺水而亡 285

巴顿将军死于谋杀 286

"诺曼底"号巨轮被纳粹烧毁 287

珍珠港事件是罗斯福的"苦肉计" 289

老布什差点被日军杀掉 292

山本五十六不是兰菲尔击毙的 293

苏联窃取美国的原子弹秘密 295

墨索里尼写小说 296

丘吉尔迷恋香槟 296

爱因斯坦与妻子约法三章 297

劳伦斯与弗丽达 297

"硬汉"海明威因患病自杀 298

毕加索对逛街情有独钟 299

第一位登上太空的另有其人 299

风流女谍的悲剧人生 301

"007"的原型 303

高身价的间谍 304

美国"老虎部队"越战期间犯下滔天罪行 306

外星人阻止了核爆炸 307

柏林墙下有耳 308

中情局曾多次暗杀卡斯特罗 309

第三篇 世界秘史

第一章 远古时期秘史

大洪水与挪亚方舟的传说 312

葬身帝王谷的哈希普苏特可能是女法老 313

法老们建造金字塔的目的 314

法老的诅咒 315

美洲人修建太阳门目的 317

索尔兹伯里的巨石阵 318

玛雅人修建的金字塔 321

迈锡尼文明及其毁灭 323

克里特岛山的迷宫 326

米诺斯迷宫 326

忒修斯和克里特文明 328

"万王之王"大流士 329

苏格拉底娶悍妇为妻 331

荒原石头标记之谜 331

卡纳克巨石阵 333

神秘的奥尔梅克石像 335

罗德岛太阳神巨像 337

婆罗浮屠上的角锥立石 338

吴哥城消失的文明 340

重见天日的古罗马庞贝城 342

埃及艳后的神秘之死 343

罗马竞技场猛兽的来源 345

汉尼拔驱象上战场 346

第二章 中古时期秘史

佛教圣地鹿野苑 347

耶路撒冷遗失的宝藏 348

伊凡雷帝杀子 348

监狱里来了个"铁面人" 350

武士道精神的形成 351

圣女贞德的身后事 352

哥伦布发现新大陆探疑 353

大西洋奴隶贸易 355

苏格兰女王玛丽谋杀丈夫 356

恐怖的黑死病 357

伊丽莎白女王终身未嫁之因 357

第三章 近代秘史

叶卡捷琳娜二世登上王位始末 358

俄国沙皇彼得三世死亡探秘 359

茜茜公主童话的背后 360

梅林宫悲剧 361

北美独立战争的第一枪 363

华盛顿拒绝连任第三任总统 364

俄国皇帝亚历山大有恋妹之癖 365

拿破仑兵败滑铁卢始末 366

托尔斯泰晚年离家出走 369

莫扎特之死 370

普希金死于决斗 372

著名诗人叶赛宁之死 373

林肯被刺的背后隐秘 375

沙皇尼古拉二世惨遭枪杀 377

第四章 当代秘史

"国会纵火案"的幕后凶手 378

佛朗哥为何不参加第二次世界大战 379

庇隆网罗纳粹余党 380

希特勒血洗冲锋队 381

营救墨索里尼的人 382

墨索里尼尸骨的归宿 ………………………………………………… 384

神秘的"黄色计划" ………………………………………………… 386

"巴巴罗萨"空战 …………………………………………………… 389

英国转移全部财产 ………………………………………………… 389

偷袭珍珠港的真正罪魁 …………………………………………… 391

打响太平洋战争第一炮的可能不是日军 ………………………… 393

英国空军没有炸毁奥斯威辛 ……………………………………… 394

英军特种部队摧毁希特勒的原子弹美梦 ………………………… 395

美国在日本投掷原子弹的原因 …………………………………… 397

真假蒙哥马利 ……………………………………………………… 398

戈林自杀之谜 ……………………………………………………… 400

"瑞典辛德勒"瓦伦堡的下落 …………………………………… 401

消失了的隆美尔财宝 ……………………………………………… 403

"金唇"——无法破译的绝密技术 ……………………………… 405

神奇的"无敌密码" ……………………………………………… 407

隆美尔的战略创见不高 …………………………………………… 408

戴高乐辞去法国总统内幕 ………………………………………… 410

格瓦拉古巴出走 …………………………………………………… 411

山下奉文宝藏 ……………………………………………………… 413

肯尼迪死于谁手 …………………………………………………… 414

"水门事件"探秘 ………………………………………………… 415

密特朗总统"地下家庭"揭秘 …………………………………… 416

刺杀里根的凶手被无罪释放 ……………………………………… 417

教皇约翰·保罗二世被刺内幕 …………………………………… 417

扑朔迷离的拉宾遇刺案 …………………………………………… 418

第一篇 世界通史

第一章 原始时代

人类的起源

1876年，恩格斯完成了《劳动在从猿到人转变过程中的作用》一文，指出人类是由类人猿发展而来的，经历了攀树的猿群、正在形成中的人和完全形成中的人三个阶段。

人类学家最早发现的古猿化石是原上猿，其生存年代为距今3500万年到3000万年前，其次是埃及猿，生存年代为2800万年前，再稍后为生活在热带和亚热带森林地区的古猿。人类学家在欧、亚、非三洲许多地方发现了它们的化石，其生存年代大约为2300万年前到1000万年前。

腊玛古猿是最早的正在形成中的人，其生存年代大约为距今1400万年到800万年前，已最先具备了说话的能力，首先发现于巴基斯坦北部与印度交界的西瓦立克山区，后来在肯尼亚、希腊、中国等地均有发现，主要是下颌骨和牙齿化石。其后正在形成中的人是南方古猿，生存年代为距今550万年至100万年前，化石在南非和东非发现，脑容量在450毫升以上。

人与猿的区别在于能否制造工具，而此时正在形成中的人只能利用天然工具，如石块、木棒等，所以说他们还不是真正意义上的人。劳动使猿变成了真正意义上的人，也就是完全形成的人。从完全形成的人发展到现代人经历了四个阶段：即早期猿人、晚期猿人、早期智人和晚期智人。

"1470号"人是目前公认的早期猿人的典型代表，其生存年代为距今380万年至180万年前，是人类发展的初期阶段。晚期猿人又叫"直立人"，印度尼西亚的爪哇猿人，德国的海德堡猿人，中国的蓝田猿人、北京猿人都是古人类进化过程中比较典型的晚期猿人。尤其是北京猿人的发现，比较明确地揭示了从猿到现代人的中间状态。北京猿人发现于1929年，其发现地为北京周口店的龙骨山，现已获得40多个不同年龄的男女个体，以及无数的石器、骨器和用火遗迹。北京猿人的身躯比现代人稍矮，男

南猿　　能人　　直立人　　海德堡人　　尼安德特人　　智人　　现代人

高约1.62米，女高约1.52米，四肢已具备现代人形，脑容量为1075毫升。这一切证明北京猿人已远离猿类而更接近现代人类，更为重要的是，他们可能已经有了自己的语言。

尼安德特人是最早发现的早期智人，简称"尼人"。早期智人的生存年代为距今30万年到20万年前至距今5万年到4万年前。中国的马坝人、长阳人和丁村人均属于尼人。尼人的平均脑容量为1350毫升，体质和智慧比前人皆有很大的发展。晚期智人也称"新人"，其生存年代为距今5万年至1万年前。因新人最早的化石是在法国的克罗马农洞窟里发现的，故又名"克罗马农人"。克罗马农人不论在形体、高度，还是在脑壳比例上都有所变化，与现代人基本相同，脑容量平均在1400毫升以上。新人的分布较广，不仅在亚、非、欧三洲发现其化石，而且还分布在大洋洲和美洲。据人类学家研究证明，在5万年前已有人类从亚洲通过白令海峡进入美洲；在4万年前，亚洲人从东南亚到达澳洲。

现代人种是和晚期智人同时出现的，人类学家按照人类的外貌特征，把世界上的人分为3个人种：即黄种（或蒙古利亚人种）、白种（或欧罗巴人种）、黑种（或尼格罗人种）。

石器时代的人类文明

石器时代分为旧石器、中石器和新石器三个时期。原始社会早期，人类使用加工粗糙、形状简陋的石器，因而被称为"旧石器时代"。中石器时代距今约1.5万年至1万年，是旧石器时代向新石器时代的过渡阶段。进入新石器时代以后，人类开始使用打制精细的石器，并发明了原始农业和畜牧业。

旧石器时代又分为早、中、晚三个时期。早期约在距今300万年至二三十万年前，使用的石器由砾石打制而成，十分简陋、粗糙，近

保存完好的新石器时代遗址，在苏格兰北部奥克奈群岛的斯卡拉山。当地居民以贝壳类水生动物和牛羊肉为生。

似于天然碎裂的石头。中期约为距今二三十万年至5万年前，人类主要靠采集和狩猎为生。晚期的石器相当美观、实用，同时出现了骨器与角器，距今约5万年至1.5万年。晚期最为引人注目的是人类对火的使用，由使用天然火到人工取火。人类对火的发现与使用，开创了历史的新纪元。

中石器时代的时间为距今1.5万年至1万年前，这一时期社会生产力发展的主要标志是弓箭的发明。

新石器时代，人类已经学会把石器放在石砺上加砂蘸水磨光，然后再在磨光的石器上钻孔。新石器时代的石器类型有生产用的石斧、石锄，狩猎用的石球、石箭头，生活用的刀刃、石杵等。骨器包括骨针、骨锥、骨匕首等。新石器时代的生产工具和生产能力得到了进一步提高，人类对自然界有了新的认识，从狩猎经济中产生了原始畜牧业，从采集经济中产生了原始农业。

火的出现

约在160万年前，一些原始人已经掌握了一门全新的技术——他们学会了如何使用火，这极大地改变了他们的生活。突然之间，他们能够烹饪食物，而不是吃生肉与植物。在冬天里，他们能够使得漏风的洞穴与躲藏地变得温暖。热与光还可以被用来防御动物。火的出现意味着他们比更早的原始人过着更为安全舒适的生活。

取火棍

掌握火的原始人大约1.5米高。与先前的原始人相比，他们的大脑更大，四肢更长，更像现代人类。科学家们把他们称为"直立人"。直立人在其他的方面更为发达。他们制造的工具比以前的原始人更好，他们发明了手斧，这是一种有着两个锋利刃的锐利的石头工具。手斧用来砍肉，因此直立人能够更有效地宰杀动物。这使得他们有着更大的动力发展他们的技术，例如发明诸如切刀这样更小的工具。

与更早的原始人相比，直立人有着更为发达的社会技巧。他们可能已经发展出简单的语言，这使得他们可以相互交谈与协作，意味着他们可以作为一个团体执行任务，如狩猎大型的动物。在打猎过程中，他们也使用火。一些考古学家认为：他们举着火把把大型动物驱赶到伏击地，这时候一大群人就会一起杀死动物。

火的出现也意味着他们能够在更为寒冷的气候条件下生存下来。这使得直立人比以前的人类走得更远。像能人，它们可能总是处于迁移的状态，搭建暂时的宿营地作为打猎和采集的基地。一些居住地可能是季节性的，在春夏季节，当水果、叶子和坚果丰富时，它们就居住下来。但是直立人走得更远，走出了他们的出生地非洲，作为第一种人属定居在亚洲与欧洲。

原始人的迁徙

约在100万年前，世界上的野生物都在迁移中。许多热带动物开始向北、向南迁徙。逐渐地，它们离开了热带丛林，来到地球上更冷的地方。早期原始寻找食物比较困难，于是直立人尾随热带动物在更为湿润的地方定居。为此，他们迁徙了很长的距离，从现代的非洲远到现在的爪哇、中国、意大利和希腊。

在欧洲和亚洲，直立人建立了许多可供来年返回的营地。在中国，周口店的洞穴是最著名的定居地之一。原始人在这里待了几十万年（从60万年前到23万年前），考古学家在这块遗址发现了超过40个直立人的遗存物。在洞穴中，考古学家发现了各种工具，包括斧头、刮刀、锥子、尖石和切削工具，绝大多数是石英材料。年代越近的工具，其制作越小越精密。在周口店遗址也发现了火的遗迹。欧洲和东南亚地区的直立人的遗址中也有相似的发现。它们揭示：存在一种人类，他们采集树叶与坚果，同时也足够聪明地猎捕大型的动物。这种人随季节迁徙，假如他们不能找到洞穴，他们就用树枝与石头建造简易的躲藏地。他们也会裹着兽皮以在冬天取暖。

有一个令人不解的地方是，许多保留下来的直立人头颅的底部被移动过，一些科学家认为底部被移动才会使活着的人能够取出大脑。难道这些人类是最早的吃同类的生物吗？也可能还有其他的原因，例如作为容器盛水。

另一个不解之处是直立人是怎样灭绝的。20万年以后就没有了直立人的遗迹了。人们不清楚他们灭绝是由于他们的食物供应不足，还是疾病或者其他的原始人杀死了他们。

尼安德特人

典型的穴居人通常被描绘为有着大骨头、眉脊发达、面部不明显的矮壮的人种。我们所知的，7万到3.5万年前，生活在欧洲和中东的尼安德特人看上去更像这样。在原始人中，他们是我们最近的亲属，由于有着和我们差不多的脑容量而比较聪明。事实上，由于尼安德特人与我们现代人类如此相似，以至于一些科学家把它们归入人类的一个亚种（早期智人尼安德特人）。其他的科学家单独把它们归为一个人种（尼安德特人）。

尼安德特人用他们的智慧制造工具发展技术。尽管他们的工具仍然是石头做的，但是它们已经专门化了，如凿子、钻孔器。他们通过小心地凿石头制造工具。要制造锋利的、大小合适的薄片，尼安德特人的工具制造者们需要技巧、耐心以及丰富的实践。

有关尼安德特人最令人感兴趣的地方来自于他们的安葬地，从法国的道格纳到伊朗的扎格罗斯山脉，已经发现了好几处。这些遗址显示他们的尸体被仔细地保存在洞穴中，动物的角、骨头等被精心地放在他们的周围，可能是作为安葬仪式的一部分。像这样的遗址使得现代的考古学家相信尼安德特人是第一种发展出安葬仪式的原始人。安葬地点也为科学家们提供了大量的证据，使得科学家们可以研究出这些人看起来像什么样——从他们矮壮的身躯到他们头和脑的大小。

一些骨骼显示了死者骨头疾病的症状，如关节炎，已经得病好多年了。患有这种疾病的人是不可能出去打猎与采集的，家庭的其他成员必定得照料他们、抚养他们。由于有智力，尼安德特人可能是最早的护理者，他们照顾那些不能保护自己的亲属。在3.5万年前，尼安德特人灭绝了，原因未知。可能由于疾病或者被生活在同时期的克罗马农人——一种早期智人——灭绝，新的证据表明尼安德特人曾与克罗马农人通婚。

氏族公社时期

氏族制度是从普那路亚家庭中直接产生的。"普那路亚"是夏威夷语，意为亲密同伴，是共同丈夫们之间的相互称谓，也是共同妻子们之间的相互称谓。人类社会最早的社会组织形式是血缘家族。在血缘家族内部，已排除了先前的杂乱的婚姻关系，开始实行按照辈分来划分的群内婚。但人们只能在某种程度上认清血亲关系，还不能认识到兄姊之间的婚配对人的体质会有所破坏。直至氏族出现，人类才禁止了兄弟姐妹之间的通婚，由此产生了"普那路亚家庭"。

氏族公社时期的床铺

"普那路亚家庭"是指一定范围内的同辈男女互为夫妻，即一群姐妹和另一群男子或

撒哈拉沙漠的岩石水彩画
岩画表现的是正在放牛的早期牧人。在新石器时代晚期，从狩猎经济中产生了原始畜牧业。

一群兄弟与另一群女子之间的婚姻关系。在这样的群婚制下，人们只知其母而不知其父，故世系只能按母系计算，因而最初的母系氏族便产生了。母系氏族最为显著的特点就是一个氏族的所有成员皆来自一位女祖。

随着生产的发展、人口的增殖，氏族组织亦不断增加，这时候两个氏族之间的群婚难以继续维持，对偶婚便产生了。在对偶婚的形式下，成年男女在通婚的氏族中，各自寻找一个配偶，作为自己与其经常发生婚配关系的主要对象，同时也不排除与其他异性发生偶尔的婚配关系。对偶婚实际上是现代意义上的一夫一妻制的最初萌芽。

氏族制度在全盛时期有氏族、胞族、部落多种组织，它是原始公社发展的顶峰。生产力高度发展的结果，出现了人类最初的最重要的三次社会大分工：农业取代了畜牧业在经济中的地位；各种行业日趋专门化，手工业和农业分离；商业从农牧业、手工业中分离出来。但除个别地区外，第三次社会大分工是进入阶级社会后才发生的。

在生产力发生巨大变革的条件下，一场父权制度取代母权制度的革命也同时出现了，父系氏族公社得到了确立。父系氏族的特点是以男子为中心，于是对偶家庭被一夫一妻制家庭取代，氏族血缘关系被削弱，氏族间、部落间的人员流动加强，从而出现了因共同经济利益而结成的农业公社。

与当时的经济基础相适应，上层建筑方面表现为军事民主制。

父系氏族公社是人类社会由愚昧进入文明阶段的过渡性社会组织。农业公社的出现，尤其是军事民主制的出现，直接对人类社会由氏族制度进入阶级社会起了推动作用。

国家的产生

国家的产生是人类历史发展的转折点，它标志着原始社会的结束和阶级社会的开始。自从国家产生之后，人类社会才真正进入了文明阶段。

第二次社会大分工以后，以军事首长为首的氏族贵族集团的权力和财富日益增长，原本为选举而产生的军事首长变为世袭，人民大会也就没有任何作用了。为了维护地位，也为了争夺更多的财富，一个阶级压迫另一个阶级的机关就产生了，这就是有着负责政治的官员、负责军事的军队、负责刑事的监狱等一整套统治机器的国家。

私有制和阶级出现是国家产生的重要前提。国家与氏族最根本的区别是：国家是按地域来划分它的国民，而氏族却是以血缘关系来维系它的成员。

史前时代的原始文化

人类集体劳动的结果使人类产生了语言。为了帮助记忆、传递信息和进一步表达思想，文字便逐渐产生了。文字的发明对人类文化的发展和进步有着举足轻重的作用。在新石器时代，原始人便发明了图画文字，用以表达思想、记载事件。同时，原始人还根据自然界的征兆，对天气的变化进行预测，还制定出太阴历，做了季节的划分。

医药知识、绘画、雕刻、音乐、舞蹈亦在原始人中间出现。克罗马农人可以用燧石做工具进行外科手术。在旧石器时代晚期的遗址中发掘出大量的绘画和雕刻作品，证明了当时人类细致的观察能力和高超的艺术创作能力。在新石器时代的遗址中发现了带孔的小骨管，证明原始人已经能够用简单的歌曲来表达自己劳动的欢乐、丰收的喜悦了。同时，原始人为了延续这种热情和欢乐，开始表演狩猎、种植或其他各种动作，舞蹈也随之产生了。

这尊史前时代的陶像，塑造的是一个拥有权力的重要人物。由于当时农业的发展，他被塑成一个肩搭镰刀的农夫形象。

原始宗教产生于旧石器时期，在氏族公社时开始繁荣。原始人认为祖先是他们的保护者，因而加以崇拜。在母系氏族公社时，女性祖先是他们崇拜的对象。后来因追根溯源，又产生了图腾崇拜，其特点是将某一自然现象或某一动物当成自己的亲属、祖先或保护神加以崇拜。

第二章　文明古国的辉煌和没落

古代埃及

奔腾于非洲北部的尼罗河全长6000余千米，是非洲最大的河流。公元前3500年左右，尼罗河畔存在着众多的"诺姆"，即由同一地域的若干氏族联合组成的州。各州之间常年战争不断，经过长期的兼并战争，上埃及国王美尼斯于公元前3200年统一了埃及，开创了

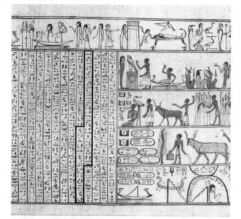

用象形文字写就的祭祀纸草——《亡灵书》中的一章

《亡灵书》是用莎草纸、皮革或亚麻布制成，并饰以各色漂亮的花边。古埃及人相信，死人下葬时陪葬《亡灵书》，可保证死者的灵魂得以再生。在葬礼上，僧侣须诵读此书，然后随死者入墓。

埃及的第一王朝。从此，埃及跨入了文明时代。

古代埃及的历史有2000多年，经历了古王国、中王国、新王国、后王朝等若干时期。公元前525年，波斯征服埃及，这一段历史又分为前、后两个阶段。公元前332年，亚历山大征服埃及，埃及历史跨入了马其顿希腊时期。

在美尼斯统一上、下埃及之后，他将都城迁至上、下埃及之间的孟斐斯，埃及第一王朝从此开始了，一套专制统治机构也建立了起来。国王是全国最高统治者，下设许多官吏治理国家。国王被看作是神圣不可侵犯的，后来人们又将之尊称为"法老"。法老作为古埃及的专制主义统治的君主，在法律、行政、财政、军事和宗教等一切方面实行以个人意志为转移的独裁统治。

古埃及历史上的一位关键性转折人物是图特摩斯三世，他开创了古埃及王朝最为兴盛辉煌的时期，被后人称为埃及的"第一个伟大的征服者和古埃及的拿破仑"。他执政20年，先后出征巴勒斯坦、叙利亚、努比亚等地，使埃及成为一个空前的霸国。后来，新王国受到"海上民族"的入侵，遭到沉重的打击，从此便一蹶不振。

宗教的力量是古埃及法老统治臣民惯于借助的手段，但这样也给以僧侣为首的神权集团提供了发展壮大、干预政事、与王权对抗的机会，使之成了威胁王权统治的不利因素。法老阿蒙霍特普四世（公元前1379~前1362年）执政后，进行了宗教改革，以便对阿蒙僧侣集团进行削弱和打击。他首先提出重新崇拜古王国的国家主神太阳神拉，用于与阿蒙神对抗，同时将阿蒙神庙的财产封闭，将其僧侣驱赶出境。阿蒙霍特普四世打破所有传统和模式，在臣民中树立多神教的思想，以此树立君主专制的绝对权力。但他推行的一系列措施已超出宗教本身的意义，他的宗教改革只能归于失败。

尼罗河畔的古埃及文明，孕育了人类早期最灿烂夺目的文化，主要表现在象形文字、纸草文献、建筑、天文、数学以及医学各个方面。古埃及最为辉煌的成就是建筑艺术。金字塔是古埃及国王的陵墓，塔基是正方形，四壁是倾斜向上的三角形，越往上越窄，直到顶端形成尖状，从四面看像汉文中的"金"字，故中国称其为"金字塔"。"金字塔"与"狮身人面像"成了今天闻名于世的建筑。在神庙建筑中，埃及最为著名的是底比斯阿蒙神庙。

金字塔的兴建

金字塔的兴建，代表了古代埃及在建筑方面取得的辉煌成就。金字塔既是古埃及文化的最高成就，又标志着其文化日臻成熟。金字塔、神庙、宫殿等雄伟的建筑物，历经数千年，至今仍闪烁着艺术的光芒。

金字塔作为法老的陵墓，是由早王国时期的马斯塔巴形陵墓发展演变而来的，它体现了王权神化的思想。著名的胡夫大金字塔，高143.5米，是法国埃菲尔铁塔建成之前世界上

金字塔俯瞰图

最高的建筑物，被称为世界古代七大奇观之一。

胡夫金字塔，也称大金字塔，位于埃及首都开罗西南约10千米的吉萨高地。它是世界上规模最为宏大，也是较为古老的金字塔，始建于埃及第四王朝第二个法老胡夫统治时期，被认为是胡夫为自己建造的陵墓。根据古埃及宗教理论：只要保护好尸体，人死之后灵魂可以继续存在，3000年以后就会在极乐世界复活并从此获得永生。这与佛教理论中的轮回转世有着异曲同工之妙。有鉴于此，古埃及的每位法老从登基之日起，便着手为自己修建陵墓，以求死后超度为神，胡夫统治时期正逢古埃及盛世，因此他的陵墓规模也空前绝后。

胡夫金字塔原高146.5米，后因顶端受到侵蚀，现在的高度为136.5米，大致相当于40层楼房那么高。在1889年法国巴黎的埃菲尔铁塔建成前，它一直是世界最高的建筑。整个塔身呈正四棱锥形，底面为正方形，占地5公顷，四个斜面分别对着东、西、南、北4个方位，误差不超过圆弧的3分，底边原长230.35米，由于年深月久的侵蚀，塔身外层石灰石存在一定程度上的脱落，目前底边缩短为227米，倾斜角度为51度52分。胡夫金字塔通身由近230万块巨石砌成，每块石头重量在5吨至160吨之间，石块的接合面经过

古埃及墓室壁画复原图
此图描绘的是古埃及的一次家庭聚会，左首的夫妻正在接受儿女们奉上的各种食物。图中的女子戴着新王国时期流行的长而精致的假发，穿着肥大的长裙。

认真打磨，表面光滑，角度异常准确，以至于石块间都不用任何粘合物，全部依靠自然拼接，在没有被风蚀、破坏的地方，石缝中连薄薄的刀片也难以插入，可以想见其工艺之精湛。

胡夫金字塔的入口在其北侧面，距地面18米，从入口通过甬道可以深入神秘的地下宫殿，该甬道与地平线呈30度夹角，与北极星相对。由此可见，北极星在古埃及人的心目中有着某种特殊的意义。沿甬道上行则能到达国王殡室，殡室长10.43米、宽5.21米、高5.82米，与地面的垂直距离为42.82米，墓室中仅存一具红色花岗岩石棺，别无他物，这也正是后来某些考古学家怀疑金字塔不是作为法老陵墓的一个重要论据。

根据古希腊历史学家希罗多德等人估计，法老胡夫至少动用了10万奴隶，耗时20~30年时间建造完成。但最新的权威考古学家发现：金字塔应由劳工建造而非奴隶，其主体部分为贫民和工匠，而且采用轮流工作制，工期约为3个月。因为考古人员在金字塔附近地区发现了建造者们的集体宿舍等生活设施的遗迹和墓地，以及大量用于测算、加工石料的工具（作为随葬品），而奴隶是不会享受此种待遇的。

胡夫金字塔、哈夫拉金字塔和门卡乌拉金字塔在吉萨高地一字排开，组成灰黄色的金字塔群。这些单纯、高大、厚重的巨大四棱锥体高傲地屹立在浩瀚的沙海中，向世人夸耀着古埃及人的智慧和伟大。其旁边更有气势磅礴的狮身人面像（高约20米、长约46米）相伴。狮子在古埃及人眼中是力量与神圣不可侵犯的象征，所以法老才选择它为自己守陵，它也确实忠于职守，一守就是4000多年。

集巨大、精密、和谐为一体的金字塔留给人们的不仅仅是建筑史上的奇迹，更体现了古埃及劳动人民在天文星象学、数学、力学等领域的极高造诣。

最早的太阳历

古埃及的太阳历是人类历史上最早的历法，约在公元前4000年前就已出现，这跟尼罗河的定期泛滥关系密切。从某种意义讲，甚至可以说尼罗河的定期泛滥催生了太阳历，所以在这里有必要交代一下尼罗河的情况。

古埃及太阳历

尼罗河，是上源青尼罗河、白尼罗河两条尼罗河在苏丹首都喀土穆汇合后的正式称谓。它全长6700千米，堪称世界上最长的河流，它流经坦桑尼亚、卢旺达、乌干达、肯尼亚、埃塞俄比亚、苏丹和埃及等国家，最后向北注入地中海。尼罗河主宰着它流经国家的命运，离开了它的滋润，这里的文明将灰飞烟灭。但由于尼罗河水流缓慢，泥沙不断沉积使河床持续增高，致使多次泛滥成灾，但河水退后，又留给当地人大片沃土。因此，古埃及人需找到其中的规律以趋利避害。

经过长期观测，古埃及人逐步发现尼罗河泛滥的规律，当它开始泛滥时，清晨的天狼星正好位于地平线上。这一点天文学上称为"偕日

描绘古埃及控制洪水的泥版画
古埃及人根据天狼星的位移和尼罗河河水的涨落情况来确定季节，进而在此基础上确立了历法。这种历法后来就演变成了太阳历。

升"，即与太阳同时升起，于是这一天便被设定为一年的第一天。不巧的是，天狼星偕日升的周期并没有很快被发现，智慧的古埃及人也没有放弃，经过几代人的不懈努力，他们终于发现：天狼星偕日升那天与其120周年后那一天恰好相差一个月，而到了第1461年，偕日升那天又重新成为一年的开始。于是古埃及人设定1460年的周期为天狗周（因为他们的神话中称天狼星为天狗）。

我们把古埃及的太阳历与当前的公历做一个简单的对比，就不难发现其科学性：一年的天数为365天，继而把一年划分为12个月，每月30天，末了还剩5天则作为宗教节日，就如同我们传统的春节一样也是5天，这比精确的一回归年（365.25天）仅少0.25天，120年后少30天，1460年后就会少365天，又接近一年，如此便形成一个完整的周期。这样精妙的历法凝结着无数古埃及先民的智慧。

在古埃及，人们运用大量的时间进行天象的观测，特别是对天狼星位置的观测更加细致入微。他们发现，在固定的时间里，天狼星从天空消失，在太阳再次出现在同一位置时，它又从东方的天空升起，这就是一个周年。同时，古埃及人把天狼星比太阳早升起的那一天定为元旦。

古埃及人创制的太阳历对尼罗河流域的农业生产有着深远的影响，这也是古埃及跻身世界四大文明古国的重要标志。正是有了这样一部较为完备的历法做指导，古埃及的先民才得以准确预测尼罗河河水涨落，合理安排农事，做到趋利避害，获得一年又一年的大丰收，从而具备了稳定的衣食之源。在这个物质基础上，古埃及才得以在宗教、建筑和医学等领域创造更加辉煌灿烂的文明成果。

印度河流域城市文明

20世纪20年代初，经考古工作者数十年的发掘，在印度河流域陆续发现了200余处城市和村落的遗址，其中最大的城市遗址是摩亨佐·达罗（在今巴基斯坦信德省境内）和哈拉巴（在今巴基斯坦旁遮普省内）。由于哈拉巴遗址发现的时间早些，学者们便把印度河流域的古代文明称为"哈拉巴文化"。印度河流域文明的范围很广，从南到北相距约1100千米，从东至西约1550千米。一般认为印度河流域文明的创造者是达罗毗荼人。

印度河流域文明体现为城市文明，但其基础是建立在农业经济之上的。居民主要的生产活动是务农。这一时期的粮食作物有大麦、小麦，经济作物有棉花、胡麻，另外还有瓜果、椰枣等园艺作物。在畜牧业方面，已驯养的牲畜有水牛、黄牛、象、狗、鸡、骆驼、山羊、绵羊等。这些驯养的动物，既是耕耘、运输的工具，又是人们肉食的来源。在手工业方面，有粮食加工、棉、毛纺织、制陶业、冶金业和珠宝业等。这些行业都促进了商业贸易的发展，当时的商业贸易不仅在印度本土进行，而且与西亚也有贸易联系。

印度河流域出土的文物

印度河流域文明已有了城市建筑规划和极为完善的下水道疏道导引系统。哈拉巴和摩亨佐·达罗两城相距400英里，城市建筑非常相似。它们的周长都在3英里以上，都分为卫城和下城两部分。哈拉巴的卫城是用高达50英尺、基底厚达40英尺的砖墙围成的，这里可能是统治者的居住区；下城则为普通居民区。摩亨佐·达罗的建筑规模较哈拉巴更为宏大。卫城的四周设有防御的塔楼，西部可见一处规模宏大的谷仓；南部一组公共建筑物的中心为会议厅，面积约25米见方；东北部的建筑群中有一座很大的长厅。卫城中央有一个公共浴池，长12米、宽7米、深2.4米，南北两端的阶梯延至底部。浴池的北面又有多间小浴室，室内垒砌的高台上置放着水罐，应该是用来提供热水的。联系到普通住宅也大多备有水井及洗浴设施的情况，给人以古城居民特别爱清洁、讲卫生的突出印象。

城内的房屋大都用烧砖砌成，其规模和设施差别很大。穷家小户只有一两间简陋逼仄的小屋，与另一些广宅大厦形成鲜明对比。大户人家有中央庭院，四周环绕许多间房屋，还有大厅。有一幢巨大建筑物内甚至含多间大厅，外带一个储藏库。另有不少引人注目的二层楼房。

摩亨佐·达罗城遗址
由于被弃已久，摩亨佐·达罗古城的某些部位显示出岁月侵蚀的痕迹。值得一提的是古城具有完备的排水系统：一条阴槽以平缓的弧度转弯，以保持排水畅通。

人们更讶异于古城的排水系统，其完善程度令人瞠目：二楼冲洗式厕所的水可经由墙壁中的土管排至下水道，有的人家还有经高楼倾倒垃圾的垃圾管道。从各家流出的污水在屋外蓄水槽内沉淀污物，再流入有如暗渠的地下水道。这两座城市，一个在印度河的上游，一个在印度河的下游，表明这两个城市是两个互不相属的国家的都城。

印度河流域文明也创造了自己的文字，这些文字主要保存在各种陶、石、象牙制的印章上。

迄今所知属于印度河流域文明的字符约有500个。

从遗迹中可以看出，当时印度河流域文明已有了国家，哈拉巴、摩亨佐·达罗等大城市便是早期的奴隶制国家。

自公元前20世纪中叶起，属于印欧语系的雅利安人部落，带着他们的战车、人马、畜群、食物和供奉的神龛，一批接一批地从中亚经由印度西北方的山口涌入次大陆。雅利安人最初的故乡在南俄草原，后来驮着帐篷出外漂泊，寻找新的家园。其中进入伊朗高原的一支成为后来的米底人和波斯人，向南的一支进入印度河流域。

"雅利安"意为"高贵的"。这些以"高贵者"自居的白种人，把被他们所征服的皮肤黝黑的达罗毗荼人说成没有鼻子或只有扁平鼻子的、说邪恶语言的人，称其为"达萨"或"达休"（意为敌人）。在漫长的征服过程中，雅利安诸部落同"达萨"之间展开了激烈的战斗。《梨俱吠陀》的《因陀罗（雷雨神或战神）赞歌》这样唱道：

他使万物变化无常；
他使达萨瓦尔那屈服、消灭；
他像赢得赌金的赌博者，拿走敌人的财产。
噢，人们哟！他是因陀罗。
摩亨佐·达罗最终被彻底摧毁了。

两河流域古王国的兴亡

在尼罗河下游埃及大金字塔拔地而起时，埃及东面亚洲的两河流域也已经跨入文明时代。苏美尔人是两河流域文明的先驱者，也是苏美尔文明的创造者。苏美尔文明之后，两河流域南部进入了苏美尔早王朝时期（约公元前2800~前2371年）。到了公元前18世纪前期，整个两河流域都被古巴比伦王国（约公元前1894~前1595年）所统一。公元前8~前7世纪，地跨西亚、北非的亚述帝国推翻了古巴比伦，但后来亚述帝国又被新巴比伦和米底王国消灭。

苏美尔人发明的楔形文字是古代两河流域最为辉煌的文化成就之一。楔形文字与埃及象形文字、希腊迈锡尼线形文、中国甲骨文都是人类文明初期的著名文字，它早在公元前3500年就出现了，起源于图形文字。苏美尔人开始将发明的文字刻在石头上，后来他们用粘土和水制成泥板，将字在半干的泥板上刻压，留下的文字很像木楔，字迹笔画上宽下窄，所以人们称其为"楔形文字"。

苏美尔里拉
这是一件用于宗教仪式的乐器。

在文学创作方面，《吉尔伽美什史诗》是两河流域最具代表性的作品。它是已知的世界上最早的英雄叙事诗。在自然科学中，古代两河流域以天文学最为突出。苏美尔人早在苏美尔时代就以一昼夜为一天，以月的圆缺周期来规定月。他们将一年分为12个月，其中6个月每月30天，6个月每月29天，共354天。这便是著名的太阳历。

古代两河流域的建筑和雕刻也具有很高的水平。公元前22世纪，乌尔大寺塔出现了，另外还有亚述帝国时代最著名的建筑——萨尔贡二世的王宫。在雕刻艺术方面，代表作品很多，有乌尔王陵出土的金盔、"金牛头木琴"、"乌尔军旗"、"纳尔姆·辛王的石柱"、"汉谟拉比法典碑"等。

苏美尔人城邦争霸

苏美尔城邦在两河流域南部星罗棋布，各城邦都由一个位于中心位置的城市和围绕这个城市的若干个村镇构成，都具有小国寡民的特点。

苏美尔城邦宗教氛围浓厚。每个城市都有几个神庙，其中的主神庙在城邦中的地位最高。神庙是当时城邦的经济中心，拥有很多可耕地。神庙土地属于城邦公有地，不能买卖。到了早王国后期，城邦首领渐起私心，逐渐将神庙土地据为己有。

苏美尔神庙不仅是城邦的经济中心，而且是城邦的政治中心。城邦首领住在主神庙内，是该邦主神最高祭司。他主持祭祀活动，管理神庙经济，监督神庙工作人员。同时，他还主管修筑灌溉运河、城市防卫、战时统率军队、领导城邦会议等世俗事务。

苏美尔城邦的社会结构犹如苏美尔塔庙：高踞塔顶的是城邦首领；其下是由王室高级官员和神庙高级祭司所组成的贵族阶层；贵族以下是拥有小块土地的平民；平民以下是显贵家庭、神庙和宫廷的依附民，他们没有土地，只能临时租种神庙或贵族的土地；社会最底层的是归显贵家庭、神庙和宫廷所有的奴隶，他们一般来源于战俘，也有因极端贫困而被家长卖为奴隶的孩子以及卖身为奴的整个家庭。奴隶的处境非常悲惨，他们只是作为主人的财产和牲畜，并且身上烙有印记，可以被买卖。

手持战斧的苏美尔战士

苏美尔诸城邦虽然有着语言和文化的一致性，但是邦际之间的关系并不友善。为了扩大领土、控制水利灌溉权以及争夺霸权，各邦之间频繁发生战争。早王国中期，基什取得了霸国的地位后，其国王麦西里姆曾以霸主的身份调解拉伽什与乌玛两邦之间的边界冲突，并为两邦划了分界线。后来，拉伽什逐渐强大起来，其第三代国王安那吐姆征服了巴比伦尼亚许多城邦，号称"苏美尔诸邦之霸主"。

苏美尔的每个城邦都由一群贵族来治理，在战争时期，他们会选出一位首领来统治，直到战争结束。

早王国后期，苏美尔各邦之间的争霸战争更加频繁激烈。经过长期混战，两河流域逐渐形成了以乌尔和乌鲁克为霸主的南方同盟与以基什为霸主的北方同盟。南北两大军事同盟的形成，标志着两河流域南部小邦林立、独立自治局面的结束与地域性统一王国的出现。

在城邦争霸战争中，统治者为了支付繁重的战争经费，不断向人民征收苛捐杂税，从而加剧了城邦内部的社会矛盾。约公元前2384~前2378年，拉伽什的国王卢伽尔安达横征暴敛，广大平民无法生存下去，纷纷起来反抗，终于罢黜了卢伽尔安达

显示王室军威的军旗
旗中图案详细描写了公元前 2500 年强大的乌尔军队的一次大捷。

的王位，推举贵族出身的乌鲁卡基那执政。

乌鲁卡基那执政后，实行了目前所知世界历史上最早的一次社会改革。其主要内容是除弊兴利，即废除前国王的种种弊政，大兴有利于平民的改革。新政禁止以人身保障作为借贷条件、禁止欺凌孤寡以及减轻人民殡葬费用之类的措施，受到民众的欢迎。因为改革的目的是为了缓和拉伽什极为紧张的社会矛盾，以城邦主神的名义恢复正义，扶助贫困，抑制享有政治经济特权的贵族，所以乌鲁卡基那的改革具有进步意义。乌鲁卡基那改革后8年，拉伽什遭强敌乌玛与乌鲁克联军入侵，被兼并而亡。

阿卡德王国的兴衰

阿卡德王国的创立者是萨尔贡。传说他是一个私生子，出身低贱，家世贫寒。后来他由基什宫廷的一名园丁一跃而为基什国王乌尔扎巴巴的亲信大臣。当基什被乌玛王卢伽尔扎吉西打败时，萨尔贡趁机夺取了政权，建都阿卡德城。

萨尔贡带领一支5.4万人组成的军队，先后进行了34次胜利的军事远征。他打败了苏美尔地区50个城邦首领组成的联军，俘虏了乌玛王卢伽尔扎吉西。后来他挥师南下，摧毁了乌鲁克、乌尔、拉伽什等城邦，"洗剑于波斯湾"。萨尔贡统一了两河流域南部，结束了该地区近千年来的分裂局面，在该地区建立了第一个统一的国家。

过了不久，萨尔贡东征埃兰，劫掠苏撒等城市。他还率军北上，不仅征服了两河流域北部的苏巴尔图，而且曾经一度占领小亚细亚的陶鲁斯山区和沿黎巴嫩山脉的地中海东岸一带。萨尔贡自诩为"天下四方之王"。实际上萨尔贡统治的中心地带是两河流域南部。

萨尔贡可能建立了一个中央集权制国家。铭文记载："他使全国只有一张嘴。"他大概把全国划分为若干行政区，以"十时间行程范围"作为一个行政区，其长官从宫

阿卡德国王纳拉姆辛
头像 青铜制
这尊头像一直令观赏者着迷，他有着深邃的目光，弯曲打缕的胡须更为他添了几分魅力。

廷子弟或阿卡德贵族中选拔。同时，他也任命一些拥护他的当地贵族参政，以缓和征服者与被征服者之间的矛盾。

萨尔贡统治时代，政府修筑了许多新水渠，扩充和改善了灌溉系统。萨尔贡制

阿卡德时代的圆筒印章及印影

定并推广了以十进制为计算单位的度量衡制，给国内贸易带来极大的便利。

萨尔贡晚年，国内发生了暴动。暴动者将他包围在阿卡德城内，后来，他利用近卫军镇压了暴动。萨尔贡之子里木什统治（约公元前2315～前2307年）初年，阿卡德王国又发生了暴动，后来被镇压下去。

阿卡德第三代王玛居什吐苏统治时期（约公元前2306～前2292年），土地兼并十分严重，旧贵族家族在逐渐衰落。

纳拉姆辛统治时期（约公元前2291～前2255年），阿卡德王国臻于全盛。他曾多次远征，北到亚美尼亚和库尔德斯坦，东至扎格罗斯山，西抵叙利亚和阿拉伯半岛一带，自称"天下四方之王"。同时，他为了加强王权，派其子和王室官员去一些城市担任要职，或把原来的城邦首领贬为普通官吏。祭司们为了讨好这位"天下四方之王"，将他神化，称他为"神圣的纳拉姆辛"和"阿卡德的强大的神"。纳拉姆辛死后，阿卡德王国逐渐衰落。

约公元前2191年，东北山区的游牧部落库提人侵入两河流域南部，阿卡德王国灭亡了。

乌尔第三王朝

库提人在两河流域南部统治了近一个世纪后，被乌鲁克国王乌图赫加尔率军击败并被赶出了两河流域。不久，乌尔强盛起来，打败乌鲁克，重新统一了巴比伦尼亚，建立了乌尔第三王朝。

乌尔第三王朝时期，确立并加强了中央集权。该王朝的国王们已集军、政、司法大权于一身，全国被划分为许多地区，由国王派人担任长官。地方长官虽沿袭城邦首领的称谓，但无城邦时代城邦首领的特权，实为从属于中央的地方官吏；贵族会议和人民大会虽然保留了下来，但仅仅是服务于国王的机构。

乌尔第三王朝时期，国王们都非常重视法制。王朝缔造者乌尔纳姆（约公元前2113～前2096年）制定了《乌尔纳姆法典》，这是迄今所知世界历史上第一部成文法典。

乌尔纳姆兽身像

从现在仅存的20多条残篇来看，涉及女奴的有5条，她们时常遭受强暴、买卖和殴打。有2条涉及寡妇，她们的社会地位较之女奴稍好，法典序言提到不允许有势力的人支配寡妇，正文又提到遗弃妻子的男人应赔偿一定数目的白银。除此之外，法典也涉及到普通妇女，她们

的社会地位比女奴和寡妇高，但较普通男子卑下。尽管法典中仍残存着让河神澄清妖术罪和妻子被控通奸罪的规定，但有关身体伤害的处罚规定比原始的处罚有了很大的进步。

乌尔第三王朝时期，经济上最突出的特点是王室经济空前繁荣。王室占有全国3/5的土地，并且在这些土地上建立和经营大规模的农庄、手工业作坊和牧场，在这些土地上从事劳动的主要是半自由民身份的依附民和奴隶。王室经济管理严密，设有许多监工。繁重的劳动使得奴隶尤其是女奴死亡率很高。农忙季节，王室农庄雇佣很多无地或少地的自由民成年男子耕种或收获。这些雇工按日领取的食物报酬比奴隶和依附民多一至二倍。

乌尔第三王朝时期，社会分化明显加剧。日益恶化的处境使许多自由民沦为奴隶，有的因不堪沉重的债务而将妻子儿女卖为奴隶，有的是全体家庭成员自卖为奴。当时私人拥有的奴隶，在待遇上要比王室经济的奴隶稍好，他们可以以家庭为单位在主人家服役，能赎身，也能到法庭作证。但奴隶在法律上仍属主人的财产。

乌尔第三王朝共历五代国王。这些国王经常侵略周边地区，第二、三、四、五代国王都宣称自己是"天下四方之王"，并为自己建了神庙，立了雕像，要求人们定期举行跪拜仪式并奉献祭品。末王伊比辛统治时期，国家遭到东南部埃兰人和西部阿摩利人的联合攻击。约公元前2006年，乌尔第三王朝灭亡，伊比辛也被埃兰人俘获。

克里特文明

克里特文明是由地中海东部克里特岛的古代克里特人（或称米诺斯人）创造出来的文明。早在公元前3000年以前，克里特岛就出现了新石器文化。公元前3000年中期进入金石并用时代，原始社会开始分化解体。到公元前2000年左右，克里特岛进入青铜器时代，出现了早期的奴隶制国家。克里特文明分为早王宫时代和后王宫时代。

早王宫时代（约公元前2000~前1700年）是克里特文明的初级阶段。当时奴隶制城邦刚刚兴起，在岛屿中部的米诺斯、法埃斯特、马里亚等地先后出现了王宫建筑，宫殿都用石料砌成，有宽敞的大厅、宫室、仓库、作坊等。青铜器制造技术已相当先进，手工业和农业也已分离。

米诺斯王宫遗址

这一时期制造的青铜双面斧、短剑、矛头、长剑以及金质和银质的碗等工艺品，都十分精美。这一时期也出现了文字，并由图画文字发展为象形文字。

后王宫时代（约公元前1700~前1400年）是克里特文明的繁荣阶段。原来被毁的王宫又重新修建起来，而且比以前更加壮观。农业、手工业和海外贸易都很发达。农业上使用犁耕，农作物有大麦、小麦和大豆等；园艺作物有橄榄、葡萄等；手工业方面已经能够制造出一种高头低舷的远航船只。克里特岛同爱琴海诸岛、希腊半岛、小亚细亚、腓尼基、埃及以及西部地中海地区，都有密切的贸易联系。海外贸易成了克里特岛的经济命脉。另外，此时还出现了书写古代克里特语的音节文字——线形文字甲种（或线文A）。

后王宫时代，克里特岛上的城邦比以前大大增加，此时的克里特岛有"百城"之称。"百城"之中米诺斯的势力最为强大，称霸于克里特岛，并控制了爱琴海中的一些岛屿。已被完整发掘出来的米诺斯王宫，占地2公顷，一般多是三层建筑，并有供水、排水设备；宫中设有"宝殿"、寝宫、神坛、粮仓、地窖、牢房、作坊、武器库等，结构复杂，曲折通达，有"迷宫"之称。

克里特文明衰落后，爱琴文明转入以迈锡尼文明为主的阶段。

迈锡尼文明

阿卡亚人（希腊人的一支）创造的迈锡尼文明（约公元前1500~前1100年），是指以迈锡尼为代表的南希腊的迈锡尼、太林斯、派罗斯等早期奴隶制城邦文明。阿卡亚人于公元前1650年前后，从巴尔干半岛北部侵入中希腊和南希腊。此时他们正处于氏族社会的解体时期，从当时的竖井式的坟墓中可以看出来，随葬品有很大区别。到了公元前1500年左右，规模宏大的圆顶墓代替了竖井墓，同时在迈锡尼、太林斯、派罗斯等地有宫殿和城堡出现。因此，圆顶墓的出现，标志着迈锡尼等地奴隶制城邦的产生和迈锡尼文明的开始。

迈锡尼文明时期，生产力迅速发展，金属冶炼和手工业品的制造技术，超过了克里特文明时期的水平。迈锡尼社会是奴隶制社会，城邦的统治阶级包括国王、将军、贵族、官

公元前 1300 年左右的迈锡尼圆形墓

吏、祭司；政治机构有贵族会议和民众大会；社会的基层组织是公社，首领是长老。土地基本上分为私有和公有两种形式。奴隶多属于国王所有，但也有私人奴隶，他们从事手工业、农业等生产性或非生产性劳动。

迈锡尼文明时期出现了文字——线形文字乙种（或线文B）。迈锡尼文明时期的建筑艺术有了长足的发展。太林斯城墙厚度达20米，非常坚固。迈锡尼也有高大的城墙和塔楼，其石头城门——"狮子门"以宏伟坚固著称。公元前12世纪

迈锡尼建筑中的狮子门，以宏伟坚固著称。

初，以掠夺为目的的迈锡尼率南希腊诸国攻打小亚细亚的特洛伊城。

希腊人率领自己的联合舰队从位于尤卑亚海峡的奥里斯出发，在小亚细亚海岸登陆后，在特洛伊平原上建立了一个巩固的大本营，然后迅速包围了特洛伊城。

特洛伊城地势险要，易守难攻。阿伽门农每次攻打都遭到特洛伊盟军的反击。战争持续了9年，双方损兵折将，死伤无数。

转眼进入第十个年头，希腊联军中最勇敢的战将阿喀琉斯因和主帅阿伽门农争夺女俘而退出了战斗。其好友借用他的盔甲、盾牌和武器去攻城，结果被特洛伊人的统帅、太子赫克托尔杀死。阿喀琉斯知道后怒火冲天，重返战场，要为好友报仇。赫克托尔出城应战，与阿喀琉斯杀得难分难解，最终赫克托尔因体力不支而战死沙场。特洛伊人见统帅被杀，发起了猛烈的反攻。海伦知道阿喀琉斯的弱点在脚后跟，便帮助小王子帕里斯寻找机会，用毒箭射中了阿喀琉斯的脚后跟。阿喀琉斯中毒身亡，帕里斯也在这场战役中被希腊将士用乱箭射死，战争陷入僵局。

特洛伊城久攻不下，阿伽门农只好采取了奥德修斯的计策。一连数日，希腊人不再攻城，战场上出现了少有的平静。特洛伊人很奇怪。更奇怪的事发生了，一天早晨，特洛伊人突然发现躁动的希腊军营空荡荡的，海面上高挂着希腊联军旗帜的战舰向远处驶去。饱受战争之苦的特洛伊将士和老百姓欢腾起来，纷纷走出城门，庆祝希腊人的撤走。

突然，人们发现希腊军营中有一个巨大的木马。特洛伊人好奇地围着转来转去，并不明白是什么意思。他们猜测：希腊人攻打特洛伊，激怒了天神，天神派木马降临赶跑了他们。于是，特洛伊将士和百姓纷纷跪祭木马，感谢天神的保佑。特洛伊国王还吩咐手下将这宝物拉到城里。木马太大，城门进不去。国王下令推倒一段城墙，这才把木马拉进城里。

整个特洛伊城沸腾了，为庆祝胜利，一桶桶的美酒被喝得精光，守城将士都昏醉在岗位上。黎明时分，茫茫的海面上突然闪现灯光，一艘艘战舰向特洛伊疾驶而来。这时，木马的肚子里冲出数十位全副武装的希腊勇士。守城的特洛伊士兵还未反应过来就成了刀下鬼。希腊勇士打开城门，10万希腊大军如潮水般涌进特洛伊城。10年未被攻破的特洛伊城瞬间被希腊人占领了。

迈锡尼等希腊城邦虽然获胜，但为时10年的战争也大大地削弱了他们的力量，使他们的防御能力大减。约公元前1125年，多利亚人从希腊半岛北部趁机入侵，征服迈锡尼诸城邦，迈锡尼文明至此结束。

腓尼基

腓尼基位于地中海东岸北部的狭长沿海地带。它不是一个国家的名称，而是一个地区、一个民族的名称。

公元前30世纪末～前20世纪初，腓尼基境内出现了许多独立的城市国家。其中著名的有西顿、推罗、乌伽里特、毕布勒等，由于这些独立的、面积狭小的城市国家之间彼此对立和互相攻伐，加之又地处周围一些强国向外扩张势力的碰撞点上，所以它们经常遭到强国的侵略和操纵，成为强国的附属品。

公元前20世纪中叶以后，腓尼基诸城市国家处于埃及和赫梯的统治之下，后来又遭到海上民族的入侵。虽然他们在公元前10世纪左右一度独立和复兴，但公元前8世纪以后，又遭亚述帝国和新巴比伦王国的侵略。到公元前6世纪，波斯帝国兼并了腓尼基。

由于腓尼基的手工业、商业和航海业都很发达，使它在许多领域影响着地中海一带地区。手工业中享有盛名的是染织和造船。腓尼基人能从海生贝壳动物身上提取紫红色颜料，经这种颜料染过的毛、麻织品，鲜艳夺目而不褪色。腓尼基人还是优秀的造船者，他们用黎巴嫩山上的雪松制造出来的船只，远近闻名。腓尼基的商业更为著名，腓尼基人有商业民族之称。早在公元前30世纪，腓尼基各城市国家就与埃及、两河流域以及叙利亚的埃勃拉国有着贸易往来。从公元前20世纪起，腓尼基商人就在小亚细亚沿岸、爱琴海诸岛、塞浦路斯和黑海沿岸建立了不少商业区。公元前10世纪前期，腓尼基人又向西部地中海发展。公元前10世纪～前6世纪400年间，腓尼基人垄断了地中海贸易。在经商的过程中，他们建立了许多商业据点和殖民城市，其中最著名的是在公元前9世纪末建于北非沿岸的迦太基。腓尼基人还是古代勇敢而又智慧超群的航海家。公元前600年左右，埃及法老尼科曾委托腓尼基人乘船围绕非洲航行，历时3年获得成功。

腓尼基人在公元前13世纪创造了腓尼基字母文字。据说，一个名叫卡德穆斯的腓尼基工匠，一次在别人家干活忘记了带一件工具，便拿起块木板，用刀在上面刻画些什么，吩咐奴隶送给家中的妻子。卡德穆斯妻子看完木片，二话没说就交给奴隶一件工具。原来卡德穆斯在木片上刻下的便是第一个腓尼基字母。久而久之，腓尼基文字便逐步传播开来。

腓尼基字母比当时的象形、楔形文字更实用，因为它在象形文字和楔形文字外形基础上抽象出一系列简单的符号，组成22个字母。这套字母是线形符号，没有元音，只有辅音。腓尼基字母因通俗易懂和书写简便，后来便传播到了东西各地：向东传入阿拉米亚人居住区，形成了阿拉米亚字母，而阿拉米亚字母又演变出印度、阿拉伯、亚美尼亚、维吾尔等字母；向西传入希腊，希腊人在此基础上加入元音，创造了希腊字母，而希腊字母派生出的拉丁字母和斯拉夫字母后来发展成为西东欧各国字母的基础。

以色列犹太王国

巴勒斯坦位于地中海东南岸，北面与腓尼基接壤，西南面连接西奈半岛，东面是叙利亚草原。公元前30世纪，迦南人居住在这里，因此这个地区也叫迦南。约公元前1900年，希伯来人的祖先亚伯拉罕率领族人从两河流域来到迦南。迦南人把这些新来的游牧人群称为"希伯来人"，意为"从河那边来的人"。后来迦南发生了大旱灾，为了逃避灾荒，一部分希伯来人在亚伯拉罕之孙雅各的带领下迁到埃及居住，在此后的四百多年里，饱受埃及法老的剥削和奴役。

公元前13世纪，不堪忍受这种悲惨境遇的希伯来人在其领袖摩西的带领下，历经千难万险迁出埃及。此后又在其继承人约书亚的率领下返回了迦南。

在迦南，希伯来人与迦南人不断发生冲突。经过长期战斗，希伯来人占领了迦南人的许多土地，一部分迦南人与希伯来人逐渐融合，一部分迦南人则长期与希伯来人为敌。在征服迦南的过程中，希伯来人形成两个部落：北方的以色列和南方的犹太。

公元前13世纪末，海上民族腓力斯丁人占领了迦南的西南沿海地区。这些海上民族称他们居住的地区为巴勒斯坦，意为"腓力斯丁人的土地"。后来希腊史学家就把全部迦南叫作巴勒斯坦，即现在的巴勒斯坦地区。

带领以色列人走出埃及的摩西

希伯来人同腓力斯丁人之间进行的战争异常激烈。在战争中，希伯来两大部落联盟需要加强联合，其首领也需要扩大和集中权力，这就加速了希伯来人国家的形成。到了公元前11世纪，希伯来人终于建立了本民族的王国——以色列犹太王国。从此，他们的历史由前王国时期（前文明时期）进入王国时期（文明时期）。

扫罗（约公元前1030～前1010年在位），是以色列犹太王国的第一个国王。他是从北方以色列各部落中选举出来的。扫罗在位时把12个部落统一起来，并组织了一支强有力的军队。这支军队在同腓力斯丁人作战中，取得了许多次胜利。但扫罗和他的3个儿子都先后在战争中阵亡。后来，南方犹太部落联盟首领大卫（约公元前1010～前970年在位）当了国王。在他的领导下，以色列犹太人彻底打败了腓力斯丁人，建立了一个统一而又强大的以色列犹太王国，并且将首都定在耶路撒冷。大卫死后，其子所罗门（约公元前970～前931年在位）即位。他统治的时代是以色列犹太王国的鼎盛时期。所罗门大力发展外交和外贸，并与埃及结盟，娶埃及法老的女儿为后；他还组成船队在地中海、红海和印度洋上进行商业活动。所罗门为了打破传统的部族界限，把全国划分成12个行政区。为显示其君主统治的威力，他还大兴土木，兴建了豪华的宫殿，并为耶和华神修建了一座金碧辉煌的圣殿。

所罗门晚年追求享受，奢侈好色，加之长年役使民众建造宫殿和圣殿，引起人民不满，国势渐渐衰落。他死后不久，王国分裂为两个国家。北方叫以色列王国，在撒马利亚建都；南方叫犹太王国，仍以耶路撒冷为首都。

公元前722年，以色列王国被亚述帝国所灭；公元前586年，犹太王国在巴比伦的攻打下亡国，被俘的一大批犹太人被劫往巴比伦，在那里度过了近半个世纪的囚徒生活，史称"巴比伦之囚"。

公元前538年，波斯开国皇帝居鲁士灭亡了新巴比伦，释放了被囚的犹太人。在波斯帝国的支持下，他们返回巴勒斯坦，建立了一个臣属于波斯帝国的、政教合一的神权国家。

古代印度

南亚次大陆两条最大的河流印度河和恒河发源于喜马拉雅山西段山麓，印度河向西南注入阿拉伯海，而恒河向东南注入孟加拉湾。以印度河与恒河流域为中心，包括周围地区以及印度半岛、斯里兰卡等地，构成了古印度的地理概念。

考古学家研究认为，印度河文明是存在于公元前2300年至前1750年之间的一种早期人类文明。20世纪初，人们在印度河流域发现了一些古老的印章，上面刻有动物图像，还有象形文字符号。经过半个世纪的勘察发掘，"印度河文明"被发现了。

在"印度河文明"衰落之后，大约从公元前1500~前600年的印度历史被称为"吠陀时代"。"吠陀"是印度最早的宗教典籍，意即"知识"或"神圣知识"，共有4部，其中最重要、最古老的一部是《梨俱吠陀》，它所反映的时代被称为"早期吠陀时代"，时间约从公元前1500~前900年；另外3部反映的时代较晚，称为"后期吠陀时代"，时间约从公元前900~前600年。后期吠陀时代是种姓制度和婆罗门教形成的时代。此时，雅利安人内部出现了等级，形成了等级森严的种姓制度。

在后期吠陀时代，古印度进入了"列国时代"，由于当时诸国林立、各自为政，因而得名。列国时代是印度意识形态领域各种学派、教派纷纷兴起和空前活跃的时代，一些新思想和新学说蜂拥而出，许多新学派和新教派纷纷兴起，其中最有影响的是耆师教和佛教，而顺世治派最为激进。

孔雀王朝的创建者旃陀罗笈多，是古印度著名帝王阿育王的祖父。公元前324年，旃陀

森严的种姓制度
印度的种姓制度沿袭了许多世代，而且越来越复杂，演变出了数以千计的亚种姓。"萨蒂制"产生于种姓制度。"萨蒂"印度语意为"寡妇自焚为丈夫殉葬"，如图所示。

罗笈多建国并定都华氏城，古印度由此进入帝国时代。孔雀帝国最强盛的时代是由阿育王开创的。他结束了列国争雄的分裂局面，建立起幅员辽阔的孔雀帝国，使人民安居乐业，并且大力提倡佛教，将佛教定为国教，大力兴佛。阿育王死后，孔雀王朝很快便衰落。大约到公元前187年，孔雀王朝被推翻。

《摩诃婆罗多》和《罗摩衍那》是古印度最为著名的两部史诗，在艺术上独具特色，对世界文学的影响很大。同时，《佛本生经》亦是一部具有很高文学价值的民间故事集。在建筑和雕塑方面，古印度著名的有桑奇建造的大窣堵波、阿旃陀石窟、阿育王四狮柱头、犍陀罗艺术等。

希腊的荷马时代

公元前11~前9世纪的希腊历史通常被称作"荷马时代"，它因《荷马史诗》而得名。

荷马时代的社会较迈锡尼时代来说，确实是一种倒退，遍及希腊的氏族部落完全淹没了迈锡尼文明。但生产力水平却有很大提高，突出表现在希腊已从青铜时代进入铁器时代。考古学家在这一时代发现了用铁制成的斧、锄、刀、剑等生产工具和武器，还发现了铁匠作坊。《伊利亚特》中提到给射鸽运动员的奖品就是铁斧。铁器的发明，极大地促进了农业生产的发展，人们学会用双牛拉犁，在平原、盆地种植大麦、豆类等作物，在山坡丘陵栽培橄榄、葡萄。农业的发展既提供了较多的生产资料，也刺激了分工的发展。手工业已脱离农业，成为独立的生产部门，出现了金属制造、纺织、皮革、造船等行业。生产的发展使商品交换应运而生。

荷马与诸神　浅浮雕

不过当时是以物易物，用于交换的主要物品是金属和牲畜，特别是牛，既是交换媒介，也是主要的财产形态。据《伊利亚特》介绍，此时的物物交换有两种类型：一是以牛易物，一是以牛易人（奴隶）。此外还有馈赠等其他形式。

当时的阶级分化已初露端倪，动产的私有制已显而易见，不动产（土地）的私有制似乎也已产生。氏族贵族占有较多较好的土地和大量牲畜，村社农民只能耕种小块份地，失去份地的农民有的充当雇工，有的沦为乞丐。奴隶制已经产生，奴隶主要来源于战俘和被拐卖的人。男奴多用于放牧，女奴多用于家务和纺织，直接参与农业和手工业生产的奴隶还很少见。

古代希腊城邦文明

公元前5世纪，以雅典为代表的希腊城邦在取得希波战争的胜利后，进入了经济、政治和文化全面繁荣的古典时代。伯罗奔尼撒战争爆发后，希腊陷入了城邦危机。此时，马其顿王国于北方崛起，乘机南下，将希腊半岛征服，结束了古希腊的城邦时代。

古希腊文明的肇端是克里特-迈锡尼文明。克里特文明早期，奴隶制城邦刚刚兴起，文字开始出现，并由图画文字发展为象形文字。克里特文明进入繁荣时期的重要证物是后人

希腊犁车

古希腊人实行家庭制农业系统，各户独自种植粮食，经常采用的农具是这种人力牛犁车。随着缓慢的农业发展与日益增长的人口之间的矛盾产生，向外扩展殖民地便成了一种途径。

发掘出的米诺斯王宫，它宏伟高大、气势恢宏。公元前1450年左右，迈锡尼人占领米诺斯，克里特文明衰落，爱琴海文明转入以迈锡尼为主的阶段。这一时期生产力发展极快，金属冶炼和手工业品的制造已经超过克里特文明时期的水平。考古学上所说的"线形文字两种"便是迈锡尼文明时期的文学。这一时期著名的建筑有"狮子门"等，至今残迹犹存。他们的文化除了一些壮观的城堡外，还因大规模的竖穴或坟墓和金属工艺品而闻名。迈锡尼在公元前1125年被多利亚人灭亡。

荷马时代指的是公元前11世纪至前9世纪的希腊历史，它因《荷马史诗》而得名。斯巴达位于伯罗奔尼撒半岛东南部的拉哥亚平原，是希腊面积最大的城邦。斯巴达国家实行极为严格的军事制度和教育制度，重武力而轻文学艺术、自然科学。雅典位于阿提卡半岛，在荷马时代，这里有4个部落，每个部落有3个胞族。多利亚人南下时，相传是提修斯联合各部，对氏族部落组织进行改革，以雅典为中心建立城邦机构。通过改革，氏族部落管理机制正式发展为贵族独占的国家机构。公元前594年，梭伦当选为执政官，并进行了一系列改革，他削弱了贵族会议的权力，提高了公民大会的作用，规定各等级都有权参加公民大会，决定战争与媾和等国家大事，并可以选举官员。

经过一系列的改革之后，公元前509年，克里斯提尼实行了更深入的政策改革。他主要是重新划分民主选区，使民主政治的运作机制更趋合理完善。他因而被后人尊称为"民主之父"。

公元前492年，希波战争爆发，战争历经波斯人进攻、希腊人反攻和双方相持三个阶段，终于在公元前449年以希腊尤其是雅典的胜利而告终结。公元前5世纪中叶，希腊的政治、经济和文化发展达到了鼎盛时期，为以后的西方文明奠定了基础。

古希腊文化的成就首先表现在文学上，著名的史诗《伊利亚特》和《奥德赛》便是其中的杰作。还有大量的戏剧和历史著作产生，为希腊文学增添了亮丽的风采。古代希腊哲学也是希腊文化的重要组成部分，出现了赫拉克利特、德谟克里特、苏格拉底、柏拉图、亚里士多德等伟大的哲学家。希腊人在艺术上也有伟大的创作，著名的建筑有帕特农神庙和伊利特昂神庙，雕刻有女神雅典娜像和宙斯像，《掷铁饼者》更是闻名于世。

强大的亚述帝国

亚述帝国（约公元前8~前7世纪）的建立，是通过不断的军事征服逐渐完成的。为亚述帝国的建立奠定基础的是公元前9世纪前期的亚述王那西尔帕二世（约公元前883~前859年）。他率领军队打败了阿拉米亚人，洗劫了美索不达米亚和叙利亚，对北面的乌拉尔图予以重创，扩大了东部山区疆界，挥师直达西部的腓尼基海岸。

亚述帝国的创建者是公元前8世纪后期的提格拉·帕拉萨三世。他执政后进行了众多领域的改革。军事方面的改革主要是把常备军划分成七八个专门的兵种，如重装步兵、攻城兵、战车兵、骑兵、工兵、辎重兵等。同时他还改善了武器装备，军队里配备了铁制的弓箭、刀枪、盔甲等，制造并使用攻城用的投石机、冲城器和云梯。通过军事改革，亚述军队成为当时西亚、北非最强大的军队。亚述国王提格拉·帕拉萨三世，把亚述人好战的习性体现得淋漓尽致。征服是他最大的欲望，每一次对外的征服都助长了他扩张的野心。公元前745年，提格拉·帕拉萨三世以协助平定反乱为名，在巴比伦国建立了亲亚述政权。公元前744年，亚述人率先向东北开始扩张，顺利征服了米底各部落。

这头人面带翅公牛大约在公元前710年由萨尔贡二世建造，大约有4米高，重达14吨，充分显示了亚述人的雕刻艺术。

两次征战的胜利，助长了提格拉·帕拉萨三世的扩张欲。公元前743年他率领大军进攻大马士革城。大马士革城体坚固，守城将士和城中百姓，奋勇杀敌，拼死保卫大马士革。亚述国王见久攻不下，急忙调集投石机，向大马士革城内发射巨大的石块和熊熊燃烧的油桶。投石机是古罗马和中世纪时代的一种攻城武器，凭借金属外壳的保护，机内的将士可把巨石投进敌方的城墙和城内，造成破坏。

一时间，整个大马士革城一片火海，城内士兵和百姓都无心继续守城。亚述将士还用装有巨大金属撞角的攻城槌对城门和城墙发起攻击，大马士革城被攻陷。

亚述国王对大马士革人的顽强抵抗极为恼火，命令士兵大肆屠杀城内军民，还让战俘躺在削尖的木桩上，直到死去。

亚述国王的暴行使周边震惊，以色列、叙利亚、巴勒斯坦及阿拉伯等19国结成联盟，在黎巴嫩山区展开了对亚述人的反抗会战。亚述人凭借精良的装备及训练有素的将士击败了联军。

十九国联军俯首称臣后，亚述国王开始北伐乌拉尔图。乌拉尔图倚仗险峻的地势和顽强的抵御，使亚述人连胜势头有所收敛。然而，亚述人不甘心，又转而西征，并大获全胜。公元前714年，亚述再次北伐，国王率大军翻山涉水，抄小道直奔乌拉尔图的腹地。乌拉尔图守兵猝不及防，锐气尽挫，整个穆萨西尔城被亚述人洗劫一空。

对外征服是亚述国的传统，不管是哪届国王，都充满了征服的欲望。

萨尔贡二世统治时期（公元前722~前705年），亚述继续向外扩张领土。萨尔贡二世刚一即位就发兵攻陷了撒马利亚，消灭了以色列。公元前714年，他又大举进攻乌拉尔图，攻占其圣城穆萨西尔。到阿萨尔

亚述军队步兵像

在国王提格拉·帕拉萨三世时代，亚述人建立了一支当时世界上兵种最齐全、装备最精良的常备军，分为战车兵、骑兵、重装步兵、轻装步兵、攻城兵、工兵等。

哈东执政（公元前680~前669年）时，他于公元前671年率军越过西奈半岛，击败埃及军队并占领了埃及首都孟斐斯。最后到亚述巴尼拔统治时期（公元前668~前627年），亚述军队又攻陷了埃及古都底比斯，彻底消灭了东方的埃兰。至此，亚述的版图达到了最大规模：东起伊朗高原西部，西临地中海东岸，西南至埃及，北抵乌拉尔图，南濒波斯湾。这时的亚述已成为一个地跨西亚、北非的属于铁器时代的大帝国。

被征服地区的人民不断反抗，亚述社会内部的各种激烈的矛盾斗争，直接导致了亚述帝国走向衰亡。

帝国末期，亚述周围出现了一些强国——东方的米底、北方的吕底亚、南方的迦勒比（新巴比伦），这也是导致亚述帝国走向衰亡的重要原因。

公元前655年，埃及摆脱了亚述帝国，重新独立。公元前626年，巴比伦尼亚的迦勒比人宣布独立，建立了新巴比伦王国。以后，它同米底结盟共同进攻亚述。公元前612年，两国联军攻陷亚述帝国的首都尼尼微。公元前605年，亚述西部的最后一个据点卡尔赫米什也被攻破，亚述至此宣告灭亡。

斯巴达城邦

斯巴达城邦位于伯罗奔尼撒半岛南部的拉科尼亚，三面环山，中间有一块小平原。斯巴达的名称可能出自古希腊语"斯巴台"（意为播种地）。由于地处"凹陷的拉凯达伊蒙"河谷地段，故斯巴达又称"拉凯达伊蒙"。

公元前1100年左右，南侵的多利亚人进入拉科尼亚。约公元前10世纪，由4个多利亚人村庄联合组成了斯巴达城。居住在这一带的多利亚人，便称为斯巴达人。斯巴达城虽名之为城，实际上直到公元前4世纪末都完全没有城墙。有句谚语说："斯巴达没有城墙，男人的胸膛就是斯巴达的城墙。"斯巴达城周围分散居住着被征服的原本地居民，称"皮里阿西人"，即边民。边民为没有公民权的自由民。而占人口绝大多数的国有奴隶被唤作希洛人（一译黑劳士）。

大约在公元前800~前730年，斯巴达人逐渐征服了整个拉哥尼亚地区。此后又经过两次美塞尼亚战争（公元前740~前720年、公元前640~前620年），斯巴达人征服了拉哥尼亚西部的美塞尼亚居民。据希腊神话传说，美塞尼亚最初之王与斯巴达二王之祖原是亲兄弟。当初多利亚人南下，是为了帮助著名英雄赫拉克利斯的后裔三兄弟夺回原属于赫氏的伯罗奔尼撒王位，后来便分立为三个国家：长兄铁美努斯分得亚尔果斯；二弟阿里斯托德穆斯阵亡，由他的两个孪生儿子攸利斯尼斯和普罗克勒斯共同分得斯巴达；幼弟克列斯封提斯分得美塞尼亚。美塞尼亚位于斯巴达以西，土地肥沃，堪称富庶之乡。当斯巴达国家的发展需要大

战斗中负伤的战士在包扎伤口

为了对付、镇压希洛人不断的暴动起义，全体斯巴达人无一例外地被编入军队，全民皆兵，整个社会就像一个大军营。从20岁起正式成为军人，30岁结婚，但白天仍回兵营，直到60岁才可退伍。

量土地和奴隶时，这个兄弟邻邦便成了它的猎获物。结果，美塞尼亚居民全部变成了希洛人。

希洛人被禁锢在斯巴达公民的份地上，当牛做马，辛苦劳作，每年向主人交纳82麦斗大麦以及一定数量的油和酒，大约等于收获量的一半。在征服过程中，斯巴达人的氏族制度更趋瓦解，征服者与被征服者之间也产生了尖锐的矛盾。为此，斯巴达推行了一系列政治改革与社会改造活动，形成了层次分明的阶级结构和一整套暴力机器。至公元前7世纪中叶，斯巴达国家最终形成。

严阵以待的斯巴达士兵

为了镇压希洛人的暴动起义，斯巴达人全民皆兵，婴儿从出生就要接受严格的训练，直到将其训练成有强健体魄的武士。如上图所示，他们紧握手中的盾牌，时刻准备为保卫国家英勇献身。

斯巴达城邦建立后，其居民的地位分化为3个阶层，即斯巴达人、皮里阿西人和希洛人。斯巴达人是征服者，其成年男子均享有公民权。他们集体占有全国的土地和奴隶。皮里阿西人散居于山区和沿海的村镇之中，这些人没有公民权，不能与斯巴达人通婚，但享有人身自由，希洛人是斯巴达人集体占有的奴隶（一说农奴），他们没有政治权利和人身自由，受到的虐待和迫害异常残酷。斯巴达政府对他们严加监视，操有生杀予夺之权。不论是否有过错，他们每年必须被鞭打一次，以使其不忘自己的奴隶身份。他们穿着国家为他们做的带有特殊标志的服装，随时供斯巴达人取笑、驱打、作践。主人常强迫他们饮过量的烈酒，然后拖至公共场所，以其醉态警诫年轻人；他们还被强迫表演卑鄙可笑的歌舞，不许有任何高尚的表现。斯巴达人经常对外发动战争，战时希洛人必须为主人充当驮运行李、辎重的"牛马"，在军中从事运输、修筑工事等苦役。

为了防范和镇压人数众多的被征服者的反抗，斯巴达人大力强化国家机器，形成了贵族寡头政体。

在经济上，斯巴达以农业为主，工商业比较落后，甚至一度禁止金银作为货币流通，想以此阻抑商品经济的发展来防止两极分化，借以维护公民集体的团结，对付希洛人的反抗。

斯巴达国家实行的是极为严格的军事制度和教育制度，其全民皆兵、重武轻文的程度在世界历史上可以说是空前绝后的。公民从出生之日起就被置于国家的监督和管束之下，人们只有一条出路，就是成为遵纪守法、勇敢坚毅、忠诚谦恭的好公民和优秀军人。斯巴达的青年男子从20岁开始就必须投身于军营生活，除了行军作战就是反复操练，精神上也以培养绝对服从、视死如归的军人气质为首要。由于斯巴达人实行严格的军事训练，所以其陆军成为全希腊实力最强、纪律最严的军队。但文化建树则完全被忽视了，以至于在辉煌的希腊古代文明中，所有文化建树皆与斯巴达人无缘。

在对外关系上，斯巴达统治者始终奉行霸权政策。他们采取武力威胁与外交逼迫等手段，逐步制服了南希腊的多数城邦，结成了斯巴达领导下的军事同盟。各盟邦名义上地位一律平等，实际上斯巴达以其强大的军事实力凌驾于其他盟邦之上，斯巴达依靠同盟经常干预他国内政，支持各邦的贵族寡头派。在提洛同盟组成后，斯巴达借伯罗奔尼撒同盟同雅典争夺希腊霸权。

古代罗马

古代罗马兴起于意大利半岛的罗马城，是上古世界形成较晚的国家，当希腊各邦衰亡时，它正方兴未艾。公元前9~前8世纪，罗马地区的主要居民是维兰诺瓦文化的创造者——印欧语系的一些意大利部落。公元前6世纪末，罗马共和国形成，开始了大规模的扩张战争；公元前3世纪中期，罗马统治意大利半岛；公元前2世纪中期，又将西部地中海地区控制；到了公元前1世纪，地中海成为罗马的内湖，罗马建成了版图上的帝国。至此，共和制已转变成帝制。

从传说中的罗慕洛建城到公元前509年罗马共和国的建立，这一阶段的罗马历史被称为"王政"时代。王政时代前期，罗马作为一个大的部落联盟，主要的管理机构是库里亚大会、元老院和勒克斯。王政时代后期，罗马阶级的分化日益加剧，平民和氏族贵族之间的矛盾日趋尖锐。公元前509年，塔克文二世被推翻，罗马人民推举布鲁图和柯来提努为执政官。王政时代结束，罗马历史进入了共和国时代。

罗马共和国早期，平民和贵族发生了较为激烈的斗争，致使罗马共和国的国家机器逐渐得到完善，确定了公民、军队、土地三位一体的基础，为罗马的强盛和对外扩张提供了条件。在对意大利、地中海发动战争后，罗马继而又向东部地中海扩张，通过对这些地域的征服战争，罗马的疆域发展到全盛时期，成为地跨欧、亚、非三洲的庞大帝国。但在国内，对外扩张和掠夺却引起了强烈的不满。公元前73年，意大利本土爆发了著名的斯巴达克起义。

斯巴达克起义后，罗马社会各种矛盾日益尖锐，统治阶级内部争权夺利的战争愈演愈烈。公元前60年，克拉苏、庞培和恺撒结成秘密政治同盟，史称"前三头同盟"。三人瓜分了罗马国家的权力，这实质上是三人的独裁统治。公元前45年，恺撒彻底击败庞培，成为全罗马军政领袖，并于第二年被元老院任命为终身独裁官。恺撒统治时期，他对当时的罗马社会进行了一系列的改革，扩大了罗马国家的统治基础，适应了共和制向帝制转变的历史趋势。但他的改革同时也触犯了元老贵族的利益，公元前44年3月15日，恺撒在元老议事厅被政敌密谋刺杀。

母狼青铜像
这座著名的埃特鲁斯坎青铜雕像铸造于公元前480年，是罗马的城市象征。

恺撒遇刺后，执政官安东尼、骑兵长官雷必达和恺撒的养子屋大维于公元前43年10月，公开结成政治同盟，史称"后三头同盟"。屋大维先后于公元前40年和公元前31年将雷必达、安东尼击败，建立并巩固了个人的独裁统治。至此，罗马共和国灭亡，共和制度最终被帝制取代。

罗马文化受伊达拉里亚文化、希腊文化、古代东方文化的影响很深。在宗教信仰上，最早的罗马人将诸神加以人格化。在罗马文学创作中，拉丁散文占有很大的分量，奠基者为大加图，他创作的《创始记》和《农业志》都具有很高的文学价值。恺撒也有佳作《高卢战记》和《内战记》传世。值得一提的还有罗马的建筑艺术，其主要成就在共和国后期，普遍使用石拱结构是其一大特点。

玛雅文明

玛雅文化发源于今中美洲的洪都拉斯、危地马拉、墨西哥的尤卡坦半岛一带。公元前10世纪，玛雅人过上了定居的农耕生活。他们从野生植物中培育出马铃薯、玉米、南瓜、番茄、棉花、辣椒、可可和烟草等多种农作物，学会了养蜂取蜜、饲养家畜，并能制造各种石制工具和金银饰品。

玛雅士兵雕像

公元元年前后，在尤卡坦半岛南端贝登·伊查湖（今危地马拉的贝登省）的东北部，玛雅人的奴隶制城邦逐渐形成，到9世纪末，仅有文字记载的城邦就有110多个。城邦的首领称为哈拉奇·维尼克（意为"大人"）。他独揽国家大权，职位采取世袭制。贵族与僧侣占有大量土地和奴隶，奴隶可以买卖。农民要负担许多徭役和贡赋。9世纪末，尤卡坦半岛的玛雅城邦突然不明原因地衰落了。

10世纪，一些新的城邦又相继建立，考古学家将这些城邦称为"新国"。10世纪，奇琴伊察南部兴起了新城邦玛雅班。两个世纪以后，玛雅班强盛起来，1194年击败奇琴伊察等城邦，在尤卡坦半岛取得霸主地位。后来奇琴伊察人占领了玛雅班，两种人混合形成玛雅人。1441年，依附于玛雅班的乌希马尔等城邦起义，使玛雅班大为削弱。1485年，玛雅班在都鲁姆建立最后一块石柱碑，玛雅人历时1200多年的立碑纪年法至此中断。15世纪中叶，西班牙人入侵尤卡坦半岛，玛雅文化遭到严重破坏。

玛雅文化的卓越成就在天文历法、数学、文字、建筑等方面都有所表现。由于种植的需要，玛雅人很早就注意观测天象，能推算出月亮、金星和其他行星的运行周期，以及日食、月食的时间。他们创造的太阳历，得出一年为365.2420天的精确数据，比现在的365.2422天相差只有万分之二。玛雅人在数学上创造了20进位制。各种数目只用三种符号表示：黑点是1，短线是5，贝壳图形是0。玛雅人对"0"的概念比欧洲人早800年。

玛雅人早在公元初就创造了自己的象形文字，这种文字既表音又表意，每个字都用方格式环形花纹围起来。玛雅人还用毛发制笔，用榕树皮做纸，写下了大量书籍，内容有诗歌、历史、神话、戏剧、天文历法等，后大多被西班牙殖民者焚毁。玛雅人还有立碑记事的传统，各邦每隔20年竖一块石碑，把发生过的重大事件刻记下来。已发现的记年碑刻表明，玛雅人这一传统保持了1200多年，直到西班牙人入侵才中止。

玛雅人的代表性城市建筑有蒂卡尔、奇琴伊察、乌斯马尔等。位于危地马拉东北的蒂卡尔是最早的玛雅文明遗迹。它建造于公元前6世纪，其文明持续了1500余年。中心广场诸多的金字塔表现了玛雅奴隶制统治的严厉与庄严。其中，有一座75米高的金字塔，是美洲印第安人古代最高的建筑。

玛雅文明的表征是金字塔建筑。位于墨西哥城东南的帕伦克的金字塔，是神庙与陵墓合一的，与附近的王宫和神庙体现着一种庄重而威严的神采。有趣的是，金字塔顶的神庙有点像中国的宫殿。

第三章 专制帝国的兴起和扩张

孔雀王朝

旃陀罗笈多出身低贱，传说出身于一个饲养孔雀的家族。后来，他在卓越的政治家考底利耶的辅佐下，组建了一支军队，把驻守在印度西北部旁遮普地区的马其顿、希腊侵略军打败，随即称王。接着他又率军东征，灭了难陀王朝，建立了一个根据其家族名称而命名的新王朝——孔雀王朝（公元前324~前187年）。在孔雀王朝统治时期，古代印度进入帝国时代。

他先赶走西北部的马其顿驻军，随后挥师东向，攻下华氏城，推翻难陀王朝，将整个北印度统一起来。因其出身于养孔雀的家族，故称此王朝为孔雀王朝（公元前323~前187年）。另据说"孔雀"是从其族姓演化而来的。孔雀王朝通常称孔雀帝国（又称摩揭陀帝国）。

旃陀罗笈多在位期间（约公元前321~前297年），塞琉西王国一度想恢复在印度的统治。公元前305年，塞琉西古领兵侵入印度，但遭到失败，被迫将今阿富汗、卑路支一带的大片土地割让给孔雀王朝，还把一位希腊公主嫁给旃陀罗笈多。旃陀罗笈多则送给他500头战象作为回报。

旃陀罗笈多晚年笃信耆那教，后来抛弃王位出家，终于按耆那教的教义慢慢绝食而死。他出家后，其子频头娑罗（约公元前300~273年）继位。频头娑罗继续东征西讨，佛教文献说，他曾经杀死16个君主并夺得他们的土地。

栏盾上的孔雀装饰

旃陀罗笈多之孙阿育王是印度历史上最重要的一位国王。在阿育王时代（公元前273/265~前232/238年），孔雀王朝达于鼎盛。

据佛教传说，佛陀在世时，已对未来阿育王的出世作过授记。传说有一天，释迦牟尼在弟子阿难陪侍下入王舍城乞食，一个童子将一把细沙作为施舍放入他的托钵，释迦佛微笑点头。阿难不解，佛陀解释道："这个小孩在我灭度后100年将于巴连弗邑（即华氏城）转世统领一方，为转轮王，姓孔雀，名阿育，以正法治化国家；还要广布我的舍利，造八万四千塔，安乐无量众

印度阿育王石柱　公元前 3 世纪

这根光滑异常的沙岩石柱是阿育王下令在今尼泊尔边境附近修建的佛教建筑，高达 32 英尺，重 50 吨，石柱顶部刻有一头威武的坐狮。阿育王下令将他的佛教谕令刻在石柱或岩壁上，以此来晓谕广大疆域内的臣民们。

生。所以我笑。"佛陀还随口诵出一首偈语：

> 于我灭度后，是人当做王。
> 孔雀姓名育，譬如顶生王。
> 于此阎浮提，独王世所尊。

　　阿育王是频头娑罗王的一个妃子所生。他出生的那天恰为除忧日，故名"无忧"，音译为"阿恕伽"或"阿输迦"，汉译作"阿育"。阿育幼时相貌丑陋，皮肤粗如黄沙，传说即其前世曾向佛陀施舍沙土的缘故；又因生性顽劣，不得父王欢心。按有的史籍记载，怛叉始罗城叛乱时，频头娑罗派他去平叛，但所有军需装备等均不予提供，实际上就是让他去送死的。然而，想不到智勇兼备的阿育王竟使怛叉始罗人闻风归顺。

　　频头娑罗晚年，怛叉始罗再度起义，太子修私摩被派去镇压，未能完成使命，致使频头娑罗忧虑成疾。后又改派阿育王，阿育王的谋士让他装病，拒不应命，并乘频头娑罗病重之机将其控制，胁迫致死。而后利用到手的王权，大杀昆仲。其父王死后4年，阿育王才举行正式灌顶登极大典。

　　约公元前262年，阿育王大举征讨羯陵伽。羯陵伽被征服后，除半岛极南端以外的整个印度，悉入孔雀帝国版图。其疆域北起喜马拉雅山，南到迈索尔，东抵阿萨姆西界，西达兴都库什山，成为印度历史上第一个幅员广大的统一帝国。

　　阿育王尤其注重佛教的教化作用，定佛教为国教，任命达摩官吏巡回各地以宣扬大法。他到处兴建佛寺、佛塔，亲自巡礼佛迹，还命石匠把他的谕令刻在岩壁和石柱上。在这些被称为"阿育王诏敕"的铭文里，他赞扬佛教，晓谕其子民皈依佛教，并将宽容、仁慈和非暴力的佛教精神体现到日常生活中。他明令禁止狩猎和斗兽活动，废除屠杀牲畜献祭求福的习俗，并专门设立了动物医院。佛教徒称他为"转轮圣王"。他虽是热心的佛教徒，但也不排斥其他宗教，耆那教、婆罗门教等同样受到保护。由于他的懿德善行，人们改称他为"白阿育王"和"法王无忧"。

　　公元前253年，阿育王召集佛教上层僧侣在华氏城举行佛教史上第3次结集，整理编纂了经、律、论三藏佛经。为了弘扬佛法，他还派出包括王子和公主在内的大批使者和僧侣，到邻近的国家、地区传教。印度公主在去锡兰（今斯里兰卡）传教时，不仅带去了许多僧侣和佛典，还带去了一枝神圣的菩提树树枝，这棵菩提树在锡兰一直生长到今天。经过一番宣传和使节往来，佛教不仅传遍锡兰，而且很快传到埃及、叙利亚、缅甸、中国和世界其他地方。

波斯帝国

公元前6世纪，处于米底统治之下的波斯，有6个农业部落、4个游牧部落。公元前6世纪，波斯人在居鲁士（公元前558~前529年在位）的领导下，经过3年的浴血奋战，于公元前550年灭掉米底，并建立了波斯王国，定都波斯波利斯。

居鲁士保留了米底人的大多数法律和法规，对于阿斯提阿格斯王，也未予加害，而是仍以国王的礼遇对待他，并对他的忠告言听计从。

在米底帝国的基础上，居鲁士依靠外交手段和军事实力，逐步向外扩张。公元前546年，灭小亚细亚的强国吕底亚，进而采取分化和征服的政策，使小亚细亚西部沿海各希腊城邦臣服。次年，向东占领赫拉特及阿富汗北部等地，并一一置省；又渡乌浒河（今阿姆河），直至药杀水（今锡尔河），在其南岸修筑7个城，连成一道防线。公元前539年，进军美索不达米亚，一箭未发就使新巴比伦面北称臣，同时将叙利亚和巴勒斯坦一并划入波斯版图。

波斯王宫具有波斯帝国的宏大气象，图为王宫柱顶上装饰的牛头像。

公元前529年，居鲁士在中亚细亚战败身亡，其子冈比西斯（公元前529~前522年在位）即位后继续奉行扩张政策。正当冈比西斯远征埃及时，公元前522年3月，原米底的一个僧侣高马达乘机发动政变，假冒冈比西斯之弟巴尔迪亚的名义篡夺了王位。其实，巴尔迪亚早已被骄横暴戾的冈比西斯秘密杀害了。高马达夺取政权后，利用平民力量打击氏族贵族，宣布减免赋税和兵役3年。帝国境内各被压迫民族竞相效仿，纷纷宣布独立，一时四方扰攘，天下大乱。

波斯波利斯王宫遗址全景
大流士时代的波斯帝国是地跨亚、非、欧三大洲的空前大帝国,领土辽阔,经济繁荣,盛极一时。在其新都波斯波利斯,他将宏伟的王宫建筑在巨石垒成的高台上,内有听政殿和百柱大厅,轩敞气派,金碧辉煌。

大流士随冈比西斯出征埃及期间，任万人不死军总指挥。冈比西斯惊闻国内有变，急忙赶回波斯，不料因误伤而死于归国途中。危急关头，年仅28岁的大流士与另外6名贵族杀死高马达，最终大流士利用智谋登上了波斯王位，称大流士一世（公元前522~前485年在位）。

大流士一世执政后，平定了各地此起彼伏的暴动和起义，恢复了帝国的统治。大流士一世把镇压这一系列起义的过程，用波斯、埃兰、巴比伦3种文字，刻在从巴比伦到爱克巴坦那（原米底首都，今哈马丹）大路中途的贝希斯敦崖石上，这就是著名的"贝希斯敦铭文"。

波斯风格的彩纹土器

大流士一世从公元前518年起进行了一系列大刀阔斧的改革。他在被征服地区普遍置行省，每个行省设总督、将军和司税收的大员各一人，各大员直属国王。另置钦使，即所谓"国王耳目"，建立起庞大的间谍侦察网，使中央得以有效地控制地方。为强化王权，他还制定了一套森严的宫廷制度：国王上朝时，头戴金皇冠，身着绛红长袍，腰系金丝带，手握金权杖，威仪赫赫，高高在上。身后则有大群高擎仪仗的便嬖和侍卫。对朝见的大臣，也要用帷幕与之隔离开来，为的是避免被其呼吸所亵渎。

大流士实行军权独立制度。他把全国分成5个大军区，军区的长官直接听命于国王，其他任何人无权调动军队。他将军队编成万人不死军、千人团、百人团、十人队四级，以波斯人为核心组成步兵和骑兵，以腓尼基水手为骨干建成一支拥有600~1000艘战船的水军舰队。国王另有"无敌"近卫军1.2万人，是波斯军队的核心。

大流士还在统一铸币制度、修筑驿道及宗教改革上，做出了不菲的成绩。

从居鲁士建立波斯王国，到大流士一世执政，前后仅28年时间，波斯即从一个蕞尔小邦成长为古代世界第一个地跨亚、非、欧三大洲的大帝国。

公元前334年，马其顿的亚历山大大帝率军东侵波斯，波斯军队节节溃败，大流士三世在逃亡途中被杀，延续200多年的波斯帝国至此灭亡，西亚、北非的古代文明也随之宣告终结。

王政时代的罗马

大约在公元前2000年初，来自北方的某些印欧语系部落通过阿尔卑斯山的隘口进入意大利，向南推进，"直至他们建立的村庄和他们的羊群布满这只意大利长筒靴的后跟和鞋尖"。其中在半岛中部台伯河流域拉丁姆地区定居下来的一些部落，称作"拉丁人"。在拉丁人居住的地方曾出现一些有围墙的城寨，位于台伯河畔的罗马城便是其中之一。它以帕拉丁等7个山头村落结合而成，故罗马城又称为"七丘之城"。

关于罗马城的来历，在古罗马民间流传着一个家喻户晓的传说故事。相传，当年希腊联军用"木马计"攻破特洛伊城之后，特洛伊勇士伊尼亚等人逃离了火光冲天的特洛伊城。他们分乘几条船，历经艰险，最后在意大利西海岸登陆。当地的国王把自己的女儿嫁给伊尼亚，难民们也得到安置。以后伊尼亚的儿子继承王位，迁移到台伯河下游，在那里

罗马历史地区今景

建立了一座亚尔巴龙伽城。

不知又过了多少年多少代，传到依米多尔做亚尔巴龙伽城国王的时候，王位被他的弟弟阿穆留斯篡夺了。阿穆留斯为确保僭取的王位，便强迫依米多尔的女儿西里维亚做了不能结婚的女祭司。事有凑巧，一日，美丽的西里维亚来到一条小河边休憩，路过的战神玛尔斯对其一见钟情，竟使她怀孕，后来生下一对孪生儿子。阿穆留斯闻知大怒，立即处死了西里维亚，并下令将孩子扔进台伯河淹死。然而，装孩子的篮子却在河口附近被岸边茂密的灌木丛挂住了。兄弟俩的哭声引来一只找水的母狼，于是把他们衔走，给他们喂奶，从而保住了两条小命。再后来，他们被一个牧人发现，抱回家抚养，取名罗慕洛和瑞穆斯。兄弟俩长大后，成为远近闻名的勇士。当他们得知自己的身世后，便率领当地的牧羊人去攻打亚尔巴龙伽城，杀死阿穆留斯，把王位交还给了外公依米多尔。

之后，两兄弟回到牧人发现他们的台伯河畔，在帕拉丁山冈兴建新城。新城奠基之时，兄弟二人却因城市的命名问题发生争执，结果罗慕洛杀害了弟弟，以自己的名字称呼这座城市，后来慢慢就演变成了现在的名称——罗马。至今罗马城仍以一只母狼哺乳两个婴儿的图案作为城徽。

罗马从传说中的罗慕洛建城到公元前509年罗马共和国的建立，这一段历史习惯上被称为"王政"时代。王政时代是罗马从氏族社会（父系）向阶级社会过渡的时代。

王政时代的罗马是一个大的部落联盟，也就是罗马人公社。它由3个特里布（部落）组成，每个特里布包括10个库里亚（胞族），每个库里亚包括10个氏族，共计300个氏族。

王政时代前期，罗马实行"军事民主制"的管理制度。它的主要管理机构有库里亚大会、元老院和勒克斯。库里亚大会，即罗马的民众大会，由各氏族的成年男子参加，按库里亚分组议事，所有重大问题都由库里亚大会讨论决定。它有权通过或否决一切法律，选举包括勒克斯在内的高级公职人员，决定战争和审判重大案件。元老院，即长老议事会，由300个氏族族长组成，有权预先讨论向库里亚大会提交的议案，还直接掌握收税、征兵、媾和等重要职权。勒克斯由库里亚大会选举产生，是罗马的军事首长、最高法官和祭司长。王政时代后期，由于铁器工具的普遍使用和受伊达拉里亚文化、希腊文化的影响，社会经济发展显著，财富积累明显，古老的氏族制度面临着瓦解，家长制家庭逐渐从氏族中分化出来，成为社会的基本经济单位，贫富进一步分化，私有制和阶级关系逐渐萌芽。社会上出现了贵族和平民、保护人和被保护人的对立。军事民主制中的民众意志逐渐淡化，王权意志日益增强，罗马社会正在急剧地向阶级社会过渡，塞尔维乌斯的改革，又加速了这一历史进程。

公元前6世纪后期，罗马的阶级分化逐渐加剧，平民和氏族贵族之间的矛盾日趋白热化。第六王塞尔维乌斯（约公元前578~前534年在位）为了适应历史潮流，也为了有利于伊达拉里亚人的统治，依靠平民的支持，对罗马社会进行了改革。改革的主要内容有：

一、重新登记罗马居民，并按财产数量划分为5个等级，这些等级提供数目不等的百人队（森杜里亚）。无产者不入级，他们只象征性地组织一个百人队，共193个百人队。

二、创设百人队大会（森杜里亚大会），取代库里亚大会并代行其职权。百人队的成员都可参加，每个百人队有一票表决权，这样第一等级可以凭借其百人队数量上的优势（98个），操纵表决。

三、把罗马公社按城区划分为4个地域性部落，以取代原来的3个血缘部落。新成立的地域性部落也叫特里布，每一个特里布有自己的首领和统一的宗教信仰。

塞尔维乌斯的改革，在巩固了罗马在拉丁姆地区地位的同时，也进一步摧毁了罗马的氏族血缘关系，加速了罗马氏族社会的解体，基本上完成了由氏族制度到国家的过渡。

公元前509年，罗马推翻了伊达拉里亚人"高傲者"塔克文的统治，推举布鲁图和柯来提努为执政官。罗马从此结束了王政时代，进入了共和国时代。

希波战争

希波战争是由于波斯帝国向西扩张而引起的。从公元前546年开始，波斯先后征服了小亚细亚各希腊城邦，截断了希腊与黑海的交通，占领色雷斯和黑海海峡。黑海沿岸本是希腊各城邦特别是雅典的粮食供应地、商品销售及奴隶来源的场所。波斯的占领直接威胁着希腊各邦的生存和经济发展。公元前500年，小亚细亚希腊人发动反对波斯的武装起义。首先发动起义的城邦米利都请求希腊半岛各邦协同作战，但仅有雅典和爱勒多利亚派出25艘战舰前来支援。大流士一世派兵于公元前493年攻占米利都，并以雅典人曾援助米利都起义为借口，发动了远征希腊本土的侵略战争。

这幅瓶画表现了一个希腊人被击倒后反戈一击，举剑砍向波斯人的情景。

因此，希波战争的直接原因是波斯对小亚细亚希腊人的压迫以及由此引起的反抗和雅典等邦的干预，更深一层的原因则是波斯统治者拓疆辟土的侵略野心及由此产生的对希腊各邦发展造成的严重威胁。

公元前492年夏，大流士一世派水陆两路大军沿色雷斯海岸南下，向希腊半岛进攻，但无功而返。此后，波斯一面继续备战，一面派遣使臣进行外交讹诈，遭到雅典、斯巴达等邦的严词拒绝。

两年之后，大流士一世调集10万大军第二次远征希腊。波斯军在距雅典40多千米的马拉松草原登陆，马拉松会战开始。这是一场力量极为悬殊的较量。

当时，雅典城内仅有1万多名士兵。统帅米太亚得根据马拉松平原三面环山一面濒

列奥尼达斯在温泉关战役中

在温泉关战役中被敌人重重包围时，列奥尼达斯解散了他的部队，只留下300名近卫队员战斗到全军覆没。关于斯巴达人永不投降的传说就来源于他的事迹。

海，地形狭长的特点，抢先占领了战略要地，层层设防，封锁住通往雅典的道路，并派士兵中的健将斐力庇第斯去斯巴达求援。斐力庇第斯星夜赶路，整整两天两夜，跑了240千米，终于9月9日到达斯巴达。而斯巴达国王因宗教惯例，在月圆之夜不能立即发兵。

米太亚得曾在波斯军队服役，非常熟悉波斯军平原作战中央突出的特点。于是他将方阵重兵和骑兵的主力布置两翼，中间安排较弱的方阵重甲步兵来引诱波斯人的进攻。战争一开始，米太亚得指挥中间兵力边战边退，波斯骑兵步步紧逼。等到波斯主力进入伏击阵地后，雅典两翼方阵重兵和骑兵潮水般掩杀过来。波斯军队大败，从海上仓皇退走。

马拉松战役虽然失败了，但是波斯人西侵的野心还是不能收敛。公元前486年，薛西斯继承王位后，又开始积极备战。公元前480年，薛西斯率领大军50万，战舰1200余艘，又分水、陆两路向希腊进发。

面临波斯军的大兵压境，包括雅典、斯巴达在内的30多个希腊城邦，组成反波斯联盟，一致推举最擅长军阵指挥、最勇猛善战的斯巴达国王列奥尼达斯为统帅。列奥尼达斯决定在温泉关阻止波斯陆军插入希腊腹地，使他们不能与海军会合。

温泉关地势险要，隘口很窄，只能容一辆战车通过，是希腊的一道天然屏障。波斯人连续发动几次进攻，都被顽强的希腊联军击退。波斯人死伤惨重，进军受阻。

就在双方僵持不下的时候，波斯人在俘虏的一名希腊联军士兵带领下，沿秘密小道直插温泉关后方。

波斯军长驱直入至中希腊，占领了阿提卡。雅典军民在泰米斯托克利的领导下，同波斯军在萨拉米海湾展开了世界古代史上绝无仅有的殊死决战。经过一整天的激战，雅典海军击败了拥有1000多艘战舰的波斯海军。此战扭转了整个战争局面，奠定了希腊人胜利的基础。希腊军从防御转入进攻，战争进入后期阶段。

公元前478年，对海外利益不感兴趣的斯巴达退出战争，雅典至此取得了领导权。同年冬，主张继续作战的各邦代表会聚提洛岛，正式结成以雅典为首的"海上同盟"，史称"提洛同盟"。这个同盟逐渐变成雅典同斯巴达争霸希腊的工具。与此同时，提洛同盟军队继续同波斯作战，先后占领了波斯在爱琴海域和小亚细亚南岸的许多地方。

公元前449年，雅典与波斯都无力彻底战胜对方，不得不握手言和，签署了停战协定。结果，波斯放弃爱琴海的霸权，允许小亚细亚希腊城邦独立。因雅典谈判代表是卡利阿斯，便把这次和平协定称为《卡利阿斯和约》。至此，希波战争以希腊，尤其是雅典的胜利而告终结。

伯罗奔尼撒战争

希波战争后，雅典成为希腊的最大势力，引起斯巴达及其领导的伯罗奔尼撒同盟的不满和敌视。两者不可调和的政治、经济矛盾最终导致了伯罗奔尼撒战争的爆发。

伯罗奔尼撒战争前后历时27年（公元前431~前404年），分3个阶段进行：公元前431~前421年为第一阶段，公元前415~前413年为第二阶段，公元前413~前404年为第三阶段。公元前431年，伯罗奔尼撒同盟成员底比斯袭击雅典盟邦布拉底引发战火。5月，斯巴达国王率领精锐部队6万余人，向阿提卡进军，战争全面爆发。

雅典的统帅伯利克利是位杰出的政治家和军事家，他对局势认识清楚，要想在战争中胜利或逼和斯巴达，必须避其长击其短。于是，他采取陆上取守势，海上则取攻势的对策，命令军队陆战以守为主，派舰船侵袭伯罗奔尼撒半岛沿海地区。

就在斯巴达不断对阿提卡进攻时，雅典的海军在伯罗奔尼撒半岛开始登陆，严密封锁伯罗奔尼撒半岛海岸港口，断绝斯巴达海上与外界的联系，并扇动斯巴达的奴隶希洛人举行起义，斯巴达陆上进攻受到极大牵制。整个战争按照雅典人的预想进行。

但不幸却降临在雅典人头上，公元前430年，雅典城内人口密集，发生严重瘟疫，死者甚众。雅典国王伯利克利在这场瘟疫中丧生，他的不幸去世使战争从防御战争变成新任统帅克里昂主张的侵略性战争。公元前425年，雅典海军占领了美塞尼亚西岸的皮洛斯及其附近的斯法克蒂里亚小岛，斯巴达亦陷困境。为避开强大的雅典海军主力，斯巴达国王命令柏拉西达将军率领一支精锐部队由小道穿过希腊半岛，向北绕到雅典背后进行攻击，对雅典同盟进行说服，并攻下安菲波利斯。

公元前422年，双方在安菲波利斯展开对决。斯巴达军分三路，中路出城诱敌，南北两路埋伏，出奇制胜。雅典军队惨遭伏击，乱作一团，溃不成军。斯巴达骑兵乘胜追击，一举杀死雅典统帅克里昂。斯巴达统帅伯拉西达在乱军中也被杀死。

双方失去统帅，战争只好暂时停止。公元前421年，雅典主和派首领尼西阿斯与斯巴达缔结《尼西阿斯和约》。条约规定：交战双方退出各自占领地，交换战俘，保持50年和平。然而，导致战争的基本矛盾依然存在。

雅典和斯巴达在希腊争霸的野心并没有消除。和约签订的第6年，雅典调集134艘三桨战船、130艘运输船、5100名重步兵、1300名弓弩手共约2.7万人，组成雄壮的远征军由亚西比德统率向西西里进发，与科林斯、斯巴达军展开激战。很快

伯罗奔尼撒战争绘画
几乎所有希腊的城邦都参加了这场战争，其战场涉及了当时整个希腊语世界。这场战争结束了雅典的黄金时代，结束了希腊的民主时代，强烈地改变了希腊国家的命运。

在这幅画面上，雅典方阵的前列士兵正踏着双管长笛的音乐迎战斯巴达方阵的前列士兵。双方的军事力量按其地理环境而各有优势，雅典领导的同盟主要由爱琴海中的岛屿和滨海城市组成，因此它们的强处在于海战；斯巴达的联盟主要由伯罗奔尼撒半岛和希腊中心地区的城市组成（科林斯是一个例外），它们是陆地国家，长处在于他们的长矛兵。

雅典人便攻占了叙拉古城北的卡塔那，并计划下一步攻占有西西里钥匙之称的叙拉古城，战争发展极为顺利。

但惊人的意外发生了，雅典国王命令亚西比德回国受审。原来，雅典城内的海尔梅斯神像被人毁掉。亚西比德因一贯不敬神而被诬陷，还将被判处死刑。亚西比德一怒之下，在回国途中逃往斯巴达。对雅典战略战术一清二楚的亚西比德的投降给几乎绝望的叙拉古城人带来转机，再加上斯巴达援军赶到，战势发生了转变，斯巴达在埃皮波拉伊重创雅典军。雅典军无奈只好撤军，但撤军当晚发生月食。相信月食会带来凶险的雅典士兵不肯登船撤退。斯巴达抓住时机，封锁港口，切断陆上要道，包围了雅典军队。公元前413年9月，雅典全军覆没，尼西阿斯被杀。经此严重打击，雅典渐失其海上优势。

西西里之战后，斯巴达又加强陆上进攻。公元前413年，斯巴达军大举入侵阿提卡，并长期占领德凯利亚（雅典城北部），破坏和消耗雅典力量。

公元前411年，雅典海军在阿拜多斯，次年在基齐库斯，先后打败斯巴达海军。斯巴达则寻求波斯援助，增建舰队，要与雅典海军作最后的较量。公元前405年，斯巴达海军在波斯人的援助下一举全歼雅典海军，从此斯巴达成为希腊的霸权国。公元前404年雅典投降，被迫接受屈辱的和约：取消雅典海上同盟（即提洛同盟），拆毁长墙工事，舰船除保留12艘警备舰外，余皆交出，解散雅典同盟。长达27年的伯罗奔尼撒战争结束了，斯巴达取得了希腊霸权。

伯罗奔尼撒战争属于希腊的一场内战，但其牵涉面之广、损失之巨、杀戮之残酷却远远甚于希波战争。整个希腊民穷财尽，政治走向无存，文化遭到破坏，希腊文明由鼎盛走向了衰落。战后，希腊各邦都陷入了危机之中。战争使贫富两极分化进一步加剧，土地和财富日益集中在少数人手中，而中小奴隶主经济日益被大奴隶经济所排挤，城邦的经济基础——小农和小手工业经济逐渐崩溃，这些都成为城邦危机的根源。由于两极分化严重和大奴隶主经济的发展，导致各邦内部阶级斗争趋于尖锐。奴隶主与奴隶、富人与穷人彼此仇杀，互相报复。这表明城邦体制已满足不了现实政治的需要了。

伴随着希腊各邦内部的危机，城邦间的矛盾也在不断加深，导致了希腊出现争霸和混战的局面。当时在希腊城邦体制之内，已没有一种力量有能力统一各邦。随着希腊城邦的衰弱，位于半岛最北部的马其顿对希腊的征服和统治条件日益成熟了。

马其顿人本为希腊人同族，但其文明发展却比希腊人晚了许多。公元前5世纪后期至公元前4世纪初期，马其顿开始形成奴隶制国家。国王腓力二世（公元前359~前336年）统治马其顿期间，进行了一系列改革：加强王权，改革币制以加强对外贸易，建立常备军，开采金矿以增加财力。经过改革，马其顿迅速发展成为军事强国。

腓力二世凭借强大的武装力量，利用希腊各邦之间的矛盾，形成了对希腊半岛的吞并之势。面对马其顿的威胁，希腊各邦内部分成了两种对立的派别：亲马其顿派和反马其顿派。前者由大奴隶主阶级的代表人物组成，期望借助马其顿的军事实力，挽救城邦危机并对外进行扩张；后者由工商业奴隶主阶层组成，极力反对向马其顿的妥协，力图维护城邦独立。小农和小手工业者基本站在反马其顿派一边，愿意城邦独立。两派立场截然对立，斗争非常激烈。这种局面反而加剧了城邦内部矛盾，有利于马其顿的征服。公元前338年，腓力二世在中希腊的喀罗尼亚大败雅典等组成的希腊联军，此战确立了马其顿在希腊的霸权地位。

第二年，腓力二世在科林斯召集希腊各城邦会议（仅斯巴达未参加）。会上决定组成以马其顿为首的同盟会议，宣布由马其顿领导希腊各邦对波斯进行复仇战争。科林斯会议结束了希腊的城邦时代，希腊历史进入了马其顿帝国军事独裁统治的时期。

罗马的征服与扩张

罗马共和国刚刚建立之时，只是台伯河左岸拉丁姆地区的一个小城邦。周边不仅有伊达拉里亚人、萨莫奈人、埃魁人等强邻，还不时受到来自半岛南部的希腊人、波河流域的高卢人的军事威胁。面对这种局面，刚刚建立的罗马国家对外发动了统一意大利的征伐。

罗马征服意大利的第一步是征服伊达拉里亚人。这场"维爱"战争从公元前477年开始，先后进行了3次，直到公元前396年最后攻占了维爱城，既解除了北邻的威胁，又使罗马的领土扩大了一倍。前4世纪初，罗马城一度被高卢人占领，但占领者在索得1000镑黄金后撤走；公元前343~前290年，又发生了三次萨姆尼乌姆战争，其间罗马人曾惨败于考地安峡谷之战。

公元前321年，罗马军主力在林木丛生的考地安峡谷遭受萨姆尼乌姆人伏击。两名罗马执政官为了保住他们被围困的5万青年士兵的生命，被迫缴械投降，并接受"轭门下通过"之辱。具体做法是，把两支长矛插入土中，再把另外一支长矛横在顶上作成门状，让战俘一个个从下面走过。据说这是傲慢的罗马人常用以屈辱别人的方法。萨姆尼乌姆人正是"以其人之道，还治其人之身"。在萨姆尼乌姆将军蓬提阿斯面前，5万罗马士兵身着短装，排成单行，在两名执政官带领下从轭门下屈辱地走过。罗马人认为将这种办法加在他们头上，"比死亡更坏"。当这些被俘者返

罗马人与迦太基人的战斗　油画

布匿战争的受害者

这是拜占庭壁画中的局部，描绘了罗马大军攻破叙拉古城时，古希腊物理学家阿基米德仍沉醉于数学的研究之中，他双手保护着正在使用的计算工具，两眼惊慌失措。

回罗马时，罗马城笼罩在一片悲哀气氛之中，两名执政官的权力当即被剥夺。因此，"考地安轭门"成为罗马国耻的象征。

罗马人重组军队，卧薪尝胆，积极备战。5年后，撕毁"决不再跟萨姆尼乌姆人作战"的和约，卷土重来。经长期苦战后，终于战胜萨姆尼乌姆人，将半岛中部地区纳入自己版图。

接着，罗马开始蚕食意大利南部。那里的希腊殖民城邦他林敦向伊庇鲁斯国王皮洛士求援。皮洛士率远征军突入意大利，连战连捷，但却付出了巨大伤亡代价。战后他无比懊丧地说："再有一次这样的胜利，我就要变成光杆司令了。"因而，人们以"皮洛士的胜利"作为得不偿失的代名词。后来罗马与迦太基结盟，迫使皮洛士于公元前275年退出意大利。3年后，孤立无援的他林敦向罗马投降。

罗马在征服意大利之后，没有派人直接管理被征服地区，也不是采取同一政策，而是按照各地、各部族在被征服过程中的表现和对罗马的态度以及他们各自在经济上、战略上的地位等综合因素，将其划分为五种类型，分而治之。

罗马在争夺地中海霸权的过程中，首当其冲的便是征服西部地中海区域另一强国迦太基。迦太基是公元前9世纪腓尼基人在北非建立的商业殖民城市，到前7世纪时，它已成为囊括北非西部沿岸、西班牙南部、巴利阿里群岛、撒丁岛、科西嘉岛和西西里岛的强国。一个迦太基海军将领曾扬言："不经我们的许可，罗马人不能在海中洗手。"这样，当罗马兵锋指向西部地中海时，一场两强争霸的战争遂不可免。因罗马人称腓尼基人为"布匿"，所以两国之间的战争被称为"布匿战争"。

从公元前264年至前146年，布匿战争先后进行了3次。罗马最终消灭了迦太基。

在布匿战争进行的同时，罗马还通过西班牙战争、马其顿战争和叙利亚战争完成了对西班牙、希腊、马其顿和小亚细亚的征服。

罗马的对外扩张和掠夺极大地促进了奴隶制经济的发展和阶级关系的变化。罗马奴隶主在战争中掠夺了大量财富，侵占了大片土地，俘获了数以万计的战俘。这就为奴隶制的进一步发展奠定了基础，而同一时期罗马社会经济的普遍高涨，也为大规模地经营和使用奴隶提供了可能。

公元前3世纪至前2世纪，罗马奴隶制发展的一个重要特征，就是奴隶劳动带有明显的商品生产的性质。

罗马对地中海世界的征服和奴役，加速了它的手工业，特别是商业和高利贷业的发展。而伴随而来的是罗马社会又兴起了一个新兴的富有阶层——骑士。骑士的生活目标是发财致富，而不看重门第和权力，不关心国家和公共福利。

亚历山大大帝

亚历山大帝国是在马其顿王国的基础上建立起来的。古马其顿位于希腊半岛北部，大体上相当于现代的南斯拉夫、保加利亚和希腊相互毗连的部分。公元前5世纪后期至公元前4世纪初期，马其顿王国初步形成。随后的科林斯会议，标志着希腊城邦独立时代的结束和马其顿在希腊霸权的确立。

公元前336年夏，正当马其顿与希腊联军准备进军波斯之际，马其顿发生了宫廷政变。在这个突如其来的政变后，腓力二世在其女儿的婚宴上被刺身亡，年仅20岁的儿子亚历山大随之继位。从儿童时代起，亚历山大就有了称霸世界的志向，梦想着建立丰功伟业。据说，每当他获悉父亲胜利的消息时就会发愁，唯恐自己会因此而不能享受到征服世界的光荣。从16岁起，他就随父征战，在著名的喀罗尼亚战役中，他指挥马其顿的骑兵，锐不可当地击破了敌人的右翼，为战役的胜利立下了功劳。亚历山大少年时曾师从希腊著名学者亚里士多德，深受希腊文化的熏陶，并一度随父参加喀罗尼亚战役。因此，他即位时已是一位具有相当政治、军事才能的人物了。当时，国内形势非常紧张，腓力二世创造的希腊联盟以及先后征服的北方属地，都纷纷叛变。亚历山大以他卓越的军事才能，击败各种反叛势力，巩固了马其顿在希腊的霸主地位。

平定内乱后，亚历山大立即开始了对东方的远征。

公元前334年春，亚历山大率步兵3万、骑兵5千和战舰160艘，向波斯大举进攻。这时，波斯帝国已趋衰弱，大流士三世又昏庸无能，根本无力同强大的亚历山大军队相抗衡。马其顿、希腊联军渡过赫勒斯滂海峡后，占领了小亚细亚半岛。第二年，亚历山大又挥师南下，攻打叙利亚，与波斯皇帝大流士三世的60万兵马展开了著名的"伊苏之战"。战役开始后，他率领精锐的右翼重装骑兵，突然以凌厉的攻势攻击敌方左翼，然

这是一幅表现不戴头盔的亚历山大大帝追击大流士战马的图画。

后直取大流士，使波斯军队全线溃败，还俘虏了大流士三世的母亲、妻子和两个女儿。亚历山大拒绝了大流士三世的求和，接着又打败了波斯海军的主力推罗海军，控制了地中海，进而兵不血刃地占领了埃及，最后在公元前331年春天挥师两河流域，开始进攻波斯本土，同年9月，在古亚述首都尼尼微附近的高加米拉与波斯军队展开了决战。波斯兵力号称百万，并有200多辆刀轮战车，但还是遭到惨败。大流士三世东逃，为巴克特里亚总督所杀，后者在不久又被亚历山大擒获并处死，盛极一时的波斯帝国最终覆灭在亚历山大的铁骑之下。

后来，亚历山大还进兵中亚细亚，遭到游牧部落的强烈抵抗。公元前327年，他率军南下入侵印度，又遭到印度人民的反抗，加之士兵水土不服，厌战情绪空前高涨，亚历山大才不得不停止远征，于公元前325年返回新都巴比伦，历时十年之久的东征到此结束。

亚历山大出征时，是马其顿、希腊联军的统帅，充其量是个巴尔干半岛的小霸主。经过长达10年的征战，建立了地跨欧、亚、非三洲的奴隶制大帝国，其疆域西起希腊半岛和马其顿，东到印度河上游流域，南达尼罗河第一瀑布，北至中亚的药杀水（今锡尔河）。其领土之广阔，可谓空前。随着他的远征，不少希腊学者来到东方，研习当地的科学与文化，直接促进了东西方科学文化的互补和交流；为了鼓励马其顿人和东方人的融合，他竭力鼓励马其顿人和东方人通婚，自己带头娶了大流士三世的女儿。通过各种积极措施，亚历山大把希腊推向了鼎盛。

公元前323年6月13日，亚历山大在准备再次远征时，患病逝世，终年33岁。

亚历山大帝国的衰亡

一个政权无论曾经多么强大，都有它走向衰老、死亡的那一天，庞大的亚历山大帝国同样也不能例外。

亚历山大的东侵，给东方人民带来了极为深重的灾难，使他们饱受战乱之苦。但是在客观上，亚历山大的东侵又使得希腊文明与埃及、巴比伦和印度的文明得以接触、交流、融汇，增加了各民族间互相整合的机会，加快了人类历史由分散走向整体的进程。

公元前333年亚历山大的远征军在叙利亚的伊苏斯战役中打败了大流士率领的波斯军。这次战役使古希腊和古代东方的关系告一段落。

为了让帝国这台庞大的机器更为有效地运转，亚历山大采取了一系列措施：定都巴比伦城，把统治中心放在东方，保留波斯帝国的行政制度，实行分省统治；鼓励东西方种族间的通婚，借此缓和民族矛盾；以马其顿和希腊人充当骨干力量，借此保证征服者的统治地位；袭用东方专制政体，并利用宗教进行统治，鼓吹君权神授，从而使帝国的统治呈现出东方、马其顿、希腊城邦三种体制的混合的特色。

亚历山大虽然以武力建立了庞大的军事帝国，但这个帝国既没有统一的经济基础，也没有共同的语言，所以其解体几乎是不可避免的。

公元前323年6月，亚历山大病逝。他的部将为争夺对帝国的控制权而长期彼此征战，帝国迅速瓦解。到公元前3世纪初，庞大的帝国一分为三，形成3个较大的王国：一个是马其顿王国，它恢复原状，成为一个疆域不大的民族王国，虽然未能直接统治其南面的希腊诸城邦，但基本上控制了这些地区；另一个是托勒密王朝统治下的埃及王国，埃及王国的特点是自然资源丰富，又有大海和沙漠做坚固的屏障，因此后来也成为三个

亚历山大征服巴比伦
高加米拉大捷后，曾盛极一时的波斯帝国土崩瓦解，亚历山大大帝乘着战车，抬着从波斯缴获的战利品，回到了巴比伦城。

王国中维持最久的一个；最后一个塞琉古王国，它由帝国的亚洲诸行省组成，是3个王国中疆域最为辽阔的一个。三足鼎立格局的形成，似乎预示着一个新的历史时期的来临，但这些国家奴隶制度的本质并没有发生根本性的改变，只是城邦政治普遍为中央集权制所代替。希腊文化与东方文化之间的相互融合，展现出进一步发展的趋势。这些王国存在的时间长短不一，到公元前30年，便先后被罗马所灭亡。这标志着亚历山大帝国的神话至此已完全终结，同时也预示着一个新的时代的来临。

罗马共和国的灭亡

苏拉出身于没落的贵族世家，他为人刚愎自用，机敏狡猾，而且野心勃勃。公元前88年，苏拉当选为执政官后，通过联姻与贵族结盟，成为贵族派的领袖。随后，苏拉因争夺米特拉达梯战争的指挥权和以马略为代表的民主派展开了激烈的斗争。

公元前83年，苏拉在结束了第一次米特拉达梯战争后返回意大利，不久即战胜了以马略为代表的民主派，并于次年冬以胜利者的姿态进入罗马，重掌政权，发布《公敌宣告》。随后，他血腥屠杀马略的追随者，建立起罗马历史上第一个独裁统治。

苏拉被元老院宣布为终身独裁官。为加强和巩固其独裁统治，苏拉恢复并加强了对元老院的严密控制，取消部落表决制，恢复百人队表决制，剥夺了保民官的权力，并将其同党充实到元老院。但是，苏拉的独裁并不巩固。公元前78年，苏拉一死，他的各项政策便逐渐被废除。苏拉独裁开创了毁灭共和制的先例，使罗马政权为之转变。

公元前70年，克拉苏和庞培一起当选为执政官。克拉苏（约公元前115~前53年），就是那个镇压斯巴达克起义的刽子手，早年曾追随苏拉，聚敛了大量财富。出于政治野心，他广疏钱财，以收买人心，扩大个人影响。据说，在向神献祭的某节日，他一次就从自己的私产中拨出十分之一款项用来举办盛大宴会。宴请之余，还向全体罗马公民发放了3个月谷物津贴。

庞培（公元前106~前48年）生性刚毅勇猛，长于谋略，曾因作战勇敢而被苏拉授予"伟大的庞培"称号。他在清剿海盗等内外战争中屡建军功，后来居上，成为罗马最有权势的人物。庞培曾是苏拉的部将，还做了苏拉的女婿，后来却见风使舵，倒向民主派。他的一句名言是：

崇拜朝阳的人自然多于崇拜落日的人。

恺撒（公元前100~前44年）全名为盖约·儒略·恺撒。盖约是本人名，儒略（一译朱里亚）是氏族名，恺撒是家系名。他少怀大志，勤奋好学，具有渊博的学识和出色的演说及写作才能，还在很年轻的时候就积极参加了反对苏拉派的活动，揭露过前马其顿行省总督贪污案。虽然论权势他不如庞培，论资财不及克拉苏，但却在平民中具有较高的声望。

公元前45年，恺撒在击败了庞培之后，成为罗马唯一的最高统治者。其后，他通过各种途径先后拥有了执政官、终身保民官、大元帅、大祭司长等各种头衔。恺撒当政后，并没有对其政敌进行迫害和屠杀，而是采取温厚宽容的政策，赦免了很多上层人物。同时实行一系列改革，如扩大公民权授予范围；给受迫害的犹太教徒以宗教信仰自由；在各行省划出份地安置了约10万名老兵和贫民；减轻负债者的债务；向3.2万公民无偿分发粮食；严惩贪污勒索的总督等。他颁行了新历法，定1年为365日，4年一闰。这项名为"儒略历"（朱里亚历）的罗马太阳历，自公元前45年元旦起实行，一直被西方世界沿用到1582年。此外，他还关心并下令建筑广场、剧院和庙宇，使罗马城市更加美轮美奂，雄伟壮观。

这时，却有关于恺撒要登位称帝的传言在罗马四处传播开来。据说，他使用了象征王权的象牙王笏和黄金宝座，并将自己的画像同古罗马君王像悬挂在一起，还在罗马的庙宇中塑造自己的雕像。因恺撒把埃及女王克娄巴特拉接到罗马，于是又有流言说，恺撒称帝后将册封克娄巴特拉为罗马皇后，立其子恺撒瑞恩为皇位继承人云云。

在这块罗马浮雕上，一个不戴帽子的凯尔特人正在抵抗罗马士兵，保卫家园。对此，恺撒作出了野蛮的反应，在他占领了凯尔特的关隘之后，砍掉了所有拿武器的人的双手。

实际上，城邦共和政制已不再适应当时庞大罗马国家发展的需要，走向帝制乃大势所趋。恺撒曾公然宣称："共和国——这是空洞的话，没有意义，没有内容。"然而，罗马近500年的共和传统早已深入人心，自高傲者塔克文被逐以后，罗马就没再出现过帝王，因而从苏拉到恺撒，尽管都建立了个人独裁统治，却谁也不敢贸然称孤道寡。恺撒改组元老院，热

这是一幅表现恺撒被刺死的绘画。尽管事先受到威胁，恺撒还是没带武器便来到元老院，在凶手中，他认出布鲁图——他之前非常信任的人，死前他说道："你也这样，我的儿子！"

衷于共和制的演说家西塞罗（公元前106~前43年）就哀叹元老们都成了"恺撒的奴隶"。相传，在一个公共场合，执政官安东尼突然走到恺撒身旁，把一顶王冠戴到他头上。可是，只响起稀稀拉拉的掌声，多数人显出了惊愕的表情。恺撒愣怔片刻，讪笑着将王冠取下，扔落地上。安东尼赶忙拾起来，又一次给他戴上，这次被他迅速摘下扔掉了。顿时，人群中爆发出热烈的欢呼声，人们纷纷起立向他致敬。

与此同时，一场反对恺撒的阴谋也在暗中酝酿。阴谋的首要策划者为布鲁图和喀西约。布鲁图（约公元前85~前42年）是深受恺撒信任和器重的人物，相传系恺撒与其情人塞尔维利娅的私生子。他在内战期间追随庞培，据说恺撒曾晓谕其下属不要伤害他：如果他投降，就俘虏他；如果他拒不投降，则随其自便。战后，布鲁图不仅没受到追究，还被任命为山南高卢总督和城市法官，甚至被写进恺撒的遗嘱，确定其为第二继承人（第一继承人是屋大维）。意大利思想家马基雅维利说过这样的话："如果布鲁图装成一个傻瓜，他就会成为恺撒（意为皇帝）。"喀西约也是内战结束后获得赦免的贵族共和派人物。史载，共有60名元老贵族参与了阴谋。

不过，他们的保密工作却没有做好，关于有人要暗杀恺撒的流言，很快便在罗马的街头巷尾传播开来。有位巫师为恺撒卜卦时，警告他3月15日那天不要出门，但他不以为意。阴谋者恰好将谋杀日期定在公元前44年的3月15日，并由布鲁图出面，邀请恺撒届时到元老院参加一次临时会议。恺撒不顾种种凶险迹象，如期前往，他甚至拒绝卫队的护送。走在路上时，又有人向他手中塞了一张字条，上面写着："小心反叛行为！"然而，这些努力都未能阻止他迈向死亡的脚步。

恺撒刚进入元老院议事厅，便被几十名一拥而上的凶手围住，每个人都向他刺了一刀。他突然在行刺者中看到了布鲁图，惊诧地说了句："你也这样，我的儿子！"当即放弃抵抗，颓然倒地，伏卧在其旧日政敌庞培雕像底座旁的血泊中。

恺撒去世后不久，执政官安东尼、骑兵长官雷必达和恺撒的养子屋大维，密谋磋商，公开结成政治同盟，即"后三头同盟"。三头共同执掌罗马政权，并三分行省。3人的地位和权力还获得了公民大会的承认，披上了合法的外衣，成为名副其实的三人独裁统治。

然而，盟约并未永久阻止内部争夺。屋大维首先于公元前40年剥夺了雷必达的军权，又于公元前31年6月在阿克兴海角一战中战胜安东尼。安东尼在亚历山大城陷落时自杀。次年，屋大维返回罗马，建立并巩固了个人独裁统治，罗马帝制最终取代了共和制度。

罗马共和国的灭亡是罗马经济、政治发展的必然结果。一方面，罗马共和国中期以后，奴隶制经济发展迅速，土地兼并日益严重，大地主的形成和小农的破产瓦解了小农经济，城邦赖以存在的经济基础逐渐崩溃，这就使得城邦灭亡成了历史的必然。另一方面，罗马征服了地中海世界后，事实上已经成了一个地域辽阔的帝国，阶级关系和社会矛盾都发生了深刻的变化，原来建立在城邦基础之上的共和政体已不能与这一变化相适应，只有代表更广泛利益的奴隶主阶级专制政权，才能够胜任对广大奴隶等被统治阶级的专政。

罗马帝国的崛起

在城邦制基础上建立起来的罗马共和政体，从地处意大利一隅的蕞尔小邦跃居为囊括地中海区域的奴隶制大帝国后，在阶级关系发生变化和阶级斗争日益加剧的形势下，其共和政体已不能适应当时罗马社会的发展，因而势必要建立军事独裁以加强和巩固整个帝国范围内的奴隶主阶级的统治。屋大维（公元前63~公元14年）出身于骑士家庭，在他4岁时父亲就去世了，他的外祖母是恺撒的姐姐。公元前48年，屋大维进入祭司学校学习。两年后，跟随恺撒前往西班牙，参加对庞培支持者作战。恺撒没有儿子，他十分喜爱这个年轻人，便把他收为养子，让其继承自己的大部分遗产。

当恺撒被暗杀的消息传出时，年仅19岁的屋大维正在希腊，他立即渡海回到意大利，并将自己的名字改作盖约·儒略·恺撒·屋大维安努斯。恺撒生前心腹大将安东尼时任罗马执政官，他以傲慢的口吻对屋大维说："青年人，除了恺撒的名字以外，你还想要得到什么呢？钱，我已经没有多少了。难道你还要恺撒的政权吗？"这预示着一场夺权的斗争已势不可免。

在后来的斗争中，元老院曾想利用屋大维来对抗安东尼和雷必达。不过，屋大维并非那样易于摆布，他有自己的主意。他在罗马广场拍卖了自己的财产，将拍卖所得全用来招募原来恺撒的部下，很快组建起一支装备精良的军队。就是以此为起点，并以"恺撒"的名字相号召，屋大维迅速崛起，最终结束了罗马的长期内战，也结束了罗马共和国的历史，而成为罗马的唯一主宰。但他并未直接称帝，而称"普林斯"（意为第一公民），即"元首"。这种统治形式称作"元首制"。

公元前27年1月13日那天，一个戏剧性场面出现了：屋大维来到改组后的元老院，发表演说。他表示要把一切权力交还元老院，恢复共和制，同时宣布自己退休。这着实令那些元老们感到意外，震惊之余，一些人开始

屋大维像

这个踌躇满志的青年，19岁时继承恺撒的伟业，31岁时统治罗马世界，治理帝国达半个世纪之久。这尊大理石雕像雕刻的屋大维显得平静而庄严，做凯旋而归的胜利姿势，其脚边的丘比特象征着他的伟大诞生。

"抗议"元首这种不顾国家需要，只图个人轻闲的想法，随后便纷纷请求其留任国家元首之位。结果，经过一番装模作样地推让和再三挽留之后，又重新做过一整套安排：屋大维把手中一切大权交还元老院和人民，元老院则通过一系列法令委任他各种重任，手续完全符合共和制原则。屋大维非但没有隐退，反而合法地取得了帝国的军政大权。

16日，元老院又正式授予其"奥古斯都"（意为神圣、伟大）的尊号，要求全国像敬神一样敬奉他。同时，在元老院议事厅设置了一面金盾，上面镌刻着对他的赞美辞。后来，他的黄金雕像也在罗马广场上竖立起来，上面的铭文是："他恢复了陆地上和海上长期以来被破坏了的和平。"他甚至被许多城市奉为保护神，各地都建有供奉他的祭坛和神庙。公元前2年，元老院又授予他"祖国之父"的名誉。

失去了装饰性的库里亚（右前建筑）以及国家档案馆（正面带拱门建筑）

库里亚大会是古罗马时期解决公社生活中那些最重要的问题的会议，如选举高级公职人员、宣布战争、通过或否决新法案、对判处死刑的案件作出最后定夺等，后来成为罗马城行政区划名称。库里亚是罗马共和国乃至帝制时期元老院的会场；国家档案馆存放着当时罗马所有的官方文件和一部分财富。

在元首制下，屋大维一身兼任元首、执政官、保民官、首席元老、最高统帅、大祭司长等职，独揽行政、军事、司法、宗教大权。元老院和公民大会都成了他手中的工具。有人在街上呼喊他"恺撒"，他也不加制止。这时的罗马共和国实际上已经成为一个帝国，屋大维也成了这个帝国的第一个皇帝。

屋大维将原来的70多个军团缩编为28个精锐军团。他继续推行扩张政策，发动了多次侵略战争。史载，公元9年，日耳曼人掀起大规模反抗起义，瓦鲁斯率领的3个罗马军团被日耳曼部落首领阿尔米尼乌斯诱入莱茵河东的条陀堡密林，遭到围击致全军覆没，瓦鲁斯自杀。消息传来，据说屋大维痛心疾首，竟至以头撞门，大声呼叫："瓦鲁斯，还我军团！"

在屋大维时代，罗马帝国的疆域进一步扩大，其北界推到莱茵河、多瑙河一线。到图拉真（公元53~117年）做皇帝时，罗马帝国版图扩展到最大规模：它在亚洲包括小亚细亚半岛、美索不达米亚北部，直到西奈半岛一带；在非洲直抵北非西部；在欧洲伸入不列颠和多瑙河以北的达西亚等地。地中海变成了它的"内湖"。连当年的亚历山大帝国也只是它的几个行省。罗马帝国成为名副其实的空前大帝国。

屋大维在位期间，将罗马城修建得焕然一新。他不无自豪地说："我接受的是一座砖造的罗马城，却留下了一座大理石的城市。"规模宏伟的万神殿就是那时开始兴建的，前后用了150余年方才建成。继其之后，历代罗马皇帝都不断以新的建筑来装饰首都，最著名的有被称为罗马城永恒标志的大竞技场（弗拉维圆形剧场）、图拉真公共浴场和哈德良为纪念图拉真而建立的庙宇等。

屋大维卒于公元14年8月18日。罗马元老院为他举行了盛大的葬礼，并决定将其列入"神"的行列。屋大维开创了古罗马历史上的稳定发展时期，出现了经济、文化欣欣向荣的繁荣局面，这种局面在罗马帝国广大的疆域内延续近200年，史称"罗马和平"时期。

为了维护自己的独裁统治，屋大维特别注意提高奴隶主阶级的地位，扩大他们的特权。他明确规定，元老必须出身贵族，服满规定年限的军役，拥有100万塞斯退斯的地产。元老可以担任军事长官、行省总督以及执政官之类的高级职位。仅次于元老地位的是骑士，其财产应为40万塞斯退斯。骑士有资格担任督察使等财务官员，还可以担任重要的军政职务，诸如舰队司令、供粮总监、埃及太守和近卫军长官等。骑士可以作为元老候选人，元老之子在进入元老院之前必须先做骑士。这样一来，共和制后期彼此争斗的这两个等级，都在帝国社会中享受着元首政治的恩宠，因而也都大力支持元首政治，成为元首政治的中坚力量。

无产平民由于具有自由公民身份，而且是雇佣兵的来源之一，所以屋大维对他们实行既镇压又笼络的两手政策：一方面，严格限制平民的政治活动，以避免暴动的发生；另一方面，又以所谓的"面包和竞技场"策略，即发放救济粮、举办娱乐活动和给予各种施舍等措施来收买他们。屋大维的这些手段的成功运用，使罗马城市的无产平民或耽于娱乐，或充当政客权贵的门客党羽，或充当雇佣兵，渐渐失去了早先的政治作用。对奴隶阶层，屋大维则实行严厉的统治和残酷镇压的政策。

屋大维在对外政策上采取了灵活多变的政策。在东方，他采取了较为缓和的手段来处理罗马和安息之间的紧张关系；在西方，则继续推行侵略扩张政策。经过数年的侵略战争，罗马疆域扩张到东起幼发拉底河，西至大西洋，南到撒哈拉沙漠，北至多瑙河与莱茵河。

罗马帝国的黄金时代

公元96年，由元老院推举，旧贵族元老出身的涅尔瓦当上了皇帝，开始了安东尼王朝的统治时期。安东尼王朝是帝国皇权最为稳固的时期，被称为罗马帝国的"黄金时代"。在涅尔瓦统治期间，元老院的地位又得到恢复，并且实施了一些缓和社会矛盾的措施，但涅尔瓦遭到了军界，特别是边疆的统帅们的反对。涅尔瓦在位两年后死去，战功卓著的日耳曼总督图拉真被推举为皇帝。图拉真即位后，实行较为温和的政策，改善与元老院的关系，关心人民的疾苦，把帝国的疆土扩展到空前绝后的程度。从共和国末年起，罗马城内聚集了大量无产的自由民，大约不下数十万之众。历代皇帝为了笼络这些人支持自己的政权，便利用发放救济粮和金钱补贴、举办娱乐活动和提供各种施舍的手段来收买他们。政府在节日里为市民举办各种娱乐表演，演出奴隶角斗、斗兽、戏剧、海战和骑战等。公元106年，图拉真为庆祝他对达西亚人的胜利，在大角斗场举办了持续117天的恐怖角斗表演，包括达西亚战俘在内的近万名角斗士，在观众的欢呼声中进行血腥的殊死搏杀。这种娱乐节日的天数是逐年增加的。据统计，公元1世纪时罗马全年的节日为66天，2世纪时增加到123天，3世纪时增至175天。

奴隶主们的生活穷奢极欲，越来越腐化。他们把体力劳动和文化教育工作都交给奴隶去做，自己尽情享乐，竞尚豪华。富裕的罗马男子下午常把时光消磨在公共浴场里。到浴场沐浴在当时是一种时尚享受，自然也吸引着成千上万无所事事的游民。罗马的公共浴场有点像现代的大型俱乐部，内有体育厅、图书馆、休息室、花园等，不仅供人沐浴、享受舒适，还是市民社交活动的中心，朋友聚会的场所。里面常有乐队演奏乐曲，时或还有诗人、戏剧家朗诵作品，并有专职的管理人员和大批侍候人的奴隶。罗马人在建造浴场时是不惜工本的；每个浴室的大理石墙面上，都饰以精美的绘画和色彩斑斓的图案；穹形的玻璃屋顶；四面宽大明亮的窗子，在白天的任何时段阳光都能照射进去。沐浴方式也十分讲究：入浴前要先做健身运动，随后进入一个个相互连接、温度递次增高的暖气房。等汗出透了再用温水洗浴，最后用凉水冲净。为防受寒，浴毕还要涂上软膏香脂，然后躺在榻上闲谈消遣，直到晚餐时光方才回去。他们以美酒佳肴来显示阔绰，有时候甚至吃孔雀舌头。

奴隶主的宅院里，厅堂壁画，庭园池水，无不齐备。而在这些高楼大厦之间，却是大片的贫民区。那里的房子狭小、简陋，房内没有任何卫生设备，便壶都摆放到街面上。曲折狭窄的街巷，肮脏、嘈杂，终年不见阳光。

哈德良时代重建的万神殿内景图

图拉真的后继者哈德良独断专行，激起人民反抗。公元132年，犹太人掀起大规模起义，他们占领罗马殖民地，杀死殖民者，坚持斗争达3年之久，但终遭残酷镇压。继哈德良之后的安东尼·庇阿统治时期，被认为是罗马最为安定并且繁荣昌盛的时期。他对外采取防御政策，对内与元老院和睦相处。但好景不长，到马可·奥勒留统治时期，罗马的"黄金时代"就结束了。

公元1世纪至2世纪，大规模的战争已经停止，罗马境内的广大地区出现了长期的和平局面，为社会经济的发展提供了极为有利的环境。

当时，生产工具和生产技术都有了较为明显的进步。农业上出现了带轮犁、割谷器，工业上则开始使用水磨、滑车和排水器械等工具。手工业发展尤为显著，不仅门类增多，而且分工十分精细。传统的手工业，如阿列提乌姆的制陶业、阿普亚的青铜制造业、莫纳德的制灯业都兴盛一时，产品远销外地。商业贸易也十分活跃，水陆商道畅通无阻，来往商旅络绎不绝。对外贸易西达不列颠、东到印度、中国。这种规模广泛的海陆贸易，促进了罗马帝国各地城市的繁荣。这一时期，罗马兴起了一些著名的城市，如不列颠的伦丁尼姆（伦敦）、高卢的鲁格敦（里昂）等。罗马城已经成为全国的中枢，阿普亚、那不勒斯等城市也都成为手工业和商业的中心。迦太基等曾被摧毁的城市也开始复苏，亚历山大里亚城成为商品集散地和内外贸易的枢纽。

公元1世纪至2世纪罗马帝国经济的繁荣和发展，是建立在落后的生产技术和残酷剥削奴隶的基础之上的，因此这种繁荣局面不可能持久。到公元2世纪末，奴隶制帝国的危机已经开始明显暴露出来，罗马帝国的黄金时代至此已经走到了头。

作为罗马文化的一个重要组成部分，建筑艺术也是古罗马留给后世的一份宝贵遗产。罗马的建筑在共和国末期开始发展，到帝国时代达到空前规模。罗马最著名的建筑物，是屋大维时代修建、哈德良时代重建的万神殿，这座神庙是古代神庙建筑艺术的最高成就之一。公元1世纪晚期修建的哥罗赛姆大剧场，是罗马剧场建筑的典型，整个剧场可容纳观众5万人，其规模之宏大，让人惊叹。

罗马帝国的衰落

从公元2世纪末到3世纪末，罗马帝国爆发了全面的危机，史称"三世纪危机"。

"三世纪危机"的根本原因，在于奴隶制社会基本矛盾的激化。在罗马帝国前期，社会生产力得到进一步提高，劳动工具有了很大改进，这是罗马帝国前期的"黄金时代"形成的主要原因。但到了公元2世纪以后，由于罗马长期的奴隶制统治，人们开始鄙视劳动。伴随着贫富分化的加剧，罗马出现了流氓无产者人数急剧增加的现象。他们逃避劳动，完全靠社会养活，成为寄生在罗马社会肌体上的赘瘤。更为严重的是，罗马奴隶主阶级及其统治机构日益腐朽，规模日趋庞大，各种开支浩繁，娱乐奢侈之风日盛。这种现象的出现，造成了财源枯竭，财政日益紧张，从而导致捐税不断增加，货币的含金量锐减，再加上国内混战不已，社会动荡不安，罗马帝国陷入了全面危机之中。

"三世纪危机"在经济上首先表现为农业的衰落，农业的衰落又导致了手工业的衰落和商业及城市的萧条。手工业作坊是靠奴隶和隶农的劳动支撑的，由于奴隶劳动生产率的降低和行省手工业产品的竞争排挤，各城市在共和末期和帝国初期发展起来的手工业也逐渐衰落下来。农业的衰落减少了农产品对城市市场的供应，而社会动荡、外族入侵、海盗猖獗、商路阻塞以及政府强令城市征收捐税，再加上新发行的劣质货币不受欢迎，高成色的货币又被大量收藏，这一切都严重地影响了商业的发展，加剧了经济的萧条。

放纵的罗马皇帝　油画
成堆的玫瑰花瓣，掩盖着放纵的狂欢。罗马帝国的衰败，并非源于早期的穷兵黩武，而是根源于后来的繁荣稳定导致的罪恶丛生、道德沦丧。

"三世纪危机"在政治上表现为统治集团内部纷争不断，混战不休。军人干预政治，尤其是近卫军直接控制皇帝废立的现象，使中央政权处于严重瘫痪状态。公元192年，安东尼王朝的末帝康茂德被杀后，在短短6个月内近卫军就先后拥立了两个皇帝。行省驻军也浑水摸鱼，各自拥立自己的皇帝，罗马内部于是发生了一场四帝争夺王位的混战（公元193~197年）。

针对这种状况，在塞维鲁王朝（公元193~235年）的建立者塞维鲁统治时，采取了抑制元老院、优抚军队的政策，但却又引发了"士兵派"与"元老派"的斗争，军人的权力反而更加膨胀。

临死前，塞维鲁一再叮嘱他的儿子们："要厚待士兵，让他们发财，其余的人可以不管。"然而具有讽刺意味的是，其后继者几乎皆为近卫军或哗变士兵所杀。骄纵的军队飞扬跋扈，如同匪徒，废立皇帝成了司空见惯的家常便饭。窃国者走马灯般轮番登台，他们以贿赂兵士谋杀皇帝为入宫手段，旋即又为后起者谋杀而被抬出皇宫。公元238年一年内，元老贵族推出4个皇帝，不久全被士兵所杀。

100英尺（约30米）高的宏伟的尼克拉堡巍然耸立，成为帝国时期罗马国力强盛的有力证明，但它的建筑初衷——由于恐惧而大量修建城堡与城墙，却是罗马衰败的征兆。

此后15年间，罗马竟换了10个皇帝。其后还出现了一个军团和行省自行拥立皇帝的所谓"三十僭主"时期，政局一片混乱。

公元284年，在对波斯作战期间，罗马军中再次发生谋篡事件。近卫军长官阿培尔谋害了皇帝努米里安，不出一月又杀死了他刚继位的儿子。回师途中，至尼科美地方，同为近卫军长官的戴克里先在士兵集会上揭发了阿培尔的谋逆罪行，引起士兵公愤，纷纷要求让其偿命。

恼羞成怒的阿培尔立时便与戴克里先厮杀起来，只见刀来剑往，寒光闪闪，两人腾跃扑击，招招凶狠。士兵们齐声呐喊，为戴克里先助威。失道寡助的阿培尔心慌意乱，稍一分神，顿成刀下之鬼。尔后，全军一致拥立戴克里先为罗马帝国新皇帝（公元284~305年）。

戴克里先正式取消元首制，采用"多米那特制"（即"君主制"），完全抛弃了残存的共和外衣。他自称"多米那斯"（意为主人），身穿镶金的紫绸长袍，头戴缀满珍珠宝石的冕旒，并实行东方专制君主的朝仪，臣民觐见时须行跪拜礼，奉之若神明。他实行四帝制，即由正副"奥古斯都"和正副"恺撒"对帝国分块治理。但分而不割，最高权力仍掌握在他一人手中。

残酷的剥削和奴役使罗马境内的广大奴隶陷入了苦难的深渊，在忍无可忍中，他们终于揭竿而起。时断时续、大大小小的起义，沉重地打击了奴隶主的统治，让本已处在崩溃边缘的罗马帝国更加迅速地走向灭亡。

罗马内部的危机和动荡，给外族入侵提供了可乘之机。在东方，萨珊波斯攻占了罗马的幼发拉底河流域，并继续向西扩张，进攻叙利亚。在东北，多瑙河以北的哥特人南下掠取拜占廷，袭扰小亚细亚和爱琴海地区。

在北方，日耳曼人越过罗马边境，进入高卢的中部和东部，并在西班牙的东北部站稳了脚跟。阿尔曼尼人则乘机南下深入意大利中部。随着日耳曼人大量涌入罗马，罗马帝国已处于四面楚歌的境地。

罗马帝国的分裂

公元395年，罗马帝国正式分裂为东、西两部分。分裂后的西罗马帝国，重演了"三世纪危机"时的悲剧。

在今天的英格兰与苏格兰分界处，哈德良长城从海岸延伸开来，壮观的景象使人回忆起当年强大的罗马曾占据过不列颠，但到公元5世纪中期，罗马在这里的统治已危在旦夕。

"三世纪危机"时期，随着罗马帝国隶农制的进一步盛行，隶农逐渐成为罗马农业生产的主要劳动力，隶农的身份和地位也日益恶化。这个悲剧的结果是，奴隶逐渐被排斥出生产领域。罗马统治阶级为挽救摇摇欲坠的政权，只好千方百计地维护奴隶制生产关系，从而致使罗马社会的阶级矛盾和民族矛盾进一步激化，广大奴隶、隶农和其他下层人民的反抗斗争此起彼伏。公元4世纪以后，罗马境内发生的人民起义，影响巨大的有3次：巴高达运动、阿哥尼斯特运动和西哥特起义。公元3世纪中期曾经爆发过的巴高达运动被镇压下去后，公元4世纪末期又重新发展起来，并由高卢蔓延到西班牙，到公元5世纪中期，声势浩大的农民战争，致使罗马在不列颠、高卢、西班牙的统治完全瓦解。阿哥尼斯特运动于公元4世纪30年代开始在北非爆发，很快达到高潮，其参加者主要是奴隶、隶农和农民。公元373年，其起义主力遭到残酷镇压后，余部仍坚持斗争，直到汪达尔王国的建立。这次运动极其沉重地打击了罗马在北非的统治。

罗马帝国内部的危机和人民起义给外族入侵提供了可乘之机，散布在帝国北境之外的半游牧民族日耳曼人开始不断地侵犯罗马边境。日耳曼人有很多分支，如法兰克人、哥特人、汪达尔人、勃艮第人、盎格鲁人等。在罗马人眼里，他们都是用牛油涂发、满身腥臭的外族。公元4世纪后半期，亚洲的匈奴人西进，居住在多瑙河下游的西哥特人受到挤压，经西罗马政府允许，于公元376年渡过多瑙河，徙居罗马境内。罗马人的意图是让他们以"同盟者"身份为帝国御边。但入境后，西哥特人并未得到罗马人曾经答应向其提供的粮食，迫于饥饿，他们只好出卖自己的子女。罗马军官用狗换取他们的孩子。378年，不堪忍受奴役的西哥特人举行起义，经亚得里亚堡一战，罗马皇帝瓦伦斯率领的4万罗马军团全军覆没。瓦伦斯受伤后藏进一间茅屋，结果被烧死在里面。这之后直到公元5世纪，一支支日耳曼人如潮水般涌入西罗马。当地的奴隶、隶农和农民把他们当作"解放者"，同他们站在一起反对本国统治者。

公元395年，阿拉里克（约公元370~410年）被推举为西哥特人首领。从公元401年起，他屡次侵扰意大利，皆为罗马统帅斯提利克所败。但斯提利克却无意将其彻底击垮，意欲利用他与东罗

钱币上君士坦丁大帝和他象征性的伙伴希腊皇帝亚历山大大帝（上）。两者都赢得了"伟大"这一称誉，但他们的继承人都辜负了他们的期望。公元337年君士坦丁死后，其子君坦斯一世（下）同两位兄弟争夺对东部帝国的控制权，而于公元350年在一次军事叛乱中被杀。

马帝国对抗。阿拉里克坚持要从西罗马的国库中支取4000镑黄金，激起罗马人民对斯提利克的不满。公元408年，西罗马皇帝霍诺里乌斯（公元395~423年）下令处死斯提利克，并拒绝阿拉里克的要求。阿拉里克遂率军来攻，这时罗马人已无大将可用，不得已遣使求和。到公元5世纪70年代，西罗马帝国的领土仅仅剩下受过多次攻击的意大利半岛没被占领。

公元476年9月，日耳曼人奥多雅克废黜最后一个罗马皇帝罗慕洛。至此，西罗马帝国在人民起义和外族入侵的浪潮中最终灭亡。

西罗马帝国的灭亡是罗马奴隶制危机、封建制因素成长的必然结果。导致西罗马帝国灭亡的根本原因，就在于罗马社会的基本矛盾，即日益发展的社会生产力与奴隶制生产关系之间的矛盾。如果说奴隶、隶农和其他下层人民的反抗斗争从内部动摇着罗马奴隶主阶级统治的基础，那么统治阶级内部的腐败、混战则进一步加速了西罗马帝国的覆灭。另外，骑士阶层、流氓无产者和马略军事改革所带来的消极影响，东西罗马的分裂和自保，帝国军队以及帝国政权本身的蛮族化，以及西罗马帝国统治者对西哥特人的政策失误等，也对罗马帝国的分裂和西罗马帝国的灭亡产生了不可忽视的影响。

第四章 早期封建国家的形成和发展

亚欧民族大迁徙

匈奴是中国漠北的一个游牧民族，兴起于公元前3世纪左右的战国时期，秦汉时强盛起来，人口约为200万。秦汉时期，匈奴多次入侵河套、山西以及河北等地，对中国北部边疆构成了严重威胁。秦始皇曾派大将蒙恬北伐匈奴，并修筑了万里长城，以抵御匈奴骑兵。

西汉初年，匈奴又不断南下，骚扰汉王朝的北部边境。从汉高祖到汉武帝，多对匈奴采取和亲政策。汉武帝时，汉、匈之间的战争不断升级，结果匈奴大败，势力渐衰。公元前54年，匈奴分裂为南、北二部。南匈奴归附汉朝，北匈奴在汉朝军队的打击下瓦解。东汉初，匈奴再度分裂为南、北二部。南匈奴与汉朝友好，后逐渐与汉人融合；北匈奴对南匈奴和东汉政权则持敌视态度。公元91年，北匈奴在东汉和南匈奴的联合打击下败亡，北匈奴的一部分由单于率领离开漠北向西迁移。著名的匈奴西迁故事，就在这个时候开始了。

公元6世纪，斯拉夫人南迁，进占了色雷斯等地，成为今天东欧各国人的祖先。图为保加利亚色雷斯人墓地内的女子立像。

西迁的匈奴人大约有20余万，他们首先在大漠西北乌孙所辖的悦般地区停留下来。公元105年至106年，北匈奴曾遣使来到汉朝，请求和亲，汉帝没有同意，从此北匈奴失去了与汉朝的联系。公元2世纪中叶，因不堪忍受鲜卑人的压迫，北匈奴离开居住了70余年的悦般而西迁康居。因前往康居的道路极为艰险，所以只能挑选勇敢善战者前往，剩下的老弱妇幼仍留在悦般。留下来的这些人后来逐渐与柔然（阿瓦尔人）部融合。

康居位于中亚锡尔河流域，与占据阿姆河流域的大夏（大月氏人）为邻，北匈奴在此停留了近百年。公元3世纪中叶，因受到贵霜帝国和康居的联合攻击，北匈奴再次被迫离开康居迁往粟特。公元4世纪中叶，北匈奴人又离开生活了一个世纪的粟特西迁至东欧顿河流域。进入欧洲的匈奴人，首先与阿兰人发生冲突。结果，阿兰人大败。不久，匈奴又乘胜进犯东哥特，这次进犯的结果是引发了日耳曼人的民族大迁徙。

匈奴西迁历时280年，长途跋涉6000余千米，不仅跨越了整个中亚，而且深入欧洲腹地。在匈奴西迁的推动下，亚欧大陆众多游牧民族纷纷卷入民族大迁徙的浪潮中。

在匈奴西迁的推动下，欧洲的斯拉夫和日耳曼等游牧民族也开始了声势浩大的民族大迁徙。

公元5世纪至6世纪，斯拉夫人开始南迁，他们越过多瑙河，不断进攻罗马边境。公元578年，约10万斯拉夫人进占色雷斯、马其顿和帖撒利等地。到7世纪初，斯拉夫人已遍布巴尔干半岛北部各地，后来又经过几个世纪的大迁徙，斯拉夫人各地居民经过长期的融合，逐渐形成了今天东欧的各个民族国家。

日耳曼人早在公元1世纪就从北欧南下，成为罗马帝国北部的强邻。不过，当时罗马军团十分强大，稳守边境毫不费力。随着帝国的衰微，罗马对边境的控制也频频告急。公元1世纪，日耳曼人已经占据了东起维斯瓦河，西至莱茵河，南达多瑙河，北抵波罗的海的广大地区，罗马人把这片广袤的大地称为日耳曼尼亚。

公元4世纪后期，由于受到来自匈奴的攻击，日耳曼人开始像潮水般涌入罗马帝国境内，由此形成了日耳曼部落大迁徙的浪潮。最先进入帝国的是西哥特人，但罗马政府对他们特别残暴，强迫他们种地、服兵役，甚至将他们卖为奴隶。西哥特人不甘屈辱，发动起义，罗马的奴隶、隶农、矿工也纷纷加入了起义队伍。公元378年，西哥特人同罗马帝国在阿德里亚堡决战，罗马被击败，皇帝瓦伦斯被打死。公元5世纪初，西哥特人再次对罗马发动进攻，汪达尔人也由北方入侵。公元395年，罗马帝国分裂为东西两部分。公元410年，罗马城被攻陷。西哥特人在洗劫罗马城和意大利半岛之后，又向西进

漠南草原

匈奴人建立的游牧帝国，最大特点就是"动"，此地为匈奴人曾活动过的地域。

军，最后定居在高卢南部和西班牙北部。公元419年，建立西哥特王国，这是罗马帝国版图内的第一个日耳曼人国家。汪达尔人则进入北非，建立了独立的汪达尔王国，结束了罗马帝国在北非的统治。伦巴第人则占领了北部意大利的波河平原，建立了伦巴第王国。其他日耳曼部落也纷纷冲进西罗马帝国。另外，日耳曼人中的盎格鲁人、萨克逊人、朱特人，则从原先居住的威悉河、易北河流域出发，登上不列颠岛，征服了原有居民凯尔特人，建立了自己的文明，盎格鲁–萨克逊人从此成为英格兰的主要民族。公元5世纪初，西罗马帝国的土地已大部丧失，帝国名存实亡。公元476年，日耳曼雇佣军的首领奥多亚克废黜了西罗马最后一个皇帝罗慕洛·奥古斯都，西罗马帝国灭亡。欧洲民族大迁徙至此结束。日耳曼人成了西欧的重要民族，他们与当地人长期融合，逐渐形成今天西欧各个民族国家。

由匈奴西迁引发的这场历时几个世纪的民族大迁徙，不仅打破了亚欧大陆南耕北牧的传统格局，突破了地域间的封闭，而且还加强了亚欧大陆各地区、各民族间的经济文化交流和民族融合，奠定了现代亚欧大陆主要民族和国家的基础，从而形成了世界历史的新格局和新版图。

日耳曼人征服西罗马帝国

在公元前的几个世纪中，日耳曼人一直生活在欧洲的北部。公元375年，匈奴向黑海沿岸的东哥特人发动进攻，促成了日耳曼诸部落向西方的大迁徙。日耳曼人潮水般地向帝国境内涌来，开始了用武力征服罗马帝国的过程。

公元376年，西哥特人渡过了多瑙河，定居于罗马帝国北部，起兵反抗罗马官吏的压迫。公元378年，西哥特人于亚得里亚堡大败罗马军队，并将率兵亲征的罗马皇帝瓦伦斯杀死。之后，西哥特人于希腊定居，转而进攻意大利。公元410年，西哥特人的首领阿拉里克率众将罗马城攻陷，整个欧洲为之震惊。公元476年，罗马末帝罗慕洛·奥古斯都被外族出身的罗马将军奥多亚克废黜，西罗马帝国灭亡。

西罗马帝国灭亡后，日耳曼人在罗马的废墟上建起了一系列的封建国家。这些国家主要有：西哥特人在高卢西南部和西班牙北部建立的西哥特王国（公元419年），汪达尔人在北非建立的汪达尔王国（公元439年），勃艮第人在高卢东南部建立的勃艮第王国（公元440年），法兰克人在高卢北部建立的法兰克王国（公元486年），东哥特人在意大利和西西里岛建立的东哥特王国（公元493年），伦巴德人在意大利中部和北部建立的伦巴德王国（公元568年）。但是，这些国家存在的时间并不是很长。

法兰克人复原图

公元6世纪中叶，东罗马帝国先后将汪达尔和东哥特灭亡；公元6世纪中叶和公元8世纪晚期，勃艮第和伦巴德分别被法兰克王国灭亡；公元8世纪初期，阿拉伯帝国将西哥特王国征服。其中，唯有法兰克王国存在的时间最长，影响亦最大。

日耳曼人将西罗马帝国征服，建立了自己的国家，阶级和社会关系也随之发生了变化，逐步形成了西欧封建制，从而掀开了西欧历史的新篇章。

法兰克王国

公元1世纪,法兰克人居住在莱茵河的下游。公元406年,法兰克人随同西哥特人、勃艮第人一起进入罗马帝国的高卢地区(今法国境内)。公元481年,克洛维成为法兰克人的军事首领,经过多年征战,法兰克开始走向强大。到公元511年克洛维去世时,法兰克王国已将罗马高卢的大部分地区征服。

在征服的过程中,占领罗马皇室领地的法兰克国王将其作为奖赏,赐予他的廷臣、将军、亲信、教会和修道院。这些新兴法兰克贵族的地主与被保留下来的高卢罗马大地主一起,构成了法兰克国家的地主阶级。

法兰克地主阶级的发展历程,同时也是自由农民丧失土地沦为依附农民的历程。代表地主阶级利益的封建统治者将封建化的成果以法律的形式肯定下来,这就构成了法兰克封建化的一条主线。这一过程可分如下3个阶段:

第一阶段是内战时期(公元511~714年)。这个时期的特征是王权衰弱,社会动荡不安。长期的战争破坏使较脆弱的自由农民只好投身于大地主的门下,法兰克的封建生产关系也由此产生,其结果是大土地所有制的成长和自由农民逐渐沦为依附农民。

第二阶段是宫相查理·马特的采邑制改革时期(公元714~741年)。他下令将土地作为"采邑"进行分封,但受封者必须以服骑兵役为条件,且不得世袭。这一改革取得了明显成效,加强了法兰克王国的军事力量,促进了法兰克封建生产关系的发展。

第三阶段是加洛林王朝时期(公元751~987年)。公元751年,宫相丕平发动政变并登上了王位,建立了加洛林王朝。这个王朝在查理曼统治时期(公元768~814年),通过开疆拓土,形成了一个版图广大、民族众多的帝国,史称查理曼帝国。

查理曼,又被称为查理,他从小在宗教环境下长大,对基督教极为虔诚,但没有受过良好的文化教育。他的父亲矮子丕平在公元751年创建加洛林王国时,他才9岁。公元768年,他的父亲患水肿病死于巴黎,留下了查理曼和卡洛曼两个儿子,法兰克人召开民众大会,选举这两兄弟为国王,平分全部国土。但卡洛曼放弃了对王国的监管,进修道院当了僧侣,3年后去世。公元771年,经全体法兰克人同意,查理曼被拥戴为唯一的国王。

查理曼统治法兰克王国时期,开始了大规模的领土扩张行动。他一生共发动了50多次远征,并亲自参加了30次远征。其中最长的一次战争,是对北方撒克逊人的征服。他以传播基督教为借口,从公元772年起,先后发动8次进攻,时间长达33年,最终征服了撒克逊

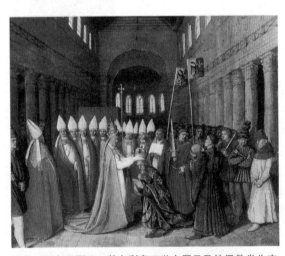

公元800年圣诞日,教皇利奥三世在罗马圣彼得教堂为查理加冕称帝,宣称这个外族首领为"伟大的罗马人皇帝",标志着西欧基督教化即罗马和日耳曼的融合基本完成。有人认为查理大帝的加冕标志着神圣罗马帝国的开端,然而大多数人还是认为那时的帝国应该叫作法兰克帝国。

人，使他们成为法兰克王国的臣民。通过几十年的征战，法兰克王国扩大到了相当于今天的法国、瑞士、荷兰、比利时、奥地利，以及德国、意大利的大部分地区，成为当时西欧空前强大的国家。公元800年，查理曼进军罗马，援救被罗马贵族驱逐的教皇利奥三世，并被教皇加冕为"罗马皇帝"。从此，法兰克王国成为"查理曼帝国"，查理国王则成为"查理大帝"。他把自己的帝国当作古代罗马帝国的继续，查理曼的加冕被一些历史学家认为它标志着神圣罗马帝国的诞生。

查理曼对基督教极为热诚和虔信，在他统治时期，下令教会和寺院办学，在宫中成立学院，广泛招聘僧侣学者前来讲学。他还从中等人家和低微门弟人家中挑选子弟，与富贵子弟共同接受教育，甚至任命出身贫穷、学习优异的青年教士为主教。在定都阿亨后，他大兴土木，修建了许多金碧辉煌的宫殿和教堂。随着建筑的兴盛，绘画、雕刻等艺术也有所发展。查理曼还派人搜集和抄写了许多拉丁文和希腊文手稿，虽然他对抄本内容一无所知，但却为后代保留了许多古典作家的著作。公元814年，查理曼去世，终年70岁。其子路易即位后，力图继续维护统一。但是随着地方封建主独立地位的加强，王权逐渐衰弱，中央政权已无力控制局面。公元817年，路易将帝国疆土分给自己三个儿子：罗退尔、丕平、路易。后来在疆土分配问题上，父子反目，父子、兄弟之间展开了骨肉相残的斗争，法兰克王国陷入内乱之中。在战争中，国王路易和其次子相继死去，形成了罗退尔、路易、查理兄弟三人争夺疆土的局面。

法兰克王国经过长期分裂组合，不同部落组成的地区大体成为不同的系统。当时，罗退尔的势力最强，统治着中部地区；东部日耳曼人地区被路易统治；查理统治着西部地区。兄弟之间相互攻击，战乱不断。公元843年，兄弟三人开始和谈，三方正式签订《凡尔登条约》，将帝国分为三部分：今日的德国西部分给路易，称东法兰克王国；今日的法国属查理，称西法兰克王国；路易和查理之间加上意大利中、北部留给了罗退尔。条约还规定，罗退尔沿袭皇帝称号。至此，兄弟相残的局面才告结束。

罗退尔死后，他的三个儿子又瓜分了他的领土，长子统治意大利，次子统治洛林，小儿子得到普罗旺斯。公元870年，小儿子去世，日耳曼路易和法兰西查理在墨尔森签订条约，将其侄的领土瓜分。此后，三个王国在外邦势力的入侵下，疆域有所改变，但不大。查理曼帝国的三分，奠定了后来法兰西、德意志和意大利三国的基础，促进了西欧封建制度的发展。1066年，法兰西的诺曼底公爵威廉率军占领英格兰，登上英格兰王位，将法国的封建制度带到了英格兰。

英格兰封建专制制度的形成

公元前5世纪，英国被称为"不列颠"。公元前1世纪，不列颠被罗马征服，沦为罗马帝国的一个行省。之后，又遭到日耳曼人的大举入侵。日耳曼人进入不列颠后分成盎格鲁人、萨克逊人和朱特人3支。到公元5世纪，不列颠被称为"英吉利"或"英格兰"，其意为"盎格鲁人的土地"。

公元7世纪初，英格兰在内战中分裂成诺森伯利亚、麦西亚、东盎格利亚、威塞克斯、肯特、苏塞克斯、西塞克斯等7个国家。这时，英国的历史进入七国时代，也是英国由分裂走向统一的封建化时期。

七国之间的兼并战争不断，最终形成了诺森伯利亚（公元7世纪）、麦西亚（公元8世

黑斯廷斯战役
威廉一世在这场战役中实现了"诺曼征服",建立了诺曼王朝。

纪）和威塞克斯（公元9世纪）三大权力中心。此时，丹麦人开始进攻英国，并先后将诺森伯里亚和东盎格利亚占领，引起了英国统治者的一片恐慌。威塞克斯国王阿尔弗烈德（公元871~899年），使丹麦人被迫求和，双方签订了《威德摩尔和约》，把英国一分为二。公元886年，阿尔弗烈德将伦敦收复，将其影响扩展到整个英格兰。在阿特尔斯坦统治期间（公元924~941年），继续北进，逐步将丹麦人所占领的土地收复。威塞克斯国王开始自称"全不列颠之王"，英国得到初步统一。但是很快又受到克努特大王（1016~1035年）的入侵，导致英国再次屈服。这位强大的征服者将丹麦、挪威和英格兰3个王国集中在他的权力之下，并遵照当地的惯例进行统治。他死后，局面又趋于混乱。1042年，属于威塞克斯血统的忏悔者爱德华取得了英格兰的王位。

忏悔者爱德华将全国分成若干郡，并建立威斯敏斯特修道院教堂。1066年10月14日，威廉公爵在黑斯廷斯战役中将对手击败，争夺到继承权。圣诞节时，他在伦敦被立为国王，称为威廉一世，建立起英国历史上的诺曼王朝（1066~1154年）。这就是英国历史上的诺曼征服。威廉一世将法国的封建制度引进了这个"自由人"国家，并使之成为他进行统治的权力基础。诺曼封建主得到分散在整个王国的零星封地，这样分散的封地不能形成大的领地，永远置于王权的控制之下。管理各郡的郡长也是同样的情况，因为他们在郡内不占有任何私人领地。

在博学的教士兰弗朗克的帮助下，威廉重新组织了英国教会，他任命兰弗朗克为坎特伯雷大主教。他与罗马教皇格列高利七世就主教职权问题发生冲突，但还没有发展到决裂的地步。他还建立了许多修道院，引进了希腊和拉丁文学。

拜占廷帝国的兴衰

公元395年，罗马帝国一分为二，西罗马帝国急剧败落，走向灭亡，在其废墟上建立起许多新的欧洲国家。东罗马拜占廷帝国以君士坦丁堡为首都，抵抗住风风雨雨，前后维持了千年之久。

拜占廷帝国建国时，版图包括欧洲的巴尔干半岛、小亚细亚、美索不达米亚西部、叙利亚、巴勒斯坦、埃及、利比亚以及地中海各个岛屿，地垮欧、亚、非三大洲。拜占廷地处东西方交通要道，经济较为发达，社会环境比西部相对安定，保持了国家机器的完整性，并逐步走向封建社会。

拜占廷封建化的背景是频繁的对外战争。查士丁尼当政时期（公元527~565年），拜占廷疯狂向西扩张，倾力举兵西进。公元533年，拜占廷帝国的铁蹄踏进汪达尔王国。

公元535年，又移兵意大利，向东哥特王国进攻，受到东哥特人民的奋力抵抗。拜占廷军队在意大利艰难作

拜占庭时期的象牙雕刻

战20年，终将东哥特王国消灭，但自己也损失惨重。东哥特的战事还没有结束，拜占廷大军又踏上远征西班牙的西哥特王国的征程，并将西班牙东南部以及科西嘉岛、撒丁岛和巴利阿里鲜岛占领。至此，查士丁尼的西征才算结束。查士丁尼在对外扩张的同时，还大兴土木，修造了许多大型建筑，其中君士坦丁堡的圣·索菲亚大教堂最为著名，成为东正教的宗教中心。查士丁尼所有的辉煌战绩都以国库耗尽、劳民伤财为代价。他死后，不仅他的扩张事业难以为继，就是现有的局面也难以维持。公元568年，拜占廷军队被赶到意大利南部。

12世纪末，塞尔柱突厥人入侵，拜占廷无力抵抗，向罗马教皇发出求援信，但最终引狼入室，元气大伤。此后，拜占廷帝国虽然恢复了帝位，但仅剩了海峡弹丸之地。1453年，奥斯曼土耳其最终将君士坦丁堡攻陷，拜占廷帝国灭亡。

意大利城市共和国

查理曼帝国分裂后，意大利被罗退尔所统治。公元855年罗退尔去世之后，意大利从此便陷入了长达10个世纪之久的政治纷争之中，在1861年之前，一直没有得到统一，甚至连名义上的中央政权都没有产生过。

公元7~8世纪时，意大利的手工业与农业分工就已开始了。到公元9~10世纪，许多地方出现了定期集市。罗马时代的旧城也非常活跃，逐渐成为工商业的中心。在伦巴底和托斯坎纳出现的一系列新兴城市，开始与东地中海沿岸各国发展贸易往来，从而得到东方贵重的货币资本，并将这些资金及时地投入到手工业、商业和银行业中。手工业生产因此日趋发达，分工也日趋细密。银行业的发达，使意大利一些城市的货币在国际市场上大量流通。

富裕起来的意大利城市为捍卫自身的利益、取消封建义务、铲除发展工商业的障碍，与统治它们的教俗封建主展开了激烈斗争。通过斗争，它们不仅获得了对城市的统治权，而且逐渐控制了周围的广大地区，形成了一些城市国家。城市国家统治权所达到的地方，那里的封建贵族和农民也都随之变成了城市国家的公民。城市国家所辖地区，甚至包括许多小市镇和众多农村。

比萨是意大利著名的城市共和国，著名的比萨教堂与斜塔建立时，比萨城贸易兴隆，与近东地区交往密切。

意大利城市国家在政体上与欧洲其他封建国家截然不同。欧洲大陆当时盛行君主政体，而意大利城市国家却实行共和政体。国家行政机构起初是全体成员大会和地方执政官会议，后来由选举产生的委员组成议会取代了原来庞大的全体成员大会，由其决定立法、宣战、媾和等城市国家的重大事项。执政官虽由市民选举产生，但一般为显贵家族所垄断。在执政官之下设立各种委员会，各个城市所设有所不同，各城市的统治权大多为贵族和富商所掌握。当时，意大利著名的城市共和国有威尼斯、佛罗伦萨、热那亚和比萨等，它们都是意大利从事航海和工商业的城市共和国，威尼斯更为突出。威尼斯是世界著名的水上城市，在长约3.2千米、宽约1.6千米的群岛和泥滩上逐渐形成最初的城市，公元9世纪40年代，成为独立的城市共和国。至15世纪时，威尼斯发展成一个包括克里特岛、塞浦路斯岛和爱琴海众多岛屿在内的广阔的海上大帝国，显赫一时。15世纪末年，欧洲新航线开辟以后，大西洋沿岸成为商业重心，威尼斯城市共和国逐渐走向衰落。

王权与教权之争

在西欧封建社会，王权利用封臣制建立起一套封建隶属关系，来实施对全国的统治，而国王一般很难对全国实行直接控制。这就为以罗马教皇为首的天主教会的势力提供了发展空间，从而引发了王权与教权之间的争斗。

公元568年，伦巴德人大举南下进逼意大利，严重威胁着罗马的安全，教皇在法兰克人的帮助下，打败了伦巴德人，这大大地提高了教皇的威望。罗马教皇不仅是教皇国的实际统治者，而且还成了西欧各国教会的最高领袖。

王权与教权之争，就这样开始了。

在西欧早期封建社会里，王权与教权之争因各国具体情况不同，表现出的激烈程度也不一样。

公元919年，康拉德被迫推举当时德国势力最为强大的萨克森公爵亨利为王，即亨利一世。德国历史从此跨进了萨克森王朝(公元919~1024年)。亨利一世执政后，通过兼并士瓦本、吞并洛林和巴伐利亚，将自己的统治进一步巩固。亨利死后，其子奥托一世继位。不仅将五大公国牢牢控制，而且还发动征服意大利的战争，取得了"伦巴德"国王的称号。公元926年，奥托

教皇格列高利一世的象牙雕像

从公元 590 年至 604 年，作为教皇，他的严厉施行宗教信条与政治上的敏锐极大地加强了罗马教皇的权力，他的传教热情使基督教信仰传遍西方文明世界的最远边界。

一世亲率大军将伦巴德王国征服。公元927年，教皇在罗马的圣彼得大教堂为奥托一世加冕，称其为"罗马人的皇帝"。奥托一世成为罗马帝国合法的王位继承人。此时，萨克森王朝各王依靠武力建起一个庞大的帝国，但各部落公国依然独立，各自为政，仍是在帝国名义下的独立国家。

于是国王便借助教会来加强他的封建统治，各地的主教和修道院院长大多是国王或皇帝的封臣或附庸，要向国王或皇帝宣誓效忠，并接受国王或皇帝的任免。为此，德国国王或皇帝授予他们广泛的特权，即"奥托特权"。后来，教皇对德国的主教任免权又提出要求，认为教会权力不应由国王授予，即使皇帝也无权插手主教的遴选和续任。从教皇尼古拉二世（1058～1061年在位）到亚历山大二世（1061～1073年在位），历任教皇都不断提出对德国主教的续任权，到教皇格列高利七世（1073～1085年在位）时，两者之间的矛盾达到白热化。1075年，格列高利通谕废除世俗君主对教职的续任权。德国的神圣罗马帝国皇帝亨利四世针锋相对，于1076年1月在沃姆斯召集德国主教开会，严厉谴责教皇。同年2月初，教皇宣布开除亨利四世的教籍，并要求亨利四世逊位。在这种严峻的形势下，亨利四世被迫于1077年1月翻越阿尔卑斯山到教皇住地卡诺莎城堡请求教皇的宽恕。这便是历史上著名的"卡诺莎事件"。亨利四世的悔过表现只不过是一种策略，恢复权力之后，亨利四世立即回国镇压了反对派，并将格列高利七世拉下教皇宝座。

王权与教权双方如此大打出手，绝不是因为表面上的主教续任权之争，而实际上是对物质利益的争夺。在当时，主教、修道院院长等神职是获利颇丰的职位，教会可以利用宗教的名义征收各种名目的租税、罚金、捐赠等。这就意味着，谁册封这些神职，谁就可以把教会或修道院的收入据为己有，国王和教皇自然都不肯放过如此诱人的获利机会。因此，双方的这种利益争夺的斗争是不可调和的。

亨利四世与教皇格列高利之间的斗争，并没有取得最终的结果。王权与教权的斗争在双方的后继者中间继续展开，直到1122年双方才相互妥协，签订了《沃姆斯宗教协定》，将主教、修道院院长的宗教权力和世俗权力一分为二，由教会和国王分别授予。德国的主教续任权之争，至此告一段落，但还远远没有结束。

王权与教权的斗争，是西欧封建王权衰弱的表现，也是罗马教皇势力发展的结果。在双方斗争的过程中，教权虽然一开始占了上风，但随着各国王权的不断加强，教权逐渐从属于王权。最终，在16世纪的宗教改革运动中，王权在民族教会的旗帜下实现了全面的统治。

朝鲜半岛的统一

早在公元前4世纪至前3世纪，朝鲜北部就出现过一个古朝鲜。公元前194年，燕人卫满灭古朝鲜建立卫氏朝鲜。公元前108年，汉武帝灭卫氏朝鲜，在该地区设置了乐浪、玄菟、临屯、真番四郡，并派驻太守进行统治。公元3世纪初期，东汉王朝灭亡，朝鲜北部的高句丽趁机兴起，并于公元4世纪初灭了乐浪郡，在其北与中国展开领土之争，在其南与百济、新罗长期争战不休，形成朝鲜历史上的"三国时代"。在这个时期，当高句丽和百济争雄时，地处朝鲜半岛东南一隅的新罗乘机与隋、唐王朝媾和。因此当高句丽与百济发现新罗已构成对他们的威胁时，便联合向其展开进攻。新罗于是求助于当时的唐朝，在唐朝的协助下，公元676年新罗完成了朝鲜半岛的统一。

青铜佛像

朝鲜半岛统一后，类似于中国的封建制度便很快建立起来。他们首先形成了土地国有制，公元687年又颁布实寿禄邑制，由国家对文武官员授予一定数量的收租地作为禄邑。这一制度的实行，导致了土地兼并的发展。公元722年，朝鲜开始推行丁田制，对15岁以上的男性公民一律授予一定数量的土地，分为口分田和永业田，前者限于本人终身享用，不得买卖或转让；后者可以世袭。农民因此而被附着于土地上，成为缴纳田租、贡品和担负各种徭役的国家依附民。封建土地制度在全国确立起来后，为适应封建制度的需要，朝鲜还参照唐朝的政治制度，建立起了一套比较完善的中央集权的国家体制。

新罗末年，国势衰微，农民起义连绵不断，地方封建势力割据。公元918年后高句丽武将王建夺得政权，改国号高丽，建立高丽王朝，定都开京。公元936年，重新统一朝鲜半岛。高丽王朝实行中央集权制，公元976年，实行田柴科制，即按不同等级分赐土地，以加强中央集权。并设有一套完整的官僚机构，中央掌握着一支强大常备军。10世纪末和11世纪末3次击退契丹入侵，捍卫了国家独立。12世纪为高丽最强盛时期，政治稳定，经济、文化高度繁荣。12世纪后期起土地兼并重新盛行，田柴科制被废除，爆发了席卷全国的农民大起义。1258年投降蒙古，蒙古于1280年在高丽设立征东行省。1368年明朝推翻蒙古贵族统治，有力地支援了高丽人民争取独立的斗争。1392年高丽王朝大将李成桂发动政变，废高丽末王，改国号为朝鲜，建立李氏王朝（1392～1910年）。16世纪末，日本进犯朝鲜，中朝军民联手将日本击败，但朝鲜国力因此变得衰弱。

日本的幕府统治

日本是个群岛国家，位于太平洋西侧，其领土由北海道、本州、四国、九州四大岛和数百个小岛组成，与亚洲大陆隔海相望，面积大约有37万多平方千米。

大约五六千年以前，日本出现新石器文化，因其代表性文物为手制的带有绳形纹饰的黑色陶器，故又被称为"绳纹文化"。公元前1世纪，日本的西部发展出一种称作"弥生文化"的新文化，其代表性文物为轮制的褐色陶器。公元2世纪时，奴隶制国家邪马台国在九州北部出现。至公元3世纪时，日本进入小国并立的割据时代。

日本的封建制度是在中国唐朝的影响下建立起来的，但在以后的发展过程中却又表现出许多类似欧洲封建制度的特点，走上与中国截然不同的道路。

公元5世纪时，兴起于本州中部的奴隶制国家大和统一了日本。大和在与中国的交往过程中，逐渐建立起自己的封建制度。起初，大和通过朝鲜与中国保持着间接的接触。后来，推古女皇（公元592~628年在位）于公元593年立厩户皇子为太子（即圣德太子，公元574~622年），随之将国家管理大权交给他，于是太子开始推行一系列改革措施。这些改革中最重要的一条就是建立了与中国隋王朝的直接联系，派遣留学生到中国学习先进的文化，这为日本后来的发展奠定了基础。公元645年，深受留唐学生影响的中大兄和中臣镰足发动政变，消灭了专横跋扈的苏我氏势力，推举孝德天皇即位，建年号大化。公元646年，孝德天皇正式颁布改革诏书。因这场改革开始于大化年间，所以史称"大化革新"。

大化革新的主要内容有：第一，在政治上将贵族的官职世袭特权废除，建立中央集权的国家制度。第二，在经济上废除部民制，实行国民户籍制和土地国有制。第三，实行班田收授法，推行租庸调制。大化革新确立了以封建土地国有制为基础、以天皇为中心的中央集权政治体制。这种改革虽然使日本走向富强，但也留下了瓦解这一制度的因素。主要原因如下：其一，班田农民负担过重，不堪忍受。其二，它没有从根本上消除土地私有制。到公元8世纪末，班田制便近废弛，日本就出现了类似西欧封建社会的庄园领主和武士阶层，走上了不同于中国封建社会模式的发展道路。

地方豪强为了保护自己的庄园，在血缘关系和主从制的基础上，将自己家族和仆从中的青壮年武

圣德太子

装起来，成为武士。公元11世纪，无数分散的武士逐渐形成地域性的武士集团，其中最强大的关东源氏和关西平氏集团之间发生了激烈的武装冲突。1185年，源氏打败平氏取得中央政权。1192年，源赖朝被任命为"征夷大将军"，在镰仓建立幕府（1192~1333年），表面上尊重天皇统治，实际上已是天皇之外的新政府。从此，日本进入军事封建贵族专政时期（1192~1868年）。

镰仓幕府建立了以幕府将军为首的中央集权统治体制。幕府在中央设政所、侍所和问注所，分管全国的政治、军事和司法大权。而在地方上，幕府将军派武士担任守护和地头。1336年，足利尊氏自任"征夷大将军"，建立起日本历史上的室町幕府（1336~1573年），室町幕府时期战乱不断。战国时期（1467~1573年），各守护大名之间更是混战不休，一些在地方上拥有实权的幕府中下级武士和国人领主，趁机扩充各自的武装力量，形成了独立于幕府体制之外的大封建主（即战国大名）。战国大名采取"富国强民"的政策，励精图治，积极发展经济，渐渐发展成一股统一的力量。1573年，尾张国大名织田信长战败36个战国大名后进入京都，推翻了室町幕府的统治。1590年，织田信长的部将丰臣秀吉完成了全国的政治统一。1603年，丰臣秀吉的部将德川家康任"征夷大将军"，在江户（今日本东京）设幕府，这便是日本历史上著名的江户幕府（亦称德川幕府，1603~1868年）。

中世纪的城市自治

欧洲中世纪的城市不是从过去的历史中现成地继承下来的，而主要是新建的。9世纪前后，随着耕地面积的扩大，耕作技术的提高，农业产品开始有了剩余。封建主的领地内，出现了一批手艺熟练的铁匠、木匠、武器匠、皮革匠、织呢匠以及陶工等。他们脱离对封

这幅 15 世纪的微型画，记录了弗兰德尔公社接到城市特许状时的情景。

建主的依附，离开原领地，在不属于原来主人的土地上形成了集市，由集市扩大为城市。西欧的城市完全是工商业发展的结果。

欧洲中世纪的土地大多由领主占有，当时许多封建主都想方设法招徕那些从其他封建主领地上出走的手艺人，吸引他们到自己的领地上从事手工业生产。西欧的部分封建主甚至还主动投入人力、物力、财力参与了城市的兴建。德意志的萨克森和巴伐利亚公爵狮子亨利，在伊萨河畔建造了慕尼黑城，并在河上修建了一座桥梁。他还重建了律伯克城，修筑了城墙，设立了市场和造币厂。

位于德国西部莱茵河流域的42座城市中，有12座城市是在维尔茨堡主教们的规划下兴建的。犹太人是中世纪时期的富有者，许多封建主为了自己领地上城市的发展，总是想方设法吸引他们。德意志施佩耶城主教鲁迪格就曾用现金和一部分谷地换取城郊的一块山坡地，用以安置犹太人。

中世纪欧洲的城市，最先在地中海沿岸兴起。较早兴起的地中海城市中，著名的有意大利的威尼斯和热那亚。这一时期欧洲其他地区兴起的著名城市，有法国的马赛、巴黎，英国的伦敦，德意志的科隆，捷克的布拉格。这些城市的兴起是西欧封建社会进入发达阶段的重要标志之一。

欧洲新兴城市大多隶属于教俗封建主，封建主派家臣对他的城市进行统治。封建主们像对待庄园里的农民一样，向城市的居民征收捐税，摊派劳役和兵役。随着封建主们对城市的勒索日益加重，受到生存威胁的手工业者，为了争取自由而展开了争取城市自治的斗争。

这些斗争开始于11世纪，至13世纪时已遍及西欧各地。最早的是康布雷城，1077年市民举行起义，宣布成立公社。1108年，琅城人民用巨额金钱向主教戈德里赎买了自治权，成立了公社。但戈德里挥霍尽赎金后却背弃诺言，又取消了城市自治权。1112年，琅城公社举行起义，冲进主教住宅，杀死了戈德里。起义遭镇压后城市又恢复了封建主的统治，但琅城市民坚持斗争，并最终于1128年赢得了争取自治权利斗争的完全胜利。

经过斗争，西欧城市大多摆脱了封建主的直接控制，取得了不同程度的自治权。意大利、德意志和法国北部的一些城市，获得了较为充分的自治权。在法国，康布雷等一批城市建立了城市公社；在德意志，出现了律伯克、纽伦堡等一批帝国自由城市。

并非所有西欧城市都获得了上述自治权利，有些城市只拥有有限的自治权利。如法国的奥尔良、南特、里昂及英国的许多城市，但即使是在这些城市中，居民也大都摆脱了封建依附，他们的人身是自由的。

中世纪的庄园生活

在中世纪的西欧各国庄园中，法国的庄园最有代表性。那时，国王、各级封建主和教会的领地都划分为许多庄园，遍布全国各地。庄园大小不等，通常由一个或几个村庄组成，庄园的生产目的主要是为领主及其侍从提供生活资料，同时为农奴制农民提供生活必需品。

查理大帝统治时期，自由农民大量破产，农村公社基本消失，代之而起的是封建庄园。庄园的全部土地属于封建主，而耕地通常分成两种：一种是封建主的自营地，由封建主的管家监督农奴耕作。另一种是农奴的份地，由封建主派给各个农奴家庭使用。农奴死后其儿孙如果继续耕种，则必须向封建主缴纳继承金。庄园里有教堂、堡垒、仓库以及封建主和农奴的住房。农民生产是为满足自己家庭生活的需要和为封建主提供消费资料，不是为了交换，是自给自足的自然经济。需要购买的东西不多，只有盐、铁和少量香料。

英国的封建庄园制度，形成于10～11世纪之间。教俗贵族的侵夺、丹麦人的袭扰和贡税负担的加重，造成了大批自由农民的破产。为了筹集对丹麦人作战的军费，从阿尔弗烈德时期开始偶尔征收的丹麦金，到其后继者时期几乎变成了常税。沉重的负担使自由农民纷纷破产，土地并入封建主之手，封建庄园在英国各地就这样出现了。

在西欧庄园制度下，农奴的生活比较有保障。以英国为例，13～14世纪时，全国每户农奴大约平均拥有22到26只羊。此外，农奴已不同于奴隶，他们在政治上已具有一定的权利和地位。

在庄园内，农奴除了耕种自己的份地外，领主还要求农奴履行季节性极强的劳役即布恩工，但这要在领主或其总官向农奴发出"邀请"并按规定提供酒饭的前提下方能进行。因为原则上农奴向领主提供布恩工是出于友爱，如同当农活吃紧时他们也要相互帮助一样。按毕晓普斯托恩、诺顿和登顿的惯例，佃农如果使用自己的犁履行两个犁地布恩工，在这两天中一天吃肉，另一天吃鱼，另外还有足量的啤酒。犁队中凡使用自己耕牛的人甚至可在领主家中用餐。所有承担割麦布恩工的人其午餐有汤、小麦面包、牛肉和奶酪，晚餐有面包、奶酪和啤酒。次日，他们将有汤、小麦面包、鱼、奶酪和啤酒。在午餐时，面包不限量，晚餐每人限用一条。

这幅插图选自12世纪供见习修女阅读的《少女宝鉴》手稿，描绘了庄园农奴在收获季节辛苦劳作的场面。

西欧农奴制度伴随庄园制度的确立而产生，但它的瓦解时间要早于庄园制度的瓦解。在英国，农奴制度在14世纪末期就已经不复存在了。农奴制度在英国的瓦解与14世纪末瓦特·泰勒农民起义有关，慑于农民起义的巨大威力，起义后英国许多封建主废除了劳役制度。英国农奴制瓦解的又一原因是商品经济的发展，商品经济的高速发展必然会侵蚀和最终摧毁封建农奴制度。

西欧各国农奴制度瓦解的时间不尽相同，法国农奴制度15世纪已基本上废除，而西班牙、德意志等地农奴制度存在时间较长，一直延续到资产阶级革命前夕。

英国议会政治

议会政治是指国会或类似的代议机构在一国的政治生活中居于重要地位。中世纪时期，英国、法国、尼德兰、卡斯提、阿拉冈以及卡斯提与阿拉冈联合后组成的西班牙，议

英王约翰登上王位后不久，被法王腓力派兵攻破了巴黎西北88公里处城堡的外墙，此后，为了筹集军饷，英王开始向各封建主征收款项。

会政治已开始存在。英国是实行封建议会政治的典型国家，它的议会政治源于《自由大宪章》和《牛津条例》的制定。

《自由大宪章》制定于1215年。国王约翰登上英国王位后与法国发生了战争，为了筹集战争军费，约翰向各封建主征收款项，规定不交或迟交即受罚款。这种专横的做法，引起了世俗贵族的不满。加上约翰一向专横暴戾，勒索无度，也触犯了中小贵族和市民的利益。大封建主利用人们对约翰的不满，在市民和骑士支持下组织武装，进攻伦敦，迫使约翰于1215年6月签署了《自由大宪章》。主要内容如下：保障教会教职人员的选举自由；保障贵族、骑士的领地继承权，未经"王国大会议"同意，国王不得向直属附庸征派补助金和盾牌钱；国王不得干预封建主法庭司法审判权；未经贵族的判决，国王不得任意逮捕或监禁自由人或没收他们的财产。同时，少数条款还确认城市已享有的权利、保护商业自由、统一度量衡等。还规定，国王如果违背宪章，贵族有权对国王使用武力。1258年，英国大贵族们又在牛津开会，通过了进一步限制王权的决议——《牛津条例》。《自由大宪章》和《牛津条例》的制定，在英国历史上具有重大而深远的意义，它首次确定了法律高于王权的原则，初步提出了组成国会管理国家的思想，奠定了英国封建社会制税原则的基础，纳税主体有权决定纳税事宜。

《自由大宪章》和《牛津条例》签署后，国王约翰和他的继任者都没有诚意遵守，人们于是继续进行斗争。1263年，勒斯特伯爵西蒙·孟福尔联合骑士和市民打败并俘虏了国王。1265年，英国召开了由封建贵族、主教以及各郡骑士代表和各大城市市民代表参加的封建主大会。1295年，英王爱德华一世为筹集军费召开国会，出席会议的社会成分和1265年会议完全一致。此后国会经常召开会议，并以1295年的国会为榜样。于是1295年的国会被称为"模范国会"。14世纪初，国会又获得了颁布法律的权力，同时成为王国的最高法庭。英国国会从1341年起，又分为上、下两院。上议院由教俗贵族组成，下议院由地方骑士和市民代表组成。至此，等级代表会议与国王相结合的统治形式在英国正式确立。

法国中世纪的三级会议在存在形式和开会方式上与英国国会有所区别，但对王权的制衡作用也是相当明显的。1302年，法王腓力四世与教皇发生冲突，为了寻求社会各阶层的支持，于是召开了法国历史上第一次三级会议。会议由高级僧侣、贵族和市民三个等级的代表组成，会议召开方式是由国王召集，三个等级分别开会，每个等级只有一票表决权。法国三级会议的职能是国王要征收新税，事先必须要经过三级会议同意；监督赋税的开支及国家有关和战等重大问题，都要交由三级会议讨论。与英国、法国的代议机构相类似，尼德兰、卡斯提、阿拉冈以及从斐迪南到查理一世统治时期的西班牙的议会也有限制王权的作用。

总而言之，西欧各国大多自中世纪中期就形成了制约王权的议会政治，它们与东方集权专制国家在行政制度上的区别是非常明显的。

英法百年战争

1337年，英国对法国宣战，战争断断续续，直到1453年才宣告结束，史称"百年战争"。

1328年，法国卡佩王朝国王查理四世去世，因其没有子嗣，死后王位被瓦洛亚家族的腓力六世继承。查理四世是腓力四世的儿子，腓力四世外孙、英王爱德华三世想以外孙的名义继承王位，法国贵族予以拒绝。矛盾由此激化，导致战争爆发。

王位继承问题实际上只不过是战争的导火线，战争的真正目的在于争夺领土。

另外，弗兰德尔的归属问题也一直是两国矛盾的焦点。

1337年11月，英王爱德华三世率军入侵法国。对于岛国英国来讲，制海权是入侵法国成败的关键。1340年6月，爱德华三世率领250艘战舰约1.5万人攻击斯鲁斯海里的法国舰队。法国舰队接到消息后急忙出海迎战，拥有380艘战舰和2.5万人的法国舰队向英舰队压过来。爱德华三世不敢硬碰，为诱歼敌人，英舰队开始有条不紊地佯退。见敌船要逃，法舰队急速追击，阵形开始紊乱。英军舰队突然调转船头，向法军冲去。虽然数量处于劣势，但英国海军更擅长海战。他们弓箭齐发，投掷物像暴雨一样砸向敌船。英国的小船在法军舰船中来回穿梭，寻找时机破坏敌人船桨。法国舰船失去灵活性，企图逃跑，但未能逃脱英军的追击，几乎全军覆没。英国夺得了制海权，为陆上战争解除了后顾之忧。

1346年，丧失海军的法王腓力六世大怒，他将自己精锐的重装骑兵派到前线。当时的英国以步兵为主，没有与之相抗衡的骑兵。法王想让强硬的马蹄使英军粉身碎骨，号称6万余人的法国骑兵在克雷西与2万英军步兵相遇。爱德华三世命令部队放慢进攻速度，引诱敌人来攻。当两队尚有一定距离时，英军强弩手发出的箭雨齐向法国骑士飞去。原来，英军为对付身披铠甲的骑士，偷偷制造了一种秘密武器"大弓"，这种弓箭射程远，射速快，精确度高，能在较远处射穿骑士的铠甲。法军被箭雨打乱了阵脚，溃不成军。英国步兵抓住时机猛攻上去，与敌人展开白刃格斗。身着笨重铠甲的法军陷入了被动，很快被英军击败。英军控制了陆上进攻的主动权，一举占领了法国的门户诺曼底，不久又攻占了重要港

"百年战争"中发生在斯鲁斯港口外的大规模海战。

贞德像

1431年5月，贞德以女巫和异教徒的罪名被判处死刑。1456年，查理七世为贞德平反，恢复了她的名誉。

口加莱。英国的弓箭让法军吃尽了苦头，从卢瓦尔河至比利牛斯山以南的领土都为英国人所有。

为抵抗英国的侵略，夺回丧失的土地，法王查理五世改编军队，整顿税制，还任命迪盖克兰担任总司令。迪盖克兰指挥法军避开英军的锋芒，采用消耗、突袭和游击战术，发挥新组建的步兵、野战炮兵、新舰队的威力，使英军节节败退，陷入困境。法国趁势夺回大片领土，并恢复了骑兵。

可是，法国内部矛盾日益加剧，贵族争权夺利，农民起义不断。刚登上英国王位的亨利五世乘机重燃战火，不久法国的半壁江山又沦入到英军手中。英军继续向南推进，开始围攻通往法国南方的门户要塞奥尔良。法国贵族却没有一个敢去解围。

农民出身的少女贞德经过一番波折，成为解救奥尔良的统帅。她以神遣的救国天使名分，手持一把剑和一面旗帜带领法军冲进英军营中。她身先士卒，把旗帜高高举起。贞德的勇气鼓舞着法军，他们顽强拼杀，一次次击败英军的进攻。为攻下英军最后一个堡垒，贞德高举旗帜第一个爬上云梯，但不幸被箭射中而掉落下来。但她顽强地站起来，又冲了上去。守城的士兵出城支援，一举击溃英军。被围困长达7个月之久的奥尔良城得救了，贞德成为法军的灵魂。1430年，在康边附近的战役中，贞德为勃艮第党人所俘，并被以4万法郎的价格卖给英国人。1431年5月24日，贞德在卢昂被宗教法庭以女巫的罪名处以火刑。

圣女贞德的死激起法国军民的普遍愤怒，他们奋勇打击英军，接二连三地收复北方失地。1453年，英军在波尔多决战中全军覆没。法国随之收复了除加莱港之外的全部领土，取得了战争的最后胜利，英法百年战争至此结束。

法国扎克雷起义

法国的扎克雷起义发生在英法百年战争的第一阶段，"扎克"意为乡下佬，是法国封建主对农民的蔑称。 13世纪以后，封建贵族以货币地租和高利贷，加重对农民的榨取。1348年，黑死病又在法国蔓延，使农民生活恶化，经济萧条。百年战争初，国王和大批贵族被英军俘虏，王子查理为了筹集赎金，对农民增加捐税，且农村破坏惨重，民不聊生。1358年5月，吉尤姆·卡尔率领农民在法国北部博韦区揭竿而起。起义以闪电般的速度席卷了法国北部及巴黎附近地区。在农民吉约姆·卡尔领导下，起义者高喊着"消灭所有贵族，一个也不留"的口号，捣毁贵族的住宅和城堡，杀死领主，焚烧登记农民义务的账册。与此同时，巴黎的市民也举行起义。3000名

1356年的普瓦蒂埃战役，兵祸同样是法国扎克雷起义的原因。

手工业者在艾田·马赛的率领下冲进王宫，杀死宫内两名近臣。国王查理逃出巴黎，在北方集结军队准备反扑。1358年6月10日，起义农民队伍六七千人与封建贵族和国王组织的一支一千余人的军队在博韦地区麦罗村决战。面对如此众多的起义军，国王查理不敢轻举妄动，遂采用欺骗手法，假装和农民谈判，将起义领袖卡尔骗到军中并予以扣留。失去领袖和指挥的农民，群龙无首，顿时乱作一团，遂被贵族军队击败。此后，统治者又到处捕杀起义者，先后杀死农民达两万余人，卡尔也在大屠杀中毙命。至此，一场较大规模的农民起义被镇压下去。这次起义打击了法国的封建制度，为以后资本主义的产生创造了条件。

奥斯曼帝国

奥斯曼土耳其人是西突厥人的一支，原来在今蒙古西部直至中亚的广大草原地区生活。13世纪初，为躲避蒙古强大的军事进攻，而迁至小亚细亚，依附于塞尔柱人的罗姆苏丹国，其酋长埃尔托格鲁尔从罗姆苏丹国接受了位于萨卡里亚河流域靠近拜占庭边境的一块很小的封地。其后，罗姆苏丹国在蒙古人的攻战中解体，埃尔托格鲁尔的儿子奥斯曼（1282～1326年）继承首领职位，趁机扩大势力，打败了邻近的拜占庭军队，宣告奥斯曼土耳其人独立并建国。

奥斯曼独立后，仿效塞尔柱土耳其人的军事采邑制，分封土地，使封建关系逐渐建立，同时也刺激了奥斯曼土耳其人的对外扩张。奥斯曼的儿子奥尔汗统治时期（1326～1360年）建立了常备军，并依靠这支军事力量，吞并了原来罗姆苏丹国的土地，继而又把矛头指向海峡对岸的欧洲，首当其冲的是东罗马帝国。

这是一幅15世纪的法国油画，描绘奥斯曼土耳其人在君士坦丁堡城外安营扎寨、准备围攻拜占庭首都的情景。该城的陷落标志着拜占庭帝国的结束，同时巩固了奥斯曼土耳其人在中东的霸主地位。

1324年，奥斯曼土耳其人轻取布鲁萨城，并将都城迁到这里。1331年攻克尼西亚城，1337年又占领尼科米底亚，从而征服了东罗马帝国在小亚细亚的全部领土，奠定了奥斯曼土耳其帝国的基础。1345年，东罗马帝国内部因王位之争发生内乱，奥尔汗利用其矛盾与东罗马皇帝结盟，取得了掠夺巴尔干半岛的特权。1354年，土耳其人渡过达达尼尔海峡，占领了加利波里，并以此为阵地，大举向东南欧地区进攻。穆拉德一世统治时期（1360～1389年）对外扩张进入一个新的阶段。1361年占领亚得里亚堡，不久在此地建都，遂切断了君士坦丁堡与欧洲大陆的陆上通道，使之变成了一座孤岛。接着转向对保加利亚、塞尔维亚等地进攻。巴叶齐德时期（1389～1403年），土耳其人在科索沃战役中打败了巴尔干各国联军，吞并了塞尔维亚，之后又征服了保加利亚、阿尔巴尼亚等国，震动了整个欧洲。1396年，奥斯曼军队在多瑙河畔的尼科堡几乎使欧洲诸国组成的十字军全军覆没。到14世纪末，巴尔干半岛绝大部分土地被纳入土耳其帝国统治之下。

奥斯曼帝国挺进东欧，欧洲的骑士精神之花被击溃。这是奥斯曼军队在多瑙河与匈牙利军队展开战斗的情景。

　　15世纪，帖木儿帝国的扩张对奥斯曼在亚洲的统治构成直接威胁。1402年安卡拉一役，土耳其军队一败涂地，苏丹巴叶齐德被俘后受辱而死，帝国进入内乱时期。

　　之后，奥斯曼土耳其人又掀起新的扩张高潮。1453年初，土耳其苏丹亲率步兵7万多，骑兵2万多，战舰320艘，从海陆两面围攻君士坦丁堡。君士坦丁堡位于博斯普鲁斯海峡西岸的一个海岬上，地势险要，东、南马尔马拉海，沿海地区筑有防御工事，北面金角湾入口处有铁链封锁，西面是陆地，筑有城墙和壕沟。城内军民据险防守，誓死抵抗，土耳其军队一时难以取胜。后买通热那亚商人，假道热那亚人所控制的加拉太地区，潜入金角湾内，配置火炮，从海陆两面对君士坦丁堡发起总攻，5月29日，城堡最后被攻陷。存在了千年之久的东罗马帝国灭亡了，奥斯曼帝国从此进入了更加兴旺与强盛的时期。

阿兹特克文化

　　公元9世纪末10世纪初，正当玛雅文化转向衰落时，托尔特克族印第安人征服了墨西哥盆地，创造出引人注目的托尔特克文化，后起的阿兹特克人又吸收了托尔特克人的文化成分。

　　阿兹特克人原在墨西哥西部的海岛上居住，据传说战神辉齐波罗齐特利曾给他们这样的启示：如果看到一只鹰站在仙人掌上啄食一条蛇，那就是他们定居的地方。后来，祭司按照神意带领族人定居在墨西哥的特斯科科湖西岸，阿兹特克人称该地为"墨西哥"，意为战神指定的地方。现今，鹰吃蛇的图案成为墨西哥国徽。

　　1325年，阿兹特克人在湖中的小岛上建立了都城——特诺奇蒂特兰城（今墨西哥城）。至孟特祖玛一世（1440~1469年在位）时期，阿兹特克人已经控制了整个墨西哥盆地，形成了早期奴隶制国家。阿兹特克国家的权力机关是"最高会议"，由20名氏族首领组成，从中选出两名执政，一个管民事，一个管军事，后者权力较大，被视为神的化身。土地仍

这是一本手稿的首页，它向我们讲述了特诺奇蒂特兰城是如何兴盛起来的。图案正中是阿兹特克的标志。

为村社公有，但土地私有和贫富分化现象已经出现，战俘和负债人沦为奴隶的现象普遍存在。阿兹特克人的文化受到玛雅文化的影响。农业是主要的经济形式，他们发展了一种独特的农业耕作法——"浮园耕作法"，即在用芦苇编成的芦筏上堆积泥土，浮在水面，然后在这新造的土地上种植作物和果树，利用树根来巩固这些人造浮动园圃。同时也利用湖边的土地种植玉米、豆类、南瓜、西红柿、甘薯、龙舌兰、无花果、可可、棉花、烟草和仙人掌等。狗是他们唯一的家畜，家禽主要是火鸡。

他们能冶炼金、银、铜、锡和青铜。阿兹特克人的制陶技术也很高明，他们制造的陶器是褐地黑纹，纹样多用复杂的几何图案和花鸟鱼虫等题材，质地精良，形状优美。在纺织和织品的图案艺术方面，尤其出色。阿兹特克人的羽绣是用羽毛镶嵌制成的羽毛饰物，精美异常。保存下来的几件作品，虽经数百年，但仍然光泽鲜艳，质地坚固，足见制作技术之精良。

阿兹特克人的历法和象形文字同玛雅人相似。他们将一年定为365.06天，分成18个月，每月20天，每周5天。每天都有特定的名称，如猴日、雨日、海兽日等。阿兹特克人的象形文字书籍与玛雅人几乎遭受同样的命运，多被西班牙殖民者焚毁，保存下来的只有两部"贡赋册"，它是了解阿兹特克人社会生活的宝贵资料。

首都特诺奇蒂特兰城集中体现了阿兹特克人的建筑艺术。城市建在两个小岛上，有3条宽阔的长堤与湖岸相连，其中一条长达11.2千米，长堤上架有可以阻敌的吊桥。城内街道整齐，花园遍布，供水系统完备，居民超过10万人，比当时的伦敦、巴黎还要大。全城共建有金字塔神庙40座，位于中心广场的最大一座高达35米，有144级台阶。富人住宅都涂成白色或红色，极为富丽壮观。西班牙殖民者科泰斯率军来侵，各部落不能团结一致，又加上国王孟特祖玛动摇不定和叛徒内奸的叛卖活动，阿兹特克终于1521年被西班牙征服。

第五章　资产阶级掀起的革命风暴

开辟欧亚新航线

15世纪，由于商品经济的发展和资本主义的萌芽，欧洲各国对货币的需求大大增加。欧洲人狂热地追求货币，渴望获得制造货币的黄金。自从《马可·波罗游记》在欧洲流传以来，欧洲人一直把东方，特别是中国看成是遍地黄金的人间天堂，所以希望到东方去实现黄金梦的人比比皆是。

此前，西方通往东方的重要商路有三条：一条在北部，经小亚细亚、黑海、里海至中亚细亚；一条在中部，从地中海东岸经两河流域至波斯湾，再从海路到达东方各地；还有一条在南部，经埃及的亚历山大港到红海，再从海路到东方。北部的一条被土耳其人占据着，另外两条被阿拉伯商人控制着。长期以来，欧洲的贵族和商人迫切希望开辟一条绕过地中海东岸，直接到达中国和印度的新航路。

最先探寻通往印度航路的是葡萄牙人。1415年，葡萄牙人攻占了直布罗陀海峡南岸的休达城，建立了第一个殖民地。在后来的70年间，他们从未停止沿非洲西海岸向南探险，并先后到达佛得角、几内亚湾、加纳海岸、刚果河口和安哥拉，为远航印度做了充分的准备。

1486年，葡萄牙人迪亚士带领三艘轻便帆船开始远航。第二年抵达非洲最南端的海角，将其命名为"风暴角"，后由葡萄牙国王改名为"好望角"，意为通往印度的希望之角。1497年7月8日，达·伽马率领四艘帆船从里斯本出发，沿迪亚士当年走过的航线南行，于11月到达好望角。接着沿非洲东岸北航，在次年3月1日抵达莫桑比克。4月，由阿拉伯水手引航，从肯尼亚的马林迪横渡印度洋，并于5月20日抵达印度西海岸的卡利卡特城，这是人类历史上首次完成从西欧绕过非洲来到东方的航行，从而开辟了欧亚之间的新航路。

地理大发现

哥伦布（1451~1596年）出生于意大利的热那亚城。那里航海业发达，年轻的哥伦布热衷于航海和冒险。这些条件为其日后的远航打下了基础。

15~16世纪的欧洲，地圆学说已广为传播。人们相信从欧洲海岸出发一直向西，便可以到达东方。而《马可·波罗游记》又把东方描写为遍地是黄金和香料的天堂。当时的欧洲，随着商品经济的发展和资本主义萌芽的出现，发生了所谓的"货币危机"，即作为币材的黄金白银严重匮乏。许多欧洲人狂热地想到东方去攫取黄金，以圆自己的发财梦，哥伦布便是其中的代表人物。哥伦布自幼就酷爱航海，15岁就跟随货船在地中海上航行。

但是，去东方在当时不是一件容易的事。传统的东西之间陆上贸易通道已被崛起的土耳其帝国隔断，地中海上的通路又为阿拉伯人把持。欧洲人要圆自己的梦，必须开辟新航路。此时中国的指南针业已传入欧洲，而欧洲的造船业也达到相当的水平。这时，克里斯托弗·哥伦布认为条件已经成熟，决定进行一次远航。

第一次航行并不顺利，首要的问题是找不到赞助者。哥伦布1486年就向西班牙王宫提出了自己的设想，直到1491年才获批准。双方签定《圣大非协定》。在西班牙王室支持下，1492年8月3日，哥伦布率领由3艘船组成的舰队从西班牙的巴罗斯港出发，开始了人类历史上首次穿越大西洋的航行，他们一行共87人，经过两个多月的颠簸，哥伦布一行终于发现了一片陆地，草木葱茏。他们欣喜地上岸，并将其命为圣萨尔瓦多，意为救世主。这个岛屿就是现在巴哈马群岛中的一个，现名为华特霖岛。这时，哥伦布以为已经到了印度就没有再向西航行，而是转道向南，沿着海岸线，陆续到达了今天的古巴和海地。他称这一带的土著民族为印第安人（即印度人），并了解了他们的风土人情。

哥伦布一上岸就与当地的土著进行交换，以各种

哥伦布像

哥伦布是意大利著名的航海家，自幼喜欢冒险，为寻找传说中金银遍地的中国和印度，他四次横渡大西洋，并首次发现了美洲大陆，为以后的殖民掠夺打下了基础。

物品换取他们的珍奇、贵重的财物。而当地土著人待之如上宾，帮助他们适应当地的生活方式，如建筑房屋、采集和狩猎等。这些殖民者却在站稳脚跟后，对当地人进行疯狂掠夺和残酷的压榨。临走的时候，还掳走了10名印第安人。1493年的3月15日，号称"大西洋海军元帅"的哥伦布，在经过240天的远航后，回到出发地巴罗斯港，消息轰动了整个西班牙和欧洲。哥伦布展示了他从美洲带回的金饰珠宝和珍禽异兽，并向人们宣布他已找到去东方的新航路。哥伦布由此受到国王的嘉奖，平步青云地跻身贵族行列。1493年5月29日，西班牙国王颁布命令授予哥伦布新发现的岛屿和陆地的海军总司令、钦差和总督的头衔，并向他颁发了授衔证书。

新航线的开辟大大激发了航海家们的探索热情。

不久，西班牙王室让哥伦布再度远航。在第二次航行中，哥伦布到达海地和多米尼加等地区。1498年和1502年，哥伦布又两次航行美洲，扩大了对美洲大陆的探索范围，但始终未能找到中国和印度，也未能给西班牙王室带回他们期望的黄金，逐渐被冷落。1506年的5月20日，哥伦布在西班牙的瓦里阿多里城郁郁而终。

哥伦布发现了美洲新大陆，但到死也以为自己到了印度，今天的东印度群岛的名称即来源于此。后来，一个叫亚美利哥的意大利人发现哥伦布到达的不是印度，而是一个原来不为人所知的大陆，这块大陆就以亚美利哥的名字被命名为亚美利加洲（America）。美洲的发现开拓了人们的眼界，使世界逐步连为一体，对于扩大世界范围内的交流和推动人类文明进步有一定积极意义；同时也引发了大规模的殖民扩张，为当地的人民带来空前的灾难。

麦哲伦，全名费尔南多·麦哲伦，是世界著名航海家，出身于葡萄牙贵族。在他生活的时代，已有哥伦布发现新大陆和达·伽马开辟通向东方的新航道的航海壮举。在前人的激励下，麦哲伦决定做一次真正意义上的环球航行，以实证地圆学说。

开始，麦哲伦求助于葡萄牙王室，未果。转而向西班牙国王请求资助。获准以后，麦哲伦率领一支由5艘帆船和来自9个国家的270名水手组成的船队，于1519年9月20日从西班牙塞维利亚港出发，向西驶入大西洋。6天以后到达特内里费岛，稍事休整，于10月3日继续向巴西远航，终于11月29日驶抵圣奥古斯丁角西南方27里格处（里格，长度单位）。之后，船队继续向南，次年的3月才到达阿根廷南部的圣朱利安港。当时的自然条件对航行极为不利，寒冷的天气使得缺衣少食的船员开始怀疑此行的价值，由于人心不稳，还发生了3名船员叛乱的事件。麦哲伦凭其卓越的领导才能，果断地平息了叛

哥伦布的航海船只复原模型

15世纪90年代哥伦布向西航行时，就乘坐这种航船，用直角索具把多桅帆船进行改造。船体中部竖立主桅，并在前桅挂一直角帆。必要时，主桅可向右重新挂起直角帆。

乱。为了等待天气的好转，在圣朱利安港一直呆到这一年的8月。

根据麦哲伦等人的航海日志，船队于1520年8月24日离开圣朱利安港南下，10月21日绕过了维尔京角进入了智利南端的一道海峡（后被命名为麦哲伦海峡）。由于该海峡水流湍急，麦哲伦的船队小心翼翼地前进，经过20多天他们才驶出海峡，在此期间有两条船沉没。10月28日，麦哲伦等人出了海峡西口进入"南面的海"，幸运的是在这片海域的110天航行竟然没有遇上过巨浪，故而船员称之为"太平洋"。然后开始了横渡太平洋的艰难历程。由于长时间的曝晒，船上的柏油融化，饮用水蒸发殆尽，食物也变质甚至生了蛆虫。船员无奈之下只得以牛皮绳和舱中的老鼠充饥。许多人因此而丧命。

经过严重的减员之后，麦哲伦的船队于1521年3月份抵达马里亚纳群岛中的关岛。在这里船员们获得梦寐以求的新鲜食物，他们感觉自己好像进入了天堂。在这里他们停下来修整了一段时间以恢复体力，之后他们继续向西航行，到达了菲律宾群岛。至此，麦哲伦本人也走到了生命的尽头。

在登上菲律宾群岛的宿雾岛后不久，这些殖民者的真实面目就显露出来。麦哲伦妄图利用岛上两部落的矛盾来控制这块富饶的土地，不料在帮助其中一个部落进攻另一个部落

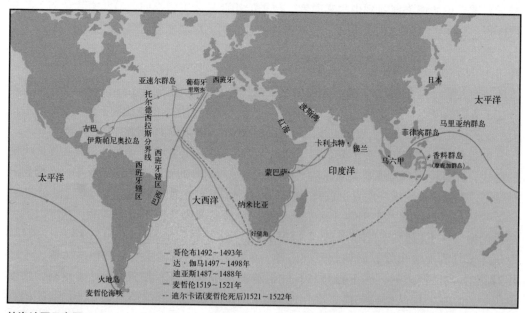

航海地图示意图

在1487年~1522年不到40年的时间里，梦想发财致富、满怀宗教热忱的西班牙和葡萄牙探险家不断地探寻新的发财之地。

时，被土著人杀死。麦哲伦的助手迪尔卡诺带领余下的两船逃离虎口，他们穿过马六甲海峡进入印度洋。这时，仅有的两只船又被葡萄牙海军俘去一只。迪尔卡诺只好带领仅存的"维多利亚"号绕过好望角，回到西班牙的塞维利亚港，这时已是1522年9月6日。经过3年多的航行，原来浩浩荡荡的船队只剩下一艘船和18名船员。

历时3年多的环球航行，以铁的事实证明了地球是圆的，使天圆地方说不攻自破，同时也使世界的形势大大改观，宣布了一个新时代的到来。麦哲伦等人为世界航海史、科学史做出巨大贡献的同时，客观上也给殖民主义扩张开辟了广阔的道路。

印加帝国

南美洲安第斯高原是美洲古代文明的另一个发祥地。最早生活在这里的古代居民是奇楚亚、艾马拉以及其他语系的部落。公元前若干世纪，他们就创造了发展水平较高的农业文明。印加人是奇楚亚语系的部落之一。12世纪，以库斯科（今秘鲁南部）为都城建立印加国家。

印加在13~15世纪时，还处在部落联盟阶段。1438~1533年，印加逐步发展为统一而强大的奴隶制帝国，它的版图以秘鲁为中心，包括哥伦比亚、厄瓜多尔、玻利维亚、阿根廷和智利的一部分，人口达到600万以上。

印加帝国有着比较完备的奴隶制统治机构。国王被视为太阳之子，神的化

秘鲁印加文化遗迹——马丘比丘

"马丘比丘"的意思是"古老的山峰"，它坐落于安第斯山脉地区两座险峻的山峰之间，是印加帝国的都城遗址。这座建于西班牙人入侵前100年的城堡，现已成为传奇般的印加文明最著名的遗迹。

身，权力至高无上；贵族和祭司享有特权，靠剥削农民和奴隶为生。全国分为四个区，每区下辖几个省。社会的基层单位是"艾柳"，即农村公社。村社土地分为3种："印加田"归国家所有，"太阳田"供祭司或宗教所用，"公社田"属村社所有。3种土地都由农民耕种，除此之外，农民要向国家纳税、服劳役。

印加人对人类农业文明的发展做出过重大贡献。他们培植了大约40多种农作物，以玉米和马铃薯为主要粮食作物，此外还有南瓜、甘薯、西红柿、可可、菠萝、龙舌兰、木薯、花生和棉花等，这些作物大都是由印加传到其他大陆的。印加人为扩充耕地面积，在坡上筑起层层梯田，并建立了灌溉系统，把山涧溪流引进渠道，进行灌溉。畜牧业方面，主要驯养美洲驼和羊驼。驼和羊对古代印加人来说，具有特别重要的意义。因为古代印加人不知用轮车运输，而驼则是良好的驮畜。驼和羊的毛、皮、肉和油脂，还是解决衣食之需的重要物资。

印加人的采矿冶金、建筑工程、驿道交通、纺织技术、医药知识都达到较高的水平。很早就掌握了冶炼青铜技术，他们用铜、金、银、锡、铝等制造各种精美的器皿和装饰品。制陶工艺也十分精巧，陶盆和陶罐上雕有各种美观的图案。库斯科的太阳神庙宏伟壮丽，它是用黄金和宝石装饰成的巨大建筑，石块和石块之间，不施灰浆，严密合缝，甚至

连刀片都插不进去。印加人修筑了两条纵贯全国的公路，一条沿海，一条穿山，全长2000多千米，沿途建有无数隧道和用藤蔓筑起的吊桥。棉、毛织品精美别致，工艺精湛。手工业者逐渐专业化，成为专门的手工工匠。

印加人已经掌握了相当丰富的科学知识。首都库斯科建有观象台，用以观测太阳的位置，来确定农业生产节气和祭祀时间。印加人崇拜天体，特别崇拜太阳，所以他们的天文知识多和宗教有关。在医药知识方面，印加人初步掌握了外科学、解剖学和麻醉学等知识。他们会做开颅手术，用一种从植物中提取的药物作麻醉剂。为了保存尸体，他们学会制作木乃伊。此外，他们还认识了许多珍贵药物，如金鸡纳、吐根、藿香膏和番木鳖等。

印加人没有文字，用结绳记事。由于没有文字，印加国家众多的部落方言很难沟通。印加人以奇楚亚语为官方语言，并创办学校，教授奇楚亚语和结绳记事方法，以推广奇楚亚语的应用范围。

1531年，皮萨罗率领西班牙殖民者入侵印加帝国。第二年，他们诱捕了印加王阿塔瓦尔帕，在骗取了印第安人的大量赎金之后，又残忍地杀害了他，印加帝国从此灭亡。

殖民掠夺

殖民主义者用征服、奴役甚至消灭殖民地人民的残酷手段积累了巨额财富。殖民掠夺给亚、非、拉人民带来了深重的灾难，严重阻碍了这些国家和地区的发展进程。

新航路开辟后，葡萄牙和西班牙这两个中央集权制的封建国家积极向外扩张，最早走上了殖民侵略之路。

从15世纪起，葡萄牙人就在非洲西海岸的几内亚、刚果、安哥拉等地设立了殖民侵略据点。16世纪初期，葡萄牙殖民者又占领了东非海岸的莫桑比克、索法拉、基尔瓦、蒙巴萨和桑给巴尔等地，并将这些据点作为从西欧到东方这条漫长航线上的补给站。1506年和1508年，葡萄牙先后占领了亚丁湾入口处的索科特拉岛和波斯湾入口处的霍尔木兹岛这两个海上交通要津，从而控制了连接红海和亚洲南部的海路。葡萄牙于1510年攻占了果阿，建立了自己在东方的殖民总部。接着入侵了锡兰（今斯里兰卡）。1511年，它夺取了马六甲，这是通往东南亚的交通咽喉。后来，葡萄牙人继续侵占了印度西海岸的第乌、达曼及孟买。此外，还在苏门答腊、爪哇、加里曼丹及摩鹿加群岛（今马鲁古群岛）建立商站。在中国又夺取了澳门，作为经营东亚贸易的中心。葡萄牙人还到达了日本，并于1548年在日本的九州设立了第一个欧洲人的商站。这样，葡萄牙就成为垄断欧亚之间及中国、日本和菲律宾之间贸易的霸主。

葡萄牙扩张的主要方向是非洲和亚洲诸国，但它也入侵了美洲新大陆。1500年，葡萄牙一支远征队准备去印度，但在途中因赤道海流的冲击而偏离轨道，漂流到了南美洲的巴西。这样，巴西就成了葡萄牙的殖民地。

西班牙在海外建立的殖民地，要比葡萄牙的殖民地大得多，其主体部分在美洲新大陆。新大陆盛产金银，与东方香料有同等或更大的价值，因此西班牙便把主要注意力集中到这里。

哥伦布发现美洲，揭开了西班牙殖民者远征美洲的序幕。从15世纪末到16世纪初，西班牙人首先把加勒比海和西印度群岛纳入自己的势力范围，先后在海地、牙买加、波多黎各等地建立殖民据点，并以此为基地开始对中南美洲广大地区进行武力征服。1521年，西班牙贵族科泰斯率军征服墨西哥，摧毁了印第安人古代文明的中心——阿兹特克帝国。 1533年，西班牙冒险家皮萨罗率军占领了印加人的首府库斯科，使印第安人古代文明的另一中心"印加帝国"也惨遭涂炭，从此沦为西班牙的殖民地。此后，西班牙殖民者在不足20年的时间内，相继征服了厄瓜多尔、乌拉圭、玻利维亚、哥伦比亚、阿根廷等。到16世纪中叶，除葡属巴西外，整个中南美洲几乎全部成为西班牙的殖民地，西班牙在中南美洲建立起庞大的殖民帝国。西班牙在当地设立殖民政府，委派总督治理，并向殖民地大量移民。贵族、商人、僧侣纷纷涌入美洲，大肆掠夺印第安人的土地和财富，建立封建的大地产制。

从早期殖民征服的目的来看，西、葡两国王室积极组织和支持海外探险活动，大肆进行殖民掠夺，主要是为了扩大封建统治范围。葡萄牙人早在沿着非洲西海岸探险时，就宣布西非为葡萄牙王室所有，并求得罗马教皇认可。

自哥伦布首航之后，西班牙派出的所有远征队每到一地，就将该地宣布为西班牙王室的财产，这都是典型的封建殖民侵略。

从早期殖民征服导致的直接后果来说，在海外，葡萄牙沿亚非海岸线建立了一个个殖民据点，控制了东西方商路，进行封建性的掠夺贸易。而西班牙不仅在中南美洲建立了庞大的殖民帝国，还将本国的封建制度移植到殖民地，建立了封建的大地产制。在国内，两国在殖民征服过程中掠夺了大量财富，使本国封建统治阶级有牢固的物质基础，当西欧其他国家的封建制度日趋解体时，西班牙和葡萄牙的封建制度却一度得到加强。两国将掠夺所得的金银财富大量用于维持庞大的官僚机构和对外的征服战争中，同时，王室、贵族和商人将大量的钱财花在进口各种商品上，以满足其奢侈的生活享受。因此，这些钱财不仅没有在两国起到资本原始积累的作用，反而打击了本国工业，延缓了资本主义发展的进程，使其很快丧失了殖民优势。

这四幅画记录了西班牙人在墨西哥的暴行。

奴隶贸易

从15世纪中叶至19世纪末，非洲历史上出现了一次骇人听闻的大灾难，这就是马克思称之为"贩卖人类血肉"的奴隶贸易。西方殖民者一手制造了这场长达4个多世纪的历史悲剧。

15世纪初，西方殖民者纷纷进行海外扩张。随着殖民扩张的发展，掠夺黑人作为奴隶的交易活动开始出现。到15世纪中叶，随着美洲被发现、种植园的创建、金银矿的开发，罪恶的奴隶贸易随之愈演愈烈。最早掠卖黑奴的是葡萄牙和西班牙殖民者，16世纪下半叶，荷兰、丹麦、法国、英国等国的殖民者相继加入其中。从17世纪中叶至18世纪下半叶，奴隶贸易发展到最猖獗的程度。17世纪中叶以后的150年间，奴隶贸易已经成为非洲与欧洲、美洲之间唯一的贸易活动。在贩奴活动的方式方面，除了存在"三角贸易"外，英法等国相继成立贸易公司，垄断对非洲的奴隶贸易。18世纪时，奴隶贸易成为世界最大的商业贸易之一。这时候，英国取得奴隶贸易的垄断权，利物浦成为奴隶中心市场。19世纪前半叶，美国殖民者也大肆从非洲劫掠黑人，高价卖给矿主和种植园主作为奴隶，牟取暴利。西方殖民者把黑人作为商品转卖到西印度群岛和南、北美洲大陆的种植园里，也有的被运到阿拉伯国家和亚洲其他国家。因此，奴隶贸易实际上涉及到今天的欧、北美、亚、非和拉丁美洲五大洲。据统计，有2亿多非洲黑人惨遭此劫。他们有的在捕捉时被杀害，有的在贩运的路上被折磨致死，幸存下来的则被作为商品，多数被卖到了美洲种植园，过着牛马不如的生活。

奴隶贸易大致可分为三个阶段。15世纪中叶至16世纪80年代是初期阶段，以海盗式掠卖为主要特征；16世纪80年代到18世纪下半叶是以奴隶专卖组织垄断为中心的全盛时期；18世纪末到19世纪末是以奴隶走私为特点的"禁止"奴隶贸易时期。

奴隶贩子最典型的航线是三角形的。第一段航程是满载货物的船只从本国港口驶向非洲，货物有盐、布匹、火器、五金和念珠等；然后将这些货物换成由非洲当地人从内地运到沿海地区的奴隶，再把这些受害者装进条件恶劣的船舱，沿着所谓的"中央航路"运过大西洋，到达目的地新大陆；最后一段航程是船只满载种植园的产品，如糖、糖浆、烟草、稻米等返回本国。

奴隶堡

位于塞内加尔戈雷岛东部，有两层楼高。上层住奴隶主，下层住奴隶。

在这个三角航程中，奴隶的待遇是：难以忍受的拥挤、令人窒息的炎热和少得可怜的食物。饮食标准为每24小时供给一次玉米和水。奴隶如果绝食，就会遭到鞭打。若鞭打不奏效，贩子就用烙铁强迫他们进食。由于奴隶通常处在肮脏的环境中，因此，当流行病爆发时，为了防止疾病传播，生病的奴隶便被扔进海里淹死。奴隶不愿忍受痛苦而跳海的事情屡屡发生。

由于能获得巨额利润，即使在贩奴过程中黑人死亡率高达80%，利润仍高达10倍。各既得利益集团都坚决反对任何控制或废除奴隶贸易的建议。首先，所有的非洲酋长都反对，因为他们用一个强壮的奴隶可换得20~30英镑。非洲经纪人曾从这种贸易中获得巨额利润，他们也竭力反对所有废除这种贸易的建议。南北非洲的种植园主，尤其是18世纪在英国议会中拥有席位的巴巴多斯的种植园主，也支持奴隶贸易。

奴隶贸易为西方殖民国家聚敛了巨额财富，成为资本原始积累的重要来源。它对美洲的开发起了极大的促

贩奴船上的残暴行径

进作用，但对非洲却是一场深重的灾难。曾是人类文明发源地之一的非洲大陆因此失去大量人口，社会生产力遭到严重破坏。非洲人口占世界总人口的比重，由1500年的11%下降到1900年的6.8%。非洲各国或部落之间经常发生争夺奴隶的战争，许多村庄被劫，城镇衰落，生产力遭到严重破坏。

19世纪初，工业资本主义最发达的英国在世界范围内带头开始掀起了废除奴隶制的运动，从此，废奴运动在世界各地此起彼伏，形成一股不可阻挡的历史潮流。

1807年，英国通过一项法令规定船只不得参与奴隶贸易，并禁止向英国殖民地运送奴隶。1833年，议会通过了一项法令，在英国本土彻底废除奴隶制，并向蓄奴者提供2000万英镑赔偿费。英国进而说服欧洲其他国家以它为榜样，允许英国军舰捕捉挂别国国旗的贩奴船。

海地、美国和巴西分别于1803年、1863年和1888年废除奴隶制。此后还有一些别的国家相继废除奴隶制，广大被压迫的奴隶迎来了他们的新生。尽管如此，世界范围的贩奴运动并没有马上停止，断断续续的贩奴活动又持续了近百年，直到19世纪末才基本结束。

文艺复兴与宗教改革

文艺复兴是一场资产阶级的新文化运动，兴起于14世纪初。15世纪末至16世纪初，文艺复兴在意大利进入全盛时期，一直持续到17世纪初。文艺复兴涉及的面很广，不仅限于文学艺术，还包括哲学、科学、教育等许多领域。

在意大利，文艺复兴早期有所谓的"文学三杰"——但丁、彼特拉克、薄伽丘，和"艺术三杰"——达·芬奇、米开朗基罗、拉斐尔。这六杰都出生于意大利的佛罗伦萨。"文学三杰"的代表作《神曲》（但丁）、《歌集》（彼特拉克）、《十日谈》（薄伽丘）。达·芬奇的代表作《蒙娜丽莎》，米开朗基罗的雕像《大卫》、《摩西》和绘画《创世记》、《末日审判》等都是艺术杰作。拉斐尔有"画圣"之称，著名作品有《草地上的圣母》、壁画《雅典学院》等。

15世纪后期至17世纪初，在德、英、法、西和尼德兰诸国也涌现出一批人文主义作家、政治思想家、科学家、哲学家，其中著名的有伊拉斯谟（约1466~1536年）、拉

伯雷（1494~1553年）、莎士比亚（1564~1616年）、塞万提斯（1547~1616年）、博丹（1530~1596年）等，他们在各自的领域内推动了文艺复兴的蓬勃发展。

文艺复兴运动的兴起是资本主义时代到来的先兆，也是资本主义发展的基础，而16世纪在德国爆发后又席卷西欧的宗教改革，则是一次规模更大、影响更为深远的新兴资产阶级反封建斗争。

德国宗教改革的发起者是马丁·路德（1483~1546年），他同时也是新教路德宗的创始人。

路德的理论和活动引起教廷的恐慌。教皇颁布了一道惩罚路德的"绝罚诏"，开除其教籍，焚毁其所有著作。路德坚决不从命，并继续宣扬自己的宗教观点，公开斥骂教皇。后来，在各种旧势力的压迫下，路德被迫隐居。新的人民宗教改革领袖闵采尔继续宣传更为激进的改革思想，并引发了一场声势浩大的农民起义。虽然起义以失败告终，但从根本上动摇了天主教会的统治地位，对封建制度造成巨大的冲击。

随着宗教改革的不断深入，宗教改革运动形成了一股不可遏止的强大历史洪流，不仅席卷了德意志，而且很快蔓延到整个西欧。英国等很多天主教国家都发生了不同程度的宗教改革，全面冲击和瓦解了中世纪的封建结构。

德国宗教改革

马丁·路德（1483~1546年）出身于富裕市民家庭，出生的第二年，全家迁居采矿中心曼斯费尔德，父亲汉斯·路德当矿工，靠租用领主的三座小熔炉起家。在父母严格的宗教教育下，路德从小就接受了传统的基督教信念。1501年春，他进入德意志最著名的爱尔福特大学，在1502年秋获得文学学士学位，1505年，又以优异成绩取得硕士学位。在大学期间，他开始受到反对罗马教皇的世俗思想的影响。

大学毕业后不久，路德在父母亲朋诧异的目光中弃绝尘世，进入雷尔福特圣奥古斯丁修道院当修士，开始了自己的宗教生涯。他在那里潜心修道，履行各种苦行赎罪活动，以圣洁闻名。1512年，路德获神学博士学位，被任命为维登堡修道院副院长和维登堡大学神学教授。在此期间，他认真研读《圣经》，发现天主教会的制度及其神学理论与基督教教义严重背离，认为信徒只要依靠个人对耶稣的信仰即可得救，信仰的唯一依据是《圣经》，而非天主教会制定的神学。这样，路德对教皇的权威，从理论上予以否定，同时还否定了天主教神学的基本观念。

马丁·路德像

1517年，美因兹大主教亚尔伯特通过售卖赎罪券，以聚敛财富。10月31日，路德在维登堡的卡斯尔教堂的大门上张贴《九十五条论纲》，对出卖赎罪券的做法予以痛斥，提出了"信仰耶稣即可得救"的原则。《论纲》引起了强烈反响，激发了人们对教权至高无上的怨愤和反对，点燃了德国宗教改革的火焰，使路德一时成为德国全民族的代言人。1519年，罗马教会的神学家约翰·艾克同马丁·路德在莱比锡展开了大论战，这场大辩论，成为路德宗教改革生涯中的一次重大转机。

1520年，路德发表《论基督徒的自由》和《教会被

宗教改革时期，路德派教徒正在与罗马天主教教徒讨论一些有争议的论点，这是1530年神圣罗马帝国皇帝试图与改革者和解的最后尝试。

因于巴比伦》两篇重要文章，全面阐述了"因信称义"的宗教改革理论。其主要内容是，只要有信仰，人人在上帝面前都享有平等的权利和地位，并能得到上帝的恩典，从而使灵魂得救；在人与上帝之间，无需宗教律法、礼仪和神职人员作为中介，信仰的唯一依据是《圣经》；简化繁琐的宗教仪式，七项圣礼中只保留洗礼、圣餐两项。从根本上否定了教皇至高无上的地位和教会高于国家的天主教思想。

路德的理论和活动使教廷大为恐慌。教皇命令路德在60天之内改变观点，否则将开除他的教籍，但路德依旧坚持自己的观点。1521年4月，在教廷的支持下，神圣罗马帝国皇帝发布旨意，取消对路德的法律保护，但是议会没有听从，反而将路德召到议会陈述他的观点。路德在议会的演说引起阵阵欢呼。会后，路德在群众的保护下离开会场，避开了皇帝的逮捕，逃亡到萨克森，被萨克森选帝侯腓特烈保护起来。从此，路德潜心于对神学的研究与写作，继续宣扬其宗教改革的主张。

1525年，42岁的路德与一位叛逃的修女波拉结婚，以实际行动向天主教的禁欲主义发起了挑战。1543年，路德翻译的德文《圣经》面世，他的《圣经》译本为人们提供了对抗天主教会的思想武器。他翻译的《圣经》使用的是德国语言，这种统一的语言也成为联系分裂的德意志各邦的重要纽带。

1546年2月，路德死于出生地艾斯勒本，享年63岁。被葬于维登堡大教堂墓地。29年前，轰动一时的《九十五条论纲》就是贴在这座教堂的门上。

英国的都铎王朝

1485年，英国封建主之间的内战——玫瑰战争结束后，亨利七世登上王位，开始了都铎王朝（1485~1603年）的专制统治。都铎王朝的统治者在封建贵族、资产阶级和新贵族共同支持王权的基础上，采取了一系列政策，使专制王权得到巩固。

首先，削弱大贵族势力，剥夺教会贵族的特权和财产。亨利七世统治时，加大了打击封建割据势力的力度。他下令禁止贵族蓄养家兵，宣布取缔封建家臣团，摧毁贵族修建的城堡，并发挥"皇室法庭"的作用，使之成为专门审理政治叛乱案件的机构，以惩治那些

亨利八世

不听从皇室命令的大贵族。1540年，亨利八世又进一步将枢密院作为自己的咨询机构和最高司法机关，其官员多从资产阶级和新贵族当中选任，从而使他们成为专制王权的支柱。

1533年，亨利八世与罗马教皇决裂，施行宗教改革，自己随之成为英国教会的最高首脑。他将教会没收所得的大批土地廉价卖给或赏赐给资产阶级和新贵族，进一步为专制王权奠定了坚实的社会基础。

其次，为了满足封建贵族的愿望，维护封建秩序，都铎王朝颁布了一系列惩治流浪者的法律。自15世纪70年代兴起的圈地运动，破坏了封建土地所有制，使广大农民丧失土地而成为流浪者。都铎王朝的统治者颁布限制圈地和惩治流浪者的法律，其目的在于使农民回到原来的土地上，巩固封建制度。

再次，在政治上，与资产阶级结盟，控制国会，使之成为专制王权的工具；在经济上，实行重商主义政策，如保护工商业、奖励海外贸易和殖民掠夺等。

都铎王朝既维护封建贵族的利益，同时又执行对资产阶级和新贵族有利的重商主义政策。这种现象反映了英国的专制王权当时在两个对立的阶级间起着某种协调作用。

自16世纪中叶起，资本主义获得迅速发展的英国，经常在西班牙殖民地进行走私贸易，抢劫西班牙运送金银的船队，袭击西班牙殖民据点。西班牙国王腓力二世决意派遣大军远征英国。1588年5月，由大贵族麦迪纳·西多尼亚率领的无敌舰队驶离里斯本，其中包括130艘兵船和运输船、7000名船员和水手、23000名步兵。7~8月，舰队在英吉利海峡与英国海军上将C.霍华德及海军中将F.德雷克率领的英国舰队相遇，英军采用火烧连船的战术，无敌舰队损失惨重。后无敌舰队从英国北海绕过苏格兰和爱尔兰返回西班牙。途径苏格兰北部海岸附近时，遇风暴，舰队几乎覆没。在这一战役中，无敌舰队损失32艘战舰和1万名士兵。从此，西班牙的海上霸权被英国所取代。

圈地运动

15世纪以前，英国的生产主要以农业为主，纺织业在人们的生活中，只是一个不起眼的行业。随着新航路的发现，国际贸易的扩大，处在欧洲大陆西北角的佛兰得尔地区，毛纺织业突然繁盛起来，在它附近的英国也被带动起来。毛纺织业的迅猛发展，使得羊毛的需求量急剧增大，市场上的羊毛价格开始猛涨。英国本来是一个传统的养羊大国，这时除了满足国内的需求外，还要满足国外的羊毛需求。因此，与农业相比，养羊业就变得越来越有利可图。这时，一些有钱的贵族开始投资养羊业。

由于养羊需要大片的土地，因此，贵族们纷纷把原来租种他们土地的农民赶走，甚至把他们的房屋拆除，把土地圈占起来。一时间，在英国到处可以看到被木栅栏、篱笆、沟渠和围墙分成一块块的草地。被赶出家园的农民则变成了无家可归的流浪者。这就是圈地运动。

圈地运动首先是从占据公共用地开始的。在英国，虽然土地早已私有，但森林、草地、沼泽和荒地这些公共用地则没有固定的主人。一些贵族利用自己的势力，首先在这里放牧羊群，强行占有这些公共用地。到了16~17世纪，随着英国工业迅猛发展，呢绒工业大幅度膨胀，羊毛需求量急剧增长，价格日益上涨，这就进一步刺激了养羊业的繁荣。加之这时美洲的黄金大量流入欧洲，引起货币贬值，物价上涨，地主征收的固定地租实际上已大大减少。因此，越来越多的土地贵族更加疯狂地强行圈占公共土地和农民的耕地，用来发展养羊业，他们开始采用各种方法，把那些世代租种他们土地的农民赶出家园，甚至把整个村庄和附近的土地都圈占起来，变成养羊的牧场。

在这种强行的圈地运动中，农民以前以各种形式租种的土地，无论是以前定下的终身租地，还是每年的续租地，都被贵族强行圈占。这些成为牧场主的贵族们还互相攀比，使他们的牧业庄园变得越来越大。

英国的圈地运动从15世纪70年代开始，一直延续到18世纪末。英国全国一半以上的土地都变成了牧场。在这一过程中，虽然英国国王也进行了一定程度的限制，颁布了一些企图限制圈地程度的法令，但这些法令并没起多大的作用，相反，圈地日益合法化。

为了使被驱逐的农民很快地安置下来，英国国王在颁布限制圈地法令的同时，也限制流浪者，目的是让那些从家园中被赶出来的农民接受工资低廉的工作。凡是有劳动能力的游民，如果不在规定的时间里找到工作，一律加以法办。通常，对于那些流浪的农民，一旦被抓住，就要受到鞭打，然后送回原籍。如果再次发现他流浪，就要割掉他的半只耳朵。第三次发现他仍在流浪，就要处以死刑。

后来，英国国会又颁布了一个法令，规定凡是流浪一个月还没有找到工作的人，一经告发，就要被卖为奴隶，他的主人可以任意驱使他从事任何劳动。这种奴隶如果逃亡，抓回来就要被判为终身奴隶。第三次逃亡，就要被判处死刑。任何人都有权将流浪者的子女抓去做学徒，当苦役。

亨利八世和伊丽莎白两代国王统治时期，曾经处死了大批流浪的农民。圈地运动导致英国的农民数量越来越少，失去土地的农民只好进入城市，成为城市无产者。为了活命，他们不得不进入生产羊毛制品的手工工场和其他产品的手工工场，成为资本家的廉价劳动力。在这种手工工场里，工人的工资十分低，而每天则要工作十几个小时。

18世纪，英国国会通过了

圈地运动造成了"羊吃人"的悲惨结局。英格兰沿海的大亚茅斯周遭环绕着农田和牧场，这里是英国"圈地运动"的盛行地区。

大量的准许圈地的法令，最终在法律上使圈地合法化。英国农民的人数减少到了有史以来的最低数量。

圈地运动为英国的资本主义的发展提供了有利的条件。大量农民丧失生产资料，成为出卖劳动力的雇佣劳动者，为资本主义的发展提供了劳动力市场，是资本原始积累的主要形式之一。同时，圈地运动使许多资本主义性质的农场建立起来，农业市场也随之扩大，加速了英国的封建农业向资本主义农业过渡的进程。

法国的君主专制制度

新的阶级关系的形成，为法国的专制王权提供了生存的土壤。地理大发现以后，受工商业发展和"价格革命"的影响，贵族地主的固定地租收入减少，经济地位下降。但他们依旧保持着各种政治特权，这种特权需要强大的王权来维护封建秩序。新兴资产阶级靠购买公债、向政府贷款、充当纳税人等手段聚敛了大量财富，这是法国原始资本积累的主要特点。富有的资产阶级又通过购买破落贵族的爵位及其产业，步入贵族行列，从而在经济上和政治上与王权的联系更加紧密。他们出于维护自身利益的需要，也极力主张加强王权。这样，萌芽于路易十一统治时期（1461~1483年）的君主专制制度很快就建立和发展起来。到法兰西斯一世统治时期（1515~1547年），专制制度最终确立。法兰西斯一世铲除割据势力，停止召开三级会议，国家的一切重大问题都由他和少数近臣做出决策。同时逐渐脱离罗马教廷的控制，实现教会的民族化，并使法国教会成为专制统治的工具。

法兰西斯一世也制定施行了符合新兴资产阶级利益的工商业政策，如扶植本国毛纺

1572年8月23日，法国国王下令展开圣巴托罗缪日大屠杀，使南北矛盾更加尖锐。

织业，禁止进口外国呢绒，为本国商人取得在土耳其各港口贸易的特惠权等。这样，既使资产阶级得到了王权保护的好处，又巩固了王权的统治。此时，加尔文教在法国各地广泛传播，法国南部的封建贵族企图利用宗教改革来对抗专制君主，以图恢复其往日的独立地位。而北部的封建贵族则以"保卫王权，保护天主教"为口号，同南部形成对立的两派，最终于1562年爆发战争。加尔文教在法国称为胡格诺教，因此这场战争在历史上被称为"胡格诺战争"（1562~1594年）。1572年的圣巴托罗缪节（8月23日）之夜，天主教徒在王室支持下，大肆屠杀巴黎的胡格诺教徒，使南北矛盾更加尖锐，国家处于分裂状态。1589年，法王亨利三世在混乱中遇刺身亡，胡格诺集团的波旁·亨利即位，称亨利四世，从此开始了波旁王朝的统治。为了巩固王位以及取得北部贵族的支持，亨利四世皈依了天主教，并立天主教为国教，但同时也允许胡格诺教徒享有信仰自由及担任国家公职的权利。亨利四世还通过实行鼓励发展农业、扶植手工工场、发展海外贸易、保持关税等措施，逐渐巩固了王权。其子路易十三（1610~1643年）统治时期，任用首相黎塞留进行改革，改革的主要内容是逼迫教会缴纳巨额捐税；加强中央各部门的职能及中央对地方的控制；派监察官统揽各省行政、司法、财政大权，以此削弱地方贵族和各省总督的权力；同时实行重商主义政策。这一系列的改革使专制王权得到进一步加强，为资本主义的发展创造了有利条件。

尼德兰革命

"尼德兰"本意为"低地"，指莱茵河、马斯河、斯海尔德河下游及北海沿岸一带的低洼地区，大致相当于今天的荷兰、比利时、卢森堡和法国的东北部。到了16世纪初，尼德兰又因王室联姻和继承关系归属西班牙统治。

16世纪以前，尼德兰已成为欧洲经济最发达的地区之一。地理大发现以后，欧洲国家贸易中心移向大西洋沿岸，进一步推动了尼德兰工商业的繁荣。阿姆斯特丹是北方的商业中心，与英、俄、波罗的海沿岸各国有着密切的贸易往来。

尼德兰起义军领袖奥兰治·威廉像

资本主义的发展，引起了阶级关系的深刻变化。由大商人、工场主和农场主组成的城乡新兴资产阶级不断发展壮大，荷兰、西兰的封建贵族采取资本主义方式经营土地而变成新贵族。资产阶级和新贵族大多信奉加尔文教，他们要求发展资本主义，摆脱封建关系的束缚，推翻西班牙的专制统治。广大农民和城市平民大多信奉再洗礼派或加尔文教，他们受阶级和民族的双重压迫，强烈要求改变现状，成为革命的主力军。

腓力二世（1556~1598年）继位后，继续推行高压政策。他在尼德兰广设宗教裁判所，残害新教徒；剥夺城市自治权，限制尼德兰商人进入西班牙港口。1559年，腓力二世派他的姐姐玛格丽特到尼德兰做总督，格兰维尔主教为辅政，以加强对尼德兰的直接控制。这些带有民族压迫性质的专制政策成为尼德兰革命的导火线。

1566年4月，以奥兰治·威廉亲王为首的"贵族同盟"向玛格丽特总督呈递请愿书，要求废除"血腥敕令"，召开三级会议，撤出西班牙驻军，罢免格兰维尔的职务，但被西班

反对腓力宗教政策的加尔文教徒捣毁天主圣像。

牙当局拒绝。8月，一名叫马特的制帽工人，掀起了破坏圣像、圣徒遗骨和祭坛的运动，并得到广大人民群众的支持，安特卫普、瓦朗西安爆发了起义。1567年，腓力二世命阿尔法为总督率军进驻尼德兰，开始了对异教徒和起义军的血腥镇压，一些贵族和资产阶级也被杀害。由工人、农民和革命资产阶级分子构成的起义军和激进的加尔文教徒转移到森林里和海上，组成"森林乞丐"和"海上乞丐"，展开游击战，神出鬼没地袭击西班牙军队，奏响了荷兰革命的交响曲。1568年，奥伦治亲王威廉从国外组织一支雇佣军，但终因势单力薄而被阿尔法击败。1572年4月，在森林乞丐和海上乞丐影响下，尼德兰北方各省均发生起义，致使阿尔法军力分散。海上乞丐乘机率领装有枪炮的轻便船猛攻泽兰省的布里尔，守卫的西班牙军遭受重创。起义军又一举将西班牙军从北部大部分地区驱逐出去，并占领了荷兰省和泽兰省，建立了自己的根据地，威廉被推选为执政。到1573年底，北方其他各省也相继独立，奥治·威廉成为各省公认的总督。

面对南方贵族的分裂行径，北方各省于同年成立了"乌特勒支同盟"，宣告各省永不分离，并以各省代表组成的三级会议为最高权力机构。1576年9月4日，布鲁塞尔举行起义，起义军占领了国务委员会大厦，这样西班牙在尼德兰南部的统治就被推翻了。11月，以威廉为代表的北方起义军和南方起义军签订协定，首先驱逐西班牙人，成立政府，再解决双方在宗教问题上的分歧问题。1581年，三级会议决定废除腓力二世的王位，成立联省共和国，简称荷兰共和国。西班牙对北方的进攻却屡遭失败，不得不于1609年与联省共和国缔结十二年休战协定，事实上承认了联省共和国的独立。1648年签订的《威斯特发里亚和约》，正式给予联省共和国以独立地位。至此，荷兰成为人类历史上第一个资产阶级共和国。

日本重建封建秩序

受中国文化影响颇深的日本自12世纪末开始，其政治制度有了重大的变化，形成了双重政府：一个是设在京都，以天皇为首的文官朝廷，没有任何实权，天皇仅是最高权力的象征；另一个是以将军为首的幕府，掌握着国家大权，是事实上的中央政府。自15世纪中叶起，由于将军的权力被削弱，各地守护大名形成强有力的割据势力，彼此混战，争城夺地，日本进入了"战国时代"（1467~1573年）。

战国时代，守护大名在长期的混战中，势力消耗殆尽，出身于中小武士地主的"战国大名"随之崛起。他们为了增强自身的势力，积极发展农业生产，

丰臣秀吉像

奖励工商业，废除关卡和座（行会），允许自由经商。16世纪前期，日本涌现出许多自治城市，对外贸易日益繁荣，与亚洲许多国家有了频繁的贸易往来。16世纪中叶，日本又与葡萄牙和西班牙建立了贸易关系。商品货币经济的发展，使各地区之间的经济联系得到了加强，国内统一市场开始形成，为政治统一奠定了经济基础。战国大名为维护自身的政治、经济利益，迫切需要结束封建割据状态，建立中央集权国家。这样，实现国内统一的条件逐渐成熟。但是，由于城市经济完全从属于大名领国的军事和政治，工商业者的独立性极为有限，因此他们不能像西欧的工商业者那样成为实现国家统一的政治力量，以致统一运动必须由封建大名来完成。

在兼并战争中，尾张国的一个中等封建主织田信长（1534~1582年），通过鼓励工商业，提倡天主教，从葡萄牙购买枪炮，建立骑兵常备军等措施，势力日益强盛。他不断吞并割据势力，并于1573年推翻了室町幕府，成为全国最有势力的大名，奠定了统一日本的基础。后来，织田信长因部下叛乱被迫自杀。其部下丰臣秀吉（1536~1598年）打着天皇的旗号，继续进行统一战争，到1590年，长达100多年的分裂局面宣告结束，日本的统一得以实现。

丰臣秀吉为了加强独裁统治，不许农民弃农迁居，将他们牢固地束缚在土地上。同时没收民间武器，防止农民起义。他还规定武士必须在城市居住，严禁他们转为农民或经商，从而确立了兵农分离和工商业者自由经营的局面；同时又对工商业者采取了严格的控制措施，取消城市自治，对外贸易实行特许制度。这样，将处于萌芽状态的市民自治运动扼杀了，已经动摇了的封建制度重新巩固起来。

查理一世的专制统治

14世纪时，契约租地农的出现标志着英国农业资本主义萌芽的产生。15世纪末，圈地运动的兴起，进一步促进了农业资本主义的发展。到17世纪初期，资本主义农牧场在英国东南部地区已相当普遍。农业资本主义的发展引发了农村社会结构的重大变化。贵族的分裂、乡绅的崛起和农民的分化，瓦解了封建社会的根基，传统社会关系的平衡被打破，为革命的爆发奠定了深厚的基础。

英国特有的议会传统为革命的爆发提供了有利的政治条件。议会原本是封建王权的御用工具，但从14世纪起，议会取得了参与立法、批准税收、监督国王政策等权力。到了16世纪末17世纪初，新兴革命力量以议会反对派的身份，利用议会的传统权力，与封建王权展开了斗争。

17世纪前期，尚未出现成熟的资产阶级政治理论，而宗教给英国革命以思想动力。16世纪60年代，加尔文教传入英国。加尔文教反对国教教士奢华腐败，主张勤劳和节俭，该教派在英国被称为"清教"。清教的教义反映了资产阶级的政治和经济愿望，越来越多的资产阶级、新贵族以及部分农民、手工业者、工人等成为清教徒，掀起了所谓"清教运动"。清教运动实质是一

查理一世

场涂上宗教色彩的资产阶级运动。

与欧洲大陆各国相比，革命前的英国专制君主制存在许多薄弱的地方。首先，英国因是岛国，平时不需要强大的陆军保卫国土，所以英国没有常备军；其次，英国的官僚机器在都铎王朝时期虽有所加强，但其总体规模远比法国等大陆国家小得多；最后，英王的固定收入只有王室关税和领地收入两项，数量非常少，因此，政府不得不经常求助于议会补助金。封建专制王权的相对虚弱也是有利于革命较早发生的重要条件。

1603年，都铎王朝最后一位君主伊丽莎白一世死后无嗣，由苏格兰国王詹姆斯六世继承王位，即詹姆斯一世（1603~1625年在位），从此开始了斯图亚特王朝的统治。

詹姆斯一世极力鼓吹君权神授论，宣称国王是上帝派到世间的，具有至高无上的权威，理所当然地不受法律和国会的制约。以他的继承人查理一世为代表的封建贵族阶级和资产阶级新贵族之间的斗争更为激烈，斗争集中表现为国王和国会之间的冲突。

1625年6月，查理一世为征收新税而召开国会，国会对此坚决予以否决。查理一世怒不可遏，宣布解散国会。这样，英国在1629年到1640年期间没有国会，史称"无国会时期"。

到17世纪30年代末期，英国的阶级矛盾空前激化，国王与国会的冲突日益尖锐，城乡人民的斗争频繁发生，封建专制统治已陷入深刻的危机之中，革命形势已经成熟。

清教徒革命

1638年，苏格兰爆发了反对君主专制制度的起义。这次起义直接引发了英国革命。

苏格兰原是一个独立国家。1603年，詹姆斯一世身兼苏格兰和英国国王，但两国并未正式合并成一个国家。1637年，查理一世强令苏格兰接受英国国教，企图在那里推行专制

图中的查理一世正在寻找地球仪上的苏格兰。

制度，激起苏格兰人的反英起义。1638年，起义者组成特别委员会，制定了《民族圣约》，宣誓为保卫加尔文教而战。查理一世远征苏格兰，惨遭失败，只好暂时求和，以赢得时间，伺机再战。为了筹措军费，查理一世不得不于1640年4月重新召集已经停开了11年的国会。反对派约翰·皮姆等人强烈反对战争，并要求处死宠臣斯特拉福。查理一世无奈，又于5月解散国会。国会解散的第二天，伦敦市民奋起示威，广大农民的反圈地斗争向纵深发展。同年8月，苏格兰军再次发动进攻，占领了英国北部两郡，查理一世被迫两次召集国会。

国会开幕不久，在人民群众的呼声和压力下，国会两院通过逮捕斯特拉福和劳德大主教的提案，并同意将斯特拉福处以死刑。查理一世认为这是对王权的挑战，于是迟迟不批准国会的决议。1641年5月9日，伦敦市民数万人手持刀剑棍棒，连夜举行示威，并宣布要冲进王宫。查理一世只好签署了判决书。3天后，斯特拉福被送上断头台。4年后，劳德大主教也被处决。国会取得了首次胜利。

不久，国会开始分为两派，两派的分野大致与清教运动中的两个派别吻合，也称为长老派和独立派，两派在一些问题上有重大分歧。

查理一世利用国会内部的分歧，待机反扑。他派军队进入伦敦，在各要塞安置大炮，并使用自己的卫队把守国会。1642年1月4日，查理一世亲自带领士兵，到下院去逮捕皮姆等人，得悉这些人已被群众隐藏在商业区时，又在第二天带兵去商业区搜捕。结果遭到2000多武装市民的阻拦，白金汉郡的农民5000人也进入伦敦声援。查理一世在伦敦陷于孤立，不得不于1月10日逃离首都，到北部约克郡纠集反动武装，准备发动内战。国会也于7月12日通过决议，成立国会军队。至此，国王与国会的斗争达到动武的程度。1642年8月22日，查理一世在诺丁汉向国会宣战，挑起了内战。

内战初期，双方的力量对比有利于国会。然而由于掌握革命领导权的长老派分子的动摇和妥协，国会节节败退。到1643年秋，王军不断取胜，占领了全国的3/4地区。

国会军中唯一保持不败的是奥利弗·克伦威尔率领的军队。克伦威尔（1599~1658年）出身于中等乡绅家庭，是一个虔诚的清教徒。1628年和1640年先后两次被选为下院议员，是国会中独立派的领袖。内战爆发后，他自己筹款组建了一支由自耕农和手工业者组成的骑兵队。他亲自组织1.2万人的东部盟军于1644年6月收复林肯郡大部分地区，又开始围攻约克城。这样两军首次大规模会战就在约克城西北的马其顿荒原上拉开了。鲁普特亲王率领的王军迅速占领了整个荒原。国会军当晚就发动进攻。克伦威尔重点布置左翼兵力，并让左翼骑兵首先冲下高地，直扑王军右翼，很快王军右翼一线二线被击得溃不成军，落荒而逃。但国会军中路步兵和右翼骑兵却被王军逼得节节后退，于是克伦威尔指挥胜利的左翼骑兵从王军中路步兵的右翼后侧进行猛攻。腹背受敌的王军不敢恋战，仓皇逃跑。这一战扭转了国会军连连失利的局面，也使克伦威尔的部队被誉为"铁骑军"。

1643年9月，国会为挽回败局，同苏格兰国会订立《圣约》。1644年初，苏格兰军队进入英国，与国会军协同作战，王军陷入南北受敌的困境。7月2日，在马其顿草原展开会战，克伦威尔的"铁骑军"在这次战役中发挥了巨大的作用，最后战胜了王军。这次会战是内战的转折点。1645年1月，长期国会通过了接受克伦威尔提出的改组军队的议案，授权克伦威尔改组国会军。克伦威尔以自己的"铁骑军"为榜样，组建了一支主要由自耕农和手工业者、店员等组成的新军，并有良好的给养制度。实行民主，纪律严明，具有较强的战斗力，军官大部分来自下层社会，故被称为"新模范军"，是英国首次建立的常备军。从此，独立派掌握了军权，保证了内战的胜利。

1645年6月14日，刚刚组建的新模范军在纳西比同王军相遇，经过激烈的战斗，打垮了王军主力。此后，新模范军又攻克了王军控制的许多地区。1646年5月，国会军攻克牛津，查理一世逃到苏格兰，被苏格兰扣留。次年2月，英国国会用40万英镑把查理引渡到伦敦。第一次内战宣告结束。

查理一世被推上断头台

英国的国会军战胜王军后，长期国会的反人民政策激化了社会矛盾，人民群众的反抗斗争不断爆发，尤其是农民运动更是蓬勃发展。1645年，西部和西南部农民掀起"棒民运动"，他们以棍棒、镰刀等武器，既反对王军，也反对国会军。"棒民运动"后来被克伦威尔统领的新模范军镇压了。对这一行动，军队中发生了分歧，从而埋下了军队和国会决

图画描绘了查理一世被处死后，当剑子手拿着国王的头颅示众时，一位妇女当场昏厥的情景。

裂的种子。

国会军战士大多数都是穿上军装的城乡劳苦大众，他们对长期国会的政策非常不满。1647年3月，国会通过了解散军队的决议。士兵们坚决抵制，军队中选出士兵和军官代表，组成全军委员会，领导了这场斗争。克伦威尔支持军队的要求，派兵把国王从国会的保护下夺取过来，在军队中监押。1647年8月6日，军队开进伦敦，用武力迫使国会驱走与军队为敌的长老派议员，从此，独立派掌握了国会。

然而，军队内部也存在着矛盾，以独立派为核心的上层军官与以平等派为核心的下层军官和士兵的斗争在军队掌管国会后日益加深。

平等派是一个小资产阶级民主派别，领袖人物是约翰·利尔本（1618~1657年）。利尔本写了许多文章，要求实现真正的平等、国家的最高权力归于人民、实行普选制、建立共和国、取消国王和上院、减轻税收等，这些是平等派的基本主张。

查理一世雕像

10月末到11月初，平等派和独立派在伦敦郊区的帕特尼会议上展开了激烈的争论。11月15日，9个团队的平等派士兵把《人民公约》贴在帽子上，举行武装示威。克伦威尔派兵镇压了平等派的这次示威活动，取消了士兵在全军委员会中的代表，使之变成独立派军官控制的军官委员会。这种做法，使独立派在取得政权后开始背叛和抛弃自己的同盟者，站在了人民群众的对立面。

军队内部的分裂与斗争使革命力量大大削弱，为封建复辟势力的抬头提供了机会。1647年11月，查理一世从监护所逃跑，后在威特岛被扣留。不久，苏格兰国会和英国长老派分别派代表到威特岛，与查理密谋复位问题。1648年2月，王党在南威尔士发动叛乱，第二次内战爆发了。7月，王党勾结的苏格兰反革命军队进入英国北部，支持查理复辟。

面对封建复辟势力的威胁，以克伦威尔为首的独立派不得不与平等派重新联合。1648年4月29日，克伦威尔重新召开全军会议，并允诺在战后实现平等派的《人民公约》。两派决定团结起来一致对敌，消灭王党，并将国王交法庭审判。8月，克伦威尔率军在普莱斯顿战役中击溃了苏格兰反动军队。9月，攻占了苏格兰首都爱丁堡，苏格兰的政权转移到与英国国会结盟的长老派左翼手中。至此，第二次内战宣告结束。

为了防止王党势力死灰复燃，国会与军队共同组成特别法庭，审判查理一世。1649年1月27日，在人民群众的呼声压力下，查理被判处死刑。30日，查理一世在成千上万群众的围观下，在白厅前广场被送上了断头台。

护国公制

共和国建立后，掌握政权的独立派面临着严重的社会经济问题。

由于内战的破坏，加之连年旱灾，农业歉收，粮价上涨，人民生活急剧下降。工业生产也遭受了巨大的破坏，英国主要工业部门均陷入萧条，城市工人失业严重，不少人死于贫困和饥饿。独立派政府不但没有采取改善人民生活状况的措施，反而变本加厉，不断增加税收，城乡人民的生活更加贫困。因此，英国广大人民群众的斗争又不断兴起。

由于独立派政府拒绝实现《人民公约》，平等派奋起抗争。1649年3月，利尔本发表了题为《粉碎英国的新枷锁》的小册子，把共和国的统治者斥为新国王和新权贵，号召人民起来实现《人民公约》。5月，利尔本等人在狱中起草了新的《人民公约》，提出资产阶级民主主义的政治纲领。新《人民公约》主张实行普选制，建立每年改选一次的一院制国会，提出法律面前人人平等。1649年5~6月，英国各地爆发平等派士兵起义。然而，这些起义由于领导不力，组织涣散，最后都遭到克伦威尔的武力镇压。平等派运动从此逐渐消沉下去。

克伦威尔

从1653年到1658年，克伦威尔作为"护国公"进行军事独裁统治。克伦威尔自任"护国公"，还进行对外扩张和争夺海上霸权战争。1658年，克伦威尔死于疟疾。克伦威尔最主要的贡献是使得议会民主制在英国得以确立和加强。

共和国成立后，英国又出现了比平等派更为激进的派别，其成员主要是农村贫民。因他们到处占领公地，开垦荒地，被称为"掘地派"，又称"真正平等派"。该派主张消灭土地私有制，平均地权，不纳捐税。掘地派不但要求普选权，而且提出平分土地的口号，它代表了广大贫苦农民的利益。掘地派的领袖和思想家是杰拉尔德·温斯坦莱（1609~1652年）。他早年经商破产，后沦为雇农。他在《自由法典》这部代表作中提出，社会不平等的根源是土地私有制，主张人人都应拥有土地，享有平等的权利。温斯坦莱的思想带有空想共产主义的色彩，反映了穷苦农民和城市贫民的要求，对推动英国革命有重大意义。

1649年共和国建立后，只颁布了有利于资产阶级和新贵族的土地政策，农民照例得向其缴纳地租，负担其他封建义务，对此，人民群众普遍不满，很多地方发生了下层群众运动。1649年4月，30多名掘地派分子在伦敦附近塞尔利郡的圣·乔治山集体掘地开荒，这一行动产生了很大影响。掘地运动很快蔓延到诺桑普特、肯特、白金汉、兰开夏和亨廷顿等郡。掘地派主张用和平手段实现自己的主张，并幻想得到国会的保护。结果，在克伦威尔的残酷镇压下惨遭失败。

平等派和掘地派被镇压后，共和国赖以存在的社会阶级基础受到严重削弱。随后，克伦威尔又发动了对爱尔兰和苏格兰的战争。战争中掠夺来的大量土地，大部分被高级军官占有，这使军队丧失了原来的革命精神，其性质也发生了变化，由革命的武装力量变为克伦威尔个人军事独裁的工具。

在共和国成立后的几年中，以克伦威尔为首的独立派在军事上、政治上取得不少胜利，但国内矛盾仍然错综交织，社会不满情绪有增无减。为了进一步巩固自己的统治地位，克伦威尔于1653年4月带领军队解散了存在13年之久的长期国会，宣布实行护国公制。12月16日在伦敦的盛大典礼中，克伦威尔就任英格兰、苏格兰、爱尔兰的护国公，兼任陆海军总司令，成为实际上的军事独裁者。1657年，英国国会呈递《恭顺的请愿建议书》，请克伦威尔就任英国国王。克伦威尔虽然婉言谢绝了这一请求，但却把护国公制改为世袭，成了英国实际上的无冕之王。然而，在护国公制的背后，共和国已名存实亡。

斯图亚特王朝复辟

护国政府建立后，国内人民的反压迫斗争仍在继续，共和国和民主派对独裁政权非常不满，保王党趁机叛乱。克伦威尔为了巩固自己的专制统治，采取一系列加强独裁机构的措施。

1655年夏，他把全国划分为11个军区，各区派少将1名，统管全区的行政、军事、税收、治安等大权，直接对护国公负责。克伦威尔就是以这种军区制度对全国人民实行他的独裁统治。此外，护国政府还推行了一些维护教会和封建地主的政策，如确认地主的土地所有权、保护教会的什一税等。

这幅荷兰油画创作于1660年。为庆祝查理·斯图亚特之子、王位继承人查理二世复辟，王室在海牙举行了盛大的舞会。

为了使资产阶级和新贵族的需要得到满足，克伦威尔对外实行殖民掠夺政策。1655年，为了争夺海上霸权，英国对西班牙宣战，夺取了世界奴隶贸易中心牙买加岛。1658年，英国再次对西班牙发动战争，攻占了敦刻尔克，控制了世界贸易的主要通道，为18世纪英国的殖民扩张铺平了道路。

护国政府的倒行逆施加剧了国内矛盾。1658年，新国会召开，共和派议员对护国政府发起猛烈攻击，国会被解散。此后，共和派和平等派在各地发动反政府暴动，农民起义也接连爆发。逃亡国外的查理二世开始积

查理二世像

极准备策动叛乱。就在这危机四伏的时候，克伦威尔于1658年9月病逝，其子理查·克伦威尔继任护国公。理查懦弱无能，高级军官们趁机争权夺势，国内政局混乱不堪。理查被迫于1659年5月辞去护国公一职，护国政权遂告瓦解。

护国政权解体后，政权落到高级军官手里。他们迫于日益高涨的人民革命运动，不惜与长老派妥协言和，恢复了国会。但是国会恢复不久就通过决议，要求惩办1653年解散国会的军官，于是军官们再次解散国会，组成"安全委员会"，进行军事统治。然而，"安全委员会"受到各阶层人民的抵制和反对，各地方政权也拒绝接受委员会的领导，军官们只好于1659年底又重新恢复了国会。

由于政局不稳，人民革命又此起彼伏，共和派和平等派在各地举行集会，鼓吹成立共和政体。资产阶级和新贵族慑于人民的声威，但又对军官们感到失望，于是便转向昔日的敌人，同王党集团携手合作，密谋让查理二世复辟。复辟活动很快得到驻防苏格兰的英军司令蒙克将军的支持。1660年2月，蒙克率军开进伦敦，以武力控制了政府，召集了长老派和王党分子占优势的新国会，为复辟铺平了道路。同时，国会同查理二世举行了简单谈判。4月，查理二世在荷兰的布雷达发表宣言。《布雷达宣言》实质上是国王同资产阶级新贵族之间达成的协议。5月8日，国会通过决议，迎立查理二世为英国国王。5月29日，查理二世在伦敦登上王位，斯图亚特王朝最终复辟了。然而他的倒行逆施，不仅损害了人民的利益，也严重威胁到资产阶级和新贵族的利益。最后，他们被迫采用宫廷政变的方式，重新夺回权力并建立了君主立宪制。

英国"光荣革命"

资产阶级和新贵族早年的革命性已不复存在，他们惧怕人民革命，不敢依靠人民群众推翻复辟王朝，只能寄希望于发动宫廷政变，来实现他们的目的。由于詹姆斯二世年老无嗣，国会决定在詹姆斯死后迎立其女儿——信奉新教的玛丽及其丈夫荷兰执政威廉为英国女王和国王。1688年，詹姆斯得子，使资产阶级和新贵族的美梦破灭。于是他们决定请威廉拥兵入英，逼詹姆斯退位。1688年11月初，威廉以保护"新教、自由、财产和国会"的名义，率兵在英国西南海岸登陆，领兵直逼伦敦。一路上，受到资产阶级和新贵族的欢迎。詹姆斯二世的大臣、王族、军官也纷纷倒向威廉。詹姆斯二世在众叛亲离的情况下，慌忙逃往法国。1688年12月18日，威廉进入伦敦。1689年2月6日，国会宣布詹姆斯二世"自行退位"。

国王威廉与女王玛丽

13日，拥戴威廉为英国国王，玛丽为英国女王。斯图亚特复辟王朝宣告终结，这就是英国历史上的"1688年政变"。

资产阶级史学家把这次政变渲染为"光荣革命"。实际上，这次政变只不过是资产阶级和新贵族联合土地贵族为夺取政权而发动的一场宫廷政变而已。尽管如此，"1688年政变"确立了资产阶级和新贵族的统治地位，巩固了英国革命的成果，成为英国历史上的一个转折点。

英国资产阶级革命对欧洲和世界其他地区都产生了重要的影响。它宣告欧洲新的政治制度的诞生，揭开了欧洲和北美资产阶级革命运动的序幕，推动了世界历史发展的进程，在更大程度上反映了当时整个世界的要求。

君主立宪制

"光荣革命"打开了英国通往君主立宪制的大门。议会宣布詹姆斯二世"自行退位"之后，把王冠和早已拟好的《权力宣言》一起送给了威廉三世，此举暗示威廉不是靠无条件的世袭资格，而是靠有条件的议会拥戴才能得以登临大统。随后，议会通过了一系列宪法性法案，对王权进行了种种法律限制。又连续通过几个财政法案，剥夺了国王的正常财政来源。离开议会的财政支持，国王将难以为继。"光荣革命"从根本上使英国的中央权力结构发生了改变，同时又没有割断历史超越传统。原有的君主制形式继承下来，国王继续享有决策权、行政权、大臣任免权等许多重要权力，但他的这些权力只能在议会广泛限制的范围内行使，一遇冲突，只要议会采取不妥协态度和动用财政手段，最终总能迫使国王屈服。国家主权的重心已无可挽回地从国王一边倒向议会一边。

"光荣革命"后，议会的召开与选举开始走上经常化和制度化的轨道。议会的地位稳步上升，王权日趋下降，国家权力结构的天平越来越倾向于议会一方。在立法上，国王虽然始终享有否决权，但这一权力自1708年起就变成一项有名无实的虚权，议会完全主宰了主权事务。在财政上，随着财政预算制度、专款专用制度和财政审查制度的建立，议会对政府财政的控制得以完善。在行政上，国王的权力也逐步被剥夺。这个变化是通过内阁制度的建立完成的。

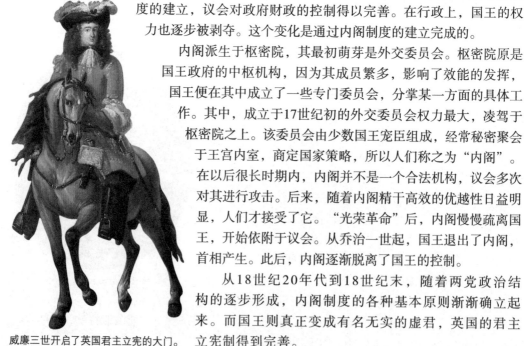

内阁派生于枢密院，其最初萌芽是外交委员会。枢密院原是国王政府的中枢机构，因为其成员繁多，影响了效能的发挥，国王便在其中成立了一些专门委员会，分掌某一方面的具体工作。其中，成立于17世纪初的外交委员会权力最大，凌驾于枢密院之上。该委员会由少数国王宠臣组成，经常秘密聚会于王宫内室，商定国家策略，所以人们称之为"内阁"。在以后很长时期内，内阁并不是一个合法机构，议会多次对其进行攻击。后来，随着内阁精干高效的优越性日益明显，人们才接受了它。"光荣革命"后，内阁慢慢疏离国王，开始依附于议会。从乔治一世起，国王退出了内阁，首相产生。此后，内阁逐渐脱离了国王的控制。

从18世纪20年代到18世纪末，随着两党政治结构的逐步形成，内阁制度的各种基本原则渐渐确立起来。而国王则真正变成有名无实的虚君，英国的君主立宪制得到完善。

威廉三世开启了英国君主立宪的大门。

英国向北美殖民

17世纪初，英国殖民者凭借雄厚的经济力量和先进的武器，开始向北美殖民。

在北美的殖民地中，由于地理条件的差异而存在着多种经济成分。在北部殖民地，资本主义工商业比较发达；中部殖民地，大量存在着半封建的租佃制；在南部殖民地，则正盛行黑人奴隶制。黑人奴隶在中北部地区也有，但数量比较少，大多是家内奴隶。另外，13个殖民地中普遍存在白人契约奴。他们的地位略高于黑人奴隶，在5~7年期满后便能成为自由公民。

为统治和管理北美殖民地，英国建立了一整套统治机构。

移民者托马斯·史密斯船长像

这是一套双重机构，一是在英国政府内部设置的管理殖民地事务的贸易司，二是派驻北美的总督及官员。比起欧洲各国和西属拉美殖民地，英属北美殖民地在社会政治结构中存在较多的民主因素。第一，各殖民地均仿效英国，设有议会，而且选民比例较高，白人成年男子大多享有选举权。第二，在经济生活中，由于北美地广人稀，取得土地比较容易，因而小块土地所有者大量存在，无产者数量较少，贫富差别不像欧洲那样悬殊。第三，不存

1620年9月6日，"五月花号"载着移民新大陆的清教徒离开英格兰驶往美洲。图为"五月花号"内部示意图。

在封建特权和等级制度。北美虽然也有贵族，但他们的社会地位不是靠封建君主的封授和出身门第，而是靠个人的努力。他们虽占据了殖民地的各级官职，但主要是靠竞争选举上的，而不是靠世袭特权。第四，在北部诸殖民地盛行地方自治，当地人民通过参加市镇大会，享有一定限度的参政权。这些民主因素使英国在北美的统治基础不甚牢固，也使日后美国的独立战争成为可能。

英国政府希望殖民地成为英国工业的销售市场及廉价的原料供应地，因此一直对北美殖民地的资本主义工商业实行限制政策。不过，在1763年以前，由于英国忙于对法国的争霸战争，无暇严格执行这些限制政策。因此，18世纪上半期，北美殖民地的资本主义工商业发展迅速，呈现空前繁荣的景象。手工工场数量增多，规模扩大，某些工业技术已达到欧洲先进水平。

随着经济的发展，原来处于隔绝状态的各殖民地之间的经济联系日益紧密。到18世纪中叶，各殖民地之间建立起完善的邮政系统，许多桥梁、渡船和道路网把主要城市连结起来，经济往来和文化交流更加便利。北方以工业品供应南方，南方则以农产品供应北方，逐渐形成了统一的北美市场。在此基础上，北美人民形成了某些共同的文化观念和心理素质，民族意识开始觉醒。人们普遍感到自己是与旧大陆不同的"新人"。于是，一个新兴民族即美利坚民族诞生了。此外，这一时期欧洲启蒙思想的广泛传播，也给其民族民主意识的发展以巨大动力。

七年战争

七年战争也称第三次西里西亚战争，这次战争是法国大革命前欧洲各大国卷入的最后一次欧洲大战，战场遍及欧洲、北美、印度和海上。

1756年7月，法奥俄同盟反普呼声高涨。普鲁士国王腓特烈为防止反普势力联合，决定采取主动进攻，争取战争的主动权。他把军队分成四路，用三路大军防守和牵制俄国，他亲率第四路大军于1756年8月28日对萨克森发动突然攻击，一举攻占了德累斯顿，封锁了皮尔那，迫使萨克森投降。前来支援的奥军被普军在罗布西兹击溃，普军乘胜进攻布拉格。

普军入侵萨克森，法俄等国极为震怒。于是，法奥俄联盟决定出动50万大军围攻普军。面对联军的大举围攻，腓特烈并不害怕，他频频调动军队，抗击各路敌军。

11月5日，普军和联军在罗斯巴赫附近相遇。联军统帅索拜斯凭借兵力优势，想迂回侧翼突击，力求速战。腓特烈识破意图后，立即命令部队移师贾纳斯山上。索拜斯误以为普军在全面撤退，他认为攻击的机会来了，于是下令全面追击。联军的整个队形杂乱无序，盲目进攻，预备队也冲到前面，侧翼完全暴露出来，给普军的进攻提供了明确的目标。

负责监视的4000名普军骑兵在联军攻近时，如尖楔一般插入敌人的正面和右翼。贾纳斯山上的普军炮兵同时向联军发出猛烈的火力，扰乱了联军的整个队形。在普军的攻击下，联军溃败，损失8000余人，普军仅伤亡500余人。

贾纳斯山大战结束后，腓特烈并没宿营过冬，而是采取突袭策略，连连打击联军。12月4日，联军在鲁腾占领了一个较好的防御性阵地，它的前面是一片开阔的平原。沿着阵地，联军排列阵形长达8.8英里，兵力是普军的3倍。5日凌晨，对地形极为熟悉的腓特烈发现敌人阵地过长的弱点，于是派小股骑兵佯攻联军的右翼，把优势兵力隐蔽起来，以防止作战意图的暴露。受到攻击的右翼联军误认为是普主力军，遂从预备队和左翼调兵支援，左翼兵力薄弱。腓特烈立即命主力军由4支纵队变为2支纵队，采用斜切战斗队形向敌人左翼发起突然袭击。局部人数占优的普军使联军阵形大乱，不久便溃不成军，普军骑兵趁势猛冲敌人阵地。双方激战至夜幕降临，联军全部崩溃，其中奥军遭到毁灭性的打击。随后的时间里，普军和联军互有胜负。

1759年8月12日，俄奥两军联合在普鲁士腹地库勒尔斯多夫与普军展开会战。仅有2.6万人的普军仍采用主动出击策略，向拥有7万余人的俄奥联军阵地发起长达3个小时的猛烈炮轰，随后以斜切队形发起进攻，顺利夺取了米尔山阵地，向联军中央阵地发起冲击。联军被迫顽强防守，猛烈的炮火阻击住普军精锐骑兵的进攻。接着，联军展开猛烈的反攻。已精疲力竭的普军抵挡不住敌人的冲击，纷纷逃离战场。

七年战争结束后，腓特烈大帝胜利返回首都柏林。腓特烈二世不但建立了强大的军队，而且鼓励工商业发展，使得普鲁士成为18世纪日耳曼民族中最强盛的国家。

这次战役成为七年战争的转折点，从此，普军元气大伤，被迫转入战略防御。战争随后又拖了4年之久，双方各有胜负。英法海上战争十分激烈，各联盟之间战争不休，欧洲陷入一片混战之中。1762年，英国人背弃了普鲁士，率先与法国单独缔结停战协议，使普鲁士陷入孤立。交战各国这时都已精疲力尽，无心再战，遂相继签订停战协议，一场席卷欧洲的战争宣告结束。

这次战争英国获得了大片殖民地，成为最大的赢家，普鲁士也巩固了在德意志的地位，已经可以和奥地利分庭抗礼了。同时，这场战争对军事学术的发展很有影响，战争中暴露了以平分兵力和切断敌方交通线为主要特征的警戒线战略和呆板的线式战术的弱点，显示了野战歼敌的优越性。各国都吸取了腓特烈军事改革的一些经验，腓特烈自己也完善了其军事理论，特别是连续运用内线作战集中兵力各个击破敌人，坚决连续进行会战夺取战略要地，歼灭敌人有生力量，从而保住了普鲁士的生存。

美国独立战争

英法争夺霸权的七年战争结束后，英国加强了对北美殖民地的剥削和压迫，致使北美殖民地与英国之间的矛盾斗争趋于白热化。北美人民的反抗斗争此起彼伏，最终爆发了独立战争。

1774年9月5日，英属殖民地代表在费城成立美洲"大陆会议"，并秘密组织民兵武装，在康科德备有军需物资库。这一消息被英殖民者麻省总督盖奇知道后，于1775年4月18日派史密斯上校带兵收缴。民兵在莱克星顿打响了第一枪，但是却牺牲18人。毁掉军需物资的英军在撤退时受到全莱克星顿人民武装的包围，英军且战且退，伤亡247人。

莱克星顿一战是美国独立战争中的第一次战役，它震动了整个北美殖民地。民兵迅速集合起来，包围了波士顿。5月10日，大陆会议在费城召开第二次会议，决定成立一支真正的革命军队——大陆军，由华盛顿任总司令。

缺枪少弹的大陆军凭借满腔热情，攻占了加拿大的蒙特利尔，打退了波士顿的英军，击败了南部查尔斯顿的殖民者。1776年7月2日，大陆会议通过了《独立宣言》，大陆军成为合众国武装。整个北美殖民地人民情绪激昂。华盛顿率领军队接连取得胜利，迫使英军退出新泽西州中西部。

乔治·华盛顿塑像

大西洋沿岸的北美战场极为狭长，对英军不利。英军欲以加拿大为基地，先平定北部新英格兰和纽约的美军，再向中南部推进。伯戈因遂带领加拿大英军南下，计划与纽约豪的驻军会合。豪改变计划南下，伯戈因失去接应而孤立。新英格兰境内的民兵不断阻击和骚扰，伯戈因无法获得充足的补给，行动迟缓。

9月19日，处于困境的伯戈因决定放弃交通线，破釜沉舟向南进发，在弗里曼农庄向美军发起进攻。美军的顽抗使英军损失惨重，伤亡600余人。10月7日，英国再次进攻，又遭到美军痛击，伯戈因被迫撤退。10月12日，退到萨拉托加附近的伯戈因发现被追击的美军包围，只好投降。16日，与美签订《萨拉托加条约》。

萨拉托加的胜利，是美国独立战争的转折点。国际反英势力纷纷支援美国，法、西、荷等国相继对英宣战，英国在国际上处于孤立状态。

英军将战略重心转移到南方，先征服佐治亚州，又逼降查尔斯顿的美军，随后攻占了南卡罗莱纳。1780年12月，华盛顿任命洛林为南部美军总司令。洛林将部队分散开来，展开游击战。1781年1月17日，在考彭斯全歼英军1100人。3月15日，在吉尔福德重创英军。同时，法舰队在海上与英军周旋，大大牵制了英军的陆上攻势。

4月，美军在法、西、荷等国海上舰队的配合下，开始大规模的反攻，迫使英军退守海

1775年4月18日黎明，在莱克星顿公有草地上，身着红制服的英军向殖民地民兵开火，英勇的民兵扑向英国殖民军，打死打伤247名英国轻步兵，殖民军仓皇逃回波士顿。这一役揭开了北美独立战争的序幕。

岸线。8月，英统帅康沃利斯将南部主力集中在弗吉尼亚半岛上的约克敦，以便与纽约驻军相互策应。华盛顿率领美法联军1.6万余人，从水陆各方包围了约克敦，切断了英军与纽约驻军的联系。10月9日，联军发起总攻，分别从左右两方同时向约克敦发炮。火炮的巨大吼声持续了十八九个小时，英军逐渐支持不住。16日，试图从海上逃跑的英军又因暴风吹散了准备好的船只而无法撤离。17日，失去反攻能力的英军只好投降。

1783年11月3日，美英签订和约，英国承认美国独立。

美国独立革命胜利后，于1787年9月制定出《联邦宪法》，确立了美国三权分立的联邦共和制，即将国家职权分别授予立法、司法和行政三个部门；规定了总统和议员由人民选举产生，文官政府控制军权等原则。美国创立的这套联邦共和制度在一定程度上保障了资产阶级民主，是人类政治文明进步的主要表现之一。

第六章　世界两大政治体系的形成和裂变

欧洲启蒙运动

　　启蒙运动的出现有这样几个原因：首先，它的产生是资产阶级反对封建专制制度的时代要求。17~18世纪，随着资本主义的发展，封建专制制度的阻碍作用越来越明显，日益强大的资产阶级迫切要求推翻这一腐朽反动的制度。其次，启蒙运动是在17世纪唯理主义哲学的基础上发展起来的。唯理主义哲学的代表人物笛卡尔，用人的理性代替了神的启示，用独立思考代替了对神的盲目信仰。这种与神学迷信相对立的理性学说是启蒙运动的思想渊源。另外，启蒙运动的发生还与自然科学的发展密切相关。

　　17~18世纪，欧洲自然科学的发展使人们认识到，人类是可以征服自然的。由此类推，人类社会的发展也是有规律可循的。

正在桌前工作的伏尔泰
伏尔泰是启蒙运动中著名的思想家。

　　启蒙运动发源于英国，英国学者在启蒙运动中占有重要地位。培根反对中世纪的经院哲学，肯定世界是物质的。他提出了"知识就是力量"的著名口号。霍布斯提出社会契约学说和国家起源学说。他反对教皇和天主教，主张把教会置于国家和君主的管辖之下。洛克认为知识来源于感觉，经验是知识的源泉。他反对王权神授，主张立法、行政、外交三权分立，提倡自由和宽容。赫伯特创立自然神学说，认为理性是寻求真理最可靠的依据。普里斯特利认为三位一体、得救预定、神启圣经都是荒谬的。18世纪，启蒙运动在法国达到高潮，涌现出一大批著名的启蒙思想家。

1775年，在法国一贵妇人的沙龙上，客人正在宣读伏尔泰的作品，启蒙思想已深入人心。

　　他们要求破除神学迷信，高举理性旗帜，为启蒙运动做出了巨大历史贡献。启蒙思想家们提倡科学，反对蒙昧主义，对宗教教义和神学进行了严厉的批判。其中，伏尔泰对宗教神学的批判尤为辛辣。伏尔泰本名叶弗朗索瓦·马利·阿鲁埃，伏尔泰是他的笔名。出身于公证人家庭。他从小就热爱文学，曾学过法律，从事过多种职业，曾赢得"法兰西最优秀诗人"的桂冠。1717~1726年，由于著文抨击封建专制，两次被关进巴士底狱，出狱后被驱逐出境，三年后又回到巴黎，进行启蒙宣传。1734年因他的《哲学通信》被当局查禁，而再次离开巴黎。此后，伏尔泰进行多方面的创作活动，并取得丰硕的成果，有史学名著《路易十四时代》，哲理小说《老实人》、《天真汉》等。他的声望越来越高，1778年他返回巴黎，受到公众的隆重礼遇。同年因病逝世，被安葬于法国名人公墓。伏尔泰这个"投向旧制度的第一颗炸弹"，是启蒙运动中公认的领袖和导师。他认为现存社会的一切灾难都来源于无知，而造成这种状况的就是教会。因此，他号召人们破除对上帝和神的盲目崇拜，为科学、理性和进步而奋斗。

　　法国哲学家孟德斯鸠猛烈抨击专制制度，认为专制主义统治下的法国是极不合理、极不公平的社会。他指出罗马共和国的盛衰取决于统治者的贤明或昏庸，矛头直指路易十五统治下的法国。他的著作《论法的精神》，被伏尔泰誉为"理性和自由的法典"。在这部著作中，他提出了立法、行政和司法三权分立的学说，认为最理想的政治制度是英国的君主立宪制。经济学家杜尔哥指出人类社会的历史就是人类理性进步的历史。哲学家孔多塞主张人类要不断前进，消灭阶级间的和民族间的不平等。

　　法国启蒙运动的杰出代表还有以百科全书派为中心的一批唯物主义思想家。拉梅特里发挥了唯物论和无神论的精神。霍尔巴赫对宗教进行无情的讽刺，指责基督教违反理性和自然。爱尔维修攻击一切以宗教为基础的道德。狄德罗终生为自由、真理和社会进步而奋斗，写了一系列唯物主义哲学著作。1746年，他发表《哲学思想录》，谴责暴君，对基督教进行了无情的抨击。

法国启蒙运动中，小资产阶级民主派的代表人物是卢梭。他指出，人类不平等的根源是私有制，主张天赋人权、主权在民、自由平等。在政治上他拥护共和国。他的政治思想对18世纪末法国大革命产生了重大影响。

在经济理论上，启蒙思想家们提出了经济自由的思想。重农学派的创始人魁奈认为，农业是创造财富的唯一生产部门，因此只有从事农业的人才是生产阶级。工业只不过是从事加工工作而已，经营工业的是非生产阶级。除此之外，还有一个不劳而获的土地所有者阶级。他提出，国家的全部赋税都应该由土地所有者阶级负担。他还建议，应鼓励资本家用地主的土地，发展资本主义大农业；政府应实行"放任政策"，允许自由竞争和自由贸易等。

启蒙运动波及德国和俄国，也越过大西洋，在英属北美殖民地得到传播。启蒙运动还扩展到亚洲、非洲、拉丁美洲地区。19世纪末20世纪初，中国出现了最初的一批启蒙学者，他们翻译欧洲启蒙思想家的名著，介绍他们的思想，对中国的思想界、学术界起了重要的推动作用。

启蒙运动的思想家们勇于为真理和正义而斗争。给"天国"的神灵和世上的王权以沉重的打击。他们的著述描绘了未来"理性王国"的蓝图，启发并培养了一代革命者。启蒙运动为摧毁腐朽的封建制度、确立资本主义制度做了思想上和理论上的准备。启蒙思想家所宣传的自由、平等、民主和法制的思想，对1775~1783年的北美独立战争、1789年的法国大革命以及19世纪欧洲爆发的一系列资产阶级革命都产生了极大的影响。

法国大革命的导火线

法国在18世纪末期，是欧洲大陆典型的封建专制国家。农业占主导地位，但资本主义工商业已有较大发展，许多领域都在欧洲大陆各国中处于领先水平。然而，腐朽的封建专制制度严重阻碍了资本主义的发展。

资本主义工商业的发展，使法国阶级关系发生了变化，而新的生产力与旧的生产关系的尖锐矛盾，使阶级斗争日趋激化。革命前，波旁王朝的路易十六实行专制集权的残暴统治，等级制度森严，全国居民被分为三个等级：天主教僧侣（教士）为第一等级；封建贵族为第二等级；资产阶级、城市平民、工人和农民为第三等级。封建法律明文规定："僧侣以祷告为国王服务；贵族以宝剑为国王服务；第三等级以财产为国王服务。"第一、第二等级为特权等级，他们霸占了政府、军队和教会的重要职位，享有种种特权，不向国家缴纳赋税，过着骄奢淫逸的生活。

路易十六

18世纪末，法国的统治阶级已非常腐朽，国王及王室成员穷奢极欲。国内政治腐败不堪，对外战争也屡遭失败。"七年战争"中，法国丢失了大片海外殖民地，国际地位一落千丈，政府财政陷入崩溃。后又因参与北美独立战争，军费剧增，财政危机进一步加剧。1787~1788年，法国国内发生经济危机，生产萎缩，粮价上涨，社会更加动荡不安。这一切都表明，法国的旧制度已陷入绝境，革命的爆发已不可避免。

迫于财政压力，路易十六决定召开已中断160多年的三级会议。1789年春，资产阶级利用这个机会，积极开展政治活动，尤其是在选举三级会议代表和起草《陈情书》的过程中，大造舆论。在巴黎及各地出版的许多传单和小册子中，西哀耶士的《什么是第三等级？》一书流传最广。各阶级向三级会议提交的《陈情书》中提出了各自的要求，会议的召开及其斗争，成为法国大革命的导火线。

1789年5月5日，三级会议在凡尔赛宫正式开幕。出席会议的代表1139人，其中第一等级291人，第二等级270人，第三等级578人。国王在开幕词中，要求与会代表商讨解决财政危机的方案，而只字不提政治改革问题。他还宣布按惯例，三个等级分别开会讨论，并以等级为单位进行表决（每个等级只有一票），以此来控制会议决定。第三等级的代表则坚决要求按代表人数进行表决，以便取得多数，实行有利于资产阶级的改革。

自5月初以来，法国人民一直密切注意着三级会议的动态。巴黎市民成群结队地来到凡尔赛，声援第三等级代表的斗争。在这一有利形势下，第三等级的代表们于6月17日自行召开了国民会议，宣布自己是国民的使者，拒绝征收新税，要求政府偿付国债，宣布国王无权否决国民会议的决议。不久，参加三级会议的低级僧侣和自由派贵族开始转向第三等级，参加了国民会议。国王在局势失去控制的情况下，被迫同意三个等级的代表在一个会场开会。7月9日，国民会议改为制宪议会，准备着手制定宪法。从三级会议到制宪议会，表明第三等级对国王的斗争获得了初步胜利。

攻占巴士底狱

制宪议会召开后，大资产阶级和自由派贵族以为国王已经让步。然而，路易十六却暗中调集军队，将巴士底狱塔楼上的大炮对准了圣安东工人区。

国王准备以武力镇压革命群众运动的消息传出后，巴黎各阶层人民纷纷举行游行示威，却遭到政府军的枪击。

7月13日凌晨，巴黎上空敲响了警钟，起义的群众从残废军人院和军械库中夺得大批枪支，同时连夜赶造了5万多支长矛。人民群众筑起街垒，同政府军在街巷里展开了激烈的战斗。当晚，起义者占领了除巴士底狱和少数据点以外的巴黎主

表现巴黎人民攻占巴士底狱的图画

要市区。这时，大金融资产阶级和自由派贵族万分惊恐，慌忙组成了巴黎市政厅常务委员会，以便控制局势的发展。7月14日清晨，"打到巴士底狱去"的口号声响彻巴黎上空，30

在攻陷巴士底狱并释放了为数不多的囚犯之后，人们抓住了监狱长。他被砍掉的头颅，随后被枪尖高高挑起。

万起义群众加入了进攻巴士底狱的战斗。资产阶级控制的市政厅曾派人和守军谈判，但守军司令却下令开枪，造成100多名群众伤亡。愤怒的群众异常英勇，用大炮打断了吊桥绳索，攻进巴士底狱，释放了狱中的政治犯，处死了守卫司令。

7月15日，路易十六被迫从巴黎撤军，并承认了制宪议会。以国王的弟弟亚多瓦伯爵为首的反动大臣、宫廷贵族们纷纷逃亡国外，企图借助国外反动势力伺机反扑。

7月14日，革命者推翻了法国波旁王朝的专制统治，政权转到制宪议会手里，这是巴黎人民取得的伟大胜利。它标志着法国资产阶级革命的开端。后来，7月14日这天被定为法国国庆日。

巴黎人民攻克巴士底狱，吹响了全国城乡人民革命的号角。全国各大城市在几天之内相继爆发了多次人民革命运动，推翻封建政权，成立了市政机关，建立了国民自卫军，历史上称之为"市政革命"。代表大资产阶级和自由派贵族利益的君主立宪派却乘机展开政治活动，窃取了胜利果实，由金融资产阶级的代表巴伊任巴黎市长，自由派贵族拉法叶特任国民自卫军司令。

与此同时，轰轰烈烈的农民运动也席卷全国。深受封建剥削和压迫的农民纷纷拿起武器，攻打地主庄园，用绞架处死地主，吓得封建贵族狼狈地逃到城市或国外。风起云涌的农民运动不仅使封建专制统治的基础发生了动摇，使城镇革命的成果得到了巩固，而且推动君主立宪派采取了一些改革措施。

法国的《人权宣言》

1789年8月4日夜,法国制宪议会紧急召开会议,内容是讨论农民的土地问题。会上,手足无措的贵族和僧侣们纷纷表示放弃封建特权。8月5日至11日,制宪议会通过了关于解决农民土地问题的《八月法令》。法令规定:废除农民对地主的依附关系和劳役;废除特权等级和各种特权;废除教会的什一税。但是,《八月法令》却要求农民高价赎买土地;没收教会的土地也分成大块高价出售,结果大部分土地落入资产阶级手中。这表明该法令实质上没有解决农民的土地问题。

1789年8月26日,制宪议会通过了宪法的序言——《人权宣言》。《人权宣言》是以1776年北美《独立宣言》为蓝本,以启蒙思想家的政治理论为依据而制定的。《人权宣言》指出人生来是平等的。《人权宣言》还宣布取消等级差别,否定君权神授,"在法律面前,所有公民一律平等",每个公民都享有人身、言论、信仰等自由,而且有反抗压迫的权利。《宣言》还规定了"财产是神圣不可侵犯的权利"。

《人权宣言》是资产阶级的纲领性文件,它的颁布具有重大进步意义。它以法律的形式,第一次把启蒙思想家所阐述的资产阶级政治主张固定下来。它提出的"在法律面前人人平等"和"主权在民"的原则,既沉重地打击了法国以至整个欧洲的封建专制制度,又调动了法国人民参加反封建斗争的积极性。

革命胜利后,路易十六在凡尔赛加紧策划反革命活动。他一面拒绝批准《八月法令》和《人权宣言》,一面又暗中向凡尔赛集结军队。革命领袖马拉主编的《人民之友报》,揭露了国王的反革命阴谋,号召人民向凡尔赛进攻。当时,由于雹灾导致的农业歉收而处于饥饿中的巴黎人民怒不可遏。10月5日,成千上万的巴黎人民群众,在圣安东妇女的带领下,冒雨向凡尔赛进军,并包围了王宫,高呼着"要面包"的口号。10月6日清晨,国王卫队向群众开枪。愤怒的群众冲进王宫,逼迫国王批准了《八月法令》和《人权宣言》。群众把国王和王后从凡尔赛押到巴黎,置于人民群众的监督之下。不久,制宪议会迁到巴黎。这次事件,粉碎了国王的复辟阴谋,又一次挽救了制宪议会,把革命进一步向前推进。

1789年8月26日,代表大会通过了《人权宣言》,这个宣言后来成了新宪法的基础。

1791年9月14日,制宪议会颁布新宪法,史称《1791年宪法》。新宪法规定法国为君主立宪政体国家,立法权属于由选举产生的一院制立法议会,立法议会是国家最高立法机构;

国王是国家行政机构的首脑，但只能依据法律统治国家；司法权属于选举产生的法官，实行陪审裁判制。宪法宣布取消封建等级制；在选举制度上，凡年满25岁，有财产并能缴纳直接税的为"积极公民"，享有选举权；凡是不符合财产规定的为"消极公民"，被剥夺选举权与被选举权。

制宪议会实行了有利于资产阶级的改革：统一行政区，把全国划为83个郡，取消了内地的关卡和苛捐杂税；废除了工业法规和行会制度；取消了商品专卖权，实行粮食自由买卖；统一全国的度量衡和货币。这些措施加速了法国资本主义工商业的发展。制宪议会还宣布国家监督教会和神职人员；把教会地产收归国有，并分成大块高价出售。这些措施既打击了天主教会，又增加了政府收入，而且满足了大资产阶级和自由派贵族购买土地的要求。

与此同时，制宪议会针对工人反饥饿的罢工斗争，于1791年6月通过了严禁工人集会、结社和罢工的《列霞不列埃法》。这表明资产阶级刚刚掌权就用政治手段把资本和劳动之间的斗争限制在对资本有利的范围内。

总之，制宪议会所通过的各项法令和政策虽具有一定进步意义，但改革的目的却在于巩固大资产阶级和自由派贵族的统治，为资本主义的发展开辟道路。

法国结束君主制

在法国革命深入发展的同时，大资产阶级与人民群众之间的矛盾也日益尖锐起来。1791年6月21日深夜，国王和王后企图逃亡国外，这一事件激起群众的极大愤慨。巴黎有近3万群众在民主派的领导下举行示威游行，撕毁国王肖像，要求废黜国王，建立共和国。然而，君主立宪派把国王保护起来，却说国王是被"劫持"走的，并非主动逃亡。群众怒不可遏，纷纷到马尔斯校场集会，再次要求废黜国王，建立共和国。君主立宪派派国民自卫军前去镇压，开枪打死50多人，伤几百人。这一流血事件，说明君主立宪派已经背叛了人民。从此，革命阵营内部分裂了。

雅各宾派的代表罗伯斯庇尔像

革命阵营内部的分裂，促使革命俱乐部的重新组合和民主派的形成。自革命爆发以来，巴黎出现了许多政治俱乐部，其中影响最大的要数雅各宾俱乐部。革命初期，雅各宾俱乐部的成员极为复杂，其中有自由派贵族、工商业资产阶级和革命民主派。7月17日流血事件后，君主立宪派公然退出雅各宾俱乐部，另组织了斐扬俱乐部，这是雅各宾俱乐部的第一次分裂。斐扬派被国王收买，成了右翼保守势力。然而雅各宾俱乐部内仍存在着左、右两派。右派是温和的共和主义者，代表吉伦特郡和西南部大工商业资产阶级的利益，称吉伦特派；左派是革命民主主义者，以罗伯斯庇尔为代表，称雅各宾派。

路易十六被押回巴黎后，迫于革命的声威，于1791年9月14日批准了宪法。9月30日，制宪议会宣布解散，由公民选出的立法议会于10月1日正式成立。当时，法国正面临着封建复辟势力的严重威胁。同时，欧洲各国的封建君主们惊恐万状，准备联合出兵，干涉法国革命。

巴黎人民与王室卫兵队的激战

1792年，反法军队侵入法国，全法国开始总动员，人们纷纷加入义勇军，援救巴黎，保卫祖国。巴黎人民也行动起来开始起义，建立了自己的国民自卫队，打败了王宫卫队，占领了王宫。

奥地利率先派兵开赴法国边境。为保卫革命，立法议会对奥地利宣战。在抗击外国武装干涉的斗争中，路易十六的反革命面目充分暴露出来。掌权的君主立宪派也没能有效地组织战斗，致使法国在前线接连受挫。于是，巴黎人民于1792年8月9日再次举行起义，囚禁了国王，宣布废除《1791年宪法》，并将召开普选产生的国民公会。这次起义结束了法国君主制，推翻了君主立宪派的统治，使法国大革命迎来了一个新的高潮。

8月9日起义后，代表工商业资产阶级利益的吉伦特派掌握了国家政权。在革命形势的推动之下，吉伦特派政府出台了一些社会经济改革措施。在通过的法令和决议中，满足了农民的一部分要求，这也是推翻君主制的直接成果。

1792年8月19日，10万普奥联军和1万逃亡贵族组成的反动军队越过边境，侵入法国领土。23日，隆维要塞司令不战而降，叛变投敌。9月1日，凡尔登陷落，通往巴黎的大门被打开，法国革命处在生死关头。在此时刻，吉伦特派竟怯懦动摇，准备放弃首都巴黎，向南方撤退；而雅各宾派却发出了战斗号召，动员公民同敌人战斗到底。当时巴黎征募了6万名志愿军。当整装待发的义勇军得知关押在监狱里的反革命分子准备阴谋暴乱时，就冲进监狱，处死了1000多名反革命分子，打击了敌人的气焰，巩固了后方。

迅速开赴前线的法国义勇军，士气高昂，与普鲁士军队在瓦尔密高地展开的战斗中，击退了布伦瑞克率领的联军，取得了战争以来的首次胜利。瓦尔密大捷沉重地打击了国内外反动势力，法军也开始由防御转入反攻，并迅速把敌人驱逐出国境。法国人民又一次挽救了革命。

法兰西第一共和国

1792年8月10日，巴黎人民发动第二次武装起义，推翻了君主统治。9月21日，国民公会开幕，次日，国民公会宣布成立法兰西共和国，史称第一共和国。

为了控制国民公会，吉伦特派极力排斥、打击雅各宾派。在国民公会中，两派就如何处置国王的问题展开了激烈的争论。雅各宾派要求把国王交给人民审判，以彻底粉碎国内外封建势力的复辟阴谋，而吉伦特派为了同反动势力妥协，极力祖护国王。1792年11月间，在王宫的一个秘密壁橱里，发现了国王同欧洲封建宫廷勾结的文件以及同逃亡贵族往来的大批信件。巴黎人民得知消息后，怒不可遏，坚决要求立即审判国王。吉伦特派在国民公会里还为国王开脱罪责，但经过激烈的辩论，大多数代表主张判处国王死刑。1793年1月21日，路易十六作为"民族的叛徒"、"人类自由的敌人"被送上断头台。处死国王是革命人民的重大胜利，它不仅推动法国革命进一步前进，而且也打击了欧洲的封建秩序和君主的权威。

路易十六于1774年从祖父路易十五那儿继承了王位。革命爆发时企图逃到国外，未遂。1792年，王位被夺。1793年1月21日，被推上断头台处死。

从1792年秋到1793年初，对外战争致使法国财政空虚，经济遭到严重破坏：工业衰落，商业萧条，农业减产。然而，吉伦特派控制的国民公会，对群众的疾苦置若罔闻，引起人民群众的不满。吉伦特派极端仇视忿激派的革命活动，诬蔑反映下层人民要求的忿激派是"疯人派"，并进行迫害。雅各宾派起初没有支持忿激派的要求。后来，出于战胜国内外封建势力的需要，便主动联合忿激派，共同反对吉伦特派。1793年5月4日，在罗伯斯庇尔的提议下，国民公会终于通过了《粮食最高限价法案》。

法国在对外战争中的胜利和处决路易十六，使欧洲各国的君主极为恐慌，他们害怕自己的劲敌强盛而成为欧洲和海上霸主。不久，以英国为首的反法势力组成了由普鲁士、奥地利、荷兰、葡萄牙、西班牙、那不勒斯、撒丁等国参加的第一次反法联盟，对法国发动了新的进攻。

当时执政的吉伦特派，一心想镇压革命民主派和人民群众，不愿组织力量进行抵抗。因此，在反法联军的大举进攻之下，法军被迫退出比利时和德意志。随后，前线总司令、吉伦特派的将军杜木里埃叛变投敌。与此同时，国内的反革命分子也蠢蠢欲动，旺代、布列塔尼以及法国南部相继发生了王党暴动，法兰西共和国面临着严峻的考验。

在国内外反革命势力联合进攻的危急时刻，吉伦特派彻底暴露了他们的真面目。3月，吉伦特派勾结王党分子，杀害革命人士，破坏雅各宾派在各地的俱乐部。5月，吉伦特派又组成了"十二人委员会"，企图罗织罪名，迫害雅各宾派领导人。这说明了吉伦特派已经转变成革命的敌人，不推翻吉伦特派的统治，革命就有夭折的危险。

在内忧外患的紧急关头，雅各宾派领导人民开展了反对国内外敌人的斗争。4月，成立了以丹东为首的公安委员会，负责组织战争事宜。5月底，以罗伯斯庇尔为首的雅各宾派组成了巴黎各区联合起义指挥部，任命雅各宾派左翼分子安里奥为国民自卫军司令。

1793年5月31日凌晨，巴黎上空警钟响起，起义群众迅速包围了国民公会。冲进会议厅的巴黎公社代表们，坚决要求解散"十二人委员会"，逮捕最反动的吉伦特派议员，镇压

1792年8月10日，巴黎人民打败了仍在保护皇室的瑞士卫兵队，攻占了杜伊勒里宫，一个月后法兰西共和国宣布成立。

反革命叛乱。国民公会只同意解散"十二人委员会",而没有同意逮捕吉伦特派的首要分子。6月1日,巴黎获悉,里昂吉伦特分子勾结王党分子,杀害了800名雅各宾派人士,同时传来前线形势恶化的消息。当晚,愤怒的革命群众集会,并举行示威游行。6月2日,起义的群众和国民自卫军10万人再次包围了国民公会,当场逮捕了29名反动的吉伦特派议员,后来,其中的大部分议员被送上了断头台。

巴黎革命推翻吉伦特派后,雅各宾派接掌政权。专政的最高权力机关是国民公会,执行机关是公安委员会,实际首脑是雅各宾派领袖罗伯斯庇尔。专政期间,建立革命政府,强化专政机构;颁布《土地法令》,废除封建土地所有制,摧毁封建制度;制定《1793年宪法》,取消积极和消极公民的区别以及选举的财产资格限制;通过《惩治嫌疑犯条例》,镇压反革命,并击退了外国武装干涉;实行限价政策,打击投机商,把法国资产阶级革命推向高潮。

"热月政变"、"雾月政变"

雅各宾派执政后,开始推行恐怖统治。恐怖统治本是在特殊条件下采用的一种非常手段,一旦危机被克服,就应立即停止。然而,雅各宾派中的一些领导人在恐怖年代里养成了一种排他自保和权欲膨胀的心态,使得他们在局势好转之后不但没有调整,反而把恐怖统治变为铲除异己、维护自身权力的手段,最终导致雅各宾派内部发生分歧,分裂为三派,即埃贝尔派、丹东派和罗伯斯庇尔派。埃贝尔派一向激进,他们要求继续加强恐怖政策;丹东派主张放弃恐怖统治,实行宽容政策;而当权的罗伯斯庇尔派对以上两派则一律采用镇压政策。埃贝尔、丹东及其主要伙伴先后被送上断头台。此后,罗伯斯庇尔派陷于孤立。反罗伯斯庇尔的各派力量联合在一起,于1794年7月27日(法国新历,共和二年热月九日)发动"热月政变",罗伯斯庇尔及其集团的主要成员如圣茹斯特等被捕,并被送上了断头台,雅各宾派专政被推翻,建立以热月党人为代表的大资产阶级政权。"热月政变"是法国资产阶级革命的转折点。从此,革命高潮过去。

巴黎"无套裤汉"
这一名称来自于百姓们不穿只有贵族才穿的短裤,而他们却是大革命的主力军。

新上台的热月党人一方面取消了雅各宾派的恐怖政策和激进措施,另一方面努力保护革命成果,维护共和制,希望能重新建立资产阶级的正常统治秩序。1795年,热月党人制定了新宪法,随后成立督政府。督政府懦弱无能,对内不能稳定政局,对外不能有效地抗击反法联军的进攻。经济投机活动恶性膨胀,货币贬值达到失控地步,下层人民起义和保王党叛乱频繁发生。政治、经济和军事一片混乱,缺乏效能的督政府已不可能有所作为。在这种形势下,1799年11月9日(共和八年雾月十八日)发生了"雾月政变",军事独裁者拿破仑·波拿巴应运而生,承担起建立强有力政权和稳定内外局势的历史使命。

法国大革命是一次规模宏大、斗争曲折复杂的资产阶级革命,其势如暴风骤雨,异常迅猛。在革命过程中,人民群众发挥了不可替代的作用。他们的革命行动

金字塔下的激烈战争
法国人对马穆鲁克骑兵的绝对胜利使开罗在第二
天臣服于拿破仑。

推动革命不断向前发展，并取得了一系列民主成果，因而这次革命是一次资产阶级民主革命。它不仅结束了法国的封建统治，而且从根本上动摇了欧洲的封建体系，有力地推动了欧洲资产阶级革命运动和拉丁美洲民族解放运动。

普鲁士跻身欧洲强国

　　普鲁士原为古普鲁士人居住地，13世纪为条顿骑士团征服，始称普鲁士。1466年臣属波兰，1525年成为普鲁士公国。自16世纪起，勃兰登堡采用各种方式不断扩张领土，并利用位于海外贸易必经之路的有利位置，积极发展经济，国势蒸蒸日上，成为德意志诸邦中唯一能与奥地利抗衡的国家。

　　18世纪中叶，腓特烈二世为使普鲁士跻身于欧洲强国之列，也开始实行"开明专制"，进行改革。改革内容包括：第一，加强中央集权，提高政府工作效率。腓特烈把政府机构置于自己的绝对控制之下，要求官员讲求效率，却不给他们以处置权。这样，普鲁士的官僚机构就成为国王手中驯服而有效的御用工具。第二，疏通道路，修筑桥梁，改善交通；吸引外国移民；发展工商业，增加税收；扩充军力。第三，开办学校，发展教育；奖励科学，扶助艺术。

　　腓特烈二世的"开明专制"表面上标榜科学与理性，但本质上仍是专制主义。他在进行改革、增强国力的同时，不断发动对外战争，继续扩充疆土。18世纪中期，他借口奥地利的王位继承问题，参加对奥战争，夺取了西里西亚。18世纪晚期，又与俄、奥一同瓜分波兰。普鲁士的实力迅速上升，跃居于欧洲强国之列。与此同时，普鲁士也变得更加专制，更加军国主义化了。

俄国推行"开明"改革

近代的俄国是以莫斯科公国为中心，通过不断兼并邻国逐步形成的。到17世纪中叶，俄国已是一个疆土辽阔的封建大国，但经济却十分落后。农奴制度在俄国仍盛行不衰，农民没有人身自由，饱受着贵族地主的残酷剥削，生活非常悲惨。手工工场虽然开始出现，但数量很少，而且工场内的主要劳动力是农奴；政治上实行沙皇专制制度，所有权力都集中在沙皇一人手中；文化教育更为落后，识字的人非常少，全国人民都笼罩在无知和愚昧之中。

为使俄国尽快摆脱落后局面，1689年开始掌握实权的彼得一世进行了大刀阔斧的改革。彼得一世（1672~1725年），俄国罗曼诺夫王朝第4代沙皇，杰出的政治家、军事家和外交家，俄国正规陆海军的创建者，史称彼得大帝。他于1682年即位，1689年掌握实权，称彼得一世。他生于莫斯科，意志坚强，才能出众。1682年，他与其异母兄伊万五世并立为沙皇。由于彼得年幼，伊万痴钝，伊万的姐姐索菲亚摄政。

彼得一世少年时随母亲住在莫斯科郊外。17世纪80年代，为进行军事游戏，他曾建立"少年军"，这对彼得一世个性的形成具有特殊作用。后来这支队伍便成为俄军的禁卫部队。

1689年，彼得一世率"少年军"平息索菲亚策动的射击军叛乱。1697至1698年，他化名随同俄国使团出国旅行，考察西欧，学习西欧先进的科学技术。1696年，伊万五世病死后，彼得独掌政权。1698年夏，他从维也纳仓促回国，镇压禁卫军宫廷政变。

在位时，彼得一世深知俄国面临的任务。为了改变俄国的落后面貌，他进行了多方面的改革。改革的主要内容包括：削弱贵族势力，加强中央集权；引进西欧先进的军事技术，建立海军和新式陆军；鼓励发展工业，允许工场使用农奴劳动；推行学校教育，重视科学技术，提倡西欧的生活方式。

彼得一世的改革是符合历史规律的，这是由改革前俄国国内的发展、各阶级矛盾的激化以及俄国国际处境日益艰难的状况所决定的。他对国家机构的改革，巩固了专制政体，增强了俄国的经济、军事实力，使俄国一跃成为欧洲强国，为进一步对外扩张创造了条件。

彼得一世毕生致力于加强俄国的军事力量，提高俄国在国际舞台上的地位。他继续了1686年开始的对土耳其的战争，于1695~1696年举行亚速远征，巩固了俄国在亚速海沿岸的地位。为争夺波罗的海出海口，他发动了对瑞典的战争。1714年8月，他亲率俄国舰队在汉科角海战中击败瑞典舰队，取得海军建立以来的首次胜利。9月，俄国与瑞典签订《尼斯塔特和约》，夺取了大片土地，并取得波罗的海

彼得大帝是18世纪初期俄罗斯的统治者，俄国历史上称帝的第一人。他全力以赴地将封闭保守的俄罗斯转变成一个真正的帝国。

的出海口。10月，俄国改国号为俄罗斯帝国。

在1700至1721年的北方战争中，俄国获得全胜，取得了通往波罗的海的出海口，从而得以与西方建立直接联系。俄国开始跻身于欧洲列强之列。

1722至1723年，彼得一世又发动侵略波斯的远征，同时继续向远东扩张。他晚年曾企图率兵侵占中国长城以北地区，因力量有限而未能得逞。

彼得一世是杰出的军事统帅，他在军事学术方面富于创造和革新的精神。在位期间，陆海军实行严整统一的编制，实行严格的纪律和军人守则；他十分重视陆海军的技术装备革新；制定了一套适合民族特点和俄军传统的部队训练体制。彼得一世的战略眼光远远超出了他所处的时代，为确保俄国边境的积极防御，他于18世纪初大力兴建筑垒线、要塞和海军基地。他依据俄国的历史经验，保持和发扬了俄国宝贵的军事学术，同时也吸收西欧军事思想和实践的成果，批判地加以改造。

作为一位外交家，彼得一世深知俄国对外政策的任务。他善于利用形势，能够作出妥协，又曾多次亲自出面谈判，缔结协定。1697至1698年随大使团考察西欧各国时，他就为建立反瑞（典）北方联盟做了准备。1699年，该联盟最终形成。1719年，俄、瑞（典）和平谈判后，由于彼得一世善于利用欧洲列强间的矛盾，英国的破坏未能得逞。1725年2月8日，彼得一世在彼得堡去世。

到18世纪后期，叶卡捷琳娜二世在经济上继续推行改革：强调发展农业生产，取消了对土地买卖、转让的限制，为土地私有制铺平了道路；大力发展工业，削弱行会的控制，鼓励各阶层人士开办工场；并逐步放弃了由国家控制商业的重商主义政策，鼓励自由贸易。这些措施在一定程度上为资本主义的发展提供了有利的条件。

拿破仑称帝

"雾月政变"后，拿破仑当上了法国第一执政官，成了法国的统治者。拿破仑生于破落贵族家庭，1779年，拿破仑进入布里埃纳军校学习，成绩突出。15岁进入巴黎陆军学校学习，虽然只有两年，但他却深受法国启蒙思想的影响。

从巴黎陆军学校毕业后，拿破仑当上一名炮兵少尉，1791年晋升为中尉，次年被提升为上尉。1793年，法国保王党人在英国和西班牙的大力支持下，占领了法国南部重镇土伦，共和军久攻不克。拿破仑奉命参加土伦战役，任炮兵指挥，并晋级为上校。依靠拿破仑指挥的炮兵部队，共和军终于攻占了土伦。此役使拿破仑声名大振，不久便被破格提升为准将。1795年，他的炮兵部队在巴黎再建奇功，以5000人之力击溃了2万多名叛乱分子。之后，拿破仑被任命为法国"国防军"副司令。1796年，他与年轻寡妇约瑟芬结婚。后来，他又被派往意大利和埃及战场作战。1799年，拿破仑从战场上悄然返回法国，发动了"雾月政变"，此后，他一直处在法国权力的顶峰，在他统治的最初五年中，实现了社会的稳定，实现了法国人民克服混乱和巩固大革命成果的愿望，为法国推行资本主义制度奠定了基础。

1800年，拿破仑颁布政法令，大力整治了大革命期间的政治，削弱了地方各级议会的权力，进一步巩固和加强了中央集权，1801年，他同罗马教皇签订了《教务专约》，宣布天主教是"大多数法国人的宗教"，国家掌管教会的世俗权力，而教皇的职权只能在宗教事务范围内行使。这实际上是在维护革命成果的基础上对天主教进行改造。拿破仑还采取

拿破仑加冕仪式

了一些有利于资本主义发展的财政经济措施：组建了法兰西银行；成立了全国工业促进会，为工业提供补贴和机器设备，鼓励采用新技术；在对外贸易上实行保护关税的政策。这些措施出台后，法国外贸总额有了大幅度增长。

拿破仑的统治虽然带有浓厚的专制色彩，但他却非常重视法制建设。1804年4月正式公布实行的《法国民法典》（1807年改名为《拿破仑法典》）就是他本人不断督促和指导的成果。3月21日该法典正式颁行。法典综采罗马法、传统法和革命新法编成，1807年和1852年两次被命名为《拿破仑法典》。这部法典确认了资产阶级和农民占有贵族和教会土地财产的合法性，保证不受封建势力的侵犯；否定封建特权，确立了资产阶级自由、平等的原则，规定每个公民具有同等的民事权利和行为能力；法典对于家庭、婚姻、继承等社会生活方面都作了明确规定。这部法典是资本主义国家最早的一部民法法典，破除了封建的立法原则，成为欧美各国资产阶级的立法规范，推动了资本主义的发展。

正在查阅地图的拿破仑

拿破仑所采取的措施使他受到国内各阶层普遍的欢迎和支持，这种情况反过来又刺激了他权力欲的急剧膨胀。1804年11月6日，公民投票通过《共和十二年宪法》，宣布拿破仑·波拿巴为法兰西皇帝，1804年12月，拿破仑终于如愿以偿，在巴黎圣母院加冕称帝，号称"拿破仑一世"，建立了法兰西第一帝国，即拿破仑帝国。帝国建立后，政体和官制都有所变化。但在基本政策上，拿破仑仍然坚持雾月政府时期的施政方针。在行使权力上，由过去的第一执政官专权演变为皇帝独裁。

拿破仑帝国

拿破仑帝国始终伴随着对外战争。战争初期具有保卫法国大革命的胜利成果，反对封建复辟，反对欧洲封建专制势力干涉的性质。但在战争后期，这场战争又逐渐变成了对外侵略、夺取欧洲霸权的战争。

拿破仑发动政变后，鉴于国内局势混乱，曾向英、俄、奥三国君主建议停战，但遭到拒绝，他转而采取了卓有成效的外交政策：首先稳住普鲁士的中立地位，接着争取俄国退出反法同盟，然后全力摧毁奥军，最后集中力量打击英国。

1800年6月，拿破仑率领大军击溃驻意大利的奥军，进逼奥地利南部，迫使奥地利于1801年2月同法国签订了《吕内维尔和约》，承认法国对莱茵河左岸地区的占领以及对比利时和意大利北中部地区的占领。法国则同意奥地利继续占有威尼斯。法军战胜奥地利，促成了第二次反法同盟的解体。俄国此后退出了同盟，普鲁士保持中立。而且由于英国在海上实行的封锁政策损害了它们的利益，使它们同瑞典、丹麦共同组成了针对英国的保护商业同盟。

在这种孤立的背景下，英国不得不同法国进行和平谈判，结果于1802年3月签订了《亚眠和约》。和约规定：英国将近年来夺得的一部分殖民地交给法国及法国的盟国西班牙和荷兰。《亚眠和约》是英国外交上的一次失败，它承认了法国控制荷兰和整个莱茵河左岸。但是，没过多久，英、俄两国便于1805年4月在圣彼得堡签订同盟条约，奥地利、瑞典和那不勒斯也相继加入。于是，第三次反法同盟建立，欧洲战事再起。同年10月，法、西联合舰队在特拉法加海角与纳尔逊率领的英国舰队展开激战，结果法、西联合舰队几乎全军覆灭，这使拿破仑不得不放弃渡海进攻英国本土的计划。但在欧洲大陆战场上，拿破仑的军队却连战连捷。11月，法军攻占了维也纳。12月，法军与俄奥联军在奥斯特里茨进行大决战，俄奥联军受到重创。第三次反法国同盟宣告失败。拿破仑迫使奥地利签订《普雷斯堡和约》，给法国大量赔款，并承认巴伐利亚、符腾堡和巴登地区独立。自此，奥地利在德意志原有的势力丧失殆尽，而法兰西第一帝国也成为远超出法国本土的强大帝国。

拿破仑在德意志的扩张和想取得欧洲霸权的图谋，使过去实行中立政策的普鲁士感到受到了严重的威胁。1806年9月，英、俄、普等国组成第四次反法同盟。10月，拿破仑率军出征，在耶拿战役中给普军主力以毁灭性打击，并攻占了柏林。1807年6月战胜俄军后，沙皇亚历山大一世和普鲁士王威廉一世分别与拿破仑签订了《提尔西特和约》。和约对普鲁士十分苛刻，除保留东普鲁士、波美拉尼亚、勃兰登堡和西里西亚外，普鲁士丧失了其余的大片领土，还要向法国赔款1亿法郎。条约使普鲁士统治的人口从1000万降到493万。《提尔西特和约》的签订，宣告了第四次反法同盟的失败。但是，它也表明拿破仑对外战争的性质已由保卫领土的自卫战完全演变成争夺欧洲霸权的非正义战争了。

打败了欧洲大陆上的敌手后，拿破仑全力以赴对付英国。1806年11月，拿破仑就已经宣布《大陆封锁令》，禁止大陆各国与英国通商。到了1807年10月，拿破仑在巴黎近郊枫丹白露行宫再次发布敕令，强化大陆封锁政策。

1809年，拿破仑又粉碎了英国与奥地利组成的第五次反法联盟，奥地利被迫与法国签订和约，向法国赔款割地。从1805年开始，拿破仑指挥的军队接连粉碎反法同盟的进攻，使法国成为欧洲大陆的霸主，粉碎了欧洲各主要封建国家复辟波旁王朝的阴谋，也从根本上动摇了欧洲大陆的封建秩序，沉重打击了各国的封建专制统治。但是，拿破仑战争也给欧洲各国人民带来了灾难，其侵略性质在战争后期愈发明显。法国每取得一次胜利，都要从战败国索取大量的赔款，并从占领地抢夺大量的金银财宝、艺术品运回法国。同时，法国还将被占领国家和地区变成自己的原料供给地和商品倾销市场，大大影响了被占领国家和地区的经济发展，欧洲各国人民均遭受了巨大的人力和物力损失。

1809 年 7 月 6 日瓦格拉姆之役中的拿破仑。奥军在瓦格拉姆一战中退却，导致法奥于肖恩布鲁恩签订和约，奥地利又一次失去了众多人口及大面积土地，并负担了更多的战争赔款。

经过几年的战争，法国成为一个拥有130个省、7500万人口的大帝国，并且拥有众多的附庸国和同盟国。拿破仑帝国进入鼎盛时期。

滑铁卢之战

拿破仑帝国虽然前后多次打败了反法同盟，但是，它的强盛是表面的，它面临着种种不可调和的矛盾。拿破仑从占领区掠夺大量财富运回法国，实行以战养战的政策，大部分军费和军用物资都从占领区收取，迫使当地居民充当炮灰，这激化了法国同这些被占领区人民的矛盾。从1808年起，欧洲被压迫民族掀起了反拿破仑帝国的民族解放运动。西、葡人民顽强的游击战争牵制住拿破仑20万精锐部队。德意志地区和意大利半岛起义活动空前高涨，沉重地打击了拿破仑的统治。在《提尔西特和约》中蒙受屈辱的普鲁士，通过资本主义性质的改革，国力迅速增强。所有这些反抗运动都是拿破仑无法遏制的。

从另一方面来看，无休止的对外战争也给法国人民带来了沉重的灾难。1800~1813年，拿破仑征兵达150万人，致使田园荒芜，农业凋敝，激起了农民的强烈不满。大陆封锁政策的失败，又使得法国原料缺乏、工厂停产、工人失业、市场萎缩，严重地损害了法国资产阶级的利益。拿破仑在国内的威望日益下降，帝国的统治发生了危机。但是，迷信强权的拿破仑仍然一意孤行，他决定远征与大陆体系作对的俄国，以新的对外征服来巩固自己的统治。

1812年9月，拿破仑大军长驱直入，开进莫斯科，但得到的却是一座空城。一个月后，他被迫下令撤军。撤退途中，拿破仑军队不断遭到俄国正规军和游击队的袭击，加上饥饿和严寒的威胁，损失惨重。到了退出俄领土时，原有的70万大军只剩5万余人。侵俄战争的失败，是帝国由盛到衰的转折点。

俄沙皇也想彻底歼灭拿破仑，于是1813年2月，俄国与普鲁士结盟，英国、西班牙、葡萄牙、瑞典和奥地利相继也加入到行列中，范围更广的第六次反法联盟结成。面对这样巨大的变局，拿破仑迅速组建新军，做好对反法同盟作战准备。10月19日，拿破仑在莱比锡与反法联军进行了一场大会战，结果拿破仑遭到失败。1814年3月底，联军攻占了巴黎。几

从此图可看出滑铁卢战场的概貌，惠灵顿将军队部署在圣让山以南的山脊上，从而堵住通往布鲁塞尔的最后一道防线，防御体系西面以一座乡间别墅为据点，中间以一座农庄为缓冲，东面则以两座农庄为前哨，这样，整个防御体系像三只伸向前的拳头，将拿破仑的进攻割裂开来。

天之后，拿破仑被迫退位，并被囚禁到地中海上的厄尔巴岛。

　　1814年9月，战胜国在维也纳召开会议，讨论欧洲秩序的重建问题。会上列强为了自身的利益发生了分歧。拿破仑得知消息后于1815年3月逃出厄尔巴岛，集结旧部并占领了巴黎。这使整个欧洲震惊，3月25日，因利益分配不均而争吵的联军又站在了一起，宣布成立第七次反法同盟，由英国的惠灵顿公爵任统帅，迅速集大军64.5万人，分头向法军进攻。拿破仑到5月底也召集了28.4万的正规陆军和22.2万人的补助兵力。

　　拿破仑意识到如果联军几大军团会合一处，后果就不堪设想。他根据比利时联军战线分布过长的情况，决定采取主动进攻、集中优势兵力各个击破。6月12日，拿破仑进至比利时，对驻守在利尼附近的英普联军实施突然袭击，普军大败。17日，拿破仑错误地让军队休息了一天，并决定18日同英军元帅惠灵顿指挥的英荷联军在滑铁卢（布鲁塞尔以南20千米）展开大决战。而惠灵顿指挥的英军早已修了坚固的工事，等待拿破仑。

　　6月18日，拿破仑指挥军队进攻，滑铁卢战役打响。拿破仑拥有270门大炮，但前一天晚上的大雨使地面泥泞不堪，笨重的大炮只有一小部分进入阵地。11时，法炮兵首先发炮，接着双方对射，对峙到下午1时，拿破仑派兵佯攻英军右翼，以牵制敌人的主要兵力，使中央薄弱后加以主攻。但佯攻效果并不明显，拿破仑只好从中央发起总攻。双方僵持不下时，被击散的普军重新集结，出现在法军身后，拿破仑急命两军团堵截。惠灵顿精神大振，英军的士气猛涨。战至下午6时许，法军已疲惫不堪。8时许，惠灵顿下命反攻，在联军的夹击下，法军支持不住，全面溃败，拿破仑趁乱逃出战场。法军伤亡严重，损失3万余人。6月21日，拿破仑败退巴黎。7月7日，联军攻进巴黎，拿破仑被迫宣布退位，并被流放到南大西洋的圣赫勒拿岛，5年后病逝。

神圣同盟

　　英、俄、普、奥四国因反对拿破仑战争的需要而结成同盟。然而，随着战争的结束，同盟各国的团结变得难以维系。俄国沙皇亚历山大一世以"欧洲和平仲裁人"自居，企图充当拿破仑的角色；英国力图维持欧洲均势，既要防止法国东山再起，又要阻挠俄国取代法国；奥地利和普鲁士争夺德意志霸权的斗争进行得十分激烈；而那些被拿破仑征服的欧洲各国大大小小的王室，则分别依附于欧洲列强，都在试图恢复旧日的统治。战胜国在维也纳召开了一次国际会议，并最终形成了维也纳体系。

维也纳会议于1814年10月1日至1815年6月9日在奥地利首都维也纳召开。它是欧洲各国在打败拿破仑后处理战后问题的国际会议，实质上是一次消除法国大革命的影响、恢复封建统治秩序、瓜分拿破仑帝国遗产的会议。

维也纳会议争执的焦点是波兰-萨克森问题。波兰在历史上曾三次遭俄、普、奥瓜分，一度从欧洲版图上消失。拿破仑攻占华沙后，在那里成立了华沙大公国。由于在瓜分波兰时华沙为普鲁士所得，因此，普鲁士王威廉三世要求占领"原地"。而沙皇亚历山大一世则希望霸占波兰，并且建议由普鲁士占领全部萨克森，作为它失去波兰领土的补偿。与此同时，俄、普与奥地利的矛盾则更加尖锐。由于俄国和普鲁士将其他国家尤其是奥地利撇在一边而单独商讨波兰问题，奥地利极为不悦。奥地利首相梅特涅不愿看到北方的普鲁士强大起来，从而影响奥地利在德意志诸王国中的领导地位。同时，梅特涅对俄国也有所顾忌。因为俄国一向标榜自己是斯拉夫民族的天然朋友，一旦俄国势力得到扩张，奥地利境内的民族问题必然激化。英国的既定政策是维持欧陆均势，因此，在俄国咄咄逼人的气势下，英国决定支持奥地利。而以特殊身份参加会议的法国也发挥了一些作用，法国权衡利弊后，站到了英、奥一边。1815年1月，英、奥、法三国签订了秘密同盟条约，规定三国如遇他国进攻，则互相援助。

英、奥、法三国的强硬立场使俄、普作出了妥协，于是双方达成协议：普鲁士占领但泽与波兹南；奥地利占领加里西亚；其余部分组成波兰王国，并由亚历山大一世兼任波兰国王。萨克森王国保留一部分领土，其余的五分之二领土割让给普鲁士；另外，将莱茵河左岸和威斯特发里亚王国划归普鲁士作为"补偿"。

波兰-萨克森问题解决后，列强便着手制定会议的总决议。但是，这时突然传来拿破仑回巴黎重登帝位的消息，各国首脑惊恐万分，紧急组织起第七次反法同盟。

拿破仑"百日政权"倒台后，1815年11月，战胜国与法国又一次签订了《巴黎和约》。根据和约，法国割让了萨尔路易、菲利普维尔和萨尔布鲁根等地；东北部17个城镇和要塞由盟军占领3~5年；法国赔款7亿法郎。

维也纳会议的决议和第二次《巴黎和约》，造成了欧洲范围内封建势力复辟的局面。俄国获得了芬兰，由俄皇兼任波兰王国

（左起）俄皇亚历山大一世、奥皇法兰西斯一世、普鲁士国王腓特烈三世，他们是维也纳体系的真正操纵者。

国王，克拉科夫则成为俄、普、奥共同保护下的一个共和国；奥属尼德兰合并于荷兰，建立尼德兰王国；德意志的39个邦和4个自由市组成德意志联邦；瑞士联邦重新恢复并中立。英国则获得荷兰的好望角、锡兰殖民地以及法属殖民地马耳他岛等地。为了维护已确立的体系，防止再度爆发革命，俄、普、奥三国君主签署条约，建立了带有反动宗教色彩的"神圣同盟"。

维也纳会议现场，所有的决议都由战胜国作出。

维也纳会议结束后，一个以五大国均势为基础，以君主制为核心，试图维护欧洲秩序和欧洲统治地位的维也纳政治体系最终形成了。经过维也纳会议和其后欧洲政治力量的整合，欧洲在历史上第一次真正被包括在一个共同的条约体系内。直到19世纪中叶，列强之间都没有发生过大的战争，这说明维也纳体系在整体上使欧洲出现了一个比较稳定的局面。

英国古典政治经济学

英国是欧洲资本主义制度产生和发展最早的国家之一，在18世纪上半叶，英国已经成为资本主义世界的霸主，在国际上，不管在政治还是在经济方面都领先于其他各国。亚当·斯密生活的时代，英国工场手工业仍然是资本主义生产的主要形式，但这个时期手工技术向机器生产过渡的趋势已经日益明显，资本原始积累已经完成。然而由于封建势力仍然在政治上占据主要地位，封建经济也大量存在，严重阻碍了资本主义经济的进一步发展，于是资本主义需要一种反对国家干预，宣扬自由主义经济的理论。

英国古典政治经济学就产生于这一背景之下，它代表了新兴资产阶级的利益和要求，是一种具有一定科学价值的经济理论，是资产阶级政治经济学中最为进步的一个学派。它产生于17世纪中叶资产阶级革命时期，19世纪中叶臻于完善。英国古典政治经济学在经济领域中大力宣传资本主义生产方式的优越性，批判封建生产方式的落后性。

英国古典政治经济学的创始人是威廉·配第（1623～1687年），发展者是亚当·斯密（1723～1790年），完成者是大卫·李嘉图（1772～1823年）。他们在分析资本主义生产关系的基础上，试图说明经济现象的内在联系，他们的主要贡献是奠定了劳动价值论的基础。

英国古典政治经济学家指出，劳动是价值的唯一源泉，商品的价值是由生产商品消耗的劳动量决定的；他们区分了商品的使用价值和交换价值、具体劳动和一般劳动。指出了创造价值的是一般劳动，而不是具体劳动。一般劳动所创造的价值用劳动时间来计量；他们看到了直接劳动与物化劳动，认为只有直接劳动才能创造价值，物化劳动是价值的转移等。

英国古典政治经济学家还指出，工人的工资只是工人劳动产品的一部分，工资的价值小于生产产品价值，从而肯定了剩余价值的存在；他们认为劳动所创造的价值是工资、利润和地租的源泉，从而肯定了生产资料占有者无偿占有了一部分劳动产品价值。但他们只是看到了这种现象，并没有区分出必要劳动与剩余劳动。

此外，他们还指出了地主阶级、资产阶级和工人阶级是英国社会的三大基本阶级，揭示了他们之间存在经济上的对立，对社会各阶级的经济对立有清醒的认识。

但是，英国古典政治经济学家主要是研究资本主义制度下物与物的关系，并没有进一步揭示出隐藏在商品生产和商品交换中的人与人的关系；在揭示物与物的关系时，在理论上也有许多矛盾和错误之处。

英国古典政治经济学家提出的劳动价值论，是一种具有一定科学成分的经济理论，它也是马克思主义政治经济学的重要思想来源之一。

维也纳体系的形成

拿破仑帝国覆灭后，各战胜国从1814年10月1日到1815年6月9日在维也纳召开了一次大规模的国际会议，各国互相联盟、扩张势力，最终形成了维也纳体系。

维也纳会议实际上是一次恢复封建统治秩序、瓜分拿破仑帝国遗产的"分赃"会议。俄、英、普、奥四大战胜国操纵了整个会议。在几个大国中，沙皇俄国的野心最大，一心想扩张领土，建立俄国在欧洲的霸权。奥地利力图维持在德意志地区的优势。英国则希望维护并巩固英国的海上霸权和建立欧洲均势。普鲁士也要求扩充领土，以便同奥国争夺对德意志的领导权。因此，会议上的斗争十分激烈，争执的焦点是波兰和萨克森问题。俄国企图独占波兰，实行抑奥扶普的政策，建议把萨克森让给普鲁士，从而将普鲁士拉拢过来。奥地利反对沙俄和普鲁士，便和英法结成同盟。双方的斗争愈演愈烈，几乎要兵戈相见。由于拿破仑重返法国，各战胜国又暂时妥协，组成新的反法同盟，于1815年6月9日通过了《最后议定书》。它的主要内容是：法国、西班牙、那不勒斯全部复辟波旁王朝；奥地利统治加里西亚，荷兰吞并奥属尼德兰(比利时)，奥地利获得意大利北部作为补偿；德意志和意大利在政治上仍处于分裂状态；瑞士成为永久中立国。

维也纳会议结束后，一个以五大国均势为基础，以君主制为核心，试图维护欧洲秩序和欧洲统治地位的维也纳政治体系最终形成了。

空想社会主义学说

19世纪空想社会主义学说的主要代表人物有：法国的圣西门、傅立叶和英国的欧文。圣西门出生在一个贵族家庭。幼时因达兰贝尔做他的老师而受唯物主义思想的影响。19岁时他参加了北美独立战争，受到资产阶级革命的洗礼。1789年法国大革命爆发，他在家乡参加革命活动，宣传自由思想。后来离开革命，由资产阶级民主主义向社会主义转变，致力于建立未来社会。1802年在《一个日内瓦居民给当代人的信》中，他设想出美好社会制度。他的伟大功绩在于尖锐地抨击了资本主义制度，力图论证一种平等幸福的新社会取代资本主义社会的历史必然性。他指出资本主义社会是一个"黑白颠倒的世界"，弊病丛生。圣西门批评资本主义制度使人们道德沦丧、精神低下，整个社会充斥着冷酷的利己主义。他断言，资产阶级革命后建立的资本主义制度是不合理的，它的存在仅仅是历史的暂时现象，是达到真正普遍幸福的新社会的一个过渡阶段。但他把希望寄托在国王和大人物身上，反对暴力革命和阶级斗争，其学说也成为空想。

傅立叶于1772年4月7日生于一个富商家庭。他自学成才。20岁时，继承其父遗产经营商业。后因参加起义被捕，对革命失去热情，影响了他以后的思想。19世纪初，他发表了一系列著作，揭露了资本主义制度的罪恶，主张以他设计的"和谐制度"来代替资本主义制度。他理想的"和谐社会"名称叫"法朗吉"。他以经济发展的水平为标准，把到目前为止的人类历史划分为五个阶段：原始社会、蒙昧社会、宗法社会、野蛮社会和文明社会。他指出，每个社会阶段都有着它自身的经济特征：小工业是宗法社会的特征；中等工业是野蛮社会的特征；大工业是文明社会的特征等。他断言，历史是有规律地由低级向高级发展的，低级社会必然被高级社会所代替。这些思想带有宝贵的唯物主义的辩证法因素。

欧文

主要著作有《新社会观》《新道德世界书》等。欧文促进了英国工会运动的发展，他的学说启发了工人觉悟，并影响了后来社会主义思想的发展。

傅立叶思想体系中最精彩和最有价值的部分是他对资本主义制度的深刻而辛辣的批判。他把资本主义制度称为文明制度的衰落阶段，认为它是人类经历的最丑恶的制度，是一个"社会地狱"。傅立叶对资本主义制度的批判，都是为了论证文明社会必然为他所设想的和谐社会所代替。他宣称，使人类进入和谐社会是历史赋予他的使命。

欧文生于一个手工业者家庭，10岁辍学当学徒，19岁成为一家纱厂经理，1800年以后管理一个大纺纱企业。1817年，提出组织"合作村"安置失业者的方案，后把"方案"发展成一套完整的合作社会主义思想体系。他成为欧洲有名的慈善家。他在《致拉纳克郡的报告》中系统地阐述了通过组织劳动公社改造社会的计划，形成了欧文的空想社会主义体系。1824年，欧文到美国印第安纳州创办了共产主义移民区——"新和谐村"。在那里实行生产工具和财产公有、按劳动分配产品、共同参加劳动、人人平等、民主管理等原则。他计划用两年或两年半的时间转入完全的共产主义，实行按需分配。但是，这些公社很快就在资本主义关系的冲击下失败了。

挫折和失败并没有动摇他的坚强意志。1829年，他回到英国后，创办全国劳动产品交易市场，以劳动小时值为价值尺度，实现产品交换，但也没有成功。他还积极倡导合作社运动，被人称为"合作社之父"。为了全人类的幸福，欧文不屈不挠地奋斗了一生，始终不渝地坚持宣传和实践他的社会主义计划和主张。圣西门、傅立叶和欧文的空想社会主义学说，反映了早期无产阶级要求对社会进行普遍改造的良好愿望，是一种同资产阶级思想体系相对立的思想体系。他们对资本主义所进行的某种猜测和描绘、设计规划的社会主义和共产主义社会的一些基本原则为马克思、恩格斯创立科学共产主义理论提供了宝贵的思想材料。他们的思想和学说，是科学共产主义的思想来源之一。

第一次工业革命

工业革命又叫"产业革命"，是资本主义生产从工场手工业阶段过渡到大机器工业阶段的重大飞跃，是世界近代史上继资产阶级政治革命之后又一次世界性的革命。

17、18世纪，英、法、美等国资产阶级革命的胜利，为生产力的进一步发展扫清了道路。资本主义工场手工业的发展和科学技术的进步，为生产向机器大工业过渡准备了条件。随着市场的不断扩大，以手工技术为基础的工场手工业再也不能满足市场的需要。在这种情况下，资产阶级为了追求利润，不断进行技术革新，促使了工业革命的发生。

工业革命首先开始于18世纪60年代的英国，完成于19世纪40年代。这一过程是从棉纺织业开始的。这是因为：首先，棉纺织业是新兴的生产部门，投资少、利润高、资金周转期短。其次，棉纺织业与历史悠久的毛纺织业相比，很少受旧传统、旧习惯的束缚。该行业没有行业组织，也不受行规的限制，采用新技术比较容易。当时棉纺织业比较集中，比如兰开夏的棉纺织业，由于气候、温度和湿度都非常适合棉纺织工业，这里的棉织业发展尤为显著。

英国"火箭"号机车复制品

1829年，为了挑选从利物浦到曼彻斯特的铁路线最好的机车，人们举行了一次比赛——雷恩希尔选拔赛。"火箭"号主要是由工程师罗伯特斯蒂芬森制造的。同年，英国人制造的"斯托尔布里雄师"号，成为在美国铁轨上运行的第一台机车。

1733年，兰开夏的机械工凯伊发明了飞梭，将原来的掷梭子改为拉绳子，使梭子在滑槽上滑动，既解决了过去不能织较宽织品的问题，又节省了力气，加快了速度，工作效率大大提高，织布的速度提高了一倍。但是，"纱荒"也随之出现，改进纺纱技术便成为棉纺织业发展的关键。1779年，纺纱工人塞缪尔·克隆普顿改造了水力纺织机，因该机兼有珍妮机和水力纺纱机的优点，像骡子一样兼有马和驴的优点，于是人们将其命名为"骡机"。用这种机器纺出来的纱质量有显著提高。

纺织机器的发明和使用又使动力成为急需解决的问题。以前的水力动力机在很大程度上受地理条件和季节的限制。于是，发明一种打破这些限制、适应性更强的动力机成为工业发展最为紧迫的要求。早在1698年托马斯·萨里夫就发明了蒸汽机筒，用于矿山抽水。1705年，纽科门对该设备进行更新改造，制成第一台大气压力蒸汽机，利用蒸汽冷却时产生部分真空形成的大气压力作为动能。但该机器不适于作为动力机器普遍安装使用。哥拉斯堡大学的仪器修理工瓦特善于钻研，具有较高的科学素养，他改进的纽科门蒸汽机，比原纽科门蒸汽机耗煤少，且功效提高了三倍。此后他又发明了能普遍使用的高效动力机——复式蒸汽机，因其适用广，被称为"万能蒸汽机"。1785年，万能蒸汽机开始用于棉纺织业。瓦特蒸汽机不再受地理、季节条件的限制，只要有煤作燃料就可以开动，而英国煤的蕴藏量非常丰富，建厂十分方便。因此，该机很快在全国广泛应用于纺织业、冶金业、面粉加工业，大工厂在英国各地纷纷建立起来。蒸汽机作为工业革命的象征，标志着人类社会生产进入了一个机械化时代。为了突出蒸汽机的重要作用，有人将这个时代形象地称为"蒸汽时代"。

机器的大量制造，也使对金属原料的需求量增加。蒸汽机的发明和使用，推动了冶铁和采煤工业的发展。冶铁业是英国古老的工业部门之一。过去一直用木炭做燃料，因而森林资源日趋枯竭。从17世纪中期起，冶铁业衰落，铁产量下降，英国不得不从外国大量进口生铁。1735年，德尔贝父子发明用焦煤炼铁。1760年加装鼓风设备以后，这项技术被广泛采用，有力地促进了冶铁业的发展。1784年，工程师科尔特发明"搅炼法"和冶钢的辗轧精炼法，采用这种方法，既降低了成本，又大大提高了冶炼的效率和质量，使生铁产量在同一时间内增加14倍。采煤和冶铁技术的迅速提高，为其他工业部门的发展提供了条件。

蒸汽机的推广和各生产部门实现机械化，对机器制造业本身提出了技术改革的迫切要求。18世纪末，英国开始使用汽锤和简单的车床制造金属部件。后来，先后发明了各种锻压设备和钻床、刨床、镗床等工作母机，实现了用机器生产机器。到19世纪40年代，英国工场手工业被大机器生产所取代，用机器生产机器的机器制造业也建立、发展起来，至此，工业革命基本完成。英国成为世界上第一个工业国家。

19世纪，工业革命逐渐从英国延伸到欧洲大陆及世界其他地区。继英国之后，主要资本主义国家法国、美国、德国、俄国以及日本，也先后在19世纪中后期完成工业革命。资本主义经济飞速发展，自由资本主义兴起。

工业革命不仅是一场技术革命，也是一次深刻的社会变革，它对整个人类历史产生了重大的影响。

第一，工业革命促进了社会生产力的惊人发展，商品经济最终取代了自然经济，手工工场逐渐被以大机器生产为特点的工厂取代。资本主义生产制度取得了统治地位。

第二，工业革命极大地提高了劳动生产率，为巩固资产阶级革命成果奠定了雄厚的物质基础，保证了资本主义完全战胜封建主义。资本主义方式扩展到世界各地，资本主义制度在全球范围内得以确立。

第三，随着工厂制度的建立，资本主义雇佣劳动制度普遍确立起来。社会阶级关系发生深刻变化，工业资产阶级和工业无产阶级最终形成，而两大阶级的对立和斗争逐渐明显和尖锐。

第四，欧美资本主义国家为了扩大海外殖民掠夺和销售市场，大规模从事交通运输建设，致力于远洋运输网的开拓。全球性的交通网络逐渐形成，资本主义世界市场开始形成。

第五，工业革命使更多的亚、非、拉国家沦为殖民地、半殖民地和附属国，造成了这些

这是约瑟夫·纳什的石版画，它展示了1851年世界博览会上英国展出的各种机器。

地区的长期落后，形成了东方从属于西方的局面。欧美资本主义列强加紧对亚、非、拉国家进行殖民掠夺的同时，也把先进的生产方式和工业技术带到这些地区，使其卷入了工业文明的潮流之中，这些国家也缓慢地走上了工业化的道路。

英国宪章运动

工业革命后，工人阶级的斗争采取了破坏机器的斗争方式，这是因为当时工人觉悟很低，他们还没有认识到造成灾难的根源不是机器，而是资本主义制度。破坏机器运动最早发生在英国，当时称作"卢德运动"。

随着工人力量的增强，特别是觉悟的提高，工人开始认识到团结起来进行斗争的重要性。在英国，19世纪初就已出现工人的组织，并且争取到工人的结社权利，到处都出现工会组织。工会领导了1825年开始的罢工斗争。

工人阶级还用武装斗争去反击资本家的剥削。19世纪三四十年代，英国爆发了声势浩大的"宪章运动"。

在1832年的议会改革中，工业资产阶级在工人和劳动人民的支持下，迫使金融贵族和地主贵族作出了让步，取得了部分参政权，工业资产阶级在满足了自己的政治愿望之后，在政治上与金融贵族和地主贵族结成了同盟，共同统治英国。这些事实进一步暴露出无产阶级和资产阶级利益的根本对立。工人群众决心进行独立的政治斗争，争取本阶级的政治权利。1836~1848年的宪章运动，就是在英国工人阶级的政治觉悟有了明显提高的历史条件下爆发的。

1836年6月，成立了以木匠威廉·洛维特为首的"伦敦工人协会"。1837年6月，该协会拟定了一个争取普选权的文件，即《人民宪章》。提出六点要求：年满21岁的男子均有选举权；秘密投票；按居民人数平均分配选区，每区选派一名议员；每年改选一次国会；废除议员候选人的财产资格限制；议员领取薪俸。1838年5月，《人民宪章》以法案形式公布后，得到了广大工人群众的热烈支持，全国各地纷纷举行群众集会和游行，坚决拥护

这幅画表现的是1842年人们列队把有300多万人签名的宪章请愿书送往国会的情景。

《人民宪章》。

宪章运动是一开始就具有全国规模的政治性运动，工人和其他劳动群众成为这次运动的主要力量。

1839年2月4日，宪章派在伦敦召开了第一次代表大会，定名为"全国宪章派公会"，并通过了全国请愿书，要求实现《人民宪章》。请愿书公之于众后，立即在全国掀起了签名运动，到5

英国国会大厦实景图

月份，在请愿书上签名者多达120万人。宪章运动开始后，出现过三次高潮。

1839年7月12日，国会否决了请愿书。消息传出后，伯明翰工人举行了起义，各地群众举行罢工和示威，宪章运动出现了第一次高潮。不久，政府派出大批军队镇压了起义，逮捕宪章派领袖，运动转入低潮。

在1841~1842年经济危机的推动下，工人阶级掀起了第二次宪章运动的高潮。1842年4月12日，宪章派在伦敦举行了第二次代表大会，制定了请愿书，向国会提出申请。除了坚持《人民宪章》的六项要求外，还提出了废除"新济贫法"、取消劳动院、要求政教分离、取消什一税等，甚至提出了取消资本家对土地和生产资料独占的要求。这次请愿书所提出的更为激进的要求，说明宪章运动已经摆脱了资产阶级的影响，具有更加纯粹的无产阶级性质。然而，国会又否决了请愿书，宪章派领导机构号召工人举行总罢工，进行抗议活动。8月9日，曼彻斯特工人首先宣布总罢工，各地工人纷纷响应，罢工席卷全国，但由于政府派军队镇压了罢工，运动再次转入低潮。

1847年的经济危机和1848年欧洲各国的革命运动，特别是法国二月革命的胜利，给宪章运动注入了新的动力。1848年初，全国宪章协会恢复活动，筹备第三次请愿。第三次请愿书宣布，劳动是一切财富的唯一源泉，劳动者对自己的劳动成果享有优先权，权力的唯一来源是人民。工人群众还提出了建立共和国的要求。在第三次请愿书上签名的有500多万人，宪章运动形成了第三次高潮。1848年4月3日，宪章派召开第三次代表大会，到国会递交请愿书。政府调集了30万军队，准备镇压工人。4月10日清晨，当成千上万的工人向国会进发时，宪章派的右翼领导人屈服于政府的武力威胁，力劝工人解散回家，请愿书只由几个领导人送交国会，这样致使运动夭折了。随后，政府下令解散宪章派组织，并大肆逮捕宪章派积极分子，宪章运动归于失败。

宪章运动虽然失败了，但它的历史意义是重大而深远的。它已经不是个别工厂、个别地区的工人反对资产阶级的斗争，而是全英国的工人阶级共同进行的一场大规模的政治斗争。在斗争中，工人们建立了自己的组织，提出了本阶级的政治要求，把矛头指向了资产阶级的政治统治。宪章运动是英国无产阶级的第一次全国规模的、群众性的政治斗争，标志着英国无产阶级登上了政治舞台。

德国纺织工人起义

19世纪40年代，德国爆发了西里西亚纺织工人起义。作为德国纺织工业中心之一的西里西亚，随着德国资本主义的发展，那里的工人所受的剥削日益严重，无产阶级和资产阶级的矛盾越来越尖锐。西里西亚的纺织工人，身受资本主义和封建主义的双重剥削。40年代初，企业主们为了增强同英国商品竞争的能力，拼命延长工时，大幅降低工资。工人们常年不能维持温饱，劳动条件十分恶劣，大批工人挣扎在死亡线上。在起义以前，西里西亚36000名工人中，有6000人死于饥饿。当时，工人们编了一首名为《血腥的屠杀》的歌谣，愤怒地控诉了工厂主和包买商的吃人罪行。

1844年6月4日，一些工人唱着这支歌经过最残忍的企业主茨支兹格尔的住宅，竟遭到毒打和逮捕。工人们长期压抑的愤怒像火山一样爆发出来，当天就捣毁并焚烧了茨支兹格尔的住宅。次日，烈火蔓延至另一纺织重地——住有13000居民的朗根比劳。起义织工高唱自己编写的战歌，集中打击工人最痛恨的厂主，他们捣毁厂主住宅、厂房、机器，焚毁票据、账册。普鲁士当局调集军队镇压，起义群众与前来镇压的军警展开了肉搏战。6月6日，普鲁士政府调来大批军队镇压起义。起义失败后，83名起义者被判重刑，数百名工人受到鞭笞和强迫劳役及其他惩罚。

这次西里西亚自发的纺织工人暴动，从一开始就一致把矛头指向了私有制，指向了资本剥削。它表明，德国工人阶级已经开始觉醒，带着本阶级独立的要求挺身而出，开始了反对资本主义剥削的英勇斗争。

在法国里昂工人起义、英国的宪章运动和德国的西里西亚纺织工人起义中，工人阶级已经提出了独立的政治要求，并为实现自己的政治要求进行不屈不挠的政治斗争。它标志着在资产阶级和封建主阶级争夺政权的斗争尚未结束之时，工人阶级已经作为一支独立的政治力量登上了历史舞台，成为推动历史前进的巨大动力。但是，三大工人运动都失败了。失败的最根本的原因是没有正确的革命理论做指导。当时，工人群众在思想上深受空想社会主义和各种小资产阶级社会主义的影响，他们对自己受剥削的根源、自己的历史使命和求得解放的途径等都缺乏科学的理解。空想社会主义除了无情地揭露了资本主义制度的矛盾和罪恶之外，对社会发展规律并没有清醒的认识，找不到实现理想社会的阶级力量，因而，不能给工人阶级指出一条真正的解放道路；小资产阶级社会主义流派则竭力鼓吹社会改良，诱使工人放弃政治斗争，力图把工人运动引向歧途。因此，创立科学共产主义理论并把它与工人运动相结合，就成了工人阶级反对资产阶级革命斗争的迫切需要。

西里西亚纺织工人起义表明了工人阶级的觉醒。

门罗主义

维也纳会议之后，欧洲列强忙于重建统治秩序。与此同时，西半球经历着另一场巨变：年轻的美国在第二次对英国战争（1812~1814年）后，进入了一个新的历史时期。在经济上，美国启动了工业革命的进程；在政治上，资产阶级和种植园奴隶主的联合政权得到加强。美国外交政策的目标处在从争取和维护海上贸易自由权到维护大陆扩张"自由权"的转折时期。与此同时，拉丁美洲人民反对西班牙和葡萄牙殖民统治的民族解放运动一浪高过一浪。到1821年为止，西属美洲已诞生阿根廷、智利、哥伦比亚、墨西哥和秘鲁5个独立的国家。在拉丁美洲各国独立运动全面走向胜利的形势下，以绞杀革命为己任的欧洲神圣同盟万分惶恐，多次召开会议，图谋镇压拉丁美洲革命。

门罗像

1821年9月，俄国沙皇亚历山大一世颁布敕令，宣称从白令海到北纬51度的美洲西岸间100海里的水域归属俄国的势力范围。俄国的触角已伸到靠近美国疆域的俄勒冈地区，其贸易据点向南延伸到圣弗朗西斯科海湾。

为争夺新兴的拉美市场，英、美之间也进行着激烈的经济争夺战。1822年8月，英国外交大臣乔治·坎宁从维护工商业资产阶级利益的立场出发，极力主张维持欧洲的均势，借以保持英国的优势地位。

坎宁把均势体系的范围扩展到美洲，这便同美国自建国以来实行的孤立主义的外交政策形成了对立。

1823年8月，坎宁接见美国公使理查德·拉什，建议英美两国共同发表宣言，保证不侵占拉美的任何部分，不允许将原西属殖民地的任何部分向其他国家转让。接到拉什的报告后，从同年11月7日起，美国总统詹姆斯·门罗多次召开内阁会议，研究坎宁的建议和美国的对策。

1823年12月，门罗总统向国会发表国情咨文，较为全面地阐述了美国对拉丁美洲的政策。它主要包含三项基本原则："美洲体系原则"、"互不干涉原则"和"非殖民原则"。这三项原则是美国对拉美政策体系的概括，也体现了美国同欧洲列强之间的分歧。

门罗咨文宣称："神圣同盟各国的政治制度与美洲根本不同，这种不同产生于它们各自不相同的政体。"这实际上就是作为美国对拉美政策的理论基础的"美洲体系原则"。"美洲体系"表现在这几个方面：第一，除继续鼓吹美洲和欧洲在地理上的"天然隔绝"外，进一步强调二者在政体上的区别；第二，从追求美国一国的孤立，扩大为追求整个美洲的孤立，在美洲和欧洲之间建起藩篱；第三，不再只力求不介入欧洲事务，而是要将欧洲势力从美洲这个"集体孤立圈"中排斥出去。这个原则并不表明美洲国家在地理、政治和经济利益方面的共同利益，而是表现了美国一国的扩张利益。"美洲是美洲人的美洲"实际上意味着"美洲是美国人的美洲"。说到底，"美洲体系"不过是美国的殖民体系罢了。

门罗咨文发表后，并未引起国际社会的普遍重视，国内新闻媒体对它也没有特殊的关注。"门罗主义"在当时对于防止欧洲列强染指拉丁美洲起了一定的遏制作用，使拉丁美洲各国的独立得到巩固。其后，经过历届美国政府的发挥，逐渐成为美国实现对外扩张战略得心应手的工具。

拉丁美洲的独立运动

拉丁美洲的独立运动于1791年8月爆发于加勒比海地区的海地。不足2万人的海地起义军在杜桑·卢维杜尔等杰出领袖的领导下，与广大黑人和混血人种一道，经过12年的浴血奋战，打败了法国、西班牙和英国三大欧洲侵略军，赢得了民族解放和独立，揭开了拉丁美洲独立运动的序幕。

1810年9月16日，47岁的教士伊达尔戈在墨西哥北部偏远的多洛雷斯村，率领几千名印第安人，高呼"独立万岁"、"美洲万岁"，"打倒坏政府"等口号，举起义旗。"多洛雷斯的呼声"从此传遍拉美的东南西北，北起墨西哥，南到阿根廷等广大地域的人民掀起独立战争的高潮。

1811年4月，委内瑞拉宣告独立，成立第一共和国，但在7月29日被西班牙军队击败。失败的起义军在玻利瓦尔的领导下，转入新格拉纳达继续战斗。在人民的支持下，起义军再次攻进委内瑞拉，一举赶走殖民势力，第二共和国诞生。但势力较弱的起义军并没有保卫住自己的成果，1813年9月，第二共和国再次失败。

拉美的反抗，使西班牙当局极为惊慌。国王斐迪南七世派莫里略率1.6万人增援美洲地区。起义军陷入了最艰苦的时期，各地起义纷纷遭到打击。从海上袭击敌人的起义军也遭到重创，起义军被迫展开游击战，他们从失败和挫折中总结经验，吸取教训。1816年12月，玻利瓦尔率领新组织的力量又一次对委内瑞拉发动进攻，所到之处横扫殖民军队，委内瑞拉第三共和国宣告成立。1819年2月，玻利瓦尔被选为总统。

委内瑞拉的胜利，鼓舞了起义军的士气，玻利瓦尔乘胜翻越安第斯山，远征新格拉纳达，在波耶加一举击败殖民军，直扑波哥大。1819年12月，哥伦比亚共和国独立。不甘心的西班牙殖民军调集军队，对起义军展开反扑，但是，屡战屡胜的起义军势不可当。1821年6月，西班牙殖民军进入起义军在卡拉沃沃平原的阵地，双方经过猛烈的炮轰和激烈的拼杀，殖民军受到了重创，起义军趁势占领了加拉加斯。次年5月，起义军开始做解放基多城的准备，双方在皮钦查展开了大会战，凭借顽强的勇气和视死如归的斗志，起义军取得了决定性的胜利，6月，整个新格拉纳达地区

墨西哥独立运动中的英雄们
墨西哥起义军与西班牙殖民军展开了激烈的战斗。1811年伊达尔戈被俘，英勇就义，人民把他发出"多洛雷斯呼声"的日子——9月16日定为墨西哥独立日，并尊他为"墨西哥独立之父"。

西班牙人留下的建筑物，在新成立的智利共和国首都圣地亚哥的独立广场上耸立着，西班牙仍然深深影响着它先前的殖民地。

全部解放。

　　北部起义军的节节胜利，鼓舞着南部起义军的士气。1818年4月5日，起义军在圣马丁的指挥下攻进智利首都圣地亚哥，赶跑殖民军，智利独立。殖民者退到秘鲁。1820年8月，圣马丁经海上北上秘鲁，顺利攻占秘鲁总督区首府利马，秘鲁获得独立，圣马丁被共和国授予"护国公"。

　　"多洛雷斯的呼声"传遍拉美南北，但墨西哥的局势却相对平静，各地起义军以游击战为主。法国攻进西班牙首府，给起义军提供了良好的契机。1820年，教会势力代表、掌握着军权的伊图尔维德率军暴动，配合起义军反抗殖民军。次年就攻下了墨西哥城，至此墨西哥也宣告独立。

　　1822年7月，南北双方的起义领袖圣马丁和玻利瓦尔在瓜亚基尔会面，双方对协同作战和战后安排未能形成一致意见后，圣马丁隐退。玻利瓦尔于1823年9月进入尚未完全解放的秘鲁。次年8月，在胡宁平原痛击殖民军。12月，仍做垂死挣扎的殖民军拉塞尔纳集结9000余人准备与起义军决战，仅有5000余人的起义军在苏克雷的指挥下，在阿亚库乔和敌人相遇。苏克雷巧施妙计，歼灭敌军5000余人，殖民总督、众多将军和军官都未逃过此劫。1825年，秘鲁全境解放。1826年1月，起义军趁势攻克殖民地最后一个据点卡亚俄，拉美地区基本解放。

玻利维亚士兵像

法国1848年革命

19世纪40年代后期，法国工农业下降，大批工人失业，社会矛盾激化。资产阶级反对派以"宴会"形式举办的政治性集会，得到广大人民群众的响应。基佐政府两次禁止预定于1848年1月和2月举行的"宴会"，引起群众不满。1848年2月22日巴黎市民举行大规模的示威抗议活动，并同军警发生了冲突。次日，示威演变成武装起义，巴黎到处筑起了街垒，许多国民自卫军和正规士兵拒绝执行实行镇压的命令，倒向革命。国王路易·菲力普被迫罢免基佐，先后任命莫雷和梯也尔组阁，但愤怒的群众要求废除王政，建立共和国。2月24日，起义群众几乎控制了巴黎，并开始向杜伊勒里宫进攻，国王路易·菲力普见大势已去，便带着眷属逃往英国。起义者占领了王宫，成立了以资产阶级共和派为主体的临时政府。次日，临时政府宣布成立共和国，这就是历史上的法兰西第二共和国。4月23日选举制宪议会；5月9日成立执行委员会；6月22日代替临时政府的执行委员会下令解散"国家工厂"，引起工人不满，爆发六月起义。在血腥镇压了六月起义后，以卡芬雅克为首的共和党右翼控制了政权，执行打击无产阶级和小资产阶级的政策，削弱了其统治基础。11月，制宪议会制定共和国宪法，确立立法和行政分立原则。由750名议员组成立法议会；参政院由议会任命；总统掌管行政权，任免部长与颁布法律，但无权解散或延长议会。在12月10日的选举中，拿破仑一世的侄子、野心勃勃的路易·波拿巴当选为总统。路易·波拿巴上台后，组成了代表大资产阶级和地主利益的秩序党，逐步夺取了共和派手中的权力。

1851年底，波拿巴又调集军队，解散了议会，把已成为他复辟君主制障碍的秩序党也推出门外。至此，共和国实际上已经寿终正寝。

1852年12月2日，路易·波拿巴宣布法兰西为帝国，他自己登上皇位，被人们称为拿

1840年12月15日，巴黎以盛大而辉煌的葬礼，将拿破仑的遗骸送往安葬英雄的地方——巴黎伤残军人之家附近的墓地。在1830年反动国王查理十世被推翻后，法国进入了一个资产阶级巩固其势力的平庸时期。此时，缅怀拿破仑时代英雄壮举的社会心理日益增长并显示出来，1848年拿破仑的侄子路易看准机会，凭借其叔父的名望，攫取了法国的最高权力。

破仑三世，他的帝国被称为法兰西第二帝国。第二帝国代表金融资产阶级和大工业家的利益。拿破仑三世为了维护其反动统治，建立了庞大的军事警察官僚机构，对内实行军事独裁统治，对外推行侵略政策。第二帝国经历了一个由专制统治向自由主义、议会政治演变的过程，发展了资本主义工商业，完成了工业革命。为了争夺欧洲大陆优势和进行海外殖民侵略，帝国发动多次对外战争。1870年普法战争中，法军战败，拿破仑三世在色当投降。9月4日巴黎发生革命，第二帝国被推翻。

德国1848年革命

19世纪中期，德意志仍处在分裂之中。虽然有一个德意志邦联，但是这个邦联非常松散，设在法兰克福的邦联议会形同虚设。

政治上的割据状态和德国的封建专制统治成为德国发展资本主义的严重障碍。1845～1846年的农业歉收和1847年经济危机，使工人、农民和小资产阶级的处境严重恶化。实现全德的统一和消灭封建专制制度，成为摆在软弱的德国资产阶级和广大德国人民面前的主要任务。1848年，法国二月革命的消息传入德国后，德国各地都掀起了声势浩大

德皇威廉四世谋求军方支持，妄图将扑面而来的民主浪潮拒于门外。

的游行和集会，农民运动也席卷德国，各邦的君主被迫妥协，先后任命资产阶级自由派组阁，并采取了一些自由主义措施。

1848年3月，普鲁士首府柏林爆发革命，柏林人民同军警发生冲突。威廉四世看到武力镇压无法奏效，便许诺召集议会、制定宪法、建立德意志联邦国家。同时，在起义人民的压力下，还被迫下令把军队撤出柏林，改组政府。但新成立的资产阶级自由派政府害怕工人阶级会采取进一步的革命行动，因而同容克贵族妥协，这一行动预示了德国革命失败的命运。6月15日，威廉四世重新调集军队进入柏林，镇压了人民的起义，又改组了政府，解散了议会，把自由派赶出政府机构，反革命政变成功。由于德国资产阶级自由派害怕无产阶级起来革命，与封建势力妥协，到1848年底，革命失败。奥地利恢复了君主专制，普鲁士成立了地主官僚政府，其他各邦反动统治也相继恢复。1849年6月，普鲁士政府又用武力解散了主张实现全德统一的法兰克福议会，保留了封建制度，德意志的统一事业宣告失败。革命虽然失败，但仍为德国统一创造了条件，并打击了封建势力。

克里米亚战争

克里米亚战争是沙俄与英、法等列强在近东的一场争霸战争，是列强为夺取黑海海峡而使矛盾激化的结果。在1841年《伦敦海峡公约》签订后，沙俄一直想重新确立自己在巴尔干和黑海地区的霸主地位。1848年欧洲革命之后，沙皇尼古拉一世因充当了"欧洲宪兵"而身价倍增，于是自认为宰割土耳其、实现自己的扩张计划的机会已经来到。

尼古拉一世像

1853年7月，俄军渡过普鲁特河，迅速攻占了摩尔多瓦和瓦拉几亚等国。土耳其立即应战。11月30日，双方为争夺黑海制海权，在汤诺普海展开激战，土耳其几乎全军覆没。12月，俄又先后攻占了阿哈尔齐赫和巴什卡德克拉尔两地区。

土耳其在战场上的节节失利，使英法联军坐立不安。1854年初，英法对俄宣战，6月，英法联军投入战争。

1854年9月14日，英法联军在拉格伦和圣阿尔诺的率领下，从克里米亚岛的叶夫帕托里亚登陆后，直逼重要港口塞瓦斯托波尔城。塞瓦斯托波尔位于半岛的险要位置，西北两边都是宽广的港湾，海岸都是悬崖峭壁。俄军在科尔尼洛夫中将的指挥下，充分利用地理优势，加强防御工事，增加防御火炮。

10月17日，联军迂回到防守较弱的南边，开始了对塞瓦斯托波尔的炮轰。俄军奋力还击，但旧式的火枪、火炮射程较近，很难击中对方。而英法经过工业革命，科学技术有了长足发展，火枪、火炮得到了较大的改进，射程和命中率大大提高，汽船的使用也增强了英法舰队的机动灵活性。俄军防御工事、炮台在震耳欲聋的联军炮火轰击下纷纷倒塌。但俄军凭借险峻的地势和顽强的抵抗，粉碎了英法联军速战速决的攻城计划，战争转入持久消耗战阶段。

为改变被动防守的局面，俄军于10月25日调集援军袭击联军的基地巴拉克拉瓦，但遭到失败。11月5日，俄军3万余人向1.4万联军发起进攻。由于俄军内部协调不力，被联军痛击，损失1万余人。连连失利，使俄军陷入更为被动的境地。

冬天的严寒，给双方带来很大麻烦。联军只对俄军进行了几次炮轰。俄军于1855年2月对联军的进攻再次受损。直到8月16日，俄军为打破敌人的围攻，兵分两路，向法军阵地发动全面进攻。法军指挥官圣阿尔诺果断决策，以小股部队牵制住敌人的左路进攻，集中兵力形成局部优势迎击右路敌人。在法军猛烈的火力下，右路俄军很快被击溃。法军主力转而猛攻左路俄军，俄军伤亡极为惨重，损失8000余人，被迫撤到黑海对岸。8月17日，联军又开始了新一轮的重炮轰击。

塞瓦斯托波尔在联军一轮接一轮的猛烈炮火的轰击下，防御设施被摧毁，险峻的地势不再显示出它的威慑力。俄军被迫通过浮桥渡海撤退。9月8日，联军向几乎被炸成废墟的塞瓦斯托波尔发起强攻，很快拿下了制高点。俄军在349天的塞瓦斯托波尔战役中损失人员达12.8万人，英法联军也损失惨重。1856年3月30日，交战各方签订了《巴黎和约》，俄国除了被剥夺在黑海拥有舰队和海军基地的权利之外，还把一部分领土割让给土耳其。

美国南北战争

19世纪四五十年代，是美国资本主义经济迅猛发展的时期。北方的资本主义工业革命蓬勃发展，工业化进程也已经开始启动，西部资本主义农业随西进运动的进行而兴旺发达，南部的种植园经济由于植棉业的兴起而方兴未艾。在此背景下，美国掀起了大陆扩张的狂潮。1846年6月，美英签订了共同瓜分俄勒冈地区的条约，美国的版图正式达到太平洋沿岸。1848年，美国打败了墨西哥，夺取了原属墨西哥的得克萨斯、新墨西哥和加利福尼亚等地。从此，美国国力大增，成为在西半球能同欧洲抗衡的泱泱大国。

美国独立后，北方建立以雇佣劳动为基础的资本主义制度，而南方仍保留着以奴隶劳动为基础的种植园经济。在北方的资本主义工业迅速发展的同时，南方的种植园经济也因植棉业的繁荣而兴旺起来。到四五十年代，南北双方在土地问题上展开了尖锐的斗争。奴隶制度作为美国社会的一个"赘瘤"，严重地阻碍着美国资本主义在全国范围内的发展。

到了40年代末，南北双方在新侵占的墨西哥土地上建立何种制度的问题上看法不一致。1850年双方妥协，规定加利福尼亚以自由州身份加入联邦，新墨西哥和犹他州的奴隶制存废问题由当地居民投票决定。由于这两州白人奴隶主占多数，所以等于承认在两州建立蓄奴制。1854年，双方又达成新的妥协，规定新近申请加入联邦的堪萨斯和内布拉斯加两地的奴隶制问题也交由当地居民投票决定。至此，打破了1820年达成的把奴隶制限制在北纬36°以南的《密苏里妥协案》的规定，把整个西部向奴隶制开放。1854~1856年，堪萨斯的居民在投票时发生了武装冲突，表明南北两种社会制度的矛盾已到了兵戎相见的程度。

奴隶主的倒行逆施，引起了美国人民的愤慨。自18世纪末就开始了废奴运动，参加者有工人、农民、黑人、白人、妇女和部分资产阶级知识分子。到19世纪30年代，废奴主义组织了全国性的秘密团体，出版刊物、宣传废奴。他们组织了秘密通讯联络点，称为"地下铁路"，帮助南方黑奴逃往北方或加拿大，并支持黑人奴隶的反抗斗争。19世纪50年代，美国各地爆发的反对奴隶制的起义时有发生，其中影响最大的是约翰·布朗领导的武装暴动。约翰·布朗是美国的一位杰出的废奴主义者，他把毕生的精力都投入到解放奴隶的事业中。在长期的反对奴隶制的斗争实践中，他认识到使用武力废除奴隶制的必要性。1859年10月16日，布朗率领22人的小分队在弗吉尼亚的哈泼斯渡口举行起义。布朗率领起义者英勇地同前来镇压的军队作战，最后因寡不敌众，起义失败，布朗本人受伤被俘。布

约翰·布朗成为美国废除奴隶制度的一面旗帜。

朗在就义前发出如下誓言："我，约翰·布朗，现在坚信只有用鲜血才能洗清这个罪恶深重的国家的滔天罪行。"布朗起义是美国内战爆发的导火线。

1860年11月，反对奴隶制的共和党在大选中获胜，林肯当选为美国第16任总统，南部扩展奴隶制度的梦想结束。为维护自身利益，南部奴隶主发动叛乱。12月20日，南卡罗来纳州宣布独立，佐治亚、亚拉巴马、密西西比、佛罗里达、路易斯安那和得克萨斯等州也纷纷跟随。1861年1月，南部各州组织"南方同盟"，2月在蒙奇马利成立临时政府，戴维斯当选总统。4月12日，南方同盟炮击北军要塞萨姆特堡。4月15日，林肯宣布南方各州叛乱，号召人民为恢复联邦的统一而战斗，并下令征召志愿军7.5万人。人民纷纷响应，很快就有30万人应征，开赴前线。内战不可避免地爆发了。

《解放黑人奴隶宣言》

内战之初，北方占据了人力、物力和政治方面的优势。但由于在解放奴隶的问题上态度不明确，对战争的艰巨性没作充分的估计，再加上军事指挥的失误，致使战争在开始阶段遭到重大挫折。林肯政府的保守政策和北军的屡次败北，引起了人民群众的不满。纽约和其他城市的群众举行示威游行，要求政府早日宣布解放黑人奴隶，把黑人武装起来；清洗政府中的反革命分子及异己分子，严厉打击反革命分子的破坏活动；无偿地将土地分给农民；他们还要求政府取缔奸商的非法牟利行为，向资本家征收重税，以充军费；并要求军政当局采取更为坚决的军事行动，撤换无能的将领，以便扭转败局。

总之，群众要求用革命的方法进行战争。到1862年夏秋之时，前线的失败和后方人民群众运动的高涨，迫使林肯政府改变了保守政策，采取了一系列革命措施。

1862年2月18日，由众议院以107票赞成、16票反对而通过；5月6日，参议院以33票赞成、7票反对予以通过。5月20日，林肯总统予以签署。它规定：凡一家之长，或年龄已达21岁的合众国公民，或决定按照合众国入籍法的规定申请、愿意成为合众国公民，同时从

林肯坐像

未持械反对合众国政府或支持、帮助合众国政府的敌人的，从1863年1月1日起，只须交纳10美元手续费，就可以领得60英亩或160英亩以下尚未分配的国有土地；耕种5年后，便成为这块土地的所有者，发给证书或执照。还允许私人购买一定数量的公共土地。这一措施的出台，满足了广大农民长久以来的要求，它极大地鼓舞了农民参加反对奴隶制战争的斗志，同时也加快了开发西部的步伐，保证了北军的军粮供应。

1862年9月24日清晨，林肯发表了震惊世界的《解放黑人奴隶宣言》，宣布从1863年1月1日这天起，凡叛乱诸州的奴隶，"从现在起永远获得自由"；政府和军队"将承认和保障他们的自由"；获得自由的人，除非必要，"应避免使用任何暴力"；合乎条件的人，"可以参加联邦军队"。对未参加过叛乱的蓄奴州，仍按1862年的国会决议，采取自愿的、逐步的、有赔偿的解放奴隶的措施；对逃跑的奴隶，则视其主人是

反映 1862 年北方军队攻克新奥尔良时的海战场面的绘画

否参加叛乱而定是否引渡。这一伟大举动是美国内战进入"以革命方法进行战争"的阶段的标志。从此，解放奴隶成为北方作战的重要目标。

不过，当时林肯的《解放黑人奴隶宣言》是作为战时措施颁布的，直到1865年1月在广大群众的压力下，国会才通过了宪法修正案，禁止各州使用奴隶，正式在全国范围内废除奴隶制度。《解放黑人奴隶宣言》发布之后，林肯又推行了武装黑人的政策。这个政策使大批黑人报名参军，编成特别团队，开赴前线投入战斗，此举大大增强了北军的战斗力。同时，林肯又采取了严厉镇压反革命的措施，撤换了指挥不力的将领，调整了军事领导机构，任命有卓越军事才能的格兰特指挥军队，使前线的形势大为改观。

领土扩张与西部开发

在北美，由于美国的领土扩张和西进运动，促使了资本主义的横向发展。

美国独立后，建立了资产阶级和种植园奴隶主阶级的联合政府，资产阶级希望获得更多的工业原料和扩大商品市场，以促进资本主义的发展。奴隶主阶级则希望获取更多的土地，来扩充种植园奴隶制经济。因此，独立的美国很快开始实行对外扩张的政策。18世纪末19世纪初，美国利用欧洲国家同法国作战、双方均无暇顾及美洲的有利形势，通过购买、武装颠覆和发动战争等手段，夺取了交战国家在美洲的大片土地。1803年，美国从法国手里购得面积达200多万平方千米的路易斯安那，使美国的领土扩展到墨西哥湾。1810年，美国侵入西班牙所属的佛罗里达西部，并于同年出兵侵占佛罗里达东部，第二年出低价从西班牙手中强行购买了佛罗里达半岛。到了19世纪30年代，美国又发动侵略墨西哥的战争，将墨西哥的大片领土掠夺过来。1846年，美国又以战争相威胁，从英国手中取得俄勒冈地区的一部分土地。最后，美国又在1867年从俄国手中购得阿拉斯加。这样，美国领

西进运动引发了淘金热，许多东部移民为了自己的黄金梦而千里迢迢来到西部，从而把资本主义的洪流也进一步引向西部。

土从大西洋沿岸延伸到了太平洋沿岸，占了北美大陆的一半土地。

美国领土扩张的同时，又兴起了大规模的西进运动。一批批的东部移民像洪水似地涌入西部地区，一望无际的西部荒原逐步得到开发。最先的移民在西部开荒种地，建立起居民点，开始发展农业，他们所需的生产资料及日用工业品则完全依赖于东部，这就为东部资本主义工业扩大了国内市场。从另一方面讲，西部新农业区的开辟，又为东部城市和工业人口提供了必需的粮食及原料。这种商品经济的性质，使得西部农民从一开始就处于急剧的两极分化之中。少数人成为富裕的农业资本家，多数贫苦农民则走向破产，不得不受雇于人，成为农业工人。农业资本主义沿着这条所谓的"美国式道路"在西部迅速发展起来了。西部垦殖区在原料、市场方面所拥有的得天独厚的优势，强烈地吸引着东部的资本主义工业逐步西移。从食品与木材加工、屠宰、罐头等轻工业到煤炭、钢铁、农机制造等重工业都陆续向西部地区扩散。随着西部工业的兴起，西部移民的开拓能力也大大增强，使得西进洪流有可能向更荒僻的"远西部"推进，从而把资本主义进一步引向西部边远地区，直至太平洋沿岸。

总而言之，美国的领土扩张和西进运动的过程，也就是资本主义在北美大陆的横向发展过程。

印度反英大起义

16世纪以来，印度就在莫卧儿帝国的统治下，国家统一，社会较为安定，印度的经济有较大的发展。当时农业已出现了专业化和商品化的倾向，在此基础上城乡贸易出现了繁荣景象。

到17世纪中期，城市重工业进一步与农业分离。孟加拉、旁遮普等地生产出口棉织品的农村手工业者已有几十万户。商品货币经济的发展加速了封建国家土地所有制的瓦解，社会内部发生了阶级分化，莫卧儿帝国陷入危机。

17世纪后半期，德里、旁遮普、阿格拉等地先后爆发起义，沉重打击了帝国统治。尤其是马拉特人国家的兴起，更使帝国陷于严重的危机之中。1707年奥朗则布死后，莫卧儿帝国开始解体。1739年和1748年，伊朗和阿富汗先后入侵印度，加速了帝国的分裂。在这种情况下，西方殖民者乘虚而入，开始了对印度的殖民征服活动。

1774年，英国侵占敖德，以后又接连攻占了迈索尔、德里、信德。1849年，又占领了旁遮普。至此，英国完成了对整个印度的占领，印度沦为英国的殖民地。

1813年，英国议会通过《英属印度法令》，取消了东印度公司对印度的贸易垄断权。从此，英国工业资本对印度的掠夺进入了新阶段，印度日益沦为英国的商品销售市场和原料供应地。大量的英国棉纺织品涌入印度，使印度的手工业遭到毁灭性的打击，千百万城乡手工业者失业、破产，陷入绝境。殖民经济下的印度农民生活境遇更为悲惨，农民除了向封建王公、地主缴纳地租外，还要向殖民当局缴纳高额田赋。由于田赋要以货币的形式来缴纳，农民不得不低价出售农产品，或向高利贷者借债，农民的负债率达到90%。

印度籍士兵对英国殖民当局的怨恨也日益增长。起义前夕，印度的24万英军中，有20万是印籍士兵，他们主要是从破产农民和手工业者中招募而来的。士兵们不但经常被英籍军官无故克扣薪饷，而且还遭受种种侮辱，这些都引起了印度籍士兵的强烈不满。

英国殖民者还损害了部分印度封建王公的利益。他们剥夺了封建王公的世袭待遇，缩减俸禄，还向他们征收巨额的赋税。英国当局还随意兼并部分封建王公的领地，剥夺他们的年金。英国殖民当局残酷的统治、残暴的掠夺和沉重的剥削，进一步激化了印度各阶层同英国殖民者之间的民族矛盾。一场反对英国殖民统治、争取民族独立的民族起义在印度各地区酝酿着。

1857年初，英国殖民当局对士兵的不尊重行为引起了士兵们的强烈不满，成为民族大起义的导火线。5月10日是星期天，英国军官们正在教堂做祈祷，下午5点，印度起义士兵们冲进教堂杀死了所有的英国军人。接着他们冲进英国官署和监狱中，痛击殖民强盗，救出了自己的同胞。之后，他们又冲进兵工厂和弹药库，把武器弹药分发给参加起义的所有人，准备向德里前进。

当晚，米鲁特起义军向德里进发，在德里城内军民的响应下，11日起义军就攻占了德里。他们焚烧英军营，严惩英军官，袭击英教堂。起义军在这里组建了起义政权，周围农民、手工业者等社会各阶层纷纷加入起义军，起义军人数迅速增至4万。英殖民者急调军队，以旁遮普为后方基地向德里发起进攻。4000余英军于6月8日对德里发起攻势。德里城墙坚固，环城有一条很深很宽的护城河。英军开始时缺少重炮、攻城炮，在起义军的英勇抗击下，英军的每次进攻均被击退。受到挫败的英军并没放弃，他们一面调集重炮，一面和混进起义军内部的封建主勾结，使起义军内部发生矛盾，起义军实力有所削弱。9月14日，德里城在英殖民军重炮的轰击下被攻陷，起义军在街巷内与敌人展开肉搏战。经过6天的激战，起义军打死5000多敌人，最终被迫退出德里城，向勒克瑙转移。英殖民者进驻德里后展开了疯狂报复，屠杀起义军2万余人。

1858年3月，勒克瑙成了起义中心，集结起义军20万人。英军获得消息后立即调集9万大军和180门大炮，向勒克瑙逼近。面对枪炮装备精良的敌人，以马刀为主的起义军不畏强敌，与敌人展开英勇的斗争。在敌人猛烈炮火下，起义军坚守半月之久，终因伤亡惨重被迫放弃勒克瑙城。3月21日起义军主力开始撤离，随即英军攻陷了勒克瑙城。

3月25日，在休·罗斯爵士的率

贝拿靳斯（今瓦拉纳西）坐落在恒河岸边。

领下，英殖民军开始进攻另一个起义中心詹西城。当日，英军对詹西城展开了激烈的炮轰。詹西女王是一位英勇而出色的指挥官，她亲临城头，与起义军并肩作战。在她的影响下，起义军更为顽强勇敢，英军的进攻屡屡受挫。4月1日，2万起义军在坦提亚·多比的率领下，赶往詹西支援解围，但遭到英军的截击而溃败。4日，詹西城内投降主义者叛变，引英军从南门攻进城池。女王大怒，遂以身作则，挥动武器，带领士兵一起冲锋陷阵，与敌人展开白刃战。顽强的起义军们杀死敌人无数，但终因寡不敌众，大势已去，女王趁夜突出重围。

德里、勒克瑙和詹西三大起义中心相继沦陷，各地起义军先后转入游击战。他们充分利用地形，机动灵活地与英军周旋，在运动中寻找时机打击敌人。

1858年5月，坦提亚·多比和詹西女王分别率领起义军向卡尔皮集结，围攻了瓜寥尔。6月，起义军攻占瓜寥尔，在这里建立临时政权。英殖民者十分恐慌，立即从各地调集军队。6月17日，在罗斯的指挥下向瓜寥尔进攻。在城市的东南郊，詹西女王与敌人展开激战。詹西女王始终和士兵在一起奋战，多次对英军发动猛烈的攻击，但遭到敌人炮火的轰炸。起义军伤亡越来越多，最终因腹背受敌而溃败，詹西女王英勇就义，坦提亚·多比率军撤出瓜寥尔。

在英军收买政策下，起义军内部开始叛变，1859年4月，坦提亚被出卖遇难。

印度反英大起义虽然失败了，但它在印度历史上占有重要地位，它的历史意义是重大而深远的。

威廉一世统一德国

德意志在历史上曾经是一个长期分裂的国家，境内诸侯林立。1848～1849年革命失败后，德意志各邦都恢复了反动的封建统治。19世纪50～60年代，资本主义在德意志普遍发展起来。资本主义农业关系的进一步发展以及工业品市场的扩大，都给资本主义工业的发展创造了有利条件。资本主义经济愈加发展，国家统一的要求就愈加迫切。

当时存在着两条不同的统一道路：一条是由无产阶级领导，通过自下而上的革命，推翻各邦王朝，建立统一的德意志共和国。另一条是由容克阶级领导，通过王朝战争，自上而下地建立统一的君主国。可以说，德国的统一是历史发展的必然趋势。普鲁士最后完成了自上而下的统一。

1861年，威廉一世继承普鲁士王位，他打算通过军事改革实现德国统一。但是，他的改革计划在议会

铁血宰相俾斯麦像

下院遭到资产阶级的强烈反对。为摆脱困境，威廉一世于1862年9月起用铁腕人物俾斯麦做普鲁士宰相。

俾斯麦（1815～1898年）出身于普鲁士勃兰登堡世家，早年是顽固的保守派，认为德国统一只是一种幻想。1851年，俾斯麦任普鲁士驻德意志邦联议会的全权代表后，他的政见发

1848 年的德国国民会议
这次会议体现了明显的泛日耳曼主义，一些代表提出建立一个包括波西米亚、瑞士、荷兰等国在内的大德意志。

生了根本性的变化。他认识到德意志迟早会统一，顺应这一潮流的最好方式是由普鲁士掌握统一运动的领导权，从而能够保证普鲁士君主政体和容克的特殊地位。普鲁士要统一德国，舍武力外别无他途。

依照俾斯麦的最初设想，要排除那些妨碍实现统一的各种干扰，普鲁士首先必须要与奥地利在战场上决战。但是，在发动对奥战争之前，德意志与丹麦之间却突然发生了领土纠纷。纠纷的起因是双方就施列斯维希、霍尔斯坦两个公国的归属问题发生了矛盾。这是两个以德语为主要语言的公爵领地，后者还是德意志邦联的成员，两个公国在名义上归丹麦国王所有。1863年，丹麦国王宣布将施列斯维希正式并入丹麦，此举马上引起德意志境内日耳曼人的反对，俾斯麦趁机挑起对丹麦的战争，并将奥地利作为"盟友"拉入战争。1864年2月，战争开始，丹麦很快战败。丹麦被迫签订和约，将两公国交与普奥共管。稍后，普鲁士占领了施列斯维希，奥地利占有了与自己的领土并不毗连的霍尔斯坦。

接着，俾斯麦开始精心准备对奥地利的战争。发动战争前，俾斯麦除了得到俄、法中立的保证外，他还与刚建立的意大利王国的首相加富尔签订了同盟条约，使奥地利陷入外交上的孤立。在作了一系列外交安排后，俾斯麦借口奥地利对霍尔斯坦管理无方挑起两国的争执，并导致1866年6月普奥战争爆发。战争持续了7个星期。7月3日，普军在萨多瓦一场战役中大败奥军。8月23日，普、奥签订了《布拉格条约》，条约规定施列斯维希和霍尔斯坦归普鲁士所有，奥地利承认"没有奥地利帝国参加的新德意志组织"，并同意在莱茵河以北成立一个由普鲁士领导的德意志联邦。1867年，北德意志联邦宣告成立。德意志统一运动由此迈出了关键性的一步。

经过普奥战争，普鲁士统一了德国的整个北部和中部地区，只有德意志南部紧邻法国的4个小邦国仍旧保持着独立。俾斯麦想兼并这4个小国，但他知道，法国也有同样的想法，不打败强大的法国，德国的统一将不可能实现。同时，俾斯麦对法国境内的富裕地区阿尔萨斯和洛林早已垂涎三尺。所以，俾斯麦铁血政策的第三步，就是进行普法战争。另一方面，拿破仑三世曾经许诺在普奥战争期间保持中立，他之所以许诺是因为他自作聪明地认为战争会持续很久，普、奥两国实力会因此互相削弱，这将有利于法国扩大对中欧局势的影响。然而，战争结果却出乎他的意料。

1870年7月，普法战争爆发。拿破仑三世亲临前线督战。但是法军并没有做好充分的战斗准备，后勤供应又跟不上，而它所面对的又是一支经过改造以及多次炮火洗礼的欧洲劲旅，战争一开始便注定了法国失败的命运。在色当决战中，法国军队一败涂地，拿破仑三世连同他的10多万士兵都成了普军的俘虏。

色当战役后，普军深入法国腹地，兵临巴黎城下。在此期间，南德诸邦与北德意志联邦已经合并，成立德意志帝国。1871年1月18日，威廉一世在巴黎凡尔赛宫举行加冕典礼，正式即位为德意志帝国的皇帝。至此，德国统一终于完成。

德国的统一是历史发展的必然趋势。它结束了长期的分裂状态，形成了统一的国内市场，为德国资本主义的迅速发展创造了有利的条件。统一后的德国成为欧洲和世界的强国，导致国际政治格局发生重大变化。但是，受铁血政策的影响，德国逐渐成为世界战争的策源地，给世界人民带来了巨大的灾难和痛苦。

日本明治维新

19世纪后半期，继欧洲和美洲的资产阶级革命之后，亚洲的日本也出现了一次在政治、经济、思想文化等领域的全面革新运动。这场以推行资本主义新政为目的的资产阶级革新运动，开始于明治年间，所以史称"明治维新"。

此前，日本是落后的封建国家。在1603年，德川家康消灭了各地的割据势力，在江户设置幕府，建立了德川家族的一统天下。名义上，首脑是天皇，但实权已落在德川家族的手中。德川幕府实际上对外代表国家，对内主持政府。

德川幕府掠夺土地，并把土地分封给270家叫作"大名"的封建领主。大名又把领地分割成更小的单位，分赐给自己的家臣——武士。武士一般是职业军人，是幕府将军统治人民的主要工具。"士、农、工、商"被划在武士之下，受到等级身份制度的严格限制。还有30多万被称作"非人"和"秽多"的贱民，被排斥在士、农、工、商之外，过着悲惨的生活。

幕府推行闭关自守政策，不同其他国家建立任何关系。18世后期，随着商品经济的发展，新

明治维新大搞"文明开化"，学习西方文化。图为东京音乐学院的学生穿戴上欧洲服饰在举行一场西洋音乐会。

兴的地主阶级和商业资本家为了争得政治上的地位，对幕府制度产生了强烈的不满，而广大的人民群众反抗的情绪也日趋高涨。接连爆发的农民起义和市民暴动，严重地动摇了幕府的统治。

正当此时，西方列强大举入侵日本。幕府屈服于列强的炮火，连续与列强签订了许多不平等条约和关税协定。大批农民和手工业者因为外来廉价商品的涌入而破产。民族矛盾和阶级矛盾迅速激化，在人民积极行动起来推翻幕府统治的形势下，以中下级武士、商人、资本家和新兴地主为主体的改革力量组成倒幕派，要求实行资产阶级性质的改革。倒幕派与幕府之间于1864年开始了武装冲突。

1866年6月，幕府发动讨伐长州的战争。7月，德川家茂突然死亡，德川庆喜继任将军，以举行家茂的葬礼为借口退兵。1867年10月，萨摩、长州、安艺三藩武士在京都召开秘密会议，决定组织联军正式讨伐幕府，并把讨幕计划秘密上奏天皇。10月14日，天皇给萨、长两藩颁发密诏，命令他们讨伐幕府。德川庆喜见势不妙，被迫提出了"奉还大政"的请求，表示要辞去将军职位，还政天皇。至此，统治日本260多年的德川幕府在名义上宣告结束。

明治天皇

生于1852年，是孝明天皇第二皇子，名睦仁。1866年12月继承皇位，第二年实行王政复古。1868年举行即位典礼，并改年号为明治。在他即位初期，日本发生维新运动，建立了天皇专制政权。在他的主持下，日本先后实行一系列资产阶级改革，推出版籍奉还、废藩置县、制定征兵令等改革措施，促进了日本资本主义的发展，摆脱了被殖民的危机。

1868年1月3日，明治天皇出面召开了有倒幕派皇族公卿、大名及下级武士参加的御前会议，颁布"王政复古"诏书，宣布废除幕府制，组织成立新的中央政府。德川庆喜不甘心失败，于1868年1月集合军队向京都进军，结果在京都附近的鸟羽、伏见被以萨、长两藩军队为主力的政府军击败，4月，德川庆喜走投无路，被迫投降，政府军进占江户，改名为东京，次年3月迁都东京。明治天皇宣布了新政府的施政纲领——《五条誓文》，纲领表达了地主资产阶级在政治、经济、文化、外交等方面进行改革的愿望和决心。接着，明治政府展开了全面的改革运动。

日本明治维新的主要内容是：

第一，实行"富国强兵"政策，建立中央集权制的国家机构。

第二，变革土地制度，进行地税改革。

第三，贯彻"殖产兴业"，大力扶植资本主义。

第四，大搞"文明开化"，实行教育改革。

明治维新是一次以农民为主力、以资产阶级同资产阶级化下级武士为联盟、以资产阶级化下级武士为领导的脱亚入欧的资产阶级改革，推翻了幕府的封建统治，建立了地主资产阶级联盟的中央集权国家，开拓了日本资本主义经济的发展道路，成为日本从封建社会进入资本主义社会的转折点。在人民群众的推动下，明治政府实行了一系列资产阶级性质的改革，加速了资本主义的发展，进而摆脱了沦为殖民地的危机。但是，由于资产阶级的软弱性和其尚未形成独立的政治力量，明治维新的领导权掌握在代表地主资产阶级利益的武士集团手中，因而使这次革命进行得很不彻底。

明治维新后，国家的政治、经济等方面仍然存在着大量的封建因素。农民的土地问题没有得到彻底解决，地主阶级始终在政治中占主导地位。这使地主资产阶级专政从一开始就具有对内残酷镇压人民、对外大肆侵略扩张的性质，为后来日本走上军国主义的道路埋下了伏笔。

第七章 帝国主义的兴起和国际无产阶级运动

帝国主义国家的兴起

英国在第二次工业革命之前，一直处于西欧国家的前列。自19世纪70年代起，它的垄断地位被德国、法国等迎头赶上，但是它在世界上仍拥有最多的殖民地，具有强大的海上优势。它在1913年，就有40亿英镑的巨资投向海外。对殖民地的掠夺和资本的输出，使英国得到了巨大的利益，出现了一大批寄生的、靠食利息为生的阶层。殖民帝国主义是英帝国主义的特点。19世纪末到20世纪初，英国进入了帝国主义阶段。

法国尽管在第二次工业革命后因普法战争的原因落后于美、德、英各国，但仍表现出迅速发展的势头。19世纪末，法国垄断组织已经形成，到20世纪初，它成了经济的主导。

西部铁路干线的开通，大大加强了美国东西部之间的联系，大量的西部资源被运往东部，同时东部的工业产品也被引入西方。

特别是集中程度极高的银行资本，使法国走到同期帝国主义国家的前列。至1914年，法国共有600亿法郎的输出资本，并以高利贷的形式转向欧洲市场，高利贷所产生的巨大利润，源源不断地落入资本家的腰包。1909年至1913年，法国有500万人成为寄生的食利阶层。

德国进入帝国主义阶段的手段是侵略性的。19世纪70年代开始，它一直处于世界工业的领先地位。德国垄断组织主要以卡特尔方式为主，全国的经济命脉掌握在500个金融寡头手中。

它们发展迅速，但稍逊于美国，屈居世界第二。一些地主资产阶级把军政大权揽在手中，继承了普鲁士的军事机制及战略，与其他帝国主义展开利益的争夺。19世纪末20世纪初，进入帝国主义阶级的德国，其侵略扩张意识得到充分的膨胀，它成为二次世界大战的发源地。

美国是世界上工业发展最快的国家，19世纪末，它同欧洲各帝国主义国家一样，进入帝国主义时代。

1940年，美国拓展边疆，从大西洋西岸一直拓展到太平洋东岸。在拉丁美洲，美国建立了一个泛美主义的同盟，完全控制了整个拉美地区。美国帝国主义在扩张中，一直把所谓的"美国利益"放在首位。围绕"美国利益"，美国实行"门户开放政策"。

俄国是在19世纪80年代完成第二次工业革命的，但它也在19世纪末20世纪初发展到了帝国主义时代。

俄国资本主义垄断的形式主要是国家把资本集中于军事上，集中程度相当高，同时国家对经济实行了调控。在操作上，则采取利用外来资本、剥削国内人民和掠夺殖民地相结合的方式。

与俄、德一样，日本是一个军事化的帝国主义国家。日本维新后，资本主义经济发展速度竟超过俄国10倍，第二次工业革命的成就也被得到充分利用，一些垄断组织率先在工业行业中形成。但日本的军国主义扩张战略同样在其帝国主义时代占有重要的地位。

巴黎公社

马克思主义自19世纪40年代诞生后，在各国工人阶级中广泛传播，影响也越来越大，无产阶级的革命斗争也由自发的斗争发展为自觉的斗争。19世纪后半期，国际无产阶级革命运动日益走向成熟。国际团结得到加强，工人运动愈来愈具有国际性的特点，出现了国际无产阶级的群众性组织——第一国际和第二国际。

巴黎公社革命是19世纪以来国际工人运动的重大成就，是法兰西第二帝国后期阶级矛盾和民族矛盾爆发的结果。首先，巴黎公社革命是法国阶级矛盾和阶级斗争的必然结果。帝国末期，无产阶级的反抗斗争日益高涨，蒲鲁东的小资产阶级社会主义、布朗基的空想共产主义思想得到广泛传播，还有一些人受马克思主义影

马克思像

响，认识到夺取政权的重要性。广大农民、小资产阶级民主派和资产阶级共和派对帝国政府的不满情绪也日益增长。19世纪60年代后期的经济危机进一步激化了阶级矛盾。其次，

1871年5月28日，巴黎公社社员在拉雪兹公墓英勇就义。

巴黎公社革命是在法国面临严重的民族危机的情况下爆发的。拿破仑三世在1870年7月的普法战争中遭受惨败，法军主力连同拿破仑三世都做了俘虏，这就加速了帝国的崩溃。在这种情况下，9月4日法国人民举行革命，推翻了第二帝国，成立了国防政府。这时，普军继续向法国内地推进，法国成了防御侵略战争的一方。国防政府屈辱求和，普军得以长驱直入，包围了巴黎。10月31日，法军投降。巴黎人民极为愤慨，又爆发了旨在推翻叛国政府的第二次起义。起义虽然被镇压，但两次起义使无产阶级和人民群众受到了实战锻炼。爱国热情高涨的巴黎工人冲破政府限制，仅3个星期就组成了194个工人营队。1871年2月，巴黎无产阶级革命武装正式成立了国民自卫军中央委员会。

1871年1月28日，国防政府同普鲁士签订了割地赔款的停战和约。2月17日，梯也尔上台。由于消除了后顾之忧，法国资产阶级便集中全力对付国内特别是巴黎的工人武装。3月8日至17日，梯也尔政府向巴黎增调了2万名政府军，准备夺取国民自卫军的大炮，逮捕其中央委员会成员。18日凌晨，政府军占领了蒙马特尔停炮场，枪声惊醒了附近居民，大炮被抢的消息迅速传开。该区的国民自卫军战士立即集合起来，包括许多妇女、儿童和老人在内的人民群众也随同一起拥上蒙马特尔高地。偷袭的政府军很快就被赶到的国民自卫军击溃。

这时，巴黎的武装起义迅速展开。国民自卫军和人民群众自动拿起武器，建筑街垒，布置岗哨，派出巡逻队，集中分散的大炮。中央委员会领导武装起义，占领了部分地区。中午以后，国民自卫军开始向巴黎市中心挺进。22时许，国民自卫军进入市政厅，升起红旗。至此，中央委员会控制了巴黎全城，推翻了梯也尔政权。3月28日，巴黎公社进行了普选，一个崭新的无产阶级国家政权诞生了。

为了镇压革命力量，梯也尔一方面纠集反动军队的散兵游勇，另一方面请求俾斯麦释放战俘，重新拼凑和整顿了军队。此时，巴黎东面和北面普军15万大军压境，西面和南面凡尔赛军队伺机反扑，形势对公社极为不利。

公社方面却疏于防范。4月2日清晨，凡尔赛军炮轰巴黎，向巴黎城西的纳伊桥发起进攻。炮声震醒了巴黎，公社执行委员会当即决定进攻凡尔赛。3日清晨，公社匆忙调集4万人，分3路向凡尔赛进军。由于公社领导对军事形势盲目乐观，对大规模军事行动缺乏准备，致使出击部队各行其道，导致战斗的失利。

4月6日，凡尔赛军与东面和北面的普军对巴黎形成了包围。公社方面仅有1.6万人的作战部队和4.5万人的预备部队。但公社战士无所畏惧，与敌人浴血奋战。4月7日，西线5000名装备很差的部队，同9倍于己的敌人激战。17日，250名公社战士在贝康城堡抗击5000名敌军进攻达6个小时。在南线，公社战士为守卫炮台顽强战斗。到4月底，公社守住了巴黎西线和南线，给凡尔赛军以大量消耗。5月初，公社调整了巴黎防御部署。凡尔赛军发起全线总攻。公社虽在此时加强了军事指挥，但大局已难挽回。

5月21日下午，凡尔赛军进入巴黎，一场震撼世界的巷战开始了。为保卫公社政权，公社战士奋起抗敌，他们在街道和广场筑起街垒，同敌人进行殊死的战斗。27日，敌军开始围攻最后两个工人区。在拉雪兹神甫墓地，200名公社战士与5000名凡尔赛士兵展开肉搏，战至傍晚，大部分公社战士壮烈牺牲，被俘战士全部被枪杀在墓地的一堵墙前。这堵墙后来被称为"公社社员墙"。28日，公社战士坚守的最后一个街垒被攻克。巴黎人民的武装起义被凡尔赛军血腥镇压下去了。

巴黎公社虽然失败，但它的伟大历史功绩是不可磨灭的。巴黎公社是无产阶级民主的第一次尝试，是历史上第一个无产阶级的国家政权，为后来的无产阶级革命提供了极其宝贵的历史经验和教训。

近东危机

近东危机发生在1875~1878年间。

1875年7月，巴尔干半岛的黑塞哥维那和波斯尼亚的斯拉夫民族发起了反对土耳其奥斯曼帝国统治的起义。

俄国在巴尔干和黑海海峡有着巨大的利益，它企图利用与巴尔干的斯拉夫人同宗同族的特殊关系，在"泛斯拉夫主义"的口

1878年柏林，俄、奥、英、德、法等国的元首签定《柏林条约》。

号下，以支持巴尔干人民反土斗争为借口，想实现自己在克里米亚战争中严重受挫的扩张计划。

1875年8月，俄国外交大臣哥尔查科夫向奥国建议给波黑自治权，遭到奥国的拒绝。

此时，保加利亚也爆发了反土起义，巴尔干局势又趋紧张。6月底，已获得自治地位的塞尔维亚和门的内哥罗向土耳其宣战。俄奥为协调局势，于7月8日在捷克的莱希斯塔特会谈，并达成口头协议：若土耳其获胜，则不协助其成立大斯拉夫国家。显然俄国作出了让步。

1877年4月24日，俄国对土宣战，俄土战争爆发。俄军很快攻入土耳其本土，并于第二年1月20日占领亚得里亚那堡，直逼土耳其首都君士坦丁堡。奥匈帝国这时则担心俄国独占

巴尔干，也改变立场，反对俄军进一步扩大战果。俄国迫于形势只好停止军事行为。1878年3月3日，俄土双方在君士坦丁堡附近的圣斯特法诺签订和约。

《圣斯特法诺和约》引起各国的反对，俄国陷于孤立，被迫让步。1878年6月13日，在德国的建议下，俄、奥、英、德、法、意、土以及巴尔干各国代表在柏林集会，经过一个月的激烈争吵，于7月13日签订《柏林条约》，取代原来的俄土《圣斯特法诺和约》。《柏林条约》仍承认塞尔维亚、门的内哥罗、罗马尼亚的独立，承认俄国对土耳其和罗马尼亚部分领土的兼并；保加利亚的疆域被缩小到巴尔干山脉以北，山南的东鲁米利亚作为奥斯曼帝国的自治省，弗拉加和马其顿仍划归土耳其所有；奥匈帝国占有波黑（名义上仍附属于土耳其）；英国从土耳其手中得到了塞浦路斯岛。

柏林会议暂时解除了"近东危机"。但是，巴尔干各族人民民族解放的要求还没有彻底解决，土耳其的民族奴役还没有根除，而一些地区，如保加利亚，在"沙皇式解放"以后又沦为"俄国的附庸"。近东危机进一步加深了列强之间的矛盾，俄国同德、奥的关系更加恶化，而德奥关系则日益密切，"三皇同盟"走向分裂。

国际无产阶级组织的形成

19世纪60年代，随着大工业的发展，资本主义社会的基本矛盾日益明显地暴露出来，无产阶级反对资产阶级的斗争也重新高涨起来。这一时期的工人运动表现出以下特点：第一，工人阶级的觉悟和组织程度日益提高；第二，欧洲各国无产阶级加强了国际合作；第三，马克思主义和各国工人运动日益密切结合。

1859年，马克思《政治经济学批判》一书出版；1860年起，他又开始撰写《资本论》，深入探讨资本主义社会的发展规律。马克思主义和工人阶级的结合，在思想上，同时也在干部上为建立新的无产阶级国际组织准备了条件。

第一国际创立于1864年9月28日。在英国伦敦的圣马丁教堂里，来自德、意、英、法等国家的2000多名工人代表聚集在一起，马克思应邀出席大会。他们在这里开会，除了声援波兰起义之外，还决定成立国际组织，并选举产生临时中央委员会。同年10月，国际工人协会正式成立，通过了马克思起草的《成立宣言》和《临时章程》。国际工人协会成立以后，对欧美各国的无产阶级革命进行声援，并建立了20多个支部。它还对蒲鲁东的机会主义思想和巴枯宁的无政府主义思潮进行了抵制与批判。蒲鲁东鼓吹建立互助合作性质的小生产者的私有制社会，而巴枯宁则竭力反对无产阶级革命和政党。他们都妄图拉拢一批立场不坚定者，分裂组织，争夺领导权，在马克思等人的努力下，他们的阴谋终告破产。

国际工人协会于1872年9

马克思与恩格斯对第一国际的成立起到了重要的指导作用。

月在海牙召开会议，巴枯宁等人被清除出去，同时决定把协会总部迁到美国。1876年7月，国际工人协会在美国费城召开会议，决定解散这一组织。

为了与"第二国际"相区别，人们往往把这一组织称为"第一国际"。

继第一国际后，第二国际于1889年7月14日宣布成立。成立大会通过了《国际劳工立法》和《庆祝"五一"节》的决议。第二国际属于一个分散性的组织，总部只起到了联络和通讯的作用。

第二国际的作用是促进各国无产阶级政党的建立，同时促进和支持工人阶级进行争取议会权利的斗争。在成立之初，第二国际致力于对无政府主义的抵制，在1896年的伦敦大会上，一些无政府主义者遭到摒弃。马克思和恩格斯逝世以后，第二国际遭到了一定挫折，修正主义抬头。

修正主义的代表人物是伯恩施坦。他的修正主义思想在《社会主义的前提和民主党的任务》（1899年）中暴露无遗，他鼓吹以和平方式把资本主义引入社会主义，但却得到了一些人的快速响应。第二国际第五次代表大会于1900年9月在巴黎召开，会上以伯恩施坦为代表的修正主义者与以卢森堡为首的马克思主义者展开了针锋相对的斗争，而第二国际的负责人考茨基则采取中立的态度。结果，第二国际内三足鼎立，逐渐走向分裂。第二国际中修正主义的头目最终背叛了社会主义和无产阶级的国际团结，堕落为社会沙文主义者，第一次世界大战爆发后，第二国际以破产而告终。

德奥同盟和三国同盟

19世纪70年代以后，由于资本主义经济政治发展的不平衡，英、美、德、法诸国实力发生了重大的变化，列强间的竞争愈演愈烈。与此同时，各方纷纷寻找同盟者，以壮大自己的力量并压倒对手。

1875年，德法战争危机和1875~1878年巴尔干事件使欧洲的根本矛盾显现出来，以德、奥为一方，以俄、法为另一方的阵线划分已经明朗化。1878年，"三皇同盟"不再继续。在这以后，俾斯麦开始同奥国进行外交活动，商谈以德、奥同盟来填补因"三皇同盟"解体而造成的欧洲政治真空。

奥匈帝国皇帝弗兰茨·约瑟夫像

德国建议两国缔结一项既针对俄国又针对法国的盟约，而奥国仅同意与德国缔结反俄协定，俾斯麦最后作出了让步。1879年10月7日，德、奥在维也纳签订了秘密军事同盟条约。盟约规定：如果缔约一方受到俄国的攻击，另一方则有义务倾全部兵力去援助；如果缔约一方遭到俄国以外的国家的攻击，只要没有俄国介入，另一方则保持中立；如攻击国得到俄国支持，另一方则应全力支援。实际上德奥同盟构成了欧洲一个军事集团的基础。

然而，德国对德奥同盟并不满意，它的心腹之患是法国，俾斯麦的目标是构筑针对法国的同盟体系。因此，他又采取了两个措施来补充和修正德奥同盟的欠缺。

首先是缓和与俄国的紧张关系，阻止俄、法接近。当时俄国也有意以德国来抵制英国，并通过德国对奥国施加压力，使俄国在巴尔干问题上获益。1881年6月18日，德、俄、奥三国在柏林再次签订《三皇同盟条约》。与1873年的"三皇同盟"相比，新的同盟仅是

反映19世纪中后期俄国人民苦难生活的著名油画《伏尔加河上的纤夫》

一个中立协定。协定规定：缔约一方与其他国家交战时，缔约另两方保持中立；遵守禁止各国军舰通过海峡的原则；保证奥国有合并波斯尼亚等地的权利。这一盟约使俄国从中直接获利，在外交上为抵御英国的进攻设置了一道屏障。德国则通过与俄国缓和关系，可以无后顾之忧地开展反对法国的活动。

第二是缔结反法同盟。1881年，法国占领突尼斯，引起法国同意大利的矛盾。经俾斯麦的拉拢，意大利于1882年5月20日与德、奥签订《三国同盟条约》。条约规定：如意大利遭到法国攻击，德、奥要全力支援；如德国遭到法国攻击，意大利则给以支援，奥保持中立，并尽力阻止俄国参加法国一方作战；任何一个缔约国若遭到两个或两个以上国家的攻击，其他两个缔约国均应参战，但若仅遭到除法国以外的一个国家的攻击，则其他两缔约国保持中立。1883年，罗马尼亚也加入了三国同盟。三国同盟的建立标志着以德国为盟主的一个帝国主义军事集团最终形成了。

第一次世界大战伊始，意大利宣布中立，1915年加入协约国。1914年10月和1915年10月，土耳其和保加利亚先后加入同盟国。1918年，同盟国战败而瓦解。

三国协约的缔结

1890年3月，俾斯麦辞职后，德皇威廉二世放弃了俾斯麦的拉拢俄国以孤立法国的策略，结果把俄国推向了法国的怀抱。

法、俄两国在政治上有着共同的利益，他们都害怕德国势力过于强大，法国希望在德法战争中能够得到俄国在东线的支援，而俄国也希望法国能策应它同奥国争夺巴尔干。两国在经济上往来也日益密切。自1888年以来，法国连续向俄国提供贷款，到1889年底，俄已欠法国贷款达26亿法郎，而此时德国却拒绝向俄提供任何贷款。这样，俄国在财政上对法国的依赖加深了。

1890年7月，德、英签订《赫尔果兰条约》，在东非问题上达成妥协。这个条约使法国感到孤立，于是加速了同俄结盟的步伐。1891年5月，德、奥、意第三次续订三国同盟。6

月，意大利首相在宣布三国同盟续订的消息时，提到英、意、奥的《地中海协定》，法国因此怀疑英国也参加了三国同盟，于是决定采取外交行动。8月，法、俄以外交信函的形式，订立了《政治协定》，确定在有可能受到攻击的情况下，两国应就形势和所采取的措施互致谅解。第二年8月17日，法、俄又签订了秘密的《军事协定》。协定规定：如果奥国或意大利在德国支持下进攻法国，俄国应全力进攻德国；如果德国或奥国在德国支持下进攻俄国，法国应全力进攻德国；如果三国同盟国家动员其军队，法、俄两国无需协商便立即动员其全部军队开赴边境；法国用于对付德国的军队应为130万人，俄国用于对付德国的军队应为70万~80万人；双方不得单独媾和，不得泄露协定秘密；协定的有效期与三国同盟条约的有效期相同。

"铁血宰相"俾斯麦纵横捭阖，在欧洲争霸中风云一时。

与此同时，出于对德国势力日益膨胀的畏惧，英国感到自己的地位受到越来越大的威胁，它决定放弃传统的"光荣孤立"政策，开始向法俄靠拢。1904年4月，英国和法国签订了瓜分殖民地的协约。这个协约的主要内容是：法国不干涉英国在埃及的行动，英国承认法国在摩洛哥有维护安宁和协助改革的权利；划定两国在暹罗（即今天的泰国）的势力范围：以湄公河为界，西半部是英国的势力范围，东半部是法国的势力范围；法国放弃在纽芬兰独占的捕鱼权，英国则让给法国西非一些殖民地。同时，秘密条款还规定，双方政府之一如为"情势所迫"，也可变更埃及或摩洛哥的现状。但是自由贸易、自由通行苏伊士运河、直布罗陀海

结成同盟的三国君主画像

峡南岸禁止设防等原则仍继续维持。通过协约，英法两国的矛盾解决，双方利益趋向一致。此后，英俄为了对付共同的对手德国，也开始调整相互之间的关系，1907年8月，英国和俄国在彼得堡签订了分割殖民地的协定。这个协定的主要内容是：划定波斯（即今天的伊朗）东南部为英国的势力范围，北部为俄国的势力范围，两者之间是一个中立地带，对英俄两国平等开放；俄国承认阿富汗在自己势力范围之外，并承允英国代替阿富汗的外交。这样，所谓的"三国协约"最终形成。

"三国同盟"与"三国协约"形成之后，两大集团之间互相竞争，最终导致了第一次世界大战的爆发。

越南抗法斗争

1802年，越南建立了阮氏王朝。阮氏王朝为了巩固封建统治，加强中央集权，把全国分为南、北、中三圻，定都顺化；任命武官为地方长官，对农民起义较多的地区和战略要地都驻兵镇守，并以严酷的刑律统治人民。由于阮氏王朝派往各地的官吏大肆欺压、掠夺人民，所以从阮氏王朝初建时起，人民起义就不断发生。到19世纪中叶，阮氏王朝的封建统治已面临严重的危机。

在这种背景下，法国殖民者加快了侵略越南的步伐。19世纪40年代，法国不断派炮舰侵犯南圻的土伦、西贡等地。1860年底，法国又一次派兵进攻南圻。1861年春，法国侵略军占领了定祥、嘉定、边和三省。尽管南圻人民奋起抗战，但阮氏王朝竟采取屈膝投降的政策，于1862年同法国签订了丧权辱国的第一次《西贡条约》。条约规定割让嘉定、边和、定祥和昆仑岛给法国；开放土伦、巴叻、广安三港为商埠；越南必须通过法国才能与其他国家办理交涉等。从此，法国开始控制越南的内政外交，《西贡条约》标志着越南沦为法国殖民地的开端。

1874年，法国又以武力强迫越南签订第二次《西贡条约》。这次条约的签订是法国侵占整个越南的一个很重要的步骤。1883年8月，法国殖民者又迫使阮氏王朝签订《顺化条约》，确定法国对越南的保护权。1885年中法战争结束后，清政府在同法国签订的《天津条约》中，承认了法国对越南的统治。至此，越南完全沦为法国的殖民地。

为了巩固它在越南的殖民统治，法国采取"分而治之"的政策，在南、中、北圻分别建立了不同形式的殖民统治制度，南圻划为"直辖领地"，废除原有机构，由法国总督直接统治。

在加强政治统治的同时，法国殖民者在经济上也对越南人民加紧了残酷的掠夺与剥削，其主要方式是掠夺土地、征收重税等等。处于水深火热中的越南人民接连掀起反法斗

越南人民与清军一同抗击法国殖民者的图画

争。勤王运动和农民游击战争是这个时期抗法斗争的主要内容。

1885年7月，阮氏王朝大臣尊室说在顺化发动起义，袭击法国侵略军。咸宜帝号召"文绅"勤王，史称"勤王运动"。1885～1896年，各地爱国文绅和封建官吏纷纷响应，从北圻的兴安、清化到中圻的广治、平定，勤王起义持续不断，沉重地打击了法国侵略者，直到19世纪末，起义才被法国镇压下去。勤王运动虽然是封建士大夫阶层领导的民族运动，但它是20世纪初越南资产阶级民族民主运动的先声。

朝鲜甲午农民战争

19世纪70年代，日本将侵略的魔掌伸向了朝鲜。朝鲜政府在日本军国主义的武力威胁之下，被迫和日本签订了所谓《朝日友好条约》，即《江华条约》。《江华条约》严重地破坏了朝鲜主权，朝鲜开始沦为日本的半殖民地。

在日本资本主义与本国封建主义的双重残酷压榨下，朝鲜各地接连举行反对日本侵略者和封建统治者的起义，8月下旬，在闵妃集团的请求下，清政府派遣军队镇压了

表现日本军队侵略朝鲜的版画

起义，并拘捕了大院君，闵妃集团得以重新执政。

鸦片战争后，清朝政府在邻国的威信逐渐下降。《江华条约》订立后，朝鲜一部分贵族青年知识分子和官吏对欧洲和日本开始有所了解。他们觉察到清朝政府的腐败无能，对清军进驻朝鲜干涉内政深为不满。

壬午兵变后，开化派发起的改良运动得到蓬勃发展，开化派和闵妃集团守旧派的斗争日益尖锐。日本侵略者利用朝鲜的民族矛盾，企图在朝鲜建立亲日政权，而开化派也正寻求日本政府的帮助。1884年（甲申年）12月4日，开化派借庆祝邮政局落成的机会，与日本公使竹添进一郎共同策划政变。开化派依靠日本军队，杀死守旧派的主要官员。并于第二天挟持国王，组成新政府，宣布同清政府断绝外交关系。6日晨，新政府发表政治纲领，提出废除门阀、革除冗官、惩处奸吏、四民平等、改革租税、整编军队、限制国王和宫廷权力等条款，但由于缺乏具体措施，没有得到人民群众的支持。下午，清军应闵妃集团的请求入宫，与日军展开激战。日本公使见形势不利，率军逃跑。洪英植等被清军杀死，金玉均等亡命日本。至此，开化派举行的甲申政变宣告失败。

1893年，朝鲜发生大灾荒，饥民遍野，百姓流离失所，而贪官污吏和土豪劣绅却趁机压榨人民。全罗道古阜郡守赵秉甲漠视人民疾苦，非法征收水税和杂捐。赵秉甲的残暴行为激起农民极大的愤怒。1894年1月15日，古阜、泰仁一带1000余农民在东学道首领全琫准领导下举行起义。起义者攻占古阜郡城，占领武器库，惩处贪官污吏，释放囚犯，开仓分粮，烧毁土地文契，附近的村民纷纷响应。3月，攻下要地长白山，整顿了队伍，共推全琫准为总大将，明确提出了"辅国安民"、"逐灭倭夷"、"尽灭权贵"的斗争纲领。4月，

义军攻下南方重镇全州，锋芒直指汉城。朝鲜统治者向清政府求援，并被迫接受了起义军提出的12项要求。

1894年6月，清军在牙山登陆。日本以清军登陆为借口，立刻派军队于7月6日在仁川登陆。7月23日，日军占领汉城后，立刻发动宫廷政变，组成了以金弘集为首的亲日派政府。亲日政府同日本签订了《朝日暂定合作条款》和《朝日攻守同盟条约》，宣布驱逐清军，把清政府在朝鲜的一切权限"委托"给日本。7月25日，日本对中国不宣而战，中日甲午战争爆发。此后，起义军的斗争锋芒转向日本侵略者。9月末，在全罗道集结的起义军达十余万人，士气极为振奋。义军准备北进，直取汉城，驱逐日军，推翻傀儡政府。

然而，在这一关键的时刻，起义军领导集团却发生了分裂。10月间，起义军进入忠清道首府公州，先头部队接近汉城。经过6天激战，最后起义军失败。11月下旬，在论山战役中，起义军与敌人血战11天，因力量对比悬殊，又遭到了严重损失，被迫分散成小股部队转战于全罗道和忠清道。

全瑑准率领一部分军队转战到全罗道淳昌一带，准备重新集结力量继续战斗，但由于叛徒告密而被俘。1895年3月11日全瑑准慷慨就义。威震全国的甲午农民战争在日本侵略者及其走狗联合镇压下以失败告终。

美西战争

19世纪末，美国的工业产品的产量已大大超过国内需求，这就注定美国要去争夺世界领土。但是，当美国登上了争夺殖民地的舞台时，世界领土已基本上瓜分完毕。美国垄断资本家便决定首先夺取西班牙在拉丁美洲和亚洲最后两块较大的殖民地——古巴和菲律宾。

当1895年古巴人民再次掀起独立战争、1896年菲律宾爆发革命时，美国趁机发动了对西班牙的战争。

1898年1月，美国借口"保护侨民"的安全，派战舰"缅因"号驶往哈瓦那。25日，该舰突然爆炸，美国以此事为借口，对西班牙宣战。美军的作战目标极为明确，依靠强大的海军力量，先突袭菲律宾的马尼拉海湾，再打击古巴西军，从而占领拉丁美洲及亚洲的西属殖民地。

5月1日凌晨，美海军上将乔治·杜威率领舰队，凭借良好的航海技术，乘着黎明前黑暗的掩护，率领舰队突然驶进马尼拉湾。西班牙要塞哨兵发现后开炮轰击，但均未命中。美随即进行还击，停泊在港湾的西班牙舰队，慌乱中组织反击，但有的舰船还未起锚就被击沉。要塞上的炮火虽然猛烈，但命中率却低得可怜。杜威命令美舰队火力集中向西班牙的旗舰猛攻，7时许，旗舰被击沉。失去指挥的西班牙舰队更是乱作一团。中午，西班牙舰队遭到全歼，马尼拉湾被美军封锁，西班牙在太平洋的制海权落入美军手中。马尼拉突袭成功，极大地鼓舞了美军。6月，美国打着"帮助古巴独立"的旗号，计划从圣地亚哥港登陆。此时的古巴，反西民族革命全面爆发，西班牙军队大多被古巴革命牵制。西军利用圣地亚哥港呈瓶状，出入狭窄，易守难攻的地形优势，用军舰和水雷在港口构筑了严密的防线，使美军无法前进一步，只好将出口紧紧围住。

为迫使西军接受海战，美军对周围地形作详细侦察后决定，海军陆战队从港口东面不远的关塔那摩湾强行登陆，从陆上对圣地亚哥港形成包围之势。6月10日，600名海军陆战队人员出发。虽然西军在关塔那摩湾的防守相对较弱，但仍顽强阻击，美军伤亡重大。防线最终被突破，美军成功登陆。7月1日，美陆战队先后攻占了圣地亚哥港东北部和东部的据点埃尔卡纳和圣胡安，形成了对圣地亚哥港的包围之势。陆上的攻势给停泊在圣地亚哥港内的西班牙舰队造成严重威胁。7月3日，他们开始试图冒险冲破美军的封锁。上午9时许，3艘巡洋舰和2艘驱逐舰在玛丽亚·特雷莎号旗舰的率领下率先冲出，严密封锁港口的美军集中火力向港口发

在美西战争中，美国以其强大的海军力量在马尼拉湾重创西班牙舰队，从而登上了争霸世界的舞台。

射，西舰船逐一被击沉。这次海战不到3小时就宣告结束。7月17日，圣地亚哥守兵投降。8月12日，美军趁势攻占了波多黎各岛。8月13日，在菲律宾人民起义军的配合下，美陆军攻占了马尼拉市，西班牙在殖民地的力量被美军彻底歼灭。12月，美、西在巴黎签订和约，和约规定：西班牙放弃古巴的主权，西班牙撤军后古巴由美军占领；菲律宾、波多黎各、关岛让给美国；美国付给西班牙2000万美元作为"补偿"。这个条约是一个重新分割世界的条约，是对菲律宾和古巴主权的粗暴践踏。美西战争是帝国主义重新瓜分殖民地的第一次战争。美国从此作为一个帝国主义大国，登上了争霸世界的舞台。

门户开放

19世纪末，尤其是在1895年中日甲午战争之后，远东的政治格局急剧变化，列强在中国的均势被打破，从而掀起了瓜分中国的狂潮。其中，俄国独占了中国东北；日本取得台湾和澎湖之后，又把福建置于它的势力范围之内；德国强占了胶州湾，把山东变为其势力范围；法国强行租借了广州湾，其势力范围遍及滇、粤、川等地；英国租借了九龙和威海卫，并宣布长江流域为它的势力范围。列强们瓜分中国的狂潮无法止步，中国面临亡国的危险，而列强之间的矛盾也越演越烈。

西方各国在各自的势力范围内大都实行排他性殖民政策，这严重损害了因忙于美西战争而未能在中国占有一席之地的美国的商业利益。尤其是俄国封锁了中国东北市场，不准美国商品和资本进入，为此美国耿耿于怀。虽然当时美国对中国的贸易总额并不是很大，但垄断财团早就看中了中国市场的潜在价值，它们向政府施加了强大压力，要求政府采取行动。当时，英国出于自身利益，也向美国建议以"门户开放"原则来规范各国对中国的贸易，协调各国在中国的商业利益。在这种背景下，美国国务卿约翰·海伊于1899年9月6日向英、法、德、俄、日、意等国递交了一份照会，美国承认各国在中国的"势力范围"和夺得的特权；同时要求在各国的租借地和势力范围内，美国享有均等

的贸易机会；要求中国内地全部开放，使帝国主义国家都享有投资权利。美国提出该政策的目的是企图通过"机会均等、利益均沾"手段，缓和列强争夺中国的矛盾，防止列强瓜分中国，以使整个中国市场对美国商品自由开放，从而渗透其侵略势力。

第二年7月3日，美国又发出第二封照会，除重申"平等公平贸易"原则外，还提出要"保全"中国的领土和行政完整。两次照会组成了美国对外政策的"门户开放"原则，这个原则的内容与旧殖民主义的根本区别在于：反对以武力征服的方式从空间上对殖民地实行独占，主张建立无边界的殖民体系；反对对殖民地实行直接统治，而提倡保留殖民地原有的行政实体，实行间接统治；反对垄断式的保护主义，主张"门户开放"，实行"公平"的自由贸易竞争。

这样，"门户开放"原则实质上全盘否定了旧殖民主义赖以存在的基础，构筑了新殖民主义的框架体系。英国首先支持美国该政策，其他国家也先后表示同意。直到第二次世界大战后，美国在中国的独占地位已经形成，才放弃此政策。

执行"门户开放"政策的美国总统威廉·麦克雷，他于1901年被刺身亡。

俄日美在远东的竞争

俄国早在17世纪就开始对中国进行侵略活动。到19世纪末已把原属中国的150多万平方千米的土地并入了自己的版图。

日本是新兴的帝国主义国家，19世纪70年代开始对外扩张：1872年侵占了琉球；1874年侵略中国的台湾，最终以失败告终；1875年又入侵朝鲜，取得开放港口和领事裁判等特权。1885年，日本迫使中国清政府订约，使日本在朝鲜取得了与中国同等的权利。当时英、美等国企图利用日本排挤俄国在中国和远东的势力，在英、美的支持下，日本于1894年7月25日发动了侵略中国和朝鲜的中日甲午战争。清政府战败后，于第二年被迫同日本签订了《马关条约》，根据《马关条约》的规定，中国割让辽东半岛、台湾、澎湖列岛给日本；赔款白银2亿两；长沙、重庆、苏州、杭州开放为商埠，允许日本资本家在通商口岸开设工厂；承认日本对于朝鲜的控制。此外，为了保证中国履行条款，日军暂时占领威海卫。

甲午战争彻底暴露了清政府的虚弱本质，各国不再有任何顾忌，立即掀起了瓜分中国的狂潮。《马关条约》中辽东半岛割让给日本的条款极大地触怒了俄国，俄国联

李鸿章与伊藤博文签订《马关条约》图

合德、法两国威逼日本放弃对于辽东半岛的占领。1896年，李鸿章在莫斯科与沙皇政府代表签订了《中俄密约》，这是一份以同盟面貌出现的条约，俄国以"还辽"功臣自居，独霸了中国东北，而后取得了修筑东清铁路（后改称中东铁路）以及在铁路沿线的行政、驻兵、司法、采矿及贸易等权利。1897年11月，德国以武力占领胶州湾，次年3月强行租借胶州湾，租期为99年，进而把山东全境变成它的势力范围。俄国势力的加强使日本更加向英、美靠拢，因此，在远东已形成俄、法、德为一方和日、美、英为另一方的对立格局。

美国在亚洲、太平洋也有着重大利益，1895年以来，美国对中国贸易增长很快，在中国投资也已起步。但是，俄国对中国东北的控制使美国面临失去重要的中国市场的危险，美国国内许多垄断财团纷纷要求政府采取措施，以便打开中国市场。当时，美国主要是利用日本来同俄国对抗，然后从这种"均势"政策中获取自己的利益。远东的这种均势，一直维持到1905年的日、俄战争才被打破。

英德在南非的冲突

为实现"2C计划"，英国继占有开普敦和纳塔尔之后，又图谋布尔人建立的奥兰治自由邦和德兰士瓦共和国。但是，英国在南非却遭到德国的挑战。1884年，德国夺取了西南非洲（今纳米比亚）和非洲中部的多哥、喀麦隆。1885年，又占领了坦噶尼喀（德属东非）。不久，又相继占领了卢旺达、布隆迪。德国企图沿赤道占领东西非洲，这样一来，就与英国的计划发生了冲突。1890年德、英签订条约，双方划分了在东南非的势力范围，德国取得坦噶尼喀；英国获得肯尼亚和乌干达。但条约并未最终制止两国的争夺。90年代初，英国占领了贝专纳（今博茨瓦纳），并支持殖民主义分子罗得斯组成远征军侵占了尼亚萨兰（今马拉维）、赞比亚和罗得西亚（今津巴布韦）。德国则同德兰士瓦签订商约，控制了该国的全部对外贸易。

1894年德兰士瓦又准许德国在该国境内修筑铁路。1895年1月，两艘德国军舰进入莫桑比克的德拉戈阿湾向英国示威，德国政府公开表示要充当布尔人的保护人，支持德兰士瓦对英采取强硬态度。这年年底，800名英军入侵德兰士瓦，但被布尔人击退。德皇威廉二世立即向德兰士瓦总统克鲁格致电，表示祝贺。英国认为德皇这一举动是一种挑衅行为，英、德关系骤然紧张。1898年，英、德签订了分割葡属非洲的条约，两国关系才告缓和。由于德国中断了对布尔人的支持，英国才得以在1899年发动了对德兰士瓦的"英布战争"。

英对印度的殖民统治

19世纪末，随着英国对世界工业垄断地位的丧失，英国殖民者对其最大的殖民地印度的殖民掠夺更加疯狂了。这一时期，英国殖民者除了继续依靠军事政治权力对印度人无情搜刮、扩大商品倾销、加紧掠夺粮食原料之外，资本输出已逐渐成为主要的剥削手段。

在农业方面，英商经营着各种水利工程和茶叶、橡胶等种植园。由于殖民政府的强制和英商的操纵，印度的农业生产商品化有所发展，很多地区变成了单一种植区。与此同时，英国殖民者还利用封建土地关系加强对农民的剥削。19世纪60年代以后，殖民政府颁布一系列田赋法案，巩固了柴明达尔地主的地位，从而进一步保障了地主、商人、高利贷者对农民的剥削权。这一时期，英国从印度掠夺的粮食和原料与日俱增。

英国王室成员受到印度王子们的盛情接待。

英国资本输出的增长、近代工业的出现——特别是铁路网的修建，在客观上促进了印度民族工业的发展。但是，印度资产阶级和英国资产阶级之间仍存在着难以调和的矛盾。英国资本家依仗殖民政权，采取经济的和非经济的手段阻挠民族资本发展。殖民政府根据垄断资本家的利益，制定关税政策，进一步加强英国商品在印度市场的竞争能力。直到19世纪末，印度资本主义工业仍然是半封建殖民地经济大海中的一个小岛。

随着近代工业的产生，印度出现了第一批产业工人。最早的近代工人是在英国资本家工厂做工。19世纪末，印度已有50多万的产业工人，他们大部分来自破产农民和手工业者。他们的工资微薄，劳动繁重，工作日长达14～15小时，根本没有假日。沉重的劳动严重损害了印度工人的健康，很多人被折磨致死。这一时期，印度无产阶级人数不多，政治上也不成熟，但却与先进的生产方式相联系，是一个不断发展的、组织性和革命性极强的阶级。随着殖民掠夺和封建剥削不断加强，各种社会矛盾，尤其是印度人民和英国殖民主义的矛盾日益尖锐。印度各地开展了轰轰烈烈的农民运动和工人罢工，同时兴起的还有资产阶级改良运动。19世纪六七十年代，资产阶级改良主义运动发展迅速，并且出现了各种地方性的改良主义政治组织。他们反对英国殖民束缚，要求实行自下而上的社会改革，普及欧式教育，发展民族工业，改革税制，实施司法平等制度，建立陪审制度，实现在英帝国范围内的自治。

工人运动、农民起义和资产阶级改良主义运动三者同时进行，这种形势引起了英国殖民者极大的恐惧。英国殖民者为了防止工农运动和资产阶级运动相结合，极力拉拢地主资产阶级上层分子，力图把资产阶级改良主义运动纳入合法的轨道，以便加以操纵和控制。于是，他们便支持资产阶级的代表建立全国性的改良主义政党。

1885年12月28日，在英国殖民官吏休谟的操纵下，印度国民大会党（简称国大党）在孟买举行成立大会。出席大会的代表中半数是资产阶级知识分子，半数是地主商人和高利贷者。大会的中心议题是要求民权和自治。

国大党成立不久，收容了一批激进主义者，很快使国大党内部分成两派。以苏伦德拉·纳特·巴纳吉为首的温和派掌握领导权，代表地主和上层资产阶级的利益，主张和英国妥协合作。以巴尔·甘格达尔·提拉克为首的激进派，代表小资产阶级、富农、小地主和自由职业者的利益，他们极力反对温和派的妥协合作路线，认为英国殖民奴役是印度贫穷落后的根源，主张联合人民群众的力量，运用各种不同的斗争形式——包括暴力来推翻英国殖民统治，实现民族独立。英国殖民当局把提拉克视为死敌，1897年将他监禁起来，但在印度人民的抗议下，殖民当局被迫把他释放了。提拉克在印度人民中的威望日益增长，到19世纪末20世纪初，他成为印度资产阶级民族运动的代表人物。

西北非的反侵略斗争

1871年春，阿尔及利亚发生民族起义，一度把法军从东部地区赶了出去。随后，斗争的烈火燃遍阿尔及利亚全境。起义坚持到1872年才被法国镇压下去。起义失败后，法国把阿尔及利亚变成为法国的一个省，法国殖民当局剥夺了阿尔及利亚人民的各种权利，并大规模移民，企图"同化"阿尔及利亚。

突尼斯是法国继占领阿尔及利亚之后的又一目标。1878年的柏林会议上，法国在突尼斯问题上得到英、德的支持。1881年4月，法国派兵入侵突尼斯，迫使突尼斯在接受法国保护的条约上签字。此后，突尼斯人民立即举行全国性起义，顽强抗击入侵的法军。1883年，起义遭到血腥镇压。7月，法国又强迫突尼斯签订新的条约，突尼斯正式接受法国的"保护"，虽然突尼斯政权仍然保留着，但国家权力已完全操纵在法国人手中。

到19世纪末，北非只有摩洛哥还保持着独立，但由于国内改革运动的失败，摩洛哥失去了抵御帝国主义入侵的实力。20世纪初，摩洛哥最终沦为法国的"保护国"。

从19世纪初开始，英国就企图侵略西非阿散蒂人的国家，但均遭失败，仅在黄金海岸建立了一些分散的殖民据点。1873年春，英军4000余人向阿散蒂发动进攻，双方激战到次年2月，阿散蒂人被迫从首都库马西撤出。3月14日，阿散蒂被迫同英国签订了和约，放弃了沿海地区的主权。1896年1月，英军再次占领了库马西，宣布阿散蒂为英国的"保护国"。阿散蒂人民掀起抗英斗争。起义一直坚持到1901年底才告以结束。阿散蒂从此被英国吞并，成为英国的直辖殖民地。

对非洲的殖民激发了欧洲开发商的想象力，他们为孩子设计了一种棋盘游戏，其图画背景即取自欧洲人踏上非洲土地时的情景。

日俄战争

英布战争结束后不久，1904年又爆发了沙俄和日本争夺东亚霸权的战争。

明治维新后，日本对外扩张的主要对象是朝鲜和中国，以建立太平洋霸权。甲午战争是实现这一计划的第一步。这场战争不仅给中国带来了深重的民族灾难，而且也损害了俄、法、德在远东的利益。沙俄联合法、德迫使日本退还辽东半岛，致使日、俄矛盾加剧。此后，日本为同俄国一战，积极扩军备战。

俄国在迫使日本将辽东半岛归还中国后，其势力在中国东北迅速扩展。通过1896年《中俄密约》以及1898年强租旅顺、大连等，中国东北全境实际上已沦为俄国的势力范围。1900年，八国联军镇压义和团运动后，俄国独吞东北的野心不仅激化了日俄矛盾，也触犯了其他列强在中国的利益。1902年，英、日结成同盟，日本更敢于对俄国发动战争了。1903年8月，日俄双方就重新瓜分中国东北和朝鲜进行谈判。已完成扩军备战的日本态度强硬，致使谈判破裂。1904年2月6日，日本断绝与俄国的外交关系。8月，日本不宣而战，海军舰队用鱼雷偷袭旅顺俄国舰队。几艘舰船被击沉后，俄舰队被迫退到港内，日军遂将旅顺港口封锁。

俄军面临着两个问题：一方面，陆上的支援和补给要经过西伯利亚铁路，从莫斯科到旅顺港约有6000英里，距离较远。并且贝加尔湖切断了西伯利亚铁路，所有运输物资在湖的一面必须卸下，运到对岸后再装列车，通常把一个营的兵力运到旅顺，需要一个多月的时间。另一方面，俄在东北有海参崴和旅顺两个港口，而冬季海参崴港口因封冻而不能使用，只有旅顺为不冻港，可作海军基地。基于此，俄陆军司令克鲁泡特金建议主力撤出辽东半岛，在哈尔滨集结，等候从莫斯科来的援兵，再进行反攻，击退日本军队，解救孤军死守的旅顺俄军。但由于俄军指挥层意见分歧，于是将主力军集结点改为辽阳，然后把兵力向旅顺推进。

此时，日本也在考虑作战计划，他们认清了作战的关键是海军，但如果陆上不给俄军以决定性的打击，是无法把俄势力赶出中国的；对于日本来说，朝鲜半岛是一条比较安全的补给线，是进退自如的便利基地；来自俄军的海上威胁就是驻旅顺港的俄舰队，他们足可以切断日本的海上交通，制海权对日本是极为重要的。针对这些情况，日本一面引诱俄舰队接受会战，否则就封锁旅顺港口。一方面日陆军在舰队的保护下，从仁川登陆，控制朝鲜半岛，建立稳固基地后，用3个军团的兵力从朝鲜湾的北岸登陆向辽阳进军，以阻止俄南下支援旅顺。第四军团则围攻旅顺港，攻克后北上与前3个军团会合，在俄陆军增援未到前击败俄军。

5月初，日本在朝鲜站稳脚跟，便从朝鲜湾登陆中国。25日，日军攻入金州，次日，攻下南山高地，占领了大连。旅顺港完全处于日军的包围中。

旅顺港有三道防御工事，依托地势，人工构建了堡垒和碉堡，并用高压有刺铁丝网包围，防御强度极高。日本连续发动两次总攻，采用坑道战、地雷战、炮轰战等均被顽强的俄军抑制住，日军损失惨重，但也攻占了周边一些关键性的阵地。俄军全部防御体系的总枢纽203高地仍控制在俄军手中。11月26日，日军向203高地发起第3次总攻。火力轰炸连续数天，日军付出1.1万人的血本，终于在12月5日登上203高地，旅顺港内的船只从这里尽收眼底。7日，俄舰船被全部击毁。1905年1月4日，日军占领旅顺，俄军投降。日军按计划北上与元帅大山会合，投入对俄主力的进攻。

2月23日，日军30万大军与俄31万大军在奉天（今沈阳）展开最大规模的会战。双方正面都挖有堑壕、筑建有野战工事，交战极为激烈，直到3日10日，日军才攻克奉天，俄军向哈尔滨撤退。

5月9日，俄军波罗的海舰队缓缓进入中国海域赶来支援。27日在对马海峡被日舰队全部歼灭。对马之战的失败，使俄国国内的人民忍无可忍，大多数城市爆发革命，沙皇专制制度接近崩溃边缘。9月5日，在美国的调停下，日、俄签订了《朴茨茅斯和约》，规定俄国承认日本在朝鲜的独占利益，俄国将辽东半岛的租借权和库页岛南部及附近岛屿让予日本等。

日俄战争是日、俄在中国的领土上为争夺远东霸权而发生的又一次帝国主义战争。俄国战败，加速了俄国革命的到来。日本取胜，使其跻身于世界强国之列，进一步增强了它称霸东亚的野心。而此时的美国也走上了争夺亚太霸权的竞技场，向日本和欧洲列强提出对中国实行"门户开放"的要求。这次战争非法践踏了中国的领土，蹂躏了中国的主权，使中国东北人民蒙受了巨大的战争洗劫，无辜平民死伤不计其数，这场战争真正的受害者是中国人民。

亚洲各国的反殖民主义运动

亚洲的殖民地格局形成较迟，但到19世纪70年代，亚洲的殖民化也已达到极点。一方面，亚洲受帝国主义压迫；另一方面，资产阶级得到迅速发展，为民主主义革命与改革奠定了基础。因而，尽管各国的反殖情绪日益高涨，但采取的方式却各有特点。中国在19世纪末已被殖民主义者的洋枪洋炮轰开大门。帝国主义的侵略打破了中国原有的政治经济格局，同时，又给资本主义经济的发展提供了良好的机遇，资产阶级革命也应运而生。19世纪60年代，中国发生了"洋务运动"。洋务运动首先致力于军事制造业，如兴办军械所、船政局等，军事制造业在60年代达到高潮；到了70年代，则致力于海军的筹建以及军事、民用工业的振兴。但由于遭到封建保守势力的阻挠，洋务运动并没有取得预期的效果。

到了19世纪末，中日甲午战争爆发。继后，义和团起义运动给帝国主义殖民者以迎头痛击，但义和团运动因八国联军的侵入而宣告失败。1901年《辛丑条约》签订，中国到了生死存亡的关头。而孙中山光复会、兴中会的成立，又为中国历史带来了希望的曙光，为辛亥革命奏响了序曲。

19世纪70年代开始，朝鲜开始沦为日本的半殖民地。朝鲜人民不堪忍受本国统治者与日本帝国主义的双重压迫，经常爆发起义。1882年7月23日，汉城爆发了由数千名士兵参加的起义，他们与贫民会合，杀死日本军备人员，释放被关押的监犯和群众。但同年8月，起义被镇压。

此后，朝鲜资产阶级改良运动如火如荼。1884年12月4日，开化派组织的政变爆发，但很快被镇压。19世纪80年代到90年代，朝鲜的黄海道、京畿道等地发生起义，至1894年，形成燎原之势。1894年1月15日，全琫准领导由1000余名农民组成的起义军发动起义，并在3月29日发布告示，明确提出"反对日本殖民者"的口号。4月6日，起义军歼灭1000余名官

日本人绘制的反映夺取旅顺的图画

军，4月28日攻陷全州。但是，由于轻信政府提出的议和，起义军没有乘胜进攻。6月6日，中国军队于牙山登陆。7月6日，1万余名日军从仁川登陆。同时，朝鲜组成了亲日政府。10月间，起义军围攻汉城，但由于兵力悬殊，遭到重创。11月下旬，起义军与日军血战论山，几乎全军覆没，全琫准被俘，于1895年遇害。

1802年，越南阮氏政府建立。阮氏政府对人民实行苛政，统治者暴虐残忍，引起了国内人民的强烈不满。到了19世纪中期，法国殖民者侵入越南。国内的苛政加上殖民势力的掠夺，越南人民遭受到双重压迫与剥削。为了反抗法国殖民者，越南农民展开游击战争。同时，"勤王运动"被推向高潮。"勤王运动"是1885年7月由阮氏政府大臣尊室说发动的，勤王军在顺化挫败法国军队，1885年至1896年得到各界群众响应。19世纪末，"勤王运动"被镇压。在农民游击战争中，南圻、中圻、北圻等地是主要战场，其中以黄花探率领的农民游击队抵抗时间最长。法军腹背受敌，四处遭创。到了1913年，黄花探被叛徒刺杀，起义失败。但游击战争一直持续到1913年，给法国殖民者以沉重的打击。

西班牙在1565年把菲律宾变为自己的殖民地，菲律宾人民的反西殖民斗争是与"卡蒂普南"这一革命团体联系在一起的。19世纪80年代，菲律宾发生了一场改良主义运动，领导人是何塞·黎萨，他坚持改革殖民制度，实行民族平等，反对西班牙人的暴政。但他对殖民者抱有幻想，结果被殖民者流放。由于不满黎萨的改良主义立场，在安德烈·旁尼发佐的领导下，革命团体"卡蒂普南"在马尼拉成立。他们主张暴力反抗殖民者，到1895年，加入"卡蒂普南"的有3万人。由于计划泄露，革命团体成员遭到捕杀，后因内讧，旁尼发佐被阿奎那多杀害。美西战争爆发后，阿奎那多在1898年6月12日宣布成立新的菲律宾政府，同年8月阿奎那多当选为总统。1899年，美国突然对马尼拉发动进攻，菲律宾开始沦为美国的殖民地。

印度国大党的成立对于印度的反殖民主义运动起了强大的推动作用。印度国大党（全称为印度国民大会党）1885年12月28日成立于孟买，参加成立大会的有来自孟买和其他印度各地的改良主义集团和经济界、商界的代表。国大党是得到英国统治者许可后成立的，它的目的在于争取参政议政的权利。继后，一批激进主义者加入到国大党内，他们提倡暴力反抗英国殖民者，但响应者寥寥无几，结果激进主义者的领导人巴尔、甘格达尔、提拉克被英国殖民当局逮捕，但他们的威信也因此日增。国大党分成主战和主和两派，结果主战派占了上风。

第二次工业革命

从19世纪70年代到20世纪初，科学技术飞速发展，人类历史上又发生了一次新的工业革命，被称为"第二次工业革命"。

第一次工业革命和资本主义的迅速发展，使得自然科学在19世纪取得重大突破。在物理学方面，法拉第证明了电磁感应现象，伦琴发现了放射现象；在化学方面，分子-原子结构学说确立，门捷列夫制定了化学元素周期表；在生物学方面，细胞学说建立，达尔文创立了生物进化论学说。这些重大突破，为自然科学与生产技术相结合，把科学原理转化为技术，直接运用到生产中去，创造了有利的条件。而世界市场的出现和资本主义世界体系的基本形成，又推动了商品的生产。因此，人们追求更高的生产效率，渴望有更好的机器和更强大的动力。这些条件，使第二次工业革命的发生成为可能。

第二次工业革命最主要的表现是电力的广泛应用。1866年，德国人西门子制成发电机。4年后，比利时的格拉姆发明了电动机。于是，电力作为一种新能源开始用来带动机器。此后，以电为能源的产品迅速被发明出来，如电灯、电车、电报、电话以及电焊技术等。电的广泛使用，造成对电力的需求大增。于是有了法国人马·德普勒关于远距离送电

早期的电话及从事电话交换工作的人
刚开始的时候，电话交换是靠手工来完成的，所以，电话局需要很多工人。

技术的发明，美国发明家爱迪生建成了第一座火力发电站，将输电线路结成了网络。制造发电、输电和配电设备的电力工业纷纷建立和发展起来。

这次工业革命的另一个重要表现是内燃机的发明和应用。从19世纪70年代到90年代，德国人奥托、戴姆、狄塞尔先后发明了以煤气为燃料的四冲程内燃机、以汽油为燃料的内燃机和柴油机。这就解决了交通工具的发动机问题，引起了这一领域的革命性变革。80年代，汽车诞生；90年代，许多国家建立起汽车工业，并牵动了内燃机车、远洋轮船、拖拉机和装甲车、飞机等的制造和使用，也促使石油开采与炼制业迅速发展起来。

化学工业也在这一时期兴起。无机化学工业、有机化学工业都相继建立和发展起来。纯碱、硫酸的生产，煤焦油的综合利用，促成了一系列新发明和新产品的出现。如化肥、化学药品、人造染料、人造丝和人造纤维等。炸药工业更成为化学工业的重要部门，瑞典人诺贝尔因发明无烟火药而成为世界名人。

第二次工业革命在规模、深度和影响上都远远超过第一次工业革命，出现了不少新的特点。

1850年工程师们在不列颠桥举行会议
第二次工业革命改变了英国工业面貌，工业家与工程师的才干和学识得到极大的发挥。

第一，它有坚实的科学基础。所有成果都是科学技术运用于生产实践而创造出来的。没有热力学、电磁学、化学等的突破性成就，绝不可能出现新的工业革命。科学技术是第一生产力的原理得到了充分体现。

第二，它侧重于基础工业、重工业、化学工业、能源工业等部门，具有更强的经济改造能力和社会改造能力，使主要资本主义国家首先实现工业化。城市人口远远超过了农村人口。

第三，它是在几个先进大国同时起

步，相互促进下进行的。其中，德国人贡献尤多，其次是美国人，英国与法国也有一些重要的发明。而且，某一国的重大发明，很快就被别国所吸收。你追我赶，经济发展迅速。到1900年，美、德、英、法四国的工业产值，已占全世界工业产值的72%。

第二次工业革命极大地促进了生产力的发展，人类社会进入电气时代。它改变了资本主义的工业结构，新兴工业部门，如电力工业、石油开采业、石油化工业、汽车制造业等重工业迅速发展起来，重工业逐渐取代轻工业在资本主义工业体系中占据主导地位。随着生产力的发展，生产和资本高度集中，引起了生产关系的变化，产生了垄断组织，垄断经济逐渐成为整个国民经济的基石，世界主要资本主义国家开始进入帝国主义阶段。垄断还进一步造成资本主义经济发展的不平衡。老牌国家英国和法国，经济发展相对缓慢。新兴的美国和德国经济发展相当快，工业总产值超过英、法而位居世界第一和第二。俄国和日本经济也迅速发展。这就刺激了帝国主义列强对世界霸权和殖民地的掠夺，加深了列强之间的矛盾，造成国际局势的紧张，最终酿成第一次世界大战。

第八章 第一次世界大战前后的世界格局

巴尔干战争

欧洲两大军事集团形成以后，列强们在重新瓜分世界问题上展开了激烈的争斗，主要表现为两次摩洛哥危机的发生。摩洛哥地处北部地中海和大西洋沿岸，扼守直布罗陀海峡，战略地位十分重要。法国对摩洛哥垂涎已久，进入20世纪以后，便加紧向摩洛哥扩张。1905年1月，法国向摩洛哥提供了一个对摩洛哥的行政、军事、财政等方面进行改革的方案，但遭到德国反对。3月，德皇威廉二世发表煽动性讲话，提出各国在摩洛哥地位绝对平等。这事实上是否认了法国的特殊利益，由此导致了法德矛盾加剧，出现了第一次摩洛哥危机。最后，德国未能压制法国，只好暂时放下对摩洛哥事务的干涉，第一次摩洛哥危机宣告结束。

1908年，摩洛哥发生宫廷政变，法国乘机占领了摩洛哥的卡萨布兰卡，从而使德、法关系再度紧张。之后，法、德就摩洛哥问题达成暂时协议，德国承认法国在摩洛哥有特殊的政治利益，法国保障德国在摩洛哥的平等商业利益。但是，在1911年春天，当摩洛哥首都非斯爆发人民起义时，法国以保护侨民和恢复秩序为借口，派炮舰开赴阿加迪尔港，并将军舰上的炮口对准阿加迪尔进行威胁，从而形成了第二次摩洛

法国漫画中的摩洛哥成了一只被欧洲列强向四面八方拽得惊恐无比的兔子。

哥危机，德法关系再度紧张。随着矛盾的发展，巴尔干成了欧洲的火药桶。

巴尔干半岛位于欧、亚、非三洲会合处，是各种势力斗争的交合处。1912年3月，保加利亚和塞尔维亚签订了军事同盟条约；5月，保加利亚又和希腊签订了同盟条约；9月，门的内哥罗加入此同盟，从而形成巴尔干同盟。1911~1912年的意土战争削弱了土耳其的实力，巴尔干同盟各国趁机向土耳其宣战。1912年10月

巴尔干战争中，土耳其正在攻击陷入包围的希腊军队。

9日，门的内哥罗首先对土耳其宣战。接着，保加利亚、塞尔维亚和希腊相继对土耳其宣战，第一次巴尔干战争全面爆发。战争爆发后，土耳其军队连连失利，它在巴尔干的领土几乎丧失殆尽，后被迫求和，并请求列强调停。1913年5月，土耳其与巴尔干同盟签订和约，巴尔干同盟四国获得了大片领土，土耳其在欧洲的领土几乎丧失殆尽，仅保存了伊斯坦布尔及海峡以北的狭小地区。至此，第一次巴尔干战争使原来受土耳其奴役的国家获得了解放。

巴尔干同盟虽然取得了对土耳其战争的胜利，但由于分赃不均，联盟内部产生了严重分歧。1913年6月1日，塞尔维亚和希腊结成反保同盟，罗马尼亚随后加入，并准备对保作战。在奥匈帝国的纵容下，保加利亚先发制人，于6月29日向塞尔维亚和希腊宣战，罗马尼亚、门的内哥罗和土耳其也向保加利亚发动进攻，第二次巴尔干战争爆发。一个月后，保加利亚战败求和，第二次巴尔干战争宣告结束。

经过两次巴尔干战争，这一地区的人民基本上摆脱了土耳其的压迫，同时也推动了奥匈帝国统治下的被压迫民族的解放战争。由于波斯尼亚和黑塞哥维那人民要求摆脱奥匈帝国统治，与塞尔维亚合并，建立一个大塞尔维亚国家，致使奥、塞之间矛盾加剧。奥匈不仅极力阻止塞尔维亚的扩张，而且企图消灭年轻的塞尔维亚国家；俄国为了对抗奥匈，竭力支持塞尔维亚；德国则支持奥匈帝国。这就进一步加剧了两大帝国主义集团对巴尔干的争夺，使其成为各种矛盾的焦点和第一次世界大战前最敏感的战争火药库。

第一次世界大战

奥匈帝国认为塞尔维亚是它向外扩张的障碍，因此，瓜分乃至全部吞并塞尔维亚、粉碎大塞尔维亚主义，是奥匈帝国的既定国策。1914年6月底，奥匈帝国在波斯尼亚举行以塞尔维亚为假想敌的军事演习，向塞尔维亚进行军事挑衅，激起了塞尔维亚民族主义者的极大愤慨。一个名为黑手党的塞尔维亚民族主义军人团体，决定以刺杀皇储斐迪南的行动来打击奥匈侵略者的气焰。

1914年6月28日上午10时，斐迪南夫妇在城郊检阅军事演习之后，乘敞篷汽车进入萨拉热窝市区巡视。埋伏在路旁人群中的黑手党成员查卜林诺维奇突然冲到车前，向斐迪南投掷了

描绘斐迪南夫妇被刺场面的图画

一枚炸弹。司机见此情景，加足马力，汽车冲向前方。炸弹落到随后的汽车上，炸死一名军官和几名群众。查卜林诺维奇当场被捕。斐迪南故作镇静，挥手示意"继续前进"。到市政厅出席了欢迎仪式，稍作休息之后，他又乘车上街，招摇过市。当汽车途经一拐角处时，17岁的中学生加·普林西波冲上前去用枪打死了斐迪南夫妇。

奥匈帝国以萨拉热窝事件为借口，于7月28日悍然对塞尔维亚宣战。7月31日，德国政府向俄、法两国同时发出最后通牒，要求俄国停止军事动员，法国在未来冲突中保持中立，但遭到两国的拒绝。于是，德国分别于8月1日和3日先后对俄、法宣战。

8月1日，德军占领了卢森堡，2日下午，又向中立国比利时发出最后通牒，要求准许德军借道过境进攻法国。比利时拒绝了德军的无理要求，同时呼吁英、法、俄诸国保护它的中立地位。英国要求德国尊重比利时的态度，但遭到拒绝。8月4日，英国对德宣战。8月6日，奥匈帝国正式向俄国宣战。

欧洲大战爆发后，在极短的时间内便蔓延到远东和近东，日本为扩张在东亚的势力也趁火打劫。8月15日，日本向德国发出最后通牒，要求德国军队立即撤出中国和日本领海，在9月15日之前，把德国租借的胶州湾和青岛移交给日本。德国拒绝了最后通牒，日本便于8月23日对德宣战。

从1914年7月28日起，在3个月的时间内，奥匈帝国和塞尔维亚的冲突就演变成世界大战。到1918年，以德、奥、土为一方，俄、法、英、日、比、塞等国为另一方，共有31个国家参加了战争，从而出现了战火蔓延至亚洲、非洲和美洲的首次世界规模的战争。

欧洲大陆是第一次世界大战的主战场。在那里有4条战线：西线的对阵形势是英、法、比军队与德军对抗；东线的对阵形势是俄国军队与奥匈、德国军队作战；巴尔干战线的对阵形势是塞尔维亚、门的内哥罗以及罗马尼亚、希腊等国军队与奥匈、保加利亚的军队作战；意大利战线的对阵形势是意大利军队对抗奥匈军队。其中，西线和东线起决定性作用。

位于比利时、法国北部和德国边境的西线，从北海延伸到瑞士边境，长700千米。1914年8月初，德国按施里芬计划，首先在西线发起进攻。到12月，战争从运动战转为阵地战，形成了相持的局面。

在东线，俄军于8月中旬进攻东普

坦克在一战中首次被英军使用，图为德国人将缴获的坦克为己所用。

鲁士。德军从西线抽调一部分军队去对付俄军。8月底到9月中旬，兴登堡指挥的德国军队在马祖尔湖地区歼灭了俄国第二集团军，既而攻下了俄国第一集团军司令部所在地斯特尔堡。俄军被迫退出东普鲁士。与此同时，俄军挫败奥匈军队。截至年底，东线交战双方军队在阵地里对峙，呈相持状态。

1916年，是大战关键性的一年，交战双方最大限度地调动了本国的人力、物力投入战争。德国将重点放在西线，以法国凡尔登要塞为目标，发动了强大攻势。凡尔登位于法国的东北边境，是巴黎的前卫，也是法军战线的枢纽。1916年2月21日，德军集中近900门大炮，辅之以飞机，向凡尔登马斯河左岸的法军阵地发起猛攻。法军被迫退至马斯河右岸。自2月27日起，法国用3900辆汽车运送援兵和武器，组织了有效的防御。双方不断增加兵力，反复冲杀，形成拉锯战。德军仅推进7千米。6月初，德军20个师第二次大举进攻，但始终未能突破。8月，法军发起反突击。到9月，德军攻势停了下来。

为了减轻凡尔登的压力，牵制德军对凡尔登的进攻，英、法军队按照预定计划，于7月1日发起了索姆河战役。战役从9月持续到11月中旬。索姆河战役和凡尔登战役一样，都是消耗战。几个月中，双方伤亡惨重，各损失约60余万人。英、法军队虽未达到预定的夺回失地的目标，但牵制了德军，使战局朝着有利于协约国的方向转化。两次战役以后，协约国集团人力物力资源的优越性开始体现出来，它的军事装备已赶上同盟国，而军力则继续领先。在1916年的几次重大战役中，同盟国各国都遭到严重挫败，形势越来越不利。而协约国虽然未能击溃同盟国，但军事力量却在日益增长，并逐渐掌握了战略主动权。

1917年11月7日，俄国爆发了十月社会主义革命，以列宁为首的苏维埃政府宣布退出帝国主义大战，德国又鼓起了战争勇气，可以集中兵力对西线作战。德军统帅部把英军作为攻击的首要目标，企图击败英军后占领法国海岸，而后围歼法军。1918年3月，德军集结190多个师连续发动四次战役，在英法联军的抵抗下，损失70多万人。7月中旬，德军的进攻力量枯竭。

美国军队陆续赶到，增强了英法打败德军的决心。7月24日，协约国制订反攻计划：先打通被德军在马恩河、亚眠、圣米耶尔切断的铁路交通，然后实施全面反击，彻底打败德军。

7月18日，大规模反攻开始，经过埃纳–马恩河战役、亚眠战役和圣米耶尔3场战役，德军节节败退。9月26日，联军总攻开始，28日，德军登堡防线全面崩溃。29日，同盟国保加利亚投降。接着土耳其、奥地利相继签订停战协议。11月11日，法国元帅福煦和德国看守代表

作为德国停战代表团的成员，埃尔茨贝格尔只能屈服于协约国的要求，这样可以把他的部队从被歼灭的危险中拯救出来。

埃尔茨贝格尔在法国巴黎北面瓦兹省康边附近森林中一节火车车厢内签定了《康边停战协定》，一战以同盟国的失败而告终。

第一次世界大战的性质是一场帝国主义争霸战争，前后持续了51个月，有15亿人口被

卷入战争，世界各国损失惨重。一战使德、奥、俄、土这4个帝国覆灭，英、法被削弱，美、日兴起，俄国建立了社会主义政权，对此后的世界格局影响很大。

俄国十月革命

第一次世界大战进行到1917年时，饱受压迫奴役之苦的俄国人民不堪战争的重负，为了获得土地、和平和面包，他们再次掀起革命斗争的高潮。

1917年3月15日（俄历2月27日），工人和革命士兵在彼得格勒发动武装起义，推翻了沙皇政府，统治俄国300多年的罗曼诺夫王朝垮台了。这次革命史称"二月革命"。

二月革命以后，俄国出现了两个政权并存的局面，一个是资产阶级临时政府，它掌握着各级权力机构；另一个是工人士兵代表苏维埃，它得到工农的支持，拥有实权，但它只是辅助性政权。两个政权并存的局面不可能长久维持下去，随着形势的发展，其中一个必然要化为乌有。

在这种复杂的形势下，1917年4月，长期流亡国外的列宁回到了彼得格勒。他在党的会议上作了被称为《四月提纲》的报告。列宁指出，俄国革命必须从资产阶级民主革命向无产阶级社会主义革命过渡；无产阶级和贫苦农民必须夺取政权，建立苏维埃共和国。列宁还号召布尔什维克党积极准备新的革命。《四月提纲》指明了俄国革命的方向。

1917年7月，俄军在前线的进攻遭到惨败。消息传到彼得格勒以后，工人和士兵满腔怒火。他们走上街头，举行示威，要求全部权力归苏维埃，游行遭到临时政府的血腥镇压，史称"七月革命"。两个政权并存的局面不复存在，临时政府掌握了全部权力，开始大肆逮捕布尔什维克和革命群众。布尔什维克党的活动转入地下。

8月，布尔什维克党召开代表大会，确定了武装起义的方针。9月，俄军最高总司令科尔尼洛夫下令向彼得格勒推进，企图武力镇压革命力量，建立军事独裁政权。在布尔什维克党的领导下，科尔尼洛夫的叛乱被粉碎。国内阶级的力量对比发生巨大变化。临时政府的支柱——军队瓦解。布尔什维克党的威信空前提高，革命形势日趋成熟。

1917年俄历10月7日，列宁秘密回到彼得格勒，筹备武装起义。俄历10月10日，党中央开会讨论武装起义问题。会上讨论了列宁的报告，最后，列宁的主张以10票对2票获得通过。会议宣布："武装起义是不可避免的，并且业已完全成熟。"尽管季诺维也夫、加米涅夫在会上投了反对票，但会议仍然同意他们参加由列宁、托洛斯基、斯大林等组成的7人政治局，负责武装起义的政治领导工作。

1917年俄历10月18日，孟什维克左翼的《新生活报》刊登了季诺维也夫和加米涅夫关于反对发动武装起义的文章，从而泄露了武装起义的机密。列宁称之为"叛变活动"，随即加紧了起义的具体准备工作。

布尔什维克党面对急剧变化的革命形势，决定提前起义。俄历10月24日上午，军事革命委员会向刚刚组建的卫戍部队发出战斗命令。当晚又下令波罗的海舰队的水兵开赴首都参加战斗，赤卫队受命守卫工厂和设备以及斯莫尔

表现列宁在演讲的绘画

尼宫。起义的发动工作进行得十分顺利，起义者在俄历24日上午就按计划占领了事先规定的地点。当晚，列宁来到斯莫尔尼宫，亲自指挥起义。从俄历24日晚到25日晨，卫戍部队、赤卫队和水兵采取联合行动，夺取了主要桥梁、火车站、邮政总局、政府机关、中央发电厂等战略据点，只剩下临时政府所在地冬宫、军区司令部大楼和预备国会所在地玛丽娅宫尚未被攻克，彼得格勒武装起义取得了初步胜利。

克里姆林宫的礼宾客厅

11月7日（俄历10月25日）上午10时，彼得格勒苏维埃军事革命委员会发布了列宁起草的《告俄国公民书》，下午6时，约2万名起义者包围了冬宫。龟缩在冬宫的临时政府妄图负隅顽抗，拒绝接受战地指挥部发出的令其20分钟内投降的最后通牒。晚9时40分，彼得保罗塞的大炮开始向冬宫轰击，停泊在涅瓦河畔的"阿芙乐尔"号巡洋舰也响起了炮声。接着，起义者向冬宫发起进攻，并很快就突破了冬宫的外围防线。俄历10月26日凌晨2时10分，起义者攻下了冬宫。2时35分，彼得格勒苏维埃在斯莫尔尼宫召开紧急会议，列宁在会上郑重宣布：权力归军事革命委员会为代表的苏维埃。至此，彼得格勒武装起义取得了决定性的胜利，社会主义的曙光在彼得格勒的上空闪耀。彼得格勒胜利是通过暴力革命取得的胜利，也是十月社会主义革命进程中最为重要的一笔。

1917年11月7日晚10点40分，第一届中央执行委员会代理主席、孟什维克党人唐恩宣布全俄苏维埃第二次代表大会开幕。当俄历10月26日凌晨，起义队伍攻下冬宫和逮捕临时政府成员的消息传到会场时，全场顿时沸腾起来。接着，卢那察尔斯基宣读了列宁起草的《告俄国工人、士兵和农民书》，选出了由101人组成的全俄中央执行委员会。至此，世界上第一个无产阶级专政国家诞生了。

第三国际

第三国际又名共产国际，是世界无产阶级第四个联合组织。在第一次世界大战和十月革命的影响和推动下，资本主义世界掀起了无产阶级革命斗争的高潮，许多国家的先进无产阶级开始摆脱社会民主党的影响，建立自己的革命政党——共产党。但是，由于各国新生的共产党缺乏斗争经验，在思想上还没有彻底摆脱社会民主党的影响，而且有的国家尚无自己的革命政党，这使得无产阶级无法很好地完成历史使命。

第二国际破产后，列宁等革命左派为建立新的共产国际做了大量的工作。首先，他们在思想上进行了大量的理论工作，划清了与第二国际机会主义的界限，为共产国际的建立奠定了理论基础。其次，在组织上，他们加强了国际合作，为共产国际的建立奠定了组织基础。到1918年底，成立共产国际的思想已为许多国际的左翼代表所接受。

经过酝酿和准备，第三国际成立大会于1919年3月2日至6日在莫斯科举行，30个国家的共产党和左翼组织的54名代表和观察员参加了这次会议。大会通过了《共产国际行动纲

共产国际号召全世界的工人组织起来反抗压迫者。

领》，选出了执行委员会和执行局。这样，共产国际正式建立起来了。

共产国际的建立，标志着第二国际机会主义在工人运动中的统治彻底结束，同时，世界无产阶级有了团结的核心和革命的司令部。共产国际继承和发展了第一国际的革命原则，承接了第二国际的成果，提出了无产阶级的新的革命原则和任务，推动了国际共产主义运动的进一步发展。

共产国际的组织原则具有高度的集中性。共产国际"二大"上通过的《共产国际章程》规定：共产国际必须是一个高度集中的组织，必须是一个全世界的统一的共产党，各国共产党是它的支部，受共产国际的领导；共产国际执行委员会有权修改各国支部的决议，有权开除违反国际原则和决议的支部，有权派代表参加支部的一切会议，各支部召开会议需经国际批准等。这样，共产国际就确立了高度集中的组织制度。1919~1923年，为共产国际活动的初期，共召开4次代表大会。"二大"阐明反对机会主义的必要性和艰巨性；"三大"和"四大"先后发出"到群众中去"的号召和建立具有广泛统一战线基础的"工人政府"的口号。这一时期对各国共产党的建立和成长起到了促进作用，但它也犯有对革命形势估计脱离实际的错误。中期为20世纪20年代中期到30年代初期，先后召开了"五大"和"六大"。这一时期内，左倾思想严重，妨碍了统一战线工作的开展，给反法西斯斗争带来了不利影响。1943年6月8日，共产国际执委会主席团召开了最后一次会议，决定自6月10日起撤销共产国际所属的一切机构。至此，共产国际在完成了历史使命后，自行解散。

巴黎和会

巴黎和会于1919年1月18日至6月28日在巴黎近郊的凡尔赛宫召开。

参加巴黎和会的共有27个国家，1000多名代表。按照享有权利的不同，与会国被分成4类：第一类是享有整体利益的国家，即英、法、美、日、意5个强国，它们可以参加任何会议；第二类是享有局部利益的国家，它们是第一次世界大战中对同盟国作战的国家，它们只能出席有关问题的会议；第三类是第一次世界大战中与德、奥断绝外交关系的国家，它们只有在讨论涉及本国问题时才能出席会议；第四类是中立国和即将成立的国家，它们只有在5个强国的邀请下，才能出席有关问题的会议。

巴黎和会主要对以下几个议题进行了讨论：

第一，建立国际联盟问题。会议刚开始，威尔逊便提出讨论建立国际联盟的问题，但英、法更关心殖民地和领土问题，反对首先讨论国联问题。经过争论，最后决定将国联问题交给威尔逊主持的专门委员会讨论。经过讨价还价，最后通过了一个在英美方案折中基础上的《国际联盟盟约》。

第二，德国的边界问题。这是对德和约的主要问题，也是会议争论的热点问题之一。法国要求德国不仅要归还阿尔萨斯和洛林，而且要求以莱茵河为德、法之间的边界，并主张分割德国的其他领土。英、美不愿德国过分被削弱，极力反对法国的要求。经过激烈争

各国代表在和约上签字

论，三国最终以英国提出的《枫丹白露文件》为基础达成了协议。

第三，关于德国的赔款问题。在这个问题上，英、法、美三国同样进行了激烈的争吵，无论是在赔款数目上还是在赔款的分配办法上，三国都存在着许多分歧。

第四，中国山东问题。中国作为战胜国，在会上提出了收回德国在山东的一切非法权益的要求，而日本则以中、日之间签订的协议为由，要求将德国在山东的一切权益全部转让给日本。美国主张将德国在山东的权益先由国际共管，等山东完全开放后再交还中国。英、法、意则始终支持日本的无理要求。和会无视中国的合理要求，中国代表团拒绝在《凡尔赛条约》上签字。

第五，苏俄问题。对于俄国建立的苏维埃政权，帝国主义各国都耿耿于怀。在和会上，英、法、美三国都主张对苏俄进行干涉，但通过什么方式却意见不同。法国极力主张武装干涉，但英、美则倾向于通过外交途径解决。最终通过了对苏俄进行经济封锁的计划，以遏止革命的发展。

巴黎和会是帝国主义的分赃会议。帝国主义战胜国都力图借此机会掠夺战败国，抢占弱小国家的丰富资源，以扩大自己的势力范围。最终，与会各帝国主义国家根据自己的实力对欧洲进行了重新划分。

凡尔赛体系

巴黎和会在经过几个月的激烈争吵之后，列强终于完成了对德国的分赃，于1919年6月28日在凡尔赛宫签订了《协约国和参战各国对德和约》，即《凡尔赛和约》。和约是在战胜国列强宰割战败国和牺牲弱小民族的基础上订立的，它为第二次世界大战的爆发埋下了祸根。

和约在德国领土的问题上规定：德国西部边界恢复到1870~1871年的状况，阿尔萨斯和洛林重归法国；萨尔区的行政权由国联代管，15年后进行公民投票决定其归属，萨尔煤矿由法国开采；莱茵河右岸作为非军事区，不得设防，左岸分成3个占领区，分别由协约国占领5年、10年、15年；在东部，德国承认波兰独立，并将一部分领土划归波兰；在南部，德国承认奥地利独立，德、奥永远不合并；在北部，将德国与丹麦之间的部分领土划归比利时和丹麦。

关于德国的殖民地，由战胜国以委任统治的形式加以分割。

和约在德国军备的问题上规定：德国废除普遍义务兵役制，解散总参谋部；陆军人数不得超过10万，海军不得拥有主力舰和潜水艇，不得拥有空军。德国必须拆除西部边境线上的防御工事，但仍可保留沿海和东线的军事工程。

关于德国赔款问题，和约规定：由协约国专门委员会加以确定。在此之前，德国应于1921年5月1日前支付200亿金马克的现金和各种实物，德国负担占领军的全部费用。

德国和约签订后，战胜国立即与德国的战时盟国签订了一系列条约。1919年9月10日，协约国与奥地利签订了《圣日耳曼条约》。条约确认了匈牙利、捷克斯洛伐克、塞尔维亚—克罗地亚—斯洛文尼亚王国的独立及其疆界；规定奥地利废除征兵制，陆军不得超过3万人；赔款数额必须在30年内付清。协约国又同保加利亚在巴黎近郊的纳依签订《纳依条约》，规定：西色雷斯交给战胜国代管；保加利亚必须废除义务兵役制，陆军不得超过2万人；偿付4.45亿美元的战争赔款。而后，战胜国在凡尔赛的特里亚农宫与匈牙利签订了《特里亚农条约》。根据条约，匈牙利只剩下了原来国土的28.6%，陆军限额为3.5万人，赔款22亿金法郎。1920年8月10日，在巴黎近郊的色佛尔，战胜国与土耳其苏丹政府签订了《色佛尔条约》，这一条约使土耳其失去了4/5的领土，财政经济由战胜国监督。

以上这些条约同《凡尔赛和约》、《国际联盟盟约》一起形成了一个互为联系的条约体系，建立了帝国主义在欧洲、西亚和非洲的国际新秩序，使这些地区的政治、经济、军事活动又重新纳入了列强所控制的轨道，这一体系被称为"凡尔赛体系"。

华盛顿会议

第一次世界大战前，在远东和太平洋地区争霸的是英、法、俄、日、德、美六国。战后，德国败北，沙俄消亡，法国则忙于医治战争创伤和处理欧洲事务。因此，在亚太地区便形成了英、美、日三国角逐争霸的局面。在远东和太平洋地区，主要矛盾是美、日矛盾。大战期间，日本趁欧美国家忙于战事之机，夺取了德国在中国和太平洋上的殖

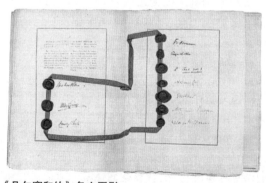

《凡尔赛和约》条文图影

民权益，形成了远东和太平洋地区事实上的独霸局面，从而加剧了列强间的利害冲突。美、英、日三国在亚太地区展开的激烈争斗，主要表现在三国的海军军备竞赛上。美国看出要在海上获得优势，还需要花些时间，便想通过外交途径来制约竞争对手。

1921年8月11日，美国正式向远东互有利害关系的8个国家：英、日、中、法、意、比、荷、葡发出邀请，参加华盛

顿会议。1921年11月12日，华盛顿会议开幕。美国在会议中居主导地位，列入会议正式议程的问题有两项：一是限制海军军备；二是太平洋及远东问题。

经过近3个月的争吵，会议于1922年2月6日闭幕。会议缔结了7项条约和12项决议案，主要有《四国条约》、《五国海军协定》、《九国公约》，以及中、日《解决山东问题悬案条约》。

美国主张废除英日同盟。英日同盟问题虽然未被列入会议议程，但一战后，英日同盟成为美国争霸远东和太平洋地区的障碍。因此，美国把废除英日同盟视为自己的头等大事。经美、英、日代表私下磋商和法国同意，1921年12月13日，四国共同签署了《关于太平洋区域岛屿属地和领地的条约》，简称《四国条约》。条约规定：缔约各国相互尊重它们在太平洋区域内岛屿属地和领地的权利；如上述权

华盛顿纪念碑

利遭到任何国家侵略或威胁时，缔约国应进行协商，以便联合或单独地采取对付措施；条约生效后，英日同盟应予终止。《四国条约》以体面的形式埋葬了英日同盟，这是美国外交史上的一大胜利。

华盛顿会议是巴黎和会的延续，它在承认美国在远东及太平洋地区占优势的基础上，建立了战后帝国主义列强在亚太地区新的国际关系结构后，被称为"华盛顿体系"。由凡尔赛体系和华盛顿体系构成的帝国主义国际关系新格局，标志着帝国主义战胜国完成了全球范围内对世界秩序的重新安排，史称"凡尔赛—华盛顿体系"。它调整了帝国主义的关系，暂时缓解了它们的矛盾，并巩固了它们的既得利益。20世纪30年代，随着资本主义政治经济危机的加深，德、日先后建立了法西斯专政，形成了欧、亚两个战争策源地，该体系开始局部瓦解。1939年9月，德国突袭波兰，英、法对德宣战，第二次世界大战全面爆发，该体系彻底崩溃。

苏联建国

苏维埃社会主义共和国联盟，简称苏联。它是在俄国十月革命胜利的基础上建立起来的。

十月革命胜利以后，俄国各地区的被压迫民族纷纷建立起自己的民族国家和民族政权组织。从1917年底至1921年，乌克兰、白俄罗斯、立陶宛、拉脱维亚、爱沙尼亚、阿塞拜疆、亚美尼亚、格鲁吉亚等宣布成立独立的民族国家，建立了苏维埃政权。在外国帝国主义武装干涉和国内反革命武装叛乱的严峻形势下，它们建立了密切的军事、经济和外交方面的联系，签订了相互合作条约。为了打破帝国主义的包围和封锁，尽快恢复被战争破坏的国民经济，进一步巩固和壮大无产阶级政权，联合各民族人民共同走上社会主义道路，

手握镰刀锤子的苏联男女雕像

各苏维埃共和国需要建立更加紧密的合作关系。

1922年8月，俄共（布）中央政治局成立专门委员会，由斯大林主持工作。负责讨论各苏维埃共和国联合的问题，9月，委员会通过了斯大林提出的《关于俄罗斯苏维埃联邦共和国同各独立苏维埃共和国的相互关系的决议草案》。这个"自治化"方案严重削弱了各苏维埃共和国的独立自主权。各苏维埃共和国在讨论这个决议草案时产生了严重分歧，少数赞成，多数反对。

列宁严厉批评了斯大林的"自治化"方案。他认为各苏维埃共和国必须保持平等的地位，联合成为新的民主联盟国家，建立平等的、民主的苏维埃社会主义共和国联盟国家。他坚持俄罗斯联邦、乌克兰、白俄罗斯、南高加索联邦（包括阿塞拜疆、亚美尼亚、格鲁吉亚3个苏维埃共和国）必须按照自愿和平等的原则加入新的联邦制国家，建立新的全联盟中央机构。根据列宁的建议，委员会重新制定了联合决议草案，确认乌克兰、白俄罗斯、南高加索联邦共和国同俄罗斯联邦共和国必须缔结关于组成新的联邦制国家的条约，选举新的全联盟中央执行委员会，作为统一联邦制国家的最高权力机关。

1922年12月30日，苏联第一次苏维埃代表大会在莫斯科举行。大会批准了《苏维埃社会主义共和国联盟成立宣言》和《苏维埃社会主义共和国联盟条约》，宣告苏维埃社会主义共和国联盟正式成立。1924年1月，苏联通过了第一部宪法，把苏维埃共和国联盟的形式固定下来。

苏联成立宣言和苏联成立条约、1924年苏联宪法及其他立法对联邦制国家的运行做出了一些原则规定：苏联是由各个平等的苏维埃共和国自愿联合组成的社会主义联邦制国家；各加盟共和国享有主权国家地位，在苏联宪法规定的分权范围内独立行使自己的国家权力；各加盟共和国享有自由退出苏联的权利。联盟国家最高权力机关为苏联苏维埃代表大会，苏维埃代表大会闭会期间由联盟苏维埃和民族苏维埃组成的中央执行委员会为最高权力机关。

1922年12月成立时，苏联由俄罗斯联邦、南高加索联邦、乌克兰、白俄罗斯四个苏维埃共和国组成。此后，1924至1936年，中亚地区

鼓舞苏联人民大干社会主义的宣传画

先后成立了乌兹别克、塔吉克、土库曼、哈萨克、吉尔吉斯5个苏维埃共和国，它们作为社会主义加盟共和国加入了苏联。1936年12月初，将南高加索联邦划分成阿塞拜疆、亚美尼亚、格鲁吉亚3个主权苏维埃共和国并加入了苏联。1940年8月，波罗的海沿岸的立陶宛、拉脱维亚和爱沙尼亚也加入苏联。到1940年，先后有15个加盟共和国加入苏联。苏联成为一个统一的、多民族的社会主义联邦制国家。1991年12月，苏联解体。

圣雄甘地与"非暴力不合作计划"

　　印度的民族解放运动是由印度民族资产阶级的政党——国大党领导的。国大党全称为国民大会党，领导人是莫汉达斯·卡拉姆昌德·甘地。甘地出身于印度一个土邦大臣家庭，7岁时，全家迁往拉吉科特，他便在当地读小学，12岁进入拉吉科特的阿弗列德中学。13岁时，根据印度教习俗，甘地与卡斯特巴尔结婚。1887年，甘地考取萨玛达斯学院，但因种种原因，在一学期后退学。1889年9月，他去英国留学，攻读法律。在英国期间，他读了大量的宗教书籍，这对他日后

此图反映了甘地在"非暴力不合作运动"中纺线的情形。

的非暴力思想的形成产生了很大影响。1891年，甘地考取了律师资格，学成归国。

　　1893年，甘地因为办案到了南非并在那里定居，他的非暴力抵抗思想就是在那里发展起来并得到了实践。甘地看到印度侨民在南非受到了种种不公正的待遇，就组织了一个印侨团体"纳塔尔印度人大会"，以非暴力的方式为侨民争取平等待遇，产生了很大影响，迫使南非政府废除了针对印侨的人头税，并承认印度的合法婚姻在南非有效。

　　1914年，在南非生活了21年的甘地携夫人回国。第一次世界大战爆发后，他在伦敦召集印度侨民组成志愿救护队，后来又在印度为英国招募士兵，希望以此感化英国，换取印度的自治。然而，大战结束后，英国非但没有满足印度人民的自治要求，反而颁布了压制印度民族解放运动的《罗拉特法案》。甘地马上组织起非暴力运动，号召全国总罢工，要求印度人民绝食和祈祷，以示抗议。1919年，甘地第一次提出了针对英国政府的"非暴力不合作"主张，主要内容是印度人抵制英国殖民政府的学校、法庭、立法机关，抵制英国货和不接受英方委任的国家职务。

　　1919年4月6日，国大党根据甘地的建议，决定举行全国总罢工，和平抵制《罗拉特法案》。在印度全国人民反英斗争的推动下，为了将斗争推上非暴力的轨道，1920年12月，国大党在那格普尔召开年会，通过了甘地拟定的"非暴力不合作计划"。

　　国大党的"非暴力不合作计划"得到了各阶层人民的广泛响应，非暴力不合作运动在印度各地轰轰烈烈地开展起来。1921年，群众运动达到了高潮，工人运动与农民运动相结合，并肩战斗。在斗争过程中，许多地方的群众冲破了国大党非暴力的限制，袭击并烧毁了警察所，烧死了警察，结果遭到殖民当局的残酷报复。暴力事件发生后，甘地认为这是自己的"最惨痛的耻辱"。1922年2月12日，国大党在巴多利召开紧急会议，决定停止非

甘地与两位孙女的合影，甘地晚年的日常生活都由她们两个来照料。

暴力不合作运动。第一次非暴力不合作运动至此宣告失败。

1929~1933年的资本主义世界发生经济危机，印度经济也受到了冲击，工农业生产严重萎缩。而英国为了转嫁危机，加强了对印度的剥削，致使印度的民族矛盾再度激化，导致了民族解放运动的再次高涨。

在日益高涨的工农运动的推动下，国大党激进派代表贾瓦哈拉瓦·尼赫鲁积极主张争取印度独立，并于1928年当选为国大党主席。1929年12月，国大党在拉合尔召开年会，通过了"争取印度完全独立"和"发动和平抵抗运动"的决议，并将1930年1月26日定为印度独立日。

1930年2月，国大党授权甘地领导第二次非暴力不合作运动。这次运动是从甘地的"食盐进军"开始的。3月12日，甘地率领78名信徒从阿麦达巴德出发，步行去往丹地海滨。甘地的行动得到了沿途广大群众的拥护和支持，抗英斗争迅速在全国开展起来。尽管甘地力图把运动限制在和平抵抗的范围内，但许多地方的斗争发展成了暴力行动。1930年4月爆发了白沙瓦起义；5月爆发了绍拉普尔起义。这两次起义虽然都遭到了血腥镇压，但却将第二次非暴力不合作运动推向了高潮。

甘地领导的两次非暴力不合作运动，唤起了印度人民的民族觉悟，沉重打击了英国的殖民统治，奠定了印度独立的基础。作为印度民族资产阶级的代表人物，甘地自始至终参与并领导了这两次运动，为印度民族独立运动作出了卓越贡献，被印度人民誉为"圣雄"和"国父"。

第九章　第二次世界大战前后的世界格局

美国爆发经济危机

资本主义从1924年起，进入了相对稳定时期。经过几年的恢复和发展，资本主义世界出现了繁荣景象，各主要资本主义国家的工业生产总值均大大超过战前的水平。经济的短暂繁荣，使资产阶级忘乎所以，声称资本主义已消灭了贫困，进入了"永久繁荣"阶段。然而，正当资产阶级扬扬得意之时，一场空前的大危机突然降临。

十月革命的胜利，使俄国这一资本主义世界的巨大消费市场与资本主义世界相脱离，而且引发了殖民地半殖民地国家的民族解放运动。殖民地半殖民地国家人民的反抗斗争，使帝国主义国家不敢再像以前那样无限制地掠夺资源和倾销商品，而第一次世界大战期间，各国民族经济的发展又冲击了帝国主义的商品市场。所有这一切，都使资本主义国家的国外市场相对变小了，从而导致资本主义国家生产与市场之间矛盾的加剧，在相对稳定时期，农业却长期处于慢性危机之中，工人的工资也没有随着工业的发展而相应地提高，这就使国内的消费市场逐步萎缩。这样，一方面是生产的不断扩大，另一方面是市场的相对缩小，便加剧了生产与消费之间的矛盾，生产相对过剩的危机越来越严重，终于导致了1929~1933年资本主义世界经济危机的爆发。

1929年10月，以纽约股票市场的崩溃为标志，美国爆发了一场资本主义生产过剩危机。它很快由美国向欧洲、加拿大、日本等主要资本主义国家和地区蔓延，并波及许多殖民地半殖民地国家和地区，席卷了整个资本主义世界。这次危机前后持续了4年，使整个资本主义世界经济损失2500亿美元，比第一次世界大战的物质损耗还多800亿，是资本主义世界较为严重的一次经济危机。

20世纪20年代中期，对西方资本主义国家来说，是经济繁荣的大好时光，股票投机成风。1929年10月24日，这一天突然乌云密布，股市暴跌，被西方世界称作"黑色星期五"。纽约股票市场开盘后一个小时内就抛出了1300万股，超出正常标准的100万股以上。虽然花旗银行、大通银行和其他两个大银行的总裁们在摩根公司大厦策划买进2.4亿美元进行干预，仍然无济于事。10月29日这一天更糟，总共抛出股票1650万股。到12月底，纽约市场股票价值总共下跌了450亿美元左右。1929至1932年间，由于跌价而造成的证券贬值，美国为840亿美元。股市风波迅速席卷金融、工业、农业等各个领域，一场空前的世界经济大危机开始了。

在整个大危机期间，金融货币、信用和财政陷入全面危机。股票价格指数下降的幅度，美国为51%，德国为32%，日本为45%。1931年5月11日，奥地利最大的信用银行倒闭，各国随即引起向银行挤兑存款风潮，国际货币体系和传统金本位制面临严峻挑战。1931年7月13日，德国达姆塔特国民银行宣告破产。1931年9月21日，英国宣布放弃金本位，禁止黄金出口，英镑贬值近1/3。随后，日本等56个国家纷纷宣布放弃金本位，货币贬值。此后，资本主义世界货币体系四分五裂，分裂成若干个区域性的货币体系。它造成了国际支付体系的普遍受阻、资本输出几乎停止和对外贸易的大萧条。1929至1933年，美国破产的银行共10500家，占银行总数的49%。美国的进出口在1930年为10.1亿美元，而1933年只有10万美元。英、

危机来临，许多美国人只能靠领救济金为生。

法、德、日的进出口总额都减少了61%以上。

大危机使工业生产大幅度下降，大量企业倒闭，无数工人失业。1932年的工业生产总值与1929年相比，美国下降了46.2%，德国下降了40.2%，日本下降了37.4%，意大利下降了33.2%，法国下降了31.9%，英国下降了20%。危机使资本主义世界的工业大约倒退了20年。重工业损失尤为严重。美国的机床制造业下降了80%，生铁下降了79.4%，钢铁下降了75.8%（倒退了28年），汽车下降了74.6%，采煤下降了40.9%。大危机使失业人数达到有史以来的最高纪录。美国的失业率高达24.9%，德国为26.3%，英国21.3%。

大危机的蔓延造成了世界农业危机，涉及粮食种植业、畜牧业、林业等技术作业部门，造成生产的大破坏，农民收入大幅度减少，大量农民破产。在大危机的打击下，资本主义各国的国民收入大幅度下降，人民生活严重恶化。

伴随着资本世界的经济大危机，整个西方世界出现了社会大动荡，法西斯主义思潮泛滥，社会主义运动兴起，大规模的反饥饿运动和工人罢工运动高涨，各国面临严重的政治危机。

这次大危机的明显特点是持续时间长、危害程度深、渗透各个领域，涉及全世界，影响深远。在大危机的谷底过后并未出现繁荣，而是持续萧条，到1937年又发生了短暂的经济危机。由于第二次世界大战的爆发，各国的经济才逐渐好转。

这次大危机是资本主义社会的周期性生产过剩危机。从某种意义上讲，这次大危机是第一次世界大战前后，资本主义世界潜在的经济问题和自由放任政策恶性发展相结合的产物。

20世纪30年代大危机使得传统的自由放任的庸俗经济学发生危机，也使人们对现代资本主义发生信任危机。资产阶级为了摆脱危机，维护本国的统治，分别走上了不同的道路。美国实行罗斯福新政，在资本主义民主的范围内，强化国家对资本的干预；德、意、日则疯狂对外侵略扩张，最终导致了第二次世界大战的爆发。

凯恩斯主义

凯恩斯主义产生于英国，在20世纪二三十年代，英国之外的其他西方国家也不同程度地出现了类似凯恩斯主义的经济思想，使其成为当时经济学界的一种思想。所谓"凯恩斯主义"，是指凯恩斯在其《就业、利息与货币通论》一书中建立了"有效需求"的理论，并对"福利国家"型的国家干预主义思潮作了系统的论证。

约翰·梅纳德·凯恩斯于1883年6月5日出生于剑桥，14岁获奖学金进伊顿公学，接受英国最好的教育，1902年获数学和古典文学奖学金，去剑桥大学学习数学和文学，1905年毕业并获剑桥大学文学硕士学位。毕业后师从A.马歇尔教授和A.C.庇古教授等人学习经济学，次年被分配到英国政府印度事务馆

英国经济学家凯恩斯像

任职。1908年由马歇尔介绍成为剑桥大学讲师，讲授经济学。1909年，凯恩斯因数学概率论方面的研究成就，获得剑桥大学皇家学院研究员荣誉；同年，他创立政治经济学俱乐部，1911年主编《经济杂志》。1913年任皇家经济学会秘书，后任主席。第一次世界大战

爆发后不久，凯恩斯到英国财政部任职，战后，以财政部首席代表、经济顾问的身份出席"巴黎和会"，在会议期间，他因反对对德国索取过重的赔款而愤然辞职，重返剑桥大学任教，并开设"和约的经济意义"的课程，受到广泛的欢迎，在1919年出版了《凡尔赛的经济后果》，使凯恩斯一时成为欧洲经济复兴问题的中心人物。1921年凯恩斯发表了《自由放任主义的终结》一文，转向了主张国家干预经济、实行明智管理的建议。面对20世纪30年代的经济危机，他主张通过加强国家对经济的干预来摆脱危机，这一主张受到了美国等资本主义国家的高度重视，并逐渐被各资本主义国家所接受。同时，资本主义各国在危机期间采取的通过国家干预来缓解危机的措施，也推动了凯恩斯经济理论的成熟和完善。1936年，他出版了《就业、利息与货币通论》，系统地阐述了他的反危机理论。该书确立了凯恩

在30年代的资本主义经济危机中，一位失业的英国人独自示威，抗议大萧条。

斯主义经济学的基本原理，成为凯恩斯的代表作。凯恩斯认为，垄断资本主义时代出现严重的经济危机的原因，主要是由于社会上对生产资料和消费品的"有效需求"不足，而有效需求不足则是由三条基本心理规律造成的：一是"边际消费倾向规律"，即随着收入的增加，消费也增加，而在增加的收入中，用来消费的部分所占的比例越来越小，用来储蓄的部分所占的比例却越来越大。这样，在收入和消费之间出现了一个越来越大的缺口，有效需求量降低，造成生产过剩和失业。二是"资本边际效益递减规律"，即资本家心理上的资本边际效益递减，资本家害怕投资越多利润就越少，因此对投资的兴趣降低，导致国民收入水平下降和对原料、消费品的需求下降。三是"流动偏好规律"，货币是流动性最大的资产，同其他资产比较，具有使用上的灵活性，因而人们都习惯在手里保持一定数量的货币。出于投机目的，货币持有者在银行利率降低到一定程度时，就会更多地保存这些货币，造成消费不足。基于这种分析，凯恩斯认为，要消除经济危机就应该相应地采取措施，国家应对经济进行干预，实行赤字预算，增加投资，实现充分就业，刺激并鼓励消费，以充分保证"有效需求"。

凯恩斯主义经济学在资产阶级经济学说发展史上，是一个新的里程碑。它对国家垄断资本主义的发展以及对资产阶级庸俗经济学说发展的影响，是重大而深远的。凯恩斯的反危机理论，是针对经济危机爆发的直接原因——生产与消费之间的矛盾提出的，在一定范围内、一定程度上对缓和与摆脱经济危机起到了一定的作用。因此，在20世纪30年代经济危机期间，凯恩斯主义得到了迅速的发展和传播，特别是其中的反危机理论，受到人们的高度重视。

在第二次世界大战结束后，各资本主义国家都不同程度地采用了凯恩斯主义，加强了国家对经济生活的干预和调节，极大地促进了国家垄断资本主义的发展。但是，凯恩斯的反危机理论并没有找到资本主义经济危机爆发的根本原因——资本主义的基本矛盾，因此

也就不可能从根本上提出消除经济危机的有效办法。随着资本主义各国在20世纪30年代不断出现的"滞胀危机",凯恩斯主义关于实行赤字财政和通货膨胀来避免危机的主张,逐渐被各国抛弃。但是,凯恩斯主义关于加强国家对经济生活的干预的思想一直为资本主义各国所接受。作为经济危机的治标措施,它在一定范围内、一定程度上对缓和与摆脱经济危机起到了一定的作用。

帝国主义国家的经济战

为了减轻经济危机的打击,各个帝国主义国家为了自身的利益,相互间展开了激烈的贸易战、关税战和货币战,破坏了世界经济关系,加剧了列强之间的矛盾。

1930年6月17日,美国总统胡佛签署了美国国会通过的《霍利-斯穆特关税法》,提高了75种农产品和925种工业品的关税率,使整个关税的平均税率由33%增加到40%。这样,美国率先挑起了资本主义国家之间的关税战。对此,其他资本主义国家表示出极大的愤慨,33个国家对美国提出了抗议,继而纷纷采取了报复措施。到1931年底,有25个国家相应提高了关税。1932年4月,提高关税的国家增加到76个,资本主义世界的关税大战愈演愈烈。

在进行关税战的同时,资本主义国家之间还展开了激烈的贸易战。1932年8月,为限制美国商品进入大英帝国,英国召集加拿大及澳大利亚、新西兰等自治领土和殖民地在渥太华开会,缔结了帝国特惠协定,对来自帝国外部的商品征收高关税。为了与英国的贸易集团相抗衡,美国打着反对贸易歧视和"机会均等"的旗子进行反击,并组建自己的贸易集团。

1933年底,美国召集了"泛美会议",在与会国相互妥协的基础上通过了《泛美非战公约》,约定相互间降低关税。法国也采取了限额输入的办法,以保护本国的商品市场。这样,各国间又展开了贸易战。

在各国争相抬高关税的情况下,为了提高本国商品的竞争力,用本国廉价的商品攻破别国的关税壁垒,各国纷纷宣布货币贬值,降低本国货币与外币的比价,从而导致了激烈的货币战。本来,在经济危机前,大多数国家都采取金本位制,这种货币制度被认为是对国际贸易比较有利而又相对稳定的。但在1931年,第一个实行金本位制的英国却又首先放弃了金本位制,使英镑贬值1/3。英镑贬值之后,又有20多个国家放弃金本位制。资本主义国家纷纷放弃金本位制和英镑的贬值,大大削弱了英镑作为国际货币的作用,伦敦也有丧失国际金融中心地位的危险。英国对此采取了应急措施。从1931年11月起,英国和英联邦的其他成员国陆续联合起来,组成了英镑集团。英镑集团约定成员国间的贸易都使用英镑结算,各国货币与英镑保持固定汇率。在货币战浪潮中,经济实力雄厚的美国也于1933年4月正式放弃金本位制,宣布禁止黄金出口。1934年,美国又联合菲律宾、加拿大及大多数拉美国家等组成了美元集团。截至1935年,资本主

胡佛批准的《霍利-斯穆特关税法》不但没有缓和大萧条对美国经济的冲击,反而加剧了美国的灾难。图为讽刺胡佛的漫画。

义世界被分裂为5个货币集团，主要是英镑区、美元区、黄金本位区，还有日元区和德国统治下的外汇控制区。在各个国家和不同集团之间的激烈斗争中，帝国主义各国间重新进行了组合，为以后两大政治军事集团的形成创造了条件。

在资本主义各国为了摆脱危机而在国际上进行激烈的关税战、贸易战和货币战的同时，它们在国内也对经济进行了调整。许多民主国家都不同程度地加强了国家对经济生活的干预，使本国经济朝着国家垄断资本主义的方向发展，并通过国家干预以及对经济的内部调整逐渐摆脱了经济危机。

罗斯福新政

1932年11月，美国举行了总统选举。民主党人富兰克林·罗斯福利用人们对胡佛自由放任政策的不满，提出了"新政"的竞选口号，并以绝对优势击败了在危机中威信扫地的胡佛，当选为美国第32任总统。

两名美国妇女展示她们的社会保险卡，罗斯福为保障美国公民的社会福利，引入了养老保险、失业保险和事故保险。

罗斯福出身于富豪家庭，小时候经常随父母游历欧洲，从小就积累了不少的生活阅历。他14岁进入马萨诸塞州的格罗顿预备学校，18岁考入哈佛大学攻读政治、历史和新闻，1904年从哈佛大学毕业后，又进入哥伦比亚大学法学院学习法律。1905年，他与埃莉诺结婚，妻子成为他以后从政的得力助手。1907年，罗斯福从哥伦比亚大学法学院毕业，取得了律师资格，被一家律师事务所聘为律师。1910年，他以民主党候选人的身份当选为纽约州参议员，开始涉足政界。1912年，罗斯福帮助威尔逊赢得了竞选的成功，他本人也因为出色的政治手段和组织才干在民主党中初露头角，并在次年被威尔逊总统任命为海军部助理部长，任职7年。1920年，他被民主党提名为副总统候选人，竞选失败后，他担任了一家保险公司的副经理。1921年夏天，他因为在很凉的水中游泳，染上了当时流行的脊髓灰质炎（小儿麻痹症），但他以坚强的毅力战胜了病魔。

1928年，罗斯福成功竞选成为纽约州州长，第二年，美国爆发了严重的经济危机（大萧条）。罗斯福在纽约州采取了多种措施来救济失业工人、稳定社会秩序，在民主党人中的威信大增。

罗斯福上任后，立即大刀阔斧地推行了一系列反危机措施，实行"新政"。在实施"新政"过程中，采纳了当时流行的"芝加哥学派"的部分思想。该学派主张危机时期实行国家调节，扩大政府开支，实行赤字财政，举办公共工程，以消灭失业。

罗斯福分两个阶段实施"新政"：1933年3月9日至6月16日是第一阶段，罗斯福政府通过国会制定了70多个法案，加强国家对经济的干预和调节，克服大危机带来的紊乱状态，这一阶段史称"百日新政"；从1935年4月起，罗斯福政府又督促国会通过了700多个法案，掀起了"新政"的第二次高潮，这时的"新政"内容多侧重于社会改革，是"新政"的第二阶段。

反映罗斯福就任美国总统的漫画

"新政"的主要内容包括如下几个方面：

一是财政金融的整顿和改革。国会通过了《格拉斯－斯蒂高尔法》，将商业银行与投资银行分开，以避免使用用户存款进行投机。罗斯福在财政金融方面采取的措施，起到了疏通国民经济生活血液循环系统的作用，为经济的恢复创造了良好的条件。

二是调整工业生产。通过了《全国产业复兴法》，将全国工业划分为17个部门，分别成立协商委员会，制定了《公平竞争法规》，确定各企业的生产规模、价格水平、市场分配、工资水平等，以避免盲目竞争而导致生产过剩。

三是保证农业生产。1933年5月，罗斯福公布了"新政"中的又一重要法令——《农业调整法》。根据该法，政府设立了农业经济调整署，有计划地缩减农业生产，销毁"过剩"的农产品，以提高农产品价格，克服农业生产相对过剩的危机。

四是以工代赈，建立社会保障制度。国会通过了《联邦紧急救济法》，成立了联邦紧急救济署，直接救济失业者和贫困者。又通过了《社会保障法》，开始了"福利国家"的实验。

罗斯福采取的一系列"新政"措施，对于美国和世界都产生了深刻的影响。

德国法西斯独裁统治

1929~1933年的经济危机沉重打击了本已外债累累、民生凋敝的战败国德国。面对空前严重的危机，软弱无力的魏玛共和国政府回天乏术。1928~1933年先后更换4届政府，各届政府都无法克服财政困难和各统治集团之间的矛盾，社会动荡不安。在危机深重的非常时刻，在德国这个民主传统较为薄弱的国家，脆弱的民主体制失去了自我调节的弹性和能力。议会民主的政治体制在危机的冲击下，摇摇欲坠。

正是在这种特殊的社会历史环境下，德国法西斯势力兴起。德国的法西斯政党全称是德国民族社会主义工人党，其首领希特勒利用德国人民对凡尔赛－华盛顿体系对德国制裁的不满情绪以及这场空前的经济危机给德国造成的更为困难的处境，四处鼓吹"生存空间论"、种族优劣论，提倡"领袖原则"的独裁统治，肆意攻击社会主义，大力宣扬重塑德国的昔日辉煌，不但蒙蔽了多数德国人民，并且逐渐取得了德国垄断资产阶级的支持。

纳粹党不断发展壮大，在1930年9月的选举中成为国内第二大政党；在1932年7月新的选举中成为国内第一大党。同年11月，纳粹党最终在垄断资产阶级的鼎力帮助下获得权力。1933年1月，德国法西斯政党——纳粹党的党魁希特勒被任命为总理，开始在德国建立法西斯独裁专制统治。

希特勒出任总理后，很快组建了内阁，即所谓的民族团结政府，纳粹党在其中仅占有几个职位。希特勒并没有满足于登上总理的宝座，他的目标是将其他政党排挤出政府，建立独裁统治。

1933年2月，兴登堡宣布解散国会，并决定于3月5日进行新一轮国会选举。为了使纳粹党在选举中获胜，希特勒开始利用职权打击其他政党，并首先把矛头指向了在群众中影响日益扩大的德国共产党。2月27日，纳粹党制造了"国会纵火案"，借此掀起了反共风潮。大批德共党员被逮捕，德共报纸被查封，德共被迫转入地下。次日，政府颁布了《保护人民和国家法》，取消了公民自由的基本权利。国会大选在法西斯的白色恐怖之下如期举行，但纳粹党只获得了选票的43.9%，并没有取得绝大多数。

为了取得修改宪法需要的2/3以上的席位，希特勒于3月14日宣布取缔德国共产党，得到了德共的81个席位。随后，希特勒又软硬兼施，争得了天主教中央党等资产阶级政党的支持。3月23日，在纳粹党的胁迫下，国会以2/3的多数票通过了《消除人民和国家痛苦法》即《授权法》。希特勒据此获得了在4年任期内的立法权，有权不经国会同意制定法律、与外国签订条约。至此，国会名存实亡，立法权和行政权都控制在希特勒一人手中，资产阶级议会民主制被取消。

为了实行纳粹党一党独裁，希特勒解散了除纳粹党之外的所有政党，国会成为由纳粹党员组成的清一色国会。1933年12月，希特勒颁布了《保证党和国家统一法》，将纳粹主义确立为德国国家思想的支柱，宣布党和国家统一。这样，希特勒就在德国建立了纳粹党的一党专政。

1934年8月，兴登堡总统去世。内阁立即宣布一项法律，规定总统职务与总理职务合二为一，取消总统职务。自此，希特勒攫取了总理兼国家元首的桂冠，并掌握了国防军的最高统帅权，成为不受任何法律约束的独裁者，法西斯独裁政治体制在德国正式确立起来。

为了制止侵略、维护本国安全，苏联开始争取与法国等国缔结双边互助条约。1935年5月2日，《苏法互助条约》在巴黎签字，两国相约定在遭受欧洲国家侵略时相互援助。作为欧洲大陆上的两个大国，苏、法两国的合作原本可以阻止德国的侵略，但是法国只想把条约作为与德国打交道的筹码，根本无意履行，而且拒绝为条约加入军事内容。结果，条约成为一种形式，并没发挥应有的作用。

尽管苏联为建立欧洲集体安全体系做了一系列的努力，但是，由于英、法两国的妥协政策，这些努力都遭受了挫折，欧洲集体安全体系最终没能建立起来。

20世纪30年代末，为了本国的利益，苏联在战争一触即发的情况下放弃了安全

1933年11月，德国纳粹党徒招摇过市，拉拢选票，法西斯势力山雨欲来。

不可分的原则，改变了原来致力于欧洲集体安全体系的做法，于1939年8月与德国签订了《苏德互不侵犯条约》，为德国发动世界大战提供了便利条件。

日本的法西斯体制

在日本法西斯专政的建立过程中，军部的法西斯势力起着主导作用。由于历史的原因，日本军部在日本军事官僚机构中地位特殊，权力很大，直属天皇统领，不受政府管束，而且军部还可以通过陆海军大臣干涉政府事务。由于日本军部拥有这种特殊的地位，它成为法西斯势力崛起的温床和支柱。

1930年11月，在军部法西斯势力的支持下，法西斯组织"爱国社"成员暗杀了滨口首相，从此法西斯势力和军部少壮派势力日益嚣张，企图靠对外扩张、对内搞政变来夺取政权，建立法西斯独裁统治。

不久以后，军内法西斯势力开始分化，围绕着如何建立军事法西斯统治的问题，出现了对立的两派：以荒木贞夫和真崎甚三郎为首的皇道派，在新财阀的支持下，积极鼓吹"发扬皇道"、"尊崇天皇"，主张使用暴力手段，推翻政党内阁，建立以天皇为中心的军部法西斯独裁政权。因皇道派以中下级军官为骨干，又称为"少壮派"。以永田铁山和东条英机为首，军部上层为核心的统制派，认为军部势力已经壮大，没有必要用暴力手段改变现状，主张在军部中央机关将校军官的统治下，用自上而下的合法手段控制政权，实现全国法西斯化。

1932年5月15日，在"血盟团"的领导下，几个海军少壮派军官率领陆军士官学校学生，袭击首相官邸、警视厅、内大臣官邸、政友会本部、日本银行等，首相犬养毅被枪杀。同日夜，橘孝三郎率领的"爱乡塾"成员企图袭击东京周围变电站，在混乱中颁布戒

1932年，日本为征服东亚做准备，图为日本天皇视察形状奇异的高射炮式的高音喇叭。

严令，建立军事独裁政权，但均未达到目的。政变参加者纷纷自首。事件后，军部借口"时局非常"，拒绝由政党继续组阁，政党内阁宣告结束。5月26日，由海军大将斋藤实组织了包括军部、官僚和政党在内的所谓"举国一致内阁"，日本从此步入了向军事独裁政权过渡的阶段。

在扩军备战过程中，皇道派与统制派的矛盾日益尖锐。1936年2月26日清晨，皇道派在东京发动叛乱。他们提出"昭和维新"、"尊皇讨奸"等口号，要求"解散国会"、"任命真崎大将为首相、荒木大将为关东军司令官"、"建立维新政府"，遭到了天皇、统制派大部分人和官僚、财阀的反对。29日下午2时许，叛乱被镇压，皇道派瓦解。3月9日，在统制派的支持下，广田弘毅组阁，广田遵照军部意愿，组成了听命于军部的内阁。广田上台加快了法西斯化的进程。5月，他下令恢复了军部大臣的现役武官制，使军人控制内阁披上了"合法"的外衣。广田内阁废除了议会多数的政党内阁制，取消了议会对内阁的监督权。同时，广田内阁加快了扩军备战的步伐，1936年8月7日的"五相会议"制定了"基本国策纲要"，确立了日本对外扩张的战略目标。广田内阁的建立，标志着以军部为核心的日本天皇制法西斯体制基本形成。

苏联确立社会主义制度

经过社会主义工业化和农业集体化的改造，20世纪30年代中期的苏联社会已经发生了翻天覆地的变化。从经济结构上来说，社会主义经济成分超过了资本主义成分，社会主义公有制在国民经济中占据了主导地位。从阶级构成上说，资产阶级和富农作为一个剥削阶级已经消失了。这表明社会主义制度已经在苏联确立起来。为了全面反映苏联政治、经济生活的变化，从法律上巩固社会主义改造和社会主义建设的胜利成果，制定新的宪法已提上议事日程。

1935年2月，全苏苏维埃第七次代表大会决定修改1924年宪法，并成立以斯大林为首的宪法委员会负责草拟宪法。经过一年多的研讨，宪法委员会拟出新宪法草案并于1936年6月交全民讨论。1936年11月26日，全苏苏维埃第八次代表大会在莫斯科举行。斯大林在会上作了《关于苏联宪法草案》的报告，他在报告中分析了苏联社会发生的深刻变化，概括了新宪法的基本特点等。大会一致通过了新宪法，这部宪法被称为《1936年宪法》。

《1936年宪法》规定：苏联是工农社会主义国家，全部政权属于城乡劳动者，由苏维埃实现之；经济基础是社会主义所有制——全民所有制和集体所有制，实行"各尽所能，按劳分配"的原则；国家最高权力机关是苏联最高苏维埃，它行使立法权，选举最高苏维埃主席团和人民委员会；实行普遍、直接、平等、无记名投票和等额选举制；公民一律平等，均享有劳动权、休息权、受教育权，有言论、出版、集会、结社等自由，人身不受侵犯；公民必须遵守公共生活准则，爱护公共财物，保卫社会主义祖国。

《1936年宪法》从法律上巩固了社会主义改造和社会主义建设的胜利成果，推动了苏联社会主义改造和法制建设。《1936年宪法》的制定，标志着苏联"基本上实现了社会主义，建立了社会主义制度"。但是，由于苏联的生产力发展水平较低，还没有达到马克思、恩格斯所设想的发达社会主义的程度，所以社会主义制度的确立并不等于社会主义社会的完全建成。

西班牙反法西斯战争

20世纪30年代初，西班牙在经济危机的打击下，国内矛盾加剧。1931年4月，资产阶级共和派在选举中获胜，建立了资产阶级共和国。共和国的建立，遭到了西班牙各种反动势力的仇视。1933年，反动势力成立了"西班牙自治权利联盟"，简称"塞达党"。一些法西斯分子也蠢蠢欲动，于1933年10月建立了法西斯组织"长枪党"。这些反动势力疯狂地反对民主改革，并积极展开活动。1933年11月，塞达党在选举中获胜，建立了亲法西斯的勒鲁斯政府。勒鲁斯政府取消了各项民主改革，在内阁里安插了不少法西斯分子，开始了西班牙历史上"黑暗的两年"。

1939年佛朗哥指挥民族主义叛乱分子从北非的加纳利岛出发进入西班牙，向马德里挺进。

勒鲁斯政府的倒行逆施，激起了西班牙人民的强烈反对，各地都开始举行罢工斗争，一些城市还发动了武装起义。在反法西斯的斗争过程中，左翼政党逐渐联合起来。1936年1月，人民阵线在国会选举中取得胜利，成立了联合政府。人民阵线政府解散了法西斯组织，并采取了一系列的改革措施。

人民阵线政府的建立，给反动势力以沉重打击。反动势力决定铤而走险，用武力推翻共和政府。他们在法西斯将领圣胡尔霍、佛朗哥、莫拉的带领下，策动军事叛乱。1936年7月18日，圣胡尔霍等在西属摩洛哥发动了武装叛乱。7月19日，叛乱蔓延到西班牙本土。西班牙内战爆发了。

叛乱爆发后，西班牙政府军在人民的支持下，很快打退了叛军的进攻，控制了局势。在西班牙政府军即将取得完全胜利的情况下，德、意法西斯开始进行武装干涉。德、意的武装干涉主要有两个意图，一是企图占领西班牙这一战略要地，在未来与英法的争夺中占据优势；二是打击西班牙的反法西斯势力，防止国际反法西斯势力的扩大。德、意的武装干涉，使西班牙内战转变为一场具有国际意义的反法西斯民族革命战争。

面对德、意的插手叛乱，西班牙各派民主力量联合起来，领导各阶层人民奋起保卫共和国。西班牙的反法西斯战争，得到了世界反法西斯力量的有力支持。在共产国际的号召下，54个国家的近4万名反法西斯人士来到西班牙，组成了"国际纵队"，与西班牙人民并肩作战。1936年10月至1937年3月，共和国军队在"国际纵队"的帮助下，先后进行了3次马德里保卫战。1936年10月，在德意法西斯的大力支持下，佛朗哥叛军从南北两面向首都马德里进攻，逼近郊区。叛军的进攻受到共和国军民的英勇反击。马德里地区96%以上的共产党员走上前线参加战斗，共产党建立的第五团同国际纵队守卫在最险要的地段，他们和共和国军并肩浴血奋战，击溃了叛军的精锐部队。第一次进攻被击退。1937年1月，叛军发动的第二次反扑也被击退。3月8日，意大利干涉军从东北方实施突击，企图配合叛军夺取马德里。共和军调整部署、顽强防御，至22日终于粉碎意军进攻。同年6月起，叛军的进攻重点从中部战线转向北部战线，马德里周围地区的态势趋于稳定。但是，由于英法等国奉行"不干涉"政策，对德、意的武装干涉坐视不管，共和国的形势越来越严峻。在严峻的形势面前，人民阵线内部的右翼势力叛变投敌。在内外交困的形势下，共和国于1939年3月28日被颠覆。4月1日，叛军将领佛朗哥宣布战争结束，西班牙建立起法西斯政权。

绥靖政策

第一次世界大战后，英国国防开支紧缩，军事力量薄弱，因此当德国发动战争时，英国为维护自身利益，企图靠牺牲中、东欧弱小国家和苏联，来把德国扩张矛头引开，张伯伦将绥靖政策发展到了顶峰。

1935年3月16日，德国通过《国防法》，宣布实行普遍义务兵役制，将和平时期的军队人数扩充到50万人。这项军事条款公然违背了《凡尔赛和约》。面对德国的挑衅，英、法尽管于4月份联合意大利组成了"斯特莱沙阵线"，但英、意又表示，即使和约遭破坏，也不考虑制裁措施。这表明了它们纵容德国的绥靖立场。6月，英国又同德国签订了《海军协定》，同意德国发展海军。这是英国公开支持德国违背《凡尔赛和约》的行为，它大大助长了德国的扩张野心。

1936年3月7日，希特勒违背《凡尔赛和约》中关于莱茵非武装区的规定，下令向莱茵区进军。1936年7月，西班牙内战爆发后，法国于25日单方面违反了《西法通商协定》，停止向西班牙供应武器。9月9日，在英、法的倡议下，27个国家在伦敦成立了"不干涉委员会"。委员会要求成员国执行"不干涉协议"，禁止向西班牙输出武器和军用物资，禁止西班牙购买的武器在本国过境。英、法等国严格执行不干涉政策，坐视德、意法西斯援助佛朗哥叛乱分子。这实际上单方面剥夺了西班牙共和国获得外部援助的权利，纵容了法西斯势力的扩张。1939年2月，当战争尚在进行之时，英、法政府就宣布承认佛朗哥政权，断绝了与西班牙共和国的外交关系，这更是公开肯定法西斯的扩张。

1937年11月，正当德国法西斯对奥地利蠢蠢欲动之时，英、法两国又对德国作出了绥靖的表示。英、法两国首脑会谈时，达成了一项"保持对东欧争端的不干涉政策"的协议。英、法的绥靖立场，使德国于1938年3月13日悍然吞并了奥地利，英、法则于4月初对此予以承认。

吞并奥地利后，德国随即把侵略矛头指向了捷克斯洛伐克。1938年9月29日晚，英、法、德、意四国首脑会议在德国慕尼黑举行，翌日凌晨签订《慕尼黑协定》。规定将苏台德地区和与奥地利接壤的南部边境地区割让给德国；捷克斯洛伐克必须在10月1日~10日期间，从上述地区撤退完毕；上

1938年9月英、法、德、意在慕尼黑举行会议，签订阴谋瓜分捷克斯洛伐克的《慕尼黑协定》，图为希特勒（左二）与张伯伦（左一）在一起。

述地区一切设备不得破坏，无偿移交给德国。《协定》附件中还规定，由四个签字国保障捷克斯洛伐克的新国界。在整个会议中，捷克斯洛伐克代表被排斥在外。1938年10月6日，德国策动斯洛伐克宣布"自治"。次年3月15日，德国吞并了捷克斯洛伐克的所有领土，随即把侵略矛头指向波兰。在这种形势下，英、法逐渐改变了绥靖的做法。

1939年，英、法两国向波兰、希腊、罗马尼亚、荷兰、比利时、土耳其等欧洲国家提供了安全保证。1939年4月至8月，英、法还同苏联举行了三国政治和军事谈判，以缔结共同对抗德国的同盟。但是，英、法这时并没有完全放弃绥靖政策。正是由于英、法总想抱着绥靖政策不放，苏联也逐渐丧失了与英、法结盟的信心，致使三国谈判最终受挫，失去了制止战争的最后机会。

第二次世界大战

低地国家的陷落

1939年8月31日，希特勒命令早已集结的150万军队、2000余架飞机和2800辆坦克向波兰发起进攻。9月1日，德军采取闪电战术，首先以大批飞机密集轰炸战略要地，继而以坦克和摩托化部队为先导分三路突进。波军第一线对德作战部队因准备不足，装备落后，军事思想保守，未能挡住德军的攻势，边境防线迅即被突破，部队被分割包围。英、法两国随即向德国发出了警告：如果不在两天内撤出波兰，英、法将出兵保证盟国波兰的安全。在警告无效的情况下，英、法两国于9月3日向德国宣战。

英、法对德宣战时，在西线拥有近110个师的兵力，而德国在那里只有23个师。如果英、法在西线向德国发动进攻，德军将陷入两线作战的不利局面，这将从根本上扭转战局。然而，英、法政府对德国却是"宣而不战"。宣战后8个月的时间里，英、法除在大西洋上击毁过德国的军舰和商船外，在陆地上按兵不动。英、法军队躲在坚固的钢筋水泥的工事内，眼看自己的盟国被德国消灭。这种战争现象被称为"奇怪的战争"。其实，"奇怪的战争"并不奇怪，它实际上是英、法战前推行的绥靖政策的延续。英、法虽然对德宣战，却不想与德国正面冲突，只是企图封锁德国西进的路线，迫使其在灭亡波兰后向苏联进攻。

德国灭亡波兰后，并没有像英、法希望的那样进攻苏联，而是按原定计划加紧向西线进攻。为了保证进攻英、法时侧翼的安全，德国决定首先控制北欧。

1940年4月9日，德国分别向丹麦和挪威发动进攻。丹麦在无力抵抗的情况下不战而降，德军在4个小时内就占领了丹麦。挪威也于6月10日陷落。

在挪威战事尚未结束之时，德国就同时向荷兰、比利时、卢森堡三国发动了进攻。卢森堡当天就不战而降，荷兰在抵抗5天后正式投降，随后，比利时也宣布无条件投降。

在进攻荷兰、比利时的同时，德军主力选择了英、法军队防守薄弱的法比边境的阿登山区，作为向法国进攻的据点，并以迅雷不及掩耳之势向西挺进，直扑英吉利海峡。英、法联军因军事战略保守，指挥不当，作战失利，遭到分割，近40万军队溃退至法国西海岸的敦刻尔克地区，面临全军覆没的危险。德军先头坦克部队受命暂缓前进，使英、法联军得以巩固防御工事，掩护实施从海上撤退至英国的"发动机计划"。5月26日~6月4日，英国动用各种类型船只，冒着德机的轰炸，将20万英军和13万法、比军队由英吉利海峡撤至英国。到6月4日德军攻克敦刻尔克时，只有4万多名法国官兵因未能及时撤离而被俘。这就是著名的"敦刻尔克大撤退"，但这次撤退却保存了反法西斯的有生力量。

6月5日，德军直扑法军仓促构筑的"魏刚防线"，3天后就突破了防线，直逼巴黎城下。6月10日，意大利向法国宣战，使得法国的处境更加艰难。6月13日，法国向德国提出停战请求，德军14日进入巴黎，并向法国视为牢不可破的"马奇诺防线"发起进攻。17日，德军在德、法边境的莱茵河畔，歼灭了近50万法军。

1939年10月，德军攻陷波兰，图为希特勒正在检阅通过华沙街道的军队。

6月16日，法国总理雷诺辞职，法军元帅、投降派贝当就任新总理。贝当上任的第二天就要求全国停止抵抗，并向德国正式提出停战请求。

6月22日，法国代表在贡比涅同德国签订了停战协定。24日，法国又与意大利签订了停战协定。根据停战协定条款，法军解除全部武装并交出武器，占法国国土面积3/5的北部工业区由德国占领，剩余领土由设在维希的贝当傀儡政府管辖，史称"维希政府"。至此，法兰西第三共和国宣告终结。

苏德互不侵犯条约

1939年3月10日，斯大林在联共（布）第十八次代表大会的总结报告中，认真分析了国际形势。斯大林对英、法的绥靖政策进行了无情的抨击，而对法西斯国家的批评却很少，并表示苏联将把"保持谨慎态度，不让那些善于从中渔利的战争挑拨者把我国卷入冲突中去"作为今后主要的对外政策之一。这表明苏联已开始把谋求自保作为外交的重点。

1939年初，苏联开始与德国进行接触，这种接触在1939年4月~8月的英、法、苏三国谈判期间也没有停止。三国谈判前期，由于英、法对德国采取绥靖政策，因而在谈判中采取了消极应付的做法，并拒绝了苏联提出的制止战争所必需的一些条件，这使苏联失去了对三国谈判的信心。到1939年8月，尽管英、法在战争日益逼近的形势下开始尽量满足苏联的要求，但苏、德的接触这时已有了很大进展。德国为了摆脱两线作战的处境，几乎对苏联提出的一切要求都予以满足。德国不仅答应让苏联置身于未来的战争之外，而且同意了苏联划分东欧势力范围的要求，并许诺发挥自己的影响来改善苏联与日本的关系。在这种情况下，苏联抛弃了安全不可分的原则，把苏、德之间的谅解放在其外交决策的首位。8月21日，斯大林同意了希特勒提出的德国外长访苏的要求，并于8月23日在莫斯科签署了《苏德互不侵犯条约》。正文主要有以下几点：双方保证彼此间不进行任何武力行动、任何侵略

1939年8月莫斯科，苏德签定《互不侵犯条约》，图为斯大林（左二）与德国外长冯·里宾特洛甫（右三）在条约签定仪式上。

行为或任何攻击；通过和平方法解决两国间的纠纷；如果缔约一方成为第三国敌对行为的对象时，缔约另一方将不给予第三国任何支持；缔约任何一方将不加入直接或间接旨在反对另一方的任何国家集团；条约有效期为10年。第二次世界大战后，双方又公布了该条约附加秘密协定书，主要内容为划分两国在东欧的势力范围。

《苏德互不侵犯条约》签订后，英、法、苏三国谈判宣告破裂，而德国则得以摆脱两线作战的困境，敢于放手发动第二次世界大战。《苏德互不侵犯条约》签订后的第九天，德国就发动了入侵波兰的战争，欧洲的全面战争爆发。

苏联不仅在欧洲对德外交中采取了绥靖政策，而且在亚洲对日外交中也奉行绥靖政策。

《苏德互不侵犯条约》的签订，为苏联赢得一个短暂和平时期进行反侵略战争准备，然而它使德国避免两线作战的危险，为发动世界大战创造了有利条件，同时条约也暴露了苏联大国主义的倾向。

欧洲战场

1940年6月灭亡法国后，希特勒便着手制定攻打英国的"海狮作战计划"。希特勒决定首先对英国实施空中袭击，掌握制空权。1940年8月10日至1941年5月11日，德国空军每天都出动飞机数百甚至数千架次，对英国的军事基地、主要的工业城市进行狂轰滥炸。英国在德国的空袭下，遭受了重大损失，这增强了英国人民抵抗侵略的决心。英国军民以顽强的意志顶住了德国的空袭，使希特勒的"海狮"计划迟迟不能实施。

1941年6月22日，德国向苏联发动了全线进攻。意大利、西班牙、匈牙利、罗马尼亚、斯洛伐克、芬兰等国随即向苏联宣战。6月22日至7月9日，德军在各个进攻方向上都急速向苏联境内推进，苏联遭受了巨大创伤。但是，在苏联军民的顽强抵抗下，他们渐渐遏制了德军的攻势，粉碎了希特勒迅速灭亡苏联的梦想，迫使德军于1941年9月将全线进攻改为重点进攻。9月30日，德军开始向莫斯科发动进攻，在10月攻势中，德军进行了3次大包围，莫斯科军民在斯大林的指挥下采取攻势防御，浴血奋战，10月底德军攻势减弱。11月15日，德军发起第二次大规模进攻，一度占领距莫斯科24千米的伊斯特腊，但因苏军的顽强阻击，德军的企图未能实现。12月6日起，苏军解除了对莫斯科的包围。1942年1月8日~4月20日，苏军在莫斯科方面全线反攻。苏军在敌强我弱的形势下保卫了首都，收复部分失地。此战役是德国法西斯在第二次世界大战中所遭到的第一次军事大失败，标志着德国"闪击战"和"德军不可战胜"神话的破产，极大地鼓舞了全世界人民，增强了他们反法西斯的信心。

　　进攻莫斯科失败后，德军又于1942年7月17日向斯大林格勒发动了重点进攻。经过近两个月的激战，德军突破苏军的外围和近郊防御，于9月13日攻入市区，苏军与德军开展了激烈的市区争夺战。11月19~20日苏联调集110万兵力和大批飞机、坦克、大炮，从南北两翼发动反攻，迅即突破敌军防御，将30万德军包围并挫败敌军解围计划。1943年1月10日苏军开始总攻，至2月2日，被围德军全部被歼。此役历时200天，双方投入大量兵力，是第二次世界大战中规模最大的战役之一。德军力量受到严重削弱，损失150万人，被迫转入战略防御。此战役是苏德战场和第二次世界大战的转折点。

　　斯大林格勒战役后，德军为夺回战争主动权，于1943年7月5日向库尔斯克发起进攻。经过一个多月的战斗，苏军于8月23日取得了胜利。库尔斯克战役的胜利，使德军重新夺回战争主动权的企图破灭。此后，苏军展开了大规模的战略反攻。

　　1944年，苏军实施了战略反攻计划，接连向德军发动进攻，解放了除拉脱维亚一小块土地之外的所有国土，而且进入芬兰、波兰、罗马尼亚、南斯拉夫、保加利亚、匈牙利等国境内作战，迫使德国的东欧盟国退出了战争。

　　美、英决定于1944年5月实施从法国打进欧洲大陆的"霸王"作战计划，开辟长期拖延未开辟的欧洲第二战场。由艾森豪威尔担任盟军最高统帅，计划由英国本土出发，横渡英吉利海峡，主攻方向为法国西北部诺曼底。为此，盟军集结了86个师288万人，6000余艘各类舰艇，1.37万架飞机，并制造在加来登陆的假象。德军防守力量不足，判断失误，把防御重点放在加来附近。盟军3个空降师在登陆地域着陆，大批飞机和军舰轰击德军海岸防御工事，随后进攻部队登陆，突破希特勒吹嘘的"大西洋壁垒"。至7月24日，盟军阵地已扩展到正面宽100千米、纵深30~50千米的范围，登陆部队超过100万人，歼灭德军10万多人，胜利完成登陆任务。从此，盟军对德军形成两面夹击之势。到1945年2月，苏军和英美联军

"斯大林-3"重型坦克。专为对付德国"虎王"而研制，被西方称为"拥有战列舰级装甲的坦克"。

规模宏大的盟军诺曼底登陆场面

从东西两面进入了德国境内，向柏林逼近。4月25日，苏军开始了对柏林的攻坚战。29日，苏军攻到柏林市中心，希特勒在第二天绝望自杀。5月2日，德军停止抵抗，柏林战役结束。5月8日，德国在柏林签署了无条件投降书，欧洲战场的战争至此结束。

太平洋战场

法国战败投降后，日本决定趁机向东南亚扩张。1940年8月，日本出台了臭名昭著的"大东亚共荣圈"侵略计划。9月，日军进占中南半岛北部，开始向东南亚扩张。

日本的侵略行径，加剧了它与英、美之间的矛盾。英、美两国对日本采取了冻结财产和贸易禁运等措施，这更促使日本决心用武力夺取东南亚。珍珠港是美国在太平洋上最大和最重要的海军基地，太平洋舰队停泊于此。1940年，美日矛盾加剧，日本一面与美国进行谈判，一面准备对美战争，制定了偷袭珍珠港的作战计划，企图一举歼灭美国太平洋舰队，解除南进的海空威胁。1941年12月当地时间7日晨，南云忠一中将率领日本特遣舰队秘密开抵珍珠港以北约370千米处，于7时55分发动突袭。第一批183架飞机攻击历时30分钟，随后第二批171架飞机扩大战果，攻击共约50分钟。美国被击毁击沉大型舰只19艘，飞机300架左右，死伤3600余人，太平洋舰队几乎全军覆没。

日本偷袭后的第二天，美、英分别向日本宣战，随后又有20多个国家也相继对德、意宣战。至此，第二次世界大战真正成为全球性的战争。

日本偷袭珍珠港成功后，暂时掌握了太平洋上的制海权和制空权。到1942年5月，日本相继占领了东南亚和西太平洋上的许多国家和战略要地，英、荷、法、美等国在这一地区的岛屿和殖民地几乎全部落入日本手中。

中途岛位于珍珠港西北约1852千米处，为珍珠港的重要屏障和前哨。1942年5月，日本决定占领该岛作为前进基地。为此，日军调集200余艘舰只，700架舰载飞机，由山本五十六亲自指挥作战。然而，处于劣势的美国太平洋舰队破译了日本的无线电密码，对敌人的行动了如指掌。6月4日凌晨，日本主力舰队飞机向中途岛发起攻击，因美军早有准备，未取得预期效果，又发现美国舰队，陷入了既需再次轰炸中途岛又要攻击美舰的处境。日军仓促为飞机改装鱼雷，将大批炸弹堆放在甲板上。10时左右，美舰载飞机100余架，分批连续攻击日舰，日军3艘航空母舰中弹，引爆甲板上的炸弹，当即相继沉没。傍晚又一艘航空母舰被击沉。中途岛海战是太平洋战争的转折点，日军从此丧失了太平洋上的制空权和战争主动权，由战略进攻转为战略防御。

中途岛海战后，美军乘胜出击，于1942年8月7日向瓜达尔卡纳尔岛的日本舰队发动进攻。经过半年的激烈争夺，美军于1943年2月7日占领了瓜岛。此次战役日军损失惨重，完全丧失了战争的主动权。此后，美军在太平洋战场上展开了全面进攻，与日军进行了激烈的逐岛争夺战，一步步向日本国土逼近。

1944年，美军凭借空中优势，从"逐岛争夺"转为"越岛进攻"，直插日军重防区域。1944年上半年，美军先后攻占了马绍尔群岛、加罗林群岛和马利亚纳群岛。马利亚纳群岛被日本视为本土的屏障，必须确保的地区。美军冲破这道屏障后，日本本土便落入美军的轰炸范围。1944年9月和10月上旬，美军对日军在各地的机场接连实施轰炸。

美国国旗升起在硫磺岛上，这幅照片成为关于太平洋战争的最动人注解。

1945年春，美军攻占了硫磺岛和冲绳岛，并不断轰炸日本本土，沉重打击了日本军民的士气。8月6日和9日，美国分别向日本广岛、长崎两地投放了原子弹，给这两地以毁灭性打击。8月8日，苏联对日宣战，并于第二天出兵中国东北，日本70万关东军遭受重创。与此同时，中国和亚洲其他各国人民纷纷发起大反攻。日本法西斯四面楚歌，彻底绝望了。8月15日，日本天皇宣布无条件投降。9月2日，日本在盟国代表面前正式签署了投降书。至此，第二次世界大战以法西斯国家的失败而告终。

雅尔塔体系

1945年年初，轴心国败局已定。为了协调盟国关系，安排战后的世界秩序，1945年2月，美、苏、英三国首脑罗斯福、斯大林、丘吉尔在苏联的雅尔塔举行了战时第二次首脑会议。参加会议的还有三国外长、参谋长和顾问。会上争论激烈，最后对战争和战后的一些重大问题作出了决定，主要包括4个方面的内容：

第一，关于德国问题。三国一致同意最终击败德国，使其无条件投降，然后分区加以占领。战后，要清除德国的纳粹主义和军国主义，解散德国一切武装力量，实现德国的民主化；成立一个由苏、美、英三国代表组成的赔偿委员会，负责德国对盟国的赔偿事宜。

第二，关于波兰问题。三国分歧严重，争论焦点集中在波兰政府的组成和边界问题上。雅尔塔会议最终达成原则协议：在更广泛的基础上对波兰临时政府加以改组，以容纳国内外的民主领袖；波兰的东部边界以寇松线为准，但在若干地区作一定调整，在西部和东部应从德国获得领土补偿。

第三，关于组建联合国问题。会上三国经过讨论最终达成妥协：在非程序性问题上，五大国拥有否决权；确认乌克兰、白俄罗斯为联合国的创始会员国；邀请"联合国家"宣言的签字国于1945年4月25日在旧金山举行联合国制宪会议，以四大国的建议案作为基础制定联合国宪章，成立联合国。

第四，关于对日作战问题。苏联同意在欧洲战争结束后两至三个月内参加对日作战。

此外，会议还通过了《关于被解放的欧洲的宣言》，声明三国将协助解放纳粹统治

战后主宰世界格局的三巨头（左起）：丘吉尔、罗斯福、斯大林，在雅尔塔会议上留下了这张难得的照片。

下的各国人民以及前轴心附庸国人民，以民主方式解决他们的政治问题和经济问题。会议还就南斯拉夫、伊朗、巴尔干以及遣送战俘等问题展开了讨论。

雅尔塔会议既对三大国此前商讨过的问题进行了总结，又为战后的国际格局确定了基本框架——雅尔塔体系。这对协调盟国之间的关系，加速世界反法西斯战争的胜利，维护战后的世界和平都有积极作用，但它同时也是大国强权政治的体现。

可以说，雅尔塔体系是美苏划分战后势力范围的产物。

1945年7月17日至8月2日，在波茨坦，苏、美、英三国首脑举行了最后一次会晤，讨论如何解决一些战后问题，包括如何安排战后世界秩序、分享战争胜利果实以及如何迅速击溃日本法西斯等。出席会议的三国首脑是苏联人民委员会主席斯大林、美国总统杜鲁门和英国首相丘吉尔。关于德国问题，三国以在占领区内管制德国为原则达成一致意见。关于波兰问题，三国展开激烈争论，最后基本达成划定波兰西部边界的协议。关于伊朗和黑海海峡问题未能达成协议。波茨坦会议是雅尔塔体系的重要组成部分，对欧洲政治格局和苏美关系格局的形成产生了重要影响。

但波茨坦会议并没能解决战后边界秩序问题，雅尔塔体系无法顺利形成。第二次世界大战后，对德国附庸国意大利、罗马尼亚、芬兰、保加利亚、匈牙利等国的处置问题被提上日程，战胜国先后举行多次会议，在讨论的基础上就一些问题达成了协议。1946年12月12日，苏、美、英、法四国外长在纽约确定《五国和约》，并得到四国批准。1947年2月10日，《五国和约》签字仪式在巴黎举行，前德国附庸国处置问题得到解决。《五国和约》的缔结，是战后欧洲国际新秩序确立的标志。

雅尔塔体系形成的最后一个环节是对日本问题的处理。1945年12月，盟国成立远东委员会和盟国管制日本委员会两个机构，实际上日本处于美国的一手掌控下。为使对日控制合法化，1951年9月1日旧金山会议举行。9月8日，除苏联、波兰、捷克斯洛伐克之外的48个与会国在《对日和约》上签字。1952年4月28日，《对日和约》正式生效，美日双方的《安全保障条约》也同时生效。

这标志着雅尔塔体系正式形成。由于历史条件决定这一体系是在几个大国尤其是美苏斗争与妥协的基础上形成的，因而大国强权主义色彩十分浓重。雅尔塔体系在事实上划分了美、苏的势力范围，随着美苏之间矛盾的加剧，以美苏为首的两大阵营开始形成。

联合国的成立

第二次世界大战后期，世界反法西斯战争出现了根本性转折。英国、苏联和美国分别取得了在欧洲战场和太平洋战场的决定性胜利。至此，英国、美国和苏联三国首脑频频会晤，进行了一系列外交活动，对战后世界格局作了安排。

1943年11月28日到12月1日，美、英、苏三国首脑在伊朗首都德黑兰会晤，讨论在欧洲如何开辟第二战场。此次德黑兰会议取得了一个非常重要的成果，那就是讨论建立战后国际组织问题。第二次世界大战爆发后，根据《凡尔赛条约》建立起来的国际联盟在过去的20年中不仅不能阻止侵略，而且在很多重大问题上充当了侵略者的帮凶，失去了在战后生存的价值。因此，建立一个新的国际组织，也就是顺理成章的事了。

美国总统罗斯福提出，要在未来的国际组织里建立一个由四大国组成的"警察机构"，

联合国总部大楼

负责维持国际治安，应付突发事件。苏联和英国对建立一个警察机构的想法大加赞赏，因此，罗斯福的建议被接受。

1945年2月，雅尔塔会议召开了，在雅尔塔会议上各方继续讨论了联合国问题，确定了大国在联合国安全理事会拥有一票否决权。

雅尔塔会议就安理会表决程序达成一致意见，为联合国的诞生打下了基础。1945年3月5日，美国代表中、美、英、苏等4个国家向有关国家发出邀请，邀请其出席于4月25日在美国旧金山召开的联合国家会议，制定联合国宪章。

4月25日，联合国大会如期举行，50多个国家的282名代表出席了此次大会。最终，多方达成一致，通过了联合国宪章和《国际法院规约》。此次会议持续了8个小时。1945年10月24日被定为"联合国日"，联合国宪章也于此日开始生效。

纽伦堡和东京审判

第二次世界大战后，如何处理战败的德国和日本的问题，成为国际关系中一个重要的问题。为了彻底肃清法西斯势力，实现民主化和非军国主义化，防止军国主义和法西斯主义死灰复燃，维护世界和平，盟国对德、日法西斯战犯进行了审判，这就是纽伦堡审判和东京审判。

1943年10月，苏、美、英三国莫斯科宣言规定，战争结束后，将对战争罪犯进行审判。1945年8月，上述三国和法国在伦敦签订协定，拟定欧洲国际军事法庭宪章，规定由四国指派检察官组成委员会进行起诉，由四国指派的法官组成国际军事法庭进行审判。

战后的纽伦堡审判

1945年10月18日，国际军事法庭第一次审判在柏林举行。从11月20日开始，审判移至德国南部城市纽伦堡举行，至1946年10月1日结束，历时近一年。包括纳粹第二、三号人物戈林、赫斯和外长里宾特洛甫在内的20多名战犯被提起公诉。法庭进行了403次公审，以大量确凿的证据揭露了德国法西斯的种种滔天罪行。法庭根据4条罪行对战犯进行起诉和定罪：策划、准备、发动、进行战争罪；参与实施战争的共同计划罪；战争罪（指违反战争法规或战争惯例）；违反人道罪（指对平民的屠杀、灭绝和奴役等）。前两条合起来称为破坏和平罪。1946年10月1日，法庭做出了最后判决，判处戈林等12人绞刑，3人无期徒刑，4人有期徒刑。

死刑判决于1946年10月16日执行，戈林在处决前一天服毒自杀。与此同时，法庭还宣布了4个犯罪组织，它们是：纳粹党领导机构、秘密警察（盖世太保）、保安处和党卫队。对这几个犯罪组织的成员，各国可以判以参与犯罪组织罪，直到判处死刑。此后，在美、英、法、苏各个占领区以及后来的联邦德国和民主德国各法庭，又对众多的战争期间的犯罪分子进行了后续审判，他们大多是法西斯医生、法官、工业家、外交人员、国防军最高司令部人员、军事骨干以及党卫军高级干部等。

纽伦堡审判基本上是一次公正的审判，是人类有史以来对侵略战争发动者的第一次法律制裁，有利于防止历史悲剧的重演。它为以后对破坏和平罪的审判奠定了基础，标志着国际法的重大发展。

在第二次世界大战进行之时，盟国就认为，日本战犯也应受到与德国战犯同样的处理。1945年12月16日至26日，苏、美、英外长决定实施《波茨坦公告》中的日本投降条文，包括惩办日本战犯。根据《波茨坦公告》、日本投降书、盟国的《特别通告》以及《远东国际军事法庭宪章》，盟国决定在东京设立法庭审判日本战犯。

根据宪章规定，法庭将审判及惩罚被控以个人身份或团体成员身份犯有以下3种罪行的战犯：破坏和平罪（策划、准备、发动或进行侵略战争）；战争罪（违反战争法规或战争惯例）；违反人道罪（对平民进行杀害、奴役和放逐，或以政治、种族和宗教为理由对平民进行迫害的行为）。盟军最高统帅麦克阿瑟于1946年2月18日任命澳大利亚的韦伯为首席法官，中国、苏联、美国、英国、法国、荷兰、菲律宾、加拿大、新西兰和印度10国各派一名代表为法官，美国的约瑟夫·B.凯南为首席检察官。

1946年4月29日，东条英机等28名战犯正式被起诉。1946年5月3日，远东国际军事法庭正式开庭。首席检察官历数了28名战犯在战争中的罪行，列举了55项罪状，指控他们犯有破坏和平罪、战争罪、违反人道罪。

1948年11月4日，法庭宣读判决书，对25名出庭战犯判决如下：判处东条英机等7人绞刑；16人被判处无期徒刑；其余判处有期徒刑。

1948年11月12日，远东国际军事法庭闭庭。1948年12月23日，东条英机等7名战犯在东京巢鸭监狱被绞死，尸体被火化。其余战犯入狱服刑。

对日本战犯做出的严正判决，受到了世界舆论的欢迎。这次审判，使全世界人民进一步了解了日本帝国主义从九·一八事变到太平洋战争期间的侵略真相和罪恶的事实，是对日本法西斯分子的一次全面清算和重大打击。但是，一些应该受到审判的战犯并未成为被告，一些罪大恶极的战犯并未受到严惩，给深受其害的各国人民留下了不良的印象。

杜鲁门主义

1947年3月12日，美国总统杜鲁门在致国会的关于援助希腊和土耳其的咨文中，提出了以"遏制共产主义"为核心的对外政策的指导思想，这一咨文被称为"杜鲁门主义"。

第二次世界大战后，德、意、日3个国家遭到重创，英、法的力量也严重削弱，美国却依仗在战争中发展起来的雄厚的经济、军事实力，在资本主义世界取得了统治地位。1947年2月21日，英国照会美国国务院，声称由于国内经济困难，无法再给希腊和土耳其以经济和军事的援助，希望美国继续给予援助。

希腊和土耳其扼东地中海，地处国际交通要道的汇合点，具有重要的战略地位，尤其黑海海峡，是黑海通往地中海、大西洋的门户，历来为大国必争之地。第二次世界大战前，希腊和土耳其一直是英国的势力范围。战后，由于英国

美国总统杜鲁门像

实力的全面衰退，美苏在这一地区的争夺异常激烈。1945年6月，苏联向土耳其提出缔结新条约的要求，包括把1921年割让给土耳其的土卡尔斯和阿尔汉达两地归还苏联，苏联在达达尼尔海峡建立陆海空军基地等。土耳其拒绝了苏联的要求，两国关系顿时紧张起来。美国乘机向土耳其提出开放和联合管制达达尼尔海峡的要求，并提供贷款，全面支持土耳其，美国在海峡地区的影响不断扩大。战后，希腊的人民武装力量蓬勃发展。1946年秋，希腊共产党领导人民掀起了武装斗争，不断取得胜利，希腊政府处于风雨飘摇之中。在这种情况下，希腊向英国提出加紧援助的要求。但英国已经难以收拾希腊的局面。1947年2月21日，英国照会美国，要求美国挑起全面援助希、土的担子。1947年5月22日，杜鲁门正式签署《援助希、土法案》。1947年到1950年，美国援助希、土两国6.59亿美元。1949年，在美军指挥下希腊革命被扑灭。

杜鲁门主义是美国对外政策的重大转折点。它与马歇尔计划共同构成美国对外政策的基础，标志着美苏两国由战时的盟国变为战后的敌国，美苏之间的"冷战"正式开始。

马歇尔计划

第二次世界大战后，西欧经济面临崩溃的危险，经济危机使社会矛盾加剧。1947年4月，法国雷诺汽车厂工人首先发动罢工，随即波及全国。英、意、比等国工人运动也随之高涨。

1947年6月5日，马歇尔在哈佛大学毕业典礼上发表演说，对美国援助欧洲的方针予以

概述。他分析了援欧的原因、目的和方式，希望欧洲国家联合起来，主动向美国提出援助要求，然后美国将尽全力支持。对此，西欧各国政府表示欢迎。6月27日，英、法、苏三国在巴黎举行外长会议，讨论马歇尔计划。会上，苏联代表莫洛托夫对制定欧洲统一计划表示严重怀疑，认为可能造成某些国家干涉另一些国家的内部事务的局面。由于分歧严重，苏联代表退出会议，并猛烈抨击了"马歇尔计划"。1947年7月至8月，苏联与东欧各国签订多项双边贸易协定，统称"莫洛托夫计划"。

马歇尔

1947年7月12日，英、法、意、奥、荷、比等欧洲16国在巴黎召开会议，会议确定欧洲经济合作委员会为巴黎经济会议的常设机构。1947年12月19日，杜鲁门向国会提出《美国支持欧洲复兴计划》的咨文。国会通过了《1948年对外援助法》，使"马歇尔计划"法律化。1948年4月3日，《1948年对外援助法》正式执行。该法规定，美国将在头15个月内向西欧拨款53亿美元，不确定4年援助总额，以后逐年审批援助额；管理马歇尔计划的经济合作署向美国企业采购西欧所需物资，然后输送给受援国。到1952年6月30日，美国共提供131.5亿美元，马歇尔计划结束。

在这幅广告画中，"马歇尔计划"成为新欧洲发展的有力夹板。

"马歇尔计划"恢复和发展了欧洲经济，稳定了欧洲社会秩序，推动了西欧各国的经济协作。而且，该计划也解决了战后美国生产过剩与市场相对狭小的矛盾，使美国经济保持了一段繁荣时期。

在推行"马歇尔计划"过程中，美国政府认识到，仅仅在欧洲建立"遏制共产主义"的防线还远远不够，必须在落后的亚、非、拉地区建立同样的防线。因此，美国政府提出了"第四点计划"。

1949年1月20日，杜鲁门发表继任总统的就职演说，提出了美国今后外交政策的"四点行动原则"：一是联合国；二是马歇尔计划；三是北大西洋联盟；四是"新的大胆计划"，即"技术援助和开发落后地区的计划"，新闻界称之为"第四点计划"。"第四点计划"与"马歇尔计划"一样，也是美国政府在战后实施"遏制战略"、推行冷战政策的主要手段。

北约成立

第二次世界大战后，美国实施"遏制战略"，推行冷战政策，在军事政治上的表现便是筹建北约。1947年3月4日，英、法为防止德国军国主义的复活，在敦刻尔克签订了军事同盟条约，这是西欧联合的第一步。第二步是布鲁塞尔条约组织的建立。

1948年3月17日，英、法、荷、比、卢等西欧五国签订《布鲁塞尔条约》，组建了欧洲第一个集体防卫体系。随后，又于3月22日至4月1日，在华盛顿举行了由美、英、加三国参加的会议，通过了《五角大楼文件》，提出扩大布鲁塞尔条约组织；另外缔结了北大西洋区域集体防务协定。1948年6月11日，美国参议院以绝对优势通过了范登堡提出的议案，为美国建立北大西洋公约组织铺平了道路。议案允许美国政府在和平时期同美洲以外的国家缔结军事同盟条约。7月6日，美国与加拿大、布鲁塞尔条约国举行会谈。于9月9日，通过《华盛顿文件》，对即将建立的北约组织的性质、范围、缔约国承担的义务及与欧洲其他组织的关系都作了具体规定。1949年1月14日，美国国务院发表了题为《我们建设和平：北大西洋区域的集体安全》的声明。3月18日，正式公布北大西洋公约组织的条文。4月4日，美、加、英、法、比、荷、卢、丹、挪、冰、葡、意12国外长云集华盛顿，举行北约签字仪式。公约规定：缔约国任何一方遭到武装攻击时，应视为对全体缔约国的攻击；其他缔约国应立即协商，以便行使单独或集体自卫的权利。1949年8月24日，公约正式生效，北大西洋公约组织（简称"北约"）宣告成立。

北约先后建立了名目繁多的组织机构，其中，最高权力机构是由各成员国的外交、国防、财政部长组成的北约理事会。常设的行政机构是国际秘书处。北约最重要的军事指挥机构是欧洲盟军最高司令部，建立于1951年4月，负责欧洲防务。北约的军事战略经历了3个发展时期，初期是地区性遏制战略，1954年采纳大规模报复战略，1967年转而奉行灵活反应战略，其战略的变化完全跟随美国战略而变。

20世纪90年代，随着华沙条约组织的解散和苏联的解体，欧洲的政治与安全形势发生了巨大变化，北约开始向政治军事组织转变。

1990年7月，北约宣布冷战结束。为适应新形势的需要，北约开始全面调整战略。1991年12月，北约决定与部分中东欧国家成立北大西洋合作委员会。1992年，北约允许它的军队离开成员国领土到其他地方参与维和行动。1994年1月，北约通过了与中东欧国家以及俄罗斯建立"和平伙伴关系"的计划。1997年5月，旨在取代北大西洋合作委员会，加强北约同欧洲和欧亚大陆的非北约国家之间安全关系的欧洲—大西洋伙伴关系理事会正式成立。1997年7月，北约东扩计划正式启动。1999年3月，波兰、捷克和匈牙利正式成为北约新成员。这是实现北约东扩计划的实质性一步。北约东扩后，其前沿地区向俄罗斯边境推进了650~750千米。北约的战术航空兵从波兰境内已能威胁到俄罗斯的圣彼得堡、摩尔曼斯克、库尔斯克和沃罗涅日等重要城市。

1954年10月，西方大国签订《巴黎协定》，允许联邦德国加入北约，图为法德英美（从左至右）四国首脑举行联合记者招待会。

德国分裂

1945年6月5日，盟国签署了《关于德国占领区的声明》等文件，四国分区占领制度正式开始。德国被分为四个区：东区、西区、西北区和西南区，分别由苏、法、英、美占领，位于东区内的柏林由四国共同占领。这种分区占领制度原本是制裁德国的一种手段，但四国政府在各自占领区内推行对自己有利的政策，从而引发了柏林危机，导致德国分裂。1947年1月1日，英、美合并两国占领区，成立"双占区"，这是分裂德国的开端。1948年2~6月，美、英、法、比、荷、卢六国召开伦敦会议。6月7日，提出"伦敦建议"，要求合并西方三占区，召开西占区"制宪会议"，成立西德临时政府，在西占区实行货币改革。对此，苏联进行了反击，于1948年3月20日宣布退出盟国对德管制委员会；3月30日通知美方：从4月1日起，苏方对柏林与西方占领区之间的交通进行为期10天的管制，届时将检查所有通过苏占区美国人的证件及货运和私人行李以外的一切物品。

同年6月21日，美、英、法在西占区实行货币改革；23日又下令在柏林西占区实施同样改革，由此而引发了"柏林危机"。6月22日，苏联决定在苏占区和整个大柏林发行新币。6月24日起，苏联全面切断西方占领区和柏林之间的水陆交通，停止向西柏林供电、供煤。而美、英、法实行反封锁，中断了东西占领区之间的贸易和交通，同时对西柏林实施空运。危机期间，双方损失惨重。美、英、法、苏几经周折，于1949年5月4日达成协议，决定于5月12日取消一切交通封锁。危机期间，美、苏剑拔弩张，美国把60架载有原子弹的B-29型轰炸机调到英国，在英国建立战略空军基地，但双方并没有发生武装冲突。

危机虽然平息，但德国分裂已成定局。1949年9月20日，在西方占领区建立了德意志联邦共和国。10月7日，在苏占区内，德意志民主共和国正式成立。两个德国最终形成。

赫鲁晓夫上台后，苏联利用柏林问题一再向西方施压。1958年11月，苏联要求西方从西柏林撤军，使西柏林非军事化。这个要求被西方三国断然拒绝，柏林危机再起。

1959年，苏、美举行戴维营会谈，使危机暂时缓和。1960年，发生了U-2飞机事件，美苏关系恶化，关于柏林问题的商谈中止。1961年6月，苏、美首脑在戴维营会谈，但不欢而散。此后，双方争相威胁对方，使柏林危机达到了高潮。8月，苏联和东德为了制止人流逃往西柏林，开始沿着东、西柏林的分界线修筑了"柏林墙"。美、苏双方相互以武力威胁。在1961年10月的苏共"二十二大"上，赫鲁晓夫主动让步，第二次柏林危机平息。

20世纪70年代初，苏联与西方的关系再次缓和。1971年9月，美、苏、英、法签订了《西柏林协定》，柏林问题得以解决。

在柏林墙西柏林一侧的标示牌写着："注意！你正在离开西柏林。"

华沙条约

北约组织使苏联感到自身面临着严重的威胁。1949年1月29日，苏联外交部针对美国国务院的声明进行严厉谴责，把北约称作"美国和英国统治集团推行侵略政策的主要工具"。此后，苏联在各种场合都猛烈地抨击北约组织，并向联合国大会上诉。1954年10月23日，西方国家签订了《巴黎协定》，允许联邦德国建立正规军，并加入北大西洋公约组织，公开重新武装德国。11月13日，苏联政府立即向以美国为首的西方国家发布照会，要求他们不要批准《巴黎协定》，并建议召开全欧洲会议，讨论防止德国军国主义的复活问题，但遭到西

赫鲁晓夫（左）与波兰总统弗拉迪拉夫·哥穆尔卡在一起。

方国家拒绝。11月29日至12月2日，苏联召集阿尔巴尼亚、保加利亚、匈牙利、波兰、民主德国、捷克斯洛伐克和罗马尼亚等东欧七国政府代表在莫斯科汇聚，警告西方国家，一旦《巴黎协定》被批准，苏联与东欧国家将采取共同措施，组建联合武装。但西方国家对苏联的警告置若罔闻。1955年5月5日，《巴黎协定》正式生效。5月14日，苏联与东欧七国在波兰华沙签订了友好互助合作条约，称为《华沙条约》，简称"华约"。

华沙条约组织具有军事同盟的性质。条约规定：当缔约国之一遇到武装威胁时，其他缔约国应采取一切必要的方式给予援助；设立统一的武装部队司令部和政治协商委员会；缔约国不参加与华约相反的任何联盟或同盟，不缔结与华约相反的任何协定。华约还欢迎一切赞同该条约的国家参加。华约组织的主要机构有政治协商委员会和联合武装部队司令部。前者由缔约国各派一名政府成员或一名特派代表参加，负责审议一切重要的政治、军事问题。从1960年以后，政治协商委员会一般由各缔约国执政党的第一书记或总书记以及政府首脑、外交部长、国防部长和华约联合武装部队总司令参加。联合武装部队司令部负责统率根据缔约国各方协议拨归其指挥的各国武装部队。上述两机构总部均设在莫斯科。

华约的建立使东、西方最终形成了两个对立的军事集团，使两大阵营带有强烈的军事对抗色彩，从而使冷战的气氛更加凝重。

华约组织后来成为苏联控制东欧的工具。1968年8月，苏联以华沙条约组织名义，出兵侵占了捷克斯洛伐克。同年9月阿尔巴尼亚退出该组织。1990年10月，民主德国并入联邦德国，民主德国不复存在。1991年4月1日，华约组织宣布解散其军事机构，7月1日，华约6个成员国领导人在布拉格签署议定书，宣布华约结束。至此，华沙条约组织正式解散，两大阵营的对峙宣告结束。

日本的崛起

在1945年8月，日本垂死挣扎无效，只好向反法西斯国家投降，美国迅速占领了日本。为了根除日本的军国主义势力，美国支持日本政府推行了一系列的政治、经济民主化改革。

这次民主化改革主要包括3个方面的内容：一是修改宪法，二是解散财阀，三是改革农地。

1946年2月，日本盟军总部开始着手修改宪法。1946年10月，新宪法产生并经日本国会通过，决定自1947年5月3日起施行。新宪法废除了日本天皇的绝对统治权，主权属于全体国民。同时，新宪法还规定日本为议会制国家，内阁对国会负责，行政权控制在内阁手中；保障人民享有基本的公民自由；不保留海、陆、空三

70年代初日本商业一派繁荣景象。

军以及其他武装力量，永远不以战争作为国家的基本国策等。这样，日本明治维新以来具有浓厚专制主义色彩的近代天皇制度被废除了，取而代之的是资产阶级立宪君主制，天皇虽然仍然保留，但只具有象征性地位。从此，日本实现了政治体制的民主化，政局稳定，经济得以迅速发展。

除了政治上修改宪法、确立资产阶级君主立宪制之外，日本这次民主改革中还推行了一系列政策来促进经济的飞速发展，同时，日本还废除了寄生地主制，促进了日本农业的恢复和发展。

自从日本实行了资产阶级民主改革以后，日本进入了经济的恢复和高速发展时期。到20世纪50年代中期，日本已经摆脱战争的影响，主要经济指标达到战前水平。到1968年，日本的国民生产总值仅次于美国，跃居世界第二位。

战后日本进行的这一场反封建、反军国主义、反法西斯主义的资产阶级民义改革，使日本迅速走上了高速发展的道路。

越南战争

越南原为法国殖民地，第二次世界大战期间被日军占领。日本投降后，胡志明在河内建立了越南民主共和国。法国为恢复其殖民统治，发动了侵越战争。在中国人民的支持下，越南人民打败了法国侵略军。

1954年日内瓦会议后，越南北方获得解放。而在越南南方，美国扶植建立了吴庭艳傀儡政权，并于1955年成立越南共和国，吴庭艳任总统兼总理。吴庭艳上台后，5年内残害革命者8万余人。在越共的领导组织下，1960年12月20日，以越共为核心的人民解放武装力量组建起来。

1961年5月，为保护吴庭艳政府，美国出钱、出枪、出装备，武装南越伪军，并派遣一支特种部队作为顾问，对越南人民解放武装军队进行剿杀，开始了美国利用越南人打越南人的"特种战争"。1962年2月，美国在西贡设立军事司令部，由保罗·哈金斯将军指挥。南越伪军在美国的指使下，在南方建立1.7万个战略村，周围用带刺的铁丝网和碉堡围圈，将整个南部划分成为较小的若干地区，使越共很难渗透到村里，群众也全部被囚禁在村里，战略村成了变相的集中营。人民解放游击队针对敌人的战略村计划，想方设法与群众联系，将战略村变成战斗村。

1963年1月，美获省丐礼县北村对敌人的扫荡进行勇猛的反击，击伤击落美直升机15架，粉碎了敌人的扫荡。到这一年底，南方游击队共打死打伤美军2000余人，南方大部分地区获得解放。

1963年11月，美国策划政变，杀死吴庭艳。1964年初，"特种战争"宣告结束。

1964年8月5日，美国借口其驱逐舰"马多克斯号"在越南领海被北越鱼雷袭击，制造了"北部湾事件"。美军开始对北部义安、清化、鸿基等地进行连续空中轰炸。接着，美军实行焦土政策，对北方进行大规模的轰炸，对南方不断增兵。

越南群众极其愤怒，他们积极参加民族解放军和游击队，采用奇袭战、游击运动战、伏击战，围点打援，给美军及伪军沉重打击，歼灭美军6000余人。

1968年1月30日，南方军民开始对大中城镇进行攻击，对西贡、岘港、顺化等64个城市展开全面的"新春攻势"。经过45个昼夜的激战，歼灭美军及伪军15万余人，赢得了新春大捷。美军虽然拥有各种兵种54.5万人，伪军110余万人，但在战场上完全陷入被动防御。

1968年3月11日，美国被迫提出和谈请求。企图一面和谈，一面继续增兵，搞战争升级。越南军民的顽强反击，使计划屡屡失败。美国总统尼克松上台后，迫于国内及国际压力，不得不调整侵越政策。不甘心失败的美国政府决定实行"战争越南化"，一面从越南撤军，一面由南越伪军承担美军作战任务。

1973年1月27日，美国被迫签订《关于在越南结束战争、恢复和平的协议》，宣告结束其在越南的军事行动。协定规定：美国尊重越南的独立、主权、统一和领土完整；美国在60天内从越南南方撤出全部美国及其同盟国的军队和军事人员，不干涉越南南方的内政，承认越南南方人民的自决权；越南南方人民将通过普选决定越南南方的政治前途。该协定使美国从越南脱身。但美军还是变相地使2万余名军事顾问和相当规模的海空部队留守越南，支援南越伪军。

越南战争给越南人民带来了沉重的灾难，家破人亡、妻离子散的场景随处可见。

1975年3月，在胡志明的领导下，越南民族解放军和游击队展开了大规模的自卫反击战，在顺化、岘港、西贡会战中，全歼阮文绍伪军，彻底解放了整个越南，结束了越南人民战争，实现了全国的统一。

1976年，越南南北统一后，定国名为越南社会主义共和国。越南战争是美国冷战政策的又一次失败。

尼克松主义

越南战争使美军伤亡近36万人，耗资上千亿美元。它使美国国内局势动荡不安，反战运动不断高涨。同时，美国经济地位严重下降。1970年与1948年相比，美国在资本主义世

尼克松像

界工业总产值中的比重下降了16.8%，在世界出口贸易中的比重下降了14.8%。 1970年的黄金和外汇储备比1950年下降了34.1%。 另外，美国与其盟国关系日趋紧张，矛盾重重。西欧的独立自主倾向不断加强，日、美经济摩擦不断加重，帝国主义阵营趋于瓦解。最后，苏、美军事力量对比，苏方明显占有优势。60年代初，美国在战略核武器和常规军备方面均占绝对优势。但到了1969年，苏联先于美国部署了反弹道导弹系统。苏联还发展了远洋海军，开始挑战美国海上霸主的地位。

随着美、苏实力的变化，两者都在调整战略。美国推出了"尼克松主义"。 1969年7月25日，尼克松总统在关岛就美国和亚洲关系发表讲话。他说："现在是着重强调下列两点的时候了。"他所说的两点，一是指美国恪守条约义务；二是在军事防卫问题上应逐渐由亚洲国家自身来处理、负责。这一政策，被称为"关岛主义"或"尼克松主义"。

"尼克松主义"是美国战后全球战略的一次重大调整，对世界格局的变化产生了重大影响。针对"尼克松主义"，苏联推出"缓和"政策相呼应。1969年3月，勃列日涅夫在华沙条约组织布达佩斯会议上，第一次提出实现欧洲缓和的整套主张，建议建立包括华约组织和北约组织在内的欧洲集体安全体系。后来，勃列日涅夫又提出"缓和物质化"，即以军事缓和与经济合作来补充政治缓和。实际上，苏联缓和战略与尼克松主义相似，它在"和平"、"缓和"的口号掩盖下，大力发展军事力量，扩展势力范围，尽量在各方面都取得优势。它同样也把战略重点放在欧洲。两者的区别是，美国收缩战线，苏联四面出击。

赫尔辛基宣言

在美、苏的"缓和"过程中，美国略显主动些。它调整了亚洲政策，结束了越南战争，改善了中美关系。关于中南半岛问题，尼克松政府于1969年作出"体面结束战争"的决定。一方面通过谈判，促使北越与美国共同从越南南方撤兵；另一方面加紧武装撤离南越，以实现越南战争"越南化"。经过反复谈判，1973年1月，美国与越共同签署协定，美国得以从越南抽身。对中美关系，1971年基辛格秘密访华和次年尼克松公开访华，表明美国已放弃敌视中国的政策；1978年12月中美建交公报的签署，标志着实现了中美关系正常化。

西欧和日本是美国的战略伙伴。尼克松上台后两次访问欧洲，对美国过去对于盟国"命令多于商量"表示歉意，提出与西欧建立"平等的伙伴关系"的建议，重新调整了伙伴关系。1973年2月，尼克松宣布当年将是"欧洲年"，表示美国要在这一年集中处理同西欧盟国的关系。同年4月，基辛格提出同西欧各国制订《新大西洋宪章》的建议。其基本思路是，把大西洋联盟从军事联盟扩大为

美国国务卿基辛格（右）和北越黎德寿（左）在巴黎会晤，签署越南和平协议。

包括政治、经济、军事各领域的全面"共同体"，并以一定形式吸收日本参加，确定对苏联和第三世界的共同战略。

西欧各国为应付苏联，同意协调同美国的关系，但要求美国承认欧洲共同体在世界上的地位，建立平等的伙伴关系。

1974年6月，北约政府首脑会议签署了《大西洋宣言》，强调北约成员国"有共同的命运"，"它们的共同防务是不可分割的"，美国军队"继续留驻欧洲，对保卫北美和欧洲起着无法代替的作用"，盟国为实现共同目标，需要保持密切的磋商、合作和信任。宣言的签署，表明美国与西欧关系得以改善。在对日本方面，美国适度地放松对其控制，让其在亚洲承担更多的义务，与美国共同完成"防御任务"，以"发挥独特的重要作用"。1971年6月，日、美签订《归还冲绳协定》。次年1月，美国决定在1972年将冲绳的"行政权"归还日本，以缓和日本人民的反美运动。同时与日本进行贸易谈判，以缓解美日经济冲突。

尼克松在就职演说中谈到美苏关系时说："经过一个时期的对抗之后，我们正在进入谈判时代。"1972年5月，尼克松访苏期间，双方签署了《苏美联合公报》等九个文件，双方保证要尽力避免发生军事冲突，防止核战争，用和平方式解决争端。从此，苏美关系进入"缓和时期"。在尼克松任内，美、苏双方进行了三次最高首脑会晤，并签订了22个条约或协定。就欧洲安全、裁军、限制发展战略核武器、美苏经济和技术合作等问题达成某种程度的共识。而《赫尔辛基宣言》的签署标志着美苏关系的缓和达到顶峰。

1972年11月至1973年6月，美国、加拿大及苏联等33个欧洲国家，在芬兰的赫尔辛基召开了"欧洲安全与合作会议"筹备会，确定了会议讨论的范围、议事日程与会议组织等问题。正式会议从1973年7月3日开始，到1975年8月1日结束。最后签署了《欧洲安全与合作会议最后文件》，亦称《赫尔辛基宣言》。宣言包括四个文件：《指导与会国之间的原则宣言》、《关于建立信任的措施和安全与裁军的文件》、《人道主义和其他方面的合作》、《经济、科学技术和其他方面的合作》。这些文件总的指导精神是：与会国遵循"主权平等和尊重主权国固有权利"、"国家领土完整"、"边界不可侵犯"、"禁止使用武力或以武力相威胁"、"和平解决争端"、"不干涉内部事务"等原则，加强各国之间各方面的合作与交流。宣言的签署标志着东西方关系的缓和迈上一个新台阶。

第十章　第三世界的动荡与崛起

亚非会议

20世纪50年代中期，亚非地区已经发生了巨大的变化，新获得独立的国家有13个，加上战前已独立的国家，亚非地区已有近30个国家获得独立。许多亚非国家由于奉行独立自主的政策，已经开始在国际事务中发挥作用，宣告亚非国家任人摆布的命运和在国际事务

万隆会议会址

中毫无发言权的时代结束。越来越多的亚非国家渴望把命运掌握在自己手中，反对侵略战争、维护和平，反对殖民压迫、争取和保障民族独立，反对帝国主义掠夺和奴役、发展民族经济，已成为亚非拉各国人民的共同愿望和要求。

许多亚非国家认识到，需要制定一个促进亚非国家友好合作、反帝反殖的共同纲领。1953年底，周恩来在会见印度政府代表团时，提出了和平共处五项原则，即互相尊重主权与领土完整、互不侵犯、互不干涉内政、平等互利、和平共处。五项原则提出后受到亚非拉各国人民的赞同和支持，从而加速了这一地区的团结。亚非会议就是在这样的背景下召开的。

1955年4月18日，有29个亚非国家参加的亚非会议在印度尼西亚万隆的独立大厦开幕。会议遭到帝国主义的阻挠和破坏。美国不是与会国，却派出70多人的"记者团"，企图挑起亚非国家间的分歧，使会议达不成任何协议。某些国家的代表在美国的唆使下提出，亚非国家面临的问题不是反殖民主义，而是"共产主义威胁"和"颠覆活动"等，企图转移会议反帝、反殖的宗旨，影射攻击中国，阴谋挑起争端。中国代表团团长周恩来总理洞悉美国破坏会议的阴谋，他在发言中说："中国代表团是来求团结而不是来吵架的，中国代表团是来求同而不是立异的……在我们中间有无求同的基础呢？有的。那就是亚非绝大多数国家和人民自近代以来都曾受过而且现在仍在受着殖民主义所造成的灾难和痛苦。""从解除殖民主义痛苦和灾难中找共同基础，我们就容易互相了解和尊重、互相同情和支持，而不是互相疑虑和恐惧、互相排斥和对立。"

中国代表的原则立场和发言博得了与会国代表的热烈欢迎和普遍赞扬。沙斯特罗阿米佐约、尼赫鲁、吴努等许多国家的著名政治家离开座位，与周恩来握手、拥抱，甚至在会上攻击过中国的代表也主动与周恩来握手，并表示歉意。

4月24日，亚非会议胜利闭幕，并发表《亚非会议最后公报》，会议一致通过了《亚非会议最后公报》，宣布一切国家的人民享有自决的权利，支持殖民地和附属国的民族独立斗争，倡导以和平相处、友好合作十项原则为国与国之间关系的准则，强调促进经济发展的迫切性，号召亚非国家发展全面的经济与文化合作。会议体现了亚非人民团结一致、保卫世界和平和增进各国人民之间的友好合作的精神，促进了亚非各国人民反帝反殖斗争的发展。

第一次不结盟国家首脑会议

不结盟运动是当代国际政治舞台上一支重要的力量，形成于20世纪60年代。它坚持独立自主、非集团的原则；坚持和平、中立、不结盟的宗旨；坚持反帝、反殖的方向，在国际事务中发挥着重要的作用。

不结盟运动的兴起是国际形势发展的必然结果。第二次世界大战结束后，亚洲、非洲和拉丁美洲地区的民族解放运动蓬勃发展，出现了一系列新兴的民族独立国家。这些新兴国家大都选择了独立、自主、不结盟的发展道路。

在"万隆精神"的鼓舞下，非殖民化进程有了很大发展。但是，帝国主义、新老殖民主义都不甘心退出历史舞台。美、苏两国也开始进行全球性角逐，北约和华约两大军事集团重兵对峙，在亚非拉广大的中间地带展开激烈争夺。在这种情况下，处在两大集团之外的许多国家不愿听任大国的摆布和控制，决心自己掌握国家和民族的命运，维护国家的独立和主权，捍卫世界和平。在这种历史环境下，不结盟运动应运而生。

早在亚非会议后不久，1956年7月，南斯拉夫总统铁托、埃及总统纳赛尔、印度总理尼赫鲁在南斯拉夫举行会谈，并发表联合公报，强调坚持民族独立，反对参加两大军事集团，主张各国之间和平共处与友好合作。柬埔寨国家元首西哈努克亲王和印度尼西亚总统苏加诺也签署了上述公报。1961年初，铁托在非洲国家的独立高潮中，遍访非洲九国，提出各不结盟国家举行首脑会议的建议，得到纳赛尔等人的响应。1961年6月，不结盟国家首脑会议在开罗召开筹备会议，规定参加不结盟会议的五项准则：它的政策应当是在和平共处和不结盟基础上的独立政策；它应当支持民族解放运动；它不应当是任何会使其卷入大国冲突的集体军事同盟的成员国；它不应当是同某个大国缔结的双边联盟的参加国；其国家领土不应当有它同意下建立的外国军事基地。

1961年9月1日至6日，第一次不结盟国家首脑会议在贝尔格莱德召开，有25个国家出席了会议。会议通过了《不结盟国家政治首脑宣言》和《关于战争的危险和呼吁和平的声明》。宣言指出："只有殖民主义、帝国主义和新殖民主义的各种表现形式都被消除……之后，持久和平才能实现。"不结盟国家"决意协同做出努力来制止各种新殖民主义和帝国主义统治的一切形式和表现"。宣言宣布与会各国全力支持阿尔及利亚、安哥拉、突尼斯、古巴以及其他为争取和维护民族独立而斗争的各国人民。宣言要求各大国签订全面彻底的裁军条约，以缓和国际紧张形势；认为"现在的军事集团……不时引起国际关系恶化"，"不结盟国家应该参与有关世界和平与安全"的国际问题的解决。宣言要求消除殖民主义遗留下

印度总理尼赫鲁像

来的经济不平衡状态，废除国际贸易的不等价交换，稳定原料和初级产品价格。宣言还要求恢复中华人民共和国在联合国的合法权利。不结盟国家和政府首脑会议的举行，标志着不结盟运动正式开始，它推动了国际政治力量由美苏两极向多极化方向转化。不结盟运动所确立的不结盟、独立自主的原则，以及反帝、反殖的立场，受到越来越多的第三世界国家的承认和支持，从而促进了第三世界的壮大。

不结盟运动在反对帝国主义、殖民主义，促进亚、非、拉各国民族解放运动的深入发展；在反对霸权主义、强权政治，维护第三世界国家的独立、主权和平等地位；在反对超级大国的侵略和战争政策，保卫世界和平；在改革旧的国际经济关系，建立国际经济新秩序等方面，做出了不懈的努力。

古巴革命

古巴是加勒比海区域的一个岛国，它原为西班牙的殖民地，美国通过1898年对西班牙的战争占领了古巴。古巴人民强烈要求美国军队撤出古巴，实现古巴独立。拉美国家和人民也强烈反对美国对古巴的非法占领，美国被迫承认古巴独立。1902年5月20日，古巴共和国宣布成立。次年2月，美、古签订《互惠协定》，美国强行租借两处古巴军事基地。1906年，古巴人民举行大规模反

卡斯特罗

美起义，美国派兵镇压，并派总督统治古巴直到1909年。此后美国大力扶植古巴的亲美势力，建立独裁政权，对古巴进行间接统治。美国资本控制了古巴的经济命脉，在革命前的50年中，有20亿美元的利润送进了华尔街。民族矛盾与阶级矛盾的日益激化，最终导致了古巴的革命。

古巴革命的主要领导人菲德尔·卡斯特罗出身于甘蔗园主家庭，毕业于哈瓦那大学法律系，当过律师，大学读书时参加过学生运动和小资产阶级的人民党，反对美国的侵略，憎恨独裁统治，是资产阶级民主派的激进人物。1953年7月26日，卡斯特罗和他的弟弟劳尔组织一批青年攻打蒙卡达兵营，失败被捕。他在圣地亚哥受审时，发表著名的《历史将宣判我无罪》的演说。他提出的"七·二六"革命纲领是"争取公众的自由和民主"，并要求解决土地问题、工业问题、失业问题、教育问题、住房问题、人民的健康问题以及国有化问题。1954年，古巴举行总统选举，巴蒂斯塔政权为了笼络人心，释放政治犯，卡斯特罗因而获释。他出狱后便着手发动"七·二六"运动，准备举行新的起义。

1955年11月，古巴国内反政府的群众示威运动掀起高潮，卡斯特罗在墨西哥筹组远征军。1956年11月25日清晨，古巴82名远征军挤在一艘只能容纳12人的"格拉玛"游艇上，经过七天七夜后，终于在古巴奥连特省登陆。登陆后便遭到巴蒂斯塔军队的前后堵击和飞机轰炸。经过3天激战，远征军仅有15人幸存下来，其中包括阿根廷的革命者埃内斯托·格瓦拉。卡斯特罗率领仅存的十几名游击队员迅速进入马埃斯特腊山区开展游击活动。1957年5月，起义军在乌贝罗战役中取胜并不断壮大。不久，格瓦拉率领起义军在拉斯维里亚建立根据地，并在战斗中取得决定性胜利，打开了通往哈瓦那的道路。

1957年3月13日，以安东尼奥·埃切维里为首的一批青年攻打总统府，建立了"3月13日革命指导委员会"。1958年2月，福雷·乔蒙领导和组织的远征军从努埃维达斯登陆，在埃斯坎布拉依山区开辟新战线。在反独裁武装斗争节节胜利的形势下，巴蒂斯塔被迫逃亡国外。

1959年1月1日，起义军进入哈瓦那。1月2日，建立革命政府，古巴革命取得胜利。古巴革命胜利后，改组了旧制度下的国家机器和军事机器，采取了一系列的措施建立社会秩序，进行土地改革和国有化运动，废除大庄园制度，把所有外资企业、国内私人企业和银

行全部收归国有。

1961年4月17日,一支由1200多人组成的美国雇佣军突袭古巴,他们在美国飞机和军舰的直接掩护下在古巴中部拉斯维利亚斯省南部登陆,占领了长滩和吉隆滩,并继续向北推进。古巴军队和民兵与入侵的美国雇佣军展开了殊死搏斗,当年只有34岁的卡斯特罗在吉隆滩附近一座制糖厂临时改成的指挥部坐阵指挥。经过72小时的战斗,古巴军民全歼了被包围在吉隆滩的美国雇佣军,共有114名雇佣军被古巴军队击毙,其余1113人被俘获。古巴起义军和民兵给美国侵略者以沉重的打击。

动荡的阿富汗

19世纪70年代,阿富汗沦为英国的半殖民地。1919年8月,阿富汗人民在苏俄的支持下,打败英国侵略军,宣布独立。第二次世界大战后,阿富汗实行和平、中立的外交政策,参加了万隆会议,成为不结盟运动的发起国之一。万隆会议后,苏联加强了对阿富汗的援助,试图把它置于自己的势力范围之内。在阿富汗接受的外援和对外贸易中,苏联均占第一位。苏联从经济上控制阿富汗后,积极扶植亲苏势力,策划政变,谋求把阿变为自己的附庸国。

1973年7月,阿首相达乌德发动政变,成立阿富汗共和国,但其内外政策并无重大变化,苏联对此大为不满。1978年4月,亲苏的人民民主党总书记塔拉基发动政变,成立革命委员会,改国名为阿富汗民主共和国。此后,苏联顾问、专家和军事人员大批涌入阿富汗,控制了塔拉基政府和军队。塔拉基依靠苏联的势力,无视人民权利,大肆镇压前政府高级官员和王室家族,取缔在野的一切政党。在塔拉基统治一年多的时间内,有40万人遭屠杀,50万难民流入巴基斯坦和伊朗,还有众多的政治犯被关押、处决。

塔拉基的高压政策激起各阶层人民的强烈不满,各种反政府武装力量纷纷组织起来,开展游击战争。1979年9月,哈菲佐拉·阿明发动政变,杀死塔拉基,自任人民民主党总书记。

阿明上台后,国内形势异常紧张,反政府武装力量日益发展壮大。苏联提出出兵,被阿明拒绝。苏联政府认为阿明不能实现苏联在阿富汗的目的,决定铲除阿明。

阿富汗位于亚洲中南部,是苏联"南方战区"的一部分,具有非常重要的战略地位。苏联在阿富汗苦心经营多年,对阿已有一定程度的影响和控制。但是,阿富汗逐渐加剧的动荡局势和领导人违背苏联意志的行为,对苏联的南下战略产生了威胁。苏联领导人勃列日涅夫认为只有诉诸武力才能加强对阿富汗的全面控制。

入侵之前,苏联通过经济援助和军事援助,在阿富汗进行了大量的战场建设。而在阿富汗的几千名军事顾问和技术专家,早已控制着阿军一些要害部门和部队,对阿军情况比较熟悉。入侵阿富汗的最后决心和入侵方案,在1979年11月26日正式确定。

1979年12月上旬,1500名配备有坦克、火炮的苏军人员被空运进阿,驻扎在萨兰山口,一些工兵部队也进入阿境,同时以"军援"为名通过公路向阿运进大批武器装备。圣诞节前夕,苏军先期占领、控制了一些要害地区。

在阿富汗,苏联顾问以冬季装备更换和检查维修为名,集中和拆卸了阿军的主要武器装备,而且限制作战飞机飞行,使阿军实际上被解除武装,处于无法作战的状态。阿总统阿明被诱骗离开总统府,转移到郊区行宫,失去了与各战斗部队的联系。

1989年2月，最后一批苏联军队撤离阿富汗。

苏联还对西方发动了外交和宣传攻势，大肆宣扬苏联从东德部分撤军，抨击北约在西欧部署中程导弹，在伊朗扣留美国人质事件上推波助澜，以此转移西方对其侵阿行动的注意力。

12月27日晚7时半，先期在喀布尔机场空降的苏军空降师经过集结整顿，在克格勃的配合下，迅速占领阿富汗首都各要害部门。苏军与总统卫队在阿首都与驻军激战4个小时，击毙总统阿明，逮捕了政府重要官员，解除了政府军抵抗部队的武装。此后不久，边境的苏军部队陆续大举越境，并快速开进。苏军只遇到轻微的抵抗。1980年1月2日，进行地面主要突击任务的东路集群第三〇六摩步师一个团和担任辅助突击的西路集群第三五七摩步师主力在坎大哈会师。1月3日，苏军封锁了霍贾克山口。一周之内，苏军控制了阿富汗全国主要城市和交通干线。至此，苏军基本实现了对阿富汗的占领。

苏军占领阿富汗，遭到了阿富汗各族各阶层人民的反抗。游击组织多达几十个，游击活动遍及全国各地区。苏军为了巩固自己的战绩，积极镇压阿富汗各族人民的抗苏运动。从此，阿富汗开始了一场持久的抗苏游击战和苏军反游击战的较量。

面对游击抵抗运动的日益加强，苏军采取以军事手段为主，结合政治、经济和外交的措施，从根本上打击各种抵抗力量。苏军占领阿富汗后，建立了反游击战体制，并不断增强反游击战力量，除直接增加驻阿苏军人员外，还大力扩充阿政府军。

尽管苏军采取了种种办法，但都未能达到预期目的。苏军已陷入反游击战争的泥潭之中。随着苏军伤亡的逐渐增加，苏联国内人民的不满情绪也不断增大。旷日持久的战争给其国民经济背上了沉重包袱。面对国内严峻的经济形势和社会危机的不断加重，苏联总统戈尔巴乔夫决心尽快结束这场战争。

苏联入侵阿富汗同时引起全世界的公愤，许多重要国际会议也接连要求苏联撤军。

经过6年谈判，1988年4月14日，巴基斯坦、喀布尔政权和美、苏外长于日内瓦签订了《政治解决阿富汗问题协议》。规定苏军1988年5月15日起撤出阿富汗，9个月内全部完成，巴阿互不干涉，美苏提供国际保证，联合国实行监督。1989年2月，苏军全部撤出阿富汗。

两伊战争

波斯湾地区石油储藏十分丰富，一直是列强争夺的焦点。长期以来，伊拉克和伊朗对彼此的南部边界问题存有争议，在库尔德人问题上也有矛盾存在，这些都成为两伊战争爆发的重要原因。

1979年，伊朗革命成功，霍梅尼当政。此时，萨达姆集伊拉克大权于一身，他出面遏制伊朗，并与之争夺海湾地区的霸权，两国关系因而急剧恶化，冲突升级。

1980年9月22日，伊拉克向伊朗发动了突然袭击，两伊战争爆发。伊朗仓促应战，虽奋力抵抗，仍丧失了不少国土。

两伊战争引起了国际关系的变化，1981年2月，沙特、科威特、巴林、卡塔尔、阿联酋、阿曼六国建立了"海湾合作委员会"，联合自保。美、苏和西方国家对两伊都采取了两面政策。

1981年初，伊朗开始稳住阵脚，双方转入对峙局面。由于双方在停火、撤军、谈判的程序、边界划分和战争赔款等问题上分歧严重，两伊战争一直没能停止。国际社会多次调解以失败告终。

1988年4月，伊拉克开始反攻。7月1日，伊朗宣布接受联合国安理会第598号决议，两伊战争结束。这是第二次世界大战以来最持久、最残忍的冲突，结果两败俱伤。两伊战争使海湾地区动荡不安的局势加剧，对世界形势影响巨大。

南南合作

"南南合作"是指发展中国家间的经济合作，是建立在平等、自愿、互助、互利基础之上的，以建立国际经济新秩序为主要内容。20世纪50年代的万隆会议揭开了南南合作的序幕。在60年代，随着不结盟运动的兴起和"七十七国集团"的成立，南方国家开始进行整体性的合作，同时，兴起了许多区域性经济和贸易组织。

进入20世纪70年代，绝大多数前殖民地国家都已获得独立，南南合作有了良好的发展机遇，并取得突出成就，其标志是石油输出国组织（欧佩克）登上世界舞台。发展中国家通过欧佩克作为一个集体采取行动，干预世界石油市场，从中获取合理的利润。这是南方集体自力更生道路上的一个里程碑，是发展中国家第一次联合起来共同行动与北方争夺对一种重要产品的生产和价格的控制权。整个70年代在南方国家的集体斗争中，商品价格不断得以调整，许多南方国家经济增长显著。南南贸易大幅度增长，从1970年到1981年之间，南南贸易在世界贸易总额中所占比例几乎增加了一倍。

20世纪80年代以来，南南合作走向地区一体化。1980年成立的拉丁美洲一体化协会取代了60年代初建立的拉丁美洲自由贸易协会，进一步推动该地区一体化的进程。同时，海湾合作委员会、阿拉伯合作委员会和马格里布联盟的诞生，也推动了中东和北非一体化的发展。1985年南亚区域合作联盟产生加强了南亚国家的合作。进入90年代以来，南南合作的发展趋势在不断加强。

拥有128个成员国的"七十七国集团"也在积极开展活动。1991年11月，在德黑兰举行部长级会议，

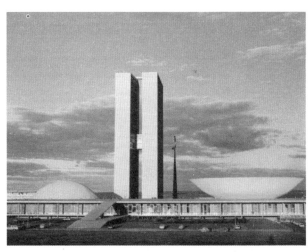

随着"南南合作"的展开，越来越多的发展中国家摆脱了贫困，图为巴西国会大厦的壮阔景观。

许多非洲国家的人民生活水平仍旧很低，"南南合作"的力度应继续加大。

发表《德黑兰宣言》。1992年2月，在哥伦比亚召开的联合国贸易会议上，协调了南方国家的立场。第三世界国家在争取和平与发展、维护主权和独立、反对霸权主义和强权政治等基本问题上，达成共识。

南南合作地区集团化趋势也在不断加强。在亚洲，东南亚国家联盟继续发展壮大。1995年7月底，在文莱举行的第28届东盟外长会议上，正式接纳越南为其第七个成员国，并希望把老挝、柬埔寨和缅甸三国也纳入进来。

在非洲，各国为加强经济合作和一体化采取务实措施，取得很大的进展。1991年6月，非洲51个国家在非洲统一组织第27届首脑会议上签署了《建立非洲经济共同体条约》。1994年5月，非洲经济一体化开始起步。

1992年南部非洲10国决定把南部非洲发展协调会议改组为南部非洲发展共同体，随后接纳南非和毛里求斯为新成员国，为该共同体注入新的活力。1994年年底，东南非地区22国首脑会议批准建立东南非共同市场。1994年1月，西非货币联盟和西非经济共同体合并成立西非经济和货币联盟。

在拉美地区，90年代以来，出现新的一体化组织。

1989年7月，墨西哥、哥伦比亚和委内瑞拉成立三国集团，支持中美洲和平进程和一体化。1995年伊始，三国集团的自由贸易区正式启动。

安第斯集团在90年代又重新活跃起来，并于1991年底建立安第斯自由贸易区。

1991年3月，阿根廷、巴西、乌拉圭和巴拉圭四国总统在巴拉圭首都亚松森签署《亚松森条约》，宣布建立共同市场，推动拉美地区的经济一体化进程。1995年1月，南方共同市场正式启动。

拉美地区常设性政治协调机构——里约集团也有发展，1994年9月，里约集团在里约热内卢举行第八次首脑会议，与会各国就许多问题进行了广泛的交流，达成广泛的共识。

非洲民族解放运动

第二次世界大战后，非洲的几内亚、塞内加尔、肯尼亚和坦噶尼喀等国家都先后兴起了民族运动。在20世纪40年代末，肯尼亚一些爱国的吉库尤族青年开始组织秘密队伍，称为"茅茅"。其反对英国殖民主义，主张把欧洲人驱逐出肯尼亚，把白人抢去的土地夺回来，废除种族歧视，争取民族独立，得到各族人民的支持。从1952年起，"茅茅"领导农民展开了大规模的武装斗争，以森林地带为基地，开展游击战，袭击殖民军的兵营和警察所，捣毁种植园，破坏铁路，大力打击英国殖民者，并在丛林中建立军事和行政组织，成立政府和议会等。1952年10月，英国宣布肯尼亚进入紧急状态，调动军队对"茅茅"战士进行围剿和镇压，"茅茅"大批战士牺牲和被捕，剩余力量退入山林继续斗争。茅茅运动虽然失败了，但它给英国殖民者以沉重打击，推动整个东非的民族解放运动。肯尼亚终于在1963年12月获得独立。

"茅茅运动"在坦噶尼喀、乌干达、尼亚萨兰和罗得西亚也得到热烈的响应。1957年3月5日，战后非洲第一个黑人独立国家——加纳诞生了。1958年9月，几内亚共和国成立。

1954年11月1日，阿尔及利亚爱国者在民族解放阵线领导下，在奥雷斯山区首先发动起义，建立民族解放军，开始了抗法民族解放战争。起义很快发展到全国各地，形成了全民解放运动。1956年民族解放阵线在苏马姆举行代表大会，通过政治纲领，宣布革命目标是废除殖民制度，建立共和国。1958年阿尔及利亚共和国临时政府成立。1959年1月，民族解放阵线由战略防御转入战略进攻。法国调动各种武装100万人（这个数字超过法国在第二次大战中所使用的兵力）进行"围剿"，但阿尔及利亚革命组织发动人民群众进行反抗，越战越强，解放了大片地区。法国殖民者陷入战争的泥沼，处于完全被动地位。1962年3月，法国承认阿尔及利亚人民行使自决权。阿尔及利亚人民经过7年多的民族解放战争终于赢得胜利。

1955年在摩洛哥，人民展开了反法武装斗争。法国出动飞机、坦克，但压不垮摩洛哥人民独立的意志。11月，法国被迫释放被流放的苏丹。次年3月，摩洛哥终于获得独立。

1956年2月，突尼斯向法国提出独立的要求，经谈判达成协议，法国承认突尼斯独立。次年7月，突尼斯共和国成立。

早在1910年5月，英国将开普敦、纳塔尔、德兰士瓦、奥兰治4个自治州合并成"南非联邦"，成为英国的自治领地。南非白人资产阶级掌握了统一后的南非政权，当权者对黑人和有色人种推行种族歧视和种族隔离政策。1955年6月，非洲人国民大会等组织召开南非人民代表大会，提出一切民族有平等权利。1959年，从非洲人国民大会中分离出来的一部分成员，组成泛非主义者大会。1960年3月，南非黑人在德兰士瓦省举行大规模示威，反对"通行证法"。南非当局派出大批军警进行血腥镇压，造成震惊世界的惨案。随后，非洲人国民大会和泛非主义者大会被取缔，近2万人被捕。这次惨案激起黑人的强烈抗暴运动。各大城市工人纷纷举行罢工，许多工业区和港口、码头陷入瘫痪。随着反种族主义斗争的发展，南非统治集团内部也滋生了矛盾，执政的国民党分成"开明派"与"保守派"，从博塔上台到德克勒克下台，"开明派"与"保守派"不断争吵倾轧，后来，"开明派"基本占了上风，他们运用政府权力，在社会生活方面，取消了一些歧视黑人的规定，但是并没有改变种族歧视和种族隔离的基本政策。到20世纪80年代末，在国内黑人解放运动和国际社会的压力下，白人统治阶级不得不作出让步，对国内种族关系进行调整。

反种族主义斗士、南非首任黑人总统纳尔逊·曼德拉像

20 世纪 80 年代，南非爆发了声势浩大的反种族主义示威运动。

马科斯专制统治

1965年12月，马科斯入主马拉卡南宫，建立统治菲律宾的马科斯–伊梅尔达王朝。马科斯竞选连任后，菲律宾的政治经济状况开始恶化。1969年，马科斯为竞选耗去1.68亿美元，直接造成了菲律宾的通货膨胀，从而也使菲律宾的社会秩序和政治稳定面临威胁。工人举行罢工，抗议由通货膨胀而引起的物价上涨和工人失业；农民涌入马尼拉示威，抗议地主的压迫和剥削；学生举行示威游行，抗议亲美政策，并要求进行社会政治制度改革。而菲律宾共产党的武装斗争和南部地区的独立运动，更使马科斯政权受到威胁。

1972年9月21日，马科斯宣布实行军事管制，查封一切传播媒介，并对其政敌和反对派领袖实行大逮捕。在被逮捕和拘留的人中，最著名的是自由党领导人参议员贝尼尼奥·阿基诺。为了参加议会选举，马科斯宣布成立了以他为首的党——新社会运动党。由于各政党已被取缔多年，不可能立即组成新党与之竞争。结果不言而喻，新社会运动党获胜，马科斯在新成立的临时国民议会上宣誓就任总理，同时还根据宪法的过渡条款，继续兼任总统。

鉴于菲律宾经济的飞速发展以及政治对手贝尼尼奥·阿基诺于1980年5月去了美国，马科斯于1981年1月宣布取消军管，以消除人民对他专制统治的不满情绪。然而，军管的废除为群众性的民主运动创造了条件。就在菲律宾国内群众运动走向高涨之时，在美国养病的贝尼尼奥·阿基诺决定回国。1983年8月21日，贝尼尼奥·阿基诺在马尼拉国际机场中弹身亡。这一谋杀事件使人民蓄之已久的积怨和不满一下子迸发出来，成百万愤怒的人民参加了"革命英雄"阿基诺的葬礼。随之便是各反对党及民主主义组织公开发动和领导群众集会、示威和游行，"反独裁、反暴政"、"马科斯辞职"的呼声高涨，马科斯政权已岌岌可危。

为了打击反对派，马科斯宣布于1986年1月17日提前举行总统选举，企图趁反对派无充分准备之机战胜对方。这时，两名反对派领袖阿基诺夫人科拉松·阿基诺和"统一民主组织"领导人劳雷尔实现了政治上的合作，科拉松·阿基诺竞选总统，劳雷尔竞选副总统。1986年2月7日举行的总统大选，吸引了世界各国政界和关心菲律宾民主化进程的人们的视线。

经过全国选举委员会缓慢的查票，到1986年2月25日才公布了投票结果：马科斯获10807197票，科·阿基诺获9291761票。这样，马科斯又一次"当选"为菲律宾总统，并于2月25日中午在马拉卡南宫宣誓就职。

然而，"选举结果"尚未公布，人们就感觉到这次选举的不真实性。于是，马尼拉发生了兵变，国防部长恩里莱和副总参谋长拉莫斯于1986年2月22日率兵反叛。经过4天的战斗，2月25日，就在马科斯宣誓就职的那一天，80%的武装部队控制在反叛力量的手里，"新总统"马科斯停止抵抗。

当天，马尼拉又举行了第二个总统宣誓就职仪式，在菲律宾出现了两个"总统"，一个是由国民议会承认的马科斯，一个是由国民议会中反对派成员承认的科·阿基诺。但这种局面只维持了几个小时，当晚，马科斯就动身离开了马拉卡南宫，至此，马科斯专制政权宣告垮台。

2月26日，在马科斯逃离菲律宾19个小时后，科·阿基诺宣布了新的内阁主要任命名单，菲律宾进入了"阿基诺时代"。

海地"第二次独立"

根据海地1964年宪法，独裁者杜瓦利埃成为海地的终身总统。其子小杜瓦利埃于1971年4月12日继任海地总统，延续了杜瓦利埃家族的独裁统治。小杜瓦利埃上台时，海地的经济正濒临崩溃的边缘。面对这种状况，小杜瓦利埃一方面宣布海地的"政治革命"已经完成，另一方面宣布要进行"经济改革"。他仿效其父的手法，打着反共旗号向美国人求援。1976年，美国卡特政府上台，将经济援助与人权问题联系起来，小杜瓦利埃的政治控制有所松动。1977年9月，他释放了一些政治犯，流亡国外的反对派也陆续回国，并逐渐开始恢复活动。海地共产主义者统一党、海地基督教民主党从地下转为公开，海地民主工人联合会和基督教社会党也宣告成立。

但是，"自由化"毕竟不是海地独裁制度所希望的，当海地经济有所发展之后，小杜瓦利埃便结束了"自由化"进程。1979年10月，政府实行《新闻检查法》，重新压制报刊的言论自由。1980年11月28日晚，海地进行了几年来最大规模的逮捕，被捕者将近2000人，其中包括著名的反对派领袖欧仁朗方等，海地人民又重新处于黑暗和恐怖之中。

1983年，小杜瓦利埃效法其父，操纵议会修改宪法，以承认他为终身总统。1985年7月，他又搞了一次"公民投票"，进行没有竞争对手的选举。在选举中，他使用了各种舞弊手段，以99.98%的票数当选为总统，从而激起了反对派人士、天主教会及工农群众的强烈不满。1985年11月27日，戈纳伊夫市爆发了大规模的学生运动，他们高喊"打倒宪法"的口号，结果遭到军警镇压。

1986年1月，戈纳伊夫市再次爆发了学生的罢课和游行示威活动，斗争浪潮很快波及到首都和其他城市，参加的人也越来越多。愤怒的群众第一次高呼"打倒杜瓦利埃"的口号。在太子港和其他大城市，屡屡发生群众与政府的严重对抗。1986年1月26日，海地群众再次举行示威活动，使这里的美国游客受到威胁，美国里根政府决定放弃对杜瓦利埃政权的支持。在这种状况下，小杜瓦利埃下令实行全国戒严，更加残酷地镇压群众。2月3日，首都太子港爆发了前所未有的总罢工，各地纷纷响应，并演变成一场席卷全国的反独裁的"二月风暴"。小杜瓦利埃见大势已去，于2月7日凌晨携其眷属和亲信乘坐美国安排的军用飞机出逃，统治海地28年之久的杜瓦利埃"现代王朝"覆灭了。

海地人民将"二月风暴"称作海地的"第二次独立"。之后，海地建立了以南菲为首的军人政权。新政权实行了一系列顺应民心的措施。但是，由于南菲政府政治民主化的步伐十分缓慢，人民群众大为不满。1986年10月，海地又一次陷入政治动荡之中，官民矛盾、军政矛盾、军内矛盾使南菲政权无法维持正常秩序。1988年9月17日，中下层官兵发动兵变，推翻了南菲政权，组成了以阿夫里尔为首的文人政权，海地从此加入了拉美的"民主化进程"。

第十一章 东欧剧变后的世界格局

戈尔巴乔夫的"新思维"指导下的外交政策

戈尔巴乔夫上台执政的时候，苏联已经处于内外交困的境地。在国内，国民经济的发展已陷入停顿状态，社会矛盾日益严重。在外部，苏联自20世纪70年代末期以来所奉行的全球进攻战略，开始遭到西方集团的全面反击。美国提出的"星球大战计划"使苏联面临着在新一轮军备竞赛中被拖垮的危险，对阿富汗的长期作战也使苏联付出了惨重的代价。在戈尔巴乔夫上台执政之时，苏联原有的内外政策已无法施行。为了配合国内的改革，戈尔巴乔夫提出了"新思维"，对苏联的外交政策实施了大幅度的调整。

1985年崛起的戈尔巴乔夫，一上台即着手缓和与西方国家的关系，图为他访问巴黎期间与法国总统密特朗举行会谈。

戈尔巴乔夫的外交"新思维"是一个内容庞杂的思想理论体系，其核心思想是"全人类的价值高于一切"。所谓"全人类的价值"，主要指的是超阶级的"人性"、"道德伦理"、"人道主义"等价值观念。

戈尔巴乔夫反复宣称，应把"全人类的道德伦理准则作为国际政治的基础"，使国际关系"人性化"、"人道主义化"和"民主化"。他还提出了"新思维"的一系列原则：世界是一个相互依赖的整体，因此要排除两大社会体系之间的对抗；核战争会毁灭全人类，因而就不再是实现政治、经济、意识形态和其他目的的手段，所以要建立一个没有战争、没有军备竞赛的世界；和平共处不再是阶级斗争的特殊形式，国家关系要实现非意识形态化，要把对话和相互谅解作为目标。此外，"新思维"还包含关于苏联应采取的外交方针和策略的内容，比如加强改善苏美关系，追求苏美合作，承认世界的多极化和各国的独立自主，要放弃从前的霸权主义政策等。

戈尔巴乔夫外交"新思维"的基本目标是：第一，为国内的改革创造良好的外部环境，缓和国际紧张局势；第二，保持超级大国的地位，发挥对世界的主导性影响。在实施政策的具体方式上，戈尔巴乔夫主要采取了以对话代替对抗、以收缩代替扩张、以退让代替争夺的方式。在他执政的末期，苏联走上了对西方迁就、顺从乃至屈服的道路。

为了实现外交政策的基本目标，戈尔巴乔夫在涉及对外关系的诸领域中，以"新思维"为指导，进行了诸多方面的活动：以大规模的撤军、裁军作为改善对外关系、改善国际形象、缓和国际局势的基础；将放弃苏美对抗、谋求苏美合作为外交工作的重心。他上台后，在政治、军事、经济等方面主动采取了一系列改善苏美关系的行动，甚至不惜作出重大的让步；在"欧洲大厦"的口号下，谋求同西欧的合作，谋求西方国家的经济援助；在苏联与东欧各国的关系方面，对东欧的剧变给予积极的评价；主动改善同亚洲地区各国的关系，提出一系列减少亚太地区军备竞赛、军事对抗、建立安全机制的建议和主张。

戈尔巴乔夫外交政策所带来的撤军、裁军、停止对亚非拉的扩张、与一些国家实现双边关系正常化等方面，应该说对缓和国际紧张局势、改善苏联的国际形象和处境是大有益处的。但是，由于指导思想上的错误，戈尔巴乔夫的外交实践也造成了一系列对世界和苏联自身极其不利的后果。东欧剧变及与苏联保持友好合作的一些国家所遇到的困难都与戈尔巴乔夫的政策有关，而这种剧烈的变化对世界共产主义运动又产生了不利的影响。更为严重的是，为了建立和保持同西方大国的"伙伴关系"，苏联在重大问题上一步步向西方靠拢，作出了一系列的让步和妥协，从而导致西方对苏联的内政进行干预和制约。因此，苏联在美苏关系中处于被动地位。

德国统一

战后，东西方特别是美苏之间长期而全面的对抗，致使德国统一的问题迟迟得不到解决。1949年，联邦德国和民主德国先后建国，1955年两德分别加入北约和华约，1973年又同时加入联合国，1975年一起参加"欧安会"首脑会议最后文件的签字，民主德国与联邦德国并存进一步得到确认。直到1989年秋东欧形势出现急剧变化之前，两德和美、苏、英、法四大国都没有认真考虑过德国统一的现实性和可能性。

民主德国的人均国民产值仅及联邦德国的一半。民主德国百姓被联邦德国的高生活水平所吸引，不少人逃往联邦德国。民主德国政府筑柏林墙阻止居民外流，但收效不大。1989年10月7日，民主德国庆祝建国40周年。柏林、莱比锡等城市爆发示威游行，要求扩大民主，实行改革，放宽出国旅行。警察用高压水龙冲散游行队伍，拘捕数百人。全国形势动荡不安。执政18年之久的昂纳克被迫于10月18日辞职，各级党政领导也大量易人。12月8日到9日和16日到17日，统一社会党举行非常代表大会，决定将党的名称改为"德国统一社会党—民主社会主义党"，宣称民主德国应建立一个实现民主、建立法制、社会平等的民主社会主义社会。

1989年11月9日，民主德国允许居民自由过境。两天中，有75万民主德国人涌进联邦德

统一之夜

柏林议会大厦前悬挂的是联邦德国的国旗。

国。这股洪流把象征分裂的柏林墙"推倒"，使统一问题成为全德人民共同关心的焦点。联邦德国总理科尔抓住时机，于11月28日提出德国统一的十点计划。民主德国政府反对科尔的计划，但是不久，就改变了态度，于1990年2月1日建议两德通过缔结睦邻条约、建立邦联、主权移交邦联、民主选举等四个阶段实现统一。

在迅猛的统一浪潮推动下，美、苏、英、法四大国不断调整对德政策。1990年2月13日，两德同四大国在渥太华共同制定了先由两德解决与统一有关的"内部"问题，再由两德同四大国一起解决与统一有关的"外部"问题，即所谓"2+4"方案。

1990年3月18日，民主德国举行人民议院选举，结果基督教民主联盟、德国社会联盟和民主觉醒三党组成的德国联盟选胜。4月12日，新政府组成，有24名成员，民主社会主义党被排除在外。5月18日，两德财政部长签署了关于建立货币、经济和社会联盟的国家条约。7月12日起，东西柏林的边界卡全部撤销，柏林墙被拆除。

两德于7月6日开始关于政治统一问题的谈判。1990年8月31日，两德签署了实现政治统一的第二个国家条约，规定东西柏林合并，民主德国加入联邦德国。

德国统一涉及欧洲各国的利益和安全，而德国作为"二战"中的战败国，一直受美、苏、英、法四大战胜国的某种监控。因此，科尔政府利用"2+4"外长会议，积极开展外交活动。科尔政府"保证忠于北约和欧共体"，明确表示承认波兰西部边界，并在第三次"2+4"巴黎外长会议上就德波边界问题达成全面协议。苏联坚决反对统一后的德国归属北约。科尔为争取苏联交出德国统一的"最后一把钥匙"，决心从德苏之间的双边交易突破。7月15日，他表示永远承认战后边界； 答应把德国统一后的武装力量裁减到37万；允诺向苏联提供120亿马克的无偿援助和近100亿马克的低息贷款等，从而换取了戈尔巴乔夫的点头。1990年9月12日，在莫斯科举行了第四次"2＋4"会议，各国外长签署了《最后解决德国问题的条约》。

莫斯科条约照顾到各方的利益。它宣布，统一的德国对内对外拥有完全的主权并可自由结盟。条约确定德国现有领土和边界的最终性，规定苏军在1994年底前撤离原民主德国的地区。德国声明奉行和平政策，放弃制造、拥有和控制核武器、生物武器以及化学武器，并保证在4年内裁军45％。10月1日，四大国外长在纽约发表联合宣言，宣布从10月3日起中止四大国对德国和柏林的权利和责任。至此，德国统一的一切问题都已解决。

1990年10月3日，民主德国正式并入联邦德国。柏林国会大厦升起了联邦德国国旗。分裂了40多年的德国重新实现了统一。

东欧剧变

自20世纪80年代年起，东欧局势发生剧烈的动荡，各国的共产党和工人党在短短的时间内纷纷丧失政权，社会制度随之发生了根本性变化。

东欧各国的剧变大体经历了3个阶段：一是执政的共产党和工人党由于内部和外部的原因，在经济上和政治上面临着严重的困难，党内出现了反对派。二是执政党在国内外的压力下，不断对反对派妥协退让，放弃社会主义原则，实行政治多元化、多党制，反对派势力扩大。三是反对派通过不断制造动乱，施加压力，使执政党陷入困境，然后取得政权。个别国家甚至通过武装冲突，实现政权更迭。

1989年1月，波兰统一工人党提出实行政治多元化。1989年2月6日到4月5日，包括团结工会在内的第一次圆桌会议在华沙举行。政府当局和团结工会达成了政治、经济改革方案，并且修改宪法，实行总统制。4月17日，华沙法院宣布团结工会为合法组织。在6月4

1989 年，布拉格街头爆发了声势浩大的示威游行。

随着东欧政局的剧变，苏联的军队开始撤出这一地区。

日的大选中，团结工会获胜，统一工人党惨败。12月29日，波兰议会通过宪法修正案，取消了关于波兰统一工人党在国家中起领导作用和实行社会主义制度的条款，改波兰人民共和国为波兰共和国。

1990年1月，波兰统一工人党通过《关于波兰统一工人党停止活动的决议》，决定结束党的存在。1990年5月，国会通过了政党法，禁止各党派在工厂、军队和国家机关中从事党派活动。12月9日，瓦文萨当选总统。由此，波兰进入了多党角逐时期。

1988年5月，匈牙利社会主义工人党提出实行社会主义多元化，加速改革。1989年2月，社会主义工人党重新评价了1956年的匈牙利事件，认为这是一次"真正的起义——人民起义"，并通过了实行多党制的决议，认为政治体制多元化可以在多党制范围内实现。1989年10月，社会主义工人党将党的名称改为社会党，并把党的奋斗目标定为民主社会主义。原党中央总书记格罗斯不同意这一决定，改组社会主义工人党。社会主义工人党宣称长远目标是建设社会主义社会，当前目标是阻止资本主义复辟。1990年10月18日，国会通过了宪法修正案，改匈牙利人民共和国为匈牙利共和国。

1986年，保加利亚共产党提出了对社会主义的经济、政治、文化和生活方式等一切领域进行根本性的变革。1989年5月29日，保加利亚开放边界，引起31万保加利亚人大出逃，造成国民经济的停顿。1989年11月10日，姆拉德诺夫任保共中央总书记，他极力倡导政治多元化。12月，党的领导机构大改组，30多名中央委员被开除或解职。

1990年1月30日至2月2日，保共中央召开第14次特别代表大会，通过了《保加利亚民主社会主义宣言》和新的党章，正式放弃原来的奋斗目标，政治上主张建设民主与人道的社会主义社会，实行多党制、三权分立；经济上实行所有制多元化和市场经济。4月3日，保共改称保加利亚社会党。1990年4月，国民议会通过宪法修改法、政党法和选举法，姆拉德诺夫当选为总统。1990年6月10日，保加利亚举行政治多元化后的首次选举，社会党获得多数席位，成为执政党，组成新政府。此后，各派政治力量之间的斗争仍然非常激烈，社会仍处于动荡不安之中。

1968年布拉格之春事件后，捷克斯洛伐克一直陷入僵化和停滞状态之中。1989年春，捷克斯洛伐克围绕如何评价布拉格之春事件，爆发了一场政治风暴。各地发生大规模游行。11月19日，以哈维尔为首的公民论坛成立。11月29日，捷议会批准宪法修正案，取消了捷共的领导地位。11月30日，捷共中央主席团举行会议，宣布苏联1968年出兵捷克是错误的。12月20日到21日，在捷共非常代表大会上通过了《在捷克斯洛伐克实现民主社会主义》的行动纲领。12月28日，联邦议会选举刚被恢复名誉的杜布切克为捷共主席；29日，选举哈维尔为总统。至此，捷克斯洛伐克的国家领导职务已不在捷共手中，捷共成为在野党，失去了执政党的地位。

1991年4月，捷克斯洛伐克国名改为捷克和斯洛伐克联邦共和国。1992年6月5日到6日，在新的议会选举中，捷克主张维持联邦制，斯洛伐克主张独立，双方意见相左。1993年1月1日，捷克斯洛伐克联邦共和国分裂为捷克共和国和斯洛伐克共和国两个独立的主权国家。

1989年12月，罗马尼亚西部城市蒂米什瓦拉，因抗议解除一名持不同政见的神父职务举行的群众示威，演变成骚乱。不久，布加勒斯特也开始了骚乱，军队倒戈。党和国家领导人齐奥塞斯库被捕，并被秘密处决。12月27日，罗马尼亚社会主义共和国改名为罗马尼亚。1990年5月20日，罗马尼亚举行全国大选，伊埃利斯库当选总统，救国阵线获得议会多数席位，组成新政府。

铁托逝世后，南斯拉夫民族矛盾加剧。1990年5月26日，南共联盟宣布解散，各共和国的共盟分别改称社会党、社会民主党或民主改革党。

1990年4月到5月，各共和国先后进行了选举，克罗地亚和斯洛文尼亚的原共盟失去了执政党的地位。1991年6月25日，克罗地亚共和国和斯洛文尼亚共和国分别宣布独立。南人民军进行干预，发生了流血冲突，国际社会介入调解。1991年10月8日，克罗地亚和斯洛文尼亚正式脱离南斯拉夫独立，并得到国际社会的承认。1992年3月，波斯尼亚-黑塞哥维那宣布独立，但遭到反对，塞尔维亚波黑共和国成立。1992年4月，双方冲突演变为武装冲突，发生了迄今为止欧洲规模最大、时间最长的波黑战争。由于欧共体、美国、俄罗斯的介入，波黑战争不仅旷日持久，而且越来越复杂。1992年4月27日，南联邦议会通过了成立由塞尔维亚共和国和黑山共和国联合组成的新南斯拉夫联盟共和国。1945年以来成立的南斯拉夫联邦共和国不复存在。

东欧发生的这场剧变，其性质绝非是社会主义完善自身的改革，而是社会主义向资本主义的演变。

苏联解体

1991年，随着华约的解散，世界上又发生了一件重大的事件：由列宁开创的具有70年历史的苏联迅速走向解体，存在了半个世纪之久的美、苏对峙的两极格局，彻底瓦解。

1985年3月，戈尔巴乔夫执政于苏联与发达国家差距拉大的停滞时期，面对处于危机边缘的国内形势，他上台后便在苏共召开的全会上提出了经济改革的任务，并在干部问题上作了一系列调整，以期从组织上保证改革的顺利进行。然而，戈尔巴乔夫推行右倾错误路线，提出"新思维"，倡导所谓的"人道的民主的社会主义"，从而把改革引入歧途。

苏联在经济体制改革过程中首先出了问题。1989年，苏联提出"关于经济健康化的七年计划"，要用2~3年的时间实现向市场经济的过渡，但由于在如何过渡到市场经济的问题上缺乏共识，经济体制改革的方案一变再变，不仅未能克服经济发展的停滞状态，反而使经济形势更加恶化。面对这种情况，戈尔巴乔夫错误地认为，经济改革之所以出师不利，

叶利钦在 1991 年"八·一九"事件期间向市民发表演说。

就是因为旧的政治体制在起阻碍作用，因此必须进行政治体制改革。由于改革重点的匆忙转移以及政治体制改革措施和路线的错误，结果导致了苏联政局的动荡。经济改革方案的争论转化为政治斗争，权力之争取代了经济合理性的考虑，经济改革变成了政治和权力斗争的附属品和牺牲品，以至于经济改革和建设难以维系。当各族人民的现实经济利益在改革中得不到满足之时，他们的怨恨和不满便会通过民族主义的形式表现出来，从而使民族矛盾空前激化，并与政治、经济、社会等一系列问题混在一起，最终导致联盟国家的解体。

1986年12月，"阿拉木图事件"敲响了地方民族主义的警钟，暴露出相当多的加盟共和国与联盟中央之间的紧张关系。1988年2月，阿塞拜疆和亚美尼亚之间的纳卡冲突又打破了各民族和加盟共和国之间的和谐。随后，波罗的海三国的独立运动又揭开了民族分离主义对苏联发起挑战的序幕……各种民族主义在各非俄罗斯民族中的急剧膨胀，反过来又刺激了一向具有历史优越感和现实至上感的大俄罗斯民族，俄罗斯的"民主派"喊出了"救救俄罗斯"、"全面振兴俄罗斯"等口号，并坚决主张组成联盟的各加盟共和国与苏联彻底分离，然后再在完全平等的基础上结成新的联盟。

面对日益严峻的民族分离主义运动，戈尔巴乔夫于1990年6月提出建立"主权的社会主义国家联盟"的构想。1991年3月17日，苏联就是否保留联盟进行了全民投票，76.4%的人投了赞成票，但中央与共和国之间对此存在尖锐的分歧。5月，戈尔巴乔夫和15个加盟共和国领袖达成协议，同意组成"新苏联"。8月14日，苏联公布了新联盟条约文本。条约规定，结成联盟的各共和国保留独立决定涉及本国发展的一切问题的权利；在国际关系中苏联为一个主权国家，但结成联盟的各共和国有权同外国建立直接的外交、领事和贸易关系。

苏联时间8月19日，苏联副总统亚纳耶夫突然发布命令宣布，鉴于总统戈尔巴乔夫健康状况已不能履行总统职务，他本人即日起履行总统职务。亚纳耶夫同时宣布，成立苏联"国家紧急状态委员会"，在苏联部分地区实施为期6个月的紧急状态。在此期间，国家全部权力移交给苏联国家紧急状态委员会行使。

苏联国家紧急状态委员会发表《告苏联人民书》说，戈尔巴乔夫倡导的改革政策已"走入死胡同"，"苏联国家和人民的命运处在极其危险的严重时刻"。该委员会同日发布了"第一号命令"：各级政权机关和管理机关必须无条件实施紧急状态；立即改组不按苏联宪法和苏联法律行事的政权机关；停止阻碍局势正常化的政党、社会团体的活动等等。此时正在黑海海滨克里米亚半岛休养的戈尔巴乔夫被软禁在别墅里，他同莫斯科的联系完全中断。

"八·一九"事件发生后，代理总统亚纳耶夫发布了在莫斯科市实施紧急状态的命令，坦克和军队出现在莫斯科街头。时任俄罗斯联邦总统的叶利钦没有听命于紧急委员会的命令，他跳到议会大厦前的坦克上发表演讲，指责紧急状态委员会要恢复苏联的政治铁幕统治，并号召群众进行总罢工。紧急状态委员会未能果断肃清议会大厦的反对派。在叶利钦的鼓动下，情况发生逆转。20日晚，议会大厦前已聚集了数万示威群众。有些人构筑了堡垒，要誓死保卫议会。21日下午，苏联国防部命令军队撤回驻地，国家紧急状态委员会领导人放弃了行动。

21日晚8点，戈尔巴乔夫发表声明，强调他已完全控制了局势。22日凌晨，他乘飞机返回莫斯科。

22日上午，俄罗斯联邦总统叶利钦宣布，苏联前副总统亚纳耶夫等已于22日凌晨被拘留。

以维护苏联原有的联盟体制为目标的"八·一九"事件失败后，苏联解体的形势已无法逆转。

24日，叶利钦宣布俄罗斯联邦承认爱沙尼亚和拉脱维亚独立。同一天，《真理报》暂停出版。12月1日，苏联第二大加盟共和国乌克兰宣布独立。

12月8日，俄罗斯、白俄罗斯、乌克兰宣布成立独立国家联合体。同时宣称，苏维埃社会主义共和国联盟"已不存在"。1991年12月21日，俄罗斯等11个独立国家领导人在哈萨克首都阿拉木图举行首脑会议，通过了《阿拉木图宣言》等文件，正式宣告建立独立国家联合体，1922年成立的苏维埃社会主义共和国联盟不复存在。

25日19时25分，戈尔巴乔夫在电视讲话中宣布辞职。19时32分，克里姆林宫屋顶旗杆上，那面为几代苏联人熟睹的镰刀锤子旗开始徐徐落下。19时45分，一面三色的俄罗斯联邦国旗升上了克里姆林宫上空。此时此刻，广场上的人们意识到，克里姆林宫已成为俄罗斯的总统府。第二天，苏联最高苏维埃通过最后一项决议，宣布苏联解体。

海湾战争

1990年8月2日，伊拉克军队占领了科威特，宣布科威特为伊拉克的第19个省，伊拉克的侵略行径导致了海湾战争。

伊拉克吞并科威特的主要目的是想在经济上勾销它欠科威特的债务，攫取科威特在国外超过1000亿美元的资产，并占领科威特约占世界10%的石油资源；在政治上，想用吞并科威特的胜利来掩盖和弥补发动两伊战争的被动局面，同时加强它在海湾的地位。

伊拉克公然吞并一个独立国的举动引起了国际社会的谴责。其中以美国的反应最为强烈。因为中东的石油是美国和西方国家的经济命脉，为了确保海湾的石油通道，也为了确保美国在中东地区的战略地位，1990年8月2日和3日，美国总统布什主持召开国家安全委员会全体会议，研究对策。会议最终决定，采取大规模军事部署行动，迫使伊拉克撤军，并为必要时采

"沙漠之狐"行动中的多国部队坦克

海湾战争期间美军士兵在伊拉克境内进行模拟攻击训练。

取军事打击行动做好准备。根据这一精神，美军中央总部拟定了"沙漠盾牌"行动计划。8月6日，布什总统下令实施计划。

"沙漠盾牌"行动计划确定后，美军制定了具体部署方案，其他国家也展开了各自的部署出兵行动。经过紧张行动，美军分别于11月8日和11月底完成了两个阶段的部署。是时，美军在海湾地区的总兵力达到45万人，主要武器装备有：坦克1200辆，装甲车2000辆，作战飞机1300架，直升机1500架，军舰100余艘。其他国家出动的总兵力达24万人。部分未出兵国家提供了武器装备、舰船、飞机和医疗队。

面对美国和其他国家的出兵行动，以及国际社会的经济制裁，伊拉克在经济上采取了内部紧缩，对外寻求突破口的政策；在军事上则加紧了扩军备战，恢复和新建24个师，使军队总兵力达到77个师，120万人。伊拉克在科战区的兵力部署也得到了加强，三道防线共部署43个师，约54万人，坦克4280辆、火炮2800门、装甲输送车2800辆。

美军在开始执行"沙漠盾牌"计划时，已估计到伊拉克拒不撤军的情况，于是拟定了代号为"沙漠风暴"的军事打击行动计划。11月29日，联合国安理会通过第678号决议，规定1991年1月15日为伊拉克撤军的最后期限。1991年1月9日，美国国务卿贝克和伊拉克外长阿齐兹在日内瓦举行战争爆发前的最后一次会晤。但是，会谈没有取得结果。1月16日，布什总统签署了国家安全指令文件，命令美军向伊拉克开战。

1月17日凌晨，美军的空袭行动开始。整个空袭包括"沙漠风暴"计划在内的4个作战阶段的前三个。按计划，3个阶段同时开始，齐头推进，逐一达到既定目标。美军飞机日出动量达2000~3000架次。据美军统计，到地面进攻开始时，科威特战区伊军部队54万人中伤亡达25%以上，重装备损失达30%~45%。

为了实施地面进攻作战，美国中央总部陆军也制定了具体战役计划，这就是"沙漠军刀"计划。该计划实际上是"沙漠风暴"计划的组成部分。计划制定以后，从1月17日空袭开始到2月24日，多国部队进行了大规模的部署调整。1991年2月24日，当地时间凌晨4时整，多国部队向伊军发起了大规模诸军兵种联合进攻，将海湾战争推向了最后阶段。伊军在多国部队进攻面前进行了顽强抵抗，后逐渐向北和西方向撤退，并点燃了科威特境内的大量油井。28日晨，科威特城已全部被阿拉伯部队控制，多国部队也大多完成了各自任务。在这种情况下，布什总统下达了当日当地时间8时暂时停火的命令。整个地面进攻历时100小时。

暂时停火以后，伊拉克表示接受美国提出的停火条件，愿意履行联合国安理会历次通过的有关决议。4月3日，联合国安理会通过了海湾正式停火决议，海湾战争宣告结束。

海湾战争是世界进入后冷战时期后发生的第一次带有全局性的地区性冲突，它打破了中东和海湾地区原有的格局和力量组合，影响了世界的局势。1998年12月17日至20日，美、英对伊拉克发动了代号为"沙漠之狐"的军事行动，这次空中打击共向伊拉克发射了数百枚巡航导弹。面对从天而降的远程精确制导武器，伊拉克毫无还手之力。然而，当"沙漠之狐"行动停止后，海湾地区的国际战略格局正在发生一场巨大的变化。海湾战争是冷战结束后众多地区冲突的一个缩影，表明了世界两极体制正在走向崩溃。

"9·11"事件

2001年9月11日是美国政府及人民心中永远的痛。

就在这一天，美国遭遇了迄今为止人类历史上最为严重的恐怖袭击事件。从早晨8点51分起，纽约、华盛顿等地先后发生连环恐怖袭击的灾难事件。纽约世界贸易中心、美国国防部所在地——五角大楼先后遭到恐怖主义分子劫持的波音757、767飞机猛烈撞击。世贸双塔轰然倒塌，3000多人死亡和失踪。"9·11"事件被美国政府称为美国历史上的第二次"珍珠港事件"。

首当其冲的是纽约的标志性建筑——世界贸易中心的两座110层的大厦。当地时间早上8时51分，一架飞机撞向世界贸易中心的其中一座大楼。大楼随即发生爆炸，滚滚浓烟从上部冒出。18分钟后，在当地电视台进行现场直播时，一架小型飞机从相反的方向高速而精确地撞向世界贸易中心的另一座大楼。大楼随即也发生巨大爆炸。世界贸易中心的两座

恐怖分子劫持的飞机撞向世贸大楼的全过程

"双子星"大楼上端各出现了一个硕大的黑洞。世贸中心被撞击后不久，美国国防部五角大楼也遭到了袭击。一架飞机在早上9时47分撞向美国国防部所在地五角大楼，并造成大火。与此同时，美国国务院门外也发生一起汽车炸弹爆炸事件。

由于美国世贸中心和五角大楼遭到恐怖分子袭击，美国纽约证券交易所、纳斯达克市场、芝加哥期货交易所和芝加哥商品交易所等各大证券交易所均停止交易。在东部时间上午9时32分，美国股市宣布停市，外汇市场也出现了大幅的震荡。受它的影响，欧洲股市遭到重挫；不久，拉美股市也全部停盘。

"9·11"事件后，国际安全形势中的不确定性因素明显增大。外交上，反恐成为现阶段国际关系特别是大国关系的重要粘合剂。主要大国不同程度地调整了安全战略，导致国际反恐合作与传统军事竞争同步发展。

北约东扩

苏联解体后，西方国家看到扩大北约有利可图，同时，为迎合中东欧国家"回归欧洲"的愿望，开始制订和实施北约东扩的计划。北约东扩的进程大致经历了3个阶段。

第一阶段，建立北大西洋合作委员会。1991年11月苏联解体前夕，北约在罗马召开首脑会议，决定组建有北约和前华约成员国参加的北大西洋合作委员会。由于其宗旨是致力于在北约和苏联及中东欧国家之间建立一种"真正的伙伴关系"，所以北约的这一提议立即得到苏联和中东欧国家的响应。1991年12月该委员会正式成立时，共有北约成员国、苏联和中东欧国家等25个国家参加。

北约的利益指向要看美国人的态度，当美国人向全世界各个地方派兵时，俄国知道北约东扩是无法阻止的。图为美国总统克林顿视察派驻波黑的北约美军。

第二阶段，推行北约和平伙伴计划。西方迈出第一步后不久，感到北大西洋合作委员会难以担当演变和融合中东欧和前苏联地区国家的重任，于是决定敞开北约的大门，接纳这些国家进入。1993年上半年，美国和北约公开表示，应尽快吸收中东欧国家加入北约。但是，考虑到这些国家问题众多、情况复杂，立即接纳会给北约自身带来许多麻烦，同时也会遭到俄罗斯的反对，便想出了一个过渡的办法：先吸收中东欧和原苏联各加盟共和国加入和平伙伴计划，作为它们加入北约之前的热身，待条件成熟后再吸收它们加入北约。这样既稳住了俄罗斯国内的民族情绪，又能让急于加入北约的国家有更多的时间调整自己的内政与经济，尽快地向北约国家的政治、经济模式转化。

第三阶段，北约稳步向东扩展。"和平伙伴计划"提出后，中东欧国家的踊跃加入大大刺激了西方扩大北约的欲望。同时，俄罗斯民族主义和左翼力量的增强，更促使西方产生了防范、遏制念头。于是，西方决定加快北约东扩的步伐。1995年9月，北约常设理事会批准了《关于北约东扩的研究报告》。报告就北约东扩的方式、申请加入国的条件、东扩后北约组织的地位以及与俄罗斯之间的关系等问题进行了阐述。

1996年上半年，西方国家考虑到俄罗斯正在进行总统大选，决定在俄政局未稳的情况下，为了避免激怒俄罗斯国内的民族情绪，把北约东扩一事稍稍放松了一些。叶利钦再次当选总统后，北约便宣布加快东扩的步伐。1996年年底，北约理事会决定：1997年7月，在北约马德里会议上确定第一批扩员名单。此后，随即与第一批扩员国进行了谈判。1997年7月8日，北约东扩的第三阶段达到高潮，波、匈、捷三国被正式确定为北约东扩的第一批国家。1999年3月12日，波、匈、捷三国正式加入北约。

北约东扩已经迈出了实质性的一步，从世界范围来看，它已经加速了大国战略关系的调整步伐，大国之间相互制衡、互联互动的关系格局更加明显。从欧洲范围看，北约的东扩侵犯了俄罗斯在欧洲的利益，严重威胁了俄罗斯的政治、军事和经济安全。因此，俄加快独联体一体化特别是军事一体化的进程。北约一定要东扩，俄罗斯一定会抵制，这两种趋势在一定时期内都难以避免，它们之间的这种较量将影响欧洲新均势的形成，也会给世界格局的变化带来许多不确定的因素。

从北约东扩的进程来看，美国在其中起了决定性的推动作用。实质上，美国想通过北约东扩扩大其在西欧的影响，继续在欧洲发挥领导作用。

欧洲共同体

第二次世界大战严重削弱了西欧主要资本主义国家，使它们丧失了在国际事务中的主导地位。虽然在20世纪50年代初，西欧各国经济已经逐渐恢复和发展，但已无法恢复昔日的地位。西欧各国要重新在战后的国际事务中发挥有力的影响，进一步发展，就必须联合起来，实现欧洲的统一。而法德的和解是欧洲联合的关键。法国担心西德经济和军事实力的恢复会对其他欧洲国家安全构成威胁。为此，法国首先考虑的是建立一个国际机构，将西德和法国及其他一些欧洲国家的重工业统一管理起来，以便从物质基础上防止德国再次成为军事强国。

1951年4月18日，根据法国外长舒曼的建议（即舒曼计划），法国、联邦德国、意大利、荷兰、比利时和卢森堡在巴黎签订《欧洲煤钢联营条约》，把各自的煤钢工业联合起来，建立煤钢联营，共同管理6国煤钢的生产、投资、价格和原料分配等。条约把西德重整军备的关键工业部门置于共同管理和监督之下，可以保证这些资源不再被用于军国主义目的，从而为欧洲统一铺平了政治道路。随着经济实力的增强，西欧6国决定进一步加强联合。1957年3月25日，六国在罗马签订《罗马条约》，决定建立欧洲经济共同体，即共同市场和欧洲原子能共同体。1967年，法国、联邦德国、意大利、荷兰、卢森堡、比利时将1952年成立的欧洲煤钢联营和1957年成立的欧洲原子能与欧洲经济共同体合并组成欧洲共同体。1969年12月，共同体国家首脑会议正式提出把建立经济和货币联盟作为一项重要目标。

欧洲共同体成立以来，其组织规模不断扩大。1973年，英国、爱尔兰和丹麦加入后，共同体成员国增加到9国。80年代初，随着希腊、西班牙和葡萄牙的先后加入，成员国发展到12国。自1990年底欧共体开始在政府间会议范围内讨论建立政治联盟和经济货币联盟以来，经过一年的时间，建立两个联盟的条约（统称《欧洲联盟条约》），于1991年底在荷兰的马斯特里赫特举行的欧共体首脑会议上获得通过。《马斯特里赫特条约》在得到其成员国的批准后于1993年11月1日正式生效。欧洲联盟的诞生，标志着欧洲朝国家联邦的方向迈出了历史性的一步。1995年初，欧洲联盟又接纳了瑞典、芬兰和奥地利，使其成员国达到15个，欧洲联盟进一步扩大。

欧洲经济一体化的水平提得也很快。在其超国家的管理机构及其财政体系逐步完善的基础上，成员间的经济一体化也不断向深度和广度发展。最初的一体化目标是建立初级形式的关税同盟，实现成员国间的商品、资金和劳动力的自由流动。而后又向着建立经济联盟的目标迈进，不断加强对成员国的货币、财政等经济政策的协调，乃至建立了欧洲货币体系。20世纪80年代以后，科技的飞跃发展所导致的激烈竞争，进一步推动欧共体加快其经济一体化的步伐。

1986年，欧共体签署了《欧洲一体化文件》，提出了建成欧洲统一大市场的目标，并采取了各种相应的行动。

1991年12月10日，在荷兰通过的《马斯特里赫特条约》，决定将欧共体改称为欧洲联盟。1993年，欧洲统一大市场诞生，从此，欧盟成员国之间正式实施商品、资本、人员、劳务四大生产要素的自由流通，欧盟成了一个统一的经济实体。

1995年，奥地利、瑞典、芬兰又加入欧盟。截止到2009年，欧盟已拥有27个成员国。

欧盟的主要机构有3个：理事会：决策机构，分为欧洲理事会和欧盟理事会。前者负责确定大政方针，每半年举行一次例会，必要时召开特别首脑会议；后者负责日常决策，拥有欧盟立法权。理事会实行主席国轮值制，任期半年，对外实行"三驾马车"代表制。欧盟委员会：常设执行机构，负责实施欧共体条约和理事会做出的决定；向理事会和欧洲议会提出报告和立法动议；处理欧盟日常事务；代表欧盟对外联系及负责经贸方面的谈判。欧洲议会：监督、咨询机构，拥有部分立法权。此外，欧盟还设有欧洲法院、欧洲审计院和经社委员会等机构。

欧共体经济一体化的加强，又对政治上的联合提出了要求。从20世纪70年代开始，欧共体与各国政治体制相适应，建立了三权分立的机构，由部长理事会行使立法权，执委会行使行政权，欧洲法院行使司法权。1979年欧洲议会实行直接选举，从而使它的政治地位得到了加强。1994年6月，12个成员国选举产生了新一届欧洲议会。根据《马斯特里赫特条约》规定，议会扩大了权限，在欧委会成员的任命及欧盟内政、外交等重大事务上拥有"一半的立法权"，从而进一步加快了欧洲联盟的政治一体化进程。

伊拉克战争

伊拉克战争是以美国为首的美英联军对伊拉克发动的战争。战争在2003年3月20日爆发；5月2日，美国总统布什正式宣布战争结束，整个战争持续了44天。实际上，在4月14日美军攻占伊拉克总统萨达姆的家乡提克里特之后，美军大规模的军事行动已经基本结束。这是继1991年海湾战争之后，美国对伊拉克进行的第二次战争。

在持续44天的伊拉克战争中，美英联军的空中力量进行了4次大的作战行动。

"斩首"作战行动

战争一开始，美英联军没有进行夺取制空权的大规模轰炸。在3月20日的首轮空袭中，美军使用"电子炸弹"攻击伊拉克，这种新式武器产生的高能电磁波使伊军及萨达姆卫队拥有的各类电话、无线电通信和电子计算机等电子设备立刻失灵。同时，美军用精确的制导导弹准确地打击伊指挥和控制中心。

为避开美英联军的优势空军和导弹袭击，萨达姆分散兵力，将实力最强的9万共和国卫队、4个特别旅、2个特种部队部署在巴格达周围。并在巴格达周围筑建野战工事，开挖战壕、沟堑，在飞机跑道上放置水泥等障碍物，阻击美英空降部队着陆。

美英联军对伊拉克首都巴格达和其高层领导人的住所等要害部门进行连续三轮的狂轰滥炸。晚21时05分，美英地面部队在战斗机、直升机的掩护下，凭借配备尖端的夜视作战设备，兵分几路对巴格达进行合围，欲以迅雷不及掩耳之势深入巴格

萨达姆·侯赛因(1937~2006 年)已担任伊拉克总统 23 年。

达，俘虏或击毙萨达姆。顽强的伊军凭借坚固的防御工事，给美英造成了一定的损失，虽然发射的导弹部分被美国的"爱国者"导弹截击，仍有效地阻滞了敌人的攻势。

"震慑"作战行动

3月22日，美英突然开始对伊拉克实施猛烈空袭。轰炸的主要地区是巴格达。美军对萨

伊拉克战争期间，美国出动了航母作战。

达姆的官邸、指挥中心、政府主要部门等目标进行了"饱和轰炸"。美军希望通过突然的大规模轰炸，对整个伊拉克造成立即失去抵抗能力的震慑效果，并以此瓦解伊拉克军民的抵抗意志，从而达到在战争初期就实现速战速决的目的。

"切断蛇头"作战行动

这主要是通过精确轰炸，摧毁伊拉克的通信指挥系统，彻底切断萨达姆与军队的联系。3月28日，美军向伊拉克国家通讯中心大楼投放了被称为"掩体粉碎机"的钻地炸弹。3月30日，巴格达邮电通讯大楼和一个通讯中心被摧毁。3月30日，美军飞机轰炸了阿拉伯复兴社会党总部。美国还把伊拉克电视台的发射器作为打击目标。3月26日，美军向巴格达电视台发射了电磁脉冲炸弹，致使电视台信号中断。

支援地面作战行动

在开战第二天，美英联军就开始了地面作战。因此，美英空中力量将支援地面作战作为重要的任务。正是在空中力量的掩护、支援下，美地面部队才得以快速向巴格达推进。3月22日，也就是开战之后的第3天，美军就推进到巴格达以南的纳杰夫、纳西里耶一线。此后，美军在卡尔巴拉、纳杰夫、纳西里耶等地与伊军形成了对峙局面。在这种情况下，美空中力量迅速调整了战略，从3月25日开始，空中打击的重点转向伊军地面部队，特别是伊拉克共和国卫队，同时对美英地面部队的作战行动提供近距空中支援。在空中力量的支援下，美地面部队直取巴格达国际机场，挺进到巴格达市中心广场。

伊拉克战争是美国在新世纪推行所谓"先发制人"国家安全新战略的第一场局部战争，也是美国谋求建立单极世界策略的重要组成部分。美国发动伊拉克战争，忽视了联合国安理会，改变了中东地区的大国政治的传统形态，削弱了大国在中东的地位。伊拉克战争也暴露出两极格局终结十余年来，国际形势中新的不确定因素在增多，世界并不太平，维护世界和平、促进共同发展的历史任务依然艰巨。国际关系体系尽管受到伊拉克战争的极大冲击，但和平与发展仍是当今时代的主题，世界多极化的总趋势仍在曲折中发展。

第二篇 世界野史

第一章 古代时期野史

埃及艳后相貌平平

长久以来，无论是在各种文学作品中，还是银幕上，传说中的埃及艳后都拥有无比美丽的容貌。甚至有一种说法，将她与希腊传说中的海伦与中国唐代的杨贵妃并列为世界古代三大美女。《震惊世界的女人》一书是这样描述克娄巴特拉的："她有像青春少女那样的苗条体态；有一双乌黑发亮的大眼睛，高高隆起的鼻子比普通妇女更显得高贵，一头乌黑发亮的长发，衬托出细腻白皙的肌肤，使裸露的肢体如脂似玉；微微翘起的嘴唇，似笑非笑，蕴藏着一种高深莫测的神秘。可以说她既具有东方美女的妩媚，又具有西方美人的丰韵，可谓天姿国色。"法国哲学家帕斯卡甚至在其《思想录》中写道："假如克娄巴特拉的鼻子长得短一些，整个世界的面貌就会改变。"而美国著名影星伊丽莎白·泰勒在好莱坞巨片《埃及艳后》中所扮演的克娄巴特拉，更是引起人们无尽的遐想。

然而另一方面，我们不得不承认，尽管在野史、传说和文学作品中处处有关于埃及艳后的说法，但有关她本人的真实的文献资料却是非常罕见。所以，到底历史上真实的克娄巴特

当安东尼看到美艳而又典雅的克娄巴特拉时，便将一切抛到了九霄云外，完全沉湎于她的似水柔情中。

拉是什么样的，也成了困扰人们的话题。

要找到这个问题的答案，最好的办法莫过于在克娄巴特拉那个年代流传至今的雕像中寻找。可是，要找寻保存至今的2000多年前的雕像实在不是一件易事，其中能够保存完好的就更是凤毛麟角了。在德国柏林博物馆有一尊据称是全世界保存最好最完整的埃及艳后的肖像。遗憾的是，如果这尊肖像确系埃及艳后本人的，那就令人大失所望了。因为从肖像看上去，克娄巴特拉只是一个平平常常的女人：头发简简单单地打个髻，风

电影《埃及艳后》剧照

格朴实，她的鼻子应该属于鹰钩鼻，而且她的嘴也并不性感。她甚至没有佩戴任何珠宝，包括耳环和项链。

不久前，有些考古学家根据出土的古埃及雕像证实，真实的克娄巴特拉其实相貌平平甚至有些丑陋。据报道，英国国家博物馆曾推出了这位埃及女王的展览，展品中有11尊女王的雕像。从雕像来看，女王的个头矮小短粗，身高只有1.5米左右，体型明显偏胖，甚至脖子上还有很明显的赘肉，牙齿长得也毫无美感；她的衣着相当朴素，长相很一般，脸上轮廓比较分明，看起来有些严厉。这难道就是真实的埃及艳后吗？有专家分析，托勒密王室为了保持血统的纯正，曾实行近亲婚配的制度，所以克娄巴特拉就有可能在某方面还会有缺陷。英国《泰晤士报》根据这些雕像，采用电脑技术绘制出克娄巴特拉的肖像，结果呈现在人们眼前的古代埃及艳后，原来竟是个又矮又胖的丑女人！但人们不禁要问，如果这是真的，那她有什么特殊的魅力使得恺撒和安东尼都对她如此着迷？

对此，英国方面的专家解释说，实际上只是在克娄巴特拉死后，她与恺撒及安东尼的浪漫情史才开始让后人产生兴趣。随着时间的推移，经过各种艺术加工和民间的渲染，到最后就将克娄巴特拉塑造成了美艳妖冶、风情万种的女王。

英国媒体对克娄巴特拉形象的"更正"则立刻遭到了埃及人的同声谴责。为了维护他们心目中至高无上的"女神"，埃及各方人士与"英国佬"展开了一场舌战。埃及大学文物学院前院长布鲁非苏尔说："克娄巴特拉脸部的细腻光华和神韵是无可辩驳的，她挺拔的鼻子和端庄的五官在古今世界女王中再也找不到第二个。"埃及吉萨文物局长扎西哈瓦斯博士也指出："英国人说克娄巴特拉丑陋和肥胖是毫无根据的，他们应该到埃及卢克索神庙去看一看，这座神庙里有保存完好的克娄巴特拉的浮雕；如果克娄巴特拉像英国学者描述的那样丑陋，那么为什么身边绝对不缺美女的罗马帝国的两位盖世英豪会不顾一切地拜倒在她面前？"还有人批评说，《泰晤士报》采用电脑技术绘制出来克娄巴特拉的肖像只不过是想多卖几份报纸而已。更有甚者，一些比较情绪化的埃及人甚至把这件事和几年前的戴安娜之死拉扯到一起。他们声称：英国人可能故意制造了那次车祸来阻止英国前王妃戴安娜和埃及人多迪谈恋爱，因为英国人害怕戴安娜这位"英国美人"嫁给一个埃及人。此次英国人无端攻击埃及艳后也同样是"不怀好心"。

不过争论归争论，到目前为止，克娄巴特拉到底是什么样的容貌这个问题还无法找到答案。

埃及艳后原来是位才女

由于受传说的影响，后人往往会有一种错觉，即认为克娄巴特拉只是凭借其美貌而获得恺撒等人的欢心，由此得以维护自己对埃及的统治。不过近些年来，新的考古发现证实，这位埃及艳后其实是一位非常聪明、智慧非凡的女王。有关研究者也一致认为，不论克娄巴特拉到底相貌如何，单凭她使埃及得以在强大的罗马帝国虎视眈眈之下暂时保全，就表明她必定是一位很有才干的女人。作为古埃及王国的统治者，一方面要应付国内的夺权斗争，另一方面又要应付外来的危机，这仅仅依靠美丽显然是不够的，所以克娄巴特拉无疑应有很敏锐的政治头脑。不久前，考古学家找到了克娄巴特拉当年亲笔签署的政令和她曾经居住的古城，这些都足以证明这位女王远非只靠美貌，而是靠智慧来治国安邦的。

发现克娄巴特拉亲笔签名的政令纯属偶然。在德国的柏林博物馆里保存着一具再普通不过的古埃及木乃伊，以至于在被收藏入馆的100多年间，从来没有引起考古学家或者研究人员的注意，谁也不会想到它的身上居然隐藏着一个天大的秘密。后来，比利时的纸草考古学家简·比根获得批准对这具木乃伊进行全面研究。有一天，他突然发现木乃伊的布片里夹着一张古老发黄的纸草，凭他的第一感觉，这绝对是古埃及某个时代的文件。于是他小心翼翼地从木乃伊身上一点点剔出了那片16开大小的纸草，结果他发现，纸草上竟写满了密密麻麻的古埃及文字！如获至宝的比根马上对这张纸片进行了特别鉴定。借助于普通放大镜，比根识别出，这是一份古埃及某个王朝的正式公文，上面还附有收件日期，他断定这是埃及某个农民与某位先生之间的普通合同。然而令人遗憾的是，比根没有再做进一

克娄巴特拉头像
克娄巴特拉为恺撒生下一子，命名为托勒密·恺撒，后随恺撒到达罗马，受到罗马人相当的礼遇。但恺撒将她的黄金塑像献祭给女神维纳斯神庙而触怒了罗马人。公元前44年3月恺撒被刺后一个月她才逃回亚历山大港。

步的研究就急不可待地把其成果发表在考古权威月刊上。随后，一名荷兰历史学家万·明尼看到这篇研究论文后，立即察觉到可疑之处，他认为仅从发表的图片看，这份文件绝非私人间的合同，而极有可能是地地道道的古埃及政府文件。明尼当即向出版社要来了文件的放大照片，当他把这张照片输入电脑后，明尼立刻就断定这确实是埃及王宫的文件。当古埃及历史学家将文件抬头的年份换算出来后，公元前33年2月23日的结果让研究者们大吃一惊。公元前33年，这不正是克娄巴特拉七世统治下的托勒密王朝吗？接下来的发现更让人吃惊。文件的内容显然是手写的，从笔力来看，似乎出自一名男性官员之手。文件的具体内容，是埃及国王答应给罗马帝国大将军卡尼迪斯以优惠的商品进出口关税——允许他每年免税向埃及出口1万袋小麦，进口5000安普耳的上好埃及美酒。在这份文件的末尾，有一个娟秀的单词，这个单词的字体显然跟文件内容的字体完全不一样，并且带有很明显的女性笔迹的特征。当那个单词在40倍的专业放大镜下显现清楚以后，明尼失声惊叫了起来：genestho，这不就是古埃及国王签署法令时的希腊用语"同意"的意思吗？埃及国王、公元前33年、罗马帝国大将军，加上女性签字——这毫无疑问就是克娄巴特拉的亲笔签名。

发现克娄巴特拉亲笔签署的政令的消息传出后，世界考古学

界为之振奋。大英博物馆的考古专家们对荷兰历史学家明尼的学术水平深感佩服，他们深信，明尼发现的手稿绝对是克娄巴特拉亲笔签署的，因为作为一名严谨的学者，明尼的研究从来没有错过。大英博物馆希腊与罗马古董馆副馆长苏珊·沃尔克十分肯定地说："这肯定是克娄巴特拉亲笔签名，因为文件的内容可以追溯到公元前33年，正是克娄巴特拉七世统治时期，这是埃及艳后留下的唯一一笔迹。"沃尔克进一步分析认为，这份手写文件不仅仅是一份政府公文，更具体体现了克娄巴特拉的政治手腕。古希腊著名的历史学家普鲁塔克在其名著《希腊罗马名人传》中曾有过这样的记录："埃及艳后克娄巴特拉在恺撒死后，急欲求得安东尼的庇护，但却碰了一个软钉子。于是，克娄巴特拉马上把主攻方向转向安东尼手下最得力的大将卡尼迪斯，以贿赂的手段最后买通了这位影响力非凡的罗马大将。卡尼迪斯后来说服了安东尼，让他同意庇护克娄巴特拉，而安东尼也从此陷入埃及艳后的温柔陷阱中不可自拔。"尽管普鲁塔克把一切描写得绘声绘色，但历史学家和考古学家却从来没有发现过可以证明这些史实的确凿证据。而这次发现的

恺撒面前的克娄巴特拉

自古江山与美人似乎就是一对矛盾，无敌的恺撒拜倒在克娄巴特拉的裙下，使克娄巴特拉顺利地实现了对权力的强烈欲望，为此她还计划着成为罗马帝国的第一夫人。

克娄巴特拉的亲笔签名文件，无疑是"埃及艳后"收买罗马帝国大将的铁证。另一位埃及远古史学家阿兰鲍曼表示："这份文献的发现，说明'埃及艳后'绝非只凭美色来保家卫国、捍卫自己王位的。她运用的技巧跟我们现在处理国际关系时的做法并没有什么两样。这才是'埃及艳后'美丽与智慧的真正体现。"

　　不久后，美国考古学家戈迪奥和他的埃及同事在亚历山大城遗迹的发现，更进一步证明了埃及艳后克娄巴特拉的非凡政绩。他们潜入亚历山大港外海海底的时候，看到了一条又一条的街区、一座又一座的雕像，那就是埃及艳后克娄巴特拉和她的最后一个情人安东尼共筑的爱巢——亚历山大城。这次考古发掘证明了在克娄巴特拉统治时代，古埃及仍保持着极度的繁荣，同时也证明了"埃及艳后"不仅美丽，而且还有着杰出的才干，否则不可能将埃及治理得如此井井有条。

　　英国伦敦大学学院埃及古物学者奥卡萨·艾尔·达利在一批以前从未被发现过的中世纪阿拉伯文献中也发现了一个惊人内幕：埃及艳后克娄巴特拉可能还是一个富有才华的古代数学家、化学家和哲学家。在对这份中世纪阿拉伯文献进行翻译后，艾尔·达利惊讶地发现，这份几近失传的文献，记载的许多内容都与早期埃及的历史有关，而文献中描写的埃及艳后克娄巴特拉，竟是一个富有才华的数学家、化学家和哲学家！文献记载道：克娄巴特拉精通多种语言，她的第一语言是希腊语，同时会说拉丁语、希伯来语、亚拉姆语和埃及语；她曾经写过好几本科学书籍，而且每周都要和一组科学专家开会讨论科学难题。艾尔·达利相信，写下这批文献的古代阿拉伯作者肯定获得了有关克娄巴特拉的第一手资

料，甚至可能亲眼看到过她自己撰写的科学书籍，可惜这些书籍现在早就失传了。美国加利福尼亚埃及玄术博物馆馆长利莎·斯奇瓦帕奇认为，由于在千百年前，古埃及著名的亚历山大图书馆曾被人纵火焚毁过，所以许多古埃及书籍，包括克娄巴特拉自己撰写的科学书也许都在这场大火中被付之一炬。不过，一些中世纪的阿拉伯作家，像艾尔·巴克里、亚库特等人都曾在文章中谈到过克娄巴特拉。在他们笔下，克娄巴特拉当年在亚历山大城设计的建筑计划是"史无前例的庞大"，并开凿运河把尼罗河河水引入亚历山大。还有，被称为古代世界七大奇迹之一的亚历山大灯塔，虽然希腊文献中的记载是在公元前270年左右由亚历山大大帝的手下托勒密·索特命建筑师兴建的，但阿拉伯历史学家伊布恩·阿布·艾尔哈卡姆却认为它可能是克娄巴特拉的杰作。

艾尔·达利还认为，人们之所以将埃及艳后看作是一个爱勾引男人的风流女王，完全是因为后人对她的认知全部来自她的敌人——罗马人。在古埃及钱币上铸刻的克娄巴特拉，不过是一个很普通的女人，绝非人们印象中的杀人于无形的美人。她的敌人之所以将她形容成一个性感尤物，只是想让世人以为，她不是靠自己的才华，而只是靠风流手段才令罗马的两大统帅对她俯首称臣的。

"傻子"皇帝克劳狄

公元41年1月24日，罗马正是乍暖还寒的时候，地中海沿岸的初春，带着咸味的海风不时吹来，更是增加了几分寒意。但这一天却并不显得冷清，罗马城中的人们三五成群地伫立在街道两边翘首企盼，或是在街头巷尾走来走去。元老院议事厅里灯火通明，人声鼎沸，这样熙熙攘攘的情况已经持续了两天，一切似乎还没有停止的迹象。原来在3天前，罗马帝国皇帝盖乌斯被近卫军在皇宫里刺杀，现在元老院正在为新皇帝的人选争执不下。突然，大墙外面一阵混乱，人们疑惑地看过去，只见皇帝的近卫军正众星捧月般地簇拥着一个人走过来，他就是被暗杀的皇帝的叔叔，罗马人众所周知的"傻子"克劳狄。

当皇帝被暗杀的时候，时年已50多岁的克劳狄正好目睹了一切经过，吓得躲在窗帘后面簌簌发抖。近卫军发现后将他拖了出来，本来准备杀了他灭口，但看到他又老又丑、胆小怕事，才放过了他。当元老院的元老们为了新皇帝的人选几天来争论不休的时候，近卫军们就恶作剧般地拥立他为皇帝。

克劳狄（公元41~54年在位）头像

据说克劳狄是被其续娶的妻子亚格里皮娜毒死的，为的是让她与前夫的儿子尼禄继位。

军营里的士兵们不断高呼着克劳狄的名字，议事厅里却如死了一般的寂静，元老们面面相觑，好长时间才缓过劲儿来。近卫军和士兵们拥有强大的武装，他们的意志不能违反，尽管内心有一万个不愿意，元老们还是赶紧争先恐后地把元首一切惯有的权力和头衔授给了克劳狄。于是，罗马历史上第一个由近卫军拥立的，也是唯一以"傻"著称的皇帝克劳狄，就这样在垂暮之年传奇般地登上了罗马权力的最高峰。更叫人百思不得其解的是，当时的罗马帝国经过长期的对外扩张，已经成了一个以地中海为内海、横跨亚非欧三大洲的大帝国，这个"傻子"皇帝统治这个庞大的帝国竟达13年之久。人们不禁要问：他到底仅仅是貌似痴呆、大智若愚

贵族的飨宴
克劳狄时期的罗马，国泰民安，贵族之间经常聚在一块儿，饮酒作乐，歌舞升平。作为一个"傻子"皇帝，能将帝国治理得井井有条，其中的奥秘我们不得而知。

呢，还是真的低能，受人操纵、愚弄？

克劳狄的"傻子"称呼由来已久。克劳狄于公元前10年出生于罗马行省高卢的首府——鲁恩，他的父亲德鲁素斯就是这个省的总督。虽然出身高贵，但童年和少年时期的克劳狄是不幸的。无情的病魔不仅损害了他的健康，毁坏了他的容貌，而且影响了他的智力和思维正常发育，身体弱不禁风，行动迟缓笨重，也不善于和人交谈，为此他饱受痛苦、歧视和嘲笑，是奥古斯都家族有名的"丑小鸭"。

不过，历史记载中的克劳狄却充满了矛盾，众说不一，并由此引发了后人长期的争论。

根据一些史料记载，貌似痴呆的克劳狄一世，不但学术上有自己的见解，在政治上也颇有建树。克劳狄当政前的皇帝胡作非为，使罗马帝国事实上已经陷入了危机，国库空虚，元老大半丧亡，整个国家处在一个非常危险的境地。克劳狄面对这么一大堆烂摊子，处理问题时所表现出来的信心、意志和智慧令所有人都赞叹不已。他登上帝位后做的第一件事就是重赏近卫军士兵，感谢他们的拥戴之功，并因此缓解了皇帝与军队之间的关系；以宽容、合作的姿态同元老院建立了良好关系；下令取消对有关被控叛国罪者的审讯；召回了一些被放逐的元老，并归还了他们被没收的财产等。这些措施在国家政治生活中创造了一种难得的团结气氛。在外交上，他归还了前皇帝从希腊不择手段弄来的雕像等一些珍贵艺术品，同时又御驾亲征，率领罗马军队横渡泰晤士河，征服了一些重要的城市和小国家。克劳狄也很重视与民众的关系，一上台就宣布废除了一些不合理的赋税，向行省居民赠送公民权，提高他们的政治地位，扩大了帝国统治的基础。

当时罗马最著名的斯多葛派哲学家塞涅卡，对他的描述、评价却是前后截然相反，甚至是自相矛盾的。在公元42年的一封信里，他称赞皇帝是"恺撒之后最好心的人"，但在不久后的一篇讽刺文里，他又把皇帝描绘成一个暴君、傻瓜，讥讽他会在死后变成一个南瓜。在当时的人眼中，南瓜是愚蠢的象征和代名词。后来的历史学家塔西佗等人也沿用了这种说法，一面称赞克劳狄在统治初年宽厚仁慈，把国家治理得井井有条，赢得了士兵和公民的喜爱；另一面又嘲笑他是个毫无主见的笨蛋，只会听从妻子和奴仆们的意见行事，不像是一个皇帝，更像是一个奴仆。苏托尼乌斯在他的《十二恺撒传》里写道："由他自己决断的事甚至没有他的妻子和被释奴命令的多，因为他总是依他们的利益和希望做事。"总而言之，同时代的历史学家大都倾向于否定他，认为他的确是一个傻子。

在20世纪上半叶西方历史学界掀起了对克劳狄个性特征、功过是非的再评价和再研究热潮，但结果同以前大致相同，学者们各执己见，看法不一。看来要想彻底揭开蒙在克劳狄脸上的面纱，只有期待更多的考古资料问世，从而还历史以本来面目。

克劳狄死于公元54年，死因不明，据说是被他的妻子用毒蘑菇害死的，经过12个小时的痛苦，一句话没说就死去了，死后被元老院奉为神。

这样，克劳狄从生到死，都留下了一个个难解之谜。

尼禄与罗马城的毁灭

公元1世纪，古罗马城十分繁荣，一度成为欧洲的政治、文化、经济、贸易中心。然而后来，这座繁华的都市竟在一场大火中变为废墟。究竟谁是这场灾难的罪魁祸首?古今史学家对此一直存在着争议。

公元64年7月18日，罗马城内的圆形竞技场附近突然发生了一起可怕的火灾。顺着当日的大风，烈火迅速蔓延，一直持续了9天之久。全城14个区被烧毁了整整10个区，其中3个区化为焦土，其他各区只剩下断瓦残垣。在罗马城历史上，这是被记入史册的一次空前的大灾难。大火吞噬掉了无数生命财产，许多宏伟壮丽的宫殿、神庙和公共建筑物被付之一炬，同时遭到这场浩劫的还有在战争中掠夺来的无数金银财宝、艺术珍品以及不朽的古老文献原稿。

按照当时流行的说法，是尼禄下令放的这场大火。尼禄在罗马历史上以残暴著称，幼年丧父的尼禄由其母亚格里皮娜抚养成人。亚格里皮娜这个女人阴险多谋、酷好权势。公元54年她以残酷手段毒死尼禄的父亲克劳狄，年仅17岁的尼禄便是她在毒克劳狄后推上皇帝宝座的。尼禄也是个残忍凶暴、骄奢无度、放荡不羁的君主，经常在宫廷中举办各种盛大的庆典和赛会，宫女时常被命令佩戴着贵重的装饰品裸体跳舞，

尼禄自杀
在连续的叛乱与威胁中，尼禄选择了自杀，这幅画描绘了尼禄死时近臣中的骚乱情景。

作为君主的尼禄整日不理政事，肆意挥霍，纵情享乐。他还常以多才多艺的大艺术家自诩，扮成诗人、歌手、乐师乃至角斗士亲自登台表演，甚至还在希腊率领罗马演出队参加各种表演比赛，并以此为荣。罗马国库在尼禄纵情享乐、挥金如土下渐渐耗损殆尽。于是他增加赋税，任意搜刮，甚至以"侮辱尊敬法"等莫须有的罪名没收、掠夺富人的财产，试图扭转危机。帝国各地和各阶层对尼禄的残暴压榨都感到非常愤怒。

公元64年发生在罗马城内的火灾，据说尼禄不但坐视不救，且涉嫌唆使纵火，因此被怀疑是罗马大火的纵火者而遭到众人的谴责。传闻说他纵火焚烧罗马古城仅仅是因为对简陋的旧城感到厌烦或是为了一观火光冲天、别开生面的景致而取乐。据说当时他登上自己的舞台（一说花园的塔楼），看着烧成一片火海的罗马，在七弦琴的伴奏下，一边观赏狂暴的大火造成的恐怖情景，一边高声吟诵有关古希腊特洛伊城毁灭的诗篇。甚至在这场大劫之后，他还在罗马城已遭受巨创的基础上，在帕拉丁山下把自己的"黄金之屋"修建起来。这座"金屋"里的陈列，不仅有金堆玉砌的宫廷建筑中常见的装饰，而且有林苑、田园、水榭、浴场、水池和动物园，供人领略其特有的湖光水色、林木幽邃的风景。黄金、宝石和珍珠把整个宫殿内部装饰得富丽堂皇。餐厅的天花板用象牙镶边，管中喷出股股香水。在浴池里则是海水和泉水的混合物。尼禄看到这座豪华别致的建筑物时，赞叹说"这才像个人住的地方"。传说尼禄还想建立一座以他的名字来命名的新首都。

古罗马城遗址鸟瞰
一把无情大火几乎将罗马几百年惨淡经营的成果毁灭，但文明的种子还是流传下来并在当代世界结果。

为了消除群众对他的不满情绪，尼禄便找别人当他的替罪羊。他下令逮捕那些所谓的"第一批受迫害的基督徒"，并说他们就是纵火嫌疑犯。通过这种暴行，尼禄企图转移人们的视线，使人们憎恨那些"纵火犯"。但群众的眼睛是雪亮的，这种可笑的伎俩反而更加使这个暴君的凶恶面目暴露无遗。

亚历山大大帝和亚洲皇妃大夏式的婚礼

公元前327年，亚历山大大帝入主中亚细亚，打败了大夏贵族奥克修阿尔特斯。希腊将士们在中亚大草原上点燃篝火以庆祝胜利，罗克珊娜被拉来跳舞助兴。亚历山大坐在一把临时找来的披着兽皮的"宝座"上正和士兵们共享胜利欢乐，此时突然被一位美丽女郎的身影吸引住了。

她黑发黑眼，内在含蓄，黛绿
双蛾，鬓发如云，腰肢似柳，具有
典型东方女性美。见她彩裙飞舞，
羽衣飘逸，翩翩起舞，袅娜多姿，
亚历山大随即就有了娶这位女子的
想法，也就是说，意志坚强的大帝
被东方美女"以爱情征服了"。

依照中亚大夏国的习俗，亚历
山大和罗克珊娜举行了婚礼。当时
希腊有一位叫阿埃蒂恩的军人，他
是个画迷，见到此情此景便即兴创

亚历山大画像

作。于是，公元前327年举行的亚历山大和罗克珊娜大夏式婚礼的场面被他挥笔描绘了下
来："新郎新娘被一群童男童女包围着。女童们用力把新娘按倒在床上，新娘被取下面
纱，脱掉乡鞋后，把新郎往已躺在床上的新娘身边推去……洞房的花烛和火把忽明忽暗，
暗红的基调更烘托了这种气氛。"

马其顿亚历山大大帝之死

亚历山大大帝一生纵横无敌，他曾率领马其顿希腊联军发起对波斯帝国的远征，用近
10年的时间把东方广大地区征服，从而建立了横跨欧、亚、非三大洲的庞大帝国。然而，
这位纵横天下的大帝于公元前322年夏在巴比伦猝死，他到底死于什么原因呢？

生于马其顿都城伯拉的亚历山大大帝（公元前356—前323年）出身于新兴的王族家
庭，他的父亲就是腓力二世。他小时候曾拜著名哲学家亚里士多德为师，从而受到良好的
希腊文化教育，他16岁就随父出征，从而学得不少军事知识。他公元前336年即位，并先后
平定宫廷内乱，制服北方诸侯反叛，击败了希腊各邦的反马其顿运动。公元前334年春，亚
历山大带领着他的马其顿希腊联军，穿过赫斯斯湾海峡远征
波斯。公元前333年，在小亚细亚伊苏城附近把大流士三
世率领的波斯军打得落花流水，并俘获了大流士三
世的母亲、妻子。公元前327年夏，利用印度
诸国之间的矛盾，亚历山大占领印度西
北的许多地区。但是由于当地人民的
顽强抵抗以及战士的厌战情绪，再加
上当地气温高，瘟疫流行，亚历山大
被迫撤军。公元前324年，亚历山大
军队分别从海陆两路回到了巴比伦。

公元前323年夏，亚历山大突然
暴病而亡，这时他正准备着一次新的
远征。是何种疾病夺去了亚历山大的
生命？史学家们有许多不同的看法。

亚历山大的骑马雕像

第一种看法是他死于恶性疾病，苏联学者塞尔格叶夫曾在《古希腊》中提过。在《亚历山大新传》这本书中，美国学者高勒将军认为"亚历山大由于长期在沼泽地区作战而染上恶性疾病，在6月13日晚上发作，从此离开人世"。他来不及留下遗嘱，更没时间指定由谁来继位，持同样看法的还有中国史学家吴于廑教授。

第二种看法是，英国著名史学家赫·乔·韦尔斯认为："在巴比伦，亚历山大有一回酩酊大醉以后，突然发烧，从此一病不起，不久就死去了。"《大英百科全书》也有这样的看法："在一次超长的酒宴之后，他突然一病不起，10天之后，即公元前323年6月13日去世了。"

第三种说法是亚历山大为毒药所害。在古希腊史学家阿里安的《亚历山大远征记》中说，部将安提帕特鲁送给亚历山大一服药，正是这服药让亚历山大命丧黄泉。还说药是盛在一个骡蹄壳里，由安提帕特鲁的儿子卡山德送到亚历山大那里去，这服药是亚里士多德替安提帕特鲁配的。卡山德的弟弟埃欧拉斯里是亚历山大的御杯侍从。由于亚历山大不久前曾冤枉过他，他一直怀恨在心。但到底是什么原因使得这位正处于人生、事业巅峰的亚历山大大帝一病不起，至今仍不得而知，后人只能面对着他所建立的不朽功勋大发感慨。

恺撒大帝与他的私生子

在《哈姆雷特》一剧中，莎士比亚曾借哈姆雷特之口说："弱者，你的名字叫女人。"而在《裘力斯·恺撒》中，与此话形成鲜明对比的却是他对布鲁图的高度赞扬——"这才是一个真正的男人。"布鲁图何许人也？传说是恺撒大帝与其情人塞尔维利娅的私生子，也是后来阴谋刺杀恺撒的主要策划者之一。

罗马历史上已有尼禄弑母夺权的事迹，那么布鲁图杀父又是为什么呢？他真的亲自参与了刺杀行动吗？

公元前44年3月15日，在庞培议事厅，当每个谋杀者都向恺撒身上捅刀时，布鲁图也刺了一刀，恺撒对别的刺杀者拼命进行反击，并一面喊叫一面挣扎，然而当他看到布鲁图手里的匕首时，竟然默默地用外袍蒙上了头，心甘情愿地挨刺。

另有一些人写道："当布鲁图向恺撒行刺时，恺撒用希腊语说道：'是你！我善良的孩子？为什么？'

恺撒像

看来，恺撒在将死之时，仍认为布鲁图就是自己的孩子。"普鲁塔克在给恺撒和布鲁图作传时，是以这些为基调的："恺撒不但深爱塞尔维利娅而且也爱布鲁图，虽然他不过是私生子。"在普鲁塔克看来，恺撒如此仁慈地对待布鲁图，正是源于这种爱。

但当恺撒和庞培为争夺最高权力而开始内战时，人们没有料到的是，布鲁图没加入恺撒一方，而是站到处死自己的父亲的庞培一边。尽管如此，恺撒仍爱着布鲁图。他告诉下属，不许在战争中令布鲁图死亡。如果布鲁图投降，就俘虏他，如果他誓死不当俘虏，就随他便，总之千万不可伤害他。

恺撒对布鲁图可谓仁至义尽。普鲁塔克说，假如布鲁图愿意，他甚至可以成为恺撒最亲密的朋友。那么布鲁图到底为何要执意反叛恺撒，甚至一定要杀死他呢？从根本上说，布鲁图与卡西约一伙作为共和派，他们极端仇视君主专制制度。面对有称王企图的恺撒，布鲁图表示了坚决的立场："为国家自由而死，是我们刻不容缓的职责！"

种种迹象表明，大义凛然的布鲁图对恺撒大帝可谓是恨之入骨，积怨不浅。在他心中，恺撒即是暴君的代表，而除暴安良是他作为"真正男人"所必定要做的，刺杀恺撒天经地义。

古印度人制造宇宙飞船之谜

在人们的印象中，高速飞行器械肯定是现代人的发明。但是，考古学家的发现却给出了不同的答案。因为，考古发现，古人不但能够造飞行器械，还能造宇宙飞船。

近年来，人们竟然根据印度古文献仿造出了飞行速度达5.7万公里/小时的飞船。当然，从现代科技的角度去看，也许这是小事一桩。这份文献是从一座倒塌的史前时代的庙宇地下室中发现的，这份资料以古代梵文木简写成。而这种飞船就是大名鼎鼎的"战神之车"。

这份资料详细记载了"战神之车"飞船的驱动方式、构造、制造飞船的原料乃至飞行员的训练与服装等众多细节，篇幅达6000行之多。据记载，"战神之车"的飞行速度如换算成现代计算单位应为每小时5.7万公里。

这就是说，当人类发明了火车、飞机、飞船并为自己的发明所陶醉的时候，他们根本就没有想到，这些看来非常现代化的工具在几千年前就可能已经存在了，这真让科学家们尴尬了一回。

说起"战神之车"，还要从印度南部古城甘吉布勒姆的424座神庙说起。这些神庙据说最多时曾达到1000座，因而"寺庙之城"就成为这座城市当之无愧的称号。在这些神庙中，除了湿婆、毗湿奴、黑天、罗摩等众多古印度的神灵雕像外，还有一种飞船的雕塑。这种被雕成不同样式的飞船上面刻有众多神话人物，但"战神之车"却是它们共同的名称。据说这些飞船就是这些神话人物乘坐的坐骑。

古希腊出土的青铜飞船模型
古希腊也发现了宇宙飞船，它与古印度的"战神之车"似乎有某种联系。这不禁让人猜想，古代地球上真有过外星人光临吗？

研究者们发现，"战神之车"是一种多重结构的飞船，绝缘装置、电子装置、抽气装置、螺旋翼、避雷针以及喷焰式发动机都装备在了飞机上。文献中多次指明飞船呈金字塔形，顶端覆盖着透明的盖子。这简直就是传说中的飞碟。

这份文献是1943年从印度南部的迈索尔市梵语图书馆一座倒塌的庙宇地下室中发现的。这些神话故事因为它的发现开始变得更加扑朔迷离了，究竟这些人是神话人物还是真实人物？究竟这种飞船是地球人所造还是外星人所造？连科学家们也无法回答这些问题。

飞船的驾驶方法也被记在这份文献中，也就是说早在史前时代，飞船和飞船驾驶员就出现在了印度这个地方。这样看来，人类的科技真像魔术一样神奇。

"空中花园"与古巴比伦国王

作为世界古代七大奇迹之一，古巴比伦的空中花园让人惊叹不已，"想象其形而心向往之"。

巴比伦空中花园是新巴比伦国王尼布甲尼撒二世所建。因为他美丽的王妃塞米拉米斯常常思念她那山清水秀的故乡，加之，她也不习惯于巴比伦炎热干燥的气候和单调的平原景色。所以，尼布甲尼撒二世下令在巴比伦城中建起立体式的空中花园，以博取王妃的欢心。

但是，现在对于空中花园为尼布甲尼撒二世所建的说法，不少人产生了质疑。他们认为空中花园更

空中花园想象图
当时人们可能从幼发拉底河上抽水灌溉空中花园梯形平台上种植的花草树木。

可能是在尼尼微而不在巴比伦。修建者不是新巴比伦国王尼布甲尼撒二世，而倒有可能是早他100年的亚述国王辛赫那里布，为什么有如此说法呢？

被誉为西方"历史之父"的希罗多德在其书中对巴比伦金碧辉煌的宫殿和神庙建筑以及房屋、街道、商贸甚至连浮雕、装饰等多处细节都作过仔细描述，并且盛赞巴比伦的"美丽远远超过了世界上的任何城市"。可是书中他却单单不提空中花园，这是一个疑点。

同样也是罗马史学家的色诺芬在其著作中赞美了巴比伦城墙的雄伟壮观，但对空中花园却也是只字不提。难道根本没有存在过这样一个建筑？

而且，人们至今没有找到有关尼布甲尼撒建造空中花园的记载，不过在有关亚述国王辛赫那里布的许多文献记载中却不止一次地提到他在尼尼微城中建有一座美丽的花园，并引城外的河水入城中浇灌花木。而辛赫那里布的后代也常常提及，他们常在尼尼微的这个人造山形花园中以捕杀从笼子里放到园中的狮子和野驴为乐。

尼布甲尼撒二世死后23年，波斯人出兵占领新巴比伦城，他们还改变了幼发拉底河道，使河道远离了巴比伦城。按理说，巴比伦空中花园的花木肯定会因为缺水而枯萎，在百年之后不可能还保持郁郁葱葱。可是在尼尼微的浮雕却表明，亚述人不仅采用"水泵"抽水浇灌人造花园，还用水槽将山泉引入园中。即使无人灌溉，花园依然可以苍翠如初。

以上两种说法都是言之有理，证据确凿，看来，今天的人们不仅不能看到那美丽的空中花园的"倩影"，连它是否存在也只能是一个猜测。

史前的处女禁忌

史前人类迈入一夫一妻制家庭的重大事件之一就是"处女禁忌"，它反映着原始人的心理与观念，反映着现代家庭建立的艰难历程。直到今天，在男子和女子的潜意识中还或

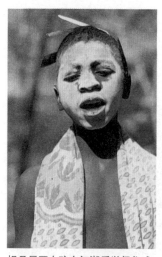

坦桑尼亚女孩在初潮后举行仪式，象征着她由女孩变成了女人。

多或少残留着处女禁忌的余渣。因此，对于处女禁忌这种神秘的文化现象加以科学的分析，就能从一定程度上来研究婚姻史、民俗学、心理学，并且通过分析、研究，使人们正确地认识人类的童年。

处女禁忌在澳大利亚的一些原始土著部落中依然存在。如果部落里有人结婚，人们就纷纷前来祝贺，大家尽情地喝酒、跳舞。当婚礼的狂欢达到高潮时，部落里的一些人就会把新娘簇拥到另一个房间里，用石器或其他工具破除她的童贞。然后，由一个人将沾有处女血的东西拿出来向大家展示。至此，婚姻仪式才算真正完成。

事实上，处女禁忌在人类早年是一种很普遍的现象，曾经在各部落流行过。在澳大利亚的某些原始部落中，当姑娘到青春期时，就由部落中受人尊敬的年老的妇女弄破其处女膜。位于非洲赤道附近的马萨，马来亚的沙凯族，苏门答腊的巴塔斯族都有类似的习俗。史学家通过研究了解到：这种习俗告诉了我们有关史前人类进入文明社会之前心理状态和婚姻状态的某些信息。

那么是由谁来弄破处女膜呢？有些部落请新娘的父亲，有的则由新郎的朋友，有的则由部落里德高望重的人物。在西里伯尔的阿尔福族那里，这种奇怪的角色由新娘的父亲来担当；在因纽特人的某些部落里，由巫师来弄破新娘的处女膜。在古希腊，在神庙前处女向神的代表献出童贞；在中世纪，欧洲姑娘的初夜权被当地的领主所占有，等等，这些可能也是一种处女禁忌的遗风。在印度的不少地区，新娘的童贞由一种木制的"神像生殖器"来破除。总之，完成这一使命的决不是新娘的丈夫。

史前人类流行过的一些现象反映了一种群婚的残余，也反映了在人类社会后期有了一夫一妻制婚姻后，贞操观念才发展了起来。在上述一些原始部落里，无论新郎、新娘，还是部落里其他的人都不仅不重视处女的童贞，甚至对童贞怀有深深的恐惧，因此出现了由第三者帮助破除童贞的婚姻现象。心理学家对这种婚姻现象表示难以理解，对原始人类史和民俗学缺乏了解的人则认为是不可思议的。但是处女禁忌却真实地存在过，并且至今还在世界的某些地区真实地存在着。

人们对原始部落实行处女禁忌的原因迷惑不解，并一直试图来解开谜底，科学家也为此做出了许多努力。"心理分析学之父"弗洛伊德认为，从害怕流血和战栗与新奇的角度来解释，都不会触及这种禁忌典仪的要害。他认为，就女性来说，新婚会导致器官的受损和自恶的心理创伤，这种心理常常表达为对于逝去的童贞的惋惜和怅惘，表现为对夺去其童贞的人的一种深刻的恼怒。而为了使将来要与这个女子共度一生的男人避免成为女子内心恼怒的对象，避免女子因童贞的丧失而对丈夫产生报复和敌对的心理，部落里就十分流行处女禁忌。而对男子来说，由于原始人把女子看成是令人恐惧的、神秘的，他们害怕女子在初婚这天会将某种不祥带给自己。因此，做丈夫的都认为处女禁忌是非常必要的。

有的学者认为，处女禁忌是性自由的群婚生活时代的一种心理沉淀。史前人类的性自由留下了不少像婚姻性自由等群婚残余。处女禁忌由丈夫以外的第三者，并且常常由男性通过仪式真实地进行。据史学家对澳大利亚部落的研究，处女禁忌仪式有时由多个男子公开地进行并有一定的仪式。这其实是对古代群婚生活的一种回忆，也说明人类已远离古代的群婚生活，逐渐向文明迈进。

还有一种解释认为，这是一种焦灼和期待心理造成的。原始人在面对各种新奇的事情时总是伴随着一种紧张、神秘的心理，作为紧张心理的外观，往往产生种种仪式。当夫妇有了第一个孩子时，当庄稼刚刚成熟时，当家畜刚生了小家畜时，当一块林地刚刚开垦时，原始人都会产生这种紧张的心理，并用一定的仪式来表示，就像今天展览会开张、建造大厦要剪彩一样。结婚作为人生的一大里程碑，比出生、成人意义更加深远，作为一种纪念，采用忍受某种折磨的类似成人礼一样的仪式，也就比较容易理解了。

另有一些学者认为，这是族人为了防止对处女流血出现恐惧的疯狂心理。原始民族大多对红色有一种神秘的心理，原始埋葬中的殉葬品常常是一些红色的粉末，认为它能注入生命的活力。另一方面，原始人为了更加勇猛，常会喝敌人或动物的血，血会引起原始人类疯狂的杀欲。在安达曼群岛上的土著那里，十几岁的女孩子初潮时有许多禁忌，例如不得用原来的名字，不得外出等。神秘的处女禁忌也可能是因类似于月经禁忌那种恐惧感而引发的。害怕流血会带来可怕的祸害，而新人婚礼的喜庆与这种祸害总是矛盾的，为此，就由新郎之外的第三者来承受可能带来的祸害。

这些专家各执一词的推测，究竟哪一个更接近事实的真相我们还无法判定。如果真的存在时间隧道，可以让我们回到那时那地，相信一定能解开这个谜。

非洲博茨瓦纳土著居民

奥林匹克运动会的起源

今天的奥运会，已经不仅仅涉及运动员的比赛，而且成为国家间综合实力竞争的一场"没有硝烟"的战争。每当四年一度的奥运会到来之际，人们都会寻思：这场空前的运动盛会是怎样起源的呢？

有人说，奥林匹克运动会起源于祭祀的活动。我们现在都知道，奥林匹克运动会这个名称，是来源于古希腊的奥林匹亚。这是当时希腊风景最为优美的地方，坐落于伯罗奔尼撒半岛的一个平坦幽静的山谷里。希腊人因为它美，就把它献给万神之首宙斯，并在这里修建了宙斯大庙。因为当时希腊常常发生战争，人民苦不堪言，于是就经常在宙斯大庙举行各种各样的祭祀活动，表达对和平的希望和对战争的诅咒。而在这些祭祀活动中，渐渐就有了一些竞技活动的端倪；同时，统治阶层利用了这些祭祀活动，在主办这些祭祀活动时加入越来越多的竞技项目，目的是锻炼百姓的体魄以赢得战争。尽管统治者本着"战争"的目的，而民众一心渴望和平，但是殊途同归，致使古希腊的运动盛会得以产生并且久盛不衰。第一届正式的奥运会是公元前776年举办的，以后每四年一次，一直到公元394年，已经举办了293届，但是罗马皇帝狄奥多西不知为何突然下令禁止举办奥运会，于是这场盛会中断了1000多年，直到1896年才在雅典恢复。至今新奥运会也有100多年的历史了。

有人根据希腊民间传说，认为奥运会起源于争夺公主所举行的角斗。据说古希腊有一个波沙王国，国王爱诺麦有一个美若天仙的女儿，自小视若掌上明珠，百般疼爱。后来女儿长大了，国王决定亲自挑选一个好女婿。当时希腊普遍"尚武"，于是爱诺麦决定比武招亲：所有想做驸马的青年必须和老国王比赛战车，如果胜了，就可以娶到公主，但如果败了，就要被长矛当场刺死。当时许多人以为老国王一把年纪了，就有点儿轻视他，而国王爱诺麦老当益壮，加上他的马是千里挑一的良驹，于是前后有13个求婚者做了长矛下的冤鬼。这样，即便公主貌美如花，也没有人再拿自己的性命冒险了。招亲大会冷清了好些日子，正当老国王要把女儿许配给邻国一个王子之时，公主的恋人皮罗西出现了。令人感到奇怪的是，战车比赛进行到一半时，国王的车子突然翻了，这样皮罗西就赢得了比赛。原来，公主怕恋人出事，就偷偷派人把国王车上的钉子拧松了。国王当然不知道，还以为皮罗西神勇，很高兴地把公主许配给了他，最后把王位也传给了他。皮罗西为了庆祝自己的婚礼，在奥林匹亚举办了大型的祭奠，感谢宙斯对他的保佑，而在祭奠活动中，皮

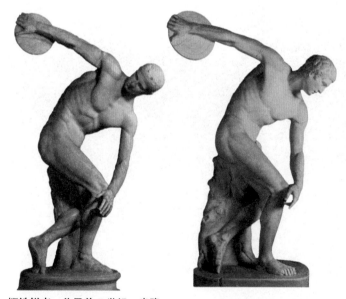

掷铁饼者 公元前 5 世纪 米隆

罗西安排了许多战车、角力等竞技活动。于是人们认为皮罗西是奥林匹克运动会的发起者。

其实在祭奠活动时举办竞技活动，一直是希腊人的习俗。《荷马史诗》的《伊利亚特》中就有这样的记述：希腊将领帕特洛克在攻打特洛伊城时战死，在众将领为他举行的葬礼上，就安排了战车、拳击、角力、跑步、铁饼、标枪、射箭等比赛。按照这样的推说，奥林匹克运动会恐怕还要更早。1981年，考古学家在雅典西南挖掘出一座古代大型运动场遗址，大约能容纳4万多观众，并且有一条可供13名运动员一齐起跑的长达170米的跑道。更令人吃惊的是考古学家推证出，在公元前1250年，这个运动场曾举办过大规模的运动会，这就比现在有记载的第一次奥运会（公元前776年）整整提前了500年。

绘有赛跑场面的陶瓶　古希腊
为纪念马拉松战役的胜利，希腊人发起了马拉松长跑运动，此项运动延续至今。

还有传说认为奥林匹克运动会起源于神的启示。据说伯罗奔尼撒半岛上国家林立，相互之间征战不已，但伊利斯国王伊菲道斯热爱和平，想避免战争，于是就向太阳神阿波罗祈祷。阿波罗神谕：若想阻止战争，就要恢复奥林匹亚祭奠，奉献牺牲，并要在祭祀中举行形式多样的竞技活动，以求能使众神娱乐，于是伊菲道斯带着神谕出访其他国家。在他的带动下，各国一律休战，后来为了感谢神谕，又集体创办了奥林匹克运动会。

还有相当一部分人认为，奥林匹克运动会不是古希腊人的首创，而是由外民族传入的，其中绝大部分又主张是受克里特文化的影响。据文献记载：克里特人在祭祀等活动中，往往加入一些如跳高、赛跑、拳击、斗牛等竞技项目。后来克里特文化衰落之后，希腊人承继了这一传统。

古希腊众多的裸体雕塑

人们现在已经可以从各种渠道欣赏到琳琅满目的古希腊雕塑，每每大饱眼福之后，都不禁生出一个疑问：为什么几乎所有的古希腊雕塑都是裸体的呢？

这个问题困扰了几个世纪的学者，他们的回答也大相径庭。居于主流的一种观点认为：古希腊以裸体为表现对象的人体雕塑艺术特别发达，这主要与当时战争的频繁和体育的发达有关。那是一个弱肉强食的时代，为了征服另一城邦和不被别的城邦征服，古希腊统治者对公民从小就要进行体能训练，选拔士兵时，不论男女，在竞技场上都要裸体进行比赛。古希腊法律中有这样在今天看来极不人道的律令："体格有缺陷的婴儿一律处死。"甚至为了达到"优生优育"，还有这样的规定："老夫有少妻的，必须带一个青年男子回家，以便生养体格健全的孩子。"这在客观上造就了希腊人崇尚裸体的民俗。据史料记载，在当时的全民性竞技比赛上，人们并不以裸体为耻，无论男女，为了显示自己健美的身体，常常一丝不挂，甚至特意突出自己的性器官。

古希腊人认为："健康的精神寓于健康的躯体之中。"他们把具有健、力、美的躯体视为神的馈赠，并成为人们最高追求和崇拜的目标。他们理想中最完美的人是：具有宽阔的胸部，虎背熊腰的躯体，能掷铁饼的结实胳膊，善跑善跳的矫健腿脚。于是，古老的奥运会就成了炫耀和展示人体的盛会，运动员个个赤身裸体，参加拳击、摔跤、格斗、赛跑、赛马等各种比赛。据史料记载，不仅民间崇尚裸体美，而且统治阶层也有这种倾向。公元前4世纪，亚历山大王在特洛伊城曾率士兵围绕英雄阿喀琉斯的墓裸体赛跑。专家认为，正是这些奠定了希腊大量裸体艺术雕塑得以产生的社会人文基础。

但是近来有些学者对这一观点进行了反驳，认为希腊裸体雕塑是当时盛行性自由和性快乐主义的产物，其中学者潘绥铭的解释很有独到之处。他认为人类的裸体有3种性的特征。第一特征是男女生殖器外形的不同；第二特征是男女体形和体表的不同；第三特征是男女心理、气质的不同。这3种特征构成性吸引和性审美的3个层次：生理的、心理的和习俗的。古希腊的裸体艺术之所以发达，并非来自体育竞技，而是由于当时普遍流行性快乐主义的缘故。它的表现原则有三：第一，不隐讳外生殖器；第二，身体结构理想化，例如把女性乳房塑造为圆锥形或高耸的形状，臀部往往异常突出；第三，以动态和神态来刻画第三性特征。有一个著名的传说可以作为古希腊性快乐主义流行的佐证。《千禧日记》里有一个故事：《荷马史诗》中的《伊利亚特》曾经描写为了争夺美女海伦，希腊人与特洛伊人进行了10年大战，希腊各城邦都不堪其苦，于是召开了元老会讨论要不要停战。元老院在讨论中认为，为了一个女人打如此长时间的仗实在是不值得，应该马上回去。但是没想到海伦突然出现在他们面前，讨论者马上缄口不言，全都惊讶于海伦的美貌，于是立即改口说，哪怕再打10年也值得。

还有人认为古希腊的裸体雕塑起源于原始社会时的裸体风俗。原始社会时，人们往往裸露自己的生殖器，并以此为美。他们把性看作是上天的恩赐。在今天的非洲许多土著中，还有显露外生殖器的风俗。而希腊人显然继承了这一风俗，他们不仅以男性裸体为美，更以女性裸体为美。

古希腊有众多裸体雕像的原因是什么，至今还是一个谜，但古希腊的裸体雕像是西方裸体雕塑和绘画艺术的源头，它以其独一无二的完美，将永远为世人所瞻仰。

罗马人用处女守护圣火

在厄比妮亚那个时代，供奉罗马灶神威斯塔的神庙里，一年四季圣火都燃烧着，共有6个处女守护着圣火。她们担当守护神庙圣火的重要宗教职务，共同在称为灶神院的地方居住。她们以灶神庙中永远燃烧的圣火为守护对象，以此来纪念史前时代每一次生火的艰难。由于灶神崇拜以火为中心，并且火纯洁无垢，因此，罗马人认为守护神庙圣火的只能是处女。

守护圣火的处女除了生病之外，一般不能离开她们所居住的罗马公会所东南的女灶神庙。每天每名处女至少值勤8小时，主要负责保持神殿内圣火不熄灭。她们还有诸如到圣泉去取水，为公众祈福以及烹制祭礼仪式上用的祭品等其他职责。守护圣火的处女在庆祝农作物收成的节日上有更多的宗教任务，而更不可思议的是，她们必须参加生育祭礼。由于这些处女被整个罗马人的社会公认圣洁无垢，因而她们还受命保管条

罗马少女雕塑

约、遗嘱、珍宝和其他重要文件等。或许这种服务是她们自愿提供的，委以如此重任也常看作是对她们的敬意。

守护圣火的处女享有的特权与荣誉是其他罗马妇女所没有的。但是守护圣火的处女也有严格的纪律约束，一旦犯错就要受可怕的处罚。如果她们玩忽职守，祭司长通常以鞭笞来惩罚任由圣火熄灭的守护圣火的处女，对不贞的则处以活埋。后一项表明了罗马人认为守护圣火的处女一定要纯洁。被活埋的守护圣火的处女在长达1000年的历史中不到20人，这其中部分原因可能是严厉的惩罚起到了相当大的威慑作用。当然那20个遭活埋的女性中，也许有些是被冤枉的，起因是罗马人认为受人尊敬的处女如果行为不端，可能会引起军事失利及其他灾难。

古罗马人喜爱看角斗士表演

古罗马统治者最喜爱的娱乐活动就是角斗士表演。格斗是在斗兽场里进行的，通常有两种方式，一种是让奴隶与奴隶格斗。角斗士在格斗时手持刀剑和盾牌，实际上是互相残杀，直到其中一人倒在地上死去才算结束；另一种方式是让奴隶与猛兽格斗。奴隶主专门养了狮子、老虎等凶猛的野兽，格斗时使猛兽处于饥饿状态，而把角斗士"喂"得饱饱的，奴隶主坐在看台上"欣赏"人与兽厮杀，看到奴隶被野兽撕吃时则高声叫好。看过电影《角斗士》的人们，恐怕没有谁不被这种血腥场面所震撼。如果你到罗马城旅游，站在空旷的罗马竞技场，这种感觉就更强烈了。

面对这座"欢乐的屠场"，你肯定会思考这样一个问题：创造了高度文明的古罗马人，何以对这样残忍的表演如痴如醉？

史学家们没少争论这个问题，并且提出了好几种假设。有人认为古罗马人爱看角斗士表演和政治活动关系十分紧密。在当时的罗马，政治活动的主要场所有元老院、浴场和角斗场。元老院是罗马的直接议政机构，而浴场则是平民的主要集会场所，而在角斗场中举行的角斗活动，恰恰最易于迎合和笼络平民。有野心的贵族往往通过举办角斗士表演来拉拢民心，巩固其政治地位。例如曾有一个叫赛马修斯的贵族，费尽心力找来了所需的强壮奴隶和猛兽，准备举办一个大型的角斗士表演。可是在比赛前一天晚上，29名奴隶被政

竞技场上的厮杀图

在古罗马，到处都有大规模使用奴隶劳动的大庄园，奴隶被称为"会说话的工具"。奴隶主为了取乐，建造巨大的角斗场，强迫奴隶成对角斗，并让角斗士手握利剑、匕首，相互拼杀。一场角斗竞技下来，场上留下的是一具具奴隶的尸体。

敌秘密勒死了，结果由于没有举办成功而导致平民的强烈不满，使得他的政治地位岌岌可危。另外，据历史记载，著名的奥古斯都皇帝曾严格限制贵族举办角斗士表演，以防止他们拉拢民心危及自己的统治。可是这种说法还是没有回答中心问题：为什么古罗马平民那么喜爱观看角斗士表演呢？

还有人认为这和古罗马人提倡尚武斗勇的风气有关。当时的罗马致力于对外扩张，罗马帝国最兴盛时曾控制了整个地中海，其势力范围之广，扩及到欧亚非三大洲。因为长期战争，所以统治者必须想方设法让人民保持战斗传统，为此，他们想出了角斗士表演这个办法，以在公共场合培养一种剽悍勇猛的嗜血风气。考古学家在庞培遗址发现了一个用黏土做成的奶瓶上绘有角斗士图像，这说明当时获胜的角斗士就像现在的体育明星一样，是被人崇拜的。而到了后来，罗马曾经有长达200年的和平时期，这时作为战争的一种变体，角斗士表演显得就更重要了。

古罗马人沉溺于沐浴

在罗马共和国建立初期（约公元前400年），上流社会突然兴起了大修澡堂之风。罗马帝国版图日益扩大并强盛后，各城镇也继而扩展，公民生活优裕，社会各阶层盛行沐浴之风。其时，公共澡堂很受欢迎。罗马城内的澡堂是最豪华的，其内有热气室、热水浴池、冷水浴池和凉气室。如果一个人跑去洗澡，往往先在特设娱乐室里打球或者做些别的锻炼，随后脱光衣服在热气室内直到全身热汗淋淋，再用油洗净，然后洗热水澡，凉了之后便跳进冷水浴池以强身健体。热澡堂就像一间附设芬兰蒸汽浴或土耳其浴及公共游泳池的现代健身室。

但这并非罗马热澡堂的全部内容。罗马和其他城市的大型热澡堂规模宏大且气派，内有大理石柱、精美拼花地板、穹隆天花板、喷水池和塑像。罗马城内卡拉卡拉皇帝修建的澡堂，方圆11公顷，可供1500多人同时洗澡。罗马市中心戴克里先皇帝的热澡堂占地更广。很多热澡堂除游戏室、热气室和浴池外，还有酒吧、商店和咖啡座。

罗马热澡堂因获得国家和私人捐助，通常收取很低的入场费，有些甚至无须交费。所以无论是富人还是穷人，只要是公民便可拥往热澡堂去过过瘾，或者夸耀一番。

澡堂是拥挤巨大的喧嚣场所，为何人们还会乐此不疲地沉湎于泡澡堂呢？人们从旧电影及盛传的传说中，知道罗马人祭祀酒神的秘密宗教仪式通常在个人领域悄悄地举行。但在澡堂里有更多足以诱惑人异想天开的事物，想染指的人也很容易发现捷径。在很长的一段时间，许多澡堂允许男女共浴，因此经常招致大群娼妓大肆交易。其他公共澡堂里，许多男男女女赤身裸体，在热气室和浴池里

罗马公共浴室
罗马城有大型的公共浴室建筑。浴室里有不同温度的不同浴室间，既有冲凉水澡的地方，也有蒸汽按摩的房间。人们到浴室不仅仅是为了洗澡，也是为会见朋友与社交。

动手动脚，也引发不少放浪行为。澡堂终致丑事频出、臭名远扬，所以公元2世纪哈德里安皇帝颁布了禁止男女共浴的禁令，而从此男女两性洗澡时间就不同了。

澡堂也是狂饮者的最佳场所。不管在运动室或热气室里，总会感觉口干舌燥，那就更易借口喝上几大杯酒。酒使人迷失本性，结果口角和打架之类的事情不断发生，喝得烂醉的人较受人注意，小偷扒手也趁机下手，流氓又借机抢劫，因此澡堂安全也成为人们头疼的事情。

不少罗马人也从沐浴风俗中看到堕落腐化的迹象。富人们喜欢夸耀财富，他们华衣盛装来到公共澡堂，带一群奴隶在两旁伺候，替主人宽衣，用油脂为主人身体按摩，再用金属或象牙制成的上有槽纹的刮板把皮屑刮净，然后全身抹上珍贵的香水。有些年老有德的人看到沐浴前的体操和游戏及涂油脂刮皮屑的夸耀行为，不禁皱起眉头。

镀金的浴瓶

现在，曾经辉煌奢华的罗马澡堂已成为众人观赏的废墟，罗马大厦在穷奢极欲中坍塌了。人们在追寻古罗马昔日遗风的同时不能不感慨世事的变迁和历史的无情！

罗马帝国覆亡之谜

公元410年，哥特人首领阿拉里克率领日耳曼大军攻占了有"永恒之城"之称的罗马城，西罗马帝国逐步走向灭亡。但这次事件并不是西罗马帝国灭亡的真正原因，那么西罗马帝国覆亡的原因何在呢?

在公元410年攻克罗马城以前许久，哥特人就在逐渐沿用罗马人的风俗习惯，而在边远地区居住的罗马人，几百年来，也不断接受外族文化的影响，同时日耳曼民族雇佣的罗马士兵也日渐增多，他们对罗马当然不是忠于职守。

因此，阿拉里克于公元410年攻克罗马，并非对罗马帝国致命的打击。不过，因为那是罗马帝国800年来第一次被打败，心理上的伤害，很难估量，也许比破坏建筑物更加不能挽回。这个原因使人们更加容易理解为什么阿拉里克攻克永恒之城在历史上一直被看作是罗马帝国灭亡的象征；而汪达尔王盖塞里克于公元454年攻陷罗马时烧杀抢掠更甚的事实，反而不算什么。

最近掌握的证据对解释罗马因何在公元5世纪为哥特人不费吹灰之力一举攻克也许帮助很大。1969年至1976年，在英国南部赛伦塞斯特展开的挖掘工作，在一座公元4世纪末5世纪初的罗马人的墓群里，找到了450具骸骨，多数骨头中的含铅量是正常人的80倍之多，儿童骸骨则更加厉害。这些人可能死于铅中毒，虽然未能证明这一点。

罗马人对他们的优良供水系统引以为傲，通常都以铅管输送饮用水。罗马人用铅杯喝水，用铅锅煮食，甚至用氧化铅代替糖调酒。吃下如此多的铅，一定会全身无力，吃下大量的铅还有另一个恶果，就是丧失生育能力。后期的罗马皇帝经常鼓励夫妻生育更多子女，可能是为预防人口减少，虽然并无精确详细的人口消长数字证实有这种现象。即使吸收微量的铅，对生殖能力也有影响，所以罗马人很可能因为喝了含铅的酒和水而致死及致帝国覆亡。

罗慕洛抢亲

中国汉字的迷人之处在于，每一个字都有它的来历，都有一段有趣的故事。例如结婚的"婚"字，有许多语言学家就认为起源于古代抢婚的风俗："婚"字可以拆为"女"与"昏"，这说明古代女子出嫁是在"太阳落山之后的黄昏"时候进行的，为什么要在黄昏时候呢？因为这个时候方便抢亲。但是学者们却一直找不到关于中国古代存在抢婚风俗的证据。然而在西方的史料记载中，人们却发现这种抢婚风俗在古罗马普遍流行。古罗马有女子出嫁，"未婚妻"不能直接由娘家走到夫家，而是必须在家里等待"未婚夫"来"抢"。待到男子将他的"未婚妻""抢到"家里后，必须手持长矛挑开女方的头发，之后才能开始举行婚礼。那么古罗马为什么盛行这种奇特的抢婚风俗呢？据说起源于罗马城创建者罗慕洛诱拐萨宾妇女的事件。

特洛伊城被希腊人攻克之后，特洛伊王子伊尼亚逃到台伯河入海口，受到拉丁国王的热情接待，并招他为婿。这样伊尼亚的后代在此创建了亚尔巴龙伽城，开始了漫长的世袭统治。传到侬米多尔为王时，他的弟弟阿穆留斯觊觎王位，就发动政变囚禁了侬米多尔，又下令处死了他的儿子，逼其女儿西里维亚充任女祭司，以免她结婚生子来报复自己。从此阿穆留斯就高枕无忧，安享欢乐了。但是他万万没有料到，战神马尔斯却悄悄地让西里维亚怀孕，并生下了双胞胎罗慕洛和瑞穆斯。于是愤怒的阿穆留斯处死了西里维亚，并将她的孪生儿子装进竹篮，投入台伯河中。河中起了巨浪，篮子被冲到岸上。饥饿的婴儿从早上啼哭到晚上，结果引来了一只母狼，母狼却没有伤害他们，而是将他们衔回狼窝，像慈母般喂养这两个可怜的婴儿，于是有人说母狼是西里维亚的化身。两个孩子七八岁时被猎人带回家中，抚养成人。兄弟二人都天生神力，勇猛无敌。他们杀死了阿穆留斯，迎回了外祖父侬米多尔。侬米多尔就把台伯河左岸的一片土地赐给两个外孙，让他们在这里共

萨宾妇女 1799 年 达维特 法国
罗马人与萨宾人两军对峙，中间是一群萨宾妇女，她们带着孩子，苦苦地哀求自己的父兄停止这场战争。

建新城。城堡建成之后，兄弟二人为争夺王位大动干戈，结果罗慕洛杀死弟弟瑞穆斯，并以自己的名字命名新城，这就是罗马城名字的由来。

可是，罗慕洛创建了罗马城之后，城中的居民都是早先跟着罗慕洛弟兄征战的兵将，大多数人都没有妻子；而且由于罗马城是个新城，生活较为穷困，所以周围城邦的人都不愿意把自己的女儿嫁到这里。于是百姓常有不满的叛乱举动，罗慕洛的统治岌岌可危。在这种情况下，罗慕洛心生一计，他放出风声，让人四处宣扬罗马城发现了"康苏斯"神的祭坛，并邀请邻邦萨宾城和其他城邦的人们来罗马城举行大型的康苏斯节日庆祝仪式。可是在节日庆祝正热火朝天的时候，突然从四面八方拥来了全副武装的罗马青年，他们拿着武器，抢走了所有来罗马的妇女，其中大多数是萨宾妇女。萨宾人知道后，非常气愤，就纠集了其他城邦的人来讨伐罗慕洛，一向以武力著称的罗慕洛自然不甘示弱，于是在罗马城外两军对垒，一场血雨腥风转瞬即来。在这个关键时刻，被抢的萨宾妇女披头散发跑到两军之间，一会儿呼唤父兄，一会儿呼喊丈夫，接着放声痛哭，两军士兵大受感染，纷纷放下武器，最后由罗慕洛和萨宾统帅塔提乌斯达成协议，罗马人和萨宾人合成一个公社，由他们两人共同统治。为了纪念这件事，罗马人后来就都采取抢婚的形式来结婚了。

查理大帝的加冕事出偶然

法兰克王国是公元5世纪末到10世纪末由法兰克人在西欧建立的封建王国，在罗马帝国逐渐衰落的时候，法兰克人正逐步崛起。他们原来居住在莱茵河下游地区，属于日耳曼人的一支。公元486年，一位叫克洛维的人率领军队把西罗马人赶出了高卢地区，以巴黎为首都，建立了墨洛温王朝。8世纪前期，管理宫廷事务的权臣查理·马特逐步掌握了王国的实权。公元751年，马特之子"矮子丕平"废掉墨洛温王朝国王，自立为帝，建立了加洛林王朝，但新王朝最强大的局面却是由丕平的儿子——查理大帝开创的。

查理生活的年代正是西欧封建化过程急剧进行的时候，查理所实行的政策措施客观上加速了这一进程，得到新兴封建地主阶层的拥护。查理是位好战的国王，为了建立一个强大的国家，他长年累月率军四处征战，使法兰克王国的版图不断扩张。经过50多次战争，查理使法兰克王国成为控制西欧大部分地区的大帝国：西临大西洋，东到多瑙河，北达北海，南至意大利中部，差不多囊括了昔日西罗马帝国的全部国土。

公元795年，罗马教皇阿德一世逝世，查理支持利奥三世当选为新的教皇，利奥三世为了答谢查理，在罗马为他大唱赞歌，从而引起了罗马贵族的不满。反对者冲进教皇官邸，逮捕了利奥三世，准备将他送进修道院受刑，扬言要刺瞎他的双眼，割掉他的舌头。利奥首先向拜占廷国王求救，却遭到了无情的拒绝。想法逃出监狱后他又向查理求援，查理亲自带兵护送利奥三世回罗马，用武力平息了这场纠纷。利奥三世对查理感激涕零，不惜抓住一切机会报答他。机会终于来了。公元800年12月25日，教皇召集了附近地区所有愿意参加弥撒的人们来到圣彼得大教堂，当晚一切显得格外隆重，教堂内灯火通明，音乐悠扬地回荡着。弥撒仪式开始了，查理望着基督像，全心地沉浸在仪式的庄严之中。突然，教皇利奥三世大踏步地走到查理面前，将一顶西罗马皇帝的皇冠戴到他头上，并高声宣布："上帝为查理加冕，这位伟大的带来和平的罗马皇帝，万寿无疆，永远胜利！"参加仪式的教徒也齐声高呼："上帝以西罗马皇帝的金冠授予查理，查理就是伟大、和平的罗马皇帝和罗马教皇的保护人！"

教皇利奥三世本想用这样的方式给查理一个意外的惊喜，但他的做法并没有得到预期的效果，反而使查理感到突然和无所适从。查理觉得，"皇帝"这样的称号太令人反感了，自己并不需要被授予这些所谓的荣誉。他更担忧这个加冕背后的无穷隐患：拜占廷的罗马人对于他的皇帝称号肯定会万分仇恨，这甚至会对法兰克王国产生不可估量的后果。查理事后后悔地说："如果知道教皇的策谋，就不会在那天去教堂，尽管那是一个伟大的节日。"

事实上，不管查理是否愿意罗马教皇为他加冕，他在实质上已经成为古罗马帝国的合法继承人和基督教世界的保护者，这次加冕是中世纪历史上的一件大事，影响极其深远，奠定了教廷和王廷对西欧进行双重统治的政治思想基础，开创了中世纪教皇为皇帝加冕的先例。它象征着皇帝的权力来自于上帝，受之于教皇，暗含着教皇权力依然高于皇帝的意思，为日后的教权与王权之争埋下了祸根。

尼采的著作被其妹妹篡改

在西方思想史上，尼采恐怕是最有争议的人物了。

有些人把尼采说成是法西斯主义的思想先驱，而尼采一生对种族主义和反犹主义相当反感，这两大主义正是法西斯主义的基石。那么为什么有些人会常常把尼采与纳粹和法西斯联系在一起呢？有些学者认为，这是因为有人篡改了尼采的著作。

那么篡改者是谁呢？人们普遍认为是尼采的妹妹伊丽莎白·福尔斯特·尼采。最早提出这一看法的是德国的尼采研究者卡尔·施莱希塔，他于1958年出版了《尼采事件》一书，对尼采妹妹的篡改行为进行了揭露，认为她伪造了尼采的书信，歪曲了尼采的思想。

尼采画像

众所周知，尼采终生未婚，他一生最亲密的女人就是他的妹妹伊丽莎白·福尔斯特·尼采。而伊丽莎白却有浓重的种族主义理想，后来又嫁给了反犹主义者波恩哈特·福斯特。婚后她追随疯狂的丈夫到巴拉圭建立条顿移民村，以实现自己的种族主义理想。但是移民村的计划最终流产了，福斯特自杀了。而伊丽莎白还没有从失去丈夫的悲痛中解脱出来，就传来了哥哥尼采发疯的消息。于是她在1897年从巴拉圭赶回魏玛，照料生活不能自理的尼采。在照料尼采的同时，伊丽莎白也搜集整理了尼采的手稿，然后又垄断了尼采著作的出版权。尼采死后，伊丽莎白以尼采著作权威的解释者自居，同时伊丽莎白在整理出版尼采的手稿过程中，一面扣压一些手稿，一面篡改一部分手稿，使之渐渐与法西斯主义靠拢。在尼采的著作中，受到篡改最为严重的是晚年的《权力意志》。

尼采晚年时曾计划写一本名叫《重估一切价值》的书，但没有完成，只留下一大堆残篇手稿，后来伊丽莎白和尼采的朋友彼得·加斯特一起把这些手稿整理成书，取名为《权力意志——重估一切价值》出版。在这本书上，有浓重的种族主义思想，而伊丽莎白宣称这才是尼采最重要的著作，是他的代表作。

1961年，意大利学者蒙梯那里和科利为了翻译尼采的著作，来到德国魏玛，在歌德、席勒档案馆查阅了尼采的全部手稿，结果发现伊丽莎白大量篡改了尼采的手稿。《权力意志》的原稿有374条格言体的片断，可是伊丽莎白删去了104条，在采用的270条中，又有137条被改动，结果致使尼采著作的原面目遭到严重歪曲。为了恢复原貌，蒙梯那里和科利将尼采的著作汇编成《新的批判尼采全集》的尼采著作汇编。而德国尼采研究专家施莱希塔也编辑出版了尼采晚年手稿，取名为《80年代遗稿选编》。

还有人指出，伊丽莎白不仅篡改了尼采的手稿，而且还在言行上把已经去世的尼采置于法西斯思想先驱的地位。当时，伊丽莎白俨然是尼采的代言人，她在20世纪20年代公开赞赏墨索里尼，后来希特勒参观尼采文献档案馆时，她在希特勒面前大谈反犹主义与种族主义，此外她还到处演讲、写文章，极力把墨索里尼和希特勒说成是她哥哥的理想的"实现者"，并为此得到希特勒荣誉像章的奖励，以致在第二次世界大战之后，人们在回忆这些情况时，把尼采和法西斯联系在一起，也就没什么奇怪的了。

尼采对创作性艺术家产生了广泛的影响，奥地利画家古斯塔夫·克里木特就是其中之一。图为他的画作《接吻》，这幅画表达了强烈的感官爱欲。

但是也有人对尼采妹妹伪造说不以为然。他们认为伊丽莎白所编辑出版的尼采文本虽然有不翔实之处，但是她所依照的，正是尼采的手稿，从大量的手稿中编辑成书，自然要有所取舍，不然不加选择地全部收录，那也不能算作是一本书。而且施莱希塔所编辑出版的《80年代遗稿选编》，除了顺序不一样外，内容却完全一致，而尼采所采用的是格言式的文体，前后逻辑性并不强，所以仅仅顺序的改变不是什么大问题。

马可·波罗没有到过中国

很多历史书上都写着，马可·波罗是13世纪意大利著名的大旅行家，他从1271年随父亲和叔父从威尼斯出发，经由地中海、伊朗高原，历时三年半，终于到达了元大都。马可·波罗在中国生活了17年，足迹几乎遍及中国每一寸土地，当他回国后，由他口述的《马可·波罗游记》风靡世界，并成为第一部向西方介绍中国的著作，被人称为世界奇书。这本游记，不仅资料翔实，而且文笔生动，着实引人入胜，当时西方许多人看了此书，都争着要来中国寻宝。

《马可·波罗游记》书影

但是，据德国学者的考证，马可·波罗一家最远都没有出过意大利，而且，书中记述的很多内容找不到相关的历史资料。例如在提到忽必烈改建都城时，他认为理由是"皇帝陛下根据星占学家的卜算，认为金中都将来要发生叛乱"。此外，他自称受皇帝宠幸十年之久，这些都无史料记载。

《源氏物语》的作者紫氏部是一个寡妇

日本文学史上最早、最优秀的长篇小说是《源氏物语》，它影响了整个日本的文学发展，被人们誉为世界文学长廊的经典之作。

这本书虽然是日本文学的奠基之作，但对本书的作者人们所知甚少，甚至都不知道她的真实姓名。

一般人把她称为紫式部，主要是因《源氏物语》女主人公紫姬为世人流传，而其兄长又曾任式部丞一职，此名即是集紫姬的紫及式部的官衔而得名的。她之所以不愿透露真实姓名，最主要的原因是她是11世纪时彰子宫中的一位女官。当时贵族妇女的名字除了公主之外，一般是不公开的。

尽管她的大部分具体事迹和她的姓名仍然是个谜，但许多学者已在过去数百年间对她的生活方式

和服

和生平勾画出了一个十分清晰可靠的轮廓。其中很大一部分资料，都从《紫式部日记》中取材的。

紫式部出身于势力极大的藤原家族旁系的一个家庭。她大约在公元1000年与御林军军官藤原宣教结为夫妇，生下一个女儿。藤原在结婚一两年后就去世了。

年纪尚轻就已经成了寡妇的紫式部在家中静居，相传《源氏物语》就是在这时开始动笔写的。她通过父亲的关系在1005年或1006年进宫做了女官，主要是给一条天皇19岁的皇后彰子讲解白居易诗及《日本书纪》。一条天皇于1011年驾崩后，彰子便和她的侍女搬往一座较小的宫殿。

《源氏物语》对许多文学工作者而言，最不理解的一点，并不是作者的隐姓埋名，而是作者竟是一个女人。当时的妇女，即使是贵族也没有几个能看明白文学著作，更不用说执笔进行创作了。

那么一名女子又如何能写出日本最伟大和最早的小说呢? 不过，较之有关紫式部的其他谜团，这点很容易解答。在那个时代，汉文多是日本男人阅读、书写的内容。汉文在当时是标准文字，日文则只用在日常琐务方面以及供女人使用，故而用日文书写的大体上

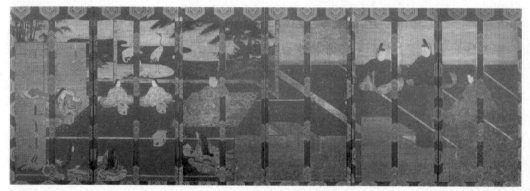

《源氏物语》屏风画

是女人。

与其他小说相比，想象力丰富和规模庞大是《源氏物语》的特色。全书大致围绕年轻皇子光源氏和他周围各色人物展开情节。在丈夫死后，紫式部可能要找点事做以打发时间，因而着手写《源氏物语》；随后她入宫侍奉彰子皇后时，仍没有间断写作。

蒙娜丽莎的原型

几百年来，《蒙娜丽莎》——达·芬奇所创作的这幅名画，是世界上最永恒的女性阴柔美的象征。画中的女子天生丽质，带着谜一样的迷人微笑。从风格上讲，这幅画和同时代其他的画都不一样。更让人产生疑问的是，画上面没有签字，也没有日期，更没有透露画中人的名字，那么达·芬奇创作时的原型究竟是谁？对此，学术界和民间一直争论不休，因而长期以来流传着不少有关蒙娜丽莎身份的说法。

很多人认为，画中人可能是当时意大利社会上层的某位贵妇人，他们还提出几位极有可能的候选者，包括伊莎贝拉·德艾斯特、伊莎贝拉·古亚兰达以及塞西利娅·加莱拉妮等。另有一些人认为，蒙娜丽莎不是别人，其原型就是达·芬奇的情妇。也有相当一部分人认为，画中人是当时佛罗伦萨城内的一位名妓。此外，也有人声称画中人是达·芬奇的母亲。最令人感到新奇的是，有人对达·芬奇的面部线条与画中人的面部线条进行了研究后，认为二者的线条非常相似，于是得出结论：这是达·芬奇的自画像！而他之所以把自己画成女人，只不过是因为达·芬奇天性好玩。小说《达·芬奇密码》中就坚定地认为《蒙娜丽莎》是达·芬奇本人的女版自画像，甚至更进一步推测达·芬奇很可能是个极其自恋的同性恋者。还有一些人则干脆认为，《蒙娜丽莎》是达·芬奇的即兴发挥，根本就没有什么原型。

种种争论，一直持续了400多年的时间。不过，最近的一项研究结果似乎正逐渐澄清着史实。该项研究表明，"蒙娜丽莎"的真名叫丽莎·吉拉迪妮，她是一位名叫弗兰西斯科·吉奥康多的意大利丝绸富商的妻子。更有趣的是，早在1550年，便有人提出了这一观点，只不过直到今天才找到证据而已。

就在前不久，来自意大利佛罗伦萨市的教师吉乌塞普·帕兰蒂，在经过了25年的时间对达·芬奇的一生进行研究后，将自己的成果全都写进了他的著作《蒙娜丽莎真有其人》中。该书出版发行后，立即引起不少人的关注。

在25年当中，吉乌赛普·帕兰蒂一直在研究佛罗伦萨市的档案，试图在这里获得突破。功夫不负有心人，他终于找到了明显的证据。经过研究发现，达·芬奇一家与丝绸商弗兰西斯科·吉奥康多的关系非常密切。1495年，吉奥康多娶丽莎·吉拉迪妮为妻。帕兰蒂还指出，其实早在1550年，专门描写意大利文艺复兴艺术家的传记作家吉奥·瓦萨里便认为这位丝绸商的妻子是《蒙娜丽莎》的原型，因为这位作家本人与吉奥康多一家的私交甚好。如今看来，瓦萨里的这一说法是可信的。实际上，《蒙娜丽莎》这幅画还有另外一个鲜为人知的名字——"拉·吉奥康多"，这个名字正好与瓦

达·芬奇雕像

萨里的说法相吻合。

在对佛罗伦萨市的档案进行了长年研究后，帕兰蒂发现，达·芬奇的父亲、公证人赛尔·皮埃罗·达·芬奇与赛尔·弗兰西斯科·吉奥康多相识多年，建立了密切的社会关系，为后者做了很多事，包括帮助他们兄弟写契约，还于1497年帮助他解决了与佛罗伦萨修道士的货款纠纷。据帕兰蒂考证，蒙娜丽莎是达·芬奇父亲朋友的妻子，她的名字叫丽莎·吉拉迪妮，出嫁前居住在基安蒂市。帕兰蒂发现的丽莎的结婚登记表证明，1495年3月5日，16岁的丽莎与年长她14岁的赛尔·弗兰西斯科登记结婚。弗兰西斯科的第一任妻子卡米拉·鲁塞拉伊在1494年去世，丽莎是吉奥康多的第二任妻子，出嫁时只有16岁。

在自己的著作中，帕兰蒂指出，吉奥康多非常爱自己的妻子，甚至专门在家中修了个小礼拜堂，使妻子能在那里祈祷。在临终前，吉奥康多立下遗嘱，将全部财产都留给了丽莎，并把她称为"心爱的、忠实的妻子"。此外，帕兰蒂还透露，当时佛罗伦萨城中一位酒商也认识丽莎，这位酒商曾在日记里写道："丽莎·吉拉迪妮的生命属于佛罗伦萨和基安蒂……我也是基安蒂人，我想记下她的故事。"丽莎24岁那年，达·芬奇的父亲请儿子为她画像。当时达·芬奇正被一场财务纠纷所困扰，为了帮儿子一个忙，达·芬奇的父亲自己拿出一笔钱，然后告诉儿子这是丽莎和她丈夫出的画像费，于是，达·芬奇欣然完成了这幅人物肖像。

此外，帕兰蒂还找到了，这对夫妇生下的5个孩子中的4个孩子的档案：皮埃罗生于1496年；卡米拉生于1499年；安德里生于1502年；吉奥康多生于1507年。其中，卡米拉和妹妹后来成为修女。

《蒙娜丽莎》 达·芬奇 意大利

帕兰蒂表示，他一直没有找到丽莎的死亡档案，但具体时间可能是在1540~1570年之间。因为从1540年开始，当地居民的死亡档案管理混乱，许多档案都是空白，但自1570年后，死亡档案步入正轨。帕兰蒂还发现，1570年，也就是丽莎的丈夫去世一年后，她把在奇安蒂的一个农场转让给自己的小女儿鲁多维卡修女，这个农场是丽莎的嫁妆。帕兰蒂认为，丽莎之所以转让这个农场，可能是为了换取鲁多维卡修女同意照顾她，因为当时她已经60岁了。

由于破解蒙娜丽莎之谜的贡献，一些学者给予帕兰蒂很高的评价，不过仍有一些人对这一结论表示怀疑。对此，帕兰蒂强调自己并没有进行任何虚构，只是把搜集到的资料整理成书而已。他说："我不是写小说，我要用事实说话，我的书里只有真实的历史资料。"

关于这幅名画的创作过程，也是文艺复兴时期最大的谜团之一。前不久，意大利研究人员宣布，他们找到了达·芬奇在佛罗伦萨的工作室，而这正是《蒙娜丽莎》诞生的地方。

在佛罗伦萨市中心的桑蒂西马·安兹亚塔修道院里，三名研究人员还发现了一个从修道院通往一个工作室的隐藏的楼梯和门口。经考证，人们发现这就是达·芬奇在16世纪初进行创作的画室。画室还用壁画进行了装饰，其中一幅壁画描绘的是一张被群鸟围绕的有翅膀的天使的脸。专家认为这表现的是"天使报喜"的主题，与佛罗伦萨乌菲兹美术馆保存的达·芬奇创作的一幅"天使报喜"图使用的是类似的技法。专家们认为，这些壁画是达·芬奇和他的学生们画上去的。也正是在这个地方，达·芬奇遇到了激发他创作出名画《蒙娜丽莎》的那个女人，也就是佛罗伦萨丝绸商人弗朗西斯科·吉奥康多的妻子，因为吉奥康多一家在这座修道院有一个小礼拜堂。当时，达·芬奇还在这里创作了《圣女和抱孩子的圣安妮》，目前保存在意大利国家美术馆里。

在过去的100年里，这座修道院一直由军事地理研究所占用。直到最近对修道院的部分设施进行修缮时，专家们才发现了达·芬奇的这个工作室。佛罗伦萨保存与恢复委员会主席克里斯蒂娜·亚西迪妮表示，发现这个工作室是一件令人激动不已的事件，她说："我们需要进行更深入的研究，但发现这些壁画的确鼓舞人心。"

几百年前，专注于意大利文艺复兴人物的传记作家吉奥·瓦萨里曾在《艺术家们的生活》一书中写道，当修道院的修道士带他进入他们的房间时，他看到过达·芬奇当年使用的东西。可是直到现在，达·芬奇的工作室才被确认。达·芬奇研究专家阿莱桑德罗·维佐西表示，达·芬奇工作室的发现可以使学者们更好地理解达·芬奇当年的创作情况。

提香与女神维纳斯

作为描绘人体艺术的超级大师，提香对于维纳斯女神有着不可割舍的情愫，他创造出了众多的神形不同的维纳斯。

提香所作的一系列以维纳斯为主角的作品，如《维纳斯与音乐师》、《维纳斯与丘比特》、《乌比诺的维纳斯》、《对镜的维纳斯》中维纳斯的形象往往都具有丰满的、健硕

乌比诺的维纳斯　1538年　提香

的肉体和旺盛的生命力。提香笔下的裸体是最率直的，具有逼真的布局，身体是饱满的，富有弹性。1538年所作的《乌比诺的维纳斯》，其模特儿是一个威尼斯的美女。维纳斯虽然也是卧躺着的，但提香把维纳斯从优美的大自然的怀抱中移到一张豪华的卧榻上。女主人的脚旁睡着一条哈巴狗，女仆正在后房整理衣服，鲜花摆在窗台上，使观者产生了亲切的感觉，形象生动。浓郁强烈的生活气息取代了《沉睡的维纳斯》中洋溢着的那种圣洁高雅的气氛。维纳斯不仅来到了人间，而且走进了贵族的房间。她张着一双热情的大眼，注视着周围生活的一切，没有一点恶意。这是对于欢乐生活的充分肯定。

提香晚年的女性裸体画达到了最高的水平。她们在100多幅风景画的前景中的那种真实感让人吃惊。提香笔下的女性多是成熟、健硕的妇女。那些成熟的女性，兼有丰肥与温柔的气韵。他笔下的维纳斯以肥硕之美对古希腊的端庄观念有极大的冲击力。他的《花神》把盛夏呈现了出来，而不是让人想到春天。画中女性发射着丰满和成熟的荣光，比少女更有诱惑力。

西班牙"无敌舰队"覆灭另有原因

顾名思义，"无敌舰队"就是天下无敌。然而，西班牙的"无敌舰队"却上演了一出"以多负少"的悲剧，"天下无敌"变成了"人尽可欺"。

为了争夺海洋霸权，西班牙和英国于1588年8月在英吉利海峡进行了一场举世瞩目、激烈壮观的大海战。这次海战，西班牙实力强大，武器先进，战船威力巨大，且兵力达3万余人，号称为"最幸运的无敌舰队"。而当时英国军队规模不大，整个舰队的作战人员也只有9000人。两军相比，众寡悬殊，西班牙明显占据绝对优势。但是，出人意料的是这场海战的结局以西班牙惨遭毁灭性的失败而告终，"无敌舰队"几乎全军覆没。从此以后西班牙急剧衰落，海上"霸主"的地位被英国取而代之。

为什么强大的"无敌舰队"竟然在寡弱对手面前不堪一击，一战而负呢？大致有三种意见。

一是基础说。西班牙的强盛，只是表面上的暂时的虚假繁荣。西班牙国王腓力二世加强专治统治，搜刮民财，连年征战，专横残忍，挥霍无度，激起了广大人民的愤恨，国内危机四伏。这次战争根本是不得民心的。

二是指挥失当说。另有学者认为，"无敌舰队"的惨败是由于国王用人不当造成的。

"无敌舰队"溃败
画中描绘了1588年侵入英国的西班牙"无敌舰队"在英国舰队的炮火轰击下慌张撤退的情景。

1588年4月25日，西班牙国王在里斯本大教堂举行授旗仪式，任命大贵族西顿尼亚公爵为舰队总司令，率领舰队远征。西顿尼亚出身于名门望族，在贵族中有较高威望，深得国王信赖，所以被任命为舰队统帅。但是他本来是一名陆将根本不懂海战，对指挥庞大的舰队在海上作战毫无经验，而且晕船。对这项任命他始料不及，根本没有任何思想准备和信心指挥这场战争。他也曾要求腓力二世另请高明，但未被获准。试想，这样的将领指挥海战，哪有不败之理？

三是天灾说。这种说法认为"无敌舰队"遇上了天灾，而不是人祸。它首先遇到的对手，是非常可怕而又无法战胜的大西洋的狂风巨浪。这是进军时机选择不当造成的。在"无敌舰队"起航不久即遇到大西洋风暴的袭击。"无敌舰队"许多船只被毁坏，淡水从仓促制成的木桶中漏出，食物大量腐烂变质，水手们疲惫不堪，大多数步兵也因为晕船而失去战斗力。

"无敌舰队"还没有与英国交战先折兵，战斗力大大受到削弱。不得已，西顿尼亚带着这样一支失去战斗力的舰队与英军开战，从而导致厄运的发生。回国时，在苏格兰北部海域，再次遇到大风暴，一些舰船又被海浪吞噬或触礁沉没。至此，"无敌舰队"几乎已全军覆没。

虽然"不以成败论英雄"，但胜者为王，败者为寇。看来，"无敌舰队"覆亡的原因值得所有的军事家深思。

第二章　近代野史

君主专制时期的英国宫廷风尚

英国绅士素以彬彬有礼和保守而著称于世，尤其是君主专制时期的英国贵族，然而，在查理二世当政时期，他却把法国式的浪漫与开放带回了英国宫廷。在法国的宫廷中度过了流放岁月的查理二世，在1660年复辟时期，把法国宫廷的道德礼仪带回了英格兰。这些道德礼仪被用来反对新执政的清教政府所鼓吹的禁欲主义，因此很快得到了人们的广泛欢迎。带着浓密的、鬈曲的垂到胸部的法国式假发的查理二世和他的朝臣们，在弯腰鞠躬时以一种被称为"法国式的甩发"的方式，迅速敏捷地把长长的卷发甩回脑后。他们口操流利的法语，跳起舞来典雅端庄，奉守一套与凡尔赛礼仪类似的更正规的新的礼节。但与此同时，因为刚刚从清教徒的约束中解脱出来，所以他们的野蛮放纵已经达到了前所未闻的程度。骄傲、像下层人那样吹牛、以狂欢勾引女人以及在玩纸牌时能作弊为荣是当时的绅士所具有的特征。

君主专制时期的宫廷御林军

历史上的专制君主总是愚蠢至极，他们附庸风雅，爱面子，却从不肯做一些实际的工作，连军队这样国家必不可少的武装力量也会被他们纳入到装饰门面的范围之内。在符腾堡，"御

林军"中选入了最魁伟的小伙子。这支"御林军"中的一个人当时这样描写道:

"服装考究的御林军穿黑领红制服,折角硬领衬衫,箍袖,上唇蓄着黑胡子。马靴和裤子窄得要命,裤子里前后还得衬一层厚纸,所以很难坐下,坐下后又很难站起。在街上或者在阅兵中摔倒在地的人算是倒了霉。必须由别人扶起他,还至少得有两个人扶,他的纸腿才能站在地上,因为他自己没法站起来。"

普鲁士国王腓特烈·威廉一世的那些彪形大汉也是同样一副滑稽相。在这里,真正的力量被可笑的门面代替了。一旦到了真正的作战之时,不知道君主们的这些装饰门面的"玩具御林军"会作何表现?到时候,又怎样才能捞回丢尽的脸面呢?

名画《玛哈》的模特

但凡看过西方绘画册的人,想必都会对两幅油画过目不忘,她们就是《着衣的玛哈》和《裸体的玛哈》。这两幅画实在是太美了,让人回味无穷。两幅画中人物姿态都相同,双掌交叉于头后,身躯斜卧于床上,人物美丽丰满。这是两幅同一构图的青年女子着衣和裸体画像。《着衣的玛哈》穿一件紧贴身白衣,束一玫瑰色宽腰带,上身套一件黑色大网格金黄色短外衣,以红褐色为背景,使枕头、衣服和铺在绿色软榻上的浅绿绸子显得分外热烈。而在《裸体的玛哈》上,背景减弱了,美人的娇躯在软榻上墨绿色天鹅绒的映衬下曲线分明。

两幅画的作者戈雅1746年3月30日出生于萨拉戈萨市附近的福恩特托多司村。父亲是一个手工业者,母亲是一个没落贵族的女儿。这样的家庭环境不可能给他多少艺术熏陶。传说中他有一天在村边的墙壁上乱涂乱画,碰巧一个修士走过,只看了一眼,就认定这个孩子有着神奇的绘画天赋,于是就说服他的父母,然后把他带到城里的修道院学习绘画。后来他就到欧洲各国游历,凭借他的勤奋和聪明,终于成为全世界著名的画家。

从戈雅的《玛哈》问世那天起,人们就对"玛哈"以谁为模特争论不休,时至今日,依然众说纷纭。

有人说《玛哈》是以和戈雅有特殊关系的阿尔巴公爵夫人为模特的。1792年,马德里很有影响力的阿尔巴公爵夫人的新居落成,为庆祝乔迁之喜,她举办了一个盛大晚宴。不料第二天上午公爵夫人神秘死亡,这个案情相当轰动,人们猜测和当晚的客人有密切关系。谁知在调查过程中,戈雅回忆起他与公爵夫人热烈、混乱的关系。另外,有人指出,《玛哈》中的女子在外貌上也和公爵夫人神似,以此,很多人都持此说,并凭空生发出许多艳情故事。作家孚希特万各的长篇小说《戈雅》中,就对此事作了极度的夸张和渲染。然而许多严谨的学者不以为然。他们认为,"玛哈"绝对不会是阿尔巴公爵夫人。第一,画中的人物外貌与公爵夫人只是有些"相似"而已,而在许多特征上都不一致。第二,这两幅画起初是由当时的宰相戈多伊收藏的,而阿尔巴公爵夫人与戈多伊素来不和,怎么可能把自己的裸体画交给他呢,向来高傲的公爵夫人是绝对不可能忍受这种奇耻大辱的。第三,当时在西班牙,画裸体画是禁止的,当人体模特更为人所不齿,地位尊贵的公爵夫人又怎么可能让自己的裸体展览呢?此外,还有好事者翻出了公爵夫人生前的健康体检表,发现她的身材和"玛哈"几乎没有共同之处。

还有人说,戈雅画此画的模特是当时宰相戈多伊的一个宠姬。由于戈多伊极为宠爱这位美女,对她百依百从,而美人知道戈雅的大名,就央求宰相让戈雅给自己画一张画像。

《裸体的玛哈》

戈多伊就把戈雅请到家里。可是戈雅画了《着衣的玛哈》之后，大为这位宠姬的美色所动，就要再画一幅裸体画。可是刚画完，宰相就闯了进来，严词指责了戈雅，认为画裸体是一种亵渎行为。可是事后，戈多伊发现这幅《裸体的玛哈》更为完美，就保存了下来。持这种说法的人认为，只有这样，才能解释：这两幅画为什么最初为戈多伊所收藏。

另外还有人说"玛哈"是一位商人的妻子。据说一位商人重金请戈雅为他的妻子画像。可是戈雅见到这位美夫人之后，为她国色天香的娇姿所倾倒，于是说服她画一张裸体画。不料一位仆人无意间看到了此事，就密报了主人。商人闻知后，大为恼怒，气势汹汹地跑到戈雅的画室，结果在墙上挂着的，赫然是一幅衣着华丽的贵夫人画像，于是转怒为喜。原来聪明的戈雅在画裸体画之前，先飞快地画了一张着衣的画像。这也就解释了为什么两张画像构图体态都完全一样。

丹东死于通敌叛国罪

法国大革命时期，政治气象风云变幻，激烈动荡，诸多不安的因素威胁着新生的资产阶级政权。一批波旁王朝的流亡贵族更是勾结国外封建反动势力，伺机颠覆新政权。然而法国共和政府始终对此保持高度的警惕，为了防止国家机密被间谍盗卖给敌人，打击保王党残余分子与奸细的破坏活动，曾组建了著名的公安委员会和革命法庭，镇压了敌人内外勾结的破坏活动，保卫了共和国的安全。但是，在日益尖锐复杂的党派政治斗争中，"通敌"的罪名往往成为打击政敌的有力工具，凡持有不同政见者动辄就被扣上"通敌"的帽子。到1793~1794年雅各宾派专政时期，更是走到了极端，甚至连雅各宾派自己的领袖人物也难以幸免，乔治·雅克·丹东便是其中之一。

丹东早年是一位律师，1798年革命爆发后被选入议会，曾任著名的科尔得利俱乐部主席、共和政府的司法部长等职，与马拉、罗伯斯庇尔一起并称为雅各宾派的"三巨头"，为拯救共和国作出了巨大贡献。雅各宾派专政建立后，丹东认为民主政治已经确立，主张对内实行法治，对外休战议和，提倡宽大和人道。他的这些主张引起了激进派罗伯斯

丹东像

庇尔、圣茹斯特等人的不满和反对，致使雅各宾派走向分裂。1794年3月30日，丹东被捕入狱，圣茹斯特指控他勾结米拉波，从王室领取贿金，图谋劫持国王路易十六外逃，与吉伦特派结盟，主张对敌人和解与宽容，与可疑的外国人勾搭，个人财产急剧膨胀……面对这些指控，丹东曾作了自我辩解："……我卖身？我？我这样的人是无价之宝，是买不起的。这样的人额上有用火烙上的自由和共和的印记"，"虚荣与贪婪从未主宰过我，从未支配过我的言行，这种情欲从未使我背叛人民的事业，我对我的祖国赤胆忠心，我把我的整个生命都奉献给了她"。然而，这些辩解没起到任何作用，就在这一年的4月5日，丹东还是以通敌叛国、危害共和国的罪名被判处死刑。

丹东一案可说是疑团重重，扑朔迷离。他是否真的犯了通敌叛国的罪名，这与他在法国大革命时期急剧膨胀的个人财富有着密切的联系。

大革命时期，法国社会上广泛流传着一句名言——"庇特的黄金"，"庇特"指的是当时的英国首相威廉·庇特（小），这句话的意思是由英国政府出钱包庇法国的流亡贵族及特务在法国从事间谍活动，旨在颠覆法兰西共和政府。早在有人诬陷马拉一案时，丹东就遭到流言飞语的攻击，称他是"密探"、"英国间谍"、"王室走狗"，甘愿"把自己卖给任何一个想收买他的人"等。后经科尔得利俱乐部向各区及制宪会议、市政厅发出为丹东辩解的陈情书，流言飞语才稍微平息。然而，丹东大批的私人财产却始终为人所怀疑。在革命期间丹东成为了一个新型的资产阶级暴发户，在1790年底他还债台高筑，到1791年不仅偿还了所有债务，还购置了大片田产及新的住宅，物质财富出现令人瞠目结舌的膨胀。据说，丹东被捕后，在他的文件中发现了英国外交部给当时在巴黎从事阴谋活动的银行家别尔列格的指令信，要他向信中指定的一些人支付欠款，以作为效忠英国的报酬。人们怀疑丹东即是领取钱款者之一，否则信件怎么会在他手上。据此，史学家们推测，在最后审判丹东时，革命法庭曾出具丹东与英国勾结的证据。

1794年"热月政变"后，国民公会为那些在雅各宾派专政时期死去的议员平反时，恰恰没有提及丹东，这又引起了人们的揣测。1803年，一位保皇党人潜回巴黎时被拿破仑当局抓获，他在供词中称丹东曾经参与劫持路易十六外逃的密谋，并以此向英国人索取高额酬金。后来另一名保皇党人的回忆录中也有类似于此的记录。1851年公布的米拉波与王室代理人马克公

1792年7月11日，当法国立法议会宣布"祖国处于危险境地"时，大批志愿者参军入伍，却没有想到一度追求自由民主的大革命后来却成为革命者的坟墓。丹东作为大革命的领导人究竟为什么原因而上了断头台？"通敌"的罪名真的成立吗？

爵的通信中曾提到"丹东收到3万里弗尔"，这更加使丹东的名声蒙上了一层阴影。

但是，差不多与此同时，也有人在为丹东辩解。1848年革命前夕，史学家韦尔奥梅精心收集资料，试图证明丹东的财产是取之有道的。著名史学家米什莱在自己的著作——《法国革命史》中称丹东是"大革命的天才"、"法国人民的象征"。后来的第二帝国和第三共和国的一些历史学家也纷纷著书撰文来证明丹东是一位伟大的革命家。毕生从事法国革命史研究的大史学家奥拉尔1902年出版了巨著《法国革命政治史》，他一生为丹东辩护，将丹东比喻成爱国主义的化身，唯一的革命巨人，认为"他表现出他是管理国家的巨人，即使他犯有一连串的错误，但在杀人和金钱方面，他是清白无辜的……"丹东的形象大大改变了，他又重新成为人们心目中的英雄。

谁知在20世纪初奥拉尔的学生马迪厄重新掀起了一场轩然大波。马迪厄经过数年研究档案资料、契约和文件等，仔细地计算了丹东的收入，认为丹东当时的收入远远超过了他可能得到的合法收入。在1787年丹东的全年收入为1.2万里弗尔，而到了1794年，其各种财产的价值总数已经超过了20万里弗尔。马迪厄认为这些钱财的来源可能就是保皇党人和英国特务提供的。此外，马迪厄还将1789年法国驻英大使的报告（其中提到一名英国间谍叫丹东）作为证据，认为丹东本人很可能就是英国间谍。

奥地利皇帝颁布女性继承诏书

公元18世纪的时候，奥地利历史上出现了一位非常杰出的女皇，她就是哈布斯堡王朝的玛利亚·特里萨女皇。她一生纵横驰骋在欧洲的政治舞台上，为哈布斯堡王朝的发展作出了巨大的贡献。

1717年，玛利亚·特里萨出生在哈布斯堡王朝查尔斯六世的宫廷里。当时，她的出生并没有给宫廷带来一点欢乐的气息，这个刚刚出生不久的女儿使国王大失所望，因为查尔斯六世一直盼望皇后能为他生一个太子，好来继承、管理这个庞大的帝国。当皇后生下第二个公主时，查尔斯六世已经彻底绝望了，因为他心里清楚，皇后已经没有生育能力了。但查尔斯六世不是那种守旧的人，当他知道帝国不会有男性继承人的时候，便和皇后开始精心培养、教育他们的长女——希望她有一天能成为一个优秀的女皇。查尔斯颁布了著名的女性继承诏书，诏书中宣布：立长女玛利亚·特里萨为哈布斯堡王朝的女继承人。

亚历山大教皇供养瑞典女王克里斯蒂娜

亚历山大七世教皇既是一位知识分子，又是一名诗人。1654年6月，瑞典女王克里斯蒂娜让位之后，亚历山大七世使她从新教转变过来，他为此深感骄傲。女王从此在帕拉左·法内兹宫定居下来，并把宫殿转变成一个文化中心，尽管亚历山大和教廷财政负担极为沉重，但她自己的津贴这一项，一年就是12万个五先令人头币。她在墙上挂满了非常淫秽的图片，并剥下所有雕像上的金属箔。

这个女人非同一般，她穿着男式服装。她向来访的达官显贵们介绍她最亲密的朋友埃巴·斯帕雷，说是她的"床上伴侣"，并且向任何人都保证埃巴的想法如同她的身体一样可笑——这使来访的客人大为震惊。

在正式的场合下，即使是她正在招待内阁阁员们，她也会丢开男人的装束，而且穿的衣服绝对刺激。亚历山大教皇称她为"一个野蛮地长大，并且有野蛮思想的女人"。

教皇利奥十世的加冕典礼

红衣主教法内兹把罗马教皇的三重冕戴到利奥十世的头上并说："你是王子们和国王们的父亲，也是地面上的统治者，接受这个用三顶王冠装饰的三重冕吧，你是代理我们的主耶稣的主教。"

然后，利奥穿着金丝衣服，戴着珠宝，骑着一匹白色的土耳其马，耀武扬威地走在游行队伍的前面，有包括国王、王子、贵族在内的2500多人参加了游行。他们先走到装饰着旗帜和用罗马神点缀着的圣徒的雕像前，然后又经过古罗马广场和椭圆形竞技场，最后到达拉特兰宫。

利奥十世专门建了一个拱形门洞来庆祝这次加冕，门洞上刻着铭志："智慧女神已跟从了战神，但是我们将把这维纳斯的统治永远继续下去。"

盛宴和焰火晚会在那天晚上举行。整个奢侈而华丽的表演花费了10万个金币。当天晚上，利奥十世和他来自西恩那的情人阿方索·皮特鲁西在圣安基罗宫里秘密地庆祝他的加冕——这个男情人被他任命为教廷内阁阁员。

莎士比亚另有其人

莎士比亚是世界上最伟大的剧作家之一，他的作品深刻而生动地反映了16~17世纪英国的社会现实，集中代表了欧洲文艺复兴时期的最高文学成就。他一生创作了37部戏剧、154首十四行诗和两首长诗。世界闻名的悲剧《哈姆雷特》更是奠定了莎士比亚在世界文学史上的不朽地位。然而这样一个文化巨人，他的身世至今还是一个谜。

莎士比亚小画像

莎士比亚是演员威廉·莎士比亚的名字。他出生于英国埃文河畔特拉特福镇的一个小商人家庭。21岁时离家外出谋生，当过剧场的杂役、演员。有关介绍他生平事迹的材料奇缺。当时也没有一个人可以说明那些伟大的作品是出自他手。并且在他去世时，居然没有引起任何人的重视，当时没有一个文人为他的逝世写一首哀诗。在威廉·莎士比亚的女婿霍尔医生的日记中，也找不到关于其岳父是著名作家的文字。在研究者对他的家庭、环境、学历进行考察之后，便产生了这些剧作是否出于其手的怀疑。威廉出生于一个小市民家庭，何以知道那么多豪华宫廷与贵族的琐事？他文化水平极低，剧中怎会有如此细致的生活与心理描述？即使像拜伦和狄更斯这样的大作家也怀疑演员威廉·莎士比亚是否写过那些作品，狄更斯还表示"一定要揭开莎士比亚真伪之谜"。

最初曾有人认为莎剧的真正作者是牛津第七世领主爱德华·威尔伯爵。此人对戏剧极感兴趣，可能是为了避开贵族社会的评议，才假借莎士比亚这个笔名发表作品。但是漏洞在于，这位伯爵逝世于1640年，而在此之后，莎士比亚的剧作继续出现，显然难以自圆其说。

大约是1958年，美国作家德丽雅·培根提出，莎剧的真正作者应该是英国著名哲学家弗兰西斯·培根。其理由如下：第一，莎剧题材极其广泛，既涉及天文、地理，又谈及宫闻，博大精深，较之演员威廉的出身和文化状况，其出自于一位哲人之手更为合理。第二，当时正是伊丽莎白王朝在社会、宗教、政治等方面皆发生极大骚乱的时期，出版审查很是严格，上流社会、知识阶层也以写剧、演戏为耻。在这种情况下，可能有人假借莎士比亚之名撰写剧本。而培根才华出众、阅历丰富，最有可能是真正的撰写者。第三，在培根的遗嘱中，莎士比亚的墓碑上，和莎剧的台词中居然可以拼出几行密码，内容赫然是"莎士比亚作品系培根所著"！但是德丽雅的说法也很难站住脚，因为莎剧和培根其他的作品在语言风格、思维习惯等方面明显不同，至于密码问题，第一，培根没有理

《哈姆雷特》舞台剧照

由在死前将真相隐藏于不为人知的密码里，第二，这种文字的拼凑很具有偶然性。

还有一种说法，认为莎剧的作者是莎士比亚的朋友、剧作家马洛。马洛是一个鞋匠的儿子，1587年毕业于剑桥大学，取得艺术学士学位，是一个才华横溢的作家，其代表作是名剧《汤姆兰大帝》，1593年他不幸被人杀害于伦敦。然而据美国文艺批评家霍夫曼的考证，当时被杀的只是马洛的一个替身，而马洛本人却回到意大利，继续进行他的戏剧创作，为了躲避仇杀，便以莎士比亚的名义发表作品。此外，莎士比亚的许多剧作例如《威尼斯商人》、《罗密欧与朱丽叶》等都是以意大利为背景写成的。而演员莎士比亚从未到过意大利，怎能写出对意大利各方面情况十分熟悉的剧作呢？况且将马洛的作品和莎剧进行对比，我们就会发现二者的风格竟然非常相似！甚至如今在剑桥大学找到的马洛求学时的照片和第一版莎士比亚戏剧集上的照片极其相像。但是仍然缺乏事实上的依据，仍停留在推断与猜测中。

还有人认为莎士比亚其实就是英国女王伊丽莎白的化名，这是最为令人震惊的提法了。莎士比亚戏剧中众多主角所处的环境与女王颇有相似之处，而且史载女王知识渊博，词汇量极为丰富，善于言谈，说话机智善辩，所以反映在莎剧里的单词量高达21000多个，一般人是很难做到这一点的。

莎士比亚的作品究竟是何人所写，很可能会成为永久之谜，但是历史上确实存在这样一个人，并且留下了这些永垂不朽的作品。每当人们在翻阅这些经典作品时，心中总要涌起对这个伟大作家的崇敬之情。

诗人拜伦长期漂流国外的原因

拜伦是19世纪英国杰出的诗人，至今在世界上仍享有盛誉。他1788年出生于伦敦一个没落的贵族家庭，10岁继承男爵爵位。拜伦从学生时代开始写诗，1812年发表的《恰尔德·哈罗尔德游记》是他的成名作。1816年，拜伦离开英国移居意大利，之后在漂流的生活中写了许多歌颂自由的诗篇，未完成的《唐·璜》是他最著名的代表作。 1823年初，

拜伦像

诗人私生活浪漫放荡，恋爱事件层出不穷。1815年结婚后，其妻因谣传拜伦另有所欢，在生下孩子后于1816年1月离开拜伦回父母家居住。两人获准分居后，拜伦于1816年4月出国，此后没有回过英国。

希腊民族运动高涨，拜伦放下正在写作的《唐·璜》，毅然前往希腊，参加希腊人民争取自由、独立的正义斗争，不幸于1824年4月19日死于希腊军中。从1816年离开英国之后，拜伦在有生之年就再也没有重返故土。

有人说，拜伦流亡国外的原因是他的政治信仰与英国主流思想相抵触，所以只好离开国家避难。拜伦在英国不仅是一个诗人，还是一个政治活动家和演说家。他向往当时的美国资产阶级共和国，公开为捍卫人权、反抗暴政而斗争。他为了维护工人的权益，在上议院发表演说攻击当时的托利党统治，同时与当时势力很大的在野党辉格党也不苟合。曾经有人找过拜伦，告诉他如果放弃自己的政治立场，那么将停止对他的攻击。《伦敦评论》的编辑约翰·司格特后来承认，他接受当局的指派，对诗人进行了不公正的攻击。然而拜伦对于反对派毫不屈服，他说："能够忍耐的，我将尽量忍耐；不能忍耐的，我将反抗，他们至多不过使我离开这个社会。对这个社会，我一向不奉承，一向没满意过。"

还有人说，拜伦之所以远走他乡，是因为他的个性不容于英国上流社会。1811年，拜伦在第一次到地中海沿岸游历回来之后创作了长诗《恰尔德·哈罗尔德游记》，结果一举成名。在英国上流社会，拜伦成了最耀眼的明星，一时间贵妇小姐们纷纷拜倒在他脚下。可是好景不长，贵族们对拜伦追求自由的个性逐渐不满，于是纷纷对他进行攻击，温和一点的否定他的诗作，恶毒一点的诋毁拜伦的人格，甚至连他的跛脚也要攻击，谩骂和侮辱像暴风雨一样向诗人袭来。在这种情况下，诗人痛苦地说："如果那些叽叽喳喳的流言都是真的，我没有脸面居住在英国，如果那都是谣言，我也不稀罕这个英国！"于是，拜伦痛苦地离开了，也没有再回来。

也有人说，拜伦离开英国是因为婚姻变故。拜伦本来不是个喜欢受家庭束缚的人，而他的妻子密尔班克是一个比较庸俗的女人，她无法理解诗人的性格，也不能宽宥诗人的过失，于是在感到婚后的失落之后，就想和拜伦离婚，而仍然爱着妻子的拜伦坚持不肯。密尔班克就串通医生，开具拜伦有精神病的证明，不久干脆带着小女儿离开了拜伦。拜伦一直盼望着妻子回心转意，但是却等来了岳父的一封信，信中催促他赶快办理与密尔班克离婚的手续。诗人感觉到心灰意冷，英国再也没有东西值得他留恋了，他要与这个让他伤心的地方诀别，在浪迹天涯中修复心中的伤痕。

但是流传更广的说法是，因为拜伦的私生活混乱，致使他的声誉受损，所以不得不离开英国。其中，拜伦和他同父异母的姐姐奥格斯塔之间的关系尤为世人所嘲讽。拜伦自小就很喜欢姐姐奥格斯塔。后来奥格斯塔嫁给了一个军官，但是婚姻并不幸福，拜伦出于同情和奥格斯塔交往越来越多，但是后来同情演变成怜惜又发展成爱情。

拜伦的这种放浪行为不能见谅于社会，所以他终于离开父母之邦，漫游欧陆，以至于身死他乡。

究竟是什么原因促使拜伦作出永远不再返回故土的决定呢？或许这其中还有许多不为人知的细节，所以直到今天仍然是一个悬案。

伦勃朗故意有伤风化

伦勃朗是17世纪荷兰的一位伟大的画家，在当时还很保守的社会风气中，像伦勃朗这样思想较为开放的画家，必然会遭到一些保守派的质疑。伦勃朗在青年时期画的一些画，被当时拥有小市民艺术趣味的批评家指责为"有伤风化"。

在这种情况下，伦勃朗没有被打倒，也没有沮丧沉沦，破罐子破摔。伦勃朗好胜的个性和无可比拟的才华，在种种挫折的打击下，闪亮出更加夺目的火花。伦勃朗面对法庭"有伤风化"的指责，又画了一幅人体画——《手持大卫王来信的拔士巴》。

伦勃朗绘制的人物画像

这幅画重现了以色列大卫王和拔士巴的故事。据《圣经·旧约》记载，一天傍晚，以色列大卫王在阳台上漫步，偶然看见一个女人在沐浴，因此被其美貌深深打动。他差人询问，得知拔士巴之夫是手下的一个将领。大卫宣她入宫，竟然想霸占她，并将其丈夫派往前线作战而死。伦勃朗表现在这个主题时与鲁本斯不尽相同，他在表现人物的内心世界上颇费功夫。伦勃朗认为，人体是神圣的，描绘人体应不加修饰，但是，揭示人的思想情感与描绘人体美应同时进行。

《手持大卫王来信的拔士巴》便体现了伦勃朗的这一创作思想。画中的拔士巴正从浴池中走出，一丝不挂。但伦勃朗把人物安排在一间完全封闭的暗室内，一位老年使女正在为她拭足，大卫召她入宫的来信拿在右手上，她的表情十分为难。拔士巴对上前线的丈夫是忠诚的，她不乐意伺候大卫王。但是，对大卫的宣召她又无能为力，因而左右为难，低头思考，愁容满面。画面上的拔士巴不是一个优美的少女，而是一个身躯略胖的中年妇女。通过描绘这样一个裸体妇人的形象，表达出一种母性的苦恼和忧思。

牛顿晚年罹患精神失常

伊萨克·牛顿（1642~1727年）是英国近代著名物理学家、天文学家、近代力学奠基人。一提起他，人们很自然地会想起苹果落地的故事：1665年，牛顿在家乡林肯郡的一个乡村疗养。有一天，他坐在一棵苹果树下读书，突然一只熟透了的苹果从树上掉了下来，这引起了牛顿新的思考：苹果为什么会垂直落到地上？这个问题最终促成了一个伟大的原理——万有引力定律的产生。可以说牛顿的一生是充满智慧和创造的一生，而就是这样一位充满智慧的伟人，却在50~51岁期间突然精神失常，对于其中的原因，当时及此后数百年的时间里，众多的科学家都试图找出一种合理的解释，但还没有最终达成共识。有人认为这主要是由于劳累、用脑过度所致；有人则认为是外界强烈的刺激，引起了他精神的暂时"短路"，还有人提出是汞中毒的结果。

其中，认为牛顿是由于劳累和用脑过度而导致精神失常的观点，得到大多数人的支持。

关于牛顿专心工作的故事，就连小学生也可以随口说出一件来：有一次，牛顿请朋友吃饭，他却一直在实验室工作忘了时间，饿极了的朋友只好先吃了一只鸡，骨头堆放在盘子里。过了好久，牛顿才出来，看到盘中的鸡骨头，"恍然大悟"地说："原来我已经吃过饭了。"就又回到实验室工作去了。1687年，45岁的牛顿发表了《自然哲学的数学原理》，这是他一生最为重要的著作，该书以牛顿三大运动定律和万有引力为基础，建立了完美的力学理论体系。为做好这项工作，牛顿夜以继日地在实验室专心研究。他很少在夜间两三点钟前睡觉，有时一直要工作到清晨五六点钟。《自然哲学的数学原理》问世后，他又立即转入了光学的研究。如此高强度的工作使他不到30岁就已经须发皆白了，长期的用脑过度，极端紧张的工作，造成了科学家植物性神经功能紊乱，最终使他患上了精神失常的疾病。

牛顿的办公桌
桌上摆满了光学和数学仪器，牛顿以他天才的智慧使人类的科学研究登上一个新的高度。可能是由于用脑过度的缘故，50岁的他就因为神经功能紊乱而患上了精神病。

还有人认为牛顿精神失常是受外界环境的强烈刺激所致。牛顿18岁便进入剑桥大学学习，很快就在科学界崭露头角，因自己的才华得到了很多前辈的赏识，在科学的道路上可谓一帆风顺。但1677年，他的恩师巴罗和一向爱护他的皇家学会干事巴格相继去世，这令他极度悲伤，曾使他的研究工作一度停止。在1689年，他被选为英国国会议员。来到灯红酒绿的伦敦后，他已不可能像从前那样再待在安静的实验室里，各种上流社会的交际应酬使得他的经济捉襟见肘，但多方努力都无法摆脱困境，最后，他闷闷不乐地回到了剑桥大学。1691~1692年，又有两件重大的事情对他的精神产生了极为不利的影响。一件是他母亲的去世，在此后相当长的一段时间内，他都一直精神不振。另外一件是他著作的手稿被烧毁。在他办完母亲的丧事回到剑桥大学后不久的一天早晨，当他从教堂做完祈祷回来，竟发现燃尽的蜡烛已将他书桌上摆放的有关光学和化学的手稿及其他一些论文都化为灰烬了。《光学》是他一生中仅次于《自然哲学的数学原理》的最重要的一部著作，《化学》也是他花费近20年时间辛勤研究的结晶，堪称一部科学巨著。对此，牛顿懊悔不已。他不得不重新整理《光学》手稿，至于《化学》他却再没有精力去做了。

还有一种较新的看法是，牛顿精神失常是由于汞中毒所致。有两位专门研究牛顿生平的学者，对牛顿遗留下来的4绺头发通过现代中子活化、中子衍射等先进手段来综合分析。发现牛顿头发中所含的有毒微量元素的浓度是正常人的好几倍，尤其是汞的含量更是高得可怕。许多学者由此断定：牛顿长期待在实验室里，经常接触有毒的金属蒸气，特别是汞，从而导致中毒精神失常。但这种说法也遭到很多人的置疑，因为牛顿一生中，只有在50~51岁期间精神失常过，其余都处于正常状态，而且我们也无法断定这4绺头发就是他患病期间的，就头发来推断他精神失常的原因太没有说服力了。其次，人头发的微量元素受外界影响很大，这4绺头发历经250多年，很难保证没有受到外界因素的干扰。现在医学上判定汞中毒的临床表现，如手指颤抖、牙齿脱落、四肢无力等症状，牛顿都不曾有过，所以汞中毒的说法很难令人信服。

时到今日，对于牛顿晚年精神失常的原因，人们仍然没有找到一个合理的解释。

伏尔泰公开与侯爵夫人相会

哲学家与平常人的最大区别是什么？看过伏尔泰的事迹你就会知道了。这位伟大的哲学家甚至以对待哲学的态度来对待爱情，将爱情作为一个哲学问题来分析。这位伟大的理性主义者至死还认为人类愚蠢行为的罪魁祸首是感情。他曾对一对新婚夫妇循循善诱教导说，使爱情永不褪色的最佳办法是不要爱得太狂热。他的典型的理性主义思想体现无疑。他与杜·夏特莱侯爵夫人那段世人皆知的风流韵事延续了16年，直到她去世。而且两人这段风流韵事一直是尽量以文明时尚的方式进行的——她的丈夫对他们之间的恋情表示默认，并且一直与两个偷情人相安无事地生活在一起，互不侵犯。当时的世人认可他们之间的恋爱关系，以致当他们之间不再存在性行为，夏特莱侯爵夫

夏特莱侯爵夫人

人渴望尽快了断与伏尔泰的关系以便对另一个男人投怀送抱时，伏尔泰因为礼仪规矩一直不同意她这样做。南希·米特福德在她近期的研究论文《爱情中的伏尔泰》中写道："他当时说，他没有遭到蔑视和耻辱，这应该归功于当时的公共舆论。他认为做人应该从一而终，应该珍惜这种20年之久的甜蜜结合。"

富兰克林大耍骑士作风

作为美国《独立宣言》的起草者之一的本杰明·富兰克林，是美国历史上杰出的理性主义思想家，尽管他能理性地对待一切问题，但这位著名的美国理性主义思想家在他童年时代和少年时代深受启蒙运动的影响。他在新英格兰生活，在情爱问题上具有理性主义者那种不在意的态度。

富兰克林伏首办公　1766 年

从中年时期开始，名声鹊起、家产丰富而且世故老练的富兰克林养成了一些骑士作风，但仅仅表现在口头上。他曾热烈地与凯瑟琳·雷鸿雁传书多年，但两人之间一直维持着一段所谓"温馨且又审慎的距离"。在伦敦时，有好几个女性崇拜他。虽然他与她们逢场做戏地嬉闹一番，有时还向他们说上几句甜言蜜语，但他与她们之间一直保持着纯洁关系。他只是亲吻那些与他结交的女士，允许那个厚颜无耻的皮里龙夫人坐在他的大腿上，很有礼貌地请求这位年轻的夫人赏赐他最后的恩惠。当然，对这种请求，她总是很体面地加以拒绝。

富兰克林关于爱情、性与婚姻的文章在美国人人皆知，影响极大。这些文章混合了文明犬儒主义、小资产阶级实用主义和朦胧的基督教道德。他在《穷人理查的年

鉴》一书罗列的警句中，既有"玫瑰看，当心手，贤妻易得，不慎则失"这样的句子，也有"一个没有女人和灯火的房子就好像一具没有精神灵魂的僵尸"这样的句子。富兰克林看待性的态度是确确实实的理想主义，绝无半点放纵淫荡的意思。

匈牙利人可能是中国人的后裔

凡是熟悉中国历史的人都知道，在秦汉时期，在中国北方活跃着一支强大的游牧部落——匈奴。秦朝名将蒙恬曾领军十万修筑长城，抵抗匈奴的入侵，《蒙恬传》说他"暴师于外十余年"，"是时蒙恬威震匈奴"。西汉大将卫青、霍去病、李广等人进军匈奴的故事至今还家喻户晓；东汉时窦固、窦宪痛击匈奴的事至今还传为美谈；唐诗中的名句"但使龙城飞将在，不教胡马度阴山"，讲的就是汉朝军队与匈奴之间的战争。这说明，在秦汉时期，匈奴如后来的蒙古和女真，盛极一时。但是令人奇怪的是，我们知道蒙古人入侵中原建立了元帝国，女真入关建立了大清帝国，可是匈奴呢？它在中国的历史舞台上逐渐没落以致消失了，而几乎与此同时，在欧洲却兴起了一支强悍的民族。大约在9世纪的时候，匈牙利人的祖先在多瑙河流域出现了。不知从什么时候起，民间就有这样一种传说，说匈牙利人是从中国迁徙到欧洲的匈奴人的后裔，许多中外学者也纷纷宣布自己的考证结果：匈牙利人是匈奴人的后代。早在欧洲中世纪时，不少西方学者已经记载了匈牙利人的生活，通过这些记述，我们显然可以看出他们和匈奴人有着相当密切的关系。卢白鲁克的著作《东行记》一书中这样说："扎格克河（今乌拉尔河）发源于北方巴斯柯梯尔国，古代匈奴人即来自此国，后变为匈牙利人也。"在15世纪约翰德·杜兹洛撰写的关于历代匈牙利国王的历史著作中，我们可以看到这样的结论："匈牙利人乃是匈人后裔。"而同时期的安东尼·本菲尼尤斯在写匈牙利历史时，也持这样的观点。到了18世纪，"匈牙利人起源于匈人"的见解更是非常流行，许多研究者都由此推断说匈牙利人是匈奴人的后代。可以这么说，在西方学者那里，之所以认为"匈牙利人是匈奴人的后代"，一般都是以"匈奴人就是匈人"这个假设为基础。历史上有明确记载的是，不知从什么时候起，欧洲多瑙河流域出现了一支游牧部落匈人，后来有一个匈人首领阿提拉建立了强大的"匈奴王国"，但是不久这个王国就灭亡了，之后他的一个儿子又在多瑙河平原上建立了匈牙利王国。因而有些西方学者得出结论：只要匈人是从亚洲迁来的匈奴人，那么已知匈牙利人是

阿提拉像

匈人的后代，便可以推断出匈牙利人也是匈奴人的后裔。可是到底"匈奴人"和"匈人"是不是一个概念呢？《剑桥中国秦汉史》便认为"匈奴与匈人是两个概念"。而有些学者指出"匈奴"与"匈人"是一样的，他们的发音相似，很可能是音误造成了这种区别。

而中国学者论证这个问题就更直接了。他们不认为匈牙利是以阿提拉为首的"匈人"的后裔，而认为原来在中国北部的匈奴由于式微，迁到中亚地区，后来又来到多瑙河，成为匈牙利人的祖先。据我国史书《隋书·四夷传》载："铁勒之先，匈奴之苗裔也。种类繁多……拂林东则有恩、阿兰、北褥、伏温、昏

等，近二万人。"所谓铁勒，就是从中国迁入的匈奴的一支，而中国学者普遍认为匈牙利人的祖先，就是铁勒人。但究竟铁勒中的哪一支才是迁入欧洲的呢？很多人认为是昏，因为它的读音与匈的读音"Hun"相同；也有人认为是北褥，还有人认为是恩曲，总之意见很不统一。

我国近代著名学者章太炎早就说过："今天的匈牙利就是我国古时的匈奴。已经考证出匈奴在东汉后期西迁，一支到了乌孙，一支到了大秦，到大秦的就是现在的匈牙利。"后来何震亚又从语言、历史、风俗习惯等多方面对匈牙利人和匈奴人进行了比较研究，证明章太炎的推论是正确的。第一，在语言方面，他认为匈牙利的"匈"是种族名，而"牙利"是地名，"匈牙利"的意思实际上是"匈人居住的地方"，而"匈奴"这一称呼是地处中原的汉族最先开始叫的，在古代，汉族对边远少数民族一般都称为"夷"、"狄"、"蛮"等，"奴"也是其中一种——这说明"匈奴"很可能过去就叫作"匈"。第二，在风俗方面，据历史记载，匈奴首领单于每天朝拜太阳、夜祭月亮，而匈牙利皇帝也有祭拜日月的习俗。综合种种，匈牙利人可能就是中国古时的匈奴。

路易十六的财宝

看过雨果《九三年》的人都知道，1793年是法国政治风暴最猛烈、最壮观的年头，革命与反革命，共和党与保皇党，暴动与镇压，民主与专制进行着无比激烈的斗争。巴黎街头终日群情激昂，人头攒动。有人集会、演讲、辩论，也有人在投机、偷窃、拍卖、乞讨。贵族们忍辱偷生，昔日的伯爵夫人成为女裁缝；贫民则趾高气扬，虽然穷得可怕。这一年还有一个令人胆寒的东西频频亮相，雨果描述它是"由许多生硬的直线构成一个轮廓，外形很像一个希伯来字母，或者古代的神秘字母之一的埃及象形文字"，它就是断头台，是1793年的法国天空下常常出现的东西。据统计，在恐怖时期，它夺走了超过4万人的性命，当中有贵族、教士、中产阶级，但更多是平民。1月21日，它斩下了从前认为无比高贵

路易十六像

的国王路易十六的头；九个月后，玛丽皇后的头颅又断送在它锋利的刀口下。

路易十六是个懦弱昏庸的君主，1774年登上王位。18世纪的法国因为经过三次大战，农产品也歉收，政治动荡，危机四伏，贵族统治者却仍不顾人民死活，穷奢极欲。新兴的资产阶级对封建专制政体也极为不满，长久受压抑的平民渴望民主与自由。法国向来分富、贵、贱三个等级，属于第三阶级的农民和资产阶级长久以来饱受享有特权的教士（一级）和贵族（二级）的压抑，酝酿已久的不满情绪这时已趋白热化，改革的声音也越来越强烈。1789年7月14日，终于爆发了资产阶级革命。愤怒的群众像潮水般涌向封建堡垒巴士底狱。法国著名画家德拉克诺瓦的名画《自由引导人民》生动地再现了那波澜壮阔的历史时刻。8月26日国民议会发表《人权宣言》，废除等级制度，人民拥有言论、新闻和宗教自由，并行使民主权力。

1791年6月21日夜，路易十六和王后玛丽企图逃出法国，但被拦截并被送返巴黎。

1792年国民议会废除帝制。1793年1月21日，国民议会控告路易十六勾结外人，泄漏军事机密，出卖法国，罪名成立，被判处死刑。九个月后，王后玛丽以同样的罪名也被送上断头台。玛丽王后是奥地利人，1774年嫁于路易十六。她贪得无厌，生活极为奢靡，向来不受法国人欢迎。据说，她在听到人民因没面包吃而暴动时，还问："怎么不吃蛋糕呢？"路易十六意志薄弱，优柔寡断，对玛丽王后言听计从。他曾舍弃多项政策和财政上的改革，使得民不聊生，人们普遍认为这是受玛丽王后怂恿的结果。不过，路易十六直到临死前，仍坚称自己无辜。他在走上断头台时高喊："我清白死去。我原谅我的敌人，但愿我的血能平息上帝的怒火。"

路易十六死后，关于他有一笔巨产的传说不胫而走。路易十六和玛丽王后生前都过着挥金如土、穷奢极欲的生活，尤其玛丽王后是喜爱珠宝和钻石出了名的，人们不相信他们死后没有留下任何财产。藏宝的地点众说纷纭，有几个地方似乎都言之凿凿。据说，巴黎卢浮宫里埋藏着一些金币、银饰以及珍贵文物，总价值达20亿法郎。也有人说在西班牙某处收藏着路易十六的财产。还有一种说法广为流传，是说路易十六在大革命不久就意欲将全部家当秘密转移至国外，由一条叫作泰莱马克号的帆船承担此重任。泰莱马克号是一艘长26米、吨位130吨的双桅帆船。它于1790年1月3日从里昂出发，准备前往英国，途经法国瓦尔市的基伯夫河下游时不幸沉没。船上装载着路易十六的250万法国古斤（一个法国古斤约合半公斤）黄金、王后的钻石项链（价值150万古斤黄金）、金银器皿以及两所修道院珍藏的祭祀圣器、50万金路易法郎和一些流亡贵族的私人财产。此事由路易十六一名家仆的后裔及修道院一名修士所证实。

俄国女皇叶卡捷琳娜二世的新婚之夜

中国历史上有武则天，俄国历史上则有一个叶卡捷琳娜二世。作为俄国历史上唯一的女沙皇，她有着与武则天类似的出身与经历。

叶卡捷琳娜于1729年4月21日出生于波莫瑞的什切青（现波兰的一个城市，18世纪属普鲁士管辖），原名索菲亚。

叶卡捷琳娜女皇像

小时候，索菲亚在频繁的游历中对所有欧洲国王和亲王的家谱十分了解，宫廷中的尔虞我诈、明争暗斗，在她幼小的心灵里打上了深深的烙印。

彼得刚满15岁时，伊丽莎白就开始给他寻找一个合适的妻子。能对彼得忠实温顺，能给他生很多儿子，使罗曼诺夫家族的王位得已继承、永无后顾之忧的，索菲亚是最合适的人选。

彼得成为王位继承人后，伊丽莎白拣来挑去，相中了她的远亲索菲亚。她邀请约翰娜马上带索菲亚前往莫斯科。

1745年，索菲亚和彼得完婚，豪华盛大的宗教婚礼之后是晚餐和舞会。由于伊丽莎白急于让新娘、新郎早度春宵一刻值千金的新婚之夜，突然决定提前结束正值高潮的舞会。她帮着索菲亚（当时已改称为叶卡捷琳娜了）脱下服饰，为她铺好新床。后来人们渐渐离去，只剩下叶卡捷琳娜一人，酒足饭饱后的彼得来到了洞房，醉醺醺地说："要是仆人们看到我们睡在一起，那才有趣呢！"说罢，他就一头倒在床上靠着叶卡捷琳娜甜美地进入了梦乡，叶卡捷琳娜就这样度过了她的新婚之夜。

拿破仑是中毒而死

由于在法国人民心目中，拿破仑享有无上的威望，所以当他被流放后，在短短的时间内就逝世的消息传出时，很多人都曾对此事表示了怀疑。尤其是在法国人民中间，当时就有拿破仑被毒害致死的传言，并逐渐流传开来。他们认为，既然在英国人眼中，拿破仑是"刽子手"和"最可怕的危险人物"，那么当昔日的敌人成了自己的阶下囚，面对如此绝佳的机会，他们岂能放过他？同时，法国人民并不仅仅是出于对自己民族英雄的爱戴，才产生这种怀疑的，而是有所凭据的。

阿尔卑斯山上的拿破仑雄姿

第一，据说在拿破仑贴身男仆的日记中曾记载到，拿破仑在狱中经常忍受慢性疼痛，这也一度成为他被人投毒致死的证据之一。曾随拿破仑一起流放到圣赫勒拿岛的仆人路易·马尔尚，在其日记中写道：拿破仑去世前"经常失眠，腿部肿胀无力，掉头发，偶尔抽搐，总是觉得口渴"。后来，瑞典牙医和毒药专家佛舒伍德在对日记进行仔细研究后认定，上述症状均与人服食砒霜后的情形类似。

第二，人们后来在对拿破仑的头发进行化验时，从结果中也发现了一些疑点。1957年11月，佛舒伍德在哥德堡的图书馆里，读到一篇新奇的论文，其中提到只需用一根头发就能分析出砒霜含量，这促使他开始着手验证自己的推论。3年后，他专程到巴黎从拿破仑侍从的后裔处索取拿破仑的头发。经过23年的努力，佛舒伍德用现代技术鉴定了拿破仑头发的化学成分。他发现越是接近头发根部，所含的砷就越多，而一般人头发中砷的含量是极低的。因为砷是一种有毒的化学元素，它的化合物——三氧化二砷就是砒霜，一种剧烈的毒药。拿破仑头发中的砷含量比正常人头发的含量高出40多倍。这一结果似乎足以证实拿破仑死于"中毒"的说法。后来，法国斯特拉斯堡的科学家也通过对拿破仑发样分析确认，其砷的含量是正常人的7~38倍。这些科学家认为，只有长时间的慢性砷中毒才会达到如此高的指标，所以他们据此认定拿破仑很可能是死于砒霜中毒。再后来，美国联邦调查局和法国巴斯德大学也对拿破仑的一根头发进行了分析，并从中发现了相当数量的砒霜。所有这些结果，无疑都在向人们昭示拿破仑死于中毒的"事实"。

至于凶手为何选择砒霜作为杀人的工具，怀疑者推测，除了因为它的毒性之外，还在

拿破仑与法兰西新王后玛丽·路易丝在婚礼上

于它无臭无味，难以在尸体上被检验出来，而且人们往往容易将砒霜中毒的症状与其他一些疾病的症状相混淆。但另一方面，有专家认为，根据历史记载，拿破仑是个非常小心谨慎的人，总是时刻保持着高度的戒备心理，他的皇后约瑟芬就曾亲口说过皇帝总担心被下毒害死的话；即便是在去往圣赫勒拿岛的船上，拿破仑也从不随意享用自己喜欢的食品，而是通常要让大臣们亲口尝过一小时后，才开始品尝。那么，如此小心谨慎的拿破仑又怎么会轻易中毒呢？究竟又是谁下的毒？围绕这些问题，多年来出现了各种各样的说法。

英国历史学家钱德勒等人认为，毒害拿破仑的最大嫌疑犯应是拿破仑的好友查尔斯·蒙托隆伯爵，他当年正是利用自己的这种身份所创造的便利条件，秘密在拿破仑饮用的酒中放入了砒霜，毒死了这位蒙难的法国皇帝。不过，在蒙托隆为何要投毒的问题上，研究者们又存有很大争议。

有人认为蒙托隆是谋财害命，持这一观点的研究者认为，根据当时的文件记载，拿破仑在其遗嘱中为蒙托隆留下了价值200万法郎的金币，在蒙托隆后代家中发现的文件也显示，身为律师的蒙托隆当时陷入了非常严重的财务困境。所以他们推测，很可能蒙托隆是为摆脱这种困境，才产生了"提前获得拿破仑遗产"的想法，并将之付诸行动。

还有一些历史学家则宣称，这是一起政治谋杀。他们分析蒙托隆应该是法国保皇党和英国的间谍。由于这两派力量都不希望他长命百岁，尤其是拿破仑的卷土重来，曾使他们胆战心惊，只有拿破仑的死亡才能彻底让他们放心。再有，当年为了防范拿破仑从南大西洋逃跑，英国还派遣了一支舰队和5000名士兵日夜轮流地监视圣赫勒拿岛，仅此一项每年所需的军费开支就高达800万英镑，如果拿破仑不在了，这笔额外的军费开支岂不是就节省下来了吗？在这种情况下，蒙托隆进入了他们的视野，成为他们除掉拿破仑的最好人选。对于蒙托隆伯爵而言，此举可谓是"一箭双雕"了，他当然会竭尽所能的不辱使命。有人认为，在法国国王路易十八的兄弟阿图瓦公爵指使下，蒙托隆曾多次阴谋杀害拿破仑。这位阿图瓦公爵作为法国王室的继承人，当然担心拿破仑复出推翻君主政体，所以非常支持暗杀拿破仑的行动。

还有一种离奇的说法，认为蒙托隆是因为"爱"才投毒的，提出这一说法的正是当年投毒者的后人——弗朗索瓦·德·孔戴·蒙托隆，他提出这种说法的依据是一本手记。近30年以来，弗朗索瓦一直潜心研究拿破仑在圣赫勒拿岛上度过的最后日子的记录。一次偶然的机会，弗朗索瓦在自家祖传的宅院中发现了一个暗室，暗室里藏有其先人蒙托隆伯爵撰写的一部关于圣赫勒拿岛生活的手记，伯爵在这本手记中记载了他和拿破仑在圣赫勒拿岛生活的情景。此外，历史学家还发现了伯爵与同时流亡到岛上的古尔戈将军合写的8卷回忆录和一些信件，其中一封信可能就是拿破仑的亲笔信。这些历史文献再一次证实了拿破仑被毒死的说法，凶手正是拿破仑的忠实随从——蒙托隆伯爵。手记中说，伯爵在圣赫勒拿岛上经常给拿破仑吃含有小剂量砷的药，但他此举并不是为了暗杀拿破仑，而是出于对他的无限忠诚的"爱"。伯爵希望能通过给拿破仑服食这种小剂量的毒药，使"伟大的皇帝"身体日渐衰弱，给人以一种患了重病的印象，从而最终促使狱卒能允许拿破仑返回欧洲大陆接受治疗。那么这个伟大的计谋为什么最终没能实现呢？弗朗索瓦推测，也许原因就在于拿破仑一直认为自己胃部有肿瘤，为了减轻胃部疼痛而经常服用止痛药。不幸的是，正是这些止痛药与砷发生了致命的"化学效应"，从而使他命丧黄泉。

不过，也有相当一部分研究者从科学的角度分析，认为拿破仑的中毒并非是人为的，而是另有根源。据介绍，拿破仑被放逐到圣赫勒拿岛时，在他所居住的卧室里贴着一种特殊的墙纸。这种墙纸长不到1米，但其成分中有一种富含高浓度砒霜的绿色涂剂。一些专家指出，圣赫勒拿岛位于南大西洋，岛上的气候非常潮湿，含有砒霜的墙纸受潮后会蒸发出水汽，这些水汽中同样也充满了高浓度的剧毒砷化物，进而污染了整个卧室的空气。拿破仑长期呼吸这种有毒物质，不可避免地导致慢性中毒而死亡，这大概就是我们今天所说的室内装修污染吧。当年监狱看守的记录上曾记载道："拿破仑在生命的最后阶段，头发脱落，牙齿露出了齿龈，脸色灰白，双脚浮肿，心脏剧烈跳动而死去"——这类似于砷中毒的症状。英国文献专家理查德认为，这或许能证明导致拿破仑死亡的真正原因的确是砒霜中毒，但并不是人为的。

拿破仑入殓

有趣的是，近年来，随着科学技术的发展，"中毒"说也日益面临质疑。2002年10月，应法国《科学与生活》杂志之邀，法国3位权威人士利用同步加速器

拿破仑像

射线对拿破仑遗留下来的头发进行了细致的分析。这3位权威人士分别是巴黎警察局毒物学实验室负责人里科代尔、法国奥赛电磁辐射使用实验室专家舍瓦利耶，以及巴黎原子能委员会专家梅耶尔。《科学与生活》杂志将拿破仑遗留下的一些头发交给了3位专家，希望他们能据此为拿破仑之死下个结论。据介绍，这些头发共有19绺，有的是在拿破仑死后从其尸体上取下来的，也有的是在拿破仑在世时保留下来的。三位专家对每绺头发都进行了上百次的测量，结果显示：无论是在1821年拿破仑死后取下的头发里，还是在1805年和1814年拿破仑在世时保留下来的头发里，砒霜的含量都超出正常值许多倍，这一结论本来正是拿破仑被下毒致死的铁证。然而科学家们认为，关键的问题在于这些头发的取留时间相距16年。疑问也随之产生了，首先是不可能有人连续投毒16年，而且如此大量的砒霜足以使拿破仑在被流放前就至少被毒死三次了。其次是在长达16年的时间里，这些头发中的砒霜含量几乎一致，并均匀分布在整根头发上。这就表明头发上的砒霜不是拿破仑摄食到体内的，而是来自外部环境。专家们由此断定，拿破仑不可能是死于砒霜中毒。对此，专家们做出的推测是，头发中的砒霜可能来自以木材取暖、放置老鼠药、摆弄含砒霜的子弹等，而最可能的是来自某种护发剂，因为在19世纪时，法国非常流行用砒霜保护头发。

在此之前，曾提出"胃癌"说的瑞士研究小组也表示，拿破仑头发中所含的超过正常人数倍的砷，很可能与他嗜酒的习惯有关。因为当时的葡萄酒制造者通常用砷来干燥盛酒的盆和桶，而拿破仑是极其喜欢享用葡萄酒的。甚至还有一种解释认为，处处对人设防的拿破仑为了防止有人毒害自己，故意服食砒霜以增加抵抗力。

英国阿尔伯特王子改革王宫制度

维多利亚女王21岁时对她的表哥阿尔伯特王子一见倾心。第二次见面后，她赞叹道："阿尔伯特真的太迷人了！"第三次见面，她便向王子求爱，虽然她说自己配不上表哥。

年轻时，阿尔伯特在一所只招收男学生的大学读书，因此他对女性似乎不是特别感兴趣，当他知道表妹维多利亚爱上他的时候，他写信告诉她说不希望她的"腐化"和"贿赂"影响到他。王子的孤傲更使维多利亚为他着迷，两人很快就结婚了。

阿尔伯特王子开始对王宫的风气进行了整顿。他许多严格的新的规章制度迅速出炉，希望淫乱和私通的行为在宫中绝迹。其中一项，规定侍女和女官只能在一间特殊的接待室里与来访的男士会面，禁止在她的私人房间接见任何人，甚至包括自己的亲兄弟。另外还一项规定就是，如果哪个女人不坚守自己的贞洁，就算她地位再高、再富有，即使是国王的亲戚或者外国的贵宾，都不允许踏进皇室客厅半步。一位70多岁的老夫人年轻时曾与男朋友私奔，后来他们结了婚，共同生活了几十年，在道德方面人们从未指责过他们——但她也被挡在皇室客厅的门外。

《呼啸山庄》的真正作者

在19世纪的英国小说界，出现了了不起的勃朗特三姐妹，他们分别是夏洛蒂、艾米莉和安妮。 其中尤其是夏洛蒂和艾米莉更属天才女子，虽然没有悉数发挥自己的文学天赋，但她们也为世界留下了两部杰作，这就是大名鼎鼎的《简·爱》与《呼啸山庄》。

1847年12月，《呼啸山庄》初版问世，作者署名为"艾利斯·勃哀尔"，出版商是托马斯·科特雷·牛比。但是在1850年本书出第二版时，出版商变成了夏洛蒂·勃朗特的出版人史密斯·艾尔德，并且从此之后，《呼啸山庄》的原稿再没有人见过，有人说是被史密斯·艾尔德毁掉了，但是史密斯·艾尔德为什么要毁掉原稿呢？没有人可以说出理由。在原稿存在的时候，就有人怀疑过《呼啸山庄》的作者不是艾米莉·勃朗特，如今原稿在人间蒸发掉了，并且出版人也改变了，著作权就引起了更大的争议。

由于以前再版的出版商是夏洛蒂·勃朗特的出版人，再加上夏洛蒂·勃朗特当时已经凭借一部《简·爱》名利双收，于是有人将《呼啸山庄》视为她的作品。但是夏洛蒂·勃朗特出面作了解释，说作品并非自己所著，并且在《呼啸山庄》的再版序言里，她还不厌其烦地为她的妹妹提供了写作时间上的证据。当时虽然还有人怀疑，但是这怀疑的风波总算是平静了下来。

其实，就在《呼啸山庄》初版的时候就有人指出，艾米莉·勃朗特完全具备写下这部杰作的可能性。"文如其人"是著名文艺批评家布封提出的观点，这个可以当作文学创作的一般规律。我们只要仔细了解一下艾米莉·勃朗特，就不难发现，《呼啸山庄》中沉闷和压抑的主题，艾米莉是熟悉和体验过的。夏洛蒂曾经这样评价她的妹妹："自由是她鼻中的空气，没有它，她就会死去。"日常生活中的艾米莉不信教，性格倔强，少言寡语，有强烈的自我意识。在《呼啸山庄》出版前，艾米莉曾发表了一组与《呼啸山庄》主题相近的哲理诗。并且从艾米莉别的作品中，我们都可以看出她简洁、明朗、集中和强烈的风格，而这些都是与《呼啸山庄》的风格接近的。

有关《呼啸山庄》著作权的争议在夏洛蒂·勃朗特的澄清下平静了下来。但是在17年后，英国《哈利法克斯卫报》上转载了一篇批评《呼啸山庄》的文章，作者再次对这本小说的作者提出疑问："谁能设想希思克利夫，一个在从摇篮到坟墓的毁灭过程中从不闪避的汉子……竟出自一个胆小的隐居的女性的想象呢？"而认为小说当为夏洛蒂·勃朗特的哥哥布兰韦尔所著。

无独有偶，这篇文章被已故的布兰韦尔的朋友威廉·迪尔顿看到了，马上撰文支持这一观点，并且提供了强有力的证据：他曾经亲耳听到布兰韦尔念过《呼啸山庄》的开头部分，而那时候《呼啸山庄》还

勃朗特三姐妹画像
由左至右为：安妮、艾米莉、夏洛蒂。在文学史上，曾出现大仲马和小仲马这样的父子作家，也出现过白朗宁和白朗宁夫人这样的夫妇诗人。然而，一家三姐妹同登文坛，同留名作，却是文学史上一种罕见的事。

《呼啸山庄》插图
洛克伍德初会希思克利夫的场景。

远没有出版。

迪尔顿说，他和布兰韦尔相互不服对方的诗作，于是约定各写一首诗比比高低。他们确定了时间地点，然后找了一位叫约瑟夫·雷兰德的人作裁判。那天布兰韦尔说要读一首叫《死神》的诗，可是却拿出来一部小说的开头部分，布兰韦尔非常懊悔，当场宣布自己输了比赛。但是迪尔顿说服了他，让他将拿来的东西读给大家听，只要写得好，一样顶事。当布兰韦尔读完之后，无论是裁判还是迪尔顿都惊呆了。"我从来没有见过这样有震撼力的文章！"迪尔顿说，"我敢肯定，它里面的背景和人物——就其发展而言——与《呼啸山庄》是一脉相承的。因为这件事给我的印象太深刻了，我不可能记错。"

而早在很久以前，布兰韦尔的另一个朋友爱德华德·斯楼恩就说过："我一开始读《呼啸山庄》时，就已经能够预知故事中所有的人物和情节了。因为布兰韦尔一而再、再而三地向我念过他的手稿，这足以让我的头脑熟悉它们了……"

1872年，又有一名叫乔治·塞尔·菲力浦斯的人宣称，曾经亲耳听到布兰韦尔说过：他要创作一部小说，小说的名字就叫《呼啸山庄》，背景是粗犷的沼地，人物是爱骂天咒地和好杯中物的约克郡老乡。甚至还有人这样说：凡是略微读过《简·爱》的，都会知道这本小说是一位女性写的；而凡是粗粗翻过《呼啸山庄》的，都会认为它绝对不会出自一位女性作家。

那时候这个文学兄妹的父亲勃朗特还在，于是迪尔顿跑到老人那里去求证。勃朗特毫不犹豫地说，他的儿子"完全不可能写出这样一部作品"，并且要求别人不要再为《呼啸山庄》的事情打扰他。

应该说，从人证方面，艾米莉·勃朗特无疑是占有优势的，但是这件事的关键证明——《呼啸山庄》的手稿，到今天还没有找到，客观上使这个文学悬案延续下来。

沙皇的500吨黄金

刚刚过去的20世纪之初发生了俄国的十月革命，改变了人类历史的进程。十月革命推翻了统治俄罗斯300余年的沙皇专政，最后一任沙皇尼古拉二世一家7口成为革命政权的阶下囚。末代沙皇有4个女儿，一个儿子，最大的22岁，最小的13岁。他们被转移到乌拉尔山区的叶卡特琳娜堡。1918年7月17日晚，在被关押了近一年后，他们突然被乌拉尔苏维埃政府秘密处决，行刑队长为尤乌洛夫斯基。同时被枪决还有他们的医生、司机、仆人等。随后，11具尸体被拉到一个废弃的矿井，浇上汽油焚化。4天后，白军攻克了叶卡捷琳娜堡，他们是来营救沙皇一家的，可惜晚了一步。沙皇一家的尸体多年来并未找到，在他们被枪决的地下室里血迹已被反复冲刷，并且当时也没有机会鉴定那些残留的血迹是否就是皇族之血。

沙皇一家的命运近代以来一直是个谜，各种传闻不断。没有确切的材料证明当时的确实状况。有人认为，白军看见的血迹只是御医和仆从的，沙皇一家被秘密流放；也有人认为沙皇被处死，而其家属则被放逐到一个秘密的地方。最广为流传的是，沙皇的小公主阿娜丝塔亚或小儿子阿列克赛斯幸免于难。因此，多年以来，不断有人自称是公主或皇子。而他们的目的是继承沙皇的遗产，这其中包括沙皇放在高尔察克叛军那里的500吨黄金。

沙皇在国外几家银行都有存款，据估计，他的财产约有40亿美元，在德国还有不少房地产。而其中最扑朔迷离的是俄罗斯帝国海军上将高尔察克所保的沙皇500吨黄金。

早在俄国革命爆发之前，沙皇就预感局势不妙，命令驻扎在远东的海军上将高尔察克把500吨黄金秘密押运到海参崴。十月革命爆发，沙皇一家遇难，这500吨黄金就为高尔察克所有。当时英、美、法、日等国都对共产主义运动十分恐惧，争相联合起来妄图扼杀新生的苏维埃政权。俄国国内的白军也积极配合，高尔察克是领军人物。1919年3月，高尔察克调集40万军队，在长达2000公里的东方战线对苏维埃政权发动大规模的武装进攻。白军一度节节胜利，很快越过乌拉尔山，逼近喀山，侵入伏尔加河流域。不过，苏联红军顽强奋战，在伏龙芝、夏伯阳等名将的带领下，击败了高尔察克叛军。11月14日，红军攻占了高尔察克的老巢鄂木斯克，高尔察克率残部东窜。年底，在伊尔库茨克附近被活捉，并于1920年2月被处决。

关于那笔黄金的下落，有几种传闻。一种说法是：就在鄂木斯克沦陷前一天，即1918年11月13日，高尔察克令部下将500吨黄金装上开往中国东北边境的列车，一队士兵负责押

冬宫前的广场及凯旋门
十月革命前，俄国临时政府的驻地即在冬宫。

运这批黄金，当然他们并不知道此行的真正目的。这队人马经过3个月的跋涉来到了贝加尔湖畔。铁路已被破坏无法通行。西伯利亚彻骨的严寒给行军带来极大的困难，暴风雪击打着人们，从身体到意志。为了尽快赶到目的地，领队决定坐雪橇直接穿过贝加尔湖面去中国边境。时已初春，西伯利亚仍是冰封水面，雪积盈尺。500吨黄金被装上雪橇缓慢地朝对岸滑去。贝加尔湖宽80公里，这是一段不短的路程。突然，冰面出现断裂，在周围人惊愕的注视下，在一片惊呼声与噼里啪啦声中，装载黄金的雪橇以及周围押送的士兵一下子遭到灭顶之灾，沉入贝加尔湖100多米深的湖底。

又过了20年，也就是保有这个秘密40年后的1959年，贝克达诺夫利用一次大赦的机会返回苏联。他遇见了一个美国工程师，此人自称约翰·史密斯，众所周知，这是英语中最常用的名字，差不多相当于中国人叫张三或李四。也就是说那个美国人用的是假名。但贝克达诺夫还是告诉了他500吨黄金的秘密，也许是他需要一个帮手吧。他们一起潜入当年埋藏宝藏的地点，寻找这笔令人咋舌的财宝。时移世易，因为对地形不熟，他们找了一位当地姑娘达尼姬做向导。费尽周折，三人终于找到了当年那个教堂。

据说，他们顺利地找到了那笔黄金。三人都尽量带走能带走的部分。可想而知，这只是极少的一部分。随后，他们辗转穿越西伯利亚，准备逃离苏联。不料功败垂成，在他们准备穿越边境时，遭到围捕。贝克达诺夫当场被打死，史密斯与向导达尼姬侥幸逃生。

第三章　当代野史

暴君博卡萨称戴高乐"爸爸"

中非是世界上最贫穷的国家之一，然而，就是在这样的一个国家里，产生了一个赫赫有名的暴君——博卡萨。更让人意想不到的是，这位暴君十分崇拜戴高乐，甚至叫戴高乐"爸爸"。

在第二次世界大战期间，身为牧师的他被迫参军，但很快他就摆脱了牧师长袍的诱惑，熟悉并迷上了军旅的生活。由于他的聪明能干、热情待人，纪律严明、训练刻苦，人们很快就注意到这个健壮的小伙子，以至于法国军官破格让这位黑人士兵为战友们作示范。博卡萨非常喜欢战争，当大家问起他何以如此时，他只是淡淡地说："当你身临其境时，你就会被迫喜欢了。"他更喜欢法国军队，他对法国军队怀有异常深刻的感情。有人问他，你父亲不是为法国人所杀的吗？他的回答却是："那件事我早已忘怀，法国人不是我的仇敌，而是我的朋友和恩师。"20多年的法国军队的生活使他完全成为一个法国人，有人说他比法国人还法国人。拿破仑是他心目中最崇拜的偶像，另有一个非常有趣的

博卡萨像

事情是他还管戴高乐叫"我的爸爸"。当戴高乐1970年去世时，已是中非总统的他亲赴奔丧，跪在戴高乐的墓前"爸爸、爸爸"地叫个不停。法国人也十分器重他，当他终于脱下法国军装时，法国人把这位为法国效命23年，转战欧、亚、非的黑人晋升为上尉，并授予他十几枚勋章，由此可见，法国人对他也是青眼相加的。

八国联军使用毒气弹

英、美、德、法、俄、日、意、奥侵略中国的八国联军进攻天津发生在1900年7月，当时的战争过后留下了诸多疑点，至今仍然难以解释清楚，其一：死者为何倚墙不倒？其二，英军曾经使用专门的毒气炮作为发射工具吗？其三，所放气体究竟是"绿气"还是"氯气"？其四，毒气炮如今流落何方？

以上这4个疑点如果被证实，将共同指向同一个结论——八国联军确实用过毒气弹。那么究竟史料是如何记载的呢？而且其时间要早于第一次世界大战，事实到底是否如此呢？

让我们先来看看历史遗留下来的4大疑点。八国联军进攻天津时，天津军民死伤惨重，而天津军民死伤的形状也颇为奇特。部分史料中有详细记载，颇让人心惊胆寒。清代的《西巡回銮始末记》中的描述详尽而细致："城内唯死人满地，房屋无存。且因洋兵开放

英国海军中将西摩尔，就是他率领八国联军向北京进犯。

列低炮之故，各尸倒地者身无伤痕居多。盖因列低炮系毒药掺配而成，炮弹落地，即有绿气冒出，钻入鼻窍内者，即不自知殒命，甚至城破3点钟后，洋兵犹见有华兵若干，擎枪倚墙，怒目而立，一若将欲开枪者，然及逼近视之，始知已中炮气而毙，只以其身倚戗在墙，故未仆地。"

照史料上记载，清朝官兵应该还是按照以往躲炮弹的方法，藏在掩体后面。但是，与以往不同的是，这次的"炸弹"爆裂后，绿烟弥漫，无论是否躲到掩体后面，只要闻到绿色烟雾的就会全部死亡。

第二，当年的《万国公法》明令禁止过使用一种叫作"列低炮"的武器，因为其屠杀人类非常残忍。然而，两门列低炮却经由英舰"阿尔及灵"号运载，于1900年7月10日出现在天津港海岸，并在7月11日投入到战斗之中。它们的到来还要从1900年春季说起，当时义和团以"扶清灭洋"为口号围攻英国在京驻华使馆，于是，英国海军中将西摩尔于6月10日率联军2000多人赴北京救援，在经过廊坊时受到重创，伤亡惨重。于是，联军从南非战场上紧急调用了"列低炮"并迅速运往天津战场。

经过多方考证，这种列低炮炮弹炸处，绿烟四散，1米之内，人畜闻之即死。《万国公法》曾决定"战争中不得使用此炮"，当时签订的国家也包括英国。

到此，从各方面分析，结论逐渐明朗：英军从南非战场直接运到天津的"列低炮"就是毒气炮！那么，据此推测，毒气弹首次使用的时间应该是在南非，而不是以前所说的第一次世界大战。在世界史的相关资料中有关"英布战争"的记载显示，在南非东部的莱底

侵略中国的八国联军旧照

斯战场上，英军就是使用这种炮毒死了很多士兵，加速了战争的胜利。

第三，绿色的气体究竟是什么呢？

氯气是一种具有强刺激性的黄绿色气体，大气中低浓度的氯气能刺激眼、鼻、喉；空气中含有万分之一的氯气就会严重影响人的健康。高浓度的氯气会引起人慢性中毒，产生鼻炎、支气管炎、肺气肿等，有的还会过敏，出现皮炎、湿疹等。根据史料记载所描述的情形，八国联军炮弹冒出的这种"绿气"极有可能就是"氯气"。如果氯气浓度极高时，人吸入则有可能马上窒息而死。

有关第一次世界大战中使用毒气弹的史料这样记述：1915年4月，德军飞机向英法联军投下氯气弹，炸弹落地后，腾起团团黄绿色的浓烟，迅速向四周弥漫。靠近毒气弹的英法士兵纷纷倒下，头晕目眩，呼吸紧张，紧接着便口角流血，四肢抽搐起来，死后的人大多数还保持着生前的姿势。史料上的描写与八国联军在天津使用列低炮进攻清军后的情况极其相似。由此，不难断定，八国联军在天津使用的就是氯气弹。

那么，当年的列低炮如今又下落何方呢？这将是解开谜底最有力的证据。

在那次炮攻天津之后，史料中再也没有发现关于列低炮的记载，也没有发现联军使用毒气弹的记载。天津也成为唯一受过列低炮伤害的城市。那么这两门炮究竟去哪儿了？会不会是在战斗中被清军摧毁了？如果不是，那么在进攻北京的过程中又怎会没用到这种极具杀伤力的武器呢？如果是因为顾忌《万国公法》的约束，那么在天津的使用又怎么解释？一种比较可信的说法就是被清军炮击摧毁了。

这种被怀疑为毒气弹的武器在很大程度上促进了八国联军的胜利，根据相关专家的考证，毒气炮在天津至少使用了3次。1900年7月11日，是第一次使用的时间。英国"奥兰度"舰准尉G.吉普斯在《华北作战记》文中提到："星期三（7月11日）凌晨3点，中国人大举进攻车站，决心要攻下它。他们在黑夜中前进，终于到达车站……我们从大沽运来的4英寸口径大炮第一次使用上了。"当时，洋人已经顶不住武卫军和义和团针对老龙头火车站的共同进攻。于是，英军就从织绒厂后面向驻扎在陈家沟的武卫左军大营和攻打火车站的清军及义和团施放了毒气弹。绿烟飘来，数百士兵以及尚未分发的600匹战马均无一幸免，铁路旁的义冢堆尸如山。

日本天皇的日常生活

在常人眼里，高高在上、养尊处优的皇帝的婚姻应该十分顺利，然而，日本裕仁天皇的婚姻在成功前却经历了三大障碍：色盲事件、亲王去世、关东大地震，才终于成功。当时就有人感慨说："真是越过了多少高山大川才达到这一步啊！"

任何一代天皇，最关心的就是继承人的问题，这不仅关系到国家今后的发展，而且也是天皇对列祖列宗应尽的义务。但是，皇后在婚后接连4胎生的都是公主。那个时代，科学还不太发过，人们还不知道染色体是什么东西，因此，他们把不会生儿子的责任全部推到皇后身上。所以，皇后自己也对此感到羞愧难言，埋怨自己不争气。不过，天皇总是安慰她说："我不介意，还有秩文宫和高松宫嘛（天皇的胞弟）！"

裕仁天皇对于此事从不介意，但是日本国民却没有如此宽容，他们十分介意此事。

1933年，裕仁皇后终于又怀了第6胎（第5胎流产了），幸运的是，这胎是男婴。

皇后在饱受10年的委屈之后，终于用铁一般的事实向日本全国证明了她完全有能力生下皇太子。此时此刻，皇后真是万分感慨，感谢上苍赐下太子。从此，她可以毫无愧色地昂起头来做人了。

裕仁夫妇在生下了太子后，又生了次子义宫正仁和公主清宫贵子，这样，他们就拥有了7个孩子。虽然他们很爱自己的孩子，但皇室的传统规定子女不得与天皇夫妇居住在一起，所以使得裕仁夫妇失去了平民百姓家那样的天伦之乐。

英国女王"站功"非凡

要想成为一个好的国家领导者，必须具备各种各样的本领。在这些本领当中，最基本的是哪一条呢？如果问英女王这个问题，她肯定会回答说：站功。

女王在每一年当中都会收到数以千计的邀请，如：参观学校、教堂、医院、托儿所、展览和部队驻地，为运动会开幕、轮船下水、建筑物竣工和慈善义演等主持仪式，以及出席各种各样的宴会和招待会。在这些礼仪活动中，女王一般一站就是几个小时，而且始终面带微笑且保持同一种姿势，仿佛一尊永远站立不动的塑像。这种站功，一般的人是可望而不可即的。

那么，女王的站功是怎么来的呢？很显然，这些本事不可能是数日之功，肯定与她从小受到的严格训练有关。

"静站"这项训练非常辛劳，而且苦不堪言。按照王室规定，她必须在指定位置上摆好优雅的姿态，不能左顾右盼，不能随意走动，而且始终保持笑容。这种训练一般都要在1个小时左右。这种训练往往累得她腰酸背痛、手足麻木。这对一个年仅十来岁的姑娘来说，实在是一种难以忍受的"折磨"。后来，伊丽莎白回忆说，那时，她特别渴望回到父亲即位前那种自由自在的生活中去。因此，她经常向上帝祈祷，盼望父亲早点为她生一个弟弟下来，使她能够摆脱这种"折磨"，但未能如其所愿，从而才使得我们能够有幸瞻仰到这位女王的站功。

《苏德互不侵犯条约》被疑附有秘密议定书

英国《曼彻斯特卫报》于1946年5月30日登了这样一则让人震惊的新闻：1939年《苏德互不侵犯条约》附有一项秘密议定书，而且对其内容予以了披露。

不少西方学者推测1939年《苏德条约》附有秘密议定书。例如英国著名学者阿诺德·托因比等人编的《大战前夕，1939年》一书载有《苏德互不侵犯条约》的秘密议定书的主要条款。法国当代著名史学家让-巴蒂斯特·迪罗塞尔在其《外交史》中断言：《苏德条约》存在着无可争议的秘密议定书。原纳粹德国上将蒂佩尔斯基希在其《第二次世界大战史》一书中叙述了关于希特勒将部分波兰领土划给前苏联、对与前苏联接壤的东欧小国不表示兴趣的问题，他实际上谈到了西方国家公布的《苏德条约》的秘密议定书的一些内容。英国学者艾伯特·西顿在其《苏德战争，1941~1945年》一书也有《苏德条约》附有一份草率拟就、措辞模棱两可的秘密议定书的叙述。美国学者威廉·夏伊勒在其名著《第三帝国的兴亡——纳粹德国史》中还对《苏德条约》的秘密附属议定书的主要内容予以列举。奥地利的布劳恩塔尔也对《苏德条约》附有秘密议定书的说法持肯定态度。

中国一些学者近年来也认可《苏德条约》附有秘密议定书；有些学者还在书中介绍了西方国家公布的《苏德条约》的秘密议定书的内容。

但是，有关《苏德条约》的秘密附属议定书在前苏联的出版物中至今尚未见到。1948年2月，前苏联情报局在题为《揭破历史捏造者（历史事实考证）》的文件中对英、美单方面公布德国外交文件予以反对。收入《苏联对外政策文件汇编》第四卷的苏德互不侵犯条约中没有涉及秘密附属议定书的条款。阿赫塔姆江等人的《苏联军事百科全书》在谈到《苏德条约》时对秘密议定书没有提及。鲍爵姆金领导编写的《外交史》第三卷和维戈兹基等人编著的《外交史》第三卷也只字未提秘密附属议定书。萨姆索诺夫主编的《苏联简史》也持同样说法。曾参与1940年苏德谈判的别列日柯夫在其回忆录中不仅没有提《苏德条约》附有秘密议定书，而且认为："对1939年苏德条约问题，虚假报道堆积如山。"德波林主编的《第二次世界大战史》引用了1939年8月24日苏联《消息报》所发表的《苏德条约》的条款，不但对秘密附属议定书一点儿也没提到，而且批评说："资产阶级世界有人陷于伪造的泥潭而不能自拔，继续就条约和苏联的目的撒谎。"

讽刺苏德政治联姻的漫画

中国学术界在有关前苏联对《苏德条约》的秘密议定书的问题上有两种不同的说法：一种是认为前苏联并未否认其存在；另一种是认为前苏联否认其存在。

这样，1939年《苏德条约》是否附有秘密议定书的问题就成为人们争议的一个热点问题。弄清这个问题对于正确评价战前国际关系、深入了解第二次世界大战史具有十分重要的意义。

希特勒的"孩子敢死队员"

一个模样可爱的小男孩向一个美国兵走去。他很有礼貌地向美国兵问好，问是否可以给他一块巧克力。那个美国兵可能出于习惯，就将手伸进衣兜。这时，小男孩拨出手枪，向美国兵开火。美国兵当场被打死。

这就是在希特勒煽动下的本该纯真活泼的孩子吗？将他们武装起来，一直是希特勒煽动和利用德国青少年，把他们当作可以利用的政治力量的险恶目的。希特勒在《我的奋斗》一书中这样

为了促进纳粹军国主义思想在德国儿童中间传播，在整个30年代，这些高6厘米的玩偶士兵的产量达到数百万个。

煽动说："捕食的猛兽啊，眼睛里将再次发射出自由灿烂的光芒。" 于是，不计其数的德国青年聚拢到希特勒的旗下。

1944年11月，一份命令所有1929年到1930年出生的男孩参加莱茵河沿线游击战的文件由德国青年团发出。在这一号召下，大批男孩进入了专门的训练基地接受训练。纳粹教官们教他们如何散发传单、切断敌人电话线，如何使用毛瑟枪、机关枪和手雷。这就是新建特殊少年民兵营的主要日常生活。这种军事化的训练使得一些少年在很短的时间内就成为战场上致命的杀手，特别是在1945年的头几个月，一些年龄更小的孩子，有的只有十一二岁，也悄悄地加入训练营，并开始在敌后从事各种破坏和恐怖活动。

为了掩盖身份，少年"敢死队"队员都身着便装，这样不但不会引起美军士兵们的怀疑，而且也容易在衣服里藏手枪、刀子甚至手雷这样的战斗武器。1944年12月底，纳粹的少年"敢死队"开始了疯狂的袭击。

类似文章开头那个小男孩向美军开枪的事件曾发生过很多，以致谈到这些小男孩的袭击时盟军的士兵们不寒而栗。因为这么近的距离，小男孩是不会失手的，一旦碰上几乎是必死无疑。还有些情况，一群少年集体行动，他们埋伏在路边，当美军的运输车队行驶过来的时候就发动袭击。这样的伏击战往往给美军造成很大威胁。有一次在比利时南部，经过几分钟的交火，美军死1人，伤4人。但是，车队继续向前行驶了一段之后又被迫停了下来，因为前面的桥被炸了。

在进攻德国时，美军的推进严重受阻。这种阻力的主要来源就是那些疯狂的少年。他们搜集情报，转换路标，切断电线，撒铁钉，埋地雷，设陷阱，袭击盟军的车队，个个发誓要为他们"伟大的帝国和元首"战斗到最后一个人。少年的游击战成了美军士兵公认的重大威胁，尤其是纳粹的小侦察兵们给美军带来的威胁更大。

这些男孩深受纳粹毒害，为了"元首"，他们不惜献身，这是许多接触过这些狂热少年的美军士兵的最深感受。一名美国军官回忆：一个男孩发射火箭弹差点就把我们的坦克摧毁。等抓住这个小家伙的时候，我被气坏了。他跌倒在草地上，一边哭一边说"我应该为元首而死的"。有类似的事情发生的时候，许多美军军官把这些小男孩放了，可是一转眼他们又重新加入各种民兵组织，继续为他们的"伟大元首"而战。

德国纳粹士兵在列队行进。

　　20世纪20年代初期德国青少年运动开始发展。到了20世纪30年代，随着德国经济的复苏和军事力量的强大，青少年运动蓬勃发展，声势也越来越大，从最开始的停留在某种喊口号的狂热阶段逐渐向大规模标准军事组织过渡，青少年开始接受纳粹国防军和党卫军严格的军事训练。到1942年，德国有100多万名男孩参加了射击训练，为此还专门建立了少年军训营。他们都在军训营里经历了基本的步兵科目训练，出去后主要承担空袭报警、向导和救火的任务。1943年时，他们走上了高射炮手或者装填手的岗位。这时女孩子们也加入进来。1944年6月盟军在诺曼底登陆之后，少年自卫队在纳粹总参谋长赫尔穆特·墨克尔建议下组建起来，以纳粹"少年英雄"赫伯特·诺库斯的名字命名，其任务是打击国内的投降派，并在德国边界开展游击战、恐怖暗杀和侦察活动。

　　1945年4月，希特勒大势已去，但是这些少年"敢死队"却不甘心失败的命运。他们根本不考虑希特勒即将灭亡的事实，继续在盟军经过的主要道路上设陷阱，在盟军可能入住的大型建筑物里埋地雷，只要有机会，不论何时何地，他们都会向盟军发起袭击。在被盟军围困的城市和乡村里，他们在墙壁和电线杆上张贴标语，扬言如有投降者，格杀勿论。他们还把那些盼望战争快点停止的人当作投降派，绑起来毒打，甚至杀害。

　　有一次，在奥尔登堡附近，一伙少年突袭了英国的车队。当时16岁的赫尔穆特·皮斯特拉也在其中。后来他回忆道："我们躲的时间太长了，食物和弹药都快用光了，许多人都快顶不住了。但是敌人来了，我们毫不犹豫地冲上去。唯一的反坦克火箭筒交到我们的头儿手里。英国车队驶过时，他向其中一辆装甲车开了火，而且他成功地摧毁了那辆装甲车。这时很多人开始拼命地逃跑。但是有几个胆大的仍然在向敌人开火，直到用光他们的弹药。"

　　1945年5月德国战败，数千名疯狂的激进少年躲进巴伐利亚南部山区，继续抵抗，然而这些少年心中的希望却越来越渺茫。在随后6个月的围困中，美军在这些山区搜捕了大批的少年。至今，盟军的士兵们还对那些疯狂少年的袭击记忆犹新。他们中有些向美军缴械投降，有些还在顽抗。每当他们进入一个村庄或城镇，他们常常会遭到这些少年的伏击。这些孩子比那些成年人更危险、更狂热、更愿意为了他们的"元首"献身。然而随着纳粹帝国的土崩瓦解，希特勒的少年"敢死队"组织最终也走向了灭亡，究竟有多少少年牺牲在希特勒的蛊惑之中，至今既没有准确的统计数据，也没有幸存下来的人站出来说明什么，一切都已经尘封在历史的长河之中。

"死亡天使"门格尔溺水而亡

提起门格尔这个名字，能让第二次世界战时期的犹太人不寒而栗，然而，犹太人的屠夫——"死亡天使"门格尔在战后却逍遥法外，未受到应有的惩处，这是为什么呢？他最后的结局又如何呢？

在第二次世界大战中，门格尔是惨绝人寰的灭绝犹太种族的计划的策划和实施人。1939年9月，德国占领波兰后，在奥地利骑兵营房的基础上建立了最大的屠杀无辜平民和战俘的集中营——奥斯威辛集中营。门格尔把无数的犹太人送进奥斯威辛集中营的军火公司和德国法西斯的工厂，失去利用价值的犹太人后被关进毒气室，焚尸灭迹；还有数以万计的犹太人被送入纳粹的医学实验室，进行毫无人性的医学试验。战争结束后，国际法庭在审判法西斯德国战犯时，认为门格尔的罪行是直接参与屠杀40万犹太人的计划，被定为纳粹战犯。

秘密档案清楚地表明：1949年5月20日，门格尔搭乘"菲利帕"号客轮到达布宜诺斯艾利斯。他的身份是国际红十字会成员，他化名格雷格·海尔穆特。

1955年阿根廷国内发生了军事政变，推翻了执政9年之久的正义党庇隆政府，右翼军政府执掌政权。

一年以后，门格尔地下活动转为公开，大模大样地进入了联邦德国驻阿根廷的使馆，大使馆发给了他正式身份证，在身份证上清楚地记载着他自己的本来的名字、出生地和出生年月，他堂而皇之地以"制造商"自居，娶了一个德国女子玛丽亚·玛塔·维尔。因为他有德国大使馆签发的正式身份证明，阿根廷军政府即刻为他办理了在阿根廷定居的所有合法手续，门格尔以原来的身份在阿根廷的各种社会场合频繁露面。

据档案材料看，国际刑警组织曾多次向阿根廷政府提出要求，催促阿根廷警方协助国际刑警组织调查门格尔的活动。在国际刑警组织多次要求下，阿根廷警方无可奈何地着手调查，但这种调查纯粹是官样文章式的应付而已。在阿根廷政府的祖护和支持下，1959年，门格尔公开地以自己真实的面貌堂而皇之地回到德国，参加他父亲的葬礼。

国际舆论纷纷谴责阿根廷的不义之举。1963年，阿根廷政府被迫同意协助国际社会调查。门格尔获悉后，马上离开了自己在阿根廷的医疗诊所，出逃到巴拉圭。不久，他又潜逃到巴西。从此门格尔在世界舆论中消失。1979年新闻界发布了门格尔在巴西海滨"溺水而亡"的消息。

但国际舆论普遍怀疑这一报道的真实性，认为像门格尔这样的人，不会这么容易地死掉，部

集中营里绞刑架上的尸体

分人认为这是他制造迷雾，以便世人淡忘他。不少人还坚信，门格尔后来仍在南美洲的某个偏僻地方隐居，也有可能仍在巴西。

阿根廷政府为什么会庇护门格尔？门格尔究竟当时有没有死去？这些我们都不得而知，但犹太人真正希望的是这位"死亡天使"的结局是"死亡"，而不会变成"天使"。

巴顿将军死于谋杀

1945年12月9日，美国陆军四星上将乔治·巴顿，在德国曼海姆附近遭遇车祸。将军不幸身受重伤，抢救无效，于12月21日在海德堡医院不治身亡。

巴顿将军在第二次世界大战中威名远扬，号称"血胆老将"。他于1885年出生于美国一个军人世家，先后在弗吉尼亚军校、西点军校、顿利堡骑兵学院及轻装甲部队学院接受军事训练，为日后成为一名优秀的将军打下了良好的基础。在第一次世界大战爆发后，巴顿曾经奔赴欧洲参与作战，并在指挥坦克作战方面显示了出色的才能。第二次世界大战爆发后，他被任命为美国第二装甲军团司令，更是驰骋沙场，战功赫赫，屡次创下辉煌战绩。在战场上他最有特点的话语是"你们的刺刀应毫不犹豫地刺向那些坏人的胸膛！"正是由于他的勇猛神武，1945年4月，

巴顿将军像

美国军方授予他四星上将的军衔。然而又有谁能料到，这么一位久经沙场的老将，会在战争结束后不久就死于车祸？本该躺在战功簿上安享成果的巴顿将军，却在被授予军衔的4个月后倒在了另一个战场上。

1945年12月9日清晨，住在德国曼海姆的巴顿将军和盖伊上将相约去打猎，第二天一早，他就将搭乘艾森豪威尔将军的专机离开，他的司机霍雷斯·伍德林开着一辆超长豪华卡迪拉克送他们去。据说事发当日，巴顿将军乘坐的轿车刚好遇上火车过道口，等火车驶过，司机注意到离火车道口600码处停着两辆大卡车。当轿车开始向前慢慢行驶时，一辆卡车也从路边开过来，向着巴顿将军的轿车慢慢驶来，同时另一辆卡车也由相反方向驶近。

巴顿将军指挥的钢铁雄师在北非战场上大显神威，并在以后的解放巴黎的战役中发挥了巨大的作用。

情急之下，巴顿将军的司机迅速踩下刹车。但是事故还是发生了，卡迪拉克车重重地撞在了卡车右边的底盘上，被撞出10英尺开外。巴顿将军被惯性向前甩去，头部重重地撞在司机席后面的围栏上，脊柱完全裂开，眉骨上方的头皮也被隔板玻璃撞出三英寸的伤口。

1个小时后，巴顿将军躺在海德堡医院的病床上，他的头脑还比较清醒，但是四肢不能动，脖子以下没有知觉。医生诊断说，他脊柱严重错位，头骨也受了重伤。经过精心救治，巴顿将军的病情开始好转，他的一条胳膊变得有力，另一条腿也有了些微弱的知觉。医生们开始认为他已经脱离了危险，可是就在12月20日下午，巴顿将军的病情突然急转直下。12月21日清晨5时55分，他终因血栓和心肌梗塞而停止了呼吸。

巴顿将军死后，留给我们的是一个谜。车祸发生时轿车里坐的共有三人，为什么只有巴顿将军受重伤，而其他二人则毫发无损呢？案发后肇事司机竟能溜掉，也令人不可思议。车祸后赶来的宪兵们对现场进行的例行调查也极为马虎草率，甚至没有留下任何官方记录。以至于日后当人们查起巴顿的情况时，除了军方履历表外，其他方面则是一片空白。而履历中虽有他在服役期间的全部文献，却唯独少了他遇难情况的有关材料。

这些疑点似乎都表明，巴顿将军之死并非单纯因为一场偶然发生的车祸，实际上有可能是有人蓄意制造谋杀。可是究竟谁是幕后指使？他为什么要策划这起谋杀呢？

有人认为，巴顿将军的死可能与"奥吉的黄金案"有关。"奥吉的黄金"是第二次世界大战中纳粹埋藏的一批黄金，据说当时被美军一些高级将领发现了，他们没有上缴给国库，而是私下里瓜分了。事情发生后不久，巴顿将军就被政府指派去调查这个案子。雷厉风行的巴顿将军很重视这件黄金被窃案，调查得非常认真，进展迅速。可是就在案情快要大白于天下的时候，巴顿突然遇车祸身亡了。这个时间上的巧合不能不让人产生怀疑，也许是那些人害怕事情败露而先下了毒手。

也有人说，巴顿将军的死是他的上司精心策划的阴谋。因为据说在第二次世界大战结束以后，巴顿一直有亲德倾向，他曾公开批评盟军的"非纳粹化政策"，并在新闻记者们面前把纳粹分子和非纳粹分子的斗争，不恰当地比喻成美国民主党与共和党之争。后来据说他又在考虑要扶植德国几个未受损失的党卫军部队，然后挑起一场对前苏联的战争。

据此，一些美国历史学家们甚至提出很具体的假设，即这位上司就是艾森豪威尔将军。他们认为，众所周知，艾森豪威尔将军与巴顿将军不和的传闻由来已久，巴顿将军在第二次世界大战后采取的一些行为无疑与艾森豪威尔的主张大相径庭。艾森豪威尔对此非常不满，为了拔除这个处处和自己作对的眼中钉，很有可能派人除掉巴顿。

如果巴顿将军的车祸真的是一场有预谋的事件，那么究竟是由于什么原因，是谁在幕后策划，恐怕只能等车祸参与者本人坦白才能弄清楚！

"诺曼底"号巨轮被纳粹烧毁

1941年的深秋，法国巨轮"诺曼底"号静静地停泊在纽约港的88号码头，这个码头在哈得森河上，离繁华的42街不远。"诺曼底"号长达313.8米，仅比英国的"伊丽莎白皇后"号短0.61米。1939年9月1日，当它在公海上航行时，德国发动了对波兰的进攻，但它还是安全地驶进了纽约港。

"诺曼底"号在港口停泊一天就要花掉船东1000美元，因此，船上只保留了极少数船员以保养马达等重要设备。没有人想到会有人对该船进行破坏或纵火。"诺曼底"号的设

查尔斯·坎德尔用油画生动再现了盟军在敦刻尔克撤退的一幕。

计师魏德米·亚克维奇甚至认为，该船是有史以来建造的船只里防火性能最好的一艘。

在德国，希特勒的德军早就盯上了这只法国船。1940年6月3日，法国向德国投降。在这之后的两周，德军反情报机构的头目卡拉瑞斯的间谍机构阿勃韦尔就向纳粹在美国的间谍发出了命令："严密注意'诺曼底'号！"希特勒和他的高级将领明白，美国一旦加入对德战争，这艘法国巨轮一次就能够运输12000名美国海军士兵到欧洲参战。

纽约市沿海地区和新泽西的港口城市是纳粹分子活动的温床。在一间间凌乱肮脏的小客栈里，住着从世界各地来的海员，其中有许多纳粹间谍和纳粹同情者。这些地方中最臭名昭著的一家是新泽西"高速公路客栈"，另外两家是曼哈顿的"老牛肉"酒吧和新泽西的"施密德的吧"。"施密德的吧"里的一个侍者是德国间谍，他每次都伸长耳朵贪婪地听海员在喝多了酒后所泄露的海上消息。

1941年12月7日，日本偷袭了珍珠港。4天后，希特勒让德国议会不经表决就通过了对美国开战的宣言。他对他的副手叫嚣说："我们总要首先开战！我们要永远打响第一枪！"

就在同一天的晚些时候，希特勒的密友、意大利独裁者墨索里尼也对美国宣战。

就像希特勒和他的高级将领所担心的那样，美国海军立即征用了"诺曼底"号，并对它进行了改装。许多人都热烈支持将该舰改装成军用运输船，大约有1500名民工像蝗虫一样涌向该船进行改装工作。

改装任务非常紧迫，必须在1942年2月28日以前完成。完成后，该舰将在舰长罗伯特·考曼德的率领下，驶离纽约港去波士顿。在那儿，它将要装上1万名士兵和他们的武器装备去大西洋沿岸的某个地方——毫无疑问，它的目的地将是英国。

但是，2月9日下午2时34分，"起火了"的喊声突然从船上响了起来。这时候，距

"诺曼底"号远征欧洲只有 3 周的时间了。人们匆忙扑上船去灭火，但是，当天是一个大风天，火势很快就失去了控制，人们眼睁睁地看着火漫过了甲板，不到一个小时，整个船就变成了火的海洋。

火势不断蔓延，将近3000名民工、船员、海军士兵和海岸警卫队成员爬过"诺曼底"号的船舷，吊下绳子，顺绳子跳到码头上，有的干脆直接跳到踏板上逃生。纽约市的消防队员说，这是他们见过的最猛烈的大火。

大约有 3 万纽约市民聚集到第12街观看这场大火。在他们中有一个头发花白个子矮小的老头，他就是"诺曼底"号的设计师魏德米·亚克维奇。他的脸上布满了愁容。因为他浓重的口音，警察没有让他通过警戒线到船边。实际上，就是魏德米·亚克维奇也对大火中自己的杰作无能为力。凌晨2时32分，"诺曼底"号终因灌水太多、倾斜过度而翻了过去，就像一条搁浅的大鲸鱼，躺在哈得森湾的水面上。

在每一条船都显得非常重要的时候，美国失去了一条最大的船，并有 1 人死亡，250人受了擦伤、扭伤、摔伤以及眼睛和肺部的灼伤。

一个如此巨大的海轮，在有大量防火设施的情况下，能够爆发大火，并在几小时内变成一堆焦炭，让几乎所有美国人都坚信有纳粹破坏分子渗透到船上，为了不可告人的目的，纵火烧毁了这条船。

珍珠港事件是罗斯福的"苦肉计"

珍珠港事件为何能发生，综合实力落后于美国的日本，竟能从几千公里之外成功地突袭成功，这实在让人难以理解，难道其中另有隐情吗？对于这起美国历史上最惨痛的失败，长期以来，各国历史学家有着不同的说法。其中，有相当一部分研究者提出一个惊人的观点：珍珠港事件之所以发生，其实是美国总统有意设计的"苦肉计"！

第二次世界大战结束以后，由于不断有一些当事人将一些内幕公诸于众，越来越多的人相信，其实美国早已获知日军的偷袭计划。他们认为，罗斯福之所以设计这一"苦肉计"，也确实出于无奈。因为当时美国国内孤立主义思想非常严重，使得罗斯福总统很多援助英、苏、中等国的计划受到掣肘。而作为极富远见的杰出政治家，罗斯福很清楚，如果不及时援助正在艰苦奋战的英、中、苏等反法西斯国家，等到轴心国确实控制了欧亚大陆后，美国将无力独自抵抗已经根基牢固的德、意、日轴心国。尽管从历史的选择看，美国早参战比晚参战有利，但国内的孤立主义只图眼前利益，不愿参战。所有这些因素逼迫罗斯福不惜以珍珠港为代价，来唤起民众的正义感，也粉碎孤立主义的幻想。

首先，从现有材料看，美国人当时已破译了日本的外交密码和至关重要的海军密码。早在1941年初春，美国人在一艘日本油轮上截获了一套完整的日本海军密码本。因

中途岛海战的失利使日本将战争的主动权拱手相让。

偷袭珍珠港的成功，使日本在此后的半年里将整个太平洋抓在手里。

此，在珍珠港事件之前，已经掌握了日本海军密码的美国高层决策者，不可能对日本的海军行动一无所知。很多人因此深信，罗斯福事先肯定知道了日本要偷袭珍珠港的情报。据说，有一位叫劳伦斯·萨福德的美国海军情报官，当时就破译了日本海军部海军军令部的密码，他们第一时间探听到日本的联合舰队正向珍珠港方向开进，并将这个情报通过美国海军作战部长斯塔克海军中将，送到了罗斯福那儿，而罗斯福看了这个情报后只说了一句"知道了"，就再没有下文。

1941年12月6日，华盛顿方面曾破译了一份由14部分组成的电文的13部分。在读完了这13部分的内容后，罗斯福马上找来了他的首席顾问哈里·霍普金斯说："这就意味着战争。"事实上1941年时，美军的密码专家威廉·弗里德曼所领导的机关"魔术"，已能截获并破译出绝大多数日本人用九七式打字机发出的"紫色密码"外交电报。这些电报中就包括许多有关珍珠港的情报，例如：1941年9月24日，日本海军通过外务省致电檀香山总领事馆，要求了解美军太平洋舰队军舰在珍珠港的停泊位置；11月15日，日本外务省要求驻檀香山总领事馆每周至少报告两次珍珠港美军军舰的动向；11月18日，日本驻檀香山总领事馆向外务省汇报了美军军舰进珍珠港后航向变化角度和从港口到达停泊点的时间；11月28日，日本外务省要求檀香山总领事馆销毁密码和密码机；12月2日，日本驻檀香山总领事馆用低级密码继续报告美军的一举一动等等。随后，"魔术"就将最重要的情报由特别信使及时递交给总统、陆军部和海军部的部长、作战部长、情报局长、国务卿等军政首脑，而其他人极少能接触到这些情报。

还有一些说法认为，英国方面也早就破译了日军企图偷袭珍珠港的密电，但英国首相丘吉尔却有意扣留了情报，而其目的就在于迫使美国参战。最有力的证据就是，英国首相丘吉尔在得知珍珠港遭偷袭后的日记里写道：这是一个好消息！

当时，在掌握了日本舰队正在驶近夏威夷的情报后，罗斯福和他的顾问班子面临着3种选择：一是向全世界公布日本特遣舰队已经驶近，这样日本舰队调头退回日本；二是通知太平洋美军，命令他们做好战争准备；第三就是保密，让日本舰队继续驶向珍珠港偷袭。而罗斯福等最终选择了第三种，就是因为一方面他们相信驻防珍珠港的美军太平洋舰队能够抵抗日本人的进攻，而另一方面会刺激那些孤立主义者的神经。于是，华盛顿方面并没有将情报通知太平洋舰队司令金梅尔海军上将和夏威夷基地司令肖特陆军中将。对此，金梅尔将军后来在接受调查时曾指责海军部扣下了珍珠港将可能遭受袭击的有关情报，直接导致了1941年12月7日的灾难。

其次，事件发生之前，美国高层所下达的一系列奇怪的命令让人生疑问。一是在1941年初，将太平洋舰队包括1艘航空母舰、3艘战列舰、4艘巡洋舰、17艘驱逐舰在内的作战力量调拨给了大西洋舰队。此外，海军部还把舰队中素质最好的指挥官和水兵也成批调往大西洋舰队。为此，金梅尔曾多次向海军作战部长斯塔克陈述加强太平洋舰队实力的重要性。他在1941年9月12日写给斯塔克的信中言语恳切地说：“一支强大的太平洋舰队，无疑是对日本的威慑，而弱小的舰队也许会引来日本人。”但海军部却丝毫不理会金梅尔的呼吁。更奇怪的是，当日本飞机对珍珠港狂轰滥炸时，太平洋舰队的主力——3艘航空母舰恰巧全部外出，因此逃过劫难。二是事变前美国方面曾向珍珠港紧急调集医务人员和药品。1995年9月5日，当时的美国总统克林顿曾收到一位名叫海伦·哈曼女士的来信。信中称，曾在第二次世界大战中任美军后勤部副主管的父亲向她讲述过一些关于珍珠港事件的惊人内幕：珍珠港事件爆发前不久，罗斯福总统紧急召开了一个由极少数军官参加的秘密会议。总统在会议上透露了一个惊人的消息：美国高层已经预见到日本海军将要偷袭珍珠港，可能造成大量人员伤亡和财产损失。他命令与会者尽快准备将一批医务人员和急救物资集结到美国西海岸的一个港口，随时待命启运。罗斯福总统特别强调禁止将会议内容向外透露，包括珍珠港的军事指挥官和红十字会的官员。面对与会官员惊讶与不解，罗斯福解释说，只有当美国本土遭到攻击时，犹豫不决的美国民众才会同意他宣布投入战争。为了查证该女士的说法是否属实，美国红十字会夏威夷分会的工作人员对该会1941年至1942年财政年度报告的影印件和有关国家档案进行了查阅，结果也意外发现，美国红十字会和美军后勤医疗部队在珍珠港事件前一两个月确实曾进行过非常规的人员和储备物资紧急调动。这批额外补给，在偷袭珍珠港事件后的急救工作中发挥了重要作用。有关人员还从夏威夷红十字分会会长阿尔弗雷德·卡瑟尔的弟弟威廉·卡瑟尔的日记中发现，12月6日，夏威夷分会的全体人员奉命战备值班。这封信在当时引起了很大轰动，但由于哈曼不是当事人，而她父亲史密斯也已于1990年去世，所以人们对这一材料还有所怀疑。

另外，一些相关当事人的回忆，似乎也在向人们昭示这事情的真相。约翰·莱尼夫，一位荷兰退役海军上将，在其临终前曾向人们透露了他所知道的珍珠港事件内幕。1941年12月2日，时任荷兰流亡政府派驻华盛顿上尉武官的莱尼夫去找美国海军情报局的朋友聊天，闲谈中，一位美国海军情报军官指着墙上的一幅地图对他说：“这里是日本特遣舰队正在东进的地方。”这使他大吃一惊。6日下午，莱尼夫再次来到海军情报局打听情况时，一名军官将手指指向墙上宽大的海图上，告诉他日本人正在离檀香山约400英里的地方。第二天，战争就爆发了。

人们还得知，就在珍珠港事件发生的前一天晚上，面对迫在眉睫的战争阴云，美国海军部长诺克斯、海军作战部长斯塔克、陆军部长史汀生、陆军参谋长马歇尔和商务部长霍普金斯以及总统罗斯福等人，竟少见地聚在白宫，一同消磨时光！以上种种疑点，再结合当时罗斯福等人的表现，使所谓“苦肉计”的猜测变得更加可能。因为在珍珠港

罗斯福像

惨败的消息传到华盛顿后，罗斯福立即召集阁僚开会讨论，而多年后人们在整理当年的纪录影片时竟发现：当陆军部部长史汀生走进白宫时，嘴角竟流露出一丝得意的微笑。

除了美国的一些研究者坚持这样一种观点之外，尤其是战争的发动者日本人，似乎也更倾向于相信这一说法。为了推卸战争责任，很多日本人坚信是美国人为了参加第二次世界大战，故意引诱日本人发动珍珠港事件的，《大东亚战争全史》的作者服部卓四郎和《偷袭珍珠港前的365天》的作者实松让就是其中的典型代表。

老布什差点被日军杀掉

第二次世界大战期间，美国前总统乔治·布什曾经和战友一起驾驶着几架美军轰炸机执行针对日本父岛列岛的轰炸任务，日军开枪将布什等人的飞机击落，机上的美军飞行员被迫跳伞逃生。但是，令人觉得不可思议的是，除了老布什一个人幸运地被美国潜艇救起，另外8名美军飞行员全部被日军俘获，并且对他们进行百般折磨，加以杀害。老布什侥幸逃脱的经历在美国可谓尽人皆知，但是，其他8名和他一起作战的战友究竟如何惨死于日军手下，却是一个保守了近60年的谜。

东京南部700多千米处的海面上坐落着父岛列岛，岛上驻有不少日军官兵。1944年9月2日，作为美国空军飞行员的乔治·布什只有20岁，当飞机被日军击中坠毁时，机上所有人员全部跳伞逃生，但是一个人——布什侥幸获救，另外8个人的遭遇则完全相反，他们全部被父岛列岛上的日军俘获并且受尽了各种折磨。更恐怖的是，其中4人居然被开膛破肚，肝脏和大腿上的肉被凶残的日本兵吃掉了。

空袭失败那天，最先被吃掉的是美军飞机话务员马弗，就在马弗被肢解后，飞行员霍尔也惨遭毒手。另外的两名飞行员并没有逃脱厄运，最初岛上的日军军官还让飞行员吉米

1945年8月9日，随着日本长崎上空升起的蘑菇云，日本政府宣布无条件投降。

做了一阵子翻译，数星期后，残暴的日军居然再次想起了"人肉宴"，于是，飞行员吉米和沃伦也被活活杀死了，另外4名美军飞行员虽然没有被吃，但是无一幸存，其中有一人是被日军活活用棒子打死的。

以上的叙述出自美国历史学专家詹姆士·布拉德利的著作《飞行员》，在其书中他率先披露了这一惊天惨闻。据说如今已经退休在家的老布什得知真相时，他的第一反应是不住地摇头，接着是长时间的沉默无语。布拉德利这样说："布什没有太多的震撼或惊恐的反应，毕竟他也是一名老兵，是经历过战火洗礼的一代人。"之后，老布什重返了位于东京南部700多千米的父岛列岛，他甚至十分难过地说："为什么就我一个人活了下来，难道真的是上帝在救我……这么多年了，我一直记得当年那些飞行员战友。"

作为唯一的幸存者，当时乔治·布什也从飞机上跳伞，同大伙一起落在海里。但是，幸运的是布什不仅没被日军俘获，而且遍体无伤、安然无恙地被一艘路过的美国潜艇救起。第二次世界大战结束后，因其

在飞机坠毁之前，还准确地摧毁了日军一个关键的无线电台站，布什被授予"卓越飞行十字勋章"。从那以后，布什更是一路顺风，1948年，他从耶鲁大学毕业，1971年到1972年任美国驻联合国大使，1974年任驻北京联络处主任，1976年接任中央情报局局长，1980年当选为副总统，1988年底当选为第41任美国总统。

据说第二次世界大战结束后，在关岛对日军进行审判时，日本战犯就已经供认曾经对8名美军飞行员实施过非人迫害，但是当时之所以掩盖了这些事实是为避免飞行员们的亲属过分难过和悲伤，于是美国政府只公布了他们全部遇害身亡的消息，而被害的所有细节一律被当成了"超级机密"。而布拉德利在着手写书之前是从作为审判的官方目击者，参与当年关岛审判的一名美国律师那里得到了不少手抄的审判资料，才开始有了写书的意向。他拿到的资料虽然零碎，但还是部分地记录了日军曾经供认的罪行，再加上一些日军战犯的一些证词，最终呈现给世人一个布拉德利版本的老布什逃生记。而书中又能够在多大程度上与历史真相重合恐永无定论。

山本五十六不是兰菲尔击毙的

1943年，"伊号作战"结束后，山本五十六决定利用一天时间视察巴拉尔、肖特兰和布因等前线基地，以激励士气。让日军想不到的是，有关山本视察的详细日程安排的机密电报不仅被美国截获，而且他们引以为豪的极难破译的五位乱码只用数小时时间就被美军专家破译了，这份电报在无形之中也就成为山本的催命符。这也是美国军事情报领域在无线电破译方面继中途岛战役破译日军作战计划之后的又一辉煌成就。

美国太平洋战区总司令兼太平洋舰队司令切斯特·尼米兹清楚地知道，按照安排山本将进入瓜岛机场起飞的战斗机作战半径，正是除掉他的绝佳机会，如果除掉他，将给日本士气民心沉重打击。因为他不仅是日本海军中最出类拔萃者，而且由于他在偷袭珍珠港中的指挥得力，在日本政界和军界成为仅次于天皇和东条英机首相的第三号人物，被日本海军誉为"军神"。可是尼米兹没有因为兴奋而得意忘形。因为干掉山本不仅仅是军事行动，还牵涉到诸多的政治因素，因此一向谨慎的尼米兹仍不敢轻易行动，而是请示华盛顿。

美国总统罗斯福在仔细征求了海军部长诺克斯和海军作战部长金海军上将的意见之后，授意可以除掉山本，但是为了维护美国的大国风范，一定要对截获日军情报的事情保密，制造伏击的假象。

驻瓜岛的第339战斗机中队承担了此次任务。4月18日凌晨时分，兰菲尔等6人的攻击组和米歇尔亲自指挥的12人作掩护组出发了，为避开日军雷达，他们必须绕道，选择总共飞行2小时、总航程627千米的方案。18架P-38全部加装了大容量的机腹副油箱，处于超负荷状态，因此飞行员不得不使用襟翼来增加升力，尽管如此，飞机还是几乎要滑行到跑道尽头才离地升空。

远在800千米外的山本也早早起床，准备行装开赴这场死亡之旅。

9时44分，山本以他一贯的守时作风，准点来赴这次死亡之约。几乎是大海捞针一样的长途伏击，竟然成功了！此时山本座机正准备降低高度着陆，突然一架零式战斗机出列，向右急转——远处10多架P-38正向北飞来，随即6架零式急速爬升，与米歇尔的掩护组缠斗起来。在接下去的短短3分钟时间，双方经历了一场你死我活的激战。

为激励士气，山本五十六赴前线进行军事视察，图为山本在登机前的例行准备。

此时的卡希利机场上已经尘土飞扬，显然日军飞机正在起飞，中队长米歇尔不敢恋战，下令返航。返航途中，兰菲尔就迫不及待地向瓜岛报告："我打下了山本！"

兰菲尔最后一个着陆，着陆时燃料已经全部消耗干净，他是以滑翔方式落地的，他还没爬出座舱，机场的飞行员和地勤人员就一拥而上。作为击毙山本的功臣，兰菲尔中尉提前晋升为上尉，并获得最高荣誉国会勋章，但为了不暴露破译密码的机密，兰菲尔被立即送回国，直到战争结束才公开了他的战功。其他参战人员都被警告如果将战斗详情泄露出去，将受到军法审判。

山本座机被击落的2天后，日军搜索小队发现了他，他坐在飞机坐垫上，手握军刀，姿态威严，胸口佩带着勋章的绶带，肩章上是三颗金质樱花的大将军衔，不用查看其口袋中的笔记本，单从左手缺了两个手指，就证明这正是山本五十六。经医护人员检查确定，一颗子弹从颧骨打进，从太阳穴穿出，另一颗从后射入穿透左胸，山本在飞机坠毁前就已身亡。之所以还保持着威严的姿态，那是飞机坠地后唯一的幸存者高田军医摆放的，高田最终也因伤势严重又无人救护而亡。

4月18日注定是美国人的纪念日，1942年的4月18日，杜立特尔率领的B-25轰炸机轰炸了东京，1943年4月18日，日本海军最出色的统帅山本被击毙。战后，击落了山本座机的话题随着1960年美军相关机密文件获准解密而被再次提起。认定由兰菲尔击落的理由是他在战斗结束后上报的战斗报告，而这份报告当时因出于保密原因一直没有公开，他的战友对此一无所知，一经美国国防部公开，究竟是谁击落山本的问题随之展现。

除了托马斯·兰菲尔的回忆之外，更多的证据显示，兰菲尔的僚机雷克斯·巴伯才是真正击落山本座机的英雄。山本的尸检报告显示，从后方射来的子弹使其致命，与兰菲尔从右攻击的说法出入较大。柳谷谦治为山本护航的零式战斗机飞行员中唯一在世者，也指出了兰菲尔报告的诸多疑点。其中最有力的说法是，在低空的两架P-38在双方机群遭遇之后，兰菲尔的飞机向左，迎战零式；巴伯的飞机才是向右紧追山本座机猛烈开火的那一架。如果是兰菲尔击落了零式之后再掉头攻击山本座机的话，时间根本来不及，至少需要40秒，而山本座机从遭到攻击到被击落，不过区区30秒。日本东京航空博物馆在1975年的实地考察也显示，山本座机的两个机翼完好无损，与兰菲尔的报告完全不符，倒是与巴伯从后攻击的说法比较吻合。

以美国"王牌飞行员协会"为首的众多的民间人士和组织，对此进行了细致的研究和不懈的努力，查阅了大量相关资料，在很多专家学者的认可下，于1997年3月认定，巴伯一人击落了山本座机。如今生活在俄亥冈州特瑞邦农场的巴伯过着恬静平和的晚年。谈起击落山本的争论，他很平静，"没有兰菲尔左转攻击前来救援的零式，也不可能击落山本。而第339战斗机中队中队长约翰·米歇尔，具体策划并亲自指挥了此次战斗，才是最大的功臣。"

苏联窃取美国的原子弹秘密

人类在战场上投下的第一颗原子弹，为世界反法西斯战争做出了重要贡献，然而一场新的争端也由此而生，当时世界又一军事强国——前苏联，也于1945年成功地爆炸了原子弹，其研制时间远远短于美国，那么，是什么使前苏联科学家有了如此神力呢？

美国《纽约先驱论坛报》刊出文章，对苏联间谍供认窃取美国原子弹秘密的经过予以披露。

苏联是如何窃取美国原子弹秘密的，多年来一直是个谜。俄罗斯科学家和间谍发表的谈话以及俄罗斯新闻界一年来发表的大量材料揭示了这　谜底。

1941年6月22日，德国入侵苏联。俄罗斯近期解密的谍报文件表明，在德国发动进攻的几个月内，莫斯科源源不断地收到了大量有关西方最秘密的武器情报。

1941年9月25日，苏联驻伦敦谍报站站长阿纳托利·戈尔斯基把英国战时内阁所属的核咨询委员会9天前举行的一次会议的备忘录，转发给了莫斯科。他报告说，英国科学家保证，可以在两年内制造一颗铀弹。

一名代号为"树叶"的间谍也就是英国外交官、著名的剑桥间谍网成员唐纳德·麦克莱恩提供了这一绝密情报。麦克莱恩不但提供了制造原子弹的技术细节，而且还将英国把修建一座铀提炼厂列为最优先项目的消息透露了出来。

间谍头子亚茨科夫声称，拉恩在纽约有一个"熟人"，是个物理学家。这个物理学家说，他应邀参加制造原子弹的绝密工作。这个情报连同一项招募这名物理学家的建议由苏联在纽约的间谍传给了莫斯科。后来，这名物理学家就成了"珀修斯"，即"X先生"。

苏联原子弹之父库尔恰托夫在近期发表的1943年3月写给克里姆林宫上司的信中，证实了苏联设在欧洲和美国的间谍网取得的突出成就。他指出，情报来源发来的信息使苏联物理学家在"极短的时间内"把与核裂变有关的全部问题解决了，使之越过了"许多实验性阶段"。

俄罗斯近期解密的1946年12月31日的一份文件显示，莫斯科还从西方科学家那里得到了有关研制更先进氢弹的情报。这份文件就是物理学家库尔恰托夫写给国家安全委员会各位首脑的一封便函，上面明确注明已收到了关于"美国研制超级炸弹"的情报。1946年2月，亚茨科夫离开美国。他说，在苏联于1949年9月进行了钚弹试验后，苏联间谍向莫斯科的提供情报的行为暂时停止了。

若真如上面材料所说，前苏联人窃取了美国的原子弹秘密，那苏联(以及后来的俄罗斯)承认错误的勇气倒真让人敬佩。一向擅长谍报工作的美国人，是怎样被苏联人窃取了如此高级的秘密呢？苏联人所说的物理学家在制造原子弹的绝密工作中担任什么职务？这位X先生是谁？他是怎样将情报送出被严密封锁的研究机构的呢？这一系列谜团都随之而来，发人深思。

墨索里尼写小说

墨索里尼是第二次世界大战期间臭名昭著的纳粹头子，他对独裁权力趋之若鹜，然而，让人意想不到的是，他还对小说情有独钟，尤其是色情小说。

1905年，他看上了一个叫雷切尔的女人。雷切尔长有一头金发和一双多情而诱人的碧蓝的眼睛。墨索里尼对她百般讨好。为了取悦于她，也为了混点钱花，墨索里尼写了一本名为《红衣主教的情妇》的小说。这部格调低级下流的小说，连他自己都认为一钱不值。主人公是个淫荡好色的红衣主教，以勾引玩弄女人为乐事。但是雷切尔却对这本小说十分喜欢，书中一个为了挽救情人的生命而死的女仆最让她动情。狡猾的墨索里尼投其所好，以雷切尔作为书中女仆的名字。

后来，墨索里尼与雷切尔同居，但是婚后两人的生活却越来越艰难。

希特勒（左）和墨索里尼

1910年，墨索里尼的第一个女儿艾达出世了，这使墨索里尼一家的生活更加困窘起来。据说，墨索里尼和雷切尔曾经一连挨了好几天饿，目的是为了给小艾达买上一只最简陋的木制摇篮。

墨索里尼在此期间被弗利的社会党俱乐部选举为书记。他用自己的薪水编了一份只有4页的称为《阶级斗争》的小报。小报每周一期，整个4版全部由墨索里尼自己撰文。办报之余，他也喝喝酒，泡泡女人出些风头，但是比起结婚前收敛得多了。

办报之暇，墨索里尼重操旧业，又炮制了一部有关斐迪南公爵和其17岁的情人一起殉情的小说。这部小说有许多不堪入目的描写，和《红衣主教的情妇》那部小说一样低级下流。年轻时的墨索里尼写起三流小说来还真有几下子，并不只是一个小有名气的政客和煽动家。他一生都十分热衷于这种廉价的色情读物。

丘吉尔迷恋香槟

温斯顿·丘吉尔是"二战"时期世界政坛的三巨头之一，他的一生是充满传奇色彩的一生。他的政治生涯跨越两个世纪，从19世纪末到20世纪中叶第二次世界大战期间及战后，他曾先后两度出任英国首相。政坛伟人总是有美酒佳人相伴。但这位伟人不爱佳人，偏爱美酒。

丘吉尔有一个最大的癖好，那就是他非常喜欢喝香槟酒，尤其是喝法国一家有名的香槟厂——保禄爵产的香槟。在当时的上流社会里，尤其是在英国，喝香槟酒是一种身份的象征。而一般英国人喜欢喝略带甜而干口味的香槟，法国人则喜欢喝酷干口味的香槟，丘吉尔特别喜欢这样的法国香槟。保禄爵香槟厂的香槟更令丘吉尔百喝不厌。他在第二次世界大战前喝的香槟就是该厂1928年生产的；第二次世界大战中，他喝的香槟是该厂1934年生产的；第二次世界大战结束后一直到他逝世前，他大量享用的，是1947年该厂生产的一批香槟。

那么，丘吉尔是通过什么途径喝到他所珍爱的香槟的呢？原来他是通过伦敦一大酒行向保禄爵厂订酒的，他在最高峰时一年竟订了 1000 箱香槟。诚然，作为首相的丘吉尔在请客时需要大量的香槟酒，但是，由此我们也可充分地看出他对香槟酒的喜爱。在他去世后，保禄爵酒厂因为丘吉尔对香槟酒十分迷恋，因此在征得他子嗣同意的情况下，于 1975 年新推出了以丘吉尔的名字命名的香槟酒"丘吉尔爵士"，以示对他的纪念。

爱因斯坦与妻子约法三章

爱因斯坦这个名字，妇孺皆知，他是20世纪世界上最伟大的科学家之一。在物理学领域，爱因斯坦作出了卓越的贡献，著名的相对论便是由他提出来的。然而爱因斯坦这位科学界泰斗并不仅仅作为一种象征、一个符号或是一个精神偶像，走下"神坛"的爱因斯坦也是一个普通人。他一生孤独，生活在喧嚣的世界中，在辉煌的孤独中思想。在家庭生活上，他的婚姻生活并不如意。

爱因斯坦与妻子米列娃的合影

米列娃·玛丽琦是爱因斯坦的第一个妻子，她出生在匈牙利南部一个信仰希腊正教的家庭。虽然婚姻遭到爱因斯坦家人的极力反对，但他和米列娃的婚礼在1903年1月6日还是举行了。婚后爱因斯坦发现米列娃是个相当难处的女人，她很多疑，老是疑神疑鬼，甚至怀疑爱因斯坦是否忠诚于她，进而发展成一种神经质（她的姐姐佐尔卡曾患严重精神病）。爱因斯坦无法忍受妻子的多疑，夫妻感情一度出现裂痕。1914年，爱因斯坦一家来到柏林，没多久夫妇就分居了，并且约法三章，互不干涉对方的私人生活，互不相扰，他们的婚姻本来就不美满，爱因斯坦并不全怨米列娃，他很矛盾，终于到了难以忍受的地步。

1919年，爱因斯坦与米列娃离婚了。多年后，爱因斯坦在谈到米列娃时说："她对分居和离婚一直很不情愿，性情更加忧郁，常令她想起古老的美狄亚，这给我同两个孩子的关系投下阴影，我爱我的孩子。这幕生活的悲剧一直伴我到老。"是米列娃过于忧郁多疑的性格导致夫妻约法三章，还是由于爱因斯坦对表姐爱尔莎一直念念不忘导致夫妻失和，具体细节无可考。

劳伦斯与弗丽达

以小说《查泰莱夫人的情人》闻名于世的作家劳伦斯的日常生活也有小说中类似的经历。

弗丽达是一个有夫之妇，劳伦斯与她初识于弗丽达的房内，恰好那天落地窗大开着，春风阵阵。他谈到女人时的态度使弗丽达愕然，他严肃地告诉她自己对女人已了解得很透彻了，打算不再接触她们了，弗丽达看出了他曾受过的痛苦。而后他们的话题转移到俄狄浦斯身上，巧合的是小说《儿子与情人》的第一稿已完成，也就是说劳伦斯已将所谓的俄狄浦斯情结形象化的实践完成了。在认识了解弗丽达之前，他对弗洛伊德的这一理论并未理解透彻。而弗丽

恋母情节的典范之作

1913 年，劳伦斯的《儿子与情人》出版。这部以自传体形式写的小说，描述了一位母亲和她儿子之间超常的爱。

达刚刚认识一位弗洛伊德的弟子,脑子都是未经消化的理论,她就为劳伦斯详细地说明。他们有很多共同的观点与话题。

受弗丽达的旺盛精力的感染,那天他们聊到天黑才作罢,劳伦斯披星戴月地在田野步行了5个小时才回到家。

劳伦斯在那以后又去特地拜访了弗丽达几次。初春的田野上、树林里、小溪边都有他们的足迹。弗丽达突然发觉自己爱上了劳伦斯。

一天,弗丽达留劳伦斯过夜,劳伦斯拒绝了。"但是,"他说,"你必须对你的丈夫说实话,而后我们一起远走高飞,因为我爱你。"

弗丽达受到深深的震撼。她曾想过让劳伦斯做自己的一个情人。1912年5月3日,弗丽达苦痛地挥泪告别儿女——儿子留给丈夫,女儿被送到祖父家。

"硬汉"海明威因患病自杀

海明威作为一代文风简约的语言艺术大师,其自杀之举引起世人的极大关注,各种各样探索海明威自杀之谜的作品不断涌现出来。归纳起来主要有两种观点:一种认为,海明威自杀是"精神抑郁症"造成的。另一种认为,海明威是因为对自己才思枯竭感到绝望而自杀。然而这两种观点都没有强有力的证据。肯尼思·林所著的《海明威传》,给我们提供了思考海明威自杀之谜的新角度。

海明威自杀的真实动机始终没有定论,他在自己的遗嘱中是这样说的:"我所有的希望已破灭,我那意味着一切的天赋如今已抛弃我,我辉煌的历程已尽,为维护完美的自我,我必须消灭自己。"但是,人们并不完全相信他自己对这一行为的解释。2000年7月,人们从一本新出版的海明威传记中窥见了这个谜团的冰山一角。这本传记的作者是肯尼思·林,他在书中明确指出,海明威在其成名后的很长时间里,一种疾病(勃起功能障碍)一直困扰着他,这种疾病严重地影响了他与几任妻子的关系和他相当一部分的家庭生活,由此造成的强烈的心灵痛楚才是他最终自杀的重要原因。

有一系列事实可以作为海明威在晚年患此病的佐证。海明威于1961年6月因为被医生认为患有"精神抑郁症"而被安排住进了圣玛丽医院的"自杀看护部"。通过医院护士精心看护,他的精神状态有所好转;新的一轮电休克治疗重新唤醒了海明威的性欲。他向罗姆医生抱怨说欲火难耐,罗姆于是立即打电话通知海明威的妻子玛丽前来。玛丽高兴地赶到海明威就诊的医院,与丈夫度过了一夜。但事后据玛丽说,那一晚"双方都没有完全满足"。玛丽在其后几个晚上再也没有与海明威同房。据罗姆医生后来回忆,海明威曾多次要罗姆在他面前发誓,永远不要将自己患病的真相告诉世人。后来,海明威与玛丽又经历了一次失败性的尝试之后,深深地对自己的病感到绝望,认为只有将自己的肉体消灭,才能维护自己的尊严。因此,海明威的自杀之举存在着一定的内在必然性。

纵观海明威的一生可以发现,在相当长的时间里,他的生活和创作一直都和此病对他的影响有密切的关系:首先他的人格因此而被扭曲了,继而这种人格的扭曲又被带入了他的行为和创作中,最终彻底毁灭了他。在当今时代,有人会因为患此病而自杀是一件让人难以想象的事情。人们不再会褊狭地认为自己会因为患此病丧失了尊严,不会觉得其可以将全部的生活摧毁。不仅如此,人们还有足够的机会获得帮助,还有足够的手段克服它,而海明威那个时代,这一切是不能办到的。

有人认为：如果肯尼思·林的论述能够成立的话，或者说海明威确实患有此病，那么海明威在各种作品中创作的"硬汉"形象只不过是作为一个幌子来掩盖自己患病的事实。

毕加索对逛街情有独钟

艺术家总是充满激情，毕加索也不例外。1897年，毕加索考进了西班牙皇家美术学院。在这里他结识了一批比他年长的朋友，毕加索经常和他们出去逛街，出入酒吧、赌场、妓院，并把在那些地方的见闻都画进了他的速写本。社会生活是创作的来源，毕加索的逛街并不是走马观花，他用一双画家的眼睛来审视这个世界。这些阅历影响着毕加索一生的创作。

亚威农少女　毕加索

1907年，毕加索开始创作立体时期的代表作《亚威农少女》。亚威农是巴塞罗那一条妓女街的名称。他每天都要出去逛街，并与那些妓女攀谈。在逛街的过程中，他可以看到搂抱着姑娘的满是伤痕的胳膊，看到街头女人做出各种打闹调情的动作，所以有人说，巴塞罗那的妓女街是毕加索学美术的第一个课堂。终于这段时期的逛街生活孕育出著名作品《亚威农少女》。我们也可以去深入他的精神世界，探视他一生毫不隐藏的激情和癖好，了解他这一辈子对情爱的不舍追求，从另一角度去阐释毕加索为什么喜欢逛街。

第一位登上太空的另有其人

1961年4月12日，在人类航天史乃至人类历史上，都是一个特殊的日子，上午9点07分，一艘5吨重的"东方号"飞船在苏联哈萨克中部的一个发射场发射升空，飞船的驾驶舱中坐着一位名叫尤里·加加林的年轻宇航员。飞船以每小时2.7万千米的速度，飞越苏联、印度、澳大利亚、太平洋和南美洲的上空，它在环绕地球飞行的同时，自身也在缓缓地自转。这次仅持续1小时18分的飞行震惊了全世界，它标志着人类第一次跨出大气层。很快，加加林的名字传遍了世界许多角落，这位年轻的宇航员一夜间不仅成了苏联人民的偶像，更成了全世界爱好航天事业人士心目中的英雄，被誉为"宇宙雄鹰"。他还获得了苏联政府颁发的社会主义劳动英雄称号。

然而，几十年过去了，伴随着苏联的解体和克里姆林宫大量保密档案的公布，人们开始对当年的这一事件产生了怀疑，加加林真的是当年第一个进入太空的人吗？

1945年，当第二次世界大战的硝烟还没有完全散尽的时候，另一场没有硝烟的战争却又悄悄地拉开了帷幕，那就是以苏联为首的社会主义阵营和以美国为首的资本主义阵营之间的"冷战"。双方在各个方面，特别是科技和军事上展开了大比拼。1957年，苏联成功地发射了人类第一颗人造地球卫星，这给了美国人极大的刺激。双方紧接着展开了载人飞船的实验，在下一个领域里又进行了新一轮的明争暗斗。

当苏联发射第二颗卫星时，科学家们在卫星上放了一条名叫"莱卡"的狗，虽然这条狗最后在卫星上死去，但是也足以证明，动物可以在宇宙飞船上生活一段时间。于是，载人太空飞行计划被提上了日程，苏联政府开始在试飞员中选拔"太空人"进行训练和实验。

这时，一个名叫弗拉基米尔·伊柳什的飞行员浮出了水面，成为当时最热门的人选之一。弗拉基米尔家庭出身非常显赫，他的父亲谢尔盖·伊柳什上将是苏联赫赫有名的飞机设计师，第二次世界大战中谢尔盖设计制造的伊尔—2攻击机为苏联战胜德国立下了汗马功劳。子承父业的弗拉基米尔也是一名出色的飞机设计师和飞行员，他对战斗机一直情有独钟，是苏联最优秀的飞行员，保持着10多项飞行纪录，在1959年更是创下了3万米的飞行高度纪录，并因此获得了苏联最高勋章。没有人比他更适合成为进入太空的首选人员了，况且空间飞行计划的负责人中许多都是他父亲原来的部下和学生。在荣誉的感召下，原来对进入太空兴趣不大的弗拉基米尔参加了苏联的载人空间计划，并秘密进行了艰苦的训练和准备工作。有一次，一张弗拉基米尔身穿太空服的照片被登在了西方报纸上，苏联官方立刻出面否认正在进行载人太空飞行的计划，因为政府需要的是绝对的成功，不愿意事先张扬这件事。后来，人们才从一些资料上得知，在1961年飞上太空之前，至少有7位宇航员在训练和试验中献出了生命。

而在苏联解体后公开的档案中清楚地记载着，1961年4月7日，弗拉基米尔·伊柳什作为最合适的人选，踏入了飞船，开始了他的太空之旅。一切都进行得很顺利，但是，在返回地面降落时出现了一些问题。太空舱本来预计从第一或第七轨道着陆在苏联境内的，而实际上弗拉基米尔却从第三轨道着陆在中国境内。另外，他也没有按照设计好的方式从太空舱里被弹射出来，而是随着飞船一起在地面上硬着陆。幸运的是，他没有死亡，但是受了很重的伤，这样他就没有办法以最良好的状态面对媒体的采访了。对于苏联政府来说，这绝对是一个很大的遗憾，所以，这次卫星发射和结果被严格封存起来，所有参与或了解这一计划的人都被命令对外保持缄默。弗拉基米尔也从苏联的各大媒体视野中消失了两年，官方宣布他由于车祸而在中国养伤，而人们很快发现官方的说法漏洞百出，开始说车祸发生在1960年，可是在一张1961年公布的授勋仪式的照片中居然出现了弗拉基米尔的身影，政府又马上改口是在1961年，至于说到养伤的地点，则一会儿说是北京，一会儿说是杭州。

而就在弗拉基米尔飞行的第二天，加加林的名字才为政府高层所知道，5天后，苏联对外宣布加加林胜利地成为了飞入太空的第一人。以前的低调处理和这次突然宣布的成功，在全世界获得了巨大的轰动效应。

而成为英雄之后的加加林的一些行为却

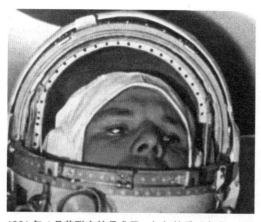

1961年4月苏联宇航员尤里·加加林乘"东方一号"飞船绕地球运行。这位年轻的宇航员被报道为登上太空第一人，获得苏联英雄称号，但是根据一些现已公开的苏联航空机密资料看来，首次登上太空的宇航员可能另有人选，加加林所受的荣誉受到了质疑。

有些反常，开始酗酒，还当众发表不合时宜的言论，甚至在一次公开的酒会上，他当着赫鲁晓夫的面摔碎了一个酒杯。人们后来推测很可能是由于他得知自己所得到的荣誉并不是真的，而自暴自弃。几年后，这位英雄在一次飞机试飞中失事，坠机身亡，而他的失事也笼罩着层层迷雾，给历史留下的是另一个谜。

至于弗拉基米尔·伊柳什，他后来成为苏霍伊飞机制造厂的首席试飞员，曾经试飞过140多种飞机。苏联解体后公布的材料显示，很可能他才是进入太空的第一人，真正的宇航英雄。20世纪90年代，伊柳什在电话中曾经表示愿意接受一家美国电视台就这件事的采访，然而当摄制组到达俄罗斯以后，他却选择了保持沉默，使

1961年4月12日9点07分，在哈萨克斯坦的原苏联宇航中心拜科努尔，搭载"东方号"宇宙飞船的火箭点火起飞，不过飞船里乘坐的究竟是加加林，还是弗拉基米尔，我们不得而知。

这一历史之谜还不能真正地被完全解开，在离真相只有一步之遥的地方停住了，那一天也许不会太远了。

风流女谍的悲剧人生

玛塔·哈里是谁？长期以来，她一直被人们贬抑为20世纪的女妖。玛塔·哈里是第一次世界大战期间著名的女间谍，1917年在巴黎被处决，结束了她的女谍生涯。她的名字在间谍小说中已经成为以美貌勾引男子、刺探军事秘密的女间谍的代名词。荷兰北部小城吕伐登是她的家乡，因为给她建博物馆引起很多争议。对于这位女间谍，吕伐登的居民为她感到耻辱，因而起初不愿为她建造博物馆。玛塔·哈里基金会做了大量的工作，终于说服了市民。

博物馆位于吕伐登一条小街的尽头，将展示大量实物，包括玛塔·哈里的充满激情的情书、绚丽多彩的舞台服装、光彩耀目的珠宝首饰、姿态各异的照片和她被捕后写的一份自述。她充满悲剧的传奇人生令人深思……

1903年，舞娘玛塔·哈里出现在巴黎，她专门跳一种印度舞蹈，并在这个欧洲享乐天堂中引起不小的轰动。由于舞姿性感、撩人，同时，凭借独到的奉承男人的本领，她很快成为巴黎社交界红得发紫的高级交际花。姣好的容貌、机敏的头脑，令无数男人都拜倒在她的石榴裙下。

玛塔·哈里的原名是玛格丽特·格特鲁德·泽勒，出生于默默无闻的荷兰北部吕伐登小城，吕伐登是一个以养牛和制酪为主的小城，古朴自然，幽静和谐。父亲是一家帽子店老板。这个未来名震欧洲的交际花直到15岁之前，在吕伐登度过了天真浪漫的童年，出落成一位出众的美人。15岁时，玛格丽特被送入师范寄宿学校，道貌岸然的校长强暴了她，

后来她也成了教师们的玩物。玛格丽特无法忍受屈辱的生活，急于摆脱困境。于是，与荷兰皇家东印度军的鲁道夫·里奥德上尉结婚。天真的姑娘不知道里奥德上尉是个彻头彻尾的赌棍、酒鬼和好色之徒，从此走入了地狱般的婚姻。1902年8月，她与丈夫正式离婚，结束了8年的痛苦婚姻。1903年，玛塔·哈里只身来到法国，定居巴黎，踏上冒险的生活之旅。

1896年，她随丈夫到印度尼西亚爪哇岛后，曾经私下秘密学习那种令她着迷的印度舞蹈。到了巴黎，这种技能终于派上了用场，玛塔·哈里神秘的东方舞蹈使她获得了巨大成功并开始到各国巡演。借演出的机会，她结识了许多高级德国军官，于是她总是不断地能够得知一些国家机密。起初，他们是酒后无意中说的，后来，出于好奇，玛塔·哈里开始主动套取重要情报，她意识到自己手中掌握的这些情报价值连城。

玛塔·哈里专门跳印度舞，吸引了无数男人。图为印度舞娘。

1915年，玛塔·哈里正式成为德国情报机关的间谍，并以巡演为掩护，被派遣到西班牙搜集情报。她的到来，令西班牙人痴狂，她与社会名流们打得火热。于是，有关西班牙各方面的情报被源源不断发往柏林。不久，英国情报部门的密探开始跟踪玛塔·哈里，她与德国间谍机构的联系被英国情报部门通报给法国反间谍机构。

发觉被跟踪后，玛塔·哈里回到法国并设法与法国间谍头目拉杜见了面。她说自己可以为法国搞到德国的机密情报。但是，拉杜只是表面上同意了她的提议，仍然把她送到了中立国西班牙。此时正值第一次世界大战，拉杜的目的是通过玛塔·哈里将假情报输送给德国。

由此，她被法国利用，成了一名双料间谍。但是，后来法国因为一封莫名其妙的电报认定玛塔·哈里极有可能为德国方面提供了大量情报。1917年2月13日，玛塔·哈里刚刚抵达法国边境，就被以间谍罪逮捕，同年7月宣布判处她死刑。

死刑执行队
1917年7月25日，玛塔·哈里被判处死刑，在8月15日，面对死刑执行者们，她表现出了冷静和对死的无比勇气。

1917年8月15日，玛塔·哈里被带出巴黎女子监狱执行枪决。这一天，她刻意打扮了一番，戴上了一顶宽檐黑帽。临死前，玛塔·哈里拒绝被蒙上双眼。她说想看着那些杀死她的男人的眼睛。枪手扣动扳机前，她向他们送去了最后的飞吻。

颇具讽刺意味的是，1999年英国情报部门公开的20世纪初的情报档案显示，当年英国情报机构并没有掌握玛塔·哈里犯有间谍罪的真凭实据。玛塔·哈里死后，有人猜测说，是她的情人西班牙作家恩里克·戈麦斯向当局告密害死了她。也有人认为是他的妻子因为妒忌玛塔·哈里勾引了自己的丈夫，而设局陷害了她。

玛塔·哈里的头在她死后被保存在巴黎阿纳托密博物馆，经过特殊的技术处理她的头仍保持了她生前的红唇秀发，像活着一样。2000年，玛塔·哈里的头颅不翼而飞。

"007"的原型

1974年，被喻为英国历史上"最成功的间谍"达斯科·波波夫的传奇经历被编成自传。此后，以波波夫为蓝本创作的詹姆士·邦德（007）系列电影也获得了极大的成功，据说，波波夫真实的间谍生活比起电影中的007来一点也不逊色。

1912年，英国间谍达斯科·波波夫出生在一个富裕的南斯拉夫家庭。波波夫生性风流，每到一处总要结识美女留情。波波夫能操流利的意大利语、法语、英语和少许德语，是一名不折不扣的语言天才，他迅即成为南斯拉夫特务网络的中心人物。

《黄金眼》中的詹姆士·邦德，波波夫是其原型。

最初走上间谍路是在1940年2月，波波夫在家中接到好友约翰尼从柏林来的电报，约翰尼是波波夫1936年在德国弗莱堡大学结识的挚友，他们约好2月8日在贝尔格莱德塞尔维亚大饭店见面。而波波夫不知道当时约翰尼已受雇成为纳粹间谍，这次来就是要招揽他做间谍募集情报对抗盟军。

关于当时的情况，在英国公共档案办公室新近解封的一批军情五处的机密情报档案中有比较详细的记载。1940年，波波夫不甘为德军所利用，于是主动请缨，马上找到了英国驻巴尔干国家的商务参赞斯德雷克，要求英国方面提供一些情报，以帮助他打入德国情报网。几天以后，伦敦批准了这个计划。波波夫依靠自己导演的双簧戏，成功打入德国间谍层，从此开始了他双重间谍的生涯。

档案还记载了波波夫制造隐形墨水的配方，显示他爱用酒杯混合隐形墨水。此外，他的档案还包括大量载有日期的文件、隐形墨水明信片、印上"已拆开"或"检查"邮戳的邮件，及他寄给女友的信件。

1941年7月，波波夫被派到美国去发展一个谍报小组。他的德国上司对他说："日本可能要同美国开战，我们也不能坐视。"此时，波波夫已经觉察到日本要偷袭珍珠港的种种迹象。

在征得英国情报当局的同意后，波波夫以南斯拉夫新闻部驻美特派员的身份飞往纽约，在完成德国情报机构交给的任务后，他向美国联邦调查局通告了日本入侵美国的消息。经过英国情报机构与美国的斡旋，美国联邦调查局局长埃德加·胡佛召见了波波夫。

但胡佛似乎对他并不感兴趣，并因为波波夫生性风流，终日与法国电影明星纠缠在一起，而彻底把搜集情报的任务抛到脑后而大为恼火。虽然英国军情五处已通知联邦调查局，波波夫在为英国工作，但联邦调查局却对此存疑。这次糟糕的会见使波波夫十分失望，情绪异常低落地离开了。

波波夫像

1942年11月，波波夫再一次踏上了英国的土地。盟军对德国发出一些假的情报，并对德连续实施了"斯塔基行动"和"马基雅维里计划"，为的就是迷惑德国人。在"斯塔基行动"中，他们向德国情报机关提供假情报，并把德国轰炸机群引诱到英国皇家空军的阵地，使德军处于易受攻击的境地。

在"马基雅维里计划"中，波波夫把伪造的文件和书信放到一个英国军官的遗体上，然后让这具遗体随海浪冲到西班牙海岸。遗体上的文件中有关于向希腊进攻的绝密卷宗，让德军"意外"地发现这具遗体和情报。

同时，波波夫又在向德国人的报告中说，有许多英美军人应召在苏格兰接受跳伞训练，以及英国方面对最近的一起飞机失事事件顾忌重重等消息。柏林当局立即向撒丁岛增派部队，潜水艇也奉命开往克里特。结果，西西里的防御力量削弱了，使巴顿将军轻而易举地冲进巴勒莫城。

1944年5月上旬，随着情报的增多，双重间谍的工作量很大：他们认真编造和研究信息，使它们与盟军的战略计划相吻合，并取信于敌。然而，由于情报太多，后来一些细节性错误引起了德国情报部门的注意。

1944年5月中旬的一个深夜，英国军情六处的人急匆匆地赶来告诉波波夫，让他乘敌人还未发觉，赶快回葡萄牙里斯本通知其他人员转移，然后潜逃到比利时。

波波夫于是星夜兼程地赶到里斯本，开始营救和组织逃亡工作。然而一切都为时太晚，那些正在工作的谍报人员都没能逃脱纳粹的魔爪，他本人也险些被纳粹抓获。

1944年6月6日盟军登陆法国前夕，他曾协助盟军瞒骗德国，令德军从盟军登陆的地点诺曼底转移到别的地方。

波波夫参与了"二战"期间许多重大情报活动。英国在战后两年确认波波夫的功绩，在1947年向他颁授勋章。

高身价的间谍

沃尔夫冈·洛茨是继伊利·科恩之后以色列情报机构摩萨德又一著名间谍。他幼年在德国生活，后移居巴勒斯坦，第二次世界大战爆发后进入军队，1962年被阿穆恩（以色列军事情报局）派往埃及。

沃尔夫冈·洛茨以一名德国旅游者和育马人的身份，踏上了埃及的国土。洛茨仅用了6个多月的时间，便结识了当地社会的精英人士。他尤其注意与埃及军官建立友谊，陪他们一起喝酒、打牌，在吃喝玩乐中得到了不少有价值的情报。

在法国期间，洛茨在火车上认识了一位德裔美国女子，名叫瓦尔特劳德，两人一见钟情，仅仅两周时间，便双双坠入情网。

当洛茨带着漂亮的妻子回到埃及后，每天早晨，洛茨总是站在一个5米高的塔楼上，手持高倍望远镜观察驯马，但他真正注意的并不是他的马。他只要把手中的望远镜稍稍向右移动一下，便可将军事基地内的一切活动尽收眼底。

洛茨夫妇的朋友极其广泛，除了骑士俱乐部的尤素福将军及年轻军官们之外，还有军事后勤专家阿卜杜勒·萨拉姆·苏来茫将军、军事反间谍局的福阿德·奥斯曼将军和穆赫辛·赛义德上校，乃至埃及共和国的副总统侯赛因·沙菲。他们都把洛茨视作值得信任的前纳粹军官，因此往往在不经意中吐露出许多宝贵的情报来。

沃尔夫冈·洛茨在推杯把盏之中轻而易举地搜集到一些情报，并将它们源源不断地发回到阿穆恩总部。

1965年春天，洛茨夫妇和瓦尔特劳德的父母在一次出游之后，一家人驱车返回开罗，刚到家门口，6名大汉把他们全部用手铐拖走了。

随后，埃及安全机关检察长萨米尔·哈桑亲自审问了洛茨。原来，沃尔夫冈·洛茨也和在叙利亚的间谍伊利·科恩一样，是被测出发报位置而暴露的。埃及安全机关甚至录下了3年来洛茨收发的全部电讯号。事已至此，洛茨只得承认一切，说自己是德国人，只是图谋金钱才替以色列搜集情报。埃及人对此深信不疑，因为他们早已掌握了洛茨是前纳粹军官的铁证。

此外，洛茨还咬定所有活动都是他一人进行的，被捕12天后，埃及安全机关安排洛茨夫妇接受电视台的采访，洛茨想这正是一个告诉以色列情报机关这里到底发生了什么的好机会。

在采访中，洛茨承认自己当了间谍，是个见财如命的德国人。采访最后，记者问他是否想对德国的亲人说点什么时，他趁机说道："如果以色列今后还派间谍来的话，它应当去找自己的公民，而不要再收买德国人或者其他外国人了。"埃及当局显然并没有意识到，以色列军方已经明白了洛茨的意思：我的假德国人身份还没有暴露，请设法据此采取营救。

1965年7月27日，埃及法庭对洛茨夫妇进行了公开审判，洛茨被判终身苦役。

1967年6月5日，第三次中东战争爆发。从监狱中可以听见以色列飞机在监狱附近投下炸弹的爆炸声，洛茨分析他们攻击的目标很可能是由自己提供情报的赫勒军工厂的位置，为此他心中暗暗感到高兴。

1968年2月3日，第三次中东战争即"六日战争"之后，洛茨被叫到副官办公室，监狱副官通告了释放洛茨的决定。当时，洛茨听到自己获释并没有之前想象的那么兴奋，反而内心平静得出奇。在开罗

洛茨曾多次站在这里瞭望，刺探情报。

机场洛茨等待回国的班机。突然，领事神秘地告诉洛茨，在他被释放的背后有过一场特殊的较量。

战争结束后，以色列开始同埃及就交换战俘的问题谈判，以色列情报机构长官梅厄·阿米特坚持要将洛茨列入战俘交换之列。自从科恩被叙利亚人绞死之后，阿米特就一直对没能营救这位间谍王子而感到自责和沮丧。但是以色列政界却不愿意公开承认洛茨是本国间谍。直到阿米特以辞职相威胁，最终才使洛茨得以逃出囹圄。最终，以色列政府表示，埃及释放在押的洛茨和瓦尔特劳德夫妇，以色列就可以释放包括9名埃及将军在内的5000名埃及战俘。洛茨听后大吃一惊，几乎不敢相信自己竟有如此之高的身价。

美国"老虎部队"越战期间犯下滔天罪行

1967年7月，代号为"老虎部队"的美国陆军部队一个排共45人空降到越南的一个小山村。落地伊始，这些美国兵就开始了大屠杀。无论男女老少，只要看到人，他们就开枪。一位老兵回忆道："无论他们跑还是不跑，都会有子弹向他们飞去。"这一骇人听闻的隐秘罪行正是包括美国全国广播公司、英国路透社、英国《独立报》在内的多家西方权威媒体集中

U-2 侦察机
U-2 侦察机以单个喷气式引擎提供动力，其翼展为 23.5 米，以加强其超高空运行。

报道的有关美军在越南战争期间犯下的一宗大屠杀案。

美国俄亥俄小报《刀刃报》的一名编辑因为一次很偶然的机会，看到了五角大楼中秘密存档的一份有关美国在越南战争中，曾经屠杀过手无寸铁的居民的调查的绝密文件。报社的编委们意识到这样的惊天新闻如果没有确凿翔实的考证，是绝对不能说明问题的，这个即将曝光的惨案将是美军历史上的又一个"米莱大屠杀"（1968年，由于怀疑越南米莱村村民掩护北越军队，3个排的美军士兵开始了灭绝人性的大屠杀。几个月的婴儿在屠杀中也未能幸免，数百名越南平民惨死）于是，他们经过仔细商讨，决定委派数名记者前往越南和美国各州，采访当时的见证人，整个采访过程历时8个月。

经过细致的调查取证，很多证词和证据逐渐将事情呈现出这样一种情形：手无寸铁的村民被无辜枪杀，甚至还有一些士兵用刀将越南人的耳朵、头皮割下来，作为自己的战利品。据说，一个美国兵残忍地将一名越南女护士的头皮完整地切了下来，为的只是给自己的枪做个枪套！调查中，有27名士兵称从越南死者头上切下耳朵在当时是很普遍的现象。还有一些美国兵，把割下来的越南人耳朵串成一个项链，挂在脖子上炫耀。短短数天，至少100人在屠戮中死亡。

当地的一些老人回忆起当年的情景时更是泪流满面，一位七旬老妇人说，当年的那一幕她永远也不会忘记：几名美国大兵对着她的家扫射，就在这突如其来的入侵发生的几十秒之内，这位老人的丈夫、孩子全都倒在血泊中，只有她在美国大兵的枪下侥幸活下来。另外一位越南老人控诉道："他们对我们这些手无寸铁的人大开杀戒，我们不是士兵，我们不会对他们构成威胁，但是他们根本不管这些！"

对如此惨绝人寰的行径当年的美国大兵是如何描述的呢？

一名"老虎部队"的士兵说："我们过一天算一天,并没有指望活下去。为了生存,我们为所欲为。存活的唯一途径是杀戮,因为你不用担心死人会对你怎么样。"还有两名当时的老兵这样说:"很多美国士兵已经杀红了眼,他们疯狂地把杀人当成一种乐趣。""曾经也有人看不下去,他们甚至举起枪要求战友停止杀戮。可是,'老虎部队'的指挥官却要求这些阻止杀戮的士兵闭上嘴,而且不许对任何人说这些事情。"情况不止于此,还有的说法是,这些士兵没有接受过任何指挥官的命令,他们对当地村民的屠杀完全是自发的。无论是自发的还是执行上级命令,"老虎部队"灭绝人性的犯罪行为似乎已经得到了证实。

既然犯罪事实确凿,法律就应该严惩战犯。这其中有一个名为威廉·凯力的中尉是事件败露后唯一被判刑的当事人。因谋杀了109名村民,他在1971年被判终身监禁,可是他坐了3年牢后即获假释,此后竟然做起钻石生意。

外星人阻止了核爆炸

1986年4月26日乌克兰切尔诺贝利核电站大爆炸发生距今已经多年了。那次大爆炸造成欧洲30多万人受放射性伤害死去。但是,那次爆炸中在引起热能爆炸的第四核反应堆里,共有180多吨浓缩铀存在,在那种极端的环境中,不发生核爆炸的几率微乎其微,到底是什么因素挽救了人类,阻止了核爆炸发生呢?

调查显示,发生这起核事故的根本原因是核电站工作人员在进行一项实验时,相互之间没有沟通好造成的。

切尔诺贝利核电站位于前苏联基辅市北130千米的地方,是1973年开始修建、1977年启动的最大的核电站。1986年4月25日,核工厂管理部门决定做一个实验,研究当反应堆关闭、蒸汽不再向涡轮发电机传送能量时,涡轮的惯性旋转能否产生新的电能。于是,能量公司官员命令反应堆工作组立刻启动第四核反应堆。但是那天正好也是切尔诺贝利核电站4号核反应堆开始按计划进行定期维修的日子,涡轮发电机工作组工作人员关闭了涡轮机,而反应堆产生的蒸汽是供给涡轮机的,自动保护系统的作用是在涡轮机不能正常工作的时候自动关掉反应堆,现在连自动保护系统也被关掉了。于是,反应堆不断工作产生蒸汽,却没有宣泄的出口,引发了热能爆炸。

据《真理报》经过对当年爆炸目击者的大量采访显示,在切尔诺贝利核电站大爆炸期间,许多人目睹一个飞碟悬浮在核电站的上空。这样的采访结果让人不得不联想:难道是外星人阻止了切尔诺贝利核电站的核爆炸?

通过对当年切尔诺贝利核电站大爆炸现场幸存者和附近居民的采访,《真理报》记者了解到了另一个让人瞠目结舌、不为专家们所知的说法——在当年的爆炸现场,看到了一艘类似飞碟的太空船盘旋的目击者多达数百人,它在第四核反应堆的上空达6小时之久。

更加离奇的叙述来自救援人员之一米克海·瓦里斯基,他说:"爆炸发生后,我们赶到切尔诺贝利核电站时还是凌晨,一个直径有6~8米宽的巨大的红色火球状的东西慢慢地悬浮在核电站上空,它飞到离切尔诺贝利核电站上空300米的地方停住,接着两道深红色的光从该物体中垂直射向第四反应堆,过了大约两三分钟,深红色光芒突然消失,那个飞行物快速向西北方向飞走,消失了。"专家分析认为,如果真的有飞碟阻止了核爆炸,那它就是通过一种不为人类所知的方法减弱了浓缩铀当时极其不稳定的状态,从而阻止了核爆炸

切尔诺贝利核电站遭核辐射的孩子在明斯科的医院接受治疗。

的发生。

1989年9月16日，第四核反应堆再次泄漏，携带着高放射性物质的水蒸气和尘埃随着浓烟升腾弥漫，遮天蔽日。不明飞行物再次出现在切尔诺贝利核电站上空几小时后，医生格斯皮娜作为目击者对记者说，琥珀色的飞行物在顶部和底部都有窗口，清晰可辨。1990年10月，《切尔诺贝利回声报》刊登了一位名叫那夫兰的摄影师在切尔诺贝利核电站的建筑里拍到的一幅照片，照片上除了巨大的机器还有第四反应堆所在建筑的屋顶上的一个巨大的洞。

目前欧洲科学家尚未对《真理报》的报道有任何评论。究竟是不是外星人阻止了核爆炸？外星人为什么要拯救人类？这些疑问依然悬在人们心中。

柏林墙下有耳

推倒柏林墙10周年纪念仪式于1999年11月举行，苏联总统戈尔巴乔夫和德国总理科尔、美国总统布什重聚柏林。戈尔巴乔夫和布什在象征东西方对抗的柏林墙边热情握手，一派"喜庆平和"气氛。然而，就在这柏林墙下，美国中情局曾经与苏联克格勃发生过多年秘密的较量，而且在很长一段时间里，前苏联对此竟然毫不知情。为什么强大的苏联会变得如此疏忽？

第二次世界大战结束后，德国首都柏林一分为二，成为连接东西方的战略结合点，自然也成了美国中央情报局从事间谍活动的理想场所。那时候，窃听是最普遍也是最行之有效的间谍活动之一。英国间谍机构军情5处向美国中情局建议，苏联军事设施有地下通讯电缆通往东德和东欧各国，中情局完全可在这方面做文章。局长希伦科特亲自拟定了一项名为"黄金"的窃听计划。希伦科特之所以把这项窃听工程命名为"黄金"，因为他认为，优质的情报比黄金还有价值。最终，计划确定为从西柏林建窃听隧道穿过勃兰登堡门，再延伸进入东柏林，截听苏联军事通讯。"黄金"计划非常保密，只有中情局少数领导人知晓。

窃听隧道从1949年开始构思和设计，前后用了5年才完成。这可能是世界历史上最秘密而艰巨的窃听工程，于1954年8月正式开始挖掘，挖凿只花了半年，但设计、勘探、情报搜集和试验，用了几年时间。

为了迷惑苏联人，也为了不让自己人胡乱猜测，中情局指示，在西柏林隧道起点之处伪装兴建仓库和雷达站。当时，苏联克格勃也曾对此产生过怀疑，但当得知是建仓库和雷达站时，也就不再在这方面花费时间和精力了。为了保密，整个工程由美军工兵部队负责实施。

1955年2月，窃听隧道开始正式运作，长500多米的主段里面布满了电子偷听器，能清楚地截听到苏军的电话和密码信息。这条隧道虽然只使用了一年多，但窃听到了大量优质情报。第一个重要信息于1954年年底截获：苏联军方传达克里姆林宫指示，要求驻东德苏军保持良好纪律，不可破坏和谐气氛，配合政府同联邦德国（西德）改善关系。分析人员根据这份情报作出判断：柏林结束战争状态有望。此外，中情局凭借这条隧道掌握到，苏联夸大了在民主德国（东德）的驻军实力，苏军不可能突然向西柏林发动进攻。中情局还获知苏军在民主德国修建了特殊的武器库，苏联人可能会在民主德国部署原子弹。美国还通过隧道窃听，更有效地掌握了苏联的欧洲战略和意向。

然而，1956年4月，苏军一条由东柏林通往莫斯科的电话线失灵导致了这条窃听通道的曝光。通信兵在进行检修时，意外发现地下电缆有一段被人搭线破坏。顺藤摸瓜，他们终于发现了这条窃听隧道。苏军突击队员火速赶到，用烈性炸药炸开隧道时，还有几名美国情报人员正在进行秘密作业，听到爆炸声后仓皇逃入密室返回西柏林。密室入口迅速自动堵塞，苏军无法进入。

苏联高层对窃听事件极为恼怒，美苏为此也进行了高层会晤，最终就低调处理此事达成一致。随后，为挽回面子，莫斯科称美国人搞的地下活动自己早就知道了，而且故意发放很多假情报愚弄美国。

1961年8月，赫鲁晓夫在冷战危机中下令筑起柏林墙，这倒为中情局的窃听活动提供了更为安全的掩体。美国继续在柏林墙下从事间谍活动。

1965年，克里姆林宫不满美方继续窃听，指示驻柏林的苏军司令大曝当年美国柏林隧道丑闻，并带记者参观隧道及里面的设施，声称打赢了一场地下间谍战。中情局被迫在形式上进行了调整和掩饰。

西方情报人员事后透露，苏联人所发现的仅是隧道的其中一段，尚

德国分裂，柏林被一分为二，驻守在柏林墙两侧的士兵只能隔墙相望。

有隐秘支线一直未被发现，继续长期运作。柏林围墙被拆除已10年，窃听隧道仍然存在。俄罗斯一位前情报官员也证实："柏林墙是冷战的象征，真正的冷战却在墙下进行。墙倒了，并不意味着激烈的间谍活动也停止了。"冷战时期，中情局在柏林的监听站，与美国设在英国约克郡门威斯希尔的全球最大监听站F—83情报站连接，因而欧洲情报人士相信，美国仍继续利用冷战间谍设施实施窃听，以获取俄罗斯和欧洲各国的商贸和技术情报。

中情局曾多次暗杀卡斯特罗

据说古巴有一位名叫路易斯·巴埃斯的老资格记者，他对美国中央情报局针对古巴革命领导人菲德尔·卡斯特罗数百次谋杀未遂事件的史料颇有研究，堪称为一个专家级的人物。在一次接受采访的时候，他畅谈了自己所掌握的那些鲜为人知的秘密。

65岁的路易斯·巴埃斯生于哈瓦那，结婚后育有3个子女，全家人住在古巴，而且都是卡斯特罗政策的拥护者。他从当记者开始就一直为古巴报刊撰写关于卡斯特罗总统的报道，一直持续了将近42年。在这漫长的时间内，他接触到美国中央情报局的一些解密档案，以及古巴安全局的一些解密档案。多年来通过研究这些档案材料，路易斯·巴埃斯对

卡斯特罗像
古巴政治领袖，使古巴成为西半球第一
个社会主义国家，其拥护者视他为拉丁
美洲最具有影响力的革命领袖；敌党指
控他政治煽动与专制统治。中情局视卡
斯特罗为眼中钉，必欲除之而后快。

那些试图谋杀卡斯特罗未遂的事件了如指掌。

有一次，中央情报局曾计划用氰化钾毒死他，后来就把内中装有氰化钾的胶囊交给一个潜伏在饭店里的特工人员了。而卡斯特罗正好有个习惯就是每天夜里都要外出到希尔顿饭店（现在的名称叫自由古巴饭店）去喝巧克力鸡尾酒。可是那个特工把胶囊放到了冷藏室里冷藏起来，等他从那里取出胶囊以后，里面的毒药已经分解失效了。不过，同其他谋杀相比，这名特工可是离达到目的不远了。像这类的谋杀尝试，从中央情报局解密的档案和古巴内务部安全局的档案中显示，高达600多次！

如果平均算下来，43年中平均每个月总有一次吧。这一平均数字是按照谋杀计划的数量来计算的，因为有些计划甚至连落实的机会都没有，或者有的是没有执行到头就流产了。这些谋杀都是反对古巴革命的绝密行动计划的重要组成部分。

其中最值得一提的尝试，要算左派政治家阿连德当智利总统的时候，那次卡斯特罗正在对智利进行一次历史性的访问。中情局安排了一个电影摄影师，准备枪杀卡斯特罗。枪就藏在摄影机里面，可是到最后一刻，那个摄影师打退堂鼓了，害怕了，最终没敢动手。

另外一次谋杀是中央情报局的一个名叫托马斯·佩劳的特工，这个叫佩劳的年轻人思维非常周密，他所有的计划都是精心编制的，可以说他的计划曾让人看到了"除掉卡斯特罗的一线希望"。他预先的计划是派他的手下在古巴岛四处散布"基督二次降临近在咫尺"的消息，同时散布"卡斯特罗反对基督"的流言飞语，目的明确，就是让古巴人都举行起义，反对卡斯特罗，并且将把美国潜水艇的枪声定为起义号声。但是最终还是失败了，事情并不按他想象的那样发展。

还有一次，有人打起了卡斯特罗的雪茄香烟的主意，他们想往他的雪茄烟里注射一种名叫"肉毒杆菌毒素"的毒药，只要一碰到他的嘴唇，卡斯特罗就会马上死掉。

在各种千奇百怪的破坏活动中不光是为了要卡斯特罗的命，还有一些是冲着他的声誉和形象去的。有一次，有一个肇事未遂者曾经试图往卡斯特罗将要前往讲话的一间播音室里喷洒一种液体，目的是为了让卡斯特罗在讲话时忍不住不停地打喷嚏，丢面子。

所有的这一切对卡斯特罗来说成了宝贵的经验和磨砺。以至于卡斯特罗亲口说过："我最大的成就是大难不死，我还活着。"

接连不断的谋杀占据了卡斯特罗生命中不少的时间，而且谋杀手段花样百出。有一次，中情局有个名叫克里斯·帕登的特工，他制订了一个往卡斯特罗皮鞋上洒脱毛剂的计划。为的是一旦脱毛剂碰到卡斯特罗的大胡子就会使胡子掉个精光。最终这个计划还是没有得逞。

之后，谋杀和破坏计划仍然在制订。至于到底曾经有过多少次谋杀，未来还会有多少次，也许卡斯特罗自己也说不清楚。

第三篇 世界秘史

第一章 远古时期秘史

大洪水与挪亚方舟的传说

挪亚方舟的故事流传很广，人类似乎也经过了一次劫难。《圣经·旧约》"摩西五书"的记载很详细：人类祖先亚当和夏娃被逐出伊甸园后在大地上繁衍生息，罪恶充满了世间。上帝非常生气，要用洪水淹没人类，但因见挪亚是位义人，于是让挪亚造了一条船带上家人和所有种类的动物逃命。洪水爆发后，方舟终于在漂浮 150 天之后搁浅在亚拉腊山巅。有关挪亚方舟和世纪洪水究竟是确有其事还是仅仅是传说引起了许多人的好奇，人们纷纷对其进行研究和考证，几个世纪以来研究不断。

荷兰人托伊斯早在 17 世纪就曾写过一本名为《我找到了挪亚方舟》的书，书中还附有方舟的插图。

根据近代科学研究所得，在距今 4000 多年的确曾出现过一场特大洪水，洪水漫到伊朗、土耳其和亚拉腊山。不过探险家们在 1792 年、1810 年、1876 年，多次登上亚拉腊山，也没找到任何线索。一位名叫弗里得里希·帕罗得的爱沙尼亚登山家于 1972 年初次登上亚拉腊山顶峰，1850 年，盖尔奇科上校带领的土耳其测量队也登顶成功。1883 年，亚拉腊山发生大地震，对灾情进行评估和考察的人员来到亚拉腊山，在亚拉腊山被地震震裂的地段内发现了一艘大木船，由于船体大部分在冰川内嵌着，所以它的具体长度人们无法估计，估计船体高约 12 米 ~ 15 米。

挪亚方舟的传说
当"大洪水"威胁世界时，挪亚将饲养在地球上的动物雌雄各一对载入方舟。

俄国飞行员拉特米在 1916 年飞越亚拉腊山时，发现有一团青蓝色的东西覆盖在山头上。他在好奇心的驱使下飞回细看时，竟发现了一艘房子般的大船，它的一侧还有门，其中一扇已经损坏。

法国的琼·费尔南·纳瓦拉在 1955 年 7 月，带着儿子拉法埃尔登到亚拉腊山顶峰，找到了嵌在冰川中的方舟残片，便把一块木板带回，经法国、西班牙、埃及等国科学家研究，这一块木板曾经被特殊防腐涂料处理过。通过碳 −14 测定，它的年代至少在 4484 年前。

当然，地球曾发生过特大洪水也

得到了相当多的科学家的认同。土耳其科学家指出，大约在 1.3 万 ~ 1.4 万年前，特大洪水汹涌的浪潮从今天的黑海越过马尔马拉海进入到地中海，并且许多人类居住地在高达数百公尺甚至数千公尺高的地方，在巨大浪潮冲进地中海时即被淹没了，今日星罗棋布的爱琴海岛屿形成的原因就在于此，许多传说中陆沉的"亚特兰蒂斯城"可能也被淹进了海底。

马尔马拉地区在 1999 年连续两次发生大地震之后，挪威及法国探测船曾对马尔马拉海底的断层进行探测，证实马尔马拉海底原本是座面积很大的山谷，谷底有许多洼处，似乎是昔日湖塘的痕迹。

因在 1985 年找到泰坦尼克号残骸而在探险界颇有声名的罗伯特·巴拉德在 2000 年宣称，在距土耳其沿岸 20 公里远的黑海海平面以下 90 多米处，他率领的一支远征小队发现了一个呈长方形的地基。他猜测在被大水吞噬以前，那里可能曾经是一座建筑的旧址。根据近来的科学发现，科学家们断言，地球上曾发生的世纪大洪水和《圣经》里讲述的挪亚方舟的故事有一定的联系。

葬身帝王谷的哈希普苏特可能是女法老

《探索》杂志的科学家们曾引发一次全球讨论，原因是他们即将开启为世人瞩目的埃及金字塔，但寻到的答案却是"古墓之穴，门后有门"。落日余晖中，神秘的金字塔群依然是那样诡异迷人。然而，在这个男性权威至高无上的国度，在这肃穆庄严的帝王之谷却安葬着一位叱咤风云的埃及女王——哈希普苏特。她是何人？来自何处？何以能安葬于此？

哈希普苏特女王陵墓实景图

"女王"这个名词在哈希普苏特时代的埃及语中根本就不存在，只有"王后"的称号，因为男性是王位的当然继承者。在埃及历史上也曾出现过几位有影响力的后妃，如风华绝代的妮菲媞迪王后就拥有一定的权力，并享有极高的声誉，但统治全国的女性却少之又少。哈希普苏特是这些女中豪杰的杰出代表，她高人一等，权势最大。因此她被有些历史学家认定为历史上的第一位女法老。

哈希普苏特之所以能够执掌王权，归因于她蓬勃的野心和过人的胆识，哈希普苏特的儿子在她的丈夫（同父异母的兄弟）塞莫斯二世驾崩之后继承王位，但是他并不是哈希普苏特的亲生儿子，因此在登基之初掌握不到实权，他的权力全被野心勃勃的母后夺取。不久，哈希普苏特便将儿子摞在一旁，封自己为"王"。虽然母子俩共享统治地位，但哈希普苏特已大权独揽。从此她对"称孤道寡"好像很着迷。她在执政期间在全国各地竖立了很多座雕像，并对庙宇进行修复，兴建神殿。其宏伟建筑的典型代表是竖立在卡纳克地方的两座方尖形碑，每一座碑都是用整块红花岗石雕刻而成的，碑尖镶上了金子。她在留存下来的一些图像中头戴法老的传统头饰，身穿男性服装，一些雕像中，还可以看见她戴上法老只在大典礼上才戴的礼须。虽然各种铭文碑刻对哈希普苏特的美貌已说尽好话，但她的真正面貌到底是什么样的，我们无从知晓。根据塑像显示，她有时是苗条少女，有时又像个壮汉。但不管被雕成什么形象，哈希普苏特肯定极具王者威严，在与文武百官面对面时，这种风范尤其不可缺少。大多数现代人认为，哈希普苏特本人为使自己成为对这项历史壮举有功的埃及女王可算是用尽了心机。

哈希普苏特把自己塑造成为能征善战的英雄，但只是为了迎合尚武的男性法老的传统而已。虽然在建筑和商业方面她有些成就，但地位却不是很稳固。在她与儿子21年的"共同"统治中，很多具有正统思想的人一定对她假胡子后的女人面孔耿耿于怀，塞莫斯三世尤为怨恨夺取他权力的女人。因而在哈希普苏特死后成为埃及的唯一统治者时，他做的第一件事情就是下令打烂哈希普苏特的大部分雕像，凿去全国各地纪念碑上哈希普苏特的名字。苦苦等待了21年，塞莫斯三世终于等到树立自己威名的机会，成为古埃及伟大的军事领袖。

在塞莫斯疯狂的复仇行动中，哈希普苏特的遗体却享受到了前无古人后无来者的特殊待遇，即被安葬于王室墓地帝王谷内，这对埃及妇女来说几乎是不可能的。

法老们建造金字塔的目的

在古代埃及，法老们为何建造金字塔，至今仍是一个谜，史学家们对此非常关心。有人认为，在埃及粮食充裕时期，金字塔曾经被约瑟用来储藏谷物。近几年来，金字塔被人描述为日晷仪和日历、天文观测台、测量工具以及天外宇宙飞船的降落点。

然而被人们所广泛接受的理论是：金字塔是法老们的坟墓。大部分享有声望的埃及学家仍然相信这一理论，并且他们的理由很充分。他们在金字塔附近发现了许多在葬礼仪式中使用的小船，据说，这些小船就是法老们驶向来世的工具。

许多金字塔中都有石棺或木棺，这早已被证实。19世纪之前，在石棺上或在石棺附近发现的神秘图画被确认为用来帮助法老们从一个世界通往另一个世界的咒语。

20世纪著名的物理学家库尔特·门德尔松坚持认为，法老们建造金字塔的目的是在到处是散落的部落时代营造埃及的国家地位，而金字塔应是公众的规划而不是坟墓。

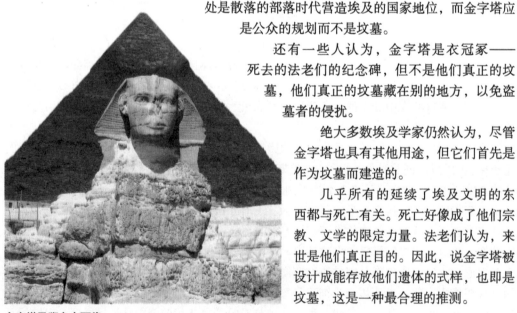

还有一些人认为，金字塔是衣冠冢——死去的法老们的纪念碑，但不是他们真正的坟墓，他们真正的坟墓藏在别的地方，以免盗墓者的侵扰。

绝大多数埃及学家仍然认为，尽管金字塔也具有其他用途，但它们首先是作为坟墓而建造的。

几乎所有的延续了埃及文明的东西都与死亡有关。死亡好像成了他们宗教、文学的限定力量。法老们认为，来世是他们真正目的。因此，说金字塔被设计成能存放他们遗体的式样，也即是坟墓，这是一种最合理的推测。

金字塔及狮身人面像

法老的诅咒

1912年4月15日，世界上最大的游轮——"泰坦尼克号"从英国首航美国，在途中不幸沉到大西洋里。这艘豪华游轮上的游客和工作人员1500多名遇难或失踪，这是人类历史上最惨重的海难事件。事件引起了各国的广泛关注，许多专家从不同途径寻找造成"泰坦尼克号"沉没的原因。在人们提出了种种猜想仍得不到一致意见的时候，有人想起了船上曾有一具石棺，棺上附有咒语，最后一句是："凡是碰到这具石棺的人都不会有好的结果，将沉没于水底。"

图坦卡蒙法老的黄金面具

难道这只是巧合吗？这具石棺是12年前一群考古学家从埃及的古墓中发掘出来的，后来一位富裕的美国实业家买下了大英博物馆的这具石棺以及棺中的木乃伊。恰好这时，"泰坦尼克号"要开始其首次航行，这位美国实业家便委托船长将石棺运往美国。

科学家们并不相信真有传说中的咒语存在，更不相信它能改变人的命运，然而后来接二连三的类似事件，让科学家们也一筹莫展。其中最让人不寒而栗的事件莫过于挖掘图坦卡蒙金字塔的考古学家们在很短的时间内接连死去。

英国人卡纳冯勋爵和他的助手霍华德·卡特于1914年来到埃及王陵谷，他们在此处经过锲而不舍的努力挖掘，终于在8年之后，即1922年11月3日，发现了一座从未被人挖掘过的地下陵墓。这就是图坦卡蒙法老的陵墓，他仅仅活了18岁，但拥有举世罕见的美貌。此墓的富丽豪华程度实在出人意料，人们光清理随葬的奇珍异宝就花了1年的时间。后来人们打开神龛，一睹图坦卡蒙法老的真面目。法老的石棺盖子是用玫瑰色的花岗岩做成的，而整个石棺是用一整块质地细密的淡黄色花岗石凿成的。石棺里是一具镀金木棺，上面雕刻着年幼法老的金像。而最内层竟是用纯金制成的，纯金厚为0.15~0.21英寸（1英寸合2.54厘米），棺材内放着法老的木乃伊。

在图坦卡蒙法老的陵墓中，卡特等人发掘出5000多件工艺品、家具、衣服和兵器，但接下来这些掘墓者遇到了一连串他们预想不到的怪事。1923年2月18日，卡纳冯勋爵突患重病死去，死前他曾花巨资支持卡特的发掘工作。他姐姐在回忆录中写道："临死之前他在高烧当中连声叫嚷：'我听见他呼吸的声音，我要随他而去了。'"据说当初卡纳冯勋爵正要步入图坦卡蒙陵墓大门的时候，一只蚊虫突然叮咬了他一下，被叮咬的地方逐渐形成为一个肿块，越来越痛，也越来越大。在一次刮胡须时，他的刮胡须刀片竟然刮破了这个肿块，最终导致了败血症。卡纳冯勋爵死后6个月，他同父异母的弟弟奥布里·赫巴德上校，也曾经进过法老的陵墓，后来突患精神分裂症自杀身亡。一位在埃及开罗医院曾经照料过卡纳冯勋爵的护士很快也死去了。

美国铁路大王杰艾·格鲁德也在参观图坦卡蒙王陵之后不久突然死去；南非一位叫威尔夫·尤埃尔的人在参观了图坦卡蒙王陵后从一艘豪华游艇的甲板上跌入河中溺死；亚齐伯尔特·理德教授全身发高烧并很快死亡，他曾用X光检查图坦卡蒙王的木乃伊；后来，卡

金字塔内的人形棺

纳冯勋爵的妻子伊丽莎白也死于一只不明蚊虫的叮咬。参与王陵发掘工作的人接二连三地死亡，这让人们对图坦卡蒙王陵的咒语谈虎色变。

据说法老公主看中了图坦卡蒙的稀世美貌，因而选他为驸马。在法老死后，图坦卡蒙与老臣阿伊共执国政，但在他18岁时突然猝死。悲痛欲绝的王后决定以盛大的仪式将其厚葬。还有人说，王后在图坦卡蒙死后不久就不知去向，年老的阿伊登基称王。甚至有人说，图坦卡蒙死得不明不白，他死亡的背后隐藏着一个惊人的秘密和莫大的冤屈。多少世纪以来，有关图坦卡蒙陵墓的富丽豪华在全世界传得纷纷扬扬，但许多盗墓者无缘得见。

等到人们真的进入图坦卡蒙的陵墓时，被陵墓的宏大和华丽震惊的同时，也发现了陵墓中的咒语：

> 谁扰乱了这位法老的安宁，
> 展翅的死神将降临到
> 他的头上。
> 我是图坦卡蒙的保卫者，
> 是我用沙漠之火
> 驱赶那些盗墓贼。

神秘的咒语和莫名其妙的死亡并没有让科学家就此止步，一个叫阿瑟·美斯的教授和一个叫埃普森·霍瓦伊特的博士就没有被吓倒，他们毅然决定与卡特合作发掘王陵谷。但是，就在美斯教授进入安置图坦卡蒙法老的棺枢的房间时，突然全身瘫软，浑身无力，失去了知觉，并很快停止了呼吸。而刚从图坦卡蒙棺枢房出来的霍瓦伊特博士也忽然感到浑身不适，他梦呓般地告诉别人："我已经看过法老王的木乃伊，同时也受到了法老王的诅咒，我必须从这个世界上消失。"不久后他便自杀。

曾经主持过发掘工作的卡特博士是一个例外，他活到65岁去世，但他最钟爱的小女儿伊布琳·怀特却死于自杀，她曾随父亲一起最早进入图坦卡蒙王陵。她死前写下谜一般的遗书，遗书中称"我再也无法忍受诅咒对我的惩罚了"。这实在让人奇怪。

人们一直以来无法解释为什么发掘金字塔的考古学家接二连三地神秘死亡。尽管很多人认为诅咒之说不可信，但种种从科学角度做出的解释，又实在让人无法信服。

有人认为是陵墓中具有某种放射性物质，然而，这种说法站不住脚，因为参与挖掘工作的埃及工人却能平安无事；还有人认为，可能是法老们为了防止后人盗墓，特地在安置棺木的房间的各个角落涂上毒剂；有人认为，某些人在发掘王陵时吸入了能引起矽肺病的石粉，可这种现象似乎仅仅在卡特的助手亚博·麦司身上发生。参观者不可能吸入石粉，那么他们又是怎么死的呢？还有人认为，木乃伊内存在着能使人的呼吸系统发炎的曲霉细菌，感染者除了呼吸系统发炎外，还伴随着皮肤上出现红斑，最后因呼吸困难而死亡。可是这不能解释为什么只有少数人死于呼吸困难，而且这种曲霉细菌对参与挖掘陵墓的埃及工人根本不发生作用。

金字塔在过去曾一直被认为是古代埃及法老们为自己建造的陵墓，但目前在许多地方都发现了类似金字塔的方底尖顶的方锥形石砌建筑物的踪迹，如非洲的苏丹、美洲的墨西哥、危地马拉、洪都拉斯和巴西，亚洲的中国，甚至有人声称在百慕大区域的海底、月球以及火星与金星等神秘的地带也有发现。到底是什么人，在什么时间出于什么目的，在如此广大的范围内建造了如此宏大的建筑呢？难道神乎其神的法老咒语也与此有关吗？

美洲人修建太阳门目的

在世界上最高的淡水湖的的喀喀湖东南的安第斯高原上，耸立着美洲古代最著名、最卓越的古迹之一——太阳门，它是蒂亚瓦纳科文化的杰出代表。太阳门因其神秘性成为专家研究的目标。

太阳门高3.048米，宽3.962米，由重达100吨以上的整块巨型中长石雕镌成，中央凿一门洞。据说每当9月21日黎明时，第一缕曙光总是准确无误地从门中央射入。门楣正中间刻制着一个人形浅浮雕。从这个人形神像的头部会放射出许多道光线，他的双手各持着护杖，在他两旁平列着3排48个相对较小的、生动逼真的形象，3排中的上下两排是带有翅膀的勇士，他们面对神像；中间一排是人格化的飞禽。这块巨石在发现时已残碎不堪，1908年经过一番整修，恢复了旧观，放在了今天人们看到的基地上。

那么，在古代美洲居民还没有制造出带有轮子的运输工具、也没有使用驮重牲畜的情况下，到底是什么人，在什么时候，又是为什么在这云岚缭绕、峭拔高峻的安第斯高原上建造了这座雄伟壮观的太阳门呢？这个问题至今依然在争论不休。

为了弄清这些问题，许多国家的考古工作者进行了巨大的、艰苦卓绝的研究工作。

美国考古学家温德尔·贝内特用层积发掘法证明蒂亚瓦纳科文化最早年代是在公元300至公元700年，而太阳门和其他一些建筑应是在公元1000年前正式建

太阳门
太阳门石雕用独块巨石雕琢而成，在正前方的上端雕着太阳神的形象。

成的。他认为，这儿曾是一个宗教圣地，朝圣的人们在这儿举行朝拜仪式并建造了这些建筑。

蒂亚瓦纳科考古研究中心主任、著名的玻利维亚考古学家卡洛斯·庞塞·桑西内斯和阿根廷考古学家伊瓦拉·格拉索用放射性碳鉴定，蒂亚瓦纳科建筑应该是开始于公元前300年，而建成美洲这一灿烂辉煌文明的大约是在公元8世纪以前，一般看法认为是在公元5至公元6世纪。建筑者可能是居住在安第斯山区的科拉人，他们认为蒂亚瓦纳科建筑是一个举行宗教仪式的中心场所。太阳门极有可能是阿加巴那金字塔塔顶上庙堂的一部分。

美国历史学家艾·巴·托马斯也同意遗址是科拉人建立的这一理论，但他却并不以为这里曾是一个宗教中心，他说那里没有宗教和武功纪念碑，看起来却像是一个商业中心。阶梯通向的地方是中央市场，石门框上的那个人形浅浮雕是雨神，辐射状的线条是雨水，两旁的小型刻像象征着他们朝着雨神走去，以承认他的权威。

太阳门是外星人制造的吗？如若不是，那美洲人建造它的目的何在？专家们对于这些问题众说纷纭，无一定论。但人们相信，随着考古资料的不断发掘和科学技术的进一步发展，人们终会撩开笼罩在太阳门上的团团迷雾。

索尔兹伯里的巨石阵

在英格兰威尔特郡的索尔兹伯里平原上，矗立着一组奇特的巨石阵，巨石阵的主体是由100块巨石组成的石柱，这些巨大的石柱排列成几个完整的同心圆。石阵的外部是环形的沟和土岗，直径约90米。与土岗内侧紧挨着的是56个圆形坑，这些坑呈等距离分

巨石阵

布，里面填满了夹杂着人类骨灰的灰土。坑群内竖立着两排残缺不全的蓝砂岩石柱。其中最壮观的部分是石阵中心的砂岩圈，由高4米、宽2米、厚1米、重达25吨的30根石柱组成，上面还架有横梁，形成一个封闭的圆圈。其内侧有砂岩三石塔5组，也称为拱门，呈马蹄形排列于整个巨石阵的中心线上，开口处正对着仲夏日出的方位。巨石圈的东北向竖立着一块高4.9米、重约35吨的砂岩巨石。每到夏至和冬至这天，从巨石阵中心向这块巨石望去，一轮红日渐渐隐没于其后，为巨石阵增添了更多的神秘色彩。

巨石阵局部

　　这些石头建筑遗址群规模宏大，不是被包围在古代的城市中，而是被环绕在现代的高速公路中，并向东延伸，一直到伦敦。而且没有任何的资料可以让人们能破译或者去解释这种现象。这些石器时代和铜器时代的人们除了建造史前巨石柱外，还建造了一些散布于乡间的石头纪念碑。但是这样独具特色的惊人建筑是用什么方法建造的呢？又是出于何种原因来建造这些史前巨石柱的呢？

　　早在17世纪，史前巨石柱就引起了人们的兴趣，国王詹姆斯一世还委派一名叫伊尼戈·琼斯的宫廷建筑师去调查。琼斯在对纪念碑进行了一番研究之后，却找不出任何的蛛丝马迹。他只能认定这种石柱决不是石器时代或铜器时代的居民建造出来的。琼斯推理说："史前巨石柱结构如此雄伟，令人惊叹的作品决不是那些缺乏知识和能力的人所能建造的。"琼斯最后得出结论说：只有罗马人才能造出如此精巧的建筑，而且那是一座我们所不了解的罗马神的庙宇。

　　回溯到12世纪，蒙默斯的牧师威尔士·杰佛里曾经对石柱的建造者进行了考察，他认为是亚瑟王的宫廷男巫建议建造的史前巨石柱，并且指出那名男巫名叫默林。杰佛里在《不列颠国王的历史》里指出，亚瑟王的叔叔是一个名叫奥里利厄斯·安布罗修斯的人，是他委托亚瑟王建造的纪念碑。安布罗修斯想纪念反盎格鲁—撒克逊侵略者战争的伟大胜利，而且这种方式要非常适当并永垂不朽。默林建议造一个纪念碑，他们从爱尔兰的一个名为基拉罗斯的地方取出一些石头作为造纪念碑的基本材料，然后再把它运到不列颠。

　　人们在接下来的一些年代里，试图把史前巨石柱归功于除不列颠以外其他地方的建筑师。就像人们认为古代凯尔特牧师是德鲁伊特人一样，他们的支持者中有丹麦人、比利其人和盎格鲁—撒克逊人。

　　但是这些说法也被人否定了。在20世纪60年代，有人发明了一种新的放射性碳元素测定年代法，表明史前巨石柱的年代比原先设想的还要古老，实际上，史前巨石柱比迈锡尼文明要久远得多。新的放射性碳元素测定年代法证实，公元前1600年至前1500年，迈锡尼城堡才建立起来，它使史前巨石柱起源的年代大大提前了，任何地中海文明都比它晚，不可能对它产生任何影响。

　　史前巨石柱根本不可能是由任何伟大的欧洲文明建造的，因为它的年代如此古老，也不可能是离此更久远一些的非欧洲文明建造的。大部分学者不得不重新审视以前的观点，并被迫接受这样一种观点：建造史前巨石柱的是那些完全没有外界帮助的居住在石屋附近的人们。如此持久的纪念碑，他们又是用什么方法建造的呢？

考古学家对石柱进行了大量考察，他们发现威尔士东北150英里以外的普里斯里山上提供了人们建造史前巨石柱所用的石头。这些重达5吨的石头又是怎样被索尔兹伯里平原上的人们从威尔士运到英格兰的呢？

考古学家斯图尔特·皮戈特设想说，至今还深留在人们的脑海里的民间传说中有一部分可能是真实的。毕竟，杰佛里曾经有过默林从西方获取石头的记载，虽然据他记载石头并非从威尔士运来，而是从爱尔兰运来。据流传的民间传说，只有通过爱尔兰海这一途径，那些石头才能漂流到现在它们所在的位置，杰佛里对此也有过记载。然而，有大量其他种类石头存在于索尔兹伯里平原附近，人们为什么要跑那么远去取石头，来建造这些石柱呢？如此众多的石头是怎样从普里斯里山运到索尔兹伯里平原的呢？据估计，这些石头至少有85块，甚至更多。

人们猜想史前巨石柱的建造者们可能相信有某种魔力存在于这些岩石中。

关于这些石块是如何运达目的地的问题，以G.A.凯拉韦为代表的地理学家们争辩说，这些蓝砂石不是由人力搬运的，而是通过冰川运到这里的。但是，凯拉韦的观点并没有得到大部分专家的赞同，因为他们认为最近的冰川作用是不可能向南延伸到普里斯里山或者索尔兹伯里平原上的。即使的确如此，冰川运动集中了威尔士一小片地区的蓝砂石后，把它们沉积在英格兰的一小片地区而不是把它们散落于各地，这似乎不大可能。还有一个事实，就是布里斯托尔海峡的南部或东部没有任何其他的蓝砂石，这也否定了冰川理论。

在考古界还有这样一种解释，即认为来自索尔兹伯里平原的人们用一些捆绑在一起的独木舟并通过爱尔兰海搬运这些蓝砂石。但这种解释存在一个问题，即索尔兹伯里平原的人们还没有被证实拥有这种惊人的、了不起的技术专长，目前，人们还没有找到这种技术存在的痕迹。

对于史前石柱是谁建造的以及建造原料如何搬运的问题，人们仍然争论不休，没有一个统一、确切的答案。一个新的疑问又吸引了科学家的注意：这些石柱是用来做什么的呢？

1953年7月10日，理查德·阿特金森偶然涉足了这个问题。当时，他准备给一块石头上的一些17世纪刻画拍照，这块石头位于大垂里森林旁边。他一直等到下午才拍照，因为希望得到光影的对照。当阿特金森透过照相机镜头看的时候，发现了一些其他的雕刻位于17世纪的刻画下面。其中有一个刻的是一把匕首指向地面，附近是4把大约史前巨石柱建造时期在英格兰发现的那种类型的斧头。

阿特金森由此联系到了另一个更加高级的文化。他发现的匕首是大约在公元前1500年刻成的，这个时间与20世纪50年代的许多专家们所说的史前巨石柱的建造时间相吻合。

天文学家第一次发表见解的时候并不是在20世纪50年代。威廉·斯蒂克利早在18世纪就曾注意到史前巨石柱的主线与太阳有一定的联系，刚好是"白天最长时太阳升起的地方"，而且许多人研究该纪念碑时，发现它的方向是面向太阳、月亮或者星星的。

阿特金森就史前巨石柱问题写了专著《史前巨石柱上的月光》。阿特金森认为史前巨石柱上的天体准线只是偶然出现的，并没有什么规律。从现代意义而言，许多人非常赞同这一观点，纪念碑很可能作为史前宗教仪式的一部分，虽然没有被用作天文台，但建造史前巨石柱的人们很可能从那儿观测过太阳。

目前，多数科学家认为巨石柱是用来观测天象的，但人们还没有找出确凿的证据来证明这一点，关于巨石柱的谜题仍有待后人研究探索。

玛雅人修建的金字塔

大凡讲到金字塔，人们往往会想到埃及的金字塔，毕竟这里是"世界七大奇迹"之一。其实，古代美洲的金字塔不仅数量超过了埃及，而且特色更鲜明。埃及的金字塔是国王法老的陵墓，而美洲玛雅人的金字塔，则不完全是帝王的陵墓，更多的是一种祭坛。

中美洲的玛雅人是一个特别的人种，语言自成一体，脸型轮廓很独特，前额倾斜、鹰钩鼻、厚嘴唇。他们在美洲这片沼泽低洼、人迹罕见的热带雨林中，创造了令人难以想象的辉煌文明，如平顶金字塔祭坛、浮雕、石碑等众多杰出的建筑物。玛雅人创造了一套精巧的数学，来适应他们按年记事的需要，以决定播种和收获的时间，对于季节和年度中雨水最多的时间，准确地加以计算，以期充分利用贫瘠的土地。他们所掌握的数学技巧，在古代原始民族中，高明得令人吃惊，尤其是他们熟悉"0"的概念，比阿拉伯商队横越中东的沙漠把这个概念从印度传到欧洲的时间早1000年。凡此种种，使得玛雅文化也成为世界文明史上的奇葩。

玛雅文化诞生于公元前1000年，分为前古典期、古典期和后古典期3个时期，直到公元

特奥地瓦坎遗迹 墨西哥
从月神金字塔前俯瞰，正中的大道是长4000米、宽45米的"死亡大道"。祭祀活动中，祭司将活人送往神殿祭神。这条大道是牺牲者所走的最后一段人生之路，"死亡大道"由此而得名。

9世纪突然消失。据考证，大约公元前后，玛雅人达到了第一个兴盛期，在尤卡坦半岛南端的贝登湖周围建立了第一批"城邦"，营造了一个繁华的城市。现今整个遗迹面积达130万平方米，其中心地带包括金字塔、祭坛等多处建筑。中心大广场东侧的美洲豹金字塔，塔高达56米，分为9级，塔顶建有尖型小庙；西侧是2号金字塔，高46米。最高的4号金字塔高达75米，站在塔顶可一窥全岛全貌。与埃及最早的几座金字塔进行比较，发现它们竟然如同孪生的姐妹一般。苏格兰天文学家斯穆斯对埃及的两座金字塔作了为期4个月的勘测，他们得出了一些令人深思的数据：塔的4个面都是等边三角形，它们正好朝着东南西北4个方位；底边与塔高之比，恰好为圆周率与半径之比；塔的高度为地球周长的二十七万分之一，也是地球到太阳距离的一万亿分之一。

不过玛雅人的金字塔的天文方位计算得更为精确：天狼星的光线经过南墙上的气流通道，直射到长眠于上面厅堂中的死者头部；北极星的光线通过北墙的气流通道，径直射进下面的厅堂里。

一直以来，人们都认为金字塔是一种坟墓，而且确实在很多金字塔中找到了木乃伊。那么，玛雅人会不会是不谋而合地也用工程浩大的金字塔做坟墓呢？如果是，为什么金字塔与塔顶上的神龛是这么不相称，整个塔的建造水平是如此之高，而神龛却是相当粗糙，这不能不令人怀疑神龛可能是后来加上去的。根据这些，人们又推测，金字塔原先很可能是玛雅祖先的祭坛和用来观察天象的神坛，这是由于玛雅人对神有种近乎狂热的崇拜。玛雅人信奉的神主要有：太阳神、雨神、风神、玉米神、战争之神、死亡之神等。在玛雅人看来，神的世界远比人间凡世丰富伟大。他们经常举行祭祀典礼，每位玛雅人都认为，为神献身是一种非常神圣的事情。因此玛雅人依照自己的历法建造的金字塔，实际上都是一种祭祀神灵并兼顾观测天象的天文台。

这些宏伟遗迹处处显示的不平凡，使得它与如今比邻的印第安人居住的茅屋和草棚格格不入，而且这些宏伟的建筑并不是出于实际生活的需要，而是严格按照玛雅人的宗教信仰和神奇的玛雅历法建造的，简直令人难以置信。从考古学家掌握的证据来看，当时玛雅人仍巢居树穴，以采集或狩猎为生，过着相当原始的生活，似乎没有文明前期过渡形态的痕迹；那奇迹般的文化并没有经过一个由低向高逐渐发展的过程，而似乎是在一夜之间从天而降，骤然间涌现出了各种超越时代的辉煌成就。任何民族对外部世界的认识都必须和他们的生产方式相一致。后来，在金字塔发掘出了一些精致的透镜、蓄电池、变压器、太阳系模型碎片、不锈钢，以及其他不知什么合金制成的机械、工具等。因而有些学者以此为基点，认为这些建筑不是玛雅人自己创造的，而是别人传授给他们的，可是又有谁能把这样先进的知识传授给他们呢？

而且从早期的人类文明历史来看，文明的创造和辉煌都离不开河流：埃及和印度的古代文明首先发祥于尼罗河以及恒河流域，中国古代文明的摇篮则在黄河和长江流域。为何偏偏只有玛雅人把他们的灿烂文明建筑于热带丛林之中呢？

不管怎样，不知出于何种原因，公元900年前后，玛雅人放弃了高度发展的文明，大举迁移，他们所创建的中心城市停下了新建筑的建造，城市在某一天被完全放弃，繁华的城市变得荒芜，任由热带丛林将它们吞没。玛雅文明一夜之间消失于美洲的热带丛林中。后来从发掘出来的仅完成了一半的雕刻来看，这场劫难似乎来得十分突然。然而当时又有什么灾难是他们无可抵挡的呢？玛雅人抛弃自己建造起来的繁荣城市，却要转向荒凉的深山老林，这种背弃文明、回归蒙昧的做法，是出于自愿，还是别有隐情？

关于玛雅文明的消失有着种种的猜测，有人说他们是受到了瘟疫、战争等的袭击，但是为什么没有见到尸体？它的消失与它的崛起一样，充满了神秘的色彩，为世人瞩目。

有人认为，玛雅人有可能被外族入侵，他们被迫离开家门。可是，有谁比正处于文明和文化兴盛时期的玛雅人更强大呢？

有人认为玛雅人是由于发生地震而被迫离开家园。可是直到今天，那些雄伟的石构建筑，虽然有些已倒塌，但仍有很多历经千年风雨依然保存完整。

有人认为，可能是因为隔代争斗，或是年轻的一代起来反对老一代，或是发生内战，或是因为一场革命，玛雅人离开了故土。如果真有上述情况中的任何一种发生的话，那么也只有一部分居民，即失败者，离开国家，而胜利者则仍留下生活。但调查研究没有发现有玛雅人留下来的任何迹象，哪怕是一名玛雅人！

当历史渐行渐远，成为一种遥远的回忆后，我们所能了解到的只是梦呓般的神话，以及一幢又一幢遗弃的建筑，然而，神秘的玛雅人，神秘的玛雅文明，神秘的玛雅金字塔，无不驱使着我们去了解更多……

迈锡尼文明及其毁灭

公元前2000年左右的早期青铜时代是迈锡尼文明的萌芽时期，大约公元前17世纪，希腊人的一支——阿卡亚人在迈锡尼兴建了第一座城堡和王宫。据《荷马史诗》描述，兴盛时期的迈锡尼以金银制品名扬天下，被人们称为"富于黄金"的城市。

现存的迈锡尼城堡的平面形状大致呈三角形，位于查拉山和埃里阿斯山之间的山顶上，城墙高8米，厚达5米，用巨大的石块环山修建。有一座宏伟的大门开在西北面，门楣上立有三角形石刻，雕刻着两只虽无头但仍威武雄健的雄狮。这两只狮子左右对称的雕刻形式显然是受到东方文化的影响，是欧洲最古老的雕塑艺术，迈锡尼城堡的正门也因而被称为"狮

迈锡尼纯金面具
据说是依照阿伽门农的面部特征而制成的。

子门"。迈锡尼城门上的一对石狮子从1876年起就再也不能保持安静了。谢里曼等人在城内发现的墓圈A，吸引了全世界的目光，人们似乎又看到了3000多年前活灵活现的"多金的迈锡尼"城。古代希腊世界迈锡尼文明的重要遗址陆续被发现，如梯林斯、派罗斯、雅典等。M.文特里斯在1952年宣布他已可以释读迈锡尼时代的泥版文书，并证实它们是希腊语文字。至此，当前历史学界已公认爱琴文明的这部分历史是讲希腊语的人的历史。

人们目睹了迈锡尼文明时代王宫的残垣断壁，面对令人惊叹不已的王室宝藏，自然会发出疑问：如此辉煌的文明，是怎么毁灭的呢？

由于可靠的文字资料实在太少，线形文字泥版文书和《荷马史诗》所提供的信息又过

迈锡尼古墓

于简单，所以，要回答这个问题，实在不是一件容易的事，于是许多学者都不约而同地从考古学的角度去研究。最初，谢里曼夫妇在这里发现了5座坟墓，后来，第6座坟墓又被希腊考古学会派来监督他们的斯塔马太基发现。这6座长方形的竖穴墓大小、深度不同，深0.9~4.5米，长2.7~6.1米，以圆木、石板铺盖墓顶，但大部分已经坍塌。共有19人葬在这6座墓穴中，有男有女，还有两个小孩，同一墓中的尸骨彼此靠得很近，大多用黄金严密地覆盖着这些尸骨。妇女头上戴着金冠或金制额饰，身旁放着各种名贵材料做的别针以及装饰用的金匣，衣服上装饰着雕刻有蜜蜂、玫瑰、乌贼、螺纹等图案的金箔饰件；男人的脸上罩着金面具，胸部覆盖着金片，身边放着刀剑、金杯、银杯等；两个小孩也被用金片包裹起来。

考古学家的发现远不止这些，在谢里曼发掘圆形墓圈A的75年之后，即1951年，希腊考古学家帕巴底米特里博士发现了被称为圆形墓圈B的第二个墓区。这个墓区在狮子门以西仅百米之遥，发掘出来的珍宝完全可以与谢里曼的发现相媲美，而且时代与前者十分相近。

英国考古学家韦思等在大约与帕巴底米特里发现圆形墓圈B的同一时期，又发掘了9座史前公墓，地点是在独眼巨人墙以西、狮子门之外的地区。这些圆顶墓（因形似蜂房，又叫蜂房墓）约建于公元前1500年至前1300年，均属于青铜时代中期。

公元前1400年至前1150年左右的青铜时代末期是迈锡尼发展的鼎盛时期。从迈锡尼城遗留下来的城堡、宫殿、墓葬及金银饰品中都能看出这一王国当年的强盛，但是要找到其消亡的原因，确实不是一件容易事。我们尽管能从考古发掘中得到一些启示，但要把不会开口说话的遗迹、遗址、遗物唤醒，实在是一件困难的事。

有人认为，迈锡尼世界的毁灭与一些南下部落的入侵有关，特别是多利亚人。但也有人持与此相反的见解，他们指出，迈锡尼世界在西北方的入侵者来到之前，已经衰落。迈锡尼文明的统治至公元前13世纪后期，已开始动摇。据考古资料看，多利亚人在公元前13世纪期间，并未进入希腊世界，他们涉足此地是在迈锡尼文明的不少城市已经变成废墟的很长一段时间以后，多利亚人面对的是一个已经不可避免要毁灭的世界。因而，公元前13世纪末以来迈锡尼文明世界的各地王宫连遭毁灭之灾，与多利亚人无关。考古资料也提供不出当时多利亚人到来的物证，于是J.柴德威克在对古文字研究的基础上提出大胆假设。他指出，多利亚人臣属于迈锡尼人的历史事实，可以从神话传说中有关赫拉克利斯服12年苦役的故事中反映出来，多利亚人作为被统治者早就遍布在迈锡尼世界各地。赫拉克利斯的子孙返回伯罗奔尼撒，却道出了多利亚人推翻迈锡尼人只不过是内部的阶级斗争的真情，根本不存在所谓的多利亚人入侵。以派罗斯为例，当时便存在很严重的经济问题，青铜不够用，青铜加工业已衰落，国家经济组织疲惫不堪，税收不齐，经济面临崩溃的边缘。有限的土地不能满足经济发展之需，国家只能靠积蓄的产品度日，要么就从地方额外征收黄金。当时受到挑战的还有神权，村社不按祭司要求行事，有的人甚至敢不履行宗教义务。由于受到其他部门或其他国家的过分压力，中央的高度集中化受到了破坏。在这种形势下，派罗斯的王宫随时都有覆灭的危险。这一切都可能是导致派罗斯毁灭的主要原因。

另有一些人认为天灾是祸根，天灾造成人口减少，食物短缺，大量小村庄被放弃，王宫经济发生危机。迈锡尼为了远征小亚细亚富裕的城市特洛伊，倾国出兵，围攻10年方才攻陷。迈锡尼大量的人力、物力和财力在这场旷日持久的战争中严重消耗，从此国势一蹶不振。

还有人提出，迈锡尼文明遗址中有几个地方是毁于不知什么原因引起的火灾中的。这样，活跃于东地中海的海上民族便吸引了这些猜测者的目光，他们认为是这些海上民族破坏了小亚细亚、巴勒斯坦、叙利亚、埃及等地的许多城市，促使赫梯帝国灭亡，埃及帝国衰弱，当然迈锡尼世界也受到了影响。甚至有人说当时的派罗斯有一支装备着20条船的大舰队，可最终被海上侵略者打败。反驳者指出海上民族在公元前13世纪时并未进入希腊。从泥版文书中看，在派罗斯陷落之前，国家除了正常的换防之外，一直没有任何特殊的军事行动。

派罗斯王宫没有防御工事，这一点更让人难以理解。如果说派罗斯的灭亡是由于大意所致，那迈锡尼、太林斯等地不仅有保证战时水源的设施，而且有巨石筑就的高墙，可谓壁垒森严、固若金汤，却也没能免于灭亡。

学者们经过一番深入的研究之后，不但没能解开迈锡尼文明的衰落之谜，同时又提出了一些新的问

爱琴海锡拉岛上的壁画——决斗的少年

题：迈锡尼没有金矿，而黄金又是从何而来？固若金汤的迈锡城怎么会屡遭沦陷？还有埃及人、腓尼基人都在其坟墓墙上刻下了文字，后来的希腊罗马人也树立了有文字的墓碑，迈锡尼人已普遍掌握了线形文字，并且用来记写货物清单，可是他们为什么不将死者的姓名和业绩刻在墓碑上呢？这到底如何解释呢？一切还有待于后人的深入考察。

克里特岛山的迷宫

4000 年前，地中海克里特岛山上居住的是米诺斯人，他们专门从事航海贸易，创造了比希腊还早的物质文明，而且成为一个光辉灿烂的文化中心。

世人早已不记得米诺斯曾有的文明及成就了。3000 多年来，世人对米诺斯文明的了解，除了那个广为流传、有关克里特岛国王米诺斯及其半人半牛、藏身黑暗地下迷宫的贪婪怪物弥诺陶洛斯的神话以外，几乎一无所知了。然而，英国考古学家艾文斯爵士在 20 世纪初叶，把米诺斯首都克诺索斯的遗址发掘了出来。这次发掘的工程相当浩大。克诺索斯城自身就很大，加上所属港口，一共有近 10 万居民。这座庞大建筑物是艾文斯最轰动一时的发现，他同大多数考古学家一样认为那座建筑物是王宫，属多层建筑结构，其中有好几层筑在地下。其建造之奇、藏品之丰，为世人所惊叹。王宫中有以海洋生物、雄壮公牛、舞蹈女郎和杂技演员为题材的色彩鲜明的壁画。另外，还有许多石地窖；有斧头的残片、铜斧乐器；以及一个以小片釉陶和象牙包金加镶水晶造的近 1 米见方的棋盘。细加琢磨的雪花石膏在看似国王的宝座上、在接待室的铺路石板上、在那些显出典型迈诺斯建筑风格的上粗下细的柱子上、在门道附近闪闪发光。

那么，这座富丽堂皇、结构复杂的巨大建筑真的是一座王宫吗？虽然历史学家和考古学家一般都同意这种说法，但德国学者沃德利克则不赞同，而且其说法好像有所依据。在 1972 年出版的一本书中，沃德利克说："克诺索斯这座宏伟建筑，绝对不是国王生时居所，而是贵族的坟墓或王陵。"依据沃德利克的说法，被大多数考古学家所认为的是用作储藏油、食物或酒的大陶瓮，其实是用来盛放尸体。尸体被放在里面后，加入蜜糖浸泡以达到防腐的目的；石地窖则被用来永久安放尸体；壁画代表的是灵魂转入来生，并且把死者在幽冥世界所需物品画出来。沃德利克还认为那些精密复杂的管道，不是为活人设置的，而是为了防腐措施的需要。

为了支持自己的说法，沃德利克提出几项很有意思的事实，比如说诺瑟斯这座建筑物的位置，绝对不是建筑王宫的绝佳位置，因为它所处的地方过于开敞，四面受敌，如若有人从陆上进攻即无从防卫。同时当地没有泉水，必须用水管引水，水量很难供应那么多居民。"王宫"及附近范围内也无一望即知是马厩和厨房之类的房屋，这里的居民难道不需要交通工具和食物？至于那些被认为是御用寝室的房间，更都是些无窗、潮湿的地下房舍，在气候和暖、风和日丽的地中海地区，绝不可能选择这样的地方来居住。

米诺斯迷宫

相传远古希腊克利特岛上有个富裕强盛的米诺斯国，国王米诺斯是最高天神宙斯的儿子。王后与一头公牛怪私通，生下一个牛首人身的怪物。牛首怪不食人间烟火，只爱吃人，刀斧不入，横行宫廷，国王对它毫无办法，又怕丢丑，于是就命人建了座迷宫。这就是米诺斯迷宫。迷宫有无数通道和房间，牛首怪关进去以后出不来，而外人也难以进去。

牛首怪每9年要吃7对童男童女，由臣服于米诺斯的雅典城邦国进贡。

这种情形直到雅典第三次进贡时才得以改变。雅典王子忒修斯自愿充当牺牲品。王子来到米诺斯迷宫，米诺斯公主对他一见钟情，两人相爱了。公主送他一团线球和一柄魔剑，叫他将线头系在入口，边走边放线。王子在王宫深处找到了牛首怪，经过一场殊死搏斗，终于用魔剑刺死了它。然后顺原线走出王宫，携公主返回雅典，从此，王子和公主幸福地生活在一起。

这个故事出自《奥德赛》和古希腊的神话。世上真的有米诺斯迷宫吗？直到1900年，英国考古学家在经过了25年的考古工作以后，终于发掘出了2.33万平方米的米诺斯迷宫遗址。在清理出无数浮土后，古王宫墙基重现于世人眼前。

米诺斯迷宫建于什么年代，为什么能够保存得这样完整？

古希腊文明源于爱琴海。克里特文化是爱琴海文化的代表。早在公元前3640年，克里特岛居民就懂得使用青铜器。按历史分期，公元前3000~前2100年为早期米诺斯文化。克里特岛面积8336平方千米，是爱琴海最大岛屿。中期米诺斯文化时以岛北克诺索斯城为中心建立了统治全岛的奴隶制国家，并控制了爱琴海大部分岛屿和希腊南部沿海地区，是当时欧洲第一海上强国，因而有雅典进行活人牺牲祭祀之说。公元前1700年前后的一次大地震使岛上建筑大部分被毁坏。公元前1700年开始复建的米诺斯王宫更加雄伟壮丽。可是200年后，王宫忽然销声匿迹，米诺斯文化也突然中断。

人们苦苦思索：早期克里特人有能力复建被毁的建筑物，晚期反而弃之而去，当时

克里特岛米诺斯王朝的王宫遗址

的人到哪里去了呢？从遗址出土的2000块线形文字泥板，被鉴定为公元前1500年左右的遗物，1952年，英国学者破译其内容，确认那是希腊半岛迈锡尼人的希腊文字。这证明米诺斯的主人已经换成迈锡尼人，米诺斯王国已经不复存在了。既然迈锡尼人统治了克里特，为何不享用这宏丽的宫殿，却忍心把它毁了呢？

对此，美国人威斯、穆恩、韦伦3人在合撰的《世界史》中这样说："约在公元前1400年，克里特发生了一个突然而神秘的悲剧。米诺斯的伟大王宫被劫掠了，被焚毁了，克里特的其他城市也遭到了同样残酷的命运。"是叛乱吗？是地震吗？

有人说，公元前1450年克里特再次发生的地震毁了米诺斯的文明。但通过查证灾害地理档案，人们发现这一年并没有发生足以毁灭米诺斯的地震。倒是公元前1470年前后，发生过一次骇人听闻的火山灾害。

克利特岛北方130千米处有个78平方千米的桑托林岛，岛上有座海拔584米的桑托林活火山。公元前1470年前后，这里发生了人类历史上伤亡十分惨重的一次火山大喷发。桑托林火山喷出625亿立方米的熔岩、碎石、灰尘，仅次于人类有史以来喷出物最多的坦博拉火山（1815年，印度尼西亚，喷出物1517亿立方米）。火山灰覆盖了附近的岛屿，50米高的巨浪席卷地中海的岛屿和海岸，造成数以十万计的人口死亡，同时毁灭了克里特岛的一切。

持上述观点的学者认为，米诺斯迷宫除了顶盖外，地基、墙体、壁画保存得那样完整，只能用一霎时的天降之灾来解释了。若是人为破坏，必然有捣掘、剥离的痕迹。火山之灾毁灭克里特文明，可能更为接近实际。

忒修斯和克里特文明

在古希腊神话传说中，忒修斯因其英勇而成为亮点人物。他有过许多英雄的壮举，但他最伟大的行动却是杀死牛头人身的怪物米诺陶洛斯。

米诺陶洛斯是帕西菲王后与一头公牛交配后产下的怪物。当时，强大的国王米诺斯在克里特统治着希腊，他和帕西菲结婚，但帕西菲却爱上了一头漂亮的公牛。帕西菲让发明家代达罗斯为她制作了一只木制的母牛，以便于她可以藏在里面与公牛交配。以后她生下了可怕的米诺陶洛斯——一个半人半牛的怪物。

米诺斯便求助于代达罗斯，修建了一个巨大的迷宫来囚禁这头牛头人身的怪物。每隔9年，国王都要送14个雅典童男童女到迷宫喂这头牛头人身的怪物。这也是为死于雅典人之手的米诺斯之子安德罗奇斯报仇。在忒修斯以前，从来没有一个年轻人生还。忒修斯是雅典国王埃勾斯的儿子，他自愿前往。忒修斯承诺父亲他会回来，并且将升起白色的风帆来表明他的胜利。忒修斯杀

克里特母神
这位神是米诺斯宗教的核心。落在头上的鸽子象征着她的神圣，手中紧握着扭动的蛇则是提醒信徒记起她与地狱的联系。

死了牛头人身怪物，走出了迷宫。这样就结束了雅典年轻人被残害的无谓牺牲，克里特对雅典的统治也就结束了。

对于忒修斯的故事和克里特文明，后人曾做过深入研究。1900年，牛津阿尔莫宁博物馆的理事亚瑟·伊文思来到了克里特。他的发现证明克里特不仅仅是伟大帝国的中心，而且有关忒修斯的故事远远不像曾经看起来的那般充满幻想。

19世纪20年代的艾伦·瓦斯和19世纪30年代的卡尔·布利根，发现了与克里特文明同时存在的"迈锡尼"文明的证据，这种文明明显独立于克里特文明。他们认为，在公元前1500年后某些时候，迈锡尼人征服了克里特人并接管了诺塞斯。至此，迈锡尼文明得以繁荣发展。

忒修斯找到父亲的信物　油画

这些材料，在某种程度上似乎进一步证实了忒修斯的传说是有一定历史根据的。和迈锡尼人一样，雅典人是希腊人，所以忒修斯的胜利可能意味着在某次（或者连续几次）实际的战斗中迈锡尼希腊人击败了牛头人身的克里特人。

在迈锡尼人如何替代克里特人这一问题上，考古学家斯皮里宗·马里那多斯有自己的观点，他相信是自然灾害削弱了克里特，以致为迈锡尼人打开了方便之门。他认为，是锡拉岛上的火山爆发行使了这一使命。火山爆发可能源于地震，反过来又引起海啸毁灭了克里特。他坚持，地震和海啸的破坏足以迫使克里特人向迈锡尼人敞开大门。实际上，在克里特的考古学证据似乎表明，是火而不是火山灰或洪水引起了这里大多数的毁坏。

所以大多数科学家——虽然不是所有的——都否定锡拉岛火山在克里特文化衰败中扮演过重要的角色。那是否就意味着忒修斯扮演了替代者的角色呢？是忒修斯（或是他作为希腊人的象征）杀死了牛头人身的怪物（或者怪物是克里特人的象征）？由于年代久远，此外也没有众多的史料可考，也许进一步的发现和研究能为这个看似完全虚构的故事增加一点可信度，从而解开克里特文明之谜。

"万王之王"大流士

尊称为"万王之王"的大流士登上王位的手段到底是怎样的呢？有一天，冈比西斯过去的一个王妃发现新皇帝没有耳朵。她把这件事透露给了她的父亲、大臣欧塔涅斯。欧塔涅斯立即断定新皇帝是僧侣高墨达，而不是巴尔迪亚。因为在居鲁士当皇帝时，曾因高墨达有过失而将他的双耳割去。欧塔涅斯立刻将真情告诉了另外的6名波斯贵族，以后的皇帝大流士一世就是其中的一员。他们决定发动一次政变，把高墨达杀死以夺回政权。

这7个大臣先是派人在首都到处散布新皇帝是高墨达而不是巴尔迪亚的消息。很快，假巴尔迪亚的消息便在京城传开。

高墨达发现真相败露之后，十分惊慌，马上逃到米底的一个地方，最后被大流士和欧塔涅斯等人杀死。

根据希罗多德的《历史》记载，当7个起义的贵族把局势平定之后，在讨论波斯的统治

大流士一世的王宫遗址

权的时候，欧塔涅斯第一个发言说："我认为应该停止一个人的独裁统治，因为这既不是一件快乐的事，也不是一件好事。当一个人愿意怎样做便怎样做而自己对所做的事又可以毫不负责的时候，那么这种独裁的统治有什么好处呢？把这种权力给世界上最优秀的人，他也会脱离他的正常心情的……相反，人民统治的优点首先在于它那美好的名声，那就是，法律面前人人平等。其次，那样也不会产生一个国王所易犯的错误……任职的人对他们任上所做的一切负责，而一切意见均交给人民大众加以裁决。因此我的意见是，我们废掉独裁政治并增加人民的权利，因为一切事情是必须取决于公众的。"美伽比佐斯则主张实行寡头统治而反对民主制。大流士则主张独裁。他说："没有什么能够比一个最优秀的人物的统治更好，他能够完美无缺地统治人民，为对付敌人而制定的计划又可以隐藏得最严密。"他接着论证了民主或者寡头制由于互相争斗都会最终导致独裁，结果，大流士的意见以4比3而获得通过，在决定由谁当这个独裁者的时候，7个贵族还约法三章：第一，欧塔涅斯明确表示未来的国王不能支配他及他的后代，相反，每年都要给予其奖赏；第二，7个人不经通报就可以进入皇宫，当然，国王正在和一个女人睡觉时除外；第三，国王必须在同谋者的家族里挑选妻子。

他们进行了一次比试，在一个清晨他们来到市郊，据说因为马夫在那个时候把摩擦过母马阴部的手放到了大流士的马的鼻子上，结果大流士的马首先嘶鸣起来。根据约定应由大流士当国王。

大流士自从坐稳王位以后，为自己树立了一个石碑，石碑上面有这样的句子：

"叙斯塔斯帕之子大流士，由于他的马和他的马夫欧伊巴雷的功绩，赢得了波斯帝国。"

和他一起杀高墨达的那几个大臣，这时都不敢提出异议了。其中有个叫尹塔普列涅的大臣因不识时务而冲撞了大流士，结果其全家都被大流士杀了。

大流士在公元前500年发动了对希腊的战争。在公元前490年的马拉松战役中，希腊人把波斯军队打得大败。10年后，大流士的儿子薛西斯第二次远征希腊又惨败而归。从那以后，波斯帝国逐渐走向衰落。

苏格拉底娶悍妇为妻

苏格拉底是古希腊著名的哲学家，他以理性的头脑而闻名于当时，然而，就是这样一个能够理智地处理事情的人，却娶了一位悍妇为妻，这是怎么回事呢？

在希腊哲学家群中苏格拉底之所以声名最著，主要是因为他的学生柏拉图详尽地记述了他一生的言行。但究竟这位哲学家是什么样的人呢？他本人没有作品，因而我们所知道的他的事迹主要来自柏拉图和赞诺芬的著述。虽然上述二人对苏格拉底生卒年月的描述完全相同，但对其性格方面的描述却完全不同。

苏格拉底大约出生于公元前469年，享年70岁，经历了雅典文化最辉煌的时期及被斯巴达打败的日子。他当过步兵，做过小官，妻子据说是一个出了名的悍妇，生有一个儿子。苏格拉底曾为西方道德哲学做出了很多贡献，最终，他因坚持自己的信念而牺牲。雅典当权者指责他轻视传统神祇，鼓励年轻人怀疑传统信仰与思想，使他们的道德败坏。苏格拉底在放逐与死亡任择其一的条件下，挑选了死亡，喝下铁杉毒液自杀。

苏格拉底头部雕像

然而，苏格拉底到底是怎样的人？在柏拉图的对话录中这位伟大哲学家是一个热心追求真理、品格高尚的人，虽然他有时幽默而平和，但基本上性格严肃而认真。除此以外，他还跟柏拉图一样被描写成有同性恋的倾向，他对女性是敬而远之的。

另一方面，赞诺芬写的"座谈会"，有可能是用来驳斥柏拉图的，他在文中写到苏格拉底生性活泼，不但嗜好喝酒，也时常跟女表演者开玩笑，主张严肃的问题要在饮宴作乐完毕后才能够开始讨论。毫无疑问，他喜欢女色，而且说话也极讨好女人，认为只要女人受到适当教育，则除体力外并不比男人差。据赞诺芬说，苏格拉底愿意娶悍妇为妻的原因就在于此。赞诺芬猜测苏格拉底认为如果可以教导好她，便能教导所有人。

荒原石头标记之谜

在秘鲁首都利马南部，一个叫毕斯柯湾的地方。那里有一个古印加人建造的红色岩壁，高达246米。在岩壁上雕刻着一个巨大的图案，这个图案看上去呈三叉戟或者三足烛台形状，而且，三叉戟的每个股有3.9米宽，也是用含有像花岗岩一样硬的雪白磷光性的石块雕成的，所以，假如没有现在的沙土覆盖，它将会发出耀眼的光芒来。

那么，是什么样的动机使印加人建造这样的石头标记呢？

后来，一些考古学家推测说，在毕斯柯湾的岩壁上的这个石头标记，可能是为了指示船只航行的路标。但是大多数的考古学家不同意这个说法。他们指出，在这个海湾中，即使绘制出这个三叉戟石头标记图案，也不能使所有航行的船只都可以看到它；另外，在那样遥远的古代，是否存在远洋航行这回事本身就是值得怀疑的。假如有些航行的确可能要航标来指路的话，那么古代的印加人为什么不利用两座岛屿呢？况且，这两座岛屿就在三叉戟石头标记的中古延伸线的同一个海平面上，这已经提供了有利的自然条件，不管船

岩壁上的条线标记和花纹，人们一直在探讨这些标记到底意味着什么。

只是从哪个方向驶向海湾的，这两个岛屿都是从遥远的地方就可以被看到了。但若是用三叉戟石头标记当航标的话，从南方或者北方来的船员就不可能看到了。而且，最重要的一点是，当初绘制三叉戟石头标记的人，是使它的方向朝着天空的。另外还有值得提的一点，在三叉戟石头标记所在的位置，除了一片沙滩之外，实在是没有任何东西能够吸引船员的。

基于此，考古学家们认为，这个曾经在古时候光芒闪耀的三叉戟石头标记图案，一定是作为某些会"飞"的人的航空标记而设立的。

考古学家们推测，假如三叉戟石头标记是航空标记，那么它的周围应该还有另外的一些东西。果不出所料，20世纪30年代，在距三叉戟石头标记图案160千米外的纳斯卡荒原上，考古学家又发现到许多的神秘图案。这些已经发现的图案分布广泛，在从巴尔帕荒原北部到纳斯卡的南部的大约59.2千米的狭长地带，都有发现。它们主要是一些几何图案、

秘鲁毕斯柯湾岩壁上远眺图

动物雕绘，以及排列得很整齐的石块，这些布局，看上去十分像是一座飞机场的平面图。

假如是坐飞机在这个荒原上空飞行，人们就可以发现许多闪闪发光的巨大的线条。这些线条常常绵延达到数千米，时而平行，时而交错，时而又构成巨大的不等边四边形。另外，人们还可以看到一些巨型的动物的轮廓，其中有长长的鳄鱼，有卷尾的猴子……还有一些地球上从未见过的奇禽怪兽。

到底是谁制作出的这些图案呢？又为什么要把它们绘制得那么巨大呢？以至于只能从一个极高的高度——比如飞机上面——才可以见得到整个图案的全貌呢？这许多的问题已经引起了考古学家们的浓厚兴趣。

据当地传说，在过去的某一时间段里，曾经有一群来历不明的智慧生物，登陆在今天的纳斯卡城郊附近一块无人居住的荒原上，并在那里为他们的宇宙飞船开辟了一座临时机场，还设置了一些可做着陆向导的醒目标记。从那以后，就不断有他们的飞船在那里升降，直到他们完成使命后回去为止。

考古学家们对这个近乎神话般的传说没有太多的怀疑，他们还进一步推测说，假如纳斯卡荒原是作为登陆点的话，毕斯柯湾上的三叉戟石头标记就极有可能是登陆航标，假如真是那样的话，应该在纳斯卡的南边还会有一些航标才对。

果然，后来在距离纳斯卡400千米的玻利维亚共和国英伦道镇的岩石上，人们又发现了许多的航标。在智利的安陶法格斯塔省的山区以及沙漠中，也陆陆续续地发现了这样的航标。

在那附近的许多地方，有着呈现三角形、扶梯形、直角形的图形，在同一个平面内的整个区域里，峭壁山还刻画着光芒四射的圆盘以及棋盘形状的椭圆形图案。更令人惊奇的是，在人迹罕至的泰拉帕卡尔沙漠的山坡上，有一幅规模巨大的机器人图案。据估计，这幅机器人图案大约有99米高，总体呈现长方形，形状像棋盘，两腿笔直，脖子纤细，特别是长方形的头颅上面，居然有12根同样长度的天线似的东西竖立着。在从臀部到大腿之间，又像超音速战斗机的粗短翅膀那种的三角鳍连接着身体的两边。这幅图案现在位于距纳斯卡荒原大约有960千米的地方。

到目前为止，考古学家们推测，这些图案可能与"宇宙来客"有关系，而且它们作为古代遗址，是值得进一步研究的。

卡纳克巨石阵

在法国布列塔尼半岛上，有一处充满神奇色彩的地方，它就是濒临大西洋的城镇卡纳克。它的神奇之处，不只在于由巨石砌成的古墓，还在于其郊外那一片片的有序排列着的静默无言的石阵。

这些充满神奇色彩的石阵，到底是谁建造的？又有什么作用呢？这其中的原因一直困扰着考古学家，他们百思不得其解。

一直以来，卡纳克巨石阵总是默默无闻地矗立着，到了18世纪20年代才逐渐引起人们的关注，对它的研究和考察也慢慢多起来。这一片一片的石阵，据说总共有1万多根，但是到了现在仅剩下2471根。

它被农田分成36片，以12根一排向东延伸。最高的石柱露出地面部分可达4.2米。莱芒尼石阵——地处城北1.5千米，从这里再向北，便是卡尔马里石阵，它比前者要小，与其相

法国卡纳克巨石阵，它们曾经都是直立的，其中最高的一块有22米高，在当时极其简陋的条件下，要竖起这些巨石需很多人的智力与劳力。

邻的凯尔斯堪石阵就更小些了，长约400米，远远一望，好像正在接受检阅的一队士兵。

对此，众说纷纭，莫衷一是。不少学者相信，石柱是恺撒大帝时代的产物。19世纪初，考古学家在卡纳克发现了许多蛇崇拜的遗迹，这使人产生联想：那一条条逶迤延伸的石队或许是蛇的模拟图形？还有人推测，这个石阵是晒鱼场、市场、旅馆、妓院的遗址？现今甚至有人称它是外星人访问地球的飞船基地。

1959年，专家们确认卡纳克为世界上最大的新石器文化发源地之一。

现代人尽管聪明，并喜欢绞尽脑汁去钻研问题，可是还是难以了解远古人的思维奥秘，也许现代人的思维与古代人类的思维就像人与猴一样，难以沟通。也许是思维角度不同。现代人的思维总是喜欢从复杂的方面考虑问题。

正如对石阵进行了长期考察的英国考古学家欧文霍丁霍姆所说，这个巨石阵就像金字塔一样，为人类留下了永恒的不解之谜。

令人纳闷的是，这么大规模的巨石阵，为什么在18世纪以前的历史记录中只字未提？这也是石柱群令人感到神秘莫测的主要原因。人们无法从文献中探知它的形成和作用，于是就开始了种种推测。

有的说，卡纳克镇守护神可内利在公元前56年，为抗拒恺撒大帝的罗马大兵的入侵而亲临卡纳克镇的北山丘，在奇迹般的神力下，将一个个追赶来的罗马人封死在原地，变成了石柱。有的说，罗马人竖立石柱，是为了作为庇护帐篷的挡风墙。

这些论调当然是仁者见仁，智者见智。虽然石柱群的秘密还有待于将来的解开，但至少有一点可以肯定，就是经过放射碳14测试，这些石柱群早在公元前4650年便已经存在了。也就是说，它们是新石器时代文化最伟大的源泉。

这个被英国考古学家海丁翰教授称为"比金字塔更为神秘"的石柱群，无论从它们的重量、数量、高度和历史的久远程度来看，都足以取代英国索尔兹伯里平原上的石群，成为真正的世界巨石阵之最。

最早解释巨石的是中世纪英国编年史家乔弗里，他认为巨石阵是亚瑟王和其谋臣梅林用魔法把巨石从爱尔兰搬到英格兰，修建起巨石以做墓地。有人认为：巨石阵与早在公元

建造巨石阵
在英国韦尔特郡的史前巨石阵是最大的环形石群。它是用最简单的技术建成的，建造者可能撬动或者使用滚轴来移动这些石头，每块石头重约40吨，距离遗址有25千米远，人们用绳子和杠杆把它们运到这里。

前入侵英国的古罗马人相关，它是为当时统治英格兰和爱尔兰的罗马祭祀朱伊特而建造的祭坛。

然而在20世纪的60年代，人们借用现代考古学的方法推翻了这个解释，碳14测定：在朱伊特征服英国前1000年，巨石阵已被废弃了。这个发现令人兴奋，但在进一步说明巨石阵的建造者和它的用途时却非常棘手。

对于巨石阵的用途，人们还在推测。历史学家、考古学家和天文学家甚至心理学家都各抒己见。众说纷纭中有两种基本意见：其一，这是一个古代人的天文观察站；其二则坚持传统的观点，认为那是神性的宗教场所。天文学家还发现，这个巨石阵和日食、月食的活动有惊人的对应关系。

想用"现代神话"来发现奇迹的人也还有尽显其能的天地。就目前的研究来看，这个谜语也还没有解开。

神秘的奥尔梅克石像

奥尔梅克文明的历史，可以追溯到公元前2000年，但是在阿兹特克帝国崛起之前的1500年，这个古老的文明就已经消失了。但是仍然留下了很多关于奥尔梅克人的美丽动人的传说，人们甚至亲切地称呼他们为"橡皮人"——根据传说，他们居住在墨西哥湾沿岸的橡胶生产基地。

传说中的奥尔梅克人的家乡，正是科泽科克斯河注入墨西哥湾的地方。"科泽科克斯"这个地名的意思就是"蛇神出没的地方"。相传远古时代，奎札科特尔和他的门徒就是在这个地方登陆墨西哥的，他们搭乘船身光亮有如蛇皮一般的船舶，从地球的另一端渡海而来。也就是在这里，奎札科特尔登上一艘"蛇筏子"扬帆而去，从此离开了中美洲。

就在科泽科克斯西边，从圣地亚哥·图斯特拉镇出发，向西南方向行驶25千米，穿过葱翠的原野，便是崔斯萨波特古城；科泽科克斯的南边和东边则是圣罗伦佐佐城和拉文塔城，在这些地方，无数的典型奥尔梅克人雕刻品相继出土。有些雕刻的是庞大的头颅，重达30吨，其他的是巨型的石碑，上面镌刻着两个相貌完全不同的种族——都不是美洲印第安人——相会的情景。制作这些杰出艺术品的工匠，肯定是属于一个精致的、高度组织化的、繁荣富裕的、科技相当发达的文明。研究者们困惑的是，除了艺术品之外，这个文明没有留下任何东西，让后人探寻它们的根源和性质，它们的存在又有什么样的代表意义。唯一能够确定的是"奥尔梅克人"在公元前1500年左右，带着已经得到了充分发展的、高度的文明，突然出现在了中美洲这片神奇的土地上。

考古学家挖掘出的巨大人头像中，最大的一尊是在耶稣基督诞生之前不久雕制完成的，它重达30多吨，是公元前100年左右制作的，大约高1.8米，圆周5.4米，重量超过了10吨。它们呈现的大多是非洲男子的头部：戴着紧密的头盔，绑着长长的颚带，耳朵穿洞，鼻孔宽阔，鼻梁两旁显露出一道道很深的沟纹，嘴巴肥厚下垂，下巴紧贴着地面，有的两只大眼睛冷冷地睁着，宛如两颗杏仁，有的则是安详地闭着双眼。在那顶古怪的头盔底下，两道浓密的眉毛高高翘起，显出一脸怒气。看上去总会感觉有一种阴郁、深沉的凝重气息。奥尔梅克人留下5座非同一般庞大的雕像，描绘的是面貌具有明显黑人特征的男子。当然，2000年前的美洲并没有非洲黑人，直到白种人征服了美洲之后，黑人才被抓来当奴隶。然而，考古学家发现的人类化石却显示，在最后一个冰河时代，移居美洲的许多种族

科泽科克斯城中圣奥古斯丁公园里的石像群，人们一直在探讨它是何种文明留下的成果。

中，就有非洲黑人。

这一尊尊人头像，都是用整块的巨大玄武岩雕成，竖立在粗糙的石板叠成的基座上。尽管体积十分庞大，雕工却显得十分细致老练，五官的比例均匀完美。

显然，奥尔梅克人曾经建立了相当辉煌灿烂的雕刻文明，进行过大规模的工程计划。他们发展出高超的技艺，有能力雕琢和处理巨大的石块（他们遗留下的人头像，有些用一整块巨石雕刻而成，重达20吨以上）。不可思议的是，尽管研究者一再努力挖掘，在墨西哥他们始终没有找到任何的证据和迹象可以证明奥尔梅克文化曾经有过"发展阶段"。这个最擅长雕刻巨大黑人头像的民族，仿佛从石头里蹦出来，突然出现在了墨西哥。有趣的是，这些让考古学家百思不得其解的5尊巨大的、显露黑人五官特征的人头雕像，被刻意埋藏在地下，以一种独特的形式排列着。

那么这些巨型的人头像雕刻品代表什么意思呢？有人推测是奥尔梅克人自己的自画像，有人认为那不是他们制作的，而是出于另一个更加古老的、已经被遗忘的民族之手。

正统学界一贯主张，1492年之前，美洲一直处于孤立的状况之中，跟西方世界没有接触。思想比较前卫的学者，拒绝接受这种教条式的观念。他们认为，奥尔梅克雕像所描绘的那些深目高鼻、满脸胡须的人物，可能就是古代活跃于地中海的腓尼基人，早在公元前1000年之前，他们就已经驾驶船舶，穿过直布罗陀海峡，横越大西洋，抵达美洲。提出这个观点的考古学家进一步指出：奥尔梅克雕像所描绘的那些黑人，具体地讲，是腓尼基人的"奴隶"，他们是在非洲西海岸捕捉到这些黑人，然后千里迢迢地将他们带到了美洲。

然而还有一个问题，纵横四海的腓尼基人，在古代的世界许多地区留下了他们的独有的手工艺品，却没有在发现奥尔梅克人的聚居地留下属于他们的任何东西。事实上，就艺术风格来讲，这些强劲有力的作品似乎并不属于任何已知的文化、传统、艺术类型。不论是在美洲或是在全世界，这些艺术品都没有先例。

奥尔梅克文化究竟如何形成，又是如何衰亡？这是个连历史学家都无法回答的问题，缺乏刻在石头上的日历以及历史，就更加难以解释了。总之，奥尔梅克文化隐含着诸多未知数，对它的了解和研究才刚刚开始，历史学家和科学家们不知还要经历多少年的不懈的努力，才能够找到它的谜底。

罗德岛太阳神巨像

古希腊罗德岛太阳神巨像在世界七大奇迹中最为神秘，因为它只竖立了56年便因地震而倒下，没有留下任何痕迹，或许它正是因为历史短暂却留给世人如此多的离奇故事和传说而成为了世界的奇迹，至今考古学家仍无法确定它的位置及外观，传说巨像位于希腊罗德岛通往地中海的港口处。

希腊在历史上大部分时间中都是由各个城邦制的国家组成的，这些城邦国家在国界之外只拥有很有限的权利。在小小的罗德岛上就有3个城邦：伊利索斯、卡密罗斯和林多斯。在公元前408年，这三个城邦联合成了一个区域，并有统一的首都——罗德。这座都城商业发达，并和它的重要盟友——埃及的托勒密一世存在着很牢固的经济联系，是重要的商务中心，位于爱琴海和地中海的交界处。历史上罗德岛曾经被许多势力范围统治过，深受战乱之扰，其中先后包括摩索拉斯和亚历山大大帝，其中摩索拉斯死后埋葬他的陵墓后来也是七大奇迹之一，而亚历山大城的古灯塔也是奇迹之一，可见当时在这个地方的文明和传说有多么令人不可思议，为什么那么多的奇迹都发生在时间相隔并不遥远的年代，而且还在差不多相同的领地呢？这或许只是我们众多疑惑中的一个，让我们还是去领略关于罗德岛太阳神巨像的传说吧。

在亚历山大大帝之后，全岛又陷入了长时间的战争，常年兵荒马乱。公元前305年，托勒密一世的对手，马其顿王国安提柯一世，为了打破罗德—埃及联盟，带领超过全岛人口的4万军队包围了罗德岛，准备掠夺这个城市。但他们从未能攻入这座城市，因为罗德岛的人民经过艰苦的战争，想尽各种办法，阻止了侵略者快速占领要地，使得自身占据了有利位势。罗德岛居民最终击败了这些侵略者，保卫了自己的家园。公元前304年达成和约时，安提柯一世撤除对罗德岛包围，而且舍弃了大量的军事设备。罗德岛人为了颂扬他们团结一致的精神、庆祝这次伟大的胜利，他们决定用敌人遗弃的青铜兵器修建一座雕像，这就是后来传说中的太阳神巨像。巨像修筑了12年，高34米，和众所周知的纽约自由女神像高度差不多，只是两者的姿势不一样而已。巨像中空，里面用复杂的石头和铁的支柱加固。传说中巨像两腿分开站在港口上，傲视着过往的船只，船只能从腿中间过去。可以想象一下，那是一种多么气势磅礴而生动有趣的场景！

生长于巨像屹立时代的菲罗认为它的建造就像建造房子一样，其巨大雕像残片显示，建造技巧之精妙不亚于菲亚斯的宙斯像，其细部以大理石为结构基础，肌肤则是浇铸铜片建成。他甚至这样描述："罗德岛巨像就像躺在海上太阳升起光华之处。"可见当时的罗德岛巨像的形象有多么光辉，人们对它的喜欢又是多么极致。古代作家也有这样描

希腊罗德岛的古建筑，传说罗德岛人就靠这种古建筑抵御住了外族的入侵。

述："巨像曾矗立此地，是与第一个太阳面向相对的第二个太阳。"巨像没有留下什么复制品或模型，只能依据古代文献的记载而推测它的外观，可是文献中只把它当作一件奇物而不是一件艺术品来描述。更令人遗憾的是，巨像未倒坍时的样子根本就没有过直接的报道。事实上，主要资料都来自普利尼，他说，最使人赞赏的是罗德岛太阳神巨像。那是卡雷斯的得意之作，他是亚历山大大帝宫廷内的雕刻家利西波斯的学生。这尊巨像竖立56年后，在地震中倒坍。不过就算是躺在地上时，它仍然是一件庞然大物，很少人能够用双臂环抱它的大拇指，每只手指都要比一整座普通雕像粗。而且，倒塌后，巨像断口处呈现巨大的洞穴，里面巨石累累，孩子们甚至可以爬进去玩耍。

传说还认为，这座巨像是希腊人的太阳神及他们的守护神赫勒斯，以大理石建成，再以青铜包裹，以后更被用作灯塔，可惜大地震把这座巨像推倒了，空留下巨大的躯体。公元654年，阿拉伯人入侵罗德岛，入侵者把倾颓的巨像遗迹运往叙利亚，由入侵的阿拉伯士兵敲碎当破铜烂铁卖掉，此后杳无踪迹，这就使这个奇观的考察和研究更加困难，使后人找不到蛛丝马迹。

然而，研究分析显示，如果以港口的宽阔度和巨像的高度来计算，以上传说和设计结构都是不合常理的，因为巨像跨越港口入口必须要250米高才能办到，不论以金属或石块来建造，跨立的巨像绝对无法承受巨大的张力和冬季强风，而且倾倒后，巨像的遗迹亦会阻碍港口，所以估计真实的巨像应该立于港口东面或更内陆的地方。至于姿势根本不知道，到底站立？坐下？或是驾着马车？至今仍无人知晓，人们所有的有关巨像的描述都只是想象。

今天，圣约翰骑士团所建造的尼可拉斯堡垒就屹立在罗德岛港口的城墙尽头，只是旁边没有了太阳神这一巨像。堡垒由古代砖石结构筑成，其中最有趣的是一些大理石块。它们最先是由古希腊雕刻切割，但耐人寻味的是大理石块非方形，而是略呈圆形的碎块，每块都有微微弯度，或许它们就是罗德岛太阳神巨像的残骸。

婆罗浮屠上的角锥立石

印度尼西亚是世界上岛屿最多的国家，在历史上，它的各个海岛长期处于分散状态。印度教和佛教盛行，其中婆罗浮屠大塔就是印度尼西亚现存的最重要的早期佛教建筑物，也是该国最负盛名的旅游胜地。

佛教本来是发源于印度，它是怎么传入了印度尼西亚并建造了婆罗浮屠大塔的呢？公元前3世纪，孔雀王朝的阿育王统治时期，重视弘扬佛法。印度通过海路与东南亚互相往来。在阿育王的支持下，佛教传入东南亚。但印度尼西亚群岛由于距离印度遥远，佛教和印度教是直至1世纪才传入的。到5世纪，佛教才逐步发展起来。8世纪，印度佛教传入爪哇，盛极一时，统治者调集了当地居民兴建了婆罗浮屠大塔。

婆罗浮屠大塔位于印度尼西亚爪哇中部日惹城西北40千米处，是最奇异的佛教塔庙之一。它于800年前后由夏连特拉王朝的佛教统治者兴建，用于保存王公及王室家属骸骨。由于战乱它很快被遗忘，直到1814年才重新被发现。在20世纪印尼政府对婆罗浮屠进行了两次大规模的修缮。

婆罗浮屠的梵文意思是"山丘上的佛寺"，它竖立在茂密的丛林树中，像一个巨大的花式冰蛋糕。大约用了200万块石头，砌成上圆下方的弧形，在整体上构成一个立体的曼陀罗形状。它通高31.5米，由塔基、五层围廊和三层圆台上的中心佛塔三部分构成。分别代表着"色界"、"欲界"、"无欲界"三个境界。婆罗浮屠呈金字塔形，可拾级而上。它有一个正方形的塔基，由5层带边的墙的平台组成，并装饰着数以千计的反映佛陀生活的雕刻。方形平台上是4层圆形平台，上面竖立着72座钟形佛塔或佛龛，每座佛塔内有一尊佛像，在顶部有一座主佛塔。

登婆罗浮屠的时候，佛教徒必须按特定的路线——从东面进入，按顺时针方向绕行。走向庙顶象征着一个人逐步达到完美的精神境界。在代表色界的塔基的基部，有160幅浮雕，这些浮雕将佛典《大业分别经》的内容和世俗人物以及花草鸟虫结合起来，表现了富有人间气息和当地风情的大千世界；在代表欲界的五层围廊上，有总长达3200多米的精美浮雕，组成一幅无与伦比的美术长卷。浮雕的内容，主要是《本生经》上的故事，实际上曲折生动地表现了当时印度尼西亚社会以及居民的物质生活和精神生活。

在印度尼西亚的古代巨石文化中，角锥立石是祖先灵魂的象征，把角锥形状的小塔围筑在主佛塔的周围，并把它们置于无欲界之中，这就既突出了当时大力弘扬的佛教的主导地位，又使得佛教与印度尼西亚居民原来的原始祖先崇拜的信仰达到了和谐统一。

婆罗浮屠大塔作为佛教建筑，在建筑风格上借鉴了印度建筑和雕刻的手法，体现了古代印度尼西亚人民的智慧和艺术创造力，反映了早在10世纪以前，印度尼西亚的建筑和雕刻艺术已经很先进。

从空中鸟瞰婆罗浮屠寺院

吴哥城消失的文明

　　1861年的一天，有5个人在中南半岛的原始森林里搜索着。四周灰暗的树荫遮天蔽日，绊人的树根到处都是，不知名字的昆虫任意叮咬着他们的皮肤，匍匐在地上的毒蛇随时都有攻击人的可能。5个人中，走在最前面的是法国生物学家亨利·墨奥特，跟在他身后的是他从当地雇佣的4名仆人。这时候，仆人们一个个浑身无力，直冒冷汗，向墨奥特请求道："主人，请不要再往前走了，我们回去吧！我们再也不敢向前走了，这会触怒恶魔与幽灵。即使你给我们再多的钱，我们也不干了……"

　　墨奥特所要寻找的，就是已经消失了几个世纪的古城——吴哥城。本来，墨奥特是为了寻找一种珍贵的蝴蝶才来到这里的。

　　他与4名被雇佣的当地土著人进入一大片阴暗深沉的丛林区，希望能捕获一种罕见的蝴蝶品种。他们一行5人沿着中南半岛的湄公河逆流而上，约走了480千米，然后乘坐一条小船由湄公河支流深入内地，到达高棉的金边湖。一路上奇景异兽不断出现，很多罕见的植物、昆虫在这片未开化的丛林地带展现出生命的光彩，这使墨奥特大开眼界，兴趣大增。然而随行的土著人却变得越来越烦躁不安，在走了一大段路之后，他们竟然止住脚步，不愿再前进一步。

　　仆人争先恐后地抢着说道："前面那座密林里藏着许多幽灵，它们不但会让人迷路，还会用可怕的毒气把我们全部杀死。"

　　"幽灵？"墨奥特对他们的话感到可笑，这些迷信的土著人居然还相信在这个时代里有幽灵存在！但他没有别的办法，只能鼓励胆怯的随从道："这个时代不可能存在幽灵！

吴哥城遗址

就算真有，我们这么多人，肯定会把幽灵吓跑。要是能够把幽灵抓住，不仅比捉蝴蝶有趣、刺激，而且你们也可以因此成为人们心目中的英雄。你们还怕什么？"

土著人对墨奥特的话不以为然，仍然不断地恳求墨奥特不要冒险："主人！这可不是开玩笑的，听说丛林里有魔鬼的咒语，所以几百年来一座大城堡一直孤单地待在丛林里，没有人住……"

四面塔群

这些土著人所说的古城就是12世纪时，吉蔑人在丛林中兴建的吴哥城，这座古城最兴盛的时期是13世纪。一位中国商务使节兼旅行家周达观在1296年的著作《真腊风土记》中详细记载了它的盛况：

在吴哥城门口，任何人都可以自由出入由士兵驻守的城门，只有狗和罪犯除外。一种用瓦覆盖的圆形房屋是那些养尊处优的王宫贵人们的住所，这些房屋都是面向着旭日初升的东方。奴仆则在楼下不停地忙碌着。有几百间石屋和20多座小塔围绕着一座黄金宝塔，这就是巴容神殿。神殿的东边则有两头金色狮子守卫着金桥。这一切都显示出吉蔑帝国的繁华和气派。

无比尊贵的国王穿着富丽堂皇的绸缎华服，头上时而戴着以茉莉花及其他花朵编成的花冠，时而带着金冠，身上更是佩戴着许多稀世珍品：珍珠、踝环、手镯、宝石、金戒指……当百姓或其他国家的大使想见国王，便于国王每日两次坐朝时，席地而坐以等待国王的驾临。一辆金色车子在鼓乐声中缓缓地载来国王，此时大家在响亮的螺声中需要合掌叩头，等国王在传国之宝——一张狮子皮上坐定。然后众人要等螺声停止，才敢抬头瞻望国君之威仪，并将诸事奉告……

由此可以得知，吉蔑帝国不但国力强盛，而且秩序严谨，这个民族的人口曾达到200万。

当然，当时的墨奥特并不知道这些，他只是看到土著人表情严肃地向他比画着，一股好奇心从他心里陡然升起："丛林中居然隐藏着一座大城堡，如果把它公诸于世，岂不举世震惊！"这种想法逐渐取代了他原先捉蝴蝶的愿望。"这样吧，我给你们加倍的钱，你们再陪我往前走一走，探个究竟，好吗？"

随从们尽管心里很不情愿，但还是鼓起勇气，怀着战战兢兢的心情，小心翼翼地再向前走。他们一直在这荒凉的丛林中搜了4天，仍旧毫无结果。第5天他们仍然什么也没发现，墨奥特没有办法，只得率领仆人折回。就在此时，忽然他们眼前呈现出5座石塔，尤以中央那座最高、最宏伟，塔尖在夕阳的映照下熠熠生辉。

墨奥特看到这座被长久埋藏在丛林中的古城时，不禁瞠目结舌。他找到了举世闻名的吴哥城！吴哥城堪称一座雄伟庄严的城市，东西长1040米，南北长820米，几百座设计独特的宝塔林立，周围还有类似护城河的宽200米的灌溉沟渠守卫着。有许多仙女、大象及其他浮雕刻在建筑物上，其中172人的"首级像"显得尤为壮观雄伟。从这座古城中有寺庙、浴场、图书馆、纪念塔及回廊来看，在此兴建都市的民族当年的文化必定十分发达，他们那高超的建筑技术在世界建筑领域堪称一流。

后来，墨奥特因感染热带疾病去世而没能揭开古城的秘密，但法国方面继续进行着不懈探索。到现在为止，人们还没有找到吴哥城荒废的原因。查遍所有的史料，也只能得知在1431年的时候，暹罗人以7个月的时间，将吴哥城攻下，搜刮了大批战利品而去。第二年他们再度光临吴哥城，却发现这里已经变成了一座空城，人畜皆无，这就是吴哥窟。于是人们做出了种种猜测。有人认为，吴哥城被暹罗大军攻陷之后，这里的居民被强行带到某地去做奴隶了。然而幼子、病弱者、老迈的人也不见了，难道这些人也可以充当奴隶吗？有人认为国内曾发生过一场大规模内乱，国民互相残杀，所有的人无一幸免。然而让人不解的是，城内没有发现一具尸体。

还有人认为，可能有一场可怕的传染病侵袭了吴哥城，这场传染病夺去了大部分居民的生命，侥幸生存者为了避免传染病继续流行，将死者全部焚毁，然后怀着哀伤的心情远走他乡。而真实的情况到底怎样呢？人们仍在搜寻着答案。

重见天日的古罗马庞贝城

在意大利半岛西南角坎佩尼地区有一座历史悠久的历史名城——庞贝城。它曾经是罗马富人寻欢作乐的胜地；它曾经是一座人口超过2.5万人的酒色之都；它也曾经是一座背山面海的避暑小城。然而在一夜之间，这一切都灰飞烟灭了。

庞贝遗址
庞贝原是一个平凡的城市，住着平凡的市民，在历史上充其量只能占一个不起眼的地位。但是一场浩劫把它从活人的世界上抹去，把庞贝人的生活冻结了十几个世纪。

公元79年8月24日这一天，维苏威火山醒过来了。刹那之间，火山喷出的灼热岩浆遮天蔽日，四处飞溅；浓浓的黑烟，裹挟着滚烫的火山灰，铺天盖地地降落到庞贝城。令人窒息的硫磺味弥漫在空气中，弄得人头昏脑胀。很快，厚约5.6米的熔岩浆和火山灰就毫不犹豫地将庞贝城从地球上抹掉了。

1748年，一位当地的农民偶然发现了埋葬于地下1000多年的庞贝城。即使到今天，庞贝城也只有3/5被考古学家们发掘出来，仍有许多死难者、器具和建筑物被深深地掩埋在地下，尽管如此，富丽堂皇的庞贝城也使人们产生无限遐想。

庞贝城占地面积1.8平方千米，用石头砌建的城墙周长4.8千米，有塔楼14座，城门7个，蔚为壮观。纵横的4条石铺大街组成一个"井"字形，全城被分割成9个区，每个城区又有很多大街小巷相通，金属车轮在大街上辗出了深深的车辙，历历在目，仿佛马车刚刚驶过一般。

在大街的十字路口都设有高近1米、长约2米的石头水槽，用来向市民供水。那么水槽里的水又是从哪里引来的呢？原来水槽与城里的水塔相通。水塔的水则是通过砖石砌成的渡漕从城外高山上引进来的，然后分流到各个十字路口的公共水槽中，这个系统也为贵族富商庭院的喷泉和鱼池供水。

庞贝城里还有3座大型剧场，其中最大的一座剧场位于城东南，建于公元前70年，可容纳观众2万人，也可以当作角斗场，当年人与人、人与兽的角斗就曾在这里举行。

考古专家正对庞贝古城遗址进行勘察
1863年，庞贝挖掘活动频繁。工人把清理出来的垃圾放在筐里背走。泥水工正在修屋顶，竖起柱子，架上横梁。

这座大型剧场的东侧还有一座近似正方形的圆形体育场，边长约130米，场地三边用圆柱长廊围住，黄柱红瓦，金碧辉煌，场地正中是一个游泳池。这个体育场估计能容纳观众1万余名。

城西南有一个长方形广场，是全城政治、经济和宗教中心，四周建有官署、法庭、神庙和市场。城市至少建有一座公共浴室，不但冷热浴、蒸汽浴样样俱备，还附有化妆室、按摩室，装修也十分到位，墙上还用石雕和壁画装饰着。

庞贝城遗址充分反映了古罗马社会的道德沦丧，一部分人沉溺于酒色，纸醉金迷，生活糜烂。庞贝城明显有两多：一是妓院多，二是酒馆多。不堪入目的春宫画画满了妓院的墙壁，各种淫荡的脏话在墙壁上随处可见，城内酒店林立，店铺不是很大，酒垆与柜台都在门口，酒徒可以站在柜台外面喝酒，酒鬼们在一些酒店的墙壁上留下了信手涂鸦的歪诗邪文，至今依稀能够辨识出来。

比起埋在地下20~30米深且被新城覆盖的赫库兰尼姆，庞贝城埋在地下平均深度为3.6米，较易发掘，但要运走那么多的泥石，也不是一件容易的事。目前，整个庞贝遗址就是一座博物馆，用外墙围住，不准任何人居住，更不准车辆入内，而在遗址外围，逐渐形成了一座几万人的游览城市。

一座死城在科学家们的努力下重见天日。它反映了古罗马时代城邦居民的日常生活，是一座世界少有的天然历史博物馆。

埃及艳后的神秘之死

生活在公元前69年至公元前30年的埃及女王克娄巴特拉七世是托勒密王朝最后一个国王，她以惊人的美貌与智慧而闻名于世。罗马帝国两位最伟大的人物恺撒与安东尼都曾经疯狂地爱上过她，而她不到40岁便自杀而香销玉殒，不仅令人感叹不已，也让她传奇的经历中又多了一抹神秘色彩，成为一个千百年来让人猜不透的谜。

克娄巴特拉七世生于公元前69年，是埃及国王托勒密十二世和克娄巴特拉五世的女儿，从小生长于宫廷，身上有马其顿人的血统，聪明伶俐，貌美如花。公元前51年，国王托勒密十二世去世，克娄巴特拉按照遗诏和当时的法律规定，嫁给了比她小6岁的异母弟弟，当时她也只有21岁，夫妻二人一起掌管朝政。公元前48年，她在与其弟夺权的宫廷斗争中失败，被其弟驱逐，被迫离开了亚历山大城。但她雄心不死，一心想回埃及跟弟弟争夺王位，不断在埃及与叙利亚边界一带招兵买马。

当时，罗马国家元首恺撒为了追击自己的政敌庞培，率兵来到埃及，以自己尊贵的身份和重兵在握的权势调停埃及王位之争。在这种情势中，克娄巴特拉的一个拥护者向她提出了一个巧妙的计谋。他让士兵化装成商人，把包在地毯里的赤裸的女王抬到恺撒居住的行馆。恺撒以为是行囊，而出现在他面前的竟是一位风姿绰约的美女。她身段曼巧无双，神情妩媚可人，容貌艳丽娇美。恺撒立刻为她的美貌而倾心，而女王也为恺撒的气度着迷。

克娄巴特拉夜闯军营的"壮举"得到了满意的回报。恺撒率领大军帮助克娄巴特拉七世反戈一击，击败了她的弟弟，使之成为埃及女王。后来女王与恺撒有了一个儿子，取名托勒密·恺撒。

公元前47年9月，恺撒平定小亚细亚的战乱，也消除了庞培余党的叛乱回到罗马，女王克娄巴特拉的美丽倩影时时在他脑海中萦绕，难忍相思之苦的恺撒邀请克娄巴特拉七世来罗马。恺撒亲自去迎接她进城，整个罗马的上层社会都为之轰动，能够亲眼目睹女王非凡的风采令很多罗马贵族感到极为荣幸。大学者西塞罗身为名重一时的高士，也来到艳后面前表达自己的仰慕之情。但令人遗憾的是，公元前44年3月15日恺撒被刺身亡，女王黯然地离开了罗马。

恺撒死后，安东尼称雄罗马。公元前43年他与屋大维、雷必达结成后三头政治联盟，一起将刺杀恺撒的共和派贵族打败，成功后的安东尼出治东部行省。

也许是历史的巧妙安排，当在东方殖民地巡视时，安东尼在小亚细亚的塔尔索马城见到了女王克娄巴特拉七世，克娄巴特拉明白安东尼如今的权势地位，刻意要讨好这位刚雄霸罗马的统治者。很快，甜蜜的爱情让安东尼忘记了自己到东方的使命，乘坐克娄巴特拉七世

克娄巴特拉之死
阿克蒂姆会战的失利和安东尼的死，使艳后失去了活下去的勇气。她望着安东尼的尸体，悲痛欲绝。是否此时她死志已决呢？

的游艇陪伴她一起到了女王的国度。他们在埃及亚历山大的王宫如胶似漆，恩爱无比，共同度过了5年的美好时光。在这期间，安东尼也曾回过一次罗马。因为政治上的需要，他只得背叛爱情，为了缓和与政敌屋大维的冲突，娶了屋大维的姐姐。但他仍思念着埃及女王，找了借口离开他不爱的妻子，回到东方与克娄巴特拉结为正式夫妻，并举行了盛大的婚礼。

安东尼宣布把罗马帝国在东方的大片殖民地送给埃及女王，只是为了得到埃及女王的欢心。这种行为显而易见损害了罗马的国家利益，让罗马人大为不满，而且他抛弃妻子的举动也不合罗马的婚姻习俗，舆论开始谴责他。屋大维乘此机会，说服罗马元老院和公民大会取消了安东尼的罗马执政官职务以及他的一切权力。

公元前31年，安东尼组织自己的军队，在阿克提乌姆海角与屋大维大战。双方的实力不相上下，作战上也是平分秋色。但是，正在双方拼死战斗的时候，克娄巴特拉却突然将自己旗下的舰队撤出了作战队伍。而安东尼身为全军的主帅，见到

克娄巴特拉纪念碑
碑上第二行刻有女王的名字。

王率舰离开，竟然丢下忠心跟随自己浴血奋战的10万将士，乘一只小船跟随女王而去。大军溃败，安东尼从此便留在埃及。屋大维率兵攻打埃及，埃及军队叛变，安东尼大败。安东尼见大势已去，没有翻身的可能，便除去自己身上的披甲，拔出自己的佩剑，结束了自己的生命，时年52岁。

屋大维生擒了克娄巴特拉，这时一向自负于自己美貌的她也存在一丝幻想，希望屋大维也会迷恋于自己的美色，但屋大维并没有如她所愿。罗马执政者决定将克娄巴特拉作为战利品带到罗马游街示众，她得到这个消息后，向屋大维提出一个要求，要为去世的安东尼祭奠。随后她留下一份遗书，更衣沐浴后享用了最后的晚餐。克娄巴特拉进入自己的卧室，黯然神伤。

女王早有准备，她事先安排一位农民把一条名叫"阿斯普"的小毒蛇放入一只篮子，再装满无花果，然后将篮子带进墓堡，故意让毒蛇咬伤自己的手臂，中蛇毒昏迷致死。

遗书中，女王恳求能够让她与安东尼合葬，词情恳切，哀婉感人。她的自杀令屋大维感到十分失望，而她的举动又令屋大维有些神伤，于是同意了她的请求，将女王的遗体与安东尼合葬在一起。

罗马竞技场猛兽的来源

巨大的竞技场内，群兽涌动，人声喧闹，欢呼声、惨叫声不绝于耳，这是人们在影片中经常能看到的罗马帝国竞技场的一角。要想知道罗马帝国昔日的繁盛，从这小小的竞技场一角便能窥见一斑了。

竞技场表演的节目多种多样，野兽相搏便是其中一种。例如野牛与熊互斗，先把两兽用绳子分别拴住，为避免野兽跑开，把绳子末端系在地上的柱子上，然后观者在旁边挑拨，使两头野兽互相抓咬撕扯。另外一种表演是由一个或几个斗兽士与豹、狮子或其他野兽角斗，把猛兽打得筋疲力竭后才杀死。如果到后来野兽不但没死，反而把人咬死了，也

人兽相搏的壁画

无关紧要，因为大多数格斗士都是由奴隶充当的。当然也有例外，公元2世纪的罗马皇帝柯摩连是一个特殊例子，他喜欢亲自到竞技场内表演。有一次，他用弓箭从竞技场上的御座上射杀了100只鸵鸟，得意了一阵子。

一般的年头，罗马帝国每年合计要杀死几千头野兽，要把那么多的野兽在竞技场上杀死，就使不断地输入野兽成为必然。在罗马各行省的竞技场上，一般用当地容易捕捉的兽类（如北欧多用熊和豺狼），有时用上一头豹或老虎就可算作是特别节目了。但是在罗马，由于斗兽表演需要皇帝下旨方能举办，因而必须使用能突显罗马皇帝君临世界的威严的外来异兽。然而由于输送量如此庞大，所以运来定量的老虎、狮子、象等野兽是相当困难的事。即使拥有现代的交通工具，输送野兽也必定是花费大而困难的工作。因此，古时候以帆船和牛拉大车把野兽从好几百里外运送至罗马，并且每年运送数以千计，一定更加不易。

非洲野生动物种类繁多，成群结队，当然是绝佳的捕兽地方，但非洲没有老虎，罗马人只得远赴波斯和印度狩捕。一般每一支驻扎在某一地区的罗马军队都以捕兽为首要任务，当地猎人有时也协助捕捉。当时的人捕捉野兽时，旨在捕兽，所以施用饵诱或设陷阱等方法用尽，全然不顾滥捕滥杀。有一个方法是把酒倒入小水洼中，等动物出来喝得醺醺然或醉倒的时候，很轻松地就可用绳捆绑了。另一个捕兽方法是把一只小动物丢进挖好的坑中，利用小动物的惊叫把狮子、老虎等大食肉兽引来，这些野兽一旦落入坑中，便立刻被诱入装有诱饵的笼里。有时也用这种方法来捕捉大象。

捕获野兽后要由陆地和水路运送到罗马。为避免野兽中途死亡，如若是从陆路运送，总要停在好几处地方休息1周左右，因为被关在牛拉的笼车里的野兽，一路颠簸，极易消瘦劳累，要休息几天才能恢复。皇帝诏令罗马帝国境内所有城镇，必须无偿为运兽车队提供食物。即便这样，大多数野兽不是中途死了，便是运到罗马时已羸弱不堪，奄奄一息。那些在罗马时仍活着的野兽都被送至御兽园以生肉喂养，使之保持凶猛状态。最后，把整群养精蓄锐的野兽驱入满是坡道、笼子和大升降台等设施的竞技场地下室。不过，进入竞场后能活着回来的野兽就没多少了。

今日，罗马帝国的雄风已成为历史，斗兽比赛的遗风仍然存在，但已没有了往日的壮观和残忍，历史的那个瞬间只能永远地被定格了。

汉尼拔驱象上战场

迦太基大将汉尼拔是著名的军事将领，这位军事奇才曾做出过一件令世人瞠目结舌的事——他曾驱逐过40头大象和军队一起翻越阿尔卑斯山。

早在汉尼拔挥军侵入意大利以前，就有人驱象作战，在印度次大陆上，驱象作战更是极其平常。就连地中海地区也有人这样做。亚历山大大帝在公元前326年，与印度国王波拉斯对战时，就有200头白象列阵，大象在公元前280年意大利的一场战争中，也曾冲锋陷阵。历史上许多战役中，大象的作用与坦克一样，是一种威吓，只要敌人从未看到过大象就可以。象群前进时，敌军多数情况下会四处逃窜。但驱象作战在制敌的同时，也可能累己，如果自己的战马没有经训练，看到象也一样会受惊。战事之中，如果巨象狂奔乱跑，自己这一方的意外损伤是免不了的。

尽管如此，战象仍旧被视为战场上的顽敌，尤其以体型庞大、满载士兵、能驮木制巨鞍的更为厉害。不过汉尼拔军中的大多数的大象均产自北非，在迦太基附近出没，体型比较小，肩高只有两米半，和马差不多大，因此这种小象被驱上战场，可能利少于弊。翻越阿尔卑斯山，及后来度过严冬时，为免其冻死，汉尼拔的军队想尽办法，甚至用毛毯裹在象身上。然而，即使能活下来走完全程的象，也因耐不住严寒逐一死掉，第二年春暖花开之时，原来的40头大象就只剩下一头了！

第二章 中古时期秘史

佛教圣地鹿野苑

释迦牟尼经过苦修，在菩提树下静坐，大彻大悟，得道成佛。后来鹿野苑初转法轮，度五比丘。从此，佛教开始发场光大，鹿野苑由此闻名于世。

鹿野苑位于今印度北方邦贝拿勒斯西北的7公里处。又名仙人住处、仙人论处、仙人鹿苑、仙人堕处等。它是佛教圣地之一。

相传世尊考虑了7天，最终决定为天下众生说法，以求用大慈大悲的心愿使众生早时从苦海脱离出来，从而登上彼岸的极乐世界。又过了7天，释迦牟尼佛反复观照所有烦恼以及众生根基因缘所在。14天之后，他便决定应当立刻到世间说法。然而应该从何处开始呢？

释迦牟尼最后想到大臣、国师所派遣的伺候照顾他的憍陈如等5人，这五人都是相当聪颖的、有道行根基的人，应当先给他们说法。

鹿野苑位于波罗奈何和恒河之间，并且有一片茂密的森林，环境幽静，是修行的绝佳场所。憍陈如等5人就是在这片森林中进行苦修的。

释迦牟尼佛来到鹿野苑，为憍陈如等5人三转四谛十二行因缘法轮

菩提树
相传佛陀就在这棵菩提树下悟道六年。

后，憍陈如等 5 人远离尘垢，获得了法眼净。他们就是五比丘。

鹿野苑因是释迦牟尼佛初转法轮的处所而举世闻名。中国高僧玄奘公元 7 世纪赴印度求经时，这里还是"区界八分，连垣周堵，丽穷规矩，层轩重阁"，后来逐渐荒芜。现存主要的遗址有乔堪祇塔、阿育王石柱残留和昙曼克塔等。

耶路撒冷遗失的宝藏

耶路撒冷不仅是宗教圣地，在长达 5000 年的文明史中，也有很多美丽而神奇的传说，"耶路撒冷遗失的宝藏"之说就是其中最诱人的传说之一。那么，耶路撒冷是否真有遗失的宝藏呢？

一个名叫索尼埃的年轻神甫在 1885 年到雷恩堡接管那里的教堂。雷恩堡位于法国南部兰克多地区，在土鲁斯附近，是个小村落。索尼埃神甫最初的生活异常贫困，可是他在 1896 年竟然过上像百万富翁那样肆意挥霍的生活。

许多对这桩怪事有耳闻的人，都坚信那位年轻神甫找到了地下宝藏，并将发掘所得想办法卖给愿意保守秘密的买家。当时有人估计，很可能索尼埃发现的就是传说中"耶路撒冷遗失的宝藏"。这种猜测也有些历史根据：古代犹太的大笔钱财本来在耶路撒冷圣殿里藏着，罗马人在公元 70 年把它掠了去，且在罗马展览。因此，维西哥德人很可能在 1885 年索尼埃神甫到这里来之前，将包括耶路撒冷宝藏在内的掠夺所得，埋在这个山区的众多隧道或天然山洞里。甚至，除了维西哥德人之外，还有别的中古时代民族，把宝藏藏在这些山洞地道内。

当然索尼埃神甫对这个地区和这个村落独特的历史极其了解，也清楚他那座建于 1059 年的摇摇欲坠的小教堂是在一个更古的维西哥德旧址上建造的。索尼埃在 1891 年把教区内的教友说服了，让大家募捐修葺教堂。他在施工过程中找到了寻找宝藏的密码。

索尼埃神甫破译了这些密码，并给后人留下提示。教堂的细致修理复原工作是由他亲自主持的，但是其中一些装饰，与环境格格不入，甚至有亵渎神圣的嫌疑，令人不解。比如，到过雷恩堡的神职人员肯定会觉得奇怪，来到教堂门口，为什么一抬头看到的就是"这地方可怕极了"这样一句话呢？一踏进教堂门口，为什么映入眼帘的第一件东西就是恶魔阿斯莫德奥斯的塑像呢？对教堂内这些怪异的事物和一点也不神圣的画像的最合理的解释就是：它们就是线索，为神甫提示了财产的来源。

人们再也没人找到过任何宝藏，难道是没有理解神甫留下的线索的真正意图？也没有人知道神甫可能发现并卖掉的金银珠宝的去向。当时谁有能力购买传说中的庞大宝藏？这些宝藏又流向了哪里？索尼埃神甫在尽情挥霍之后，长眠于地下，留给后人的却是无尽的疑问与猜测。

伊凡雷帝杀子

伊凡雷帝是俄国历史上第一位沙皇，他 3 岁就继承了莫斯科和全俄罗斯大公位，称伊凡四世。他性情凶残又生性多疑，独断专行且手段残酷，因而得名"雷帝"。这与伊凡四世幼年的生活环境有着重要的关系，他 17 岁亲理朝政以前的岁月可以说是生活在一片黑暗中，先是他的母亲倒行逆施，接着她不明原因的暴亡，然后是贵族们为了争权夺利而每天火拼厮杀，没有人顾及到年幼的沙皇的教育。从这种尔虞我诈的环境中成长起来的伊凡四世，过早地目睹了宫廷生活的黑暗和丑恶，在他的性格中埋下了暴戾多疑的种子。俗语说：虎毒不食子。伊凡雷帝却被怀疑亲手杀死了自己的儿子。

俄国著名画家列宾创作过一幅名为《伊凡雷帝杀子》的油画：在灰暗压抑气氛笼罩下的画面上，奄奄一息的皇太子无力地靠在父亲的胸前，伊凡雷帝惊恐地搂着儿子，他用一只苍老的、血管突出的手抱着伊凡的身体，另一只手紧紧按住儿子流血的伤口，试图挽回儿子的生命，但死神已经快要降临了，儿子的身体软绵绵地瘫在地毯上，用一双绝望而宽恕的眼睛看着衰老的父亲，而伊凡雷帝的双眼中充满着悔恨，两人的眼神形成了强烈的对比，整幅画有着一种摄人心魄的艺术魅力。

人们为什么会怀疑伊凡雷帝呢？主要是伊凡雷帝的性格非常残忍。还是个孩子时，他就经常把捉住的小鸟一刀一刀地杀死，或是站在高高的墙上，将手中的小狗摔死，从而发泄心中的不满。而在他13岁的时候，就放出豢养的恶狗，将执掌朝政的皇叔伊斯基活活咬死，暴尸宫门。而当他刚登上皇位后，为了加强皇权，就在全国范围内实行恐怖政策，惩罚反对皇权的大贵族，也不可避免地杀害了许多无辜的平民，用尖桩刑、炮烙、活挖人心、抽筋剖腹等酷刑处死了数万人，得到了"雷帝"的称呼，意思就是"恐怖的伊凡沙皇"。

他的暴政和独裁不仅使遭到镇压的大贵族们心怀怨恨，也引起了广大人民的强烈反对，就连沙皇身边的人，也有"伴君如伴虎"的危机感。本来，伊凡雷帝的这种暴戾性格在他娶了年轻美貌、温柔善良的皇后之后有所改变，她能理解他，开始以自己的爱温暖着沙皇那颗受伤的心灵，总是像天使一样地抚慰着他。可是，保佑他的天使没有永远伴随他，1560年，他亲眼看着心爱的女人被疾病夺去了生命，失去了皇后之后，童年时期养成的性格又被激发出来了。到了晚年，孤独的伊凡雷帝性情更加乖戾、喜怒无常，他总是疑神疑鬼，总觉得有人要害他。但是，对于他的长子、未来的皇位继承人伊凡，他还是宠爱有加的，时常让他跟随在自己左右，可以说，除了这个儿子，他已经不再相信任何人了。可是这位皇太子却死在伊凡雷帝的前面，上演了一出"白发人送黑发人"的悲剧。

从1581年起，伊凡雷帝开始怀疑太子有夺取皇位的嫌疑，多疑的性格使这种想法日益强烈，父子关系也因为他的提防而紧张起来。有一天，伊凡雷帝看见伊凡的妻子叶莲娜只穿了一件薄裙在皇宫中走来走去，违反了当时俄国妇女至少要穿三件衣裙的惯例。伊凡雷帝勃然大怒，动手打了儿媳，使已经怀孕的叶莲娜因惊吓而流产。伊凡听到这个消息后，对伊凡雷帝大吼大叫，伊凡雷帝也很生气，一边大骂着"你这个可耻的叛徒"，一边举起手中的铁头权杖向儿子刺去。晚年的伊凡雷帝手里常常拿着一根铁头杖，这是一根顶端包有铁锥尖、柄上刻有花纹的长木杖。伊凡四世一旦发怒，就会随时用这个铁尖木杖向对方刺去，所以宫内的人只要听到木杖敲击地面的声音，就会吓得赶紧躲起来。可是没想到当时伊凡雷帝的铁杖正

伊凡雷帝杀子　1855 年　L.E. 列宾

好刺中了儿子伊凡的太阳穴，然后就是列宾笔下《伊凡雷帝杀子》悲剧场面，最后伊凡因伤势过重而死去了。

监狱里来了个"铁面人"

法国大作家雨果曾经写过一部小说《铁面人》，小说讲述了一个带着铁面罩的囚犯，被国王流放到一个孤岛上，"铁面人"经过种种努力，终于逃出了孤岛，重获自由。

有意思的是法国另一位大作家大仲马也写了一个类似的故事《布拉热洛公爵》，后来被英国人改编成电影《铁面人》，引起了极大的轰动。影片中神秘的"铁面人"居然就是法国国王路易十四自己。在残酷的宫廷斗争中，他被权臣用一个长相酷似自己的人给"掉包"了，从此过着暗无天日的"铁面生涯"。

这些有趣的故事并非全部是作家们的虚构，而是根据法国历史上一件著名的悬案改编成的，不同的是历史上的"铁面人"被关押至死，而且到现在还没有人知道他是谁。

巴士底狱的"铁面人"为何会引起后人的注意，始作俑者是法国伟大启蒙思想家伏尔泰。他在其名著《路易十四时代》中提

盎格鲁—撒克逊人的头盔

出"这个囚犯无疑是个重要人物"，但接着却说"他被押送到圣玛格丽特岛时，欧洲并没有什么重要人物失踪"，让世人觉得匪夷所思。

伏尔泰是这样记述的：

1661年，圣玛格丽特岛上的一座城堡迎来了一位特殊的客人。那是一个身材修长、举止高雅的年轻人，他的头上不知被谁罩上了一个特制的铁皮面罩，无论是在他被秘密押送途中，还是在囚禁期间都被严令禁止摘下来。这个面罩在下颌部装有钢制弹簧，即使是吃饭或喝水也没有妨碍，不用摘下来。因此，从来没有人见过他的真面目。

在圣玛格丽特岛上关押了一段时间之后，这位"铁面人"又被秘密地押送到了巴士底狱，那里是当时法国最令人害怕的关押政治犯的监狱。在巴士底狱中，这位囚犯受到了特殊的优待：住处弄得很舒适，饭菜按他的口味专门做，衣着精美，他有时还可以弹奏吉他，除此还有专门的医生定期为他检查身体。狱卒们很喜欢和他聊天，他举止高雅，谈吐也很风趣，但对自己的身份却一直守口如瓶。1703年，这个在监狱中度过了大半生的囚犯结束了他神秘的一生，当晚便被葬在了圣保罗教区。随着他的死去，原本神秘的身世似乎更加神秘了。

伏尔泰的记载到此为止，留给后人更大的猜测空间。据说在18世纪，法国国王路易十五、路易十六都曾下令调查过"铁面人"，但最后都不了了之。传闻中路易十六曾明确表示：要确保"铁面人"的秘密，从而使这个"铁面人"更加引起了后人们的好奇。这是为什么呢？

这个囚犯到底是谁？其真实姓名是什么？为什么会被关进巴士底狱？又为什么会被路易十四特别关照要优待？这些问题成了近3个世纪以来一直困扰欧洲历史学家的一个难解之谜。对于这些问题，人们形成了众多不同的说法。

有人认为，这个戴面罩的囚犯是当时法国国王路易十四的长兄，他为人忠厚老实，

凶险狡诈的弟弟以阴谋的手段夺走了本该属于他的法国国王的王位，自己登上了国王的宝座。为了不让世人知道他的存在，路易十四对亲哥哥判处了终身监禁，用铁面罩掩盖他的真实面目，让他一辈子待在监狱里。反驳这种说法的人认为，皇室的权势之争向来万分残酷，以凶残著称的路易十四既然能夺取王位，为什么不用毒药和秘密处死的方式来彻底解决问题，这在当时并不稀奇，反而大发善心地让"祸根"活在世上，还给予种种优待，这太不合常情了。

在法国大革命后流传很广而且后来影响深远的一种看法是：这个人是路易十四的生父多热。根据史料记载，路易十三和王后安娜不合，并长期分居，是担任首相的红衣大主教黎塞留从中调和，才重归于好。但有人猜测当时王后已经与贵族多热有了孩子，才会离开情夫多热而重新投入路易十三的怀抱。路易十三和安娜王后和好后不久，就生下了路易十四，所以长久以来，人们一直怀疑路易十三和路易十四的父子关系。据说多热为掩人耳目被迫远走他乡，路易十四登基后，多热悄悄返回，向路易十四说出了事情真相。但路易十四害怕丑闻暴露，又不好对生身父亲下毒手，只好把他罩上铁面罩，送到监狱度过余生，给予最好的照顾，算是对生父的孝顺。法国社科院院士潘约里在其1965年出版的《铁面罩》一书中就支持这种说法。

19世纪末一位叫安娜·维格曼的人提出了一种看法，这位戴铁面罩的是英国国王查理一世。当查理一世被送上断头台前，他的忠实追随者买通了刽子手，顶替国王死了。为了不被人发现这个秘密，查理一世只好终身隐居在巴士底狱中。安娜的观点的依据只有一个，就是查理一世和这名囚犯都很喜欢头披薄被头。

路易十四时代的国务秘书马基欧里也被列入怀疑对象之中，在割让意大利领土卡扎里给法国的秘密活动中，马基欧里起到了关键的作用，在路易十四那儿得到应得的奖赏之后，马基欧里却又把这个秘密出卖给了西班牙。恼怒的路易十四对他的背叛大为光火，将他关进了监狱，并给他戴上了铁面罩。

在人们费尽心机地猜测这位"铁面人"的身份而毫无进展的时候，有的人干脆认为：这个人根本是一个无足轻重的角色，喜欢愚弄人、制造"悬念"的路易十四根本是要故意弄出这种效应，让后世的历史学家绞尽脑汁去猜测。这种说法一出，立刻被很多学者驳为无稽之谈。

但不可否认的是，"铁面人"之所以成为一个令人费解之谜，关键是因为路易十四答应为"铁面人"保密，因此，所有关于"铁面人"的资料，在17世纪就被有意识地进行毁坏和掩盖，留下来的材料不仅零乱不堪，还互相矛盾，漏洞百出。1970年，法国记者阿列兹就这一谜案出版了一部《铁面罩》，在大量的旁征博引之后，他也不禁感叹："这实在是个难解之谜！"

武士道精神的形成

1912年9月，日本明治天皇去世。为表示对天皇的效忠，13日，日本陆军大将乃木希典与其夫人剖腹自杀，从而开创了日本近代武士剖腹效忠的先例。这就是被日本统治阶级大加吹捧的所谓武士道精神。

那么武士道精神究竟开始于什么时候呢？

日本学者对此兴趣盎然，观点也不尽相同，有些人认为武士道精神最早始于日本大化

一名武士全副武装准备战斗，他头戴吓人的兽角，身披黑白双色盔甲，长剑悬于左，短剑佩于右，手持弯头镰。

改新。大化改新开始于日本进入封建社会后，逐渐形成了一个特殊的阶层，即武士阶层。伴随着武士阶层的产生，武士道精神慢慢出现了。作为武士，要讲究忠勇，善于杀伐，节义律己，视死如归。一旦战败时，宁愿剖腹自杀也不能当俘虏受辱，以此表示对主子绝对忠诚。

另有一些日本学者认为，武士道精神的形成应始于日本幕府统治时期。1192年，源氏集团首领源赖朝开始了将军幕府的统治。

幕府统治者为了控制和管理武士，制定出各种规章细则，他们把武士的思想作风和行动准则用法律的形式固定下来。1232年，镰仓幕府公布武家法规《御成败式目》。《御成败式目》强调忠、义、勇。规定，武士必须常年佩刀，并以杀伐为荣，宣扬日本刀不见血不是真正的武士。综上所论，可以看出武士道实际上把儒教、佛教禅宗和神道思想三者融为了一体，是军事封建专制主义的产物。

还有一些日本学者认为，日本武士道精神的真正形成应始于明治维新。明治天皇实行了明治维新，进行了一系列改革。其中一项重要的内容就是对为数众多的武士阶层进行改造。明治政府把武士们在封建时代对领主将军的效忠发展为对天皇的愚忠，在军队内外大力宣扬"武士道精神"，将其冒充为日本民族的固有精神。

1882年，明治政府颁布的《军人敕谕》向武士们提出了具体的"武士道精神"。

圣女贞德的身后事

法国历史上著名的民族女英雄贞德于15世纪被教会以"女巫"和"异端信徒"的罪名处以火刑。1431年5月的一个早上，贞德被烧死在卢昂一个公众广场上，这个形体纤小、被宣判为异端信徒和女巫的少女在一万多人的注视之下，很快被熊熊烈焰吞噬。很多围观者都听到她高喊耶稣的名字以及那些激励她率领义军把英军逐出法国的圣徒名字。烈火烧了很长时间，她仍旧没有断气，最后她在低吟一声"耶稣"后，便辞别了人世。围观者亲眼看到行刑者扒开火堆后，一具烧焦的尸体露出来。行刑人向周围观者展示贞德烧焦的尸体之后，又一次点燃烈火，将尸体烧成灰烬，之后把这些灰烬撒入塞纳河。不过，当时观看行刑的人，此后曾说起焚烧贞德尸体那时的神奇景象。一名英国士兵说他亲眼看到在贞德的灵魂离开肉身时，一只白色鸽子从火堆里缓缓向高空飞去，嘴里还有着动听的鸣叫声。一些人说看到火焰中有"耶稣"的字样出现，那分明是贞德灵魂没有散去。不久，有传说说贞德的肠脏和心没有被烧掉，仍然保持完整。又过了不久，又有人说贞德仍然活在人间，火焰根本没有伤及她。不过在很长一段时期

贞德像

内，一个传闻言之凿凿，大多人都很相信这一说法：贞德并没有被烧死在火刑台上，那被烧死在火刑台上的，并不是贞德本人。

贞德的两个兄弟就抓住了法国人乐于相信这位女英雄仍活在世间的心理，从中牟利，精心布置了一个令人心寒的骗局，并因贞德的声望而尽享富裕生活。在贞德死后5年，即1436年，两人又一次渲染了贞德仍在人间的传闻。兄弟俩人带着一个披甲策马的年轻女子突然在奥尔良的街头出现。他们宣称此女子就是贞德，被施以火刑的不是贞德，而是另一个女子顶替的。实际上，那披上盔甲的女子名叫安梅丝，是个女骗子。在假冒贞德之前，她曾在意大利教皇的军队中服过役，有过一段军旅生涯，当时，她的娴熟的马术和威武的外型，深受群众喜爱，使见到她的人理所当然地相信她就是贞德。法国人既然失去了民族英雄，这也属人之常情。

对贞德两位兄弟的说法，奥尔良市民深信不疑；甚至把自贞德牺牲后一直为她举行的纪念仪式也废止了。贞德的两兄弟以及女骗子的骗局最初是无往不利，处处得逞。在奥尔良及其他法国城市广受尊敬，并享尽美酒盛筵，但好景不长，他们的骗局在4年后终于被揭穿了。

后来，法国国王查理七世在15世纪中叶基本完成了统一大业。贞德的两名兄弟及其母亲为洗脱贞德的罪名而积极奔走，最后终于使贞德的名声得到了恢复。

哥伦布发现新大陆探疑

哥伦布发现美洲大陆已经成为人们的共识，然而现代却有一些学者对此提出了质疑。

哥伦布像

大多数的历史教材中，关于哥伦布和美洲大陆都会有这样的记载：意大利的热那亚市是克里斯托弗·哥伦布的故乡，他出生于一个普通的手工业主家庭。1476年，他移民葡萄牙，建议探索一条向西航行以直通东方的航线，但未被葡萄牙国王采纳。1485年他移居西班牙，经过一番游说，终于得到国王斐迪南与女王伊莎贝拉的资助与派遣。1492年8月3日，哥伦布率领三艘大船前往东方，虽然没有找到他热切盼望的黄金，但却成为第一个发现美洲大陆的欧洲人。

但是在1978年4月，有人却对克里斯托弗·哥伦布第一个到达美洲的说法提出了质疑。新说的提出者是委内瑞拉史学家艾尔马诺·内克塔里奥·马利亚。这位史学家认为，西班牙人阿隆索·桑切斯·德韦尔瓦才是第一个到达美洲的人，他横渡大西洋到达美洲的时间为1481年。他在返航途中，住在桑托港一个叫克里斯托瓦尔·哥伦布的人家，不久在那里病死。临死前，他把去往美洲的全部航行资料都交给了克里斯托瓦尔·哥伦布。10年后，按照他的航行路线，克里斯托瓦尔·哥伦布开始了他远渡美洲的行程。而这个克里斯托瓦尔·哥伦布和我们通常所说的克里斯托弗·哥伦布绝不是同一个人，后者根本没有踏上过美洲的土地。

此外，还有一种说法认为，在1170年的探险途中，威尔士王子马多克·格威内德曾到过北美的莫比尔海港。有的人则认为在1472年，冰岛总督匹宁在葡萄牙国王和丹麦国王的

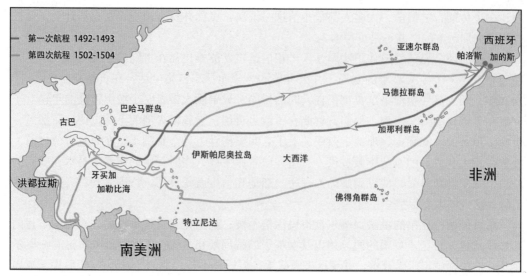

第一次航程 1492-1493
第四次航程 1502-1504

哥伦布航程示意图

共同倡议下，也曾带领一支探险队到达格陵兰和纽芬兰一带，后来这一带被葡萄牙人称为"产鳕的地方"。

还有一些学者证明中国的航海家可能在他们之前就已越过浩瀚的太平洋到达了美洲，这些学者还提供了一些耐人寻味的证据。虽然未曾在美洲发掘出中国古代的工艺品，而且这种相关的记载也没能在中国的古籍中找到，但是最近发现的一些颇为神秘的联系却让人困惑不解。如果古时候太平洋两岸完全音讯不通、没有接触，这些联系仿佛就无法解释。而在所有的联系中，小小的花生是最叫人困惑的。

植物学家认为，中国直到20世纪初才开始引种原本生长在美洲的花生。那么为什么5000年前生长的花生会在中国的江苏、浙江两省出现呢？花生的种子既不能在鸟类的胃里存活，经咸水长时间浸泡后又不能发芽。这么一来，花生经过人手从一个半球移植到另一个半球的可能性就较大了。

带轮泥塑动物是公元纪年前后在墨西哥发现的，而中国在公元前3世纪末的汉朝时期就已制造这种泥塑动物了。在欧洲人15世纪到达美洲之前，美洲文化都没有使用车轮的记录，所以在美洲发现这种泥塑动物实在叫人诧异。中国古钱币有斧形的，而居住在墨西哥和厄瓜多尔的阿兹特克人铸造钱币时也仿照薄铜斧。据说，在墨西哥陶蒂华康和危地马拉卡密纳尔胡猷等地曾出土过三足圆锥盖圆柱形容器，而这种容器在中国汉代也可以找到。

1977年冬天，美国地质调查队的一支沉船打捞队在加州洛杉矶帕拉斯维德半岛浅海处将一个重250千克的轮胎形大石圈打捞上来，它被初步认定是一个石锚。1981年，在相同地点又有两位美国地质学家挖出类似的石锚和压舱石。据估计，这艘遭暴风袭击在南加州一带触礁沉没的大商船长80~110英尺，载客量为80~150人。经过对石锚取样化验分析，这种岩石与中国福建、台湾的灰岩相同，并不存在于美洲。石锚的沉海时间可依据它上面所积累的厚达2.5~3毫米的锰矿外衣计算出来，约为2000~3000年。

另外，想要用巧合来解释中国和中南美洲在文化上相似的地方似乎很困难。如中国有死人口中含玉作为护符的风俗，而墨西哥阿兹特克人和玛雅人也有此风俗。更叫人惊奇的是，太平洋两岸的人们都喜欢把绿玉染成赭红色。风俗相同得如此细微对于天各一方的国家来说是非同寻常的。再如中国商代（公元前16~前11世纪）和墨西哥古老文明之一的奥尔梅克文化（约公元前14~前10世纪）都有拜虎为土地神的风俗，而且它们都被塑造成没有下颌的形象。

由于中国有着5000年的灿烂文明，因此越来越多的历史学家认为中国人最早到达了美洲，但什么时间、如何分布以及与土著印第安人是什么关系等一系列的问题仍然是不解之谜。

大西洋奴隶贸易

纳米比亚在1990年独立，标志着非洲彻底摆脱了殖民主义的统治，走上了独立自由的道路。而在这以前的数百年的非洲历史都是一部血腥史，非洲人民曾经饱受着殖民主义的蹂躏，尤其是持续了4个世纪之久的奴隶贸易，更是骇人听闻，至今专家们对奴隶贸易的规模仍得不出一致意见。

由于奴隶贸易主要在大西洋东西两岸进行，所以"大西洋奴隶贸易"由此得名。它大体上经过3个发展阶段：

第一阶段，15世纪中叶至17世纪中叶。在这一阶段中，最早侵入非洲的是葡萄牙、西班牙和荷兰等国。此时的奴隶贸易多由私人出面，由国家支持而经营，他们的重要贸易据点和军事要地均设在大西洋两岸。哥伦布发现新大陆之前，掳走的黑人还不多，大约在1000人左右。但是随着美国殖民地的开发和对印第安人的大批屠杀，美国迫切需要大批的劳动力，从此，贩卖黑奴的规模越来越大。截至16世纪中叶，每年大约有1万名黑人从非洲西海岸输往美洲。

贩奴船上的残暴行径

第二阶段，17世纪中叶至18世纪中叶。这一阶段是"大西洋奴隶贸易"的高潮时期。在此期间，欧洲海运发达的国家都蜂拥而到非洲西部海岸，参加奴隶贩运，并成立了众多的奴隶专卖公司，建立起组织严密的贩奴系统，而且动用正规军队以保障其垄断贸易的利益。到18世纪80年代中叶，从非洲运出的黑奴平均每年近1万人。

第三个阶段，从18世纪下半叶至19世纪下半叶。欧洲废奴运动蓬勃兴起，导致大西洋奴隶贸易日趋衰落，并于19世纪下半叶才基本停止。

万恶的奴隶贸易使大批的黑人丧生，给非洲人民带来了深重的灾难。

在对长达数百年之久的大西洋奴隶贸易中黑奴的数量进行分析之后，世界各国的历史学家作出了各种不同的估计。著名的是美国黑人历史学家杜波伊斯估计，至少有1000万黑人被送到美洲；同时他认为，每送到美洲1个黑人，至少会有5个黑人死于陆海运输途中。这样算来，非洲丧生的黑人约在6000万左右；再加上17~19世纪阿拉伯人的贩奴人数，杜波伊斯认为，奴隶贸易使非洲丧失了至少1亿人。

美国的P.D.柯廷教授1969年在对奴隶贸易进行分析和较细致的研究后，重新作出了估计。他认为1415~1870年，大西洋奴隶贸易中运到美洲的奴隶有956万余人，而且不包括猎奴时和转送途中死亡的人数。

在对大西洋奴隶贸易进行研究的过程中，尽管众多学者做出不懈的努力，但由于很多事情都没有翔实的记载，甚至只能依靠口头回忆，因而对大西洋奴隶贸易的规模进行的估计还缺乏一定的客观性，因而至今仍众说纷纭，要想在此问题上得到一致的结论，恐怕还要无数有志于此的人不断努力。

苏格兰女王玛丽谋杀丈夫

在1565年7月，年轻漂亮的苏格兰女王玛丽嫁给了伊利莎白的堂弟亨利，这将为她成为伊丽莎白继承人增加了分量。

但是，玛丽很快发现这一点将不可能，因为她很快发现亨利令她十分失望。慢慢地对他不抱任何指望，转而倚重一些参谋人员，其中重要的一位是来自意大利的音乐家戴维·里奇奥。

亨利以及当时的许多苏格兰贵族，对里奇奥的受宠深感不满。1566年3月，一伙贵族闯进了女王的住所，刺死了里奇奥。亨利本人没有参与这场谋杀，但他无疑也是策划者之一。1568年2月9日，玛丽离家到城中参加一个仆人的婚礼，几小时后，柯克欧菲尔德行宫燃起了大火。后来人们在花园中发现了亨利的尸体；他显然已从火海中逃了出来，但却在外面被人掐死了。

许多人都相信，这次暗杀活动的幕后主谋是亨利的死对头——博思韦尔伯爵。博思韦尔伯爵于当年4月被

戴维·里奇奥被杀

控告犯有谋杀罪。但争议最多的问题是，玛丽是否参与了这次谋杀活动。

当然，玛丽自己则称她与丈夫的死毫无关系，许多人也都相信了她。但很快又出现了新的情况。在亨利被杀仅仅3个月之后，女王就嫁给了博思韦尔伯爵——谋杀亨利的主要嫌疑犯。

谋杀亨利的事件已经使玛丽的统治危机四伏，而她嫁给博思韦尔伯爵，则更是加速了她统治的终结。

1568年12月，马里伯爵亲自赶往西敏寺，对玛丽进行指控。在铁证如山的情况下，她被判处死刑，1587年2月8日，玛丽被斩首。

恐怖的黑死病

黑死病是爆发于14世纪的一场瘟疫。

这种令人惊恐的疫病随旅行的商人自中亚细亚传到克里米亚，然后由通航的船只带至地中海沿岸，再席卷整个欧洲大陆。生还者尽快埋葬死者；尸体一个压着一个地堆在很浅的坑里，或者整批埋进大坑内，甚或任其在街上发臭。疾病迅速扩散，居民四处逃散，市容市貌大为改变。病菌似乎将空气都充满了，当年的一项记载曾述说："一种令人作呕的恶臭蔓延……几乎不能忍受。"

只有少数地方的居民躲过此劫。例如米兰大主教曾宣布，如果疾病蔓延到米兰，最先发现瘟疫的三所房屋，必须立即在四周建起围墙，把死者、病者和健康的人统统埋葬在内。结果疫病果真没有在米兰一地传播。主教虽然对疫病怎样蔓延不甚清楚，但是无意中找到了一种阻止疫病传播的有效方法：隔

护身符

离。因此，乡间独立的房屋可能是个很好的安全所在。大规模隔离也是个好主意，今天属于波兰的广大地区躲过此劫，部分原因或许是当局严格实施隔离措施。

伊丽莎白女王终身未嫁之因

伊丽莎白25岁登基为王，以其美貌、学识和至尊地位引得欧洲大陆无数王公贵胄尽折腰，争相向她邀宠求婚。然而她却终身未嫁，这究竟是怎么回事呢？

伊丽莎白虽然独身终生，但她也曾利用自己的婚姻大事作为资本，于欧洲各大国之间周旋。第一次是在她登基不久，当时国际社会迟迟未承认她作为英格兰女王的合法身份。法兰西人更在为结束西班牙与法兰西之间战争而举行的卡托—堪布累齐谈判中公然向伊丽莎白发难，提出了谁是英格兰王位合法继承人的问题。

伊丽莎白非常明白法兰西人的险恶用意，她不动声色地在暗中打起腓力二世的主意来。在一段时间内，她对腓力二世的求婚既不回绝又不应允，使腓力二世对联姻怀有希望。伊丽莎白则借助西班牙在国际事务中的影响力，敦促其他国家认可伊丽莎白作为英格兰女王的合法身份。求婚之事因此就拖了几个月。直到伊丽莎白了解到英格兰特使已在卡托—堪布累齐和约上签字，说明国际社会已承认了她作为英格兰女王的合法身份后，她才一改几个月以来的模糊态度，明确告诉西班牙使节，她不能与西班牙国王腓力二世联姻，

原因是双方宗教信仰不一样。

此后，伊丽莎白多次将自己的婚姻用作外交的一种工具。众多王公贵胄向她求婚时她都没有答应，她或许根本不打算结婚，然而她严密地隐藏自己的想法，她从不向各国王侯贵胄关上求婚的大门，而是欲言又止，一直让他们对联姻之事怀有希望。

不想结婚的伊丽莎白也喜欢与男人交往。在宫廷之中就有不少她喜爱的宠臣，其中，达德利勋爵是最令她心仪的人。高大强健的达德利是贵族之后诺森伯兰公爵的公子，他英俊潇洒，一表人才。伊丽莎白对他十分宠爱，在1564年还加封他为莱斯特伯爵。实际上，伊丽莎白早就有与他结婚、永为伴侣的打算，可是有一件事情令她最终放弃了此念——莱斯特伯爵在成为女王宠臣之前已是有妻室之人，

16 岁时的伊丽莎白
谁能料到漂亮迷人的女王竟会终身未嫁！

而且很凑巧的是，莱斯特之妻罗布莎特有一天突然命丧九泉。因此，有好事者传说罗布莎特是其丈夫为与女王成婚而故意谋杀致死的。不管此事是否属实，终究是人言可畏，女王深恐与莱斯特结婚会引来非议，有损君王尊严，终于未能结成连理。

1578年，法兰西国王亨利二世之弟、年轻的阿朗松公爵亲自登门向伊丽莎白求婚，但这场求婚却成了一场马拉松，直到5年之后，即1583年，50岁的伊丽莎白才明确宣布拒绝了他的求婚。

阿朗松成为了最后一位求婚者。此后伊丽莎白便没有提过婚嫁之事。

第三章　近代秘史

叶卡捷琳娜二世登上王位始末

沙皇俄国在其长期的君主统治中出现了一位赫赫有名的类似中国的女皇武则天式的女沙皇——叶卡捷琳娜二世。那么叶卡捷琳娜二世是怎样登上皇帝的宝座呢？众说纷纭，有人说是继承，有人说是通过发动宫廷政变，那么她又是怎样发动宫廷政变的？这还得从她成为王室成员开始说起。

叶卡捷琳娜是俄皇彼得三世的妻子，她在为俄皇室完成传宗接代任务后，地位岌岌可危，丈夫彼得早已对其厌倦，人们早已将其忘记，她只是苦苦忍受耻辱和孤寂。

叶卡捷琳娜这位不同凡响的女人绝不可能心甘情愿做一名忠实的妻子和殉难者。她一方面靠追逐声色犬马的生活来满足自己已被激起的肉欲；另一方面，她在卧薪尝胆，耐心地等待着能使自己成为女皇的机会。

伊丽莎白通过没有流血的政变登上皇位就是她面前最好的例子。她将要在政坛上小试锋芒了。

叶卡捷琳娜为了达到目的，开始培植私党。她把禁卫军军官格里戈利·奥尔洛夫列为首选对象，奥尔洛夫的4个兄弟阿列克谢、费多尔、伊凡和弗拉基米尔都是禁卫军军官。叶卡捷琳娜如愿如偿，奥尔洛夫成了他的情夫。这既满足了她野马般的欲望，又为未来的宫廷政变提供了很好的机会。

彼得大公对叶卡捷琳娜的阴谋早有所闻，他也在积极行动。这个骨子里流着普鲁士的血液的昏庸之君，早就打算与他的情妇伊丽莎白·沃沦佐娃结婚而把叶卡捷琳娜甩掉。

1761年，伊丽莎白死去。根据遗诏，彼得做了皇帝。新登基的彼得三世把俄国推到灾难的边缘。而他的登基，也将为他的妻子叶卡捷琳娜带来灭顶之灾。

彼得决定把叶卡捷琳娜幽禁在舒吕塞尔堡要塞，并且以他凶残乖戾的性格，他下一步就要动手杀妻子。

叶卡捷琳娜每天大部分时间都在阅读、书写备忘录及信件或签署政令中度过。这位两手空空来到俄国的普鲁士公主，利用残酷的手段统治了俄国30多年，并使俄国成为世界上版图最大的帝国。

彼得三世好像也预感到有某种阴谋正针对他而来。他将叶卡捷琳娜的党徒之一帕塞克逮捕了。叶卡捷琳娜明白只有先下手，否则就只能做阶下囚甚至是命归黄泉。于是，1762年，在奥尔洛夫兄弟的支持下，叶卡捷琳娜发动宫廷政变。士兵们穿着俄罗斯的传统军服，簇拥在新女皇叶卡捷琳娜周围并且冲上前吻她的手、她的脚和她的衣服的下摆。女皇置身于欢乐的喧嚣中。所有的俄国人高呼着"叶卡捷琳娜！我们的母亲叶卡捷琳娜"，宫廷显贵、各国公使、神父争先恐后地欢迎他们的新女皇。

俄国沙皇彼得三世死亡探秘

在1762年，彼得三世被叶卡捷琳娜发动的宫廷政变推翻，不久，被推翻的彼得三世在狱中突然死去。彼得三世因何而死，他的死与叶卡捷琳娜是否有关呢？这些给后人留下了许多疑问。

1761年伊丽莎白女皇逝世，彼得继位，被称为彼得三世。由于国内政局长期动荡，人们都希望彼得三世能整顿一下国家。然而刚刚上台的彼得三世却经常以自己的喜好对俄国现行制度和法令乱加改动，他推行的一些政策损害了教会与贵族的利益，令他们十分不满。尤其是在对外政策上，彼得三世的所作所为让政界和军界非常反感。

1762年7月9日凌晨5时，叶卡捷琳娜发动政变，控制了首都局势，成为女皇。7月18日，叶卡捷琳娜在枢密院正式登基，史称叶卡捷琳娜二世。就在叶卡捷琳娜就任皇位的同一天，彼得三世暴死在了狱中。

彼得三世因何而死？一种说法称他是被人弄死的，当时法国外交部档案记载：一些人按照俄国风俗吻彼得三世的遗体以示告别，这些人的嘴唇后来却奇怪地肿了起来。还有种说法称彼得三世是在酒后与人打架被人失手打死的。第三种说法则是为除后患，女皇派人勒死了彼得三世。

虽然至今人们仍不知彼得三世的真正死因，但有两点是可以肯定的：第一，他是被人谋杀的；第二，叶卡捷琳娜与他的死脱不了关系。

茜茜公主童话的背后

茜茜公主出生于1837年，她的母亲女公爵路德维佳是奥地利公国索菲皇太后的妹妹。据说，茜茜公主健康而美丽，自小受尽家人的宠爱，她更是经常跟随父亲爬山、骑马、打猎，所以形成了非常活泼开朗的性格，全身洋溢着阳光般灿烂的活力与朝气，很招人喜爱，大家都称她"茜茜"。茜茜公主有一个姐姐叫海伦。海伦同奥地利公国索菲皇太后的儿子——23岁的弗兰茨·约瑟夫订有婚约。弗兰茨虽然年轻，却已经是奥国的皇帝、匈牙利和波希米亚的国王。

茜茜公主像

1853年8月，年轻的皇帝弗兰茨为了探望未婚妻海伦来到了巴伐利亚，没有想到的是这次旅行却改变了茜茜的命运。当时的茜茜还是个15岁的孩子，正处于天真烂漫之时，对男女情事浑然无知，但是她那种撩人心魄的朝气与活力却一下子迷住了年轻的皇帝。于是弗兰茨不顾母亲的反对，放弃了与海伦的婚约，转而向茜茜求婚。8个月后，年满16岁，仍然带着一身孩子气的茜茜就同皇帝弗兰茨·约瑟夫结了婚，站在了维也纳的圣坛上成了"皇后陛下"。

不过，这桩皇族的婚姻一开始就充满了隐患。一方面皇帝的母亲索菲皇太后素以严肃著称，她向来不喜欢活泼而不拘小节的茜茜；另一方面，生性天真烂漫的茜茜对维也纳宫廷生活的繁文缛节也感到无法适应。更重要的是，这次婚姻显然是仓促的，男女双方实际上并没有彻底地了解对方的性情。茜茜嫁给弗兰茨·约瑟夫的时候还只是一个16岁的孩子，对男女情爱一无所知，她是否真的爱着弗兰茨，这大概连她自己也不清楚。随着他们婚姻生活的开始，种种暗藏的隐患便如同冰山一样——浮出水面。

茜茜和弗兰茨难以磨合的性格成为他们婚姻最大的绊脚石。弗兰茨生性果断冷静，处理任何事情都是一丝不苟，这同天真活泼的茜茜可以说是格格不入的。茜茜向往自由，渴望温情，感情世界极为丰富。然而，身处冷冰冰的维也纳宫廷之中，她所热爱的往日那种在丛林中奔跑欢叫的自由自在的生活已经成为了旧梦，所以她是不可能得到心灵上的慰藉与满足的。在初婚的这段日子里，茜茜转而阅读大量

弗兰茨（右）与茜茜公主（中）夫妇的第一个孩子索菲依偎在弗兰茨的膝头；第二个孩子吉塞拉则被弗兰茨的母亲索菲皇太后抱着，后面站着的是弗兰茨父亲弗兰茨·卡尔。事实上，年轻的茜茜公主在处理复杂的宫廷生活上手足无措，她在专制的婆母操纵下，连养育自己孩子的权利也被剥夺了。

的文学作品，并且学习语言。她非常聪明，可以说一口流利的英语和法语，并且对哲学、历史很感兴趣。同时，她自己也进行文学创作，写下了大量的浪漫诗词，但这些都无法从根本上改变她乏味、不幸的婚姻生活。

在维也纳豪华奢美的宫廷里，茜茜毫无自由的权利可言，她只是被当做一种门面，一个必要的摆设，一个传宗接代工具，她的一切均由婆母索菲一手安排。恶劣的婆媳关系几乎让茜茜感到窒息，甚至连孩子的抚养、教育，她都无法插手，体会不到初为人母的喜悦。婚后10个月，茜茜生下了她的第一个女儿，却不料皇太后索菲以茜茜的性格不适合教育孩子为由，一手揽过了养育这个孩子的责任，茜茜本人则被完全排斥在孩子的教育之外，后来的两个孩子也是这样。至此，茜茜在维也纳宫廷中处在了完全孤立无援的状态下。

这样毫无欢乐可言的生活毁掉了茜茜那种阳光般迷人灿烂的朝气与活力，她的健康出现了严重的问题。她开始了剧烈的咳嗽，一上楼梯就不住地哆嗦。到了1860年，她的健康每况愈下，她不但患了贫血，而且还得了严重的肺病。这时候，医生劝她到马德里去疗养。她很高兴地离开了维也纳和帝国宫廷，来到了马德里。这里迷人的风光和没有拘束的生活方式使茜茜受压抑的心情很快好转，咳嗽也停止了。然而当她重返维也纳，只待了4天，便又开始了剧烈的咳嗽和发烧，肺病复发。为了治疗病情，茜茜又离开维也纳去了卡夫，奇怪的是当她的船一离开皇宫，病情严重的皇后便立刻大有好转，几周之后，咳嗽居然完全停止了。从此以后，茜茜寻找各种理由离开了维也纳，尽量多和巴伐利亚的家人待在一起。她这个时期经常以"身体不好"为托词而避免公开露面。人们对此议论纷纷，开始猜测茜茜的婚姻生活是否如传说中那样美满欢乐。

1866年，奥地利的军队被普鲁士人打败，第二年，皇帝、皇后去动荡不安的匈牙利访问。在布达佩斯，茜茜一度陷入了与安德烈伯爵热烈的爱情中。1868年，茜茜的第四个孩子玛丽出世，在布达佩斯接受洗礼。这一回，茜茜决定自己养育这个孩子。

40岁以后的茜茜依然貌美如昔，但她比以往任何时候都更热切地关注自己的容貌和身材。她开始了各种健身活动，尤其是坚持散步，刮风下雨从不间断。她还寻求各种各样可以保持青春的秘方，施用在自己身上。到了57岁时，茜茜的身材由于多年的节食，每日的锻炼和从不间断的散步而得以保持苗条，体重始终保持在50千克以下。

美貌的茜茜仍然得不到丈夫的关爱。就在这段时间，弗兰茨·约瑟夫和一个女演员的暧昧关系被公开了。令人惊讶的是，茜茜对此事并不介意，她还很高兴，认为自己外出旅行将不会再受到阻挠。这件事之后，茜茜漫游了整个欧洲和非洲。

1898年，60岁的茜茜丧失了活力，她面色苍白，精神萎靡，9月9日这天，茜茜被人刺杀在日内瓦的一个湖边。

梅林宫悲剧

1889年1月30日早上七点半，仆人发现当时奥匈帝国的皇太子和他的情人在梅林宫的房间里开枪自杀了。人们想不通年轻有为的皇太子为什么要自杀。为情？还是为争权？谁也不知道真正的答案是什么。梅林宫的悲剧也成为17世纪末至20世纪初欧洲六大历史之谜中的一个，可惜直到今天也没有人能弄清事情的真相。

有人直截了当地从皇太子和他的情妇自杀于梅林宫这一事实断定，梅林宫的悲剧是一

鲁道夫王子临终前给妻子斯德法妮的信中写道："我将要平静地死去，因为只有这样才能保住我的名声。"这些模棱两可的话让世人迷惑：王子他为何要自杀？

出爱情悲剧。皇太子鲁道夫在16岁的时候就和比利时公主斯德法妮订婚，然而他们婚后的生活并不幸福，尤其让鲁道夫感到灰心丧气的是斯德法妮在生了一个女儿之后就不能再生育了，所以好几年以来鲁道夫一直想要离婚，但是奥匈帝国的皇帝不同意他这么做。有一次鲁道夫甚至采取了一次胆大妄为的行动：在没有征得皇帝的同意的情况下，他向罗马教皇提出了解除婚姻的要求。教皇没有给他直接的答复，而是把这件事告诉约瑟夫皇帝。皇帝非常震怒，他把鲁道夫叫来狠狠地训斥了一顿。幻想破灭后的皇太子则以到处寻欢作乐来消解他的精神痛苦，结交了许多漂亮的舞女和卖弄风情的伯爵夫人，经常夜不归宿，通宵达旦地和她们厮混在一起。

1887年末，在波兰人举行的一次舞会上，鲁道夫经人介绍认识了一位名叫玛丽·维兹拉的少女，她对英俊潇洒、风流倜傥的皇太子一见钟情，疯狂地爱上了他。在几个月中间，玛丽写了大量燃烧着炽热爱情之火的情书给皇太子，最后鲁道夫似乎也被少女的痴情融化了，感到了一种别人不曾给予过他的热烈无比的爱情。两人之间的感情越来越浓烈，以致酿出了一起大伤皇室风雅的丑闻：1888年6月，皇太子夫妇应邀去英国参加维多利亚女皇登基50周年庆典，玛丽在皇太子夫妇之前就赶到了英国，等待和鲁道夫会合，醋意大发的皇太子妃闻讯后拒绝陪皇太子前往。这件事情之后皇太子夫妇之间的关系闹得更僵了，鲁道夫有一次公然对斯德法妮说："既然没有什么解决的办法，那么只好我先打死你，而后我再自杀了事。"这些威胁性的话语传到了皇帝的耳朵里，实在是令他头疼不已，最后只得对儿子摊牌，让鲁道夫为了皇室的稳定断绝与情人的关系。

1889年1月28日，皇太子原本约好了胡约伯爵和他的妹夫一起乘火车去梅林宫附近的森林中打猎。凌晨5点半，皇帝突然召见了皇太子，一个半小时以后，鲁道夫从父亲那儿出来，回到了自己的办公室，在那里他迅速写了几封信，分别是给斯德法妮、他的妹妹、他的母亲以及一些朋友。然后他回到自己的寝宫，告别妻子和女儿后独自动身去梅林宫了，过了一会儿，另一辆马车悄悄地把玛丽也送到梅林宫去了。

在皇太子生命的最后一个晚上，他给自己的贴身仆人洛斯歇克写了

皇室的圣诞节前夜

图中，弗兰茨·约瑟夫、伊丽莎白夫妇、女儿玛丽·瓦莱里、儿子鲁道夫王子和斯德法妮王妃及孙女伊丽莎白，他们一家人仅仅"5点30分一起用餐，之后就各奔东西了。"（女儿玛丽·瓦莱里记述），皇室一家的关系似乎并不是那么和谐融洽，鲁道夫王子与其父弗兰茨皇帝总是冲突不断。

一张便条，让他去找一名牧师为他祈祷，要他把自己和女男爵合葬在一起。悲剧发生后，人们从皇太子写给妻子的信中看到这样的话语："你终于在我的羁绊之中和我为你带来的痛苦之中解脱出来了，祝你万事如意……"人们还从玛丽写给她妹妹的遗书中也读到大致相同的意思："你只能为爱情而结婚。我未能这样做，然而我情愿到另一个世界去。"因此，很多人认为，皇帝突然召见鲁道夫时一定严厉地训斥了他一顿，并且逼他立即与情人绝交，痴情的鲁道夫无法和心爱的人分开，只得和情人双双选择了殉情的绝路。

也有一些人不同意这种为情自杀的观点，他们认为皇太子的死应从政治角度找原因。鲁道夫作为皇位继承人，自幼就受到与众不同的教育，他的老师们在学问方面都是帝国最出色的，可是却没有考虑他们的政治观点。有一段时间，小皇太子跟着一位被皇帝长期流放过的、参加过革命军的祭司学习。因此，鲁道夫在血气方刚的年纪，就匿名在奥地利报刊上发表抨击奥地利贵族制度的文章，尖锐嘲讽"那些贵族们愚昧无知，根本不适合担任任何官职"。他的叛逆性格和活动致使他每一次外出都有一些伪装的警方人员跟踪，他的住处也受到监视。

据传说，鲁道夫曾答应只要匈牙利人起兵反对他的父亲，他就会宣布奥匈分治，而他可以就任匈牙利国王，因此鲁道夫是出于政治原因自杀的。当然要证实这一点还缺乏足够的材料，不过他在写给妹妹的信中说："我是违心地辞别人世的。"似乎可以间接证明鲁道夫的死是被迫的。

皇太子的死讯使整个皇宫里充满了沮丧和恐慌。官员们、侍从们在长廊里跑来跑去，不了解情况的人紧张得不知所措。下午两点，皇帝才稳住了神，召集起全体皇室成员和大臣们，通报并紧急处理这一突发事件。最后皇室公布皇太子是因为"极度兴奋，于今日凌晨死于心肌梗塞"。2月2日午夜，一辆灵车将皇太子的尸体悄悄运回了维也纳，5日，皇太子的灵柩被送往皇家墓地。皇帝也没有让很多的人去参加葬礼，不过据说皇帝哭得很伤心。

皇帝是这个悲剧故事中唯一的知情者，当他撒手尘世的时候，整个梅林宫悲剧的谜底也被他带走了。

北美独立战争的第一枪

1775年莱克星顿枪声是北美独立战争的第一枪。它标志着北美人民武装反抗英国殖民统治的开始，但是，究竟是殖民地民兵还是英军开的第一枪，是有意还是枪走火？历史上对这件事众说纷纭，莫衷一是。

一种说法是英军开了第一枪。事件发生时，一个叫宾逊的民兵当时正在最前排，他在1775年4月24日对此事陈述道："走在最前面的三个军官向士兵下令：'开火！'霎时间，他们向我们射来非常密集的弹雨，我受伤倒地，据我所知，派克上尉的人那时没有一人开枪。"

另一种说法是英国人的结论，与前一种说法完全相反。1775年6月10日，伦敦报刊在谈到双方对峙中谁首先开枪时称：是英军先遭到枪击才进行了反击。下列的史料可以证明这一说法。一名叫约翰·派克的英军中尉在他的日记中这样记下了19日事件的情形："我们仍然前进，虽然不想攻击他们，但也作好了反击的准备。然而，当我们逼近他们时，他们开了一二枪……"这份材料在被大陆军缴获几年后才公开发表。

1775年4月19日黎明，在莱克星顿公有草地上，身着红制服的英军向殖民地民兵开火。

第三种说法认为，无法确认谁在莱克星顿开了第一枪。

在19日战斗中受伤被俘的英军中尉桑顿·考德，于4月25日在马萨诸塞议会上，这样描述了事件经过："当我们到这时，他们后撤了，旋即开始交火。但我不能判断哪一方先开的火，因为枪是在我们军队呐喊着向前挺进的时候打响的。"

有的美国史著作认为，当时的形势非常混乱，当人们处于高度紧张亢奋之中时难免会偶尔失误走火。因此，很难确定是谁开的第一枪。

华盛顿拒绝连任第三任总统

在美国历史上，乔治·华盛顿是一位重量级人物，作为美国的开国元勋，他领导美国人民进行了艰苦的独立战争，从而彻底摆脱了英国殖民者的统治，使美国走上了自由之路。而且在战后，他组建了第一个合众国政府，确立了国家信誉，为美国的国家形态奠定了基本的结构形式。同时，他还很注重国家经济发展，促进了海上贸易的繁荣，制定了影响深远的土地政策。这一切，使他终生受到美国人的爱戴。

1792年，华盛顿又被一致推选为总统，华盛顿决定不寻求第三个任期，形成了一个至今只被打破一次的惯例，现在它已载入美国宪法修正案第二十二条。此图表现华盛顿在国会会议上。

但是，在他第二次担任总统任期即将结束时，很多人准备再次推举他继续担任美国总统，并且当时的宪法对总统连任也没有任何限制。可是，华盛顿毅然谢绝竞选第三任总统，并在1796年9月发表了著名的《告别词》，说服国会，让他卸任回家养老。

对于华盛顿这一出人意料举动的真实原因，许多历史学家已经进行了长期的探讨和研究，但是一直没有一个定论。而华盛顿本人不管是在当时，还是在回到家乡后，都没有公开表示过他拒绝连任的真实原因。尽管如此，历史学家们还是根据华盛顿的生平经历进行了大胆的猜测，以探究华盛顿拒任的原委。

有些历史学家认为，华盛顿主要是担心自己会卷入激烈的党派斗争中去，因而不想继续从政。当时美国历史上第一次出现了激烈的党派斗争，华盛顿本人也觉察到了选民中间日益增长的党派情绪，因此在其告别演说中，语重心长地呼吁

1789 年在纽约举行的华盛顿总统授权仪式

团结，反对党派斗争，反对其他分裂势力。不幸的是，在党派斗争中他虽然长期一直保持中立，但在第二任总统后期，他失去了非党派的立场，成为了一个联邦党人。在这种形势下，他中断自己的从政生涯看来是一个开明政治家的最好选择了。

另一些历史学家认为，舆论的攻击对华盛顿作出拒绝连任第三任总统的决定产生了主要影响。英国一位历史学家说："由于想要空闲，由于感到体力衰退和受到反对派的谩骂而气馁，华盛顿拒绝接受要他担任第三任总统的要求。"

美国许多历史和政治学家看法也大致相同。随着党派斗争的加剧，舆论界的斗争也愈演愈烈。在两派报刊互相攻击的同时，华盛顿在他第二任总统期间，也受到反对派无情的攻击。这种攻击如此激烈，以致弄得他焦头烂额，十分难受。他被指责为"伪君子"、"恺撒"，说他藐视公众。当他提出不连任第三任总统时，许多杂志在其头版头条中还把他的举动称为"恶毒的谎言"。费城的《曙光报》在华盛顿告退的次日宣称："这一天应成为合众国的纪念日……因为，原是我国一切灾难根源的那个人，今天已降到与他同胞们的平等地位。"

华盛顿在1797年3月2日的日记中写道："我现在把自己比作要寻找一个休息之处，并正在屈身倚伏其上的疲惫旅客。但是，人们听任你安安静静地这样工作，这未免太过分了，不是某些人能够忍受得了的。"

其实，上面两种意见是有着密切关系的，但究竟是哪一种在华盛顿的思想深处占主导地位并产生了决定性影响，人们无法知道。

不管怎么样，华盛顿不顾公众的压力，坚决拒绝连任第三任国家总统，从而创立了美国总统两任传统的举动，是有深远影响和意义的。在当时，美国宪法还没有对总统连任作出规定。华盛顿创立的这一传统一直延续到1940年富兰克林·罗斯福当选第三任总统为止。1947年国会鉴于总统权力不断扩大和有可能形成终身制的趋势，才制定了第二十二条宪法修正案，即"任何人不得任总统之职两届以上"，该修正案于1951年正式批准实行，从而又恢复了华盛顿创立的传统。

俄国皇帝亚历山大有恋妹之癖

亚历山大一世被称作"北方的斯芬克斯"，一生中留下了无数个未解之谜。他与胞妹叶卡捷琳娜的关系是纯洁的兄妹之情，还是违背伦理的乱伦之爱，就是一个令很多人疑惑

亚历山大与妹妹叶卡捷琳娜

的难解之谜。

保罗一世与皇后玛利亚·费多罗夫娜共生有三子二女，其中长子亚历山大，长女叶卡捷琳娜，兄妹俩年龄相近，从小一起长在皇宫中，父母太热衷于权力斗争，备受忽视的两个孩子自幼就建立了很深的感情。但是他们的祖母是俄国历史上赫赫有名的叶卡捷琳娜二世，她的私生活极其放纵，当时整个上流社会在她的影响之下，到处都弥漫着一股淫靡的气氛。在这种风气的熏陶下，亚历山大少年时代就已经情窦初开，显出他多情的性格特征。宠爱他的祖母在他只有16岁的时候，就为他娶了巴登王国14岁的小公主路易莎（后改名伊丽莎白）。美丽温柔的妻子让新婚中的亚历山大新鲜了好一阵子，但时间一长，这股新鲜劲就过去了，亚历山大又开始了在外面拈花惹草。特别是在他即位之后，那些垂涎他地位的女人纷纷对他投怀送抱，因此他身边常常是美女成群。其中既有上流社会的贵妇，还有法国女歌唱家，甚至在访问普鲁士期间，还与普鲁士王后路易莎眉目传情。但是亚历山大一世和他的祖母非常不同的是，在和这些女人交往时非常有节制，即使在情醉神迷的时刻也能克制自己，把关系限制在谈情说爱和精神恋爱的范围里。那些贵妇人的丈夫们对自己的妻子和皇帝的暧昧关系也沾沾自喜，对于亚历山大的风流韵事整个宫廷上下也早已习以为常，大家背后议论的倒是亚历山大一世与妹妹叶卡捷琳娜之间的特殊关系。

叶卡捷琳娜美艳照人，才华横溢，但是孤傲自负，举止唐突，有时甚至行为放肆，令人惊奇。兄妹俩经常单独闲坐，彻夜长谈，有时动作过分亲昵，许多宫中随从都觉得他俩之间有些行为太出格了。

亚历山大一世和叶卡捷琳娜都住在皇宫之中，每天都可以见面，但却几乎每天都要相互写信，如果亚历山大一世外出巡视或是出国访问，兄妹俩的书信往来就更加频繁。当亚历山大一世的情妇怀上小皇子后，亚历山大第一个将这个消息告诉了叶卡捷琳娜。

1808年，威镇欧洲的法兰西皇帝拿破仑突然向叶卡捷琳娜求婚，这使亚历山大非常不高兴。他不能忍受将心爱的妹妹嫁给法国的"食人怪物"，婉言谢绝说："如果仅仅由我一个人做主，我很愿意同意。但我不能独自做主，我母亲对自己的女儿仍然享有权利，对此我不能表示异议。我将试图劝导她同意。她有可能接受，但我不能担保。"叶卡捷琳娜知道这件事后，却有些不快，她一方面表示不愿意离开"亲爱的哥哥"远嫁异国他乡，另一方面又责怪兄长回绝得太早。

亚历山大一世害怕拿破仑又来求婚，于是匆忙将叶卡捷琳娜嫁给相貌平常、地位一般而且性格懦弱的德国奥登堡公爵，婚礼举行得非常仓促。婚后，叶卡捷琳娜仍常住在圣彼得堡。当她的丈夫病死后，兄妹之间的感情又像以前一样无所顾忌了。

拿破仑兵败滑铁卢始末

1815年春，被放逐到厄尔巴岛的拿破仑回到巴黎，东山再起，很快重新控制了整个法国政权。得到这一消息后，欧洲各国君主如临大敌，立即组织了第七次反法同盟，希望能在最短的时间内将他绞杀。拿破仑也迅速组织部队抵抗，根据制定的正确战略部署，是要在俄奥大军到达之前解决战斗，以迅雷不及掩耳之势先将英普联军各个歼灭。可是这一次战争局势并没有朝着"战神"部署的方向发展。

受命占领布鲁塞尔重要阵地以牵制英军的内伊元帅迟缓犹豫，使这一行动未能如期完成。后来在双方激烈争夺时，拿破仑又命令内伊属下戴尔隆军团由弗拉斯内向普军侧后方开进，和主力部队一起对普军实行夹击，但戴尔隆对命令理解不清，错误地向法军后方的弗勒台开来，使这决定性的一击延误了近两个小时。而当戴尔隆重新赶回普军后方时，又被不明战局的内伊元帅严令调开，这时英军已在戴尔隆的大炮射程之内，戴尔隆机械地执行了内伊的命令，使法军在临胜之际功亏一篑，英军逃脱了被全歼的命运。

在滑铁卢战役中指挥普鲁士军队的布吕歇尔元帅

在滑铁卢会战的前一天，拿破仑指挥军队追击英军时，就在两军快要相接时突然下起了瓢泼大雨。顷刻间，道路被冲毁，田野一片泥泞，法国骑兵不得不停止追击，使狼狈逃窜的英军绝处逢生。次日清晨，彻夜未停的大雨仍然妨碍着法军按时投入进攻，善于运用机动战术的拿破仑也无法在这样的天气下发挥炮兵和骑兵的机动作用。战斗一直推迟到中

这幅画表现了 1815 年 6 月 18 日进行的滑铁卢战役中晚 8 时许的紧张情景。

午才开始，这就给英军更多的喘息机会。

就这样由于下属将领贻误战机和对命令的错误理解，以及天气等原因，他的计划未能全部实现。英军在大举撤退后仍坚守在比利时境内的滑铁卢村南的圣让山高地，决心同拿破仑决一死战。

滑铁卢大战是世界战争史上令人瞩目的一页，也是拿破仑戎马生涯中的最后一战。然而，这一战却以拿破仑的失败而告终。滑铁卢战役的进程既惊心动魄，又富有戏剧色彩，许多微妙因素影响了战局，使法军的锐势急转直下，失去了几乎到手的胜利。6月18日中午，随着三声炮响，滑铁卢之战的帷幕骤然拉开。排山倒海的法国骑兵呼啸而上，但防守的英军顽强抵抗，以猛烈的火力压住了法国骑兵的锐势。战斗进入了胶着状态，整个下午的激战没有片刻停歇，处于浴血苦战之中的双方都失去了完全控制局势的力量。

黄昏到了，拿破仑亲自率领自己的近卫军又向英军阵地冲去，但是就在这个时刻，英国的援军到了，而拿破仑一直相信在英援军到来之前会前来救援的格鲁希元帅的部队却始终未到。形势急转直下，英军趁势变守为攻，对法国军队发起了总攻。

列成方阵的法国近卫军一面拼死抵抗，一面缓慢后撤，拿破仑也只好下车骑马而走。他脸色惨白，泪流满颊，在暗淡的晨光中跑过了一个个尸横遍野、怪影憧憧的战场。他试图收拾残军，无奈力不从心，战场上躺着2.5万名死去的和受伤的法国人，法国几乎损失了全部的炮队，而几十万奥国生力军正逼近法国边境，还有几十万俄国军队不久也将到来——所有这一切都使拿破仑陷入完全绝望的境地。他不得不宣布退位，从此开始通向死亡的流亡生活。

法国滑铁卢战役失败的原因引起了史学家和军事评论家的极大兴趣。

有人认为，是格鲁希元帅的迟迟不到毁灭了整个法国军队，因为当时拿破仑的军队有7.2万人，英军也有7万人，双方势均力敌，谁的援军先到，谁将占据优势。或者是天气原因在这场战争中占据了很重要的因素，导致了拿破仑的失败。也有人把原因追溯到更早一些时候，他们认为，如果一切都按拿破仑最初的正确战略进行，早就可以结束战争了，滑铁卢的决战也不会发生。第七次反法同盟也会像上几次一样，被拿破仑打得落花流水，一败涂地。

人们还常常把原因归结为拿破仑用兵失误，主要是当时在他身边缺少能攻善战、和他配合默契的将领：达乌被围困在汉堡，缪拉没能够及时从那不勒斯赶回来，马塞纳正在西班牙征战。拿破仑虽然培养了一批将才，但在关键时刻却不能为自己所用，这无疑是一场悲剧。

也有人把拿破仑的失败归结为他个人的原因。他们认为，无论从战斗的开始或是战斗的结局来说，拿破仑确实无愧为近代军事艺术巨匠，但他失去了一种对于军事统帅来说甚至比天才还重要的东西，那就是对于战争胜利的信心，从而导致了滑铁卢的惨败。也许拿破仑已经意识到他自己的时代即将过去，在对人谈起滑铁卢战役时，他说："我已经没有从前的自信心了。"有人试图用拿破仑当时的健康状况来说明这一点，他们认为拿破仑在战前就有严重的智力和体力衰竭迹象，他"两眼失神，闪烁不定，步履蹒跚，举止茫然"，"在滑铁卢战役中精神萎靡不振，好几次昏然欲睡"。

也许，是这些微妙的因素综合在一起发生作用，使战无不胜的拿破仑再一次遭遇了失败的命运。

托尔斯泰晚年离家出走

1910年10月的一天，空中飘洒着细细的秋雨，俄罗斯乡间的小道上，一辆马车在泥泞中缓缓而行，车中坐着一个孤独的老人，他须发皆白，眉头紧皱，似乎在思考什么，不时发出一声沉重的叹息，与马车辘轳轧过泥水的咕噜声混在一起，无论谁听了，都会心灵颤抖。他就是离家出走的托尔斯泰。这以后仅仅半个月不到，这位俄罗斯历史上最伟大的作家，就在阿斯坦堡火车站凄惨地死去了。

托尔斯泰为什么要在那样大年龄、那样恶劣的天气里，离家出走呢？

1828年8月28日，托尔斯泰出生于莫斯科附近的雅

列夫·托尔斯泰像　1887年　L.E.列宾

斯纳亚的一个名门望族。虽然托尔斯泰不到10岁就成了孤儿，但是由于家庭富裕，所以他的一生还是一帆风顺的。大学期间，他接受了法国启蒙思想，萌发了对沙皇统治的不满。1847年，他回到自己的庄园进行改革，企图改善农民的生活环境。1851年到1855年在沙皇军队中服役，为以后的文学创作积累了大量的素材。退役后多次到欧洲各国旅行，1862年与一个医生的女儿索菲娅结婚。结婚以后，托尔斯泰开始进入文学创作的多产期。1864年到1869年写成巨著《战争与和平》，奠定了他文学史上不朽的地位。这部著作被传记作家罗曼·罗兰称为"我们时代最伟大的史诗，是近代的《伊利亚特》"。1873年到1877年，托尔斯泰完成另一本巨著《安娜·卡列尼娜》。1881年，托尔斯泰迁居莫斯科，1901年返回庄园，此时开始系统研究哲学、宗教、伦理等问题。他对社会现实尤其关注，发表了大量的论文，提倡一种"不抵抗主义"，对印度的民族独立运动产生了莫大的影响。此时他创作了另一本伟大著作《复活》，在这部小说里，托尔斯泰对俄国地主阶级的腐朽进行了严厉的批判。托尔斯泰的文学业绩连同他的社会活动使他处于"一代宗师"的地位，列宁称他是"俄国革命的一面镜子"，高尔基说他是"19世纪所有伟人中最伟大、最复杂的人物"。

有人说，托尔斯泰离家出走，是因为和妻子索菲娅争吵的缘故。索菲娅本来和托尔斯泰是相当美满的一对，曾被传为文坛佳话。可是后来托尔斯泰的一些"过激行为"，渐渐引起索菲娅的不满，于是两人经常争吵。托尔斯泰到了晚年之后，一心要实现"平民化"，要把自己的田地和财产分给穷人，遭到索菲娅的坚决反对。离家出走前不久，托尔斯泰暗地里立了一份遗嘱，规定他死后自己全部作品的版权送给公众。这种不顾及家庭的做法自然引起索菲娅的强烈不满，于是两人之间发生了激烈

托尔斯泰在耕地　1887年　L.E.列宾

的争吵，托尔斯泰一气之下给索菲娅写了一封绝笔信离家出走。而在托尔斯泰出走的第二天，索菲娅——这位和他共同生活了48年的妻子在绝望与伤心之下，手拿托尔斯泰的绝笔信跳进了庄园的池塘里。

还有人认为，托尔斯泰的悲剧是一个叫切尔特可夫的军官造成的。切尔特可夫善于夸夸其谈，吹捧奉承，他以此赢得了托尔斯泰的信任，托尔斯泰准备放弃自己的财产，就把自己的著作权交给切尔特可夫代理。可是索菲娅以及托尔斯泰的子女坚决反对，为了从中获利，切尔特可夫就挑拨托尔斯泰和妻子与子女的矛盾，终于托尔斯泰的家庭陷入冷战的旋涡，为了耳根清静，年老的托尔斯泰最终选择离家出走，客死他乡。

另外有一种观点认为，托尔斯泰在年轻的时候，就曾经受到法国启蒙思想的影响，对地主阶级不满，认为最理想的社会是建立在小农经济基础上的社会，并曾经探讨过土地改革，尽力维护农民权益。到了晚年，他的思想进一步深化，认为人没有贵贱高低之分，所有的人都是一样的，因此拒绝担任法庭陪审员的荣耀，辞去显贵族长的职务，并亲自从事体力劳动，决心同本阶级彻底决裂，做一个真正意义上的平民。可是家庭的阻力和世俗的看法阻碍着他的行动，于是他就选择了离家出走。

也有人认为，托尔斯泰之所以离家出走，和他在文学创作上的矛盾不无关系。托尔斯泰创作了《复活》之后，文学创作陷入了低谷，尽管他还有许多素材，但是由于无法解决哲学和现实之间的对立，一直处于痛苦的思索当中。有人回忆，托尔斯泰晚年经常把自己写完的稿子烧掉，这既反映了作家对作品的苛求，又说明了他当时的一种矛盾心态。作为一个作家，不能创作是最痛苦的事情，为了求得某种精神的解脱，托尔斯泰离家出走，以获得某种灵感。

托尔斯泰究竟为什么在耄耋之年离家出走？人们至今不得而知。

莫扎特之死

奥地利作曲家沃尔夫冈·阿玛迪乌斯·莫扎特是世界上最伟大的音乐家之一，他在短暂的35年生命里，创作了将近600部作品，其中《费加罗的婚礼》、《德国舞曲》、《土耳其进行曲》等大量的音乐作品，人们至今百听不厌。可是这位作曲家却死得相当凄惨。1791年12月5日，莫扎特逝世，当天晚上天气很冷，而且风雨交加。他的妻子正卧病在床，送葬的人，寥寥无几，在半路就解散了。莫扎特是被看守公墓的一个老头下葬的，老头把他当作一个孤魂野鬼葬于众多死于瘟疫的人当中。而他的遗孀康斯坦斯病好后嫁给了一个瑞典的外交官，直到17年之后，才想到去那个公墓查找莫扎特下葬的地址，然而，那时物是人非，已经没有人知道了。

更为凄惨的是，莫扎特死得不明不白，其死因一直争论到今天也没有结论。当年莫扎特患病后，维也纳最好的两名医生对他进行了救治。他们试图通过放血和冷敷的方法使莫扎特退烧，但于事无补。莫扎特死后，这两名医生也没有解剖他的尸体，其中一位医生注意到莫扎特四肢肿胀，就做出了莫扎特死于汗热病的结论，但后人对此并不认同。人们对其死因有各种说法，有的说他死于肺炎，有的说他死于伤寒，还有的说死因是肾结石，说风湿热的也大有人在，据统计各种说法共有150种之多。

事隔200多年后，美国医学专家简·赫希曼指出，莫扎特很有可能死于旋毛虫病，这种病是吃了生的或没有煮熟的含有蠕虫的猪肉而引起的。旋毛虫病的症状是四肢肿胀、发烧、并且身体发痒。他的根据是发现了一封莫扎特在1791年10月底写给他妻子的一封信，信中说："煎猪排是何等的美味呀！我爱吃它，并祝你健康。"赫希曼接着阅读了有关莫扎特传记、历史文献和有关旋毛虫的科研报告。他发现，在莫扎特时代，由于牲畜宰杀的卫生标准极差，加上当时医疗条件落后，所以导致猪旋毛虫传染病普遍发作，当时有许多人死于这种疾病。而历史文献记载的莫扎特的症状和猪旋毛虫病是一致的。另外莫扎特12月5日在维也纳逝世，距离他写这封信仅44天，而猪旋毛虫病毒的潜伏期恰好是50天左右。

18世纪欧洲维也纳制造的钢琴

关于莫扎特之死，还有一个著名的传说。1791年7月，正当莫扎特因患病而痛苦挣扎的时候，一位脸色阴沉、身穿黑衣的不速之客，在一个风雨之夜敲开了莫扎特家的大门，要莫扎特谱写一首《安魂曲》。不知什么原因，莫扎特竟答应了，于是连病带累，未几就死去了。于是有人认为，这个黑衣人是杀害莫扎特的凶手，只要找出这个黑衣人，莫扎特死亡之谜就解开了。可是这个黑衣人是谁呢？一直众说纷纭。

有人认为这个"神秘的黑衣人"就是宫廷首席乐师萨利埃利。1782年，年仅26岁的莫扎特来到维也纳，整个奥地利宫廷立即为他的绝世才华所倾倒，这让萨利埃利大为嫉妒。萨利埃利一向自诩为维也纳音乐界第一人，眼见莫扎特声望日高，恐怕有一日会夺去皇帝对自己的宠信，于是他就决定除去这个眼中钉。莫扎特在生活中是个不修边幅、行为恣肆的人，于是萨利埃利极力挑唆宫廷权贵和他的关系。很快，在保守的维也纳主流音乐界，莫扎特被视为"异端"，他的作品无法在剧院上演，他生活日渐困窘。在音乐界排斥了莫扎特之后，萨利埃利仍担心莫扎特东山再起，就处心积虑想让他永世不得翻身。恰巧莫扎特的父亲突然去世，一向热爱父亲的莫扎特悲痛万分，精神受到很大刺激，身体状况也一落千丈。萨利埃利认为机会来了，就挑了一个下雨的夜晚，戴上莫扎特父亲生前用过的假面具，披上黑衣，敲开莫扎特的家门，要他谱写一首《安魂曲》。莫扎特又是恐惧又是难过，夜以继日地赶写《安魂曲》。曲子写成了，他自己也油枯灯尽。而萨利埃利在阴谋得逞之后，总是深夜难眠，不久精神失常，被人送进疯人院。

但是几乎没有任何证据能够表明，萨利埃利与针对莫扎特的阴谋有关。因此就有人认为，那个黑衣人是弗朗索瓦·瓦赛格·祖·斯托帕克伯爵的管家罗伊特盖布。这位伯爵是一个庸碌无能、附庸风雅者，常常花钱雇人替写曲子，然后在家里大摆筵席，让乐师演奏，向客人夸耀是自己所为。1791年，他死了妻子。也许是故态复萌，想要借此机会炫耀，也许真是为了悼念亡妻，他就派仆人前往莫扎特家，让莫扎特代写一部《安魂曲》，冒充是他自己的悼亡作品，准备在举行葬礼时演唱。而莫扎特当时急需一笔钱，伯爵的开价又是奇高，他就答应了，于是提早迈进了坟墓。

人们忘不了莫扎特优美的音乐，也忘不了莫扎特的凄惨命运，于是这个死亡之谜也就永远被人争论不休。

普希金死于决斗

普希金是俄国文学史上最伟大的诗人，然而作为一个伟大的诗人、俄罗斯人民的骄傲，却死在一场决斗之中。

诗人死了，给我们留下遗憾的同时，也给我们留下了无尽的疑惑：他为什么要和丹特士决斗？诗人真正的死因是什么？到底谁是杀害诗人的真凶？人们普遍认为，普希金的死与3个人有着密切关系：丹特士、普希金的妻子娜塔丽娅和沙皇尼古拉一世，其中娜塔丽娅起着关键作用。

娜塔丽娅是个大美人，当普希金第一次在舞会上与其相见，便深深迷上了她。当时诗人声望如日中天，而且又是贵族出身，因此有无数美人贵妇迷恋着他。但是娜塔丽娅犹如出水芙蓉，娇艳欲滴，在众多女子中脱颖而出，诗人迅速拜倒在她的石榴裙下。在诗人的苦苦追求之下，娜塔丽娅终于心动，他们在1831年2月结婚。他们的婚姻轰动一时，几乎所有的人都认为他们是"才子佳人"、天生一对。但谁也没有想到，6年之后，诗人却因为这个女人招来了杀身之祸。

现在，随着研究者不断地挖掘资料，人们怀疑沙皇尼古拉一世是这场决斗的幕后操纵者。那么沙皇为什么要除去诗人普希金呢？原因有两个：

第一，因为普希金的诗歌和小说宣扬自由民主，同情十二月党人起义，引起沙皇的强烈不满。他原来曾将普希金流放，但诗人影响力却越来越大，最后他又将普希金召回莫斯科，并册封他为御前侍卫，企图借以收买诗人。但是诗人软硬不吃，继续歌唱自由，反对暴政。沙皇恼羞成怒，又不能光明正大地处死普希金，于是让丹特士去勾引娜塔丽娅，并促使他们进行决斗。

第二个原因是沙皇觊觎普希金妻子的美貌。因为普希金身为侍卫，不得不常常带着妻子参加皇室舞会，沙皇是个好色之徒，于是寻找种种借口和娜塔丽娅接近，处在丈夫地位的普希金，自然成为上流社会的笑柄，于是便警惕妻子的行为，不让沙皇得逞。而沙皇既有了这种卑鄙的念头，又加上普希金在政治上不驯服，于是就设计杀害了诗人。

决斗　1896年　L.E.列宾

普希金像

据说，在普希金和丹特士决斗之前，有人将这件事报告了沙皇，要求沙皇下令阻止这场决斗，因为只有皇帝的命令才能取消这种西方贵族式的决斗。沙皇口头上痛快地答应了，但暗地里却告诉送信人错误的地址，等使者捧着诏书赶到时，诗人已倒在血泊之中。

还有一种说法认为，普希金妻子娜塔丽娅生活放荡，她轻佻的行为令诗人蒙羞，致使诗人为爱情和名誉而死。

曾经发生过这样一件事：有一次，娜塔丽娅在客人的面前，要求丈夫在她的影集上题诗，普希金对这种庸俗的行为感到十分厌恶，回答说："我不是相册上的撰文专家。"娜塔丽娅当众大喊大叫，普希金只得给她题了一首诗，这首赞美妻子美丽的小诗被客人争相吟诵。正当娜塔丽娅沉浸在虚荣心带来的喜悦中时，一位客人突然大叫："我的天，这是什么？"娜塔丽娅接过一瞧，着了魔般将影集扔出门外。原来，普希金在诗后写上了愚人节的日子——4月1日。

娜塔丽娅对普希金深为不满，于是频频在舞会上卖弄风骚，并接受许多男人的殷勤，毫无顾忌地与他们打情骂俏，尤其是在身高1.9米、英俊的丹特士出现后，她的举止越来越离谱。普希金成为上流社会的笑料，为维护尊严，普希金不得不选择了决斗。

诗人英年早逝令人惋惜，人们期待着研究者能够发掘更多的材料，以揭开这位诗人之死的谜团。

著名诗人叶赛宁之死

1925年12月28日凌晨，30岁的叶赛宁用一条皮带结束了自己的生命。诗人的突然死亡震惊了俄罗斯，当载着叶赛宁遗体的列车从列宁格勒开来时，成千上万的莫斯科市民涌往普希金广场，沉痛地悼念这位杰出的诗人。

当时，人们认为诗人是因为爱情而自杀的。叶赛宁追求的爱情是完美主义式的，他不可能进入带有任何瑕疵的精神世界。正因为如此，极度的抑郁和绝望也从来都没有离开过他。

他的第一个恋人是吉娜伊达。1917年春天，叶赛宁应《人民事业报》编辑部之约，前去洽谈诗稿问题，在那里结识了打字秘书吉娜伊达，两人一见钟情，仅仅3个月就结婚了。吉娜伊达从小酷

吻 油画
俄国画家莫勒作品。叶赛宁的爱情生活正如画家下的作品一样浪漫多情。

爱文艺，博览群书，是一个淑女式的好女人。在最初的两年里，两人是幸福的，还有了一个女儿，可是由于叶赛宁放荡不羁、刚愎自用的性格，二人之间产生了裂痕，最后不得不分手。

他的第二个恋人是加丽雅。叶赛宁去世周年之际，这个女人在诗人的坟头开枪自杀了。她在遗书中写道："对我来说，一切最珍贵的东西都在这坟墓里……"1918年彼得堡

俄罗斯郊外风光
叶赛宁忧郁的个性使他爱在大自然中寄托情怀，也许正是忧郁的心理促使他走向自杀。

的一次文学晚会上，加丽雅初遇叶赛宁，诗人忧郁深沉的朗诵给她留下了不可磨灭的印象。后来她成为诗人的秘书，此后她终生爱慕着诗人，尽自己最大的努力照顾诗人，却从不要求回报。

他的第三个恋人是著名舞蹈艺术家邓肯。结婚之后，叶赛宁陪着邓肯到欧美作巡回演出，在度过了如火如荼的10个月后，夫妻之间出现了裂痕。叶赛宁是一个具有"悲剧气质"的忧伤诗人，他患有周期性的抑郁症，时而哀伤，消沉绝望，时而脾气暴躁，还经常喝得酩酊大醉，做些荒唐的事情出来。他是一个极端自我的人，痴恋着"想象中的婚姻"，又恣意地践踏着现实的姻缘。邓肯试图改变诗人，修复两人的情感，但是最终失败了。他们分手了，尽管彼此都深爱着对方。

不久，在一次晚会上，郁郁寡欢的诗人又结识了他的第四个恋人——著名作家列夫·托尔斯泰的孙女索菲娅·安德列耶夫娜·托尔斯泰。婚后，叶赛宁大失所望，他发现索菲娅是一个爱慕虚荣、追求浮华、庸俗市侩的女人，于是陷入了深深的迷惘和自责之中。有人说，叶赛宁给人的感觉是一生都在恋爱……他崇尚爱情，渴望能在爱情中得以栖息并获得解脱。但他的爱情是虚幻的，在现实面前不堪一击。于是失去了最后避风港的诗人就只有走向死亡——这是彻底摆脱尘世烦恼的唯一方式。

可是事隔多年，有很多人提出，叶赛宁不是自杀而死的，很可能死于谋杀。莫斯科医学科学院教授阿·马斯罗夫就认为诗人死得蹊跷，这里面可能有鲜为人知的内幕。据说，就在叶赛宁死后不久，一些诗人的仰慕者就进入叶赛宁自缢的那个房间，进行了一次实地模拟自缢，结果，他们套在水管子上的皮带总是滑下来，在上面根本套不住。另一位医学教授马拉霍夫认为，当时，叶赛宁要想自己把自己吊到近4米高的天花板上，是绝对办不到的事情。另外从莫斯科有关部门提供的叶赛宁尸体的照片上，人们竟然看不到脖子上有缢痕。最大的疑点是，在叶赛宁的头颅上，有被砸击的伤痕。莫斯科有一位独立研究人员在其分析报告中写道："从叶赛宁头颅上的伤痕可以看出，除了用那种生铁制成的沉重的空心烙铁，别的东西都不足以造成这种伤害。"头伤是从何而来呢？俄罗斯女诗人西多林娜在一篇文章中提出："根据我的调查结果，叶赛宁死前头部确实受过创伤，而且是被钝器击打或者是被子弹射伤。甚至连鼻子都骨折过。"

这种看法显然与叶赛宁死后的验尸报告相抵触。1925年12月29日，叶赛宁尸体在奥布霍夫医院的停尸房进行了解剖，法医阿·季里亚列夫斯基在报告中写道："脖颈喉结上部有一缢痕，另一道缢痕从左向上延伸至外耳轮。缢痕从右侧向上延至后脑部。"阿·季里亚列夫斯基认为，叶赛宁的的确确是自缢而死的，任何其他关于他死的说法都是毫无根据的。

究竟叶赛宁死于何因，是自杀抑或他杀？直至今天，人们仍然争论不休。

林肯被刺的背后隐秘

亚伯拉罕·林肯是19世纪中期美国北方资产阶级民主派的代表人物，也是美国历史上的第十六任总统。他在任职期间提出了废奴主张，并领导美国人民取得了南北战争的伟大胜利。

1860年11月林肯成功当选为美国第十六任总统。南方诸州不满这一结果，在林肯上台后的3个月中，先后有11个州退出联邦，组成新美国政府，选举出总统和副总统，并制定了新宪法。奴隶主分裂了联邦，开始公开叛乱。

美国国内形势十分危急，内战一触即发，北方政权岌岌可危，宣誓就职后的林肯就这样面临着严峻的考验。1863年4月12日，萨姆特要塞一声炮响，南北战争拉开帷幕。

战争进行了1年，但战场上的情形却几乎没有进展，也没有解决黑人奴隶问题，原因是林肯政府一直认

林肯向听众演讲奴隶解放的重要意义的场面。

为，战争只是为了维护宪法和联邦的统一。当时的林肯综合各方面的意见，做事非常谨慎，认为立刻废除黑人奴隶制不妥。人民与资产阶级左派对他的做法感到不满，并不支持他。

1864年元旦林肯签署了"联邦成立以来美国历史上最重要的文件"——《解放黑人奴隶宣言》。此举赢得了全国人民与资产阶级左派的支持，并因此扭转了战争局势。

1865年4月，美国内战终以北方的胜利而告终。林肯开始忙于战后的重建工作，他希望总统任期结束后，能回家乡去开一个律师事务所，但他的愿望没有能够实现。

1865年4月14日晚在首都华盛顿，林肯邀请格兰特将军及夫人去福特剧院观看歌剧《我们美国的表兄弟》。在去陆军部的路途中，林肯忽然有一种不祥的预感，他停下车犹豫起来，觉得自己是不是应该取消去剧院的计划，但很快便放弃了这个念头，为了自身的安全

林肯坐像
由当时美国最负盛名的雕塑家丹尼尔·弗伦奇创作。

考虑，他亲自要求作战部长斯特顿派一个名为埃克特的陆军上校来做自己的保卫，但斯特顿通知总统，埃克特早已在当晚安排了任务，后来只得委派一名叫布莱恩的军官来作为总统当晚身边的警卫官。

演出十分精彩，剧情慢慢发展到高潮，有人悄悄走进了总统的包厢。不久传出一声枪响，子弹击中了总统的后脑，总统应声倒下再也没有醒来。4月15日清晨7点22分，在这个令人伤感的时刻，虽然医生全力抢救，但仍是回天无术，林肯总统命赴黄泉。

枪击林肯后，凶手急于逃跑，不慎碰伤了自己的脚，警察沿着血迹找到凶手，因拒捕被前来围捕的警察开枪击毙。

刺杀总统的真凶究竟是什么人？他怎么能在有警卫的情况下溜进包厢？人们对这些问题都希望能有所了解，可直接犯罪嫌疑人已被击毙，只好通过其他途径来了解事实。

一番调查之后，事情终于初现端倪。凶手是一位名叫约翰·韦克斯的职业演员，据说在内战爆发初期，他是站在北方这边的，但后来不知为什么却突然支持南方政权。他曾不止一次地对人说有朝一日一定要杀死林肯，这样不但一下子除去了这个新执政者，而且杀掉林肯会使自己出名。他刺杀总统的原因真的如此简单吗？当然这只是官方的调查结果，官员是这样向民众解释的。但很多人都不相信这种说法，他们认为刺杀总统一案一定是一个阴谋，有不可告人的玄妙内情。

林肯在去剧院之前曾有过不祥的预感，而且还对作战部长点名要求要埃克特陆军上校担任自己的警卫，作战部长借口说埃克特上校当晚要执行别的任务而改派他人。事实上，埃克特那晚根本就没有执行什么任务，他在家里待了一晚上，作战部长为什么要说谎？后来派去顶替埃克特的布莱恩，一向行为不轨，但林肯夫人却亲自点名要他保卫林肯，其中是否藏着什么玄机？是谁开枪打死凶手的？又是谁下命令要把凶手杀死的呢？更令人奇怪的是，在后来的凶手缉拿报告中写着：凶手系自杀身亡。

一般认为林肯遇刺的原因是他的举措对南方不利，激怒了南方叛党，而且他在南北战争中，成功领导北方打败南方，取得了反对南方分裂运动的胜利。南方叛乱分子对他恨之入骨，欲除之而后快。

1861年3月4日，林肯准备到华盛顿宣誓就任美国第十六任总统。当他从家乡前往华盛顿时，美国南方特务便计划在路上刺杀他。林肯事先得到风声，从另外一条路来到了华盛顿，避免了这次暗杀。林肯就任后，南方叛党开始进行更为频繁的谋杀计划，一心想将林肯置于死地。他们甚至在报纸上刊登了一则广告："我愿意前往华盛顿击毙林肯和西华德，只要联邦政府出资100元作为我的酬劳。有意者请函信箱119号。"由于经常发生恐吓事件，林肯周围的人非常担心他的安全问题，他们经常提醒林肯要小心。面对这一切，林肯表现得镇定自若，他用了两个大纸袋把恐怖分子寄来的恐吓信都装在里面，并在纸袋外面写了"暗杀"两个大字。虽然他表现得满不在乎，但早已有心理准备。

林肯是一个政治家，在那场关系到国家生死存亡的南北战争中，是他领导美国人民取得胜利的，他给黑人奴隶带来了崭新的生活，却在和平时期的子弹下丧生。

1926年，林肯的儿子罗伯特·托德·林肯离开人世，他去世之前，把父亲的一些私人文件付之一炬。他告诉朋友，他要把那些文件毁掉的原因是这些文件里有内阁成员犯有叛国罪的证据。现在人们已无法得知他所说的情况是否属实。如果是真的，罗伯特为什么要将这些证据焚毁呢？为什么不向世人公开呢？这成为林肯之死的谜中之谜。

沙皇尼古拉二世惨遭枪杀

1917年2月，彼得格勒再次爆发了资产阶级民主革命，在人民运动的强大压力下，尼古拉二世终于在3月15日（俄历3月2日）宣布退位，统治俄国300年之久的罗曼诺夫王朝就这样退出了历史舞台。3月20日，资产阶级临时政府宣布："确认退位国君尼古拉二世及其夫人已被剥夺自由，并将退位沙皇幽禁于皇村。"当时，皇后亚历山德拉和四位公主及皇太子早就提前被软禁在皇村了，晚上沙皇也被押送到那里。

沙皇一家虽是囚徒，但仍然过着安静和舒适的皇家生活。表面上看起来，不再享有任何权力的尼古拉二世也不像从前的"血腥沙皇"那样暴戾了，平静的乡村生活使他增加了几分家庭温情，把大量的时间花在与家人共处上，尽情享受着天伦之乐。

沙皇的家庭成员一共有7位。家长尼古拉二世对于自己身份的剧烈跌落似乎显得无所谓。在皇村的日子他每天忙着扫雪、锯木、劈柴，或者陪着儿子做游戏。

而女主人皇后亚历山德拉则没有沙皇那么好风度了，厌恶她的人称她为德国来的"黑森林的苍蝇"，实际生活中她是一个喜怒无常、好弄权术、迷信鬼神、生活放荡的人。从为所欲为的皇后变成阶下囚，她感到极度的不满，每天暴跳如雷，不是咒骂革命者是"暴徒"，就是指责沙皇的手下都是一些无耻的"背叛者"，每当看押她的士兵按规定称呼她为"罗曼诺夫女公民"时，也必然会引起她的破口大骂。

4个公主分别叫作玛利亚、塔季娅娜、奥莉佳和安娜斯塔西娅，其中只有大公主玛利亚还经常陪同沙皇去散步和锯木头。从前养尊处优的4位公主在失去自由后生活非常无聊，只得以刺绣、打牌来消磨时光，时间一长也慢慢学会了一些基本的生活自理能力，偶尔也会为自己洗衣服和烤面包。皇太子阿列克谢只有13岁，童年时患过血友病，身体一直弱不禁风。

至于要如何处置沙皇一家，俄国的各派势力争执了很久，一时也没有定论。资产阶级临时政府准备先把沙皇一家送到摩尔曼斯克，再去丹麦，英国政府也决定派巡洋舰来接走沙皇。尼古拉二世表面上看起来神态自若，内心里却无时不在焦急地等待被遣送或是出走甚至是逃跑。但事与愿违，沙皇一家先是被转移到西伯利亚的托博尔斯克，软禁在前省长的豪华官邸里。9个多月后又迁往乌拉尔的叶卡捷琳堡，并被关押在与外界隔

俄国最后一位沙皇——尼古拉二世的一家

绝的单独居室里。待遇的变化让沙皇一家嗅到了死亡的气息，他们积极准备着出逃。

1918 年 7 月 12 日，乌拉尔苏维埃感觉到了形势的严峻，为了在俄国彻底废除专制皇权统治，他们果断地决定就地枪决沙皇一家。几天后的一个晚上，革命士兵和武装工人将沙皇一家 7 口人和 4 名亲信押进地下室，向他们宣读了乌拉尔工兵农苏维埃的决定，随后地下室就响起了一排枪声，经检验，11 个人当场全部死亡，尸体很快被火化，骨灰和遗物被抛进了一个泥潭中。

第四章 当代秘史

"国会纵火案"的幕后凶手

在1933年2月27日傍晚时分，德国发生了轰动世界的"国会纵火案"。坐落在柏林共和广场西侧的国会大厦突然起火。倾刻，浓烟滚滚，火焰冲天。那么究竟是谁在夜里潜入帝国议会大厦并使它付之一炬的呢？

1933年9月至12月间，德国当局在莱比锡组织公审了国会纵火案。但是"纵火犯"卢贝在法庭上当众表示："我根本不认识季米特洛夫，也从未与其有过任何来往。"还有3个抓住卢贝的警察也承认，未在卢贝身上搜出共产党的证件。审判的幕后策划者们无可奈何，只好让纳粹头子戈林和戈培尔出庭作证。但也无济于事，最后季米特洛夫等4人被宣布无罪释放。嫁祸于共产党的阴谋宣告失败了。

德国国会旧址
希特勒上台后曾经在此制造了臭名昭著的国会纵火案。

后来，经过专门调查才发现，国会纵火案原来是纳粹党人为了嫁祸于人、自己一手导演的丑剧。

但欧美的专家学者们始终未停止对国会纵火案的进一步调查，在翻阅了大量的档案材料、深入研究的基础上，提出了不同看法，展开了激烈的争论。瑞士伯尔尼大学历史系主任瓦尔特·霍费尔将大量历史档案进行了研究，对共产党人作案的可能性进行了排除，认为"帝国议会大厦纵火案"系纳粹党所为，纳粹分子一定是直接纵火犯或幕后操纵者。

1968年，"1933~1945年独裁统治研究委员会"由联邦德国总理维利·勃兰等人在卢森堡建立，该委员会分别在1972年和1978年提交文件汇编集；一些著名的国际史学家运用大量历史资料和确凿的证据，再次证明"帝国议会大厦纵火案"确系纳粹党所为。但是，托比亚斯和他的盟友汉斯·莫姆森等教授仍对此事持反对意见。1979年他们在联邦德国很著名的《时代周报》上刊登题为《还历史本来面目——论有关"帝国议会大厦纵火案"的向壁虚造》的文章，对以霍费尔为首的史学家提出的论点进行了猛烈还击。

佛朗哥为何不参加第二次世界大战

1936年7月18日，希特勒和墨索里尼暗中支持西班牙长枪党首领弗兰西斯科·佛朗哥（1892~1975年）发动了武装叛乱。一年多以后，佛朗哥占领了首都马德里，建立了独裁统治，使西班牙成为继德国、意大利后的又一个法西斯国家。但是，出人意料的是，在第二次世界大战中，西班牙却保持了中立，这一明智之举，使佛朗哥在"二战"后又统治了西班牙整整30年，直到1975年，82岁高龄的佛朗哥病死，成为法西斯独裁者中唯一寿终正寝的人。

1936年，佛朗哥宣誓成为西班牙国家最高元首。

众所周知，第二次世界大战空前惨烈，给整个欧洲带来巨大的伤害。佛朗哥却宣称，在一个受尽苦难和蹂躏的欧洲中，西班牙是一块快乐的绿洲，这是"国家主义运动"的成绩。

佛朗哥为什么不让西班牙参加第二次世界大战？作为欧洲三大法西斯国家之一，且又是在德、意两国的扶持下夺取权力的，三国的关系非同寻常，佛朗哥为什么不和德、意保持一致而特立独行呢？

有人认为，佛朗哥不参战是因为国内经济、政治危机。当时，西班牙刚刚结束了内战，国民经济处在崩溃的边缘，政治上也很不稳定，长枪党内部也存在着种种问题。佛朗哥由于国内危机，无暇参与世界大战。但反对这一说法的人认为，国内危机并不能构成不参战的理由，也许对外战争可以转移矛盾，快捷有效地解决许多问题。

另一种说法是，佛朗哥不参战主要是因为英法同盟国和德意法西斯国家争相拉拢的结果。西班牙扼直布罗陀海峡，地理位置非常重要，自古就是兵家必争之地。因此，无论是同盟国还是轴心国，都试图拉拢他入伙。1920年，英国同意向西班牙提供200万英镑的贷款，并允许它从盟国进口某些禁运的工业原材料，还特意从阿根廷快运了一批食品到西班牙赈济灾民。但是相比之下，德、意的支持更大一些，他们不仅支持佛朗哥上台，意大利还减免了西班牙20亿里拉的债款，德国也不停地向他提供军火、机械、精密仪器。

还有一种说法是，佛朗哥无意与西方任何国家为敌，他只主张反对苏联。因为在西班牙内战中，苏联给了佛朗哥的对手很大的帮助，并且在战后，这种支持也没有停止过。佛朗哥曾表示，西班牙和西方世界的真正敌人应该是苏联，西方国家之间的任何战争都只能是两败俱伤，而苏联却能"渔翁得利"。因此，在德国进攻苏联的时候，佛朗哥立即表示支持德国的军事行为，并很快组织了1.7万人"蓝色师团"，参加对苏作战。并一再强调，"蓝色师团"只代表西班牙抵制苏联的一贯立场，并不等于参加轴心国一方作战。可是在1943年德军失去对苏优势后，佛朗哥立刻落井下石，迅速撤回了"蓝色师团"。这说明，佛朗哥是个讲求实际利益的人，他不会因为反对苏联而放弃参战可能带来的利益。

此外，希特勒为什么会容忍佛朗哥的左右逢源而不对西班牙开战？1940年，希特勒迫切需要穿越西班牙以便将整个地中海地区控制在自己手中，但奇怪的是，当佛朗哥表示，西班牙对任何入侵企图都将加以抵抗时，德国停止了行动。众所周知，德国当时在欧洲所向披靡，只要是战争需要，不管是否为中立国一概入侵，而对于西班牙，为何会一反常态呢？而佛朗哥又是出于什么动机，在关键时刻不计后果地摆脱了希特勒呢？

战后，佛朗哥也从未对自己的所作所为作出令人信服的解释，随着他的去世，有些问题永远沉入历史的长河。

庇隆网罗纳粹余党

1989年，阿根廷刚上台执政不久的正义党人梅内姆宣布，开始清理第二次世界大战期间德国纳粹分子的秘密档案材料。在这些材料中，记载了为数众多的纳粹在逃犯在阿根廷的一些情况，这是怎么一回事呢？

第二次世界大战结束后不久，苏联、美国、英国、法国等立即派出专家组成国际军事法庭，对法西斯德国战犯进行国际审判，然而除了少数首犯被送上绞刑架外，其他许多罪大恶极的纳粹头目、血债累累的纳粹党余孽却逃脱了历史的审判，一大部分潜逃到了南美大陆，隐姓埋名，改头换面，而其中的大多数躲在阿根廷。

庇隆像

根据统计，从第二次世界大战结束到20世纪50年代初，涌进阿根廷的纳粹党漏网之鱼竟累计达到6万人之多。他们之中有被称为"希特勒的大脑"的阿道夫·艾希曼、波兰集中营的头目约瑟夫·施万伯格，苏联利沃夫大屠杀指挥者韦尔特·库斯科曼，第三帝国犹太人事务局局长弗朗兹·拉德梅克，盖世太保头子鲁道夫·冯·阿尔文利文，希姆莱得力助手、奥斯维辛集中营医生、臭名昭著的"死亡天使"约瑟夫·门格尔……他们中除极个别被以色列和其他国家犹太人组成的追踪纳粹秘密行动小组缉拿归案外，绝大多数人躲在阿根廷。

这些纳粹余党为什么会一窝蜂似的躲到阿根廷去呢？主要是当时以胡安·庇隆为首的正义党公开宣称，欢迎纳粹分子进入阿根廷。这些潜逃的纳粹分子在阿根廷备受关怀，当其他国家要求逮捕这些人时，警方却毫不理会，甚至有意让他们逃走。不但如此，阿根廷政府甚至还追踪和处罚那些正义人士，帮助销毁纳粹分子材料。里加大屠杀总指挥爱德华·罗希曼在阿根廷还当上了维森特洛佩斯一个群众组织"合作社"的主席，并且还组织了好几次为当地警察机关募捐的活动。而阿根廷警察局一个情报助理员贝拉斯科就因向报界透露马丁·鲍曼的下落而被开除公职；住在"死亡天使"门格尔隔壁的一位青年则因为被怀疑要绑架门格尔而被警察逮捕起来。1992年春天公布的在阿根廷全部纳粹分子的档案，不少主犯材料已所剩无几，有的还不翼而飞。

庇隆作为一位曾经在阿根廷历史上起过举足轻重作用的政治家，提出以"政治主权、经济独立和社会正义"为内容的庇隆主义的创始人，战后因大力实施国有化政策，广泛推行社会改良和福利措施，积极发展民族经济，对外标榜既不走资本主义也不走共产主义，奉行"第三条道路"而声名大噪。但他为什么会对世界人民所痛恨和仇视的纳粹分子如此同情，把他们网罗到自己的国家里呢？

一些学者认为，阿根廷是拉美国家中白人比例最高的国家，而这97%的白人大多数是意大利、德国、西班牙的移民或后裔。庇隆的父亲就是意大利后裔，而母亲则是一位混血西班牙人，从民族情感上来说，他们会自觉不自觉地倾向于保护这些纳粹余党。并且阿根廷历史上也一直存在着反犹太主义的传统，这一点也使他们倾向纳粹主义。

也有人认为，庇隆本人虽然不是一个纳粹党员，但是他在第二次世界大战中与轴心国关系极为密切。庇隆也是一个好战分子，从青年时代在军事学院学习时起，就对世界历史上的一些黩武主义者如亚历山大大帝、汉尼拔、拿破仑等人非常崇拜。在他从政之初就与轴心国结下了很深的感情，1939年他担任过阿根廷驻意大利使馆武官，以后又去过德国和西班牙。因此当拉美国家都对轴心国断交与宣战时，只有阿根廷仍然坚持与轴心国保持着外交关系，直到第二次世界大战结束前不久，德、意已濒临崩溃的边缘时，庇隆才不得不结束了这种关系，象征性地对德、意宣战，但暗地里一直维持着联系。也正是如此，纳粹分子们才在走投无路时，感到阿根廷会是他们避难的最安全之所。

还有人为庇隆的做法辩护，认为他接纳这些人是因为想利用当时居世界首位的先进科学技术。但是立刻就有人驳斥这种说法，因为在阿根廷的实际情况是罪犯充斥而技术人员奇缺。

那么，到底是什么原因使得庇隆要为纳粹余党们大开收容之门呢？阿根廷总统梅内姆在移交纳粹分子全部档案时闭口不谈这个问题，因此直到现在，人们也无法得知庇隆网罗纳粹余党的真正原因。

希特勒血洗冲锋队

杀人狂希特勒草菅无辜并不奇怪，但是1936年6月30日凌晨，曾为希特勒上台执政立下汗马功劳的冲锋队在一串机关枪的猛烈扫射之后也遭受到了同样的噩运。希特勒为何要枪杀以参谋长罗姆为首的冲锋队？研究者们对此进行了不少考察，大致归纳出以下一些原因：

其一，冲锋队已经完成了它的历史使命。所以，

德国纳粹标志

希特勒检阅冲锋队

无论通过什么途径，冲锋队必然会从历史舞台上退出去。

其二，希特勒与罗姆之间存在着相当大的矛盾。

罗姆在希特勒上台后，不仅加紧发展冲锋队，而且叫嚷着进行"二次革命"，建立真正的"民族社会主义"国家。他的这些企图使纳粹政权无法容忍。

其三，冲锋队与党卫队的斗争。于1925年成立的党卫队，即黑衫党，原是冲锋队的下级组织，作为希特勒铁杆卫队的党卫队，在冲锋队膨胀的同时亦迅速发展壮大。在争权取宠的竞争中这两支政治力量必然会发生矛盾冲突，特别从1929年希姆莱担任党卫队全国首领后，双方的矛盾更为激化。

其四，冲锋队不被国防军所容。德国军队在一战后受到限制，在冲锋队成立之初，陆军方面出于使德国武装起来的目的，对冲锋队采取的是扶持态度，把它作为后备军。但随着罗姆想要取代国防军的意图的日益暴露，军界意识到其特权受到了威胁。部长勃洛姆堡强烈要求希特勒对冲锋队给予一定的限制，把冲锋队排斥在武装部队之外，只把国防军作为"武器的唯一持有者"。所以，经再三权衡，希特勒最后决定让冲锋队牺牲掉。事实上在血洗冲锋队之前，希特勒已得到了军界将支持他继任总统的承诺。

但最后真正促使希特勒下定决心、付诸行动的导火索何在？由何人直接引爆？历史学家们还在孜孜不倦地进行探索。

营救墨索里尼的人

1943年7月24日深夜，意大利法西斯党最高委员会正在召开会议。这个会议对于本尼托·墨索里尼来说，是他作为独裁者生涯中，第一次因为把国家引入灾难而成为猛烈抨击的对象，这个夜晚他将终生难忘。会议从一开始就已经注定了结果——委员会最终以19票对8票通过了一项决议：恢复有民主议会的君主立宪制；军队的全部指挥权重新交还给国王。

所有的一切对于墨索里尼还只是个开始，噩梦刚刚上演。第二天，一切如所意料的发生了，墨索里尼被告知他被撤除一切职务，紧接着他被装进一辆救护车，几经周转被押送到了大萨索山。到此，他才如梦方醒似的明白自己成了阶下囚。

然而，事情的发展再次超出了这位纳粹首领的意料之外。希特勒迅速实施了名为"橡树计划"的营救行动，派出一支精锐的突击队，以迅雷不及掩耳之势，制服了意大利宪兵警卫队，用一架小型飞机把墨索里尼救出，他就这么得救了！

回想一下短短的几个月时间所发生的一切，就连墨索里尼这样的人物也会不寒而栗。1940年6月10日，意大利决定站到轴心国一边，对英法宣战是因为见当时的英法联军明显处于劣势，以致到了10月28日时又决定进军希腊，尽管政府和军方大多数人提出过"准备不足"的忠告，终于遭到了希腊军队的顽强抵抗，损失惨重。1941年欲重振国威又出兵苏联，也还是没有取得理想的成果。到了1943年5月成了最关键的时期，突尼斯战役中德国损失30万大军，英美联军占领北非。7月9日夜，英美联军骗过了希特勒的最高统帅部后在西西里成功登陆，兵锋直指意大利。此时，盟国空军也对意大利本土发动了猛烈轰炸，各地接连发生闹事事件，失败主义情绪笼罩全国。意大利国王埃曼努尔三世对内外局势忧心忡忡。此时，法西斯党内部有人开始指责墨索里尼领导不得力，要解除他的职务。具有代表性的就是陆军总参谋长安布罗西奥将军，他认为要想把意大利从崩溃中拯救出来，只有更换元首。最终，保皇主义者策动的政变发生了。

7月25日夜，身处柏林总理府的希特勒听到罗马的消息后震惊异常，但是希特勒很快就又镇静下来，随后的几分钟内他下令立即从德国和法国南部迅速集结一个德国师，由精悍的隆美尔指挥，占领意德边境和意法边境阿尔卑斯山的所有山口，随时准备开进意大利。然而事情到了7月27日又发生了变化，从罗马传来了最新的消息：新任首相的马德里奥宣布解散法西斯党，实行全国戒严，战争结束前禁止一切政治活动。得知这一消息后希特勒惊呆了，因为如果意大利没有法西斯政府，德国军队将面临巨大压力，无人帮助他们保卫那条很长的供应线，帮助他们防止意大利游击队的骚扰。

面对突如其来的情况，希特勒召集纳粹军政要员，迅速通过了"橡树计划"——派突击队营救墨索里尼，使其重掌意大利政权。接着的问题就是，由谁来担任这史无前例的艰巨任务呢？接下来的紧急的准备时间中，一个身材高大魁梧的人，奥托·斯科尔兹尼进入了希特勒的视线。当时，奥托·斯科尔兹尼与朋友正在开怀畅饮，秘书突然来电说，希特勒正在大本营等着他！必须立即到达。

共有6名军官到达希特勒办公室，希特勒注视了他们一会儿之后，突然提问："谁对意大利比较熟悉？"而唯一回话的人就是最年轻的斯科尔兹尼："我去过意大利两次，驾驶摩托车一直跑到那不勒斯。"希特勒满意地点了点头说，其他的人可以离去。他要单独与斯科尔兹尼上尉谈话。随即，希特勒开门见山地说："有一项极重要的任务要你去执行。墨索里尼被囚禁起来了……我命令你去完成这一项任务，你可以使用任何手段。要保守这项使命的秘密。

墨索里尼（右一）

细节方面，请你和陆军空降部队司令修多登将军当面洽商。"在简要地介绍了情况之后，这位35岁的上尉就立即投入到营救的准备之中了。

1943年9月10日，突击队驾驶着12架DFS-230滑翔机迫降在海拔2000多米的大萨索山顶，斯科尔兹尼带领着他的属下们迅速制服了已经目瞪口呆的意大利警卫，随后，斯科尔兹尼看见了旅馆二楼窗子后面正在张望的墨索里尼，整个营救过程结束得非常快，第6号和7号滑翔机刚刚着陆，所有事态都已经平息了。随后，斯科尔兹尼选择使用轻型飞机直接从大萨索山顶载运墨索里尼飞离。最后，还是在斯科尔兹尼的陪同下，墨索里尼安全抵达维也纳。到那儿没多久，斯科尔兹尼意外地接到希特勒亲自打来的电话："今天，你完成了一项具有历史意义的行动，元首感谢你！"

事后，斯科尔兹尼被提升为少校，并获得铁十字勋章，此后他奉命指挥党卫队特种作战部队和新组建的党卫队第500伞兵营，又完成了制止匈牙利独裁者霍尔蒂背弃轴心国的"铁拳"行动。在阿登反击战中，斯科尔兹尼指挥一个装甲旅，派遣突击队员伪装美军渗入盟军后方大搞破坏，影响极大，以至于丘吉尔称斯科尔兹尼为"欧洲最危险的罪犯"。

第二次世界大战结束后，斯科尔兹尼的传奇依然继续着，当隐藏在巴伐利亚山区的他得知盟军正在搜捕他时，他竟然直接去自首，并被指控有罪，但滑稽的是法庭却并不认同，于是，斯科尔兹尼在1948年被无罪释放。紧接着他又被盟军交给西德当局，他再次被指控有罪，这次斯科尔兹尼再次以自己的行动给世人留下了一段谈资，他从关押他的集中营中逃脱，后经意大利到西班牙和阿根廷。在阿根廷，他成了铁腕人物庇隆夫妇的座上宾，于是安然地做起了水泥生意。同时，他还担任起替庇隆培训秘密警察和贴身警卫的任务。据说，斯科尔兹尼还成了奥德萨组织——传说中的纳粹幸存者协会的重要成员，并一直为仍然在欧洲的前纳粹分子提供逃脱追捕的帮助。斯科尔兹尼的后半生在西班牙度过，身份为一名机械工程顾问，1975年7月7日，在饱受病痛折磨后死于西班牙马德里的寓所里。

墨索里尼尸骨的归宿

众所周知，臭名昭著的意大利纳粹独裁者墨索里尼生前暴虐天下，因罪恶累累被处死。但墨索里尼死后围绕他的尸骨发生的一连串怪事却鲜为人知。

墨索里尼作为意大利法西斯主义的创立者和领导人受到人们格外的追捧。他体格健壮、言语激烈，在当时很多人眼里，单从外表上看，他是个典型的男子汉。正是墨索里尼自身这种特殊的感染力给予法西斯主义极大的推动力。就他第一次世界大战期间负伤所得的那块伤疤来说，很多人甚至把他当成"民族英雄"，俯首帖耳，也为他捞取了不少好处和政治资本。

第一次世界大战结束的时候，正是意大利政坛一片混乱的阶段，墨索里尼此时与反对他的人展开了激烈的政治较量，他那块标志着"民族英雄"的伤疤再次将他推至风口浪尖，成为很多人心中的偶像。等到意大利法西斯政权建立后，成千上万的雕像仿佛在一夜之间在意大利各个城市竖立起来，各种海报、电影和报纸也频频出现墨索里尼刮得铁青的脸以及裸露着厚实肌肉的胸膛，墨索里尼的身体成了他进行统治的法宝。墨索里尼本人也狂热地认为，他具有不可估量的"人格魅力"，这使得他的政权更具"吸引力与感召力"。

这也注定了墨索里尼在死后，他的尸体也依然不会失去这种"魔力"，而对于那些反对他的对手来说，墨索里尼的尸体就成为他们最大的敌人。意大利左翼力量发誓要让墨索里尼的身体从这个地球上消失，只有这样整个意大利法西斯政权才会土崩瓦解。

1943年7月，墨索里尼被他自己的"法西斯大委员会"赶下了台。这一来，墨索里尼的对手终于可以大胆地对这个独裁者的雕像发泄愤怒了。无数张画有墨索里尼的海报或是报纸被烧毁或是撕烂，许多墨索里尼的雕像也被扔在大街上，任人践踏。

墨索里尼是1945年4月在科莫湖附近被处死的，有关他的死说法经常充满各种争议和传奇色彩。当时，墨索里尼在科莫湖边的小镇栋戈被意大利共产党逮捕时正准备化装成德国士兵逃走，与他一同被捕的还有他的情妇克拉雷蒂·佩塔西。第二天，墨索里尼被执行枪决，但到底是谁执行枪决的呢？后来，意大利共产党披露说，执行枪决的人是沃尔特·奥迪西奥，他是当时意大利共产党的指挥官，后来成为议会助理。但对于官方这一说法，许多人都持怀疑态度，此后，关于墨索里尼之死的传闻越传越离谱。

之后，墨索里尼的尸体被运到了米兰的洛雷托广场，愤怒的人群将他和他的情妇以及一些追随者的尸体倒挂在一座车库的大梁上，把满腔怒火都发泄在了这些尸体上，往上面吐唾沫，用脚踢打，甚至向尸体开枪。那些血迹斑斑的尸体最后都被掩埋了。

1946年4月22日，米兰圣维托雷监狱发生叛乱，原本墨索里尼的尸体安放在米兰穆索科区墓地一处无名坟墓里，这一晚却突然消失了。墨索里尼的尸体安放地点一直是保密的，但是仅仅在他死后一年，这位法西斯独裁者的尸体就被偷偷挖走了！这一消息令整个意大利震惊了。

这一行为带有明显的政治目的，因为尸体丢失的当晚正是世界各国庆祝打败法西斯一周年的前夜，这一猜测很快就被证实，的确是法西斯分子偷走了墨索里尼的尸体。他们不仅重新修了坟，还在墓碑上写着：亲爱的领袖，你将永远与我们同在。法西斯分子一方面是挑衅，另一方面是试图让墨索里尼永远活在他们心中。

墨索里尼在一次群众集会上发表讲话，鼓吹战争。他是一个极富煽动性和诱惑力的政客，"女人们见了他会变得如痴如醉"。

墨索里尼的尸体被偷之所以会引起巨大的震惊，是因为他生前曾被众人吹捧的身体不论对于他的支持者还是对于他的反对者来说都是一个强有力的象征。对于法西斯主义者来说，墨索里尼的尸体应该得到保护与尊重。可是对那些深受法西斯之害的人来说，墨索里尼身体的神话只不过是以法西斯主义为基础的一种狂热崇拜，他们需要做的就是将愤怒发泄在这具尸体上。

在墨索里尼的尸体被盗之后很多种版本的猜测也随之出现：被带到罗马，流失国外，在墨索里尼的出生地，虽然这些说法在一段时间内没有一个得到证实。

4个月后，1946年8月，在米兰郊外一个小镇的箱子里，意大利人终于找到了被盗走的墨索里尼的尸骨。在接下来的16个星期里，墨索里尼的尸体一会儿被放在一座别墅里，不久又被移进一个修道院，很快又被放到一个女修道院里，一直被移来移去。

此后，一项要求将墨索里尼入土为安的请愿活动由一个亲法西斯的政党和莱奇西等发起。阿多内·佐利作为当时的意大利总理正在争取议会中极右势力的支持，因此他便向墨索里尼遗孀承诺，一定将她丈夫的尸体运回他的故乡。

1957年，他的尸体终于被运到他的出生地埃米利亚的普雷达皮奥下葬，这已经是墨索里尼死后的第12年了。这个小镇于是成为左翼青年与法西斯分子的战场，一些小商贩则在墓地附近向游客兜售与墨索里尼有关的纪念品。墨索里尼的遗孀拉凯拉·墨索里尼后来也搬到了普雷达皮奥。

经过一次次的波折，墨索里尼似乎可以"安息"了，可关于他的尸骨的故事并没有到此结束。1966年3月，美国一名外交人员前往普雷达皮奥拜访了拉凯拉。这名外交官带来一个皮包，里面除一个小容器外，还装有一个黄色信封。容器里装的是墨索里尼大脑的一部分，这是美国人在1945年时取去用于"实验"的，信封里则有一张小纸条，上面写着：墨索里尼，大脑切片。拉凯拉后来把墨索里尼的这部分大脑装进一个盒子里，放在他的坟墓上。在被处死20多年后，墨索里尼的尸骨终于集中了起来，但是他的尸体真的已经完全汇集到一起了吗？这仍是个未解的谜。

神秘的"黄色计划"

说起"黄色计划"，不得不提起一个人：弗里茨·埃里希·冯·曼斯坦因。

1939年9月，德国实施"白色计划"，闪击波兰。曼斯坦因在波兰战争中担任德国南方集团军群司令部参谋长（司令为伦德斯泰特）。波兰战争结束之后，德国陆军总司令部根据10月9日的希特勒批令而制订发布"黄色计划"。

曼斯坦因在深入研究"黄色计划"的内容和全面分析作战双方的情况之后，认为"黄色计划"有模仿"施利芬计划"之嫌，难以出奇制胜，故而主张：西线攻势的目标应该是陆地寻求

游弋在空中的德国轰炸机

决战；攻击的重点应该放在A集团军群方面而不应该放在B集团军群方面，A集团军群应从地形复杂却能出敌不意的阿登地区实施主攻，挥师直指索姆河下游，这样才能全歼比利时的盟军右翼，并为在法国境内赢得最后胜利奠定基础；B集团军群的兵力应由2个集团军增到3个集团军，此外还需增加强大的装甲部队。此即著名的"曼斯坦因计划"的要旨。曼斯坦因的主张得到A集团军群司令

1940年5月，希特勒与占领比利时的德军合影。

伦德斯泰特的赞同。从1939年10月到1940年1月，A集团军群司令部先后以备忘录的形式6次向陆军总司令部提出上述建议，仍未得到同意。直至1940年2月17日，在希特勒的副官施蒙特的帮助下，他才得以当面向希特勒陈述意见，并得到希特勒的完全同意。2月20日，陆军总司令部颁发包含曼斯坦因建议的作战计划。结果，德军在战争发起后的6个星期内横扫西欧诸国，大败盟军。然而，这个"黄色计划"从一开始到最后实施并非一帆风顺。

对于发生的这场战争，美国参议员威廉·鲍瑞称其为"虚假的战争"，英国首相张伯伦称之为"模糊的战争"，而对德国人来说，它是"坐着的战争"。自从阿道夫·希特勒的强大战争机器在1939年9月消灭了波兰，英法联军就一直呆在马其诺防线，与在塞哥弗雷德的德军对峙，直到德军突然发起奇袭之前，英国和美国的很多报纸专栏作家都预言这场虚假的战争将会褪色，最终将各回各的国家，各方都不会有任何人员和财产损失，盲目乐观的情绪彻底地笼罩住了盟军的心。

1940年1月10日，一架德国轻型飞机沿着比利时边界飞行因引擎故障在比利时境内紧急迫降。飞机上的两个人侥幸活了下来。他们是穿着便服的德国军官。后来，他们被带到了附近的比利时军队总部。

两人中其中一个是德军少校瑞恩伯哥。哨所的房间火炉烧得很旺，随着时间推移，比利时士兵开始松懈了。突然，瑞恩伯哥少校跳起来，将藏在大衣口袋里的一沓纸扔进了炉火。这时，比利时的地方长官艾米利奥·罗致上尉飞快地跑到火炉边伸手将已经开始燃烧的纸卷拿了出来，他的手被严重烧伤。

瑞恩伯哥冲上去抢罗致的左轮手枪，两人在地上扭打起来。紧接着，其他比利时士兵冲进来制服了德国少校。

被火烧焦的纸片被比利时的情报机构拼了起来，上面写着"德军行动命令"，接着是"西线的德军将在北海和摩泽尔河之间发动进攻……"以及一些诸如荷兰堡垒、第七飞行集团军、坦克团的字眼。这些纸片究竟是个什么样的阴谋？

为了弄个水落石出，比利时情报机构允许瑞恩伯哥与德国驻布鲁塞尔的武官文赫·威林戈少将通话，并在隔壁进行窃听。电话里瑞恩伯哥向威林戈汇报说自己已经成功地将"黄色计划"烧掉，由此，比利时人确信，这个计划确有其事。

激战中飞行员用望远镜观察敌机。

在柏林的希特勒陷入狂怒之中，他不相信瑞恩伯哥所说的一切。直到德国的情报机构汇报说，英法两军的部署没有任何变化时，希特勒才放下了心，命令"黄色计划"按原样进行。

1940年1月12日，罗马，意大利王子的妻子玛丽·朱丝打电话给外长——墨索里尼的女婿西亚诺伯爵。她带着哭腔告诉他，德军将要进攻她的祖国比利时。西亚诺是一个秘密的反纳粹主义者，他向玛丽·朱丝透露了进攻的消息，并建议她应立即通知比利时国王雷鲍德。

在其他方面，叛逃的德国间谍偷窃了德军记载有"黄色计划"的文件；英法的侦察飞机也发现德国步兵和装甲车在德国边界大规模集结。更重要的是，英国最秘密的密码破译机构截获并破译了数百个德军的无线电信号，这些信号表明，"黄色计划"即将实施。

以上的这些大量信息都证明从1940年初，希特勒正在谋划着在西线对英法联军进行大规模的进攻。并且盟军，特别是比利时人得到了诸多的直接或间接的消息。

此外，一个名叫约瑟夫·穆勒的著名律师4月30日这一天从慕尼黑到达罗马。穆勒是一个虔诚的天主教徒，他此行是来执行一个重要的使命：尽力通知英国和法国希特勒要实施"黄色计划"，他带着"黑色管弦乐队"（以铲除希特勒为目的的严密组织）的文件，文件中明确表示希特勒很快将在西线发动进攻。文件被穆勒交到了他的老朋友雷伯教父手里。接着，雷伯教父迅速通知了耶稣会士默耐斯牧师，并联系到了比利时驻罗马大使利文霍，然而这位大使竟然对文件的内容不以为然。但奇怪的是，第二天，也就是5月2日，大使又改变了主意，他立刻向布鲁塞尔发出了警报。

5月9日，250万德国军队分成102个师，其中9个装甲师，6个摩托化师，集结在法国、比利时和荷兰边界。荷兰使馆武官金伯特·塞斯得到希特勒已经下令实施"黄色计划"的消息后，也曾经打电话给比利时驻德国使馆武官和总部设在海牙的荷军总司令部，用预先安排的代码告诉他的上级，"明天黎明绷紧弦"！进攻时间定在第二天也就是1940年5月10日的凌晨3：30。塞斯发出警报几个小时后，德国军队如雪崩般地向森林密布的南部城市亚琛集结。

5月10日凌晨，不到两小时，大批斯图卡式俯冲轰炸机、德国步兵和装甲车一起冲过了边界，横扫中立的比利时和荷兰。德军战斗进程之迅速和战果之巨大令很多人感到吃惊。

在接下来的6周中，德军把英国军队赶出了欧洲大陆，占领了法国、比利时、卢森堡和荷兰。

盟军的这次溃败令人十分不解，为什么盟军的高级将领对德国实施"黄色计划"的反应如此迟钝且毫无准备呢？这仍是一个难解之谜。

"巴巴罗萨"空战

1941年6月22日夜，希特勒一手制定了"巴巴罗萨"作战计划。苏联人民正沉浸在和平、甜蜜的午夜之梦中。凌晨3点15分，成千上万颗绰号为"恶魔之卵"的球形炸弹带着刺耳的啸叫落下来，夜空的宁静被打破了，随着剧烈的爆炸声，到处升腾起冲天的火光。苏联再也不能平静下去了，战争恶魔向他们伸出了巨手。

苏联空军蒙受了巨大损失，那么在"巴巴罗萨"空战中损失的飞机到底有多少？

这必然是个不小的数目，据德军4个航空队向德国空军总司令赫尔曼·戈林报告说：德国空军轰炸机炸毁了来不及起飞的苏军飞机1489架。此外，德军战斗机及高炮部队击落了升空的飞机322架，共计1811架。德军自己也不敢相信在如此短的时间内竟能获得如此的战绩。与此同时，戈林密令空军总司令部的军官们分别到各个已被占领的苏军机场依据飞机残骸进行一次统计调查。调查进行得很快，一份秘密调查报告呈送至戈林面前："巴巴罗萨"空战的战果不止1811架，而是2000架以上。报告说，准确的数字已无法核实清楚，但肯定在2000架以上。

因为戈林没有对此事展开进一步深入调查，所以人们都对此战果的报道持怀疑态度。而且，在"巴巴罗萨"空战以后，苏联空军并没有公布损失飞机的数字。战争结束以后，苏联国防部出版社发行了6卷本的《苏联伟大卫国战争史》。该书称，苏联空军在"巴巴罗萨"空战的第一天损失飞机1200架，其中单在地面上被炸毁的就有800架。

苏联与德国公布的数字相差非常多，竟达600~800架，这差不多是一个中等国家整个空军的实力，令人奇怪的是，苏、德双方对于升空后被击落400架飞机的数字，出来的统计结果是相同的。数字的出入在于地面飞机的损失，而地面飞机的损失数字比空中击落飞机数字更易于统计。

斯大林在当天早晨曾命令西部军区将所有飞机均加以伪装。但是斯大林的命令并没有得到执行。苏联空军的新旧飞机均未加任何隐蔽，整整齐齐地排列在跑道上，就像接受阅兵似的。大部分飞机来不及升空便被炸毁了。

在这场偷袭战里，被炸毁的飞机到底有多少还是不得而知。

英国转移全部财产

1940年7月2日下午5点钟，一列装载着代号叫"黄鱼"的秘密货物的专车驶进蒙特利尔市的蓬纳文图尔火车站，这一天是纳粹德国闪电般攻陷法国巴黎后的第17天。加拿大银行的代理秘书戴维·曼休尔和外汇兑换管理局的锡德尼·T.珀金斯正等待着迎接这列专车。

这列火车一到站，曼休尔和珀金斯被带去会见了英格兰银行的亚历山大·S.克雷格。克雷格微笑着说："我们带来了极大数量的'黄鱼'。这批'黄鱼'是大不列颠帝国流动资产中很大的一部分。我们正在清理我们的地下储藏室，以备一旦敌人入侵，其余的东西也很快运到。"这位英国人以不动声色的英国方式说明来意。

两个星期以前，英国首相丘吉尔召开内阁秘密会议，当时法国的沦陷给英国带来巨大压力，那次会议上丘吉尔决定把价值70亿美元的债券和黄金转移到加拿大去。

1940年6月，当巴黎受到战争威胁时，丘吉尔政府立即采取了行动。当时决定联合王国所有英国公民都需要把他们所拥有的全部外国债券的资产向财政部进行登记。这个决定意

装甲舰甲板上的丘吉尔

丘吉尔已作好了同希特勒抗战到底的决定。他采取了怎样的严密措施，使英国的财产安全转移的呢？

味着万一纳粹德国入侵成功，英国人会在加拿大坚持作战。

一个曾经参与这次行动的人说："在10天之内，储存在联合王国银行里的所有经过选择的债券、证券都被提了出来，分别包扎捆装在几千个像装运橘子的木条箱那样大小的箱子里，然后被送到集中地点。"这里集聚着英国在全世界的经商人和投资者世世代代挣得的巨大财富。这些资产，同英国作为帝国长年积累起来的数以吨计的黄金一起，将被送过海洋。可是，就在6月份的一个月之内，总吨位达34.9117万吨的57艘同盟国与中立国的船只，在北大西洋被击沉了。

由海军上校西里尔·弗林指挥的英国巡洋舰"绿宝石"号被定为装载第一批秘密货物的船只。6月24日深夜，"哥萨克"号驱逐舰以30海里的时速，冒着重重危险，迅速穿过浓雾，为转运财宝的船只护航。下午6时许，"绿宝石"号装载着满满一船财宝，从格里诺克港起航，从来没有一条船载运过这样多的财宝。弹药仓库里2229只沉甸甸的金条箱替代了炮弹枪支的位置，数以吨计的黄金使得仓库地板下面加固的角铁都被压弯了。另外的488箱证券，也价值4亿美元以上。

航程中天气变得越来越恶劣，大风迫使护航舰减速，形势也变得越来越难以预测。按照原来的计划，护航舰将沿着直线前进以便使"绿宝石"号能保持更高、更安全的速度，但是，恶劣的天气极大地减缓驱逐舰前进的速度，弗林上校不得不决定"绿宝石"号单独航行。7月1日，刚过清晨5点，新斯科舍(加拿大东南部)半岛的海岸已隐约可见。清晨7时35分，"绿宝石"号终于安全地驶入港口码头。此时，一列专车正在码头旁边的铁路支线上等待着。码头在极度严密的措施之下被封锁了起来，每一只箱子在搬下"绿宝石"号时都清点了一遍，而当箱子装上火车时又以加倍的速度重新核查一遍。傍晚7时，火车开动。装载证券的车皮在蒙特利尔卸下货来，装载黄金的车皮则向渥太华疾驰而去。

当天夜里，当蒙特利尔市的街道安静下来，来往交通冷落的时候，一个大规模的行动开始了。太阳生活保险公司的24层花岗岩石建筑物，占据着蒙特利尔自治领广场的整个街区，是英国自治领中最大的一幢商业大厦。在它3层地下室的最底一层便是"联合王国战时安全存款"之家。刚过午夜1点钟，市内警察就封锁了从铁路调车场到太阳生活保险公司的几个街区，许多大卡车的车轮滚动起来。在身藏武器的、穿着便衣的加拿大国家捷运公司的保卫人员押送之下，一辆辆大卡车穿过大街，皇家加拿大骑警像鹰隼一般在四周来回盘旋。待最后一箱交清，经核查无误后，英格兰银行的存放部经理遂递给大卫·曼休尔一张收据单，请他代表加拿大银行在单据上签字。

继"绿宝石"号史诗般的航行之后，7月8日，又有5条船驶离英国的港口，它们装载了轮船所曾装载过的最大宗的混合财宝。它们分别是战列舰"复仇"号、巡洋舰"邦纳文图尔"号、"百慕大君主"号、"索贝斯基"号和"巴脱莱"号，并由4艘驱逐舰参加护航，这个船队装运了价值大约为17.5亿美元的财宝。黄金和证券继续不断地运到，据英国海军部的记录表明，在6、7、8三个月内，英国舰船 (有几艘是加拿大和波兰船)运到加拿大和美国的黄金总值超过25.56亿美元。更令人惊讶的是，在那3个月期间共有134艘同盟国和中立国的船只在北大西洋上被击沉，而载运黄金的船只却全部安然无恙。

丘吉尔和他的内阁不仅仅把英国的超过70亿美元的财宝，安全地转移到了加拿大，而且这样一个巨大的行动居然成功地保持了秘密，他们是这次赌博中的大赢家。先后大约有600多人参加了这次证券存放的秘密工作，黄金的运送则涉及大洋两岸的成千个海员和成百个码头工人。这样多的人能够把这样重大的一个机密保守得滴水不漏，这也是不可想象的。

这次神奇的转移，是二战中保持得最出色的机密之一。作家A.斯顿普根据前加拿大银行的锡德尼·珀金斯回忆起的一些最初的情节寻找到线索，挖掘了许多长期不为人们所知晓的事实和数字。之后，普利策新闻奖获得者、美国记者利兰·斯托又在加拿大和伦敦搜集大量鲜为人知的情节，经过深入采访终于写成了题为《我所涉及的最令人振奋的故事之一》的报道。然而真实的情况究竟如何，也许谁都说不清楚，人们只能在作家、记者的笔下找回一幕幕想象中的历史真相。

偷袭珍珠港的真正罪魁

1941年3月27日，刚刚走下渡轮的日本领事馆新上任的书记员，23岁的森村正已经被一旁的两名身着便装的美国联邦调查局的特工盯上了。到来后没几天，这位年轻潇洒的书记员就迷上了艺妓，经常喝得酩酊大醉。一来二去，"浪荡公子"的绰号不胫而走。

美国联邦调查局则一直窃听他的电话。一次，艺妓摩利打电话到领事馆找他，他竟抓住电话不放，和摩利在电话里调起情来。联邦调查局的特工拔掉了窃听插头，对他的调查到此结束。其实森村正是日本预备役海军少尉，受日本海军军令部的委派而来，他的真实姓名是吉川猛夫。为日军收集情报，在日美开战之时给美国太平洋舰队大本营所在地珍珠港以致命的一击，才是他的真正任务。

"春潮楼"面向大海，珍珠港在眼前一览无余，大批的战列舰、巡洋舰、航空母舰进进出出，吉川不停地倚在窗前观察，用只有他自己看得懂的符号记录着。时间一久，他渐渐掌握了太平洋舰队的活动规律。隔一段时间，这些情报就被用密码发回了东京。山本五十六大将依据吉川

山本五十六于偷袭珍珠港前综合潜伏在珍珠港的日本间谍送回的情报，拟定偷袭计划。

391

直到 1941 年 12 月 7 日偷袭珍珠港前几个小时，一名在夏威夷的日本海军军官还在提供美国舰只活动的情报。

的情报，着手拟定袭击珍珠港的计划。

8个月的时间之中，吉川和艺妓们频频地光顾海滨浴场，与美军军官及夫人们闲聊，套取情报。有时，他们也登上空中游览飞机在天上鸟瞰。瓦胡岛的珍珠港和希卡姆机场、惠勒机场尽收眼底，机场跑道的走向、大概长度、每个机场停多少飞机，吉川都一一牢记在脑子里。

有艺妓们作掩护，吉川的活动丝毫没有受到怀疑。

直到11月1日，喜多给了吉川一个纸捻儿，这是海军军令部的密信，一张不大的纸条上，密密麻麻写满97个问题：战列舰和航空母舰的停泊位置、希卡姆和惠勒机场的飞机机种及数量、不同类型舰船的艘数和舰名……

吉川翻动着一本本记录着情报的小本，飞快地写着问题的答案。情报送回日本后，山本五十六十分满意。

12月2日下午，喜多转告吉川让他以后每天报告珍珠港美国舰队的动向。

12月6日星期六的夜晚，吉川发出了他来夏威夷8个多月的最后一封电报。珍珠港停泊舰艇如下：战列舰9艘，轻巡洋舰7艘，驱逐舰9艘，3艘航空母舰和巡洋舰，出港未归。而此时日军突袭舰队距离珍珠港只有350海里。

第二天一大早，震耳欲聋的爆炸声将吉川从梦中惊醒。一架双翼涂着"旭日"标志的飞机掠过领事馆上空。

吉川固然为日本提供了必要的美军情报，但是在其背后真正指挥着这场战争的罪魁祸首究竟是谁呢？

日本防卫厅所编的《大东亚战史》丛书中的一册为"从偷袭珍珠港到中途岛海战"，公开了大批偷袭珍珠港的原始文件。

偷袭珍珠港的日本海军敢死队飞行员

1941年9月6日的日本御前会议决定：如10月初日美交涉仍无进展，即对美、英、荷三国开战。11月，"在收到赫尔26日之备忘录后，始于次日之联席会议决定：于开战翌日宣战，绝对需要以奇袭制敌，用以导致首战成功之故。"

不久后的联席会议上，东乡外相首次获悉12月8日（远东时间）为开战日期。

日皇裕仁于11月29日两度召集重臣在宫中开恳谈会，讨论开战问题。次日下午突然召见首相东条英机询问对开战的意见。是日傍晚，日皇召见海军总长永野修身及海相岛田繁太郎。

当晚日皇即通知于12月1日召开御前会议，下达开战命令。3日，日皇召见山本总司令并下诏书。

华盛顿日本使馆方面，由于正值周末及译电困难，14段电报于7日12时30分始译完，1时30分整理成文，故不得不将野村大使原约定的晋见时间由12时30分延至1时45分。野村吉三郎及来栖三郎两大使于下午2时20分见到赫尔国务卿，已经是日本开始袭击珍珠港后的一小时零十分钟。

日本偷袭珍珠港，企图以奇袭的谎言代替"偷袭"，70多年后美国人仍不能忘怀。对此偷袭，罗斯福称之为"可耻的日子"。造成这一灾难的罪魁祸首究竟是谁？是吉川，是山本五十六，还是日本天皇裕仁？也许谁都无法给出一个绝对正确的答案！

打响太平洋战争第一炮的可能不是日军

美国海底探险家巴拉德向美国权威的《国家地理杂志》透露了他进行海底探寻的新发现：太平洋战争的第一炮其实是美国人打响的。

众所周知，1941年12月7日，日军偷袭珍珠港，除珍珠港受创外，瓦胡岛上其他军事基地也遭波及，轰炸前后历时2小时之久，21艘美国军舰被击沉或严重损坏，321架飞机受损，并造成2388人罹难，1000多人受伤。

然而，珍珠港事件已经过去了70多年，巴拉德却坚定地指出，珍珠港内的一艘救援船发现船身后面的水面上有潜望镜冒出，其实，那就是在日本空军机队抵达珍珠港的45分钟之前日军的一只小型潜艇。港内的"沃德"号驱逐舰收到了拖船船员的报告后，曾经以深水炸弹

美国飞机正俯冲轰炸日本舰船
中途岛海战的胜利成为太平洋战争的转折点。此战过后，美国的舰队开始向日本本土一步步靠近。

攻击这艘悄悄摸进港内的日本小型潜艇。巴拉德说，这艘日本潜艇之所以出现在那里，就是为配合日本360架轰炸机与战斗机的偷袭行动。

在进行袭击之后，驱逐舰上的官兵发现了这一军情，立即向上级汇报，但令人遗憾的是，并没有人把它当回事儿，没有人把它认真地送到指挥高层那里去。

巴拉德找到了当年在"沃德"号上服役的几名美国官兵，还有另一位在日本潜艇上服役的日本水手，当年他正身处被"沃德"号攻击的小型潜艇。

搜索日本小型潜艇是一件恢复历史原貌的大事。在巴拉德看来，即使是事件的目击者，5个人也会有5种不同的说法。所以，要揭示事件的真相，就必须找到铁的证据。

于是，这位著名的海底探险家开始发挥自己的长项：率领一个探险小组开始了探索的旅程，来到366米深漆黑一片的海底世界。这次出行的主要任务就是要去寻找那艘当年被美军击沉的日军小型潜艇和上面的2名艇员的遗骸。30米长的"美国岛民"号作业船是他们的主要交通工具，深水遥控成像器"百眼巨人"和"小大力神"则是巴拉德和他的同行者们最大的帮手。

船行驶到距离海岸8千米的地方，那里正是"沃德"号曾经巡逻的珍珠港的入口，探险队员准备下海。

"美国岛民"号上并不缺乏"赌徒"或专家，加伊·科恩少将就是最有胆略的一个，他是美国海军研究处的主管，巴拉德的探险计划几年来一直得到了该处的大量支援。科恩的分析结论是：那颗深水炸弹的袭击并未破坏小潜艇的核心部分，于是，艇长可能重新获得"深水控制"，并径直冲向珍珠港，完成了它的任务。一旦推断成立，就意味着巴拉德将永远也找不到这艘小潜艇了。

据说，在向潜艇发动攻击几分钟后，"沃德"号发现一艘当地渔船正驶向珍珠港入口。那里严禁捕捞，要进入港内也需要申请，所以"沃德"号向渔船开炮警告。渔船船长于是打出了白旗。奥特布里奇给海岸警卫队发出信号，要求他们护送这艘渔船，他自己指挥"沃德"号返回了他负责的巡逻区。这个突发事件使得"沃德"号上的水手几乎没有时间来认真分析形势。等到北边的天空冒起冲天的火光和浓烟时，"沃德"号的水手才知道，战争爆发了。

除了小潜艇并未被摧毁的假设之外，巴拉德也提出潜艇有可能爆炸："小潜艇在100英尺的海底，巨大的气压足以使它爆炸，整个艇体被炸成碎片，散落在海底。"参与偷袭珍珠港的日本小潜艇只有10艘在成功地执行完任务后又驶回日本。

尽管有诸多假设挡在面前，探险队还是进入了最后冲刺阶段——离原计划的探险最后期限只剩3天时间。

美国深水工程公司提前为这次探险制造了两个只容一个人乘坐的微型潜艇"深水工人8号"和"深水工人9号"，只要工程师和焊工把它们安装好，就可以下降到水下600米深处，连续工作16个小时。

海洋生物学家埃文斯首先驾驶着其中一艘小潜艇下水，他的任务是找到那枚日本鱼雷。很快，埃文斯向水面报告，他发现了更多的残骸，而且距离鱼雷已经很近了。通过水下录像，分析员立即判断出鱼雷就是日本生产的。看到这样的结果，巴拉德也只好承认，要找到整艘潜艇已经不可能，能找到小潜艇的部分残片已经算幸运了。

英国空军没有炸毁奥斯威辛

位于波兰南部的奥斯威辛集中营是第二次世界大战期间纳粹德国最大的"杀人中心"。当年在这里死于纳粹之手的冤魂多达100余万，其中大部分是犹太人。当年航拍的照片表明，盟军的空军当时完全有能力摧毁奥斯威辛集中营这个"死亡工厂"，但是盟军却没有采取任何行动，而是听任纳粹德国杀害无辜的犹太人。

这批照片由英国皇家空军拍摄，记录了盟军在诺曼底登陆等许多重要历史时刻的表现。而其中有一部分则再次引起了有关争议——盟军为何没有轰炸奥斯威辛集中营？

从皇家空军拍摄的部分照片上可以看到，在奥斯维辛集中营，与毒气室相连的焚尸炉里正冒出滚滚黑烟，而在用来焚烧死尸的柴堆的上空，黑烟也是一浪高过一浪。另一张拍摄于1944年夏季的照片则清晰地显示，奥斯威辛的囚犯们正排成一队，接受点名。

1937年西班牙内战期间，国际纵队中的捷克人、波兰人及北逃的难民汇合在一起。

很显然，英国方面当时已经知道了这个集中营的存在。但美英方面为什么在掌握了如此详细的照片后，却不采取任何措施将其摧毁呢？为什么不将运送犹太人到奥斯威辛集中营的铁路破坏掉？

据德国历史学家的研究，从1942年开始，就有抵抗组织成员报告奥斯威辛集中营的存在，但盟国政府在开始的时候根本就不相信。到了1943年，在获得了足够的情报后，伦敦和华盛顿方面才开始相信那不仅仅是普通意义的监狱，而是个地地道道的死亡集中营。

1944年，一位犹太教士在被送往奥斯威辛的途中设法逃跑。随后，他通过各种渠道向美国和英国政府提出要求，希望盟军能够炸毁斯洛伐克境内科希策和普雷斯科夫之间的铁路线，以阻止纳粹通过铁路将匈牙利犹太人运往奥斯威辛集中营。

当年5月，又有东欧国家的犹太人地下组织写信给盟国，报告了集中营内发生的一切，并要求轰炸奥斯威辛。

根据世界犹太人大会找到的资料，美国和英国的犹太人领袖当时很快做出决定，要求时任美国总统罗斯福和英国首相丘吉尔下令，轰炸奥斯威辛集中营，至少是轰炸运送犹太人到那里的铁路。

然而，犹太人的要求并没有得到满足。虽然丘吉尔开始时还一度支持过这个计划，但英国的空军和外交部门却以"存在技术困难"为由，表示要完成这一任务几乎不可能，并最终劝说丘吉尔放弃了这一想法。

英军特种部队摧毁希特勒的原子弹美梦

1944年12月27日上午10时45分，一声闷雷似的爆炸声忽然响起，声音来自挪威电力化工厂诺斯克氢化工厂。这一声爆炸背后蕴藏着第二次世界大战期间一个令人难以置信的故事。同它一同灰飞烟灭的是希特勒想占有第一颗原子弹的梦想。这个故事谱写了英军特种作战史上最辉煌、最动人的篇章。

重水是用于取得铀235制作过程中控制原子核反应的理想减速剂。但当时盟国没有获得足够量的重水，且提炼重水需要一年半时间，只好用石墨作代用品。1940年4月，国际科学家之间流传着一个消息说，德国的凯瑟·威廉研究所正在进行一项广泛地企图分裂原子的试验。接着，正当美国的名为"曼哈顿计划"的研制原子弹的计划在1942年开始之时，从英国负责经济战的情报机构那传来了一个惊人的情报：德国人已经命令挪威的电力化工厂诺斯克氢化工厂，每年把重水的年产量从1360公斤增加到4500多公斤。

美国和英国最高当局突然面临一个巨大的危机：这是否意味着德国可能先于盟国制造出原子弹呢？罗斯福和丘吉尔对此忧心忡忡。当时的英国外交大臣哈利法克斯勋爵不无忧虑地指出："这意味着希特勒决意将恫吓付诸实施。"

于是，如何摧毁诺斯克氢化工厂和破坏它的重水储存，成了英国战时内阁首要考虑的问题。英国空军参谋部报告，由于这个工厂四周为丛山所包围，使用现有飞机进行直接目标的轰炸是行不通的。

在第二次世界大战期间，英国非常重视特种作战的价值，着手培养了一支训练有素、具有深入敌后作战能力的部队，并成立了特种作战司令部，亦称特别行动署。它专门以爆破、淹没等特殊手段削弱德国的物质力量，因此，丘吉尔形象地称它为"非绅士风度作战部队"。这支部队令希特勒坐卧不宁。

醉心于战争的希特勒
原子弹计划遭到摧毁以后，狂热的希特勒会甘心失败吗？会不会另有安排呢？

艾因纳尔·史吉纳兰德被英国特种部队总部派到伦敦。这个聪明、体格健壮的人是个滑雪能手和神枪手，这对于他将要从事的工作提供了重要条件。更为有利的是，他过去一直就住在诺斯克氢化工厂附近，他还有个兄弟和一些朋友在那里身居重要职位。

史吉纳兰德很快学会操作一台电力强大的短波收发报机，而且也学会了跳伞。不久他得到命令：立即潜回挪威，收集一切有关诺斯克氢化工厂的情报，并发回伦敦，在那里等待增援小组的到来。到达挪威后，他非常谨慎小心地把他的那些最信得过的朋友组织起来，成立一个提供有关工厂各种信息的"联络网"。这些信息被立即发往伦敦的中央情报机构。因为有了史吉纳兰德准确的报告，"燕子"计划开始实施了。先是第一批的4名突击队员空降到工厂附近。11月9日，远在伦敦心急如焚的联合作战部军官终于听到他们等待已久的突击队员们发来的信号。他们在诺斯克氢化工厂附近已安排就绪，同史吉纳兰德已联系上，并且已用无线电和着陆信号作为标志，准备迎接滑翔部队送来的破坏小组。

11月19日，两架轰炸机（每一架牵引着一架满载伞兵部队的滑翔飞机）从英国起飞了。但是几小时之后，在挪威的一位特工人员用无线电发来报告说，轰炸机和牵引飞机坠毁，机上所有人员不是死亡就是被俘了。

在伦敦，陷于绝望的联合作战部只得一切从头开始。12月下旬，另一项代号为"炮手行动"的计划准备付诸实施。一天晚上，6名挪威特种部队成员跳伞降落在冰雪覆盖的斯克莱根湖面上，那里离突击队员隐藏的地方近50公里。

12月27日上午，他们终于到达了山顶，沿着铁路匍匐向前爬行。距工厂150多米时，他们可以听见工厂机器的轰鸣声。大门里面却没有动静，几个人端着汤姆枪，迅速占据了有利地势，包围了住着12个德国卫兵的营房。由于他们工作出色，小组仅用了几分钟的时间就找到了安装电缆线的隧道，它一直通向毗邻浓缩铀部门的一个房间。

正在那间房里值班的德国警卫见到两支手枪枪口对准着他，立刻安静地言听计从。乔基姆检视了储藏罐、管道和机器，并在会造成最大损坏的地方，用颤抖的手把炸药安装完毕。他时时担心的警报器会突然嘶叫起来的情况并没有发生。他点燃了30秒钟引爆的导火线后，要卫兵和一位挪威人赶快跑开。刚跑到地下室近20米远的时候，传来一声爆炸巨响。

警铃之声大作，当醋睡的德国兵纷纷从房子里窜出来时，乔基姆和他的小组成员已经消失得无影无踪。他们只能眼看着极其珍贵的450多公斤重水从炸碎了的储存罐里涌流出来，顺着工厂的污水沟流走了。

随后，德国的司令官冯·法尔根霍斯脱将军气急败坏地走进弗马赫，视察着工厂被破坏的情况。接着，德国国防军的1个师、德军滑雪巡逻队和低空侦察机1.2万人开进了这个地区，搜寻了全部山头、大路和小道，但是没找到任何一个突击队员。

经过了难以想象的艰难路程，6个特种部队队员都安全地撤离了危险之地，有的飞回了伦敦，有的则留下来继续进行其他的地下工作。希特勒的原子弹美梦就这么破灭了，这的确是英军特种兵史上非常出色的演出。

美国在日本投掷原子弹的原因

1945年，美国在日本的广岛和长崎投放了两枚原子弹。

如此具有杀伤力的武器，美国为何要选择在日本投放？

传统的观点认为：其最终目的只是为了缩短第二次世界大战进程，避免可能给美军造成的百万人的伤亡，同时对苏联炫耀一下原子弹的威力。而且，在投放原子弹后的第二天，杜鲁门就发表声明，要日本接受提出的条件，早日投降，否则的话，日本只会自取灭亡。

但是有些日本学者对上述的看法提出了质疑。1986年3月，金子郭朗在日本《文艺春秋》特别号上发表《美国选择广岛投掷原子弹的原因》一文。

文章说，日本驻华盛顿的7名记者通过查阅美国国会公文文书馆、当时美国政府的有关机密文件和有关人员的日记、著作后发表观点：避免100万美军阵亡的说法是不可信的。当时美军绝密文件《日本登陆作战纲要》记载，美军准备在日本进行两场登陆作战，一是九州，二是关东平原，在拟制这份纲要时，美总谋部曾征询过西南太平洋军司令部的意见，得到的答复是九州登陆作战的头30天将死亡5万多人，而麦克

绰号"小男孩"的原子弹

阿瑟坚持认为事实上不会有那么多伤亡。总之，不论从哪个文件也找不到死亡100万人的推算数字。所以，他们认为，宣称避免100万美军阵亡完全是一种夸张，是为了使投掷原子弹的行为合理化。

究其最终目的，美国为什么在日本投掷原子弹呢？记者们根据所查阅的资料证明，在原子弹研究初期，美国就已确定对日本使用原子弹，并把它当作一种"巨大的实验"。美

国还曾计划把这种未有充分把握的原子弹用来轰炸集合在特鲁克群岛的日本舰队，以避免万一原子弹不爆炸后泄露机密。随着原子弹试验成功，他们坚持要用原子弹进行攻击，目标选择在人口集中、没有遭到普通轰炸的城市，以便科学家同行观测原子弹的功能，检测其威力。这是原因之一。

另有一个原因是，美国迫于议会强大的压力而最终决定使用原子弹，因为美国研制这两颗原子弹耗资巨大，花了20亿美元。

真假蒙哥马利

1944年1月14日傍晚，伦敦沉浸在一片战争气氛中，艾森豪威尔走马上任。英国著名战将蒙哥马利任英军地面部队司令。罗斯福和丘吉尔把他们最得力的干将组成盟军中坚，随时准备横跨英吉利海峡，给德军以毁灭性的打击。

联军指挥部经反复研究，决定把登陆的日期代号定为"D日"。然而，从什么地方突破？登陆时间选在什么时候？这些都是事关全局和盟军官兵命运的大事，一着不慎，全盘皆输，盟军的战将们深谙此理。

巨幅军用地图前，将军们在苦苦思索：横隔在法国和大不列颠之间的英吉利和多佛尔海峡，总长约560千米，西部宽达220千米，最窄处在东部的加莱，只有33千米宽。登陆点选在什么地方呢？多佛尔海峡深度为36~54米，而英吉利海峡西端深达105米，且风强浪猛，暗礁林立。从地理上看，多佛尔海峡明显占着优势。

然而，熟谙海峡地理的艾森豪威尔及其幕僚，却出乎意料地把登陆地点选在法国西北部塞纳海湾的诺曼底地区，横渡英吉利海峡。至于登陆日期，艾森豪威尔认为6月5、6、7日潮水和月色均为适当。"D日"方案一经敲定，"坚忍"计划随即出笼。英国政府采取了有史以来规模最大、不同寻常的保密安全措施。

精心策划的"坚忍"计划的最精彩的部分，要数詹姆斯中尉冒名顶替英国指挥登陆作战的总司令官蒙哥马利元帅。在德国人的眼里，蒙哥马利是英军的象征，只要他不在前线，英军就不可能马上进行登陆作战。其实，德国人的判断没有错，错的是他们错认了"元帅"，把陆军中尉詹姆斯当成了蒙哥马利。

詹姆斯中尉长相酷似蒙哥马利元帅，由于连年征战，使他略显苍老，而这为他扮演"元帅"创造了条件。战前，詹姆斯是一家剧团的职业演员，由于他的天赋，无论扮高层人物还是演黎民百姓，都演得活灵活现。在两名军官的具体指导下，他一遍遍地琢磨报上的蒙哥马利照片和新闻影片中的一举一动。还熟记了元帅生活中成千上万的细节，以至连蒙哥马利吃饭时麦片粥要不要放牛奶和糖等都了如指掌。最后，还特意安排詹姆斯到元帅身边生活了几天，进行实地模仿。詹姆斯扮元帅特别投入，进步也很快，以至最后连警卫员也难辨真伪。

5月15日，这位"蒙哥马利元帅"搭乘首相专机

假扮蒙哥马利的莱尤特仑特·克里弗顿·詹姆斯

飞往直布罗陀和阿尔及尔，与此同时，英军故意放风说有可能在法国南部海岸登陆，蒙哥马利元帅去直布罗陀和阿尔及尔的重要使命就是组编英美联军。德国开始半信半疑，派两名高级间谍去侦查，由于詹姆斯的表演逼真，使德国间谍深信不疑。

不仅如此，英国还煞有介事地派人前往中立国去收购加莱海岸的详细地图。盟军又假装将一支兵力达100万人的集团军，驻在英东南沿海一带，佯装准备进攻

"巨人"电子译码器
盟军利用这种机器解开了德军的超级密码。

加莱。其实蒙哥马利的第21集团军，早已秘密地隐伏在英国南部海岸，等候渡海进攻诺曼底了。一系列假象最终骗过了希特勒，他以为盟军在英国东部已经集结了92个师的兵力，准备在7月份进攻加莱，因此，他把德军最精锐的第15集团军集中在加莱地区，而诺曼底只有一个装甲师驻防。英美盟军以假隐真，迷惑住敌人，终于达到了目的。

詹姆斯主演的这出以假乱真、冒名顶替的好戏，对盟军反攻欧洲大陆发挥了重要作用："蒙哥马利元帅"视察非洲，使德军最高统帅部关于盟军登陆地点本来就很混乱的争执变得更加混乱不堪。于是，德军把防守诺曼底地区的两个坦克师和6个步兵师抽调到加莱地区，大大减少了盟军在诺曼底登陆时的压力。

在诺曼底登陆的前两天，詹姆斯的假冒元帅做到了头。英国情报机关指令他乘飞机抵达开罗，隐姓埋名，直到诺曼底登陆结束为止。对于他在直布罗陀和阿尔及尔的"演出"，英国情报机关给予了极高的评价。据称，局外人士没有一个人怀疑他是蒙哥马利的替身。詹姆斯在直布罗陀和阿尔及尔之行中，出尽了"元帅"风头，但他也差点惹来杀身之祸。从战后缴获的纳粹文件中得知：柏林在获悉"蒙哥马利元帅"飞赴非洲一线视察的情报后，德军统帅部曾制定了一个计划，要在途中击落"元帅"座机，如截击不成，便立即派出刺客，伺机行刺。在这危急关头，希特勒认为应首先查清是否是蒙哥马利本人，如果确认是元帅本人，首要的目的是弄清他此行的目的，而不是干掉他。希特勒的一念之差，让詹姆斯拣了一条命。

6月6日凌晨，英吉利海峡狂风怒号，波涛汹涌，英国皇家空军轰炸机队1136架飞机对塞纳湾德军炮兵阵地投掷了近6万吨炸弹。拂晓前，美国陆军第八航空队又出动1083架轰炸机，再次把1763吨炸药倾泻在德军阵地上。尔后，盟军各种飞机，轮番出击，对各个预定目标实施了毁灭性打击。凌晨6时30分，英军第一批登陆部队踏上塞纳湾海岸，突破了希特勒狂妄吹嘘的"大西洋壁垒"。

英军突破防线之时，担负防守任务的德军B集团军司令官隆美尔正在为他夫人的生日做准备呢。当他被急电告知"盟军在诺曼底登陆"时，不由大惊失色，一束准备献给妻子的鲜花散落在地毯上……

詹姆斯以他成功的冒名顶替为诺曼底登陆成功立下了赫赫奇功。

戈林自杀之谜

1945年11月20日，纽伦堡国际军事法庭开始对戈林进行审判。法庭在对戈林的死刑判决书中说："戈林是第二次世界大战的策划者之一，是仅次于希特勒的人物，他集所有被告的罪恶活动于一身。"在20世纪爆发的两次世界大战，给世界造成了无尽的灾难，而这两次罪恶的大战都是由德国挑起的。在法西斯纳粹德国，有一个人紧紧追随希特勒并助纣为虐，这位一人之下、万人之上的显赫人物就是纳粹德国帝国元帅——赫尔曼·戈林。

1946年10月15日夜，就在即将被处以绞刑的75分钟之前，戈林在严密看守的死牢中服毒自杀，逃避了正义的处决。

有关赫尔曼·戈林自杀的具体细节，已消失在历史的迷雾中，或者已带到坟墓里无证可查了。随着柏林资料中心有关戈林自杀时未公布的调查委员会的绝密报告、现场证人的证词、医疗报告、戈林自杀留言的原文等绝密档案的逐步公开，戈林自杀之谜再次浮现在人们视线之中。

戈林在整个关押期间一直把氰化钾胶囊放置于牢房是不可置信的。根据采访看守人和对监狱记录的检查，牢房和衣物是经常搜查的。约翰·韦斯特少尉在1946年10月14日，即戈林死的前一天，就搜查了戈林的牢房和他的私人物品。因此，装氰化钾的胶囊起先是随戈林的行李进入监狱这一点应该是毫无疑问的。因为，行李间是唯一没有被彻底搜查过的角落，并且调查人员在戈林自杀后也确实在他的遗物里找到了另一个氰化钾胶囊。

尽管监狱记录显示，戈林并未请求去行李间取东西，但是他曾经送给惠利斯中尉一份礼物以及送给他的律师奥托·斯塔马尔的蓝色公文包证明他行李中的物品曾经不只一次地被取走，而取走这些物品的人，不是像惠利斯这样握有行李间钥匙的监狱军官，就是戈林自己在未按来访要求登记的规定的情况下获准进入行李间而拿到自己行李中的物品的。

这种推测在本·E.斯韦林根写的《赫尔曼·戈林自杀之谜》一书中得到了肯定。该书作者的结论是，戈林曾提出条件让一位监狱工作人员——最大的可能性是惠利斯——为他从行李间取出物品或行李。在临死前的几个小时，戈林取出了隐藏的胶囊，做好了服毒的准备。另一种可能，就是他本人被获准进入行李间，而且批准其进入行李间的最有可能的人还是惠利斯。

戈林的妻子埃米·戈林在随后有关她丈夫是如何得到胶囊的言论，完全不能令人信服。她说1946年10月7日她最后一次探视戈林，那时候她曾问丈夫还有没有胶囊，戈林说没有。从那以后她便再也没有见过戈林，也没再跟他说过话。然而，戈林自杀后，她却立刻公开发言，"此事一定是一位美国朋友所为"。这其中难免让人怀疑藏有什么不可告人的秘密。直到28年后，她又对德美起诉团的一位成员提起，当年确实是一位未留名的朋友把毒药递给了她丈夫。又过了不

戈林演说

临刑前牧师与戈林会谈
此时的戈林已有自杀的准备吗?

久,埃米·戈林的女儿埃达也出面表示有人曾经帮助过她父亲。到了1991年,更传出消息说戈林的侄子克劳斯·里格尔承认,是惠利斯中尉把毒药给了戈林。所有的言论都有可能是真的,但又全都无法证实。

戈林的女儿或戈林的侄子在戈林死时还不到10岁,因此他们对所发生的一切作出的表态没有多大的可信度。而那些戈林当年的狱友们——斯佩尔、弗里奇、弗鲁克——如果他们知情的话,为什么在他们后来撰写的纽伦堡经历的著述中却无一例外地略去了这部分具有轰动效应的,也是作为畅销书最重要的卖点的东西呢?

还有一个疑点就是,戈林为什么在其自杀留言上注明日期为1946年10月14日,至今仍是个谜。戈林若将这些吐露他打算自杀的留言保存在他身边达5天之久,未免太粗心大意了。在其中的两封信中,他提到他向盟国管制委员会的申诉被拒,而这一消息直到10月13日他才听说。

近年来,对戈林自杀之谜又有了一连串新的解释:毒药是藏在他的陶土制的烟斗里的,在处决他那天夜里把它剖开,将毒药藏在肚脐里。此外,还有一些更离奇的方法。

"瑞典辛德勒"瓦伦堡的下落

在第二次世界大战中,纳粹分子疯狂迫害犹太人,犯下了令人发指的罪行。犹太人被法西斯魔鬼们成批地送进焚尸炉、毒气室,甚至被当作生化武器的实验对象。如何逃出纳粹们统治的人间地狱,成了每一个犹太人最迫切的希望,也正是在这时,涌现出了许多救世主一样的英雄人物,帮助他们逃离魔掌,瓦伦堡就是其中的一位。

瓦伦堡是当时中立国瑞典政府任命的瑞典驻匈牙利使馆一等秘书,在他到达匈牙利之前,当时的匈牙利独裁者霍尔蒂也加入了德、意、日法西斯轴心集团。当时居住在匈牙利的犹太人约有80万,在法西斯种族灭绝主义的迫害下,已濒临死亡线。盟国

瓦伦堡像

和中立国的一些组织也极力对这些犹太人进行营救,但是效果不佳,几年内,只从匈牙利救出几百人。正在这时,瓦伦堡奉命去匈牙利,美国驻瑞典大使约翰逊很早就听说瓦伦堡是一个有着高尚品德和杰出才能的人,便请求瓦伦堡到匈牙利后协助解救被困在那里的犹太人,瓦伦堡毫不犹豫地答应了这个要求。临行前,约翰逊大使很坦率地告诉他:"你这次去是深入虎穴,一旦事情暴露,没有人能够帮助你。"富有正义感的瓦伦堡坚定地回答:"我不怕,我会竭尽全力去做的,哪怕只能救出一个人我也要去。"

按照国际法规定，持瑞典护照的公民受瑞典王国保护，而不管他是否是犹太人，这一规定都有效力。但是当时德国人闪电式地入侵了芬兰和挪威，作为他们的邻国，瑞典政府一直忧心忡忡，害怕纳粹的突袭，对于德国人迫害持瑞典护照的犹太人的事情也有些顾不上了。要想拯救犹太人，瓦伦堡只得自己想办法，让德国纳粹们重视国际法规定。他先是多次发表演说，争取国际社会的同情，向纳粹政府施加压力，同时，他也花钱买通了一些德国高级军官，使持瑞典护照的犹太人能够得到瑞典政府的保护。当然，他也不分日夜地给犹太人签发瑞典护照，安排他们逃往瑞典。

有一天，瓦伦堡接到一个电话，有人告诉他，有几百个犹太人被押到车站，即将被送往纳粹集中营。瓦伦堡连忙去找主管这件事的德军上尉，质问他们为什么押走受瑞典保护的犹太人，最后逼迫上尉带他去车站要回那些人。一到车站，瓦伦堡就高声喊道："我是瑞典外交官，凡是持有瑞典护照者都受瑞典政府保护，请站出来跟我走。"有几十个犹太人下了车，其他没有瑞典护照的人都不敢动，急得没办法的瓦伦堡忽然想到跟他来的德军上尉不认识匈牙利文，就又大声说："持有匈牙利文瑞典证件的也可以，谁有？快下车！"他一边喊话，一边向那些犹太人使眼色，犹太人很快就心领神会了，他们拿着匈牙利文的运货单、所得税收据，甚至包括种牛痘的证明书，都由瓦伦堡证明是瑞典王国临时证明书。就这样，瓦伦堡从纳粹的手中又救出了一批无辜者。

1945年，苏联红军攻入了布达佩斯，瓦伦堡表示他会一直留在那里，帮助苏军完成解放犹太人的工作，并归还犹太人的财产。但是在1月17日，他对朋友说："我要跟苏联人去了，但是这一次去是堂上客还是阶下囚我不知道。"过了几天，他就去了苏联军营内，从此就再也没有回来。

华灯初上的夜晚多么宁静。这里却是魔鬼的殿堂与人间的地狱——纳粹集中营。二战中，成千上万的犹太人被关押在集中营惨受折磨，遭到迫害。

瓦伦堡为什么会失踪？他为什么要去苏联军营？失踪后他去了哪儿？是死了还是活着？没有人知道答案，于是传闻说，苏联人怀疑瓦伦堡是美国间谍，把他秘密杀死了。可是，苏联政府在1957年发表声明说，瓦伦堡早在1947年就因为心脏病发作而死去了。但是很多人怀疑这一说法，一直有人坚信瓦伦堡还活着。1975年，有一位犹太人表示，他在莫斯科一个监狱医院里见到一位瑞典人或是瑞士人，此人被拘留已经有30年了。瑞典政府得到消息后，马上想到了瓦伦堡，立刻向苏联政府提出要见这位犹太人，但是遭到了无情的拒绝，而且很快，那位犹太人就被捕了。1982年瑞典政府专门提出了一份长达1.3万页的文件，要求苏联政府就瓦伦堡失踪事件作出合理解释，但是苏联政府几次都重复着1957年的声明，宣布瓦伦堡已经病死了。

瑞典森林公墓
有人猜测瓦伦堡早已长眠于此，有人则说客死他乡，结果到底是什么样呢？

　　总之，瓦伦堡为什么一去不复返？是死还是活？直到现在仍然还是一个谜，在布达佩斯一条以他名字命名的街道上，耸立着一座他杀死带有纳粹标志毒龙的纪念碑，永远怀念他的人相信，笼罩在他下落之上的迷雾终有一天总会散去。

消失了的隆美尔财宝

　　1943年3月8日清晨，在地中海之滨的哈马迈特城的一幢漂亮别墅里，几位军官围坐在宽敞、明亮的起居室里，但是却没有一个人有心情享受这难得的清晨美景。坐在正中间的正是纳粹德国的悍将之一、人称"沙漠之狐"的隆美尔元帅，他一扫昔日的威风，布满伤痕的脸上神态无比沮丧。

　　原来，隆美尔率领的非洲军团近来损失惨重，还被蒙哥马利将军统帅的英军沙漠部队团团围住。3天之前，隆美尔集结他仅剩的140辆坦克，孤注一掷地向同盟国军队发起进攻，企图扭转不利局面，重新掌握战场上的主动权。结果不仅没获得期望的胜利，反而因此陷入了更加被动的处境。眼看战争失败的命运已无可挽回，隆美尔开始同手下商量如何处理陆续从各地掠夺来的一大批财宝。在更早一些时候，隆美尔就多次考虑过要把这批财宝经突尼斯城走海路运到意大利南部去。可是战场上的形势瞬息万变，隆美尔的计划还没来得及实施，英军就已经完全取得了对这一地区的海、空控制权，德国舰艇再也没有办法横越地中海了。隆美尔担心这批财宝落到同盟国的手中。因此，一大清早就召集心腹们开会讨论怎样妥善处理这批财宝。

　　仔细研究过后，隆美尔决定采取声东击西的策略，把这批财宝藏到突尼斯西南杜兹附近的沙漠里。杜兹是撒哈拉大沙漠边缘的一个小镇，沙漠上的小小绿洲，在它周围，是无数个形状相似，大小不一的沙丘。即使狂风劲吹，黄沙漫卷，也很难改变这些沙丘的模

隆美尔像

这位人称"沙漠之狐"的德国元帅，尽管诡计多端，然而由于希特勒的多疑和战略物资的不足而被蒙哥马利打败，本人也由于被指控参与谋杀元首而被迫自杀，至于他遗留下来的财宝可能没有人知道。

样。如果把财宝埋在那许许多多沙丘之间的某个地方，人们是很难找到的。

当天晚上，隆美尔先派出一支高速快艇舰队，装上他从博物馆和阿拉伯酋长的宫殿里抢来的几十箱艺术珍品，准备穿过地中海运到意大利去。一直密切监视隆美尔一举一动的英国情报机关立即行动起来，派出大量的轰炸机和军舰到海上搜索这些满载着财宝的运输队。

与此同时，隆美尔立即派出一支大约有15~20辆军车组成的车队，每辆车上都装满了金币和奇珍异宝，由隆美尔最信任的军官汉斯·奈德曼上校负责押送，借着黑暗的掩护，消失在无边的夜色中了。车队沿着土路以最快的速度向沙漠中驶去，按照既定计划，这批财宝在杜兹镇卸下，再由一支骆驼队运到沙丘间的一个安全地点埋藏起来。

但是，从此这支车队就失去了消息，焦急的隆美尔还没等到战争结束就被希特勒赐死了。后来就再也没有一个人知道这批财宝究竟被埋在哪一个沙丘的下面。

30多年后，当时充当随军摄影师的海因里希·苏特作为这件事的当事人之一回忆说，在几周以后，从英国的无线广播电台中听到一个消息，英军在杜兹附近沙漠边缘与一支装备精良的德军小分队相遇，经过长达一天的战斗，英军全歼了这支小分队，德军士兵无一生还。据估计，这支小分队是被派到一个边远地点执行任务后回去与所属部队会合的。苏特认为，这支被全歼的小分队就是去藏宝的人员，他们在返回杜兹的途中遭到伏击，全部战死。因此，隆美尔的这批财宝到底藏在哪儿就成了一个难解的谜。

可是上述整个故事都只是苏特的一家之言，以此很难判定故事的真实性。隆美尔的财宝真的被埋在沙漠里了吗？

又过了很多年，一个名叫肯·克里皮恩的美国人对这个故事产生了浓厚的兴趣，为了核实苏特故事的真实性，克里皮恩借着到突尼斯度假的机会，特地到哈马迈特城和杜兹镇进行了为期约一个月的实地考察。面对克里皮恩的询问，杜兹镇的许多老年居民都不知道当年的车队和骆驼队的事，但是有一个名叫尤素福的70多岁的老人说，当年他在骆驼市场做生意，曾亲手把五匹骆驼卖给了一批外国人。老人之所以能清楚地记得这件事，不仅是因为这些人一口气买了六七十匹骆驼，出的价钱要比平常的高，还因为这是他第一次看见金黄色头发的人，他们都穿着军装，可是他不

隆美尔正在同参谋研究作战方案，以便应对英军的进攻。蒙哥马利的战术和希特勒的命令让他进退不得。

知道这些人离开市场后朝哪个方向走了。另一位名叫赛伊迪的老人则记得大约在那个时间有一些卡车开进了他们的村庄，后来那些人就不知道去哪儿了，过了几个星期，一批英国士兵来到他们村开走了那些车。

如果隆美尔的财宝真的被运往沙漠藏起来了，那么那支庞大的运宝骆驼队到哪儿去了，是否真的无人生还，那批财宝是否真的还在沙漠的某个地方无人发现，恐怕只有一望无际的撒哈拉大沙漠才知道全部的真相。

"金唇"——无法破译的绝密技术

一项代号为"自白"的间谍行动曾经让美国蒙羞达8年之久。从1945年到1951年，克格勃开始窃听美国驻前苏联大使馆内的活动情况。这项成功的窃听行动既是前苏联特工引以为荣的惊世之举，也是世界间谍史上屈指可数的经典之作。

从1933年11月16日前苏联与美国正式建立外交关系那天起，克格勃特工就盯上了美国驻苏使馆，对其进行监听与监视成为他们工作中的重要部分。为了更详细具体地了解美国使馆的内情，1938年起，克格勃开始向美国使馆放飞"燕子"。

所谓"燕子"，即克格勃的职业特工，她们装扮成国家芭蕾舞剧院演员，利用美貌，于是很轻易地便飞到美国外交官的身边。不久"燕子"们就已经探明，会议室、武官处、密报室及大使办公室都设在使馆大楼顶层，那里正是整个使馆的"要害"所在。与此同时，那些负责守卫使馆大楼的前苏联女兵也顺利地和美国男士搞好了关系。

1943年，德黑兰会议结束后，斯大林向克格勃领导人贝利亚下达了死命令，要对美国大使阿维列拉·卡里曼的办公室进行窃听。重压之下，贝利亚与手下高参们开始设计窃听使馆心脏部位的行动方案。

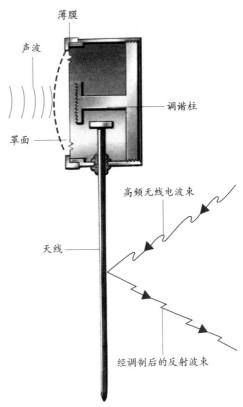

"金唇"是如何工作的

来自建筑物外发射源的无线电波对准天线，撞击薄膜的声音使薄膜与调谐柱面之间的空间（和电容）发生变化。这些变化改变了天线上的电荷，从而对发射无线电波束进行了调制，这些反射波束由接收器接收并翻译。

1943年12月17日，贝利亚向斯大林报告他们已经完全准备好了针对美国使馆专门设计的窃听设备，而且它还有个非常特别的名字，叫"金唇"。于是，利用这种特制"窃听器"对美国大使办公室进行窃听的行动也被命名为"金唇行动"。因为"金唇"窃听器既不需要电池，也不需要外来电流，所以使当时的反窃听设备无法捕捉到任何信号，代表了当时的世界顶级水平。300米以内大耗电量振荡器所发出的微波脉冲都能够被"金唇"捕捉到，更奇特的是它的工作寿命可以无限延长。从外表上看，"金唇"就像一个带尾巴的蝌蚪。

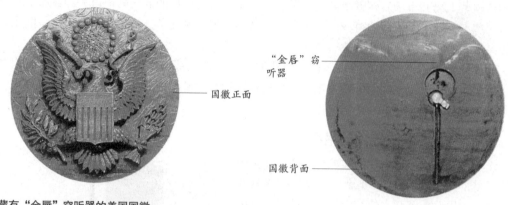

"金唇"窃
听器

国徽正面

国徽背面

藏有"金唇"窃听器的美国国徽
这个藏有窃听器的美国国徽在美国驻前苏联大使馆办公室悬挂了8年时间，陪伴4位美国大使度过任期。

为了把"金唇"顺利地放到大使办公室，前苏联特工机关将美国使馆对面居民楼里的居民全部换成克格勃工作人员，每逢星期天，伪装成"家庭主妇"的克格勃女中士们都要在阳台上抖落和晾晒地毯及被褥，试图以非常自然的姿势把灰尘大小的"蝌蚪"撒到美使馆大院内。

然而，费尽了心机的克格勃特工人员并未达到目的。后来，他们还精心设计了一起火灾，但是扮成消防队员的特工人员却始终没找到进入卡里曼大使办公室的机会。

几次失败之后，他们想出将安有窃听器的礼品送给美国大使的办法。于是，二十几种木制及皮制的贵重工艺品送进了克格勃高官的会议室，但是，窃听器研究权威、前苏联科学院院士贝尔格和伊奥费却对选定的礼品给出了一致认定，这些礼品都不能胜任运载"金唇"的使命。于是，克格勃只得根据"金唇"的特殊性重新制作相应礼品。

1945年2月9日，前苏联宣布在黑海之滨举行"阿尔台克全苏少先队健身营"开营典礼，为了把美国大使卡里曼从莫斯科引到克里米亚，并在开营典礼上接受由少先队员赠送的"礼品"，克格勃制定出一整套诱引方案。2月，前苏联特工以前苏联少先队员的名义向罗斯福总统及丘吉尔首相发出敬请光临的邀请。无法到场的美国总统和英国首相相应地委派了两国驻苏大使出席。于是，美国大使卡里曼如期从莫斯科赶到黑海之滨出席开营典礼。

开营典礼上，前苏联少先队员用英语合唱美国国歌，气氛渐入佳境。孩子们纯真稚嫩的歌声让卡里曼大使完全丧失了戒备和警惕，就在这时，一枚精美绝伦的巨大木制美国国徽由四名前苏联少先队员抬着送到卡里曼大使面前。紧接着，瓦列里·勃列日科夫马上殷勤地向贵宾们讲述这枚国徽的做工及用料是如何讲究，用了多少种珍贵木料，前苏联工匠的制作工艺是如何高超精湛。果然，卡里曼大使情不自禁地发出惊叹。

随着这枚内藏前苏联克格勃"金唇"窃听器的美国国徽被悬挂在卡里曼办公室，代号为"自白"的克格勃窃听美国大使的行动开始启动。自1945年2月起，这一行动共持续了8年。4任美国大使在8年间来了又走，国徽以其无与伦比的艺术美感赢得了4位美国大使的钟爱，每一位新大使到任后从墨水瓶到地板砖全部更换一新，甚至大使办公室的窗帘及家具色调也相应做些改变，以与这枚国徽相匹配，而这枚美国国徽却始终安然无恙。

直到1960年5月，华盛顿才公开"金唇"的秘密。美国驻联合国代表卡勃特还将"金唇"窃听器拿到安理会常任理事国的会议上做了一番展览。但是，"金唇"的秘密技术却始终无法破译，美国特工和英国特工曾多次试图制作同样的窃听器，但都以失败告终。时至今日，"金唇"的秘密依然无法解开。

神奇的"无敌密码"

第二次世界大战中，英国破译了德国的"谜语机"密码，为战胜纳粹德国做出重要贡献；美国则破译了日军密码，由此发动空袭，击毁日本大将山本五十六的座机。丘吉尔说，密码员就是"下了金蛋却从不叫唤的鹅"。

《孙子兵法》云："知己知彼，百战不殆。"破译敌军密码，始终是交战双方梦寐以求的捷径。同时，如何保证自己的密码不被敌人破译也让交战双方费尽了心思。第二次世界大战中美国曾经有一套"无敌密码"就创造了这样一个不可破译的神话。

那些沉默了半个多世纪的"特殊密码员"终于从美国总统布什手中接过了美国政府最高勋章——国会金质奖章。当年，正是他们编制的"无敌密码"，为盟军最终胜利立下了汗马功劳。

攻占硫磺岛是美军在太平洋战争中打的一场经典战役，美军把旗帜插上硫磺岛的照片，成为美国在第二次世界大战中浴血奋战的象征。硫磺岛战役结束后，负责联络的霍华德·康纳上校曾感慨地说："如果不是因为纳瓦霍人，美国海军将永远攻占不了硫磺岛。"当时，康纳手下共有6名纳瓦霍密码员，在战斗开始的前两天，他们通宵工作，没有一刻休息。整个战斗中，他们共接发了800多条消息，没有出现任何差错。

攻占硫磺岛战役中"无敌密码"大显了身手。而编制这种"无敌密码"的人又是谁呢？

一个叫菲利普·约翰逊的白人提议用纳瓦霍语编制军事密码。约翰逊的父亲是传教士，曾到过纳瓦霍部落，能说一口流利的纳瓦霍语，而在当时，纳瓦霍语对部落外的人来说，无异于"鸟语"。这种语言口口相传，没有文字，其语法、声调、音节都非常复杂，没有经过专门的长期训练，根本不可能弄懂它的意思。极具军事头脑的约翰逊认为，如果用纳瓦霍语编制军事密码，将非常可靠而且无法破译。因为根据当时的资料记载，通晓这一语言的非纳瓦霍族人全球不过30人，其中没有一个是日本人。

1942年初，该建议由约翰逊提出，他说，如果用纳瓦霍语编制密码，可将用机器密码需要30分钟传出的三行英文信息，在20秒内传递出去。

美国太平洋舰队上将克莱登·沃格尔接受了约翰逊的建议。1942年5月，29名纳瓦霍人作为第一批密码编译人员征召入伍，在加利福尼亚一处海滨开始工作。不久，根据纳瓦霍语创建的500个常用军事术语的词汇表制作完成。由于没有现代军事设备的专门词语，因此代码中经常出现比喻说法和拟声词。

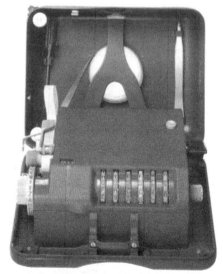

换字器 M–209 密码机

此后的太平洋战争期间，420名纳瓦霍族人加入了密码通讯员的行列，他们几乎参加了美军在太平洋地区发动的每一场战役。用纳瓦霍语编制的密码被用来下达战斗命令，通报战情，为最终打败日本军国主义者起到重要作用。

除了纳瓦霍语外，在欧洲战场，美军在第二次世界大战中使用的另一种印第安语——科曼切语密码也大显身手。据说查尔斯·希比蒂是目前唯一在世的科曼切语密码员，目前居住在俄克拉荷马。根据老人回忆，当年报纸上的征兵广告说"征召年轻的科曼切人。要求未婚、无家庭拖累、会说本族语。"其中，在语言方面要求极为严格，必须十分流利。

在科曼切语创建的由250个军事术语组成的词汇表里，轰炸机成了科曼切语中的"怀孕的鸟"，一天，一个黑发、留着卓别林式胡子、表情严肃的德国男子的照片送到希比蒂手中，"我们需要给这个人起一个代号。"希比蒂看了看照片想起了他看过的欧洲新闻短片，于是说："'疯了'怎么样？或者'疯狂'？"最终，真的决定用"疯狂的白人"来称呼这个元首，而此人就是希特勒。

1944年1月，诺曼底登陆战役中，当希比蒂登上犹他滩时，指挥官命令他："通知总部我们成功登陆了，现正准备占领敌方阵地。"顶着炮弹掀起的沙子和海水，希比蒂掏出无线电发报机，迅速用科曼切语发出了这条信息。科曼切密码通讯员希比蒂发出了第一条登陆诺曼底的信息。海滩上，炮弹和曳光弹不断在头顶上爆炸，一阵静电干扰之后，无线发报机传来信息："收到。守住滩头阵地，弄清敌人方位。增援部队很快抵达。完毕。"

在诺曼底滩头大显神通之后，对于这种密码，纳粹德国的情报部门也绞尽了脑汁，始终未能找到破译的方法。

隆美尔的战略创见不高

从诸多的军事资料看，德军统帅隆美尔被描绘成一个极为出色的战术家，他所著的《步兵攻击》是第二次世界大战时许多国家军队的必修书籍。在北非战场上，他曾把英军打得狼狈而逃，辉煌一时。但又有评论说他不是一个好的战略家，而且恰恰就是因为这一点，他才被蒙哥马利打回突尼斯的。那么隆美尔究竟是否可以称得上第二次世界大战最优秀的陆军将军呢？

曾经有军事评论家评出第二次世界大战最强悍的5位陆军将军，他们依次是：隆美尔、古德里安、朱可夫、巴顿和曼施坦因。在这5位当中，如果从规模和对全局的重要性来看，北非战场远远比不上东线的苏德战场，从这一点说隆美尔称不上最强，其作用比不过古德里安和曼施坦因。更有好事者这样比喻："世界足球先生"一定来自取得了欧洲杯、世界杯冠军的那支球队，弱队里的球星再耀眼，都只有望其项背……从这个原理推论，谁是"第二次世界大战最强的陆军将军"呢，结论只有一个：朱可夫！用宣传家的口气说，这叫作"在关键的地方发挥了关键的作用"。

战场上的隆美尔
非洲战役的德军统帅。他受命指挥北非的两个机械化师，稳定对英战线。

持以上观点人的另外一个根据是，隆美尔虽然贵为元帅，但指挥的部队最高级别为师级，没有指挥过军级、集团军级的部队，这似乎与他的元帅军衔不太相配，由于运输和供给困难，北非战场并非德军的主要战场，虽然战略意义十分重要。所以隆美尔并没有像龙德施泰特、曼施坦因、莫德尔、古德里安那样指挥千军万马进行大规模的战役，也许从战术上讲他技高一筹，但从战略上讲就差了些，战功上就更无法和其他元帅相比了。因此，第二次世界大战最强陆军将军非朱可夫和巴顿莫属，前者屡屡力挽狂澜，号称消防队长；后者攻无不克，战无不胜。

既然隆美尔因为在北非战场被蒙哥马利打回突尼斯一役被彻底排斥，那么我们就来看看这场让隆美尔抱恨终生的战斗吧！

隆美尔和他的参谋人员在北非之役中进行战略部署。

1941年2月12日，隆美尔受希特勒委派去解除北非意大利军队的困境，飞抵利比亚首都的黎波里。他一直渴望找到一个独立的战场，北非战场正是这样一个地方：绵延数千千米，堆积厚厚黄沙的开阔区域，没有障碍物和天然防线，自然也就没有政治阴谋、游击队、抵抗组织、难民等问题的干扰。一切军需均从外部运入，指挥官可以在流动的战场上任意设计自己的战争。

隆美尔借助坦克的高度机动性，在缺少制空权的条件下，采用兵不厌诈的手法屡屡偷袭得手、以少击众，其中最著名的当数以机动战术攻占划兰尼加地区一役。接着攻克托卜鲁克要塞，并多次击退英军反攻。1942年5月，在比哈凯姆坦克会战中，隆美尔把英军逐回埃及境内，因战绩卓著而连升两级，成为德军中最年轻的元帅。

然而，从一开始就注定了隆美尔命运的是，德军统帅部对隆美尔一次次地劝阻，希特勒要求他只发动"有限的攻击"，因为纳粹的头子们根本没有足够的精力来顾及角落里的非洲战场。即使希特勒后来大力支援隆美尔，隆美尔实际得到的也只是杯水车薪。他没有足够的坦克装甲车，没有足够的粮食油料，也没有制空的能力。所有战场的损失，他都无力补充。

另一方面，1942年8月，当蒙哥马利来到开罗时，他带来的是崭新的美制"谢尔曼"式重型坦克、俯冲轰炸机和大口径榴弹炮。以丘吉尔为代表的全英国也在大力支持蒙哥马利，丘吉尔甚至还为他争取到了美国的帮助。而强弩之末的隆美尔却只能一天几次地为意大利军队的懦弱怯战发脾气。有人戏称，这是重量级和轻量级拳手之间的搏斗，是一次不对等的战斗。

在如此优劣悬殊的情况下，隆美尔依然首先于1942年8月31日发起阿拉姆哈勒法战斗，但他的攻势连连受阻，直到坦克里只剩下一天的燃油时，隆美尔不得不下令全线撤退，行程3200多千米，隆美尔率领"非洲军"逃脱了蒙哥马利一次又一次的追截，终于遁入突尼斯山区。次年5月13日，疾病缠身的隆美尔回国养病两个月，"非洲军"在突尼斯被盟军全部歼灭。北非沙漠中的大败摧毁了他的意志与自信。到1943年底，当希特勒再次启用他做西线B集团军司令时，隆美尔已从骨子里变成了一个"悲观主义者"，体现着"超人"意志的疯狂进攻精神消失了。"大西洋壁垒"海岸防御工事任务中隆美尔受到假情报的误导，1944年6月6日凌晨，盟军万舰齐发在诺曼底登陆时，正在家中为妻子庆祝生日的隆美尔得知消息，犹如晴天霹雳，顿时呆若木鸡。

1944年10月14日，隆美尔因希特勒被刺事件受牵连。摆在隆美尔面前的只有两种选择：要么按叛国罪接受军事法庭的审判，被吊死；要么服毒自尽，为他保密，举行体面的国葬。隆美尔在极度痛苦中选择了后者。

对于隆美尔在军事上的优缺点，英国元帅卡弗在他主编的《现代世界名将》中评论道："隆美尔在战场上获得的成功更多是出于战术天才，而非战略创见。他对德国的军事战略贡献不大。德国军事史上其他伟大的人物，如格纳森诺、克劳塞维茨、毛奇、施利芬等等，都处在普鲁士和德国重大战略的伟大传统的中心。隆美尔虽然也身处同列，但其成就完全在战术方面。同上述人物相比，他只能身处其侧。" 英国军事理论家B.H.利德尔.哈特将隆美尔作战文书编辑成册，名为《隆美尔文件》，其中有关"沙漠战争规律"等论述，对后世产生了巨大影响。

戴高乐辞去法国总统内幕

在1944年8月25日，离开寄居4年零68天的英国回到巴黎的戴高乐，受到民众热烈的欢迎。虽然他名义上是法兰西临时政府主席，实际上却行使着政府首脑和国家元首的权力。

1945年12月，议会的制宪委员会就宪法框架达成一致：取消法国总统权力，总统由议会选举，对议会负责，政府只听令于议会。虽然戴高乐周围有不少的追随者、崇拜者，但他厌恶政党政治，也不想搞什么政党。他本人的意思是，自己就是法兰西，而政党不过是他的一部分。所以可以说，这让他与那些职业政客水火不容。

在这种情况下戴高乐于1946年6月发表一番讲演，他说："我想对未来说句话，我和你们的分歧点就是对于政府以及政府和人民代表机构关系的看法相悖。共和国的复兴工作，希望在我离任后，你们能干好。我这是最后一次讲话。我坦诚地告诫大家，假如你们不对法国近50年的历史思索的话，不好好考虑政府权力尊严和职责的话，我想，不会过多久，你们会对今天的选择痛感后悔。"很明显，在波旁宫说这番话时，他就有离去的打算了。

戴高乐像

法国总统，第二次世界大战时自由法国运动领导人，也是法国第五共和国的创建者。1969年，戴高乐提出一项新的宪法改革。其中主张将参议院变成一咨询组织，并扩大地方议会的权力。此改革案被驳回后，戴高乐随即于4月28日辞职，引退回乡，继续他的回忆录写作，直到1970年去世为止。

离开议会，戴高乐准备去地中海附近的昂提布休息一周。这是自1939年以来他第一次度假，他说："面向大海思索，我就想辞去官职，悄无声息地离去，在任何的场面我都不会去抱怨；我不再担任任何的职务头衔，不要退休金；我要安安静静去做我自己想做的事。"1946年1月14日回到巴黎，他批阅完许多积压的各种文件，然后告诉几位部长，他要辞职了。

1月20日，戴高乐邀请所有部长共聚办公室。戴高乐平静地和各位部长握手，紧接着就谨慎地读了声明："我不赞成政党政治，可是它卷土重来。除非用武力去建立独裁政治，但我不会同意。我无法制止一切，因此，我在今天向国民议会议长递交政府辞职书，我应急流勇退。我衷心谢谢列位给予我的帮助，请求你们能留任到继任人到来之前，保证工作的顺利进行。"部长们万分震惊，也十分伤心。他们都默不作声，戴高乐转身离去。他刚满55岁，精力充沛，神智清晰，正是大展宏图的时候。

戴高乐在解放广场上宣告成立法兰西第五共和国
第五共和国的成立预示着戴高乐"我即法国"理想的实现。1946年他怅然离职时的遗憾终于得到弥补了。

法共总书记多列士评论："离任很潇洒。"法共报纸却说他逃避困难。社会党领袖勃鲁姆却说："戴高乐离任没有理由。"大多数报刊则持遗憾和万分惋惜的态度。

由戴高乐的声明可以看出，他辞职的确是出于对当时政坛的不满，当时的人也认为戴高乐辞职只是一种以退为进的策略。按理说，戴高乐会马上出山。但事实上，他一直到1958年，才在强大的压力下再次进入政坛。可见说他突然辞职的原因是急流勇退更合适。

格瓦拉古巴出走

切·格瓦拉是现代南美洲历史上的传奇人物，一位人们心目中的游击英雄。他原名叫埃尔内斯托·格瓦拉，由于他说话时总爱把"切"（Che）这个感叹词挂在嘴边，人们就给他起了个绰号"切·格瓦拉"。在20世纪60年代，他曾领导玻利维亚游击队和政府军顽强对抗，这个绰号也随之传遍了南美大地和全世界，他的真名反倒没有几个人知道了。

格瓦拉的一生可以说是洋溢着激情与无畏的一生，他那始终充满神秘色彩的不平凡经历，实在是让人感叹不已。

1959年古巴革命胜利后，格瓦拉因为赫赫战功成为古巴人民心目中的英雄，被政府宣布为古巴公民，他全身心地投入到建设一个新古巴的事业中去。他先后担任过古巴土地改革委员会工业部主任、国家银行行长和工业部长等职务，还多次代表古巴政府访问亚非拉各国，出席各种国际会议。由于他强烈地谴责帝国主义和新殖民主义政策，在全世界发展中国家享有很高的声望。

然而，就在1965年4月，格瓦拉竟从古巴政坛上神秘地消失了。人们对他的出走迷惑不

格瓦拉像

解，议论纷纷：格瓦拉到哪里去了？是死了还是到什么地方执行秘密使命去了？抑或是与卡斯特罗发生矛盾而被关进监狱或者软禁到什么地方去了？

几个月后，人们才知道，格瓦拉去了非洲刚果、扎伊尔边境的密林中，从事武装活动去了。他为什么要放弃稳定的生活，而离开古巴去继续从事艰难危险的工作？学者们对他的出走原因进行了长期的探讨，提出了各种不同的看法。

格瓦拉在古巴的经济建设和思想建设路线上和其他领导人存在着严重的分歧，有些领导人主张不要过度集中，应该给国营企业一定的自主权；对于职工要兼顾物质利益。而格瓦拉则强烈主张实行严格的中央集权路线；对职工用道德的力量来对抗物质刺激，要缔造"社会主义的新人"。卡斯特罗虽然一直避免参加这方面的争论，迫不得已表态时就一会儿赞成精神鼓励，一会儿赞成物质刺激，但是在格瓦拉出走以后，他在一次砍蔗工人大会上说："如果希望告诉那些以砍蔗为生的广大工人群众说，不管挣多挣少，这是他们的义务，让他们作出最大的努力。这种想法是荒谬的，是唯心主义的。"实际上，想法的不同使格瓦拉感到在古巴日渐被孤立，他只好选择了离开。

格瓦拉在古巴新政府里担任工业部长，但是他主管的工业改革却以失败告终。32岁的他虽然提出了一系列计划，但是古巴工业长期受到帝国主义的影响，很难独立，再加上近邻美国对它的封锁，原材料和能源极度缺乏。并且格瓦拉和他的同伴都缺乏管理经验，又不采取物质刺激的方法，使古巴工业发展一直处于落后的状态，对于这种情况，格瓦拉一筹莫展，便产生了愤怒和失望的情绪。

在这种情况下，格瓦拉更加坚定他从前的理想，要帮助整个拉美国家摆脱帝国主义的压迫，获得自由和解放。他在临走之前给母亲留下了一封告别信："我相信武装斗争是各族人民争取解放的唯一途径，而且我是始终不渝地坚持这一信念的。许多人会称我是冒险家，只不过是另一种类型的，是一个为宣扬真理而不惜捐躯的冒险家，也许结局就是这样。我并不寻找这样的结局，但是，这是势所难免的。如果是这样的话，我在此最后一次拥抱您。"

当然，事实是不是这样，至今也没有找到可靠证据。还有人提出，在格瓦拉出走前，曾同卡斯特罗发生过一次激烈的争吵，但是他们为什么而吵起来，这件事对格瓦拉的影响如何都不得而知，对于这件事，健在的卡斯特罗是三缄其口，从不露出一点儿口风。

格瓦拉出走后，先是去了非洲，但是由于语言和其他原因，他后来又回到了南美，带领一只游击队神出鬼没地出现在玻利维亚东南部的崇山峻岭中。1967年10月，他率领的游击队与政府军展开了激战，最后寡不敌众，战败被俘，壮烈牺牲，死时只有39岁，临走时给母亲信中的话竟一语成谶。

牺牲后的格瓦拉连遗骨也不知所向，直到1995年，才有人披露了事情的真相。拉美国家的一些考古学家、人类学家和法医立即自发地组成了一支挖掘小组，在所说的地点挖了150多个洞穴，却一无所获。两年后，才终于在荒野草莽中，找到了这位浪漫英雄的遗骨。

山下奉文宝藏

第二次世界大战进行到尾声的时候，各个纳粹国家眼看败局已定，纷纷将自己在战争中掠夺来的大量财宝转移。日本法西斯侵略军的大将、号称"马来之虎"的山下奉文也急急忙忙把自己在东南亚搜刮来的财宝秘密藏了起来，据说这批大部分为金块、总重量约6000吨的财宝被藏在菲律宾吕宋岛的某个山洞里。对于习惯以克来衡量黄金的普通民众来说，6000吨的黄金实在是一个难以想象的天文数字。即使到了现在，在一些发展中国家的国库里，恐怕也很难找到这样大的一批巨额财富吧。

第二次世界大战中日本战败，山下奉文作为战犯被处死，那批巨额财宝也就留在了菲律宾。战后，菲律宾的掘金热是一浪高过一浪，结果都是一无所获。其中最狂热的要数菲律宾前总统马科斯了，他曾下令在全国172个地方同时展开掘金寻宝的行动，不同的是，当时没有人知道他到底找到了什么。

1986年，新上台的菲律宾总统科拉松·阿基诺下令调查和追回马科斯的财产，1991年，主管追查工作的菲律宾有关部门公布了他们掌握的马科斯的部分财产总数。据查，马科斯在瑞士银行存有多达5325吨的黄金，在香港的银行里有5个秘密账户，存款总额至少有四五亿美元，很可能高达10亿美元以上。

马科斯为什么会拥有如此巨额的财产？1992年2月，马科斯遗孀伊梅尔达·马科斯对外宣称她的丈夫之所以拥有这样多的财产，是因为他找到了山下奉文宝藏。有些人不相信马科斯夫人的说法，认为她实际上是为马科斯当菲律宾总统时的贪污劫掠行为辩护。事实上，作为世界八大黄金产地之一的菲律宾，其所开采的黄金一大部分都落入了马科斯的私人腰包。而两个美国人的经历似乎可以证明马科斯财产确实有一部分是来自山下奉文宝藏。

其中一位名叫洛克萨斯，他对外宣称山下奉文的财宝最早是由他发现的，可惜后来被马科斯抢走了。原来，1970年，在菲律宾经商的洛克萨斯有一次偶然去日本旅行，从而结识了一位早年曾追随过山下奉文的退役日本军官，后来他从这个人手里买了一张藏宝图。当他回到菲律宾后，按照藏宝图上标示的路线，来到一座荒山的山洞里。他很快就发现一尊高71厘米的金佛，扭开可以合的佛头，只见金佛肚子里藏满了钻石和珠宝。大喜过望的洛克萨斯正准备继续向里走，洞顶上的石头突然开始松动，他只好抱起金佛跑出山洞，刚一离开，整个洞口就崩塌了。这个故事听起来很像天方夜谭，但是洛克萨斯发现的宝藏如何落到马科斯手里呢？主要是洛克萨斯让友人们参观了他找到的金佛，得到消息的马科斯立即派了一

1986年，菲律宾原总统马科斯下台后，携宝出逃到夏威夷，经菲律宾"廉政公署"调查，马科斯存款总额至少在四五亿美元，有可能高达10亿美元。个人财产如此之多，令世人瞠目结舌：马科斯找到了山下奉文的宝藏了吗？

队士兵查抄了他的家，拿走了金佛。他向法庭提起诉讼，要求归还他的金佛，法庭受理了此案，经过裁决马科斯应该将金佛还给他，可是最后洛克萨斯拿到手的却是一尊仿制的铜佛。有苦难言的洛克萨斯求告无门，只得忍气吞声。

人们推测，马科斯从洛克萨斯手中夺走了藏宝图，出动重型机械，挖开坍塌的山洞，从而获得了大量藏金。因此，山下奉文宝藏转移到了马科斯名下，并被他秘密转移重新埋藏起来。至于真相如何，随着马科斯的去世，事情就变得死无对证。

肯尼迪死于谁手

"不要问你们的国家能为你们做些什么，而要问你们能为自己的国家做些什么。"约翰·肯尼迪的这句名言让这位美国最年轻的总统深得美国人民的拥护与爱戴。然而当他尚未完成对美国民众的承诺就不幸遇刺身亡，而且他的死因一直众说纷纭，现在还未形成统一的结论。

悲剧发生在1963年11月22日，当时肯尼迪正在美国南部得克萨斯州达拉斯城进行政务视察。12点30分，总统车队缓缓地通过达拉斯的得克萨斯州教科书仓库大楼时，突然几声枪响划破了寂静的长空。枪响过后，总统在人们的惊叫声中倒卧在血泊之中，与此同时，凶手奥斯瓦尔德被当场抓获。

肯尼迪在演讲

由于事情发生得太突然，国会决定由副总统约翰逊继任总统。约翰逊上任后，立即成立了一个7人调查委员会，由最高法院大法官沃伦领导。经多方取证和严格调查之后，该调查委员会于1964年9月发布了该案件的调查报告，报告指出刺杀行动是奥斯瓦尔德一人所为，与其他部门与集团一概无关。一时间，舆论哗然，结论难以让人信服，案情仍是谜团重重。案件最大的疑问在于枪响的数量。当时官方公布的消息是3声枪响，包括穿透肯尼迪总统的身体，同时又射中康纳利州长的那一枪。但是后来一位美国法医D.B.托马斯经过审慎研究，在《英国法庭科学周刊》杂志发表了一份震惊世界的研究报告。这份报告仔细分析了当日的现场录音带，并指出当时射向总统车队的子弹是4发。证明研究所采用的录音带是当时总统车队中达拉斯警方的汽车上的麦克风所录的现

肯尼迪总统与夫人杰奎琳面带微笑，乘敞篷车通过达拉斯市区。

场录音，而官方当时认为是3声的原因是这4声枪响中只有其中3声枪响听起来比较清楚，剩余的那声枪响则被国家研究委员会说成了"听起来像枪声的噪音"。最为关键的是，得到官方认可的3声枪响都与肯尼迪中弹的时间有明显的间隔，反而是那声"像枪声的噪音"与总统中弹的时间吻合。而这个声音的来源地也不同于其他3声，经回声分析，专家认为射击地点应当位于公园山丘。对现场照片进行研究后不难发现，这发子弹是从前面射来的。众议院特别暗杀委员会主席罗伯

特·布莱基在接受《华盛顿邮报》采访时也承认自己认可和接受托马斯的这一分析结果。

1990年召开的一个记者招待会披露出了一些鲜为人知的内幕事件。记者招待会是一个名为珍尼佛·怀特的妇女召开的,她声称自己的丈夫罗克斯曾是一名杀手,与奥斯瓦尔德和鲁比同时受命于美国中央情报局。珍尼佛曾经亲耳听到他们商量刺杀现任总统的计划。肯尼迪遇刺后第四年,罗克斯被中央情报局出卖,接着就死于一场令人匪夷所思的爆炸事件。到了1982年,珍尼佛的儿子李奇·怀特无意间在家中发现了父亲珍藏的私人日记,日记中对1963年的事件进行了详细的记录。美国联邦调查局得知此消息后派人取走了该本日记,至今尚未归还。

刺杀事件发生后的20年内,涉及该案的重要证人都接二连三地丢掉了性命,死亡人数已近200人。而该案的真相却始终未浮出水面。很多人注意到了这样一件事实,那就是得克萨斯州法律规定死于当地的人,尸体必须在当地解剖,但是肯尼迪的尸体却被直接送到了位于贝塞斯德的美国海军医疗中心,并且总统的遗体是在其家属尚未知晓的情况下进行秘密解剖的。于是有人断言当时运到贝塞斯德的青铜棺内并无尸体,这一切只是为了掩人耳目。

整个事件充满了神秘气息,然而这只是肯尼迪家族半个世纪以来悲剧的开始,约翰·肯尼迪的弟弟罗伯特·肯尼迪在总统竞选时也遭人枪杀。对此有一种说法是有人担心一旦罗伯特·肯尼迪进入白宫,便会下令调查哥哥被害事件的整个内幕。肯尼迪家族的其他成员也由于各种各样奇怪的原因死于非命,或是终身瘫痪,或是失去了一切政治资本。这个家族悲剧还延续到了下一代人,肯尼迪的儿子小约翰·肯尼迪尽管遵循母亲杰奎琳的教诲低调生活,远离政治,却也未能摆脱不明不白的死亡结局。

"水门事件"探秘

为了能在1972年的总统选举中胜出,美国共和党和民主党都在借助各种手段开展积极的准备。

尼克松为了在竞选连任中取胜,成立了一个"争取总统连任委员会"的专门机构,并任命司法部长约翰·米切尔担任这个委员会的主席。

尼克松的得力助手、米切尔总统特别顾问迪安和总统国内事务委员会主任埃利希曼为了帮助尼克松,计划实行一套对民主党的行动方案,最后决定采取偷拍文件和窃听两种方式。

在实施窃听计划上,麦科德等人选中了水门大厦,因为民主党全国委员会总部就设在这儿。不过事情很快败露,实施计划者在第二次进入水门大厦时被当场抓获。

但是,尼克松凭借自己丰富的政治经验,摆脱了水门事件的影响。他在政治上进行大刀阔斧的改革,加

狼狈的尼克松在民众的反对声中下车。

强同中国的联系,从越南撤军,在经济上成功制止了通货膨胀,降低了美元与外币兑换率。这些措施为他成功竞选连任打下基础。

1972年11月7日,美国选举总统。尼克松实现了他连任总统的愿望,成为美国第38届

总统。

1973年1月，水门事件被再次抛出。"夜闯水门"被捕人员被重新收审，事态从此进一步发展和扩大。

尼克松的前助手亚历山大·巴特菲尔德在1973年7月16日向参议院特别调查委员会透露，尼克松在白宫办公室里安装了录音装置。

最高法院下令，要求尼克松将录音带全部交出。

在尼克松的这些录音带上，法官们终于找到了尼克松参与掩盖水门事件真相的直接证据。在证据面前，尼克松的防线已彻底崩溃了。要求弹劾尼克松总统的呼声一天比一天高。

密特朗总统"地下家庭"揭秘

密特朗任总统期间，没有传出任何绯闻。可就在1994年的一家报纸上却登出了他有"地下家庭"的秘闻，一时震惊了公众。

那么密特朗的"地下家庭"又是何来历呢？回忆往事，安娜·潘若禁不住激动万分。她和密特朗总统是在20世纪60年代中期的一天相遇的，密特朗参加了安娜父亲皮埃尔·潘若的私人招待会。当时，密特朗的身份是民主社会抵抗组织领导人。然而，他风流倜傥，幽默风趣，很快就博得了18岁的安娜小姐的好感，两人经常约会。

密特朗与安娜坠入爱河后，感到生活无比快乐，好像回到了青年时代，并很快成为了左翼领导人。安娜从卢浮学校毕业后在奥塞博物馆工作。

1974年12月的一天，安娜顺利生下一个与密特朗长相酷似的女婴，密特朗为女儿取名"玛扎琳娜"，希望日后女儿能成为一名文学家。玛扎琳娜虽然是私生女，却得到了父亲无比的疼爱，是父亲的掌上明珠。

爱丽舍宫的亲信们大都了解这个"地下家庭"，但大家并不将事情挑明。

因此，虽然大家对此事都心知肚明，有人甚至得到命令对总统的"地下家庭"特殊关照，但大家对此事都闭口不提。公开"地下家庭"的《巴黎竞赛》画报的老板和《无法辩护》的作者菲利普·亚历山大事先都征求过总统的意见，因为密特朗做完第二次手术后，觉得自己活得时间不会太长，便不再顾虑了，他经常与20岁的玛扎琳娜在公众面前亮相，他对身边的人说："我必须在死之前让她们母女找到一个良好的归宿。"1994

密特朗深受民众的拥护。

年下半年，父女二人经常在巴黎上流社会露面，他们不再顾忌什么，密特朗有个漂亮的私生女早已众所皆知，密特朗还安排玛扎琳娜参加了欢迎日本天皇的国宴，仿佛要将此事宣告给全世界。密特朗的葬礼中，安娜母女也站在了密特朗家属之列，"地下家庭"已不再是秘密，葬礼结束后，达尼埃尔与玛扎琳娜抱在一起，失声痛哭。

刺杀里根的凶手被无罪释放

里根总统于1981年8月30日在一个集会上做演讲，突然一个青年拔出手枪，向总统连射两枪。凶犯当场被抓住，名叫约翰·欣克利。

欣克利一共开了6枪，其中击中布雷迪一枪，击中德拉汉台一枪，击中麦卡锡一枪，还有3枪全部击中里根的防弹车。但不幸的是，有一颗子弹反弹回来，刚巧击中里根的左肺叶，将第七根肋骨击断。不幸中的万幸就是子弹反弹回来时，力量已不再强烈，经检查，子弹头距心脏仅3英寸。

据专家分析，另一颗极有可能击中里根的子弹被麦卡锡挡住，在乔治·华盛顿大学医院，里根经过3个小时的抢救，安然脱险，并于12天后出院。另外被枪击中的3人，也安然无恙。

欣克利被美国政府起诉犯有非法购买、拥有、使用武器和谋杀总统，以及击伤麦卡锡、布雷迪、德拉汉台等13条罪状。根据美国宪法，欣克利应被判处无期徒刑。

欣克利的父母在他被捕后的第五天发表声明说："约翰是无辜的，因为他有精神病。"为了确认欣克利能否能接受审判，由法院专门

里根被刺杀时的情景

指定的精神专家对欣克利进行了为期3个月的细致检查。实际上，很难确定欣克利是否在正常的精神状态下对里根开枪。为欣克利辩护的有4名律师和6名精神病专家。欣克利曾经的寡言少语和文法不通的情书、毫无逻辑的电话、稀奇古怪的日记、反复无常的脾气表现，都成为他们证明欣克利是在"精神错乱"情况下开枪的有力证据。而根据美国法律，欣克利被无罪释放。

教皇约翰·保罗二世被刺内幕

教皇约翰·保罗二世每周与数以万计的信徒们在圣彼得广场会见。1981年5月13日下午，就在这个会见仪式快结束的时候，"呼"地一声，教皇应声倒地。

一辆救护车把教皇送到了杰梅利医院，教皇的左手和右臂受了伤。虽然教皇没有被击中要害，但伤势很重。医生给教皇做的手术非常成功，教皇基本上脱离了危险。

行刺教皇的凶手当场就被教廷的卫兵们缉捕。据调查，这位行刺教皇的凶手是一名23岁的土耳其人，是一名正被国际通缉的右派纳粹恐怖分子。在1979年2月，他因谋杀罪被判死刑，可后来他在"灰狼"组织的党羽施利克的协助下，从伊斯坦布尔的监狱里逃了出来。

在服刑18个月后，这名凶手开始改变供词，并声称谋杀教皇这一行动是一个"国际阴谋"，事后可给予120万美元的赏金。他还把与此案"有关"的保加利亚人和土耳其人的行动供出。他们是：

保加利亚巴尔干航空公司驻罗马办事处的副代表谢·安东诺夫，保加利亚驻罗马大使馆会计托·阿伊瓦佐夫。

参与策划谋杀和安排卡车帮助凶手逃离现场的是保加利亚驻罗马大使馆武官处秘书热·瓦西列夫。厄·切利克，土耳其

保罗二世被刺时的情景

人，对教皇进行谋杀的另一个凶手，教皇所中的第三枪是他打的。

谋杀教皇用的手枪是由厄·巴哲提供的。由土耳其人贝·切伦克为凶手提供120万美元的赏金。土耳其人穆·切莱比参与策划谋杀。

1982年11月，安东诺夫、巴哲和切莱比先后被捕归案。可是阿伊瓦佐夫、瓦西列夫、切利克和切伦克却纷纷逃离意大利。切伦克后来逃到保加利亚，被捕了，而切利克至今却仍不知影踪。

扑朔迷离的拉宾遇刺案

1995年11月4日夜，以色列特拉维夫国王广场上灯火通明，照得整个广场如同白昼一样。这里正在举行着一个有10万人参加的、声援和平的集会，以色列总理拉宾到会发表演讲，呼吁全体民众支持他的和平政策。

拉宾的遗像

图中右下角是拉宾的遗孀萨娅·拉宾。巴以和平进程举步艰难，拉宾鲜血换回的是进一步的僵局，他的遇刺背后隐藏着巨大的政治阴谋吗？

总理慷慨激昂的演讲获得了一阵阵热烈的掌声，广场上的群众唱起《和平之歌》，拉宾在人群的簇拥下，走向等在一旁的卡迪拉克防弹轿车。突然，拉宾身后响起枪声，拉宾应声倒在地上。1小时后，这位中东和平的使者停止了呼吸，终年75岁。

拉宾遇刺不幸去世的噩耗震惊了全世界，各国政府和领导人纷纷发去唁电，盛赞拉宾对世界和平事业作出的贡献，缅怀他的伟绩，严厉谴责恐怖分子的刺杀行为。

拉宾曾经担任过以色列陆军参谋部长、国防部长等职务，在第二次中东战争战争中为以军的胜利立下过汗马功劳。但是，战争的连绵不断和残酷唤起了他的良知，他努力要在这块战火纷飞的土地上实现和平。

1992年，72岁的拉宾在大选中击败对手，第二次担任了以色列总理。上台后，他凭借着在以色列的巨大威望，先后与巴勒斯坦、约旦签订了一系列"土地换和平"的协议，给中东地区带来了和平的曙光。

鉴于拉宾在促进中东和平中所发挥的积极作用，联合国

授予了拉宾多项和平大奖，1994年，拉宾获得了诺贝尔和平奖，1995年，拉宾再次和阿拉法特、佩雷斯共同荣获诺贝尔和平奖。

拉宾这些化解矛盾、着眼民族利益、争取中东长久和平的举动，在赢得了世界爱好和平人民的尊重的同时，也激起了以色列国内一些极端右翼分子的不满。激进组织因此策划了这起枪杀案。

不久，以色列官方宣布，当场抓获了刺杀拉宾的凶手，他是赫兹利亚市的一个大学生，名叫伊加尔·阿米尔。27岁的他一直是拉宾政府的反对者，经常参加抗议拉宾政策的活动。在警方审问下，他对自己刺杀总理的罪行供认不讳，并声称是"个人行为"。并且还交代，他曾5次试图暗杀拉宾，均因条件不成熟而失败。这次他站在拉宾身后两米多远的地方，向总理背部连开了3枪。

但是，在拉宾遇难身亡当天，医院出具的验尸报告上却说，子弹从拉宾胸口射入，穿透了心脏的大动脉，又从第五与第六脊椎骨射出。警方也断定：根据拉宾体内残留的大量火药粉末和衣服上的破洞判断，刺客是一个训练有素的杀手，致命的一枪是用枪抵住拉宾的胸口射击的。也就是说，拉宾实际上是两次遇刺。

到底是谁杀害了拉宾？医院报告上记录，拉宾因致命枪伤大出血，输血8次，拉宾的保镖鲁宾则在枪响的一刹那，就把拉宾压倒身下，而警方在案发现场却没有发现丝毫血迹。另外，案发现场刚好被一名业余摄影爱好者拍了下来，胶片上显示着：拉宾在中弹后，身体猛地向后一转。对比官方说法，子弹从拉宾背后射来，击断脊椎，伤及脊髓，这就让人很难理解。当脊髓受伤后，人的神经系统受到损伤，信息传递受到影响，会丧失运动能力。

综合上面的情况，很可能是广场枪击发生后，在拉宾被送往医院的途中发生了第二次谋杀。记者巴里·哈密什和电脑专家纳坦·赫芬不约而同地对整个拉宾案进行了追踪分析，最后不谋而合地下了拉宾遇刺别有内情的结论。

拉宾受伤之后，由他的司机达姆奇驾车送往医院，达姆奇原是一名赛车手，20余年来为4任总理开过车，经验非常丰富。可以色列国王广场到伊希洛夫医院只隔两条马路，步行不过15分钟，开车只需要5分钟就能到，而当天却花了整整20分钟才到医院。

达姆奇后来解释说，当天通往医院的路口不巧都设有路障，慌乱中他走错了路，幸好半路上有人指点，他才开到了医院。但这种解释很难使人信服，一辆载着受了伤的国家总理的车，竟然无法闯过一般性路障？更让人不可思议的是，汽车绕了一个大圈子到达医院时，医生们竟然还没有得到通知，更谈不上做好了急救准备。

巴勒斯坦组织领导人阿拉法特与拉宾（右）将巴以和平进程向前推进了一大步，但两者却备受各自阵营的谴责。

巴里·哈米什对现场录像进行了仔细、认真地研究，清楚地看到司机冲出车外时，汽车的四扇车门都打开着，车旁没有任何人，但右车门却最先悄悄关上了，当司机坐进车内后，先关上了左前门，又侧身关上了右前门。负伤的保镖鲁宾坐在后排，他的左边躺着拉宾，另一名保镖关上了左后门，车启动了。拉宾这辆车后门没有装开关门的遥控装置，是否有人早就藏在车里，并关上了右后门？如果有这样一名神秘刺客存在的话，那他就是杀害拉宾的真正凶手。而汽车在前往医院的途中多绕了15分钟，无疑就是让凶手逃离。但这些仅是推测而已，没有可靠的、令人信服的证据。